“一带一路”国家教育发展研究

北京师范大学中国教育与社会发展研究院
“一带一路”国家教育发展研究课题组◎著

At a Glance

Education Development in the Belt and Road Countries

课 题 组 成 员

课 题 组 组 长：黄荣怀　刘德建

课题组副组长：赵玉池　张定文

组员（按拼音顺序排列）：

陈长杰　陈　浩　葛　艺　李国云

刘　静　王　磊　王　荣　王晓晨

王运武　曾海军　赵建华

Kannan Moudgalya　Kinshuk

Koper Evert Jan Robbert

序

2013 年 9 月和 10 月，中国国家主席习近平在出访中亚和东南亚国家期间，先后提出共建“丝绸之路经济带”和“21 世纪海上丝绸之路”(以下简称“一带一路”)的重大倡议，引起国际社会高度关注。“一带一路”建设是一项系统工程，教育如何以更加主动的姿态推动“一带一路”国家的合作发展，适应和引领“一带一路”建设，是教育领域普遍关注的热点问题。教育部印发的《推进共建“一带一路”教育行动》明确指出：“推进‘一带一路’教育共同繁荣，既是加强与沿线各国教育互利合作的需要，也是推进中国教育改革发展的需要”，并建议与“一带一路”国家在“开展教育互联互通合作”“开展人才培养培训合作”和“共建丝路合作机制”三方面重点合作。

“一带一路”国家的教育体制差异较大，发展水平不平衡，了解“一带一路”国家教育发展的基本情况，是形成多元化教育合作机制，构建“一带一路”教育共同体的重要前提。北京师范大学积极响应国家政策，并发挥我校在教育领域的优势特色，计划整合校内各单位资源，联合校内机构与校外机构，共同致力于“一带一路”国家教育合作。不仅要加强教育国内合作办学，还要发展海外办学。通过了解“一带一路”国家的教师和青少年需求，建立针对“一带一路”国家需求的教育资源合作平台，加强我国与“一带一路”国家教师、青少年之间的人文交流，推动人心相通，服务于我国的“一带一路”战略。为此，我校专门成立了“一带一路”国家教育发展研究课题组，研究“一带一路”国家的教育发展概况，编制了《“一带一路”国家教育发展研究》。

《“一带一路”国家教育发展研究》以联合国教科文组织和国际社会两份具有里程碑意义的文件——《达喀尔行动纲领》(2000 年)和《教育 2030 行动框架》(2015 年)为参照框架，力求呈现“一带一路”国家的教育风貌。研究涉及七个方面，涵盖各级各类教育以及跨领域议题：幼儿保育与教育，普及初等教育，中等及中等后教育，青年与成人扫盲，教师队伍建设，性别平等和教育信息化。研究还特别结合不同国家的教育政策及代表性案例对数据进行了深入分析。希望这些分析可以为相关政策制定者、研究人员和教育工作者提供一些有益的借鉴。此外，在研究的基础上，我们同期设计开发了“一带一路”国家教育数据地图，以满足不同用户对“一带一路”国家教育数据的查询、检索、可视化呈现等实际需求。

独行快，众行远。合作交流是共建“一带一路”教育共同体的主要方式。北京师范大学为贯彻实施学校“十三五”规划，实现建设“双一流”高校的目标，一直高度重视国际化合作交流工作，扎扎实实推进我校的国际化建设，不断提升我校的国际化水平。希望参与本报告编著的“一带一路”国家教育发展研究课题组单位成员与校内各单位及校外机构携手推动教育发展，促进民心相通，构建“一带一路”教育共同体。让我们共同期待互知互信、互帮互助、互学互鉴的“一带一路”教育发展新篇章！

董奇

2016 年 11 月于北京师范大学

前　言

为贯彻落实中共中央办公厅、国务院办公厅印发的《关于做好新时期教育对外开放工作的若干意见》和国家发展改革委员会、外交部、商务部经国务院授权发布的《推动共建丝绸之路经济带和21世纪海上丝绸之路的愿景与行动》，教育部牵头制订了《推进共建“一带一路”教育行动》(以下简称《教育行动》)。《教育行动》提出，中国将以基础性、支撑性、引领性三方面举措为建议框架，开展三方面重点合作，即“教育互联互通合作”、“人才培养培训合作”及“共建丝路合作机制”，对接“一带一路”各国意愿，互鉴先进教育经验，共享优质教育资源，全面推动各国教育提速发展。“一带一路”各国教育特色鲜明、资源丰富、互补性强、合作空间巨大。而了解“一带一路”国家教育发展的基本情况，是形成多元化教育合作机制的重要前提。

北京师范大学为积极响应国家的“一带一路”战略，一直在探索构建“一带一路”战略的机制和平台，在学校领导的高度重视和指导下，尤其是董奇校长的亲自组织协调下，我校做了一些前期准备，成立了“一带一路”国家教育发展研究课题组，了解“一带一路”国家教育发展概况。

该研究主要阐述了“一带一路”国家各级各类教育以及教育热点议题的主要内涵，通过基本事实和相关数据呈现“一带一路”国家的教育发展进程，分析“一带一路”国家的教育政策和战略举措，总结了各级各类教育和教育热点议题面临的问题及挑战，并提出中国在实施“一带一路”教育战略中的策略及建议，例如：扩大高等教育海外办学与合作，扩大“一带一路”国家留学生规模，培养“一带一路”建设所需的各类人才，进一步加强对外汉语教学工作，重视对“一带一路”国家教育的研究，采取“软”“硬”结合的教育援助模式，适度借力国际多边平台，加强教育机构与企业的合作。研究旨在对“一带一路”国家教育发展状况进行基本描述，为后续“一带一路”国家的教育研究奠定基础。

《“一带一路”国家教育发展研究》的完成是课题组成员共同努力的结果。研究是由北京师范大学中国教育与社会发展研究院"一带一路"国家教育发展研究课题组编著完成，并得到北京师范大学智慧学习研究院和联合国教科文组织国际农村教育研究与培训中心的大力协助。其中，北京师范大学智慧学习研究院联席院长黄荣怀教授和刘德建先生作为"一带一路"国家教育发展研究课题组组长主要负责策划、指导研究思路及框架，并审核研究结论。联合国教科文组织国际农村教育研究与培训中心办公室主任赵玉池博士与北京师范大学智慧学习研究院国际交流与合作中心主任张定文博士作为课题组副组长负责组织课题的实施，统筹编写工作，讨论研究结论。参与报告具体编写的有：联合国教科文组织国际农村教育研究与培训中心的赵玉池博士(第一章、第七章和第九章)、葛艺女士(第三章和第五章)、刘静博士(第六章)，浙江大学中国科教战略研究院的王荣女士(第二章和第四章)，江苏师范大学智慧教育学院的王运武博士(第八章)。陈柳、马兆胜、向波、张臣和李师孟参与了研究数据收集等工作。首都师范大学的王晓晨博士参与了研究报告的统稿、审校及出版事宜。曾海军博士、陈长杰、陈浩、李国云、陈蕊及国际专家 Kannan Moudgalya、Kinshuk、Koper Evert Jan Robbert 为研究报告的完成及顺利出版提供了很多帮助。在此，对他们共同努力的成果表示祝贺并致以谢意。同时，还要感谢在编写过程中给予指导和支持的联合国教科文组织国际农村教育研究与培训中心副主任王力教授以及南方科技大学高等教育研究中心副主任赵建华教授。此外，要特别感谢联合国教科文组织统计研究所(UIS)强大的数据库为研究提供了翔实的数据基础。

最后，鉴于研究内容较多，数据繁杂，涉及的国家众多，本研究难免有不妥之处，衷心希望读者能够谅解。

周作宇

2016 年 11 月于北京师范大学

目　录

第一章

导　言

“一带一路”是在中国经济、社会发展进入全面转型阶段的背景下提出的重大倡议，是中国与“一带一路”国家经贸往来及经济发展之路，同时也应该是人文交流包括教育合作与交流之路。

第一节　“一带一路”倡议与人文交流

一、“一带一路”倡议的提出

两千多年前，汉代张骞两次出使西域，开辟出横贯东西、连接欧亚的陆上丝绸之路；后来，随着航海业的发展及海上贸易的兴起，又逐渐形成海上丝绸之路。丝绸之路不仅是古代中国与“一带一路”国家商贸往来的重要通道，也是文化交流的重要纽带。

2013 年 9 月和 10 月，中国国家主席习近平在出访中亚和东南亚国家期间，先后提出共建“丝绸之路经济带”和“21 世纪海上丝绸之路”(简称“一带一路”)的重大倡议。习主席提出的这一战略构想，借用“丝绸之路”的历史符号，高举和平发展的旗帜，积极主动地发展与“一带一路”国家的经济合作伙伴关系，共同打造政治互信、经济融合、文化包容的利益共同体、命运共同体和责任共同体，得到相关国家的高度重视和积极响应。为推进实施“一带一路”建设，中国政府于 2015 年发布了《推动共建丝绸之路经济带和 21 世纪海上丝绸之路的愿景与行动》。

共建“一带一路”致力于建立和加强沿线各国互联互通伙伴关系，构建全方位、多层次、复合型的互联互通网络，实现沿线各国多元、自主、平衡、可持续的发展。“一带一路”倡议将推动沿线各国发展战略的对接与耦合，发掘区域内市场的潜力，促进投资和消费，创造需求和就业，增进沿线各国人民的人文交流与文明互鉴，让各国人民相逢相知、互信互敬，共享和谐、安宁、富裕的生活。

在提出“一带一路”倡议的同时，2013年，中国国家领导人提出了筹建亚洲基础设施投资银行(简称“亚投行”)，以促进本地区互联互通建设和经济一体化进程，为本地区发展中国家基础设施建设提供资金支持。2015年6月29日，《亚洲基础设施投资银行协定》签署仪式在北京举行，亚投行正式成立。可以说，亚投行是实施“一带一路”战略的重要抓手。

二、文明间的交流是古代“丝绸之路”的重要特征

2014年3月，习近平主席在访问联合国教科文组织发表演讲时说：“文明因交流而多彩，文明因互鉴而丰富。文明交流互鉴，是推动人类文明进步和世界和平发展的重要动力。”而丝绸之路正是促进中外文明交流的重要通道。两千多年来，“和平合作、开放包容、互学互鉴、互利共赢”的丝绸之路精神薪火相传，推进了人类文明进步，是促进沿线各国繁荣发展的重要纽带，是东西方交流合作的象征，是世界各国共有的历史文化遗产。

汉代张骞两次出使西域，向西域传播了中华文化，同时也引进了西域文化。西汉时期，中国的船队就到达了印度和斯里兰卡。唐代是中国历史上对外交流的活跃期，大量交流促进了中华文化远播世界，也促进了各国文化和物产传入中国。明代郑和七下西洋传播了中华文化，通过海上丝绸之路与南亚和西亚、欧洲和北非进行经济和文化交流。明末清初，中国人积极学习现代科技知识，欧洲的天文学、医学、数学、几何学、地理学知识纷纷传入中国，开阔了中国人的视野。之后，中外文明交流互鉴更是频繁展开，这其中有冲突、矛盾、疑惑、拒绝，但更多是学习、消化、融合、创新。“丝绸之路”促进了多种宗教的传播和交流，佛教、基督教、伊斯兰教等通过与中国文化的结合，在中国落地开花。而诞生于中国的四大发明为欧洲文明的发展做出了贡献。可以

说，“丝绸之路”的历史就是一部“一带一路”国家文明交流的历史。①

三、人文交流是“一带一路”倡议的重要内容和基础

进入21世纪以来，国际关系发生深刻变革，“人文交流”处于与“政治互信”“经贸合作”并驾齐驱的地位，并起到基础、种子和润滑剂的作用。② 2010年5月25日，中美人文交流高层磋商机制成立仪式在北京举行，时任国务委员刘延东发表致辞说：“不同国家、不同民族、不同文化之间沟通交流，在和而不同中取长补短，在求同存异中相得益彰，是推动人类文明进步的持久动力，对于增进互信与友谊、消除偏见与误解、促进人类社会和谐与繁荣具有不可替代的作用。”2013年10月，习近平主席在周边外交工作座谈会上指出，为“巩固和扩大我国同周边国家关系长远发展的社会和民意基础……要全方位推进人文交流”。而党的十八大报告把人文交流放在更高的战略地位，明确提出扎实推进公共外交和人文交流。在这种思想指导下，近年来，我国先后与相关国家建立了人文交流机制，包括中美、中英、中法、中俄、中欧和中印(尼)人文交流机制。

人文交流无疑是建构国家间关系的一项长期的基础性工作，其本身也是“一带一路”建设的重要内容。习近平主席在主持中共中央政治局第三十一次集体学习时指出，真正要建成“一带一路”，必须在“一带一路”国家民众中形成一个相互欣赏、相互理解、相互尊重的人文格局。民心相通是“一带一路”建设的重要内容，也是“一带一路”建设的人文基础。要坚持经济合作和人文交流共同推进，注重在人文领域精耕细作，尊重各国人民文化历史、风俗习惯，加强同“一带一路”国家人民的友好往来，为“一带一路”建设打下广泛社会基础。③ 而吉尔吉斯斯坦文化、信息和旅游部原部长苏尔丹拉耶夫认为，没有人文合作的发展，很难实现经济合作的进步，希望通过人文桥梁，促进丝绸之路国家间合

---

① 孙存良，李宁.“一带一路”人文交流：重大意义、实践路径和建构机制[J].国际援助，2015 (2)：14-20.

② 李玉.构建高效人文交流运行机制[N].中国社会科学报，2016-3-23.

③ 习近平：“一带一路”建设不能急功近利[EB/OL].[2015-5-1].http：//news.ifeng.com/a/20160430/48646555_0.shtml.

作的复兴。①

第二节 “一带一路”倡议实施中的教育问题

一、教育是“一带一路”国家人文交流的重要内容

“一带一路”倡议致力于“一带一路”国家之间的政策沟通、设施联通、贸易畅通、资金融通、民心相通。这“五通”中，虽然没有直接提到“教育”二字，但并不表明教育在“一带一路”战略中是可有可无的。恰恰是，教育在“一带一路”战略中有着举足轻重的地位，发挥着基础性、全局性、先导性的作用。②

在推进“一带一路”建设过程中，人的因素无疑是一个重要因素。应该看到，无论是解决“一带一路”战略构思的理论问题，还是推进实施的实践问题，关键都在人才。③“一带一路”的所有活动都要靠大批的技术人员、管理人员、普通劳动者来进行，因此，通过教育培养人才，成为“一带一路”成败的关键。④无独有偶，人才问题同样是“一带一路”国家的重要关切。马来西亚交通部长廖中莱在2015博鳌亚洲论坛演讲中也指出：“人才因素是‘一带一路’建设成功的关键。东盟国家拥有大量的青年群体，他们的创造性和创新性的思维成为‘一带一路’建设的重要优势。”⑤

服务于“一带一路”建设，教育特别是高等教育需要培养哪些方面的人才呢？第一，大量的基础设施建设，需要宏大的不同领域的工程技术、项目设计与管理等专业人才；第二，随着众多的企业落地，急需大量通晓当地语言，熟知当地政治、经济、文化、风俗和人文地理的人才，特别是东南亚、南亚、中亚、东北亚乃至西亚国家政治、经济及风土民情的人才；第三，区域性经贸往

---

① 孙存良，李宁．“一带一路”人文交流：重大意义、实践路径和建构机制[J]．国际援助，2015（2）：14-20.

② 刘宝存．“一带一路”中教育的使命与行动策略[J]．神州学人，2015（10）：4-7.

③ 周谷平，阚阅．“一带一路”战略的人才支撑与教育路径[J]．教育研究，2015（10）：4-9.

④ 顾明远．“一带一路”与比较教育的使命[J]．比较教育研究，2015（6）：1-2.

⑤ 周谷平，阚阅．“一带一路”战略的人才支撑与教育路径[J]．教育研究，2015（10）：4-9.

来和良好秩序的形成，需要大量的国际贸易人才。[①] 更为重要的是，教育需要培养具有国际化视野的“一带一路”宏观规划和战略推进的人才。

二、“一带一路”中的教育交流与合作的现状及挑战

改革开放以来，我国教育顺势而为，逐步形成全方位、多层次、宽领域的对外开放格局，成为世界最大的留学输出国和亚洲最大的留学目的地国。加入WTO以来，我国教育开放承诺水平在世界主要国家中已相对较高，有的方面高于一些发达国家。[②] 但在“一带一路”实施方面，教育的布局还比较滞后。据统计，我国赴“一带一路”进行战略布局的企业有11000家。[③] 截至2014年年底，国资委监管的110余家央企中已有80多家在“一带一路”国家设立分支机构。[④] 而我们的教育机构在海外办学、服务中国赴海外企业等方面的工作仍然严重滞后。

(一)教育输出的现状及存在的问题

“一带一路”建设为我国高校“走出去”开展海外办学提供了难得的历史机遇。目前，我国本科层次的工科专业布点数已达15733个，基本覆盖了“一带一路”建设的所有重大工程项目，已经具备在“一带一路”国家建立境外大学和教育基地的基础。但是，高校境外办学还处于起步阶段，经教育部批准的境外办学有厦门大学马来西亚分校、老挝苏州大学、云南财经大学曼谷商学院和北京语言大学东京学院。另外，哈萨克斯坦、巴基斯坦、约旦、埃及等十多个“一带一路”国家已向中国发出了赴境外办学的邀请。[⑤] 但是，我们的境外办学面临两个短板，一是与企业的融合度不够，二是双语师资、国际化师资的缺乏。[⑥]

在援外方面，近年来，中国通过援建维修校舍、提供教学设备、培养师资力量、增加来华留学政府奖学金名额、支持职业技术教育发展等，不断加大教育援助力度。但教育援外项目主要集中在非洲。在广义的教育即人力资源开发

---

① 瞿振元.“一带一路”建设与国家教育新使命[N]. 光明日报，2015-8-13.

② 瞿振元.“一带一路”建设与国家教育新使命[N]. 光明日报，2015-8-13.

③ 曾君.“一带一路”为国际教育合作开辟新天地[N]. 光明日报，2015-8-9.

④ 周谷平，阚阅.“一带一路”战略的人才支撑与教育路径[J]. 教育研究，2015 (10)：4-9.

⑤ 同上.

⑥ 曾君.“一带一路”为国际教育合作开辟新天地[N]. 光明日报，2015-8-9.

培训方面，2010—2012年，中国在国内举办1951期培训班，其中包括官员研修班、技术人员培训班、在职学历教育项目等，为其他发展中国家培训人员49148名。大多培训都是与贸易、农业、矿业、渔业等产业相结合，在教育领域，只举办了30多期院校高级管理人员培训班、高等教育管理培训班、职业教育管理培训班、中小学校长和教师研修班、现代远程教育研修班等，为发展中国家培训千余名教育官员、校长和教职人员。① 这些培训还面临过多讲授、没有考虑实际需求等问题，而真正在发展中国家举办的订单式培训很少。

近年来，中国通过实施各项"留学中国计划"，扩大外国学生来华留学规模。比如，中方倡议建立中国-东盟留学生联谊会，双方要落实到2020年把互派留学生规模扩大到10万人的双十万计划，让更多青年参与到地区合作交流中来，使中国-东盟睦邻友好薪火相传。② 但是，多数来华留学生主要还是以学习中文和了解中国文化为主，且来自中亚、西亚、中东欧等的学生比例较小。

（二）语言教育的现状及存在的问题

"一带一路"的所有愿景与规划的实现，都要以语言沟通为基础，因此，语言教育至关重要。这里的语言教育包括两个方面，一方面是对外汉语教学，另一方面是相关国家小语种人才培养。

在对外汉语教学方面，截至2015年年底，全球135个国家（地区）建立了500所孔子学院和1000个孔子课堂，而在65个"一带一路"国家中的54国共建立了134所孔子学院和116个孔子课堂，其中，泰国建立了15所孔子学院和18个孔子课堂，俄罗斯建立了17个孔子学院和5个孔子课堂。③ 以上数据表明，孔子学院和孔子课堂在"一带一路"国家呈现数量偏少、分布不均的特点。另外，在对外汉语教学人才队伍建设方面，截至2013年，全国共有开设汉语国际教育本科专业的高校300余所，每年招收人数超过15000人。④

---

① 国务院新闻办公室发布《中国的对外援助（2014）》白皮书[EB/OL].[2014-7-10]. http://www.scio.gov.cn/zxbd/tt/Document/1374895/1374895.htm.

② 孙存良，李宁."一带一路"人文交流：重大意义、实践路径和建构机制[J].国际援助，2015（2）：14-20.

③ 孔子学院总部.孔子学院年度发展报告[R].2015.

④ 李江涛，朱利.我国开设汉语国际教育本科专业高校逾300所[EB/OL].[2013-10-26]. http://www.gov.cn/jrzg/2013-10/26/content_2515995.htm.

而在小语种人才培养方面，按照目前的规划线路，“一带一路”国家使用的语言有1000余种，其中官方语言及国语总共约60余种。目前，我国高校教学尚未完全覆盖这些官方语种，有18种语言没有开设相关课程，仅有1所学校开设的语言有20种，相关人才储备状况堪忧。① 非通用语种覆盖面窄，语言专业布局不合理，关键国家和地区语言人才匮乏等问题将限制“一带一路”的建设。②

(三)对“一带一路”国家教育的研究进展及问题

传统上，我国的国际问题和国别区域研究主要聚焦在欧美发达国家和地区，对发展中国家和地区研究比较薄弱。虽然2012年教育部设立了一批国别区域问题研究基地，以加强国别区域问题和国际问题的研究，但是由于时间尚短，对发展中国家和地区研究不足的局面并没有根本改变，给“一带一路”战略的实施带来了局限。③ 而在教育方面，比较教育研究长期以来也比较注重发达国家的教育研究，对于相关一些发展中国家的教育研究还比较薄弱。④

从目前学界的研究进展及发表的文献来看，对“一带一路”中教育问题的研究仍然停留在这样一些基本性的问题上，例如：教育是否应该在“一带一路”中发挥作用？发挥怎么样的作用？从哪些方面切入开展教育活动？教育要发挥作用，目前还存在什么障碍与挑战？等等。而真正对“一带一路”国家教育发展处于什么水平，面临什么样的发展困境，未来的发展战略等问题还有待深入研究。

(四)建立教育联盟及其挑战

高等院校已敏锐地嗅到了“一带一路”建设给学校的发展带来的机遇。为占得先机，不少高校牵头或参与成立了大学联盟，如2015年5月由西安交通大学发起，来自31个国家和地区的128所大学参加的新丝绸之路大学联盟(Universities Alliance of the New Silk Road)；2015年10月由复旦大学、北京师范大学、兰州大学和俄罗斯乌拉尔国立经济大学、韩国釜庆大学等46所中外高校

---

① 黄欢，李润文.《“一带一路”国家语言国情手册》出版[EB/OL].[2015-11-3]. http://world.huanqiu.com/hot/2015-11/7900287.html.

② 杨小卜.“一带一路”战略下的高等教育人才培养[J]. 科技与企业，2016(1)：170-172.

③ 刘宝存.“一带一路”中教育的使命与行动策略[J]. 神州学人，2015(10)：4-7.

④ 陈时见.“一带一路”战略框架下比较教育研究的视野与路径[J]. 比较教育研究，2015(6)：6-7.

在甘肃敦煌共同成立的"一带一路"高校战略联盟；福建省依托省内高校成立的"新海上丝绸之路大学联盟"。另外，北京师范大学智慧学习研究院牵头成立的"一带一路"国家开放教育资源联盟也于2016年正式启动，先期有10多所来自"一带一路"国家的知名大学参与。

这些联盟是海内外大学结成的开放性、国际化高等教育合作平台，主要发挥以下功能：搭建教育信息、学术资源共享交流合作平台；探索跨国培养与跨境流动的人才培养新机制；加强联盟高校间科研机构及科研人员的交流与合作；促进"一带一路"国家和地区的学术、文化交流；以联盟交往带动人文交流，增进民心相通；探索开展多边、双边联合境外办学，构建新的人才培养模式、运行管理模式和服务当地模式，确保联合办学落地生根。

其他联盟无论从组成、架构还是具体的合作方面尚未有实质性的进展。尽管这些联盟的成立乘势而为，愿景良好，但是否能真正实现建立联盟的目标还面临诸多障碍，还需要时间的检验。

第三节　实施"一带一路"倡议的国际教育背景

"一带一路"是沿线国家共同参与建设的，当然也欢迎域外国家和相关国际组织的参与，在这个意义上，"一带一路"从一开始就具有"国际性"。因此，要研究"一带一路"国家的教育，需要放到国际教育发展议程下进行。而自从20世纪90年代以来，国际教育的议程主要包括"全民教育议程"以及"教育2030行动框架"。

作为此项目的发起机构之一，联合国教科文组织国际农村教育研究与培训中心作为教科文组织的二类中心，是全民教育的产物，始终将实现"全民教育目标"作为宗旨，并将积极在《教育2030行动框架》下开展工作。

一、国际"全民教育"运动

1948年，《世界人权宣言》第26条规定："人人都有受教育的权利。"1990年3月，在泰国宗滴恩召开的"世界全民教育大会"上通过了《世界全民教育宣言》和《满足基本学习需要的行动纲领》，重申了教育是一项基本人权，明确提出了

“全民教育”的概念，并敦促各国政府加大力度，到 2000 年满足所有人的基本学习需要。

2000 年开展的全民教育评估表明，在宗滴恩做出的承诺并未兑现。因此，2000 年 4 月，在塞内加尔首都达喀尔召开的世界全民教育论坛上，通过了《达喀尔行动纲领》，使得全民教育的目标更为具体化并确定了时间表。国际社会重申了实现全民教育的承诺，这次的目标时间为 2015 年(见框 1.1)。

框 1.1 全民教育六项目标

目标 1：全面扩大和加强幼儿保育与教育工作，以最易受到伤害和处境不利儿童的保育和教育为主；

目标 2：确保到 2015 年以前所有儿童，尤其是女童、处境困难儿童和少数民族儿童都有机会接受并完成良好的初等免费义务教育；

目标 3：满足所有青年和成人的学习要求，确保他们有平等机会学习知识和生活技能；

目标 4：到 2015 年使成人，尤其是妇女的识字率提高 50%，并让所有成人都享有接受基础教育和继续教育的平等机会；

目标 5：在 2005 年以前消除初等及中等教育中男女生人数不平衡的现象，并在 2015 年以前实现教育方面的性别平等，重点确保女青少年有充分和平等的机会接受和完成高质量的基础教育；

目标 6：全面提高教育质量，确保人人都能学好，特别是在读、写、算及基本生活技能习得方面都能取得受认可的、看得见的学习成果。

资料来源：UNESCO. The Dakar Framework for Action：Education for All—Meeting Our Collective Commitments[R]. Paris：UNESCO，2000.

随后，2000 年 9 月，189 个国家齐聚联合国千年峰会，并签署了“千年宣言”。宣言提出到 2015 年实现八项千年发展目标(MDGs)，包括普及初等教育(MDG 2)和促进两性平等并赋予妇女权力(MDG 3)。大家的共识很明确，即实现普及初等教育也有助于实现其他千年发展目标。

国际社会、各国政府在实现全民教育目标方面所做出的努力有目共睹，许多国家已经取得了显著成就。然而令人遗憾的是，尽管大多数国家政府和相关参与机构履行了承诺，采取了一系列行动举措，但是很多发展中国家都无法实现预期目标。联合国教科文组织在评估全民教育的目标时，认为全民教育是一项“未竟的事业”(unfinished business)。

虽然全民教育运动已经结束，但是它所倡导的理念(教育的公平与质量、消除性别歧视、减少贫困、增加就业和促进社会和谐等)以及相关的工作领域、工作任务还将继续下去。

二、《教育2030行动框架》

2015年11月4日，联合国教科文组织在巴黎总部通过并发布了《教育2030行动框架》。这一行动框架，是在联合国教科文组织的协调下，各成员国和合作伙伴积极参与，经过高度的协商制定完成的。新的教育议程以实现教育是人类的基本权利为基本原则，以实现公平、全纳、高质量的教育，使人人获得终身学习的机会为目标，提出了进一步推进全球教育发展的七大目标和三项行动举措(见框1.2)。

框1.2　可持续发展目标4——确保包容、公平的优质教育，促进全民享有终身学习机会

4.1　到2030年，确保所有男女童完成免费、公平、优质的中小学教育，并取得相应有效的学习成果；

4.2　到2030年，确保所有男女童获得优质早期幼儿发展、保育和学前教育，为接受初等教育做好准备；

4.3　到2030年，确保所有男女平等获得负担得起的优质职业与技术教育以及高等教育，包括大学教育；

4.4　到2030年，大幅增加掌握就业、体面工作和创业所需技能(包括职业技术技能)的青年和成人人数；

4.5　到2030年，消除教育中的性别差距，确保包括残疾人、土著居民和处境不利儿童在内的弱势群体平等获得各级教育和职业培训；

4.6　到2030年，确保所有青年和大部分成年男女具有识字和计算能力；

4.7　到2030年，确保所有学习者掌握促进可持续发展所需知识和技能，具体做法包括开展可持续发展和可持续生活方式、人权和性别平等等方面的教育，弘扬和平和非暴力文化，提升全球公民意识，以及肯定文化多样性和文化对可持续发展的贡献等。

4.a　建立和改善兼顾儿童、残疾人和性别平等需求的教育设施，为所有人提供安全、非暴力、包容和有效的学习环境；

4.b　到2020年，在全球范围内大幅增加发达国家和部分发展中国家提供的、发展中国家(特别是最不发达国家、小岛屿发展中国家和非洲国家)可获得的高等教育奖学金数量，包括职业培训、信息通信技术、工程和科学项目等的奖学金；

续表

框 1.2 可持续发展目标 4——确保包容、公平的优质教育，促进全民享有终身学习机会
4.c 到 2030 年，大幅增加合格教师人数，具体做法包括在发展中国家，特别是最不发达国家和小岛屿发展中国家开展师资培训方面的国际合作。 资料来源：UNESCO. Education 2030：Framework for Action—Towards inclusive and equitable quality education and lifelong learning for all[R]. Paris：UNESCO，2015.

2030 教育发展目标不再是独立的教育议程，是联合国“可持续发展目标”的一部分，具体是可持续发展目标 4。全民教育所关注的一些重点在这个新的教育发展议程中得以延续。

第四节 本研究的框架

本研究将在国际教育发展议程的框架下，对“一带一路”国家的教育发展情况进行梳理，为相关机构和个人了解“一带一路”国家的教育发展情况提供参考，并为我们未来更深入地研究奠定基础。研究将使用大量的国际教育统计数据，通过数据的呈现、对比、分析，对这些国家的教育发展状况进行概览性的描述。

“一带一路”倡议构想，涉及亚、欧、非三个大洲，包括 65 个国家和地区，其中既有一些发达国家，也有很多发展中国家，国与国之间的差异较大，因此，研究不可能覆盖所有国家教育发展的方方面面。为便于梳理，研究报告撰写小组对比了“全民教育目标”和《教育 2030 行动框架》的关注重点，并在此基础上拟定了研究的基本框架，具体如下：

表 1.1 研究的基本框架

目 录	内容概述
1. 导言	介绍“一带一路”战略的背景情况及人文交流，包括教育合作与交流的重要性，审视目前教育在落实“一带一路”方面面临的问题，回顾国际教育议程即全民教育运动和《教育 2030 行动框架》，并提出本研究的基本框架。

续表

目　录	内容概述
2. 幼儿保育与教育	根据各章节的内容和重点，呈现基本事实和数据，阐述各地区和国家的政策措施和战略方向、各级各类和各领域的教育发展情况及面临的挑战以及针对相应挑战或困境所采取的干预措施。
3. 普及初等教育	
4. 中等及中等后教育的发展	
5. 青年与成人扫盲	
6. 教师队伍建设	
7. 教育中的性别平等	
8. 教育信息化	
9. 结语	对上述各项内容进行总结回顾，对中国今后在"一带一路"教育战略及与相关地区、国家教育合作交流方面提出建议。
附件	统计数据。

以上研究框架涵盖了正规教育中的各级教育(幼儿保育与教育、初等教育、中等及中等后教育)以及非正规教育(青年与成人扫盲)，另外还包括各级各类教育都涉及的跨领域的议题，包括教师队伍建设、性别平等和教育信息化等。此外，研究将参照联合国教科文组织每年发布的《全民教育全球监测报告》的做法，将"一带一路"国家以上议题的统计数据附后，供广大读者参考。这些统计数据主要来自联合国教科文组织统计研究所(UIS)数据库，还有一部分数据来自世界银行和联合国儿童基金会。因此，特别要感谢统计研究所。可以说，没有这些统计数据，这个研究是不可能完成的。

关于"一带一路"国家的范围，政府部门和学术界尚未达成明确的一致意见。根据国家发展和改革委员会、外交部和商务部联合发布的《推动共建丝绸之路经济带和21世纪海上丝绸之路的愿景与行动》的界定，"一带一路"相关国家应"基于但不限于古代丝绸之路的范围，各国和国际、地区组织均可参与"。这意味着，中国对"一带一路"所涉及的国家范围持开放态度，仅划定丝绸经济带涉及的大致区域，对具体国家不做明确界定，从而赋予了"一带一路"倡议开放性与灵活性。①

① 王永中，李曦晨. 中国对"一带一路"国家投资的特征与风险[EB/OL]. [2015-11-30]. http://www.cssn.cn/jjx/jjx_gzf/201511/t20151130_2720930.shtml.

为了更好地确定本研究的边界，我们根据中国政府的相关文件、官方媒体的报道及相关研究确定了“一带一路”覆盖的 65 个国家和地区。由于此研究的大量数据来源于联合国教科文组织统计研究所，所以我们对这些国家所属区域的划分完全参照该所的划分方法，具体将 65 个国家和地区划分到以下区域：东亚和太平洋地区、南亚和西亚、阿拉伯国家、中亚、中东欧、北美和西欧（本报告只包括塞浦路斯、希腊、以色列 3 个国家）（具体见附件 1），这与国内对世界地理的惯常认识有一定出入：譬如，我们一般将一部分阿拉伯国家划入西亚，一部分阿拉伯国家划入北非；我们将蒙古划归到东亚地区，但是统计研究所将其归入中亚地区；而国内常说的独联体国家则是一个政治概念，统计研究所将这些国家划分到了中东欧和中亚两个区域。还需要特别说明的是，研究中次地区的数据直接出自相关国际组织的统计数据库，这些数据包括该次地区的所有国家的数据。

本研究更倾向于是教育概览性质的基础性研究。未来，我们还将就一些问题进行深入研究，形成更多专题性的报告，内容可能会包括：教育信息化与教师队伍建设、信息化促进农村教育发展、非正规教育中的信息技术使用、开放教育资源开发与共享，等等。

第二章

幼儿保育与教育

幼儿保育与教育是为儿童早期成长阶段提供的关于身体健康发育及认知、情感等综合发展的服务，对儿童以后的终身教育和发展有重要影响。幼儿保育与教育领域的很多研究都已经证实，优质的儿童早期保育与教育项目可以产生巨大的效益。高质量的保育与教育项目，对儿童个体而言，可以促进儿童社交能力、认知水平和智力发展等；对社会整体而言，还可以打破贫困的恶性循环，成为改善社会公平和包容的切入点。因此，各国都越来越关注幼儿，不少国家将其置于优先发展的位置。全球164个国家和地区的政府在2000年共同签署的《达喀尔行动纲领》将幼儿保育和教育列为全民教育六大目标之首，绝大多数的“一带一路”国家都积极响应这一倡议。本章参照全民教育中的儿童早期保育和教育的定义和框架，分析“一带一路”国家在相关指标上的发展状况，梳理这些国家在改善幼儿保育和教育方面采取的创新措施，并探讨可供借鉴和推广的经验。

第一节　幼儿保育与教育的定义和现状

一、定义

《达喀尔行动纲领》提出的全民教育目标中有关幼儿保育与教育的表述为：“全面扩大和加强幼儿保育与教育工作，以最易受到伤害和处境不利儿童的保育和教育为主。”这里涵盖的群体是指从出生到8岁的儿童。包含的内容有保育和教育两方面：保育是指健康、营养、卫生、情感、保护、安全以及社会心理支持；教育则不仅是正规学校系统的延伸，还包括提供机会促进儿童学习，以及对儿童的知识、技能和价值观念的获取过程进行指导，主要涉及3岁以内早期教育和学前教育这两个阶段。可以说，幼儿保育与教育是指通过在教育、保育、健康、营养、保护以及丰富的环境刺激等方面的综合影响，使儿童获得最佳的发展。

从《达喀尔行动纲领》的倡议来看，幼儿保育与教育方面的主要任务有两个：一是扩大早期保育与教育惠及的范围，增加资源投入，增加儿童接受教育服务的机会、数量和种类，不论儿童所在的地区、性别、健康、营养状况、残疾或者任何歧视性标准，尽量使所有儿童都能获得高质量的早期保育与教育服务，尤其要增加对处境不利儿童的重视；二是提高已有的和新的项目与服务的质量，使项目真正有利于幼儿发展。

《达喀尔行动纲领》没有设定2015年要达到的幼儿保育和教育的具体目标。《全民教育全球监测报告》监测了一些被认为是接近这一目标关键概念的指标，包括存活率、健康和营养，以及获得学习机会等，并设置了一些参考数值，比如：存活率方面，是在1990—2015年，5岁以下儿童死亡率降低$\frac{2}{3}$；营养方面，是在1990—2015年，把体重过轻儿童的人数减少一半；学前教育方面，是到2015年毛入学率达到80%等。

对于如何实现这些目标，《达喀尔行动纲领》给出了建议策略。一是在国家全民教育计划框架中，有计划、有针对性地开展儿童早期保育与教育项目；二是开展综合的以儿童为中心、全面的儿童母语项目；三是由各国政府部门提供政策支持和资源保障，政府、非政府组织、社会团体和家庭等多方合作开展“围绕家庭、基于社区”的项目，这将有助于保障幼儿，特别是最脆弱的和处境最不利的儿童群体，获得高质量的保育和教育。

二、现状

从全民教育提出这个目标到现在已经15年有余，全球儿童早期保育与教育的进展状况如何，联合国教科文组织也组织专家进行了评估。在2015年发布版的《2015全民教育全球监测报告》中，教科文组织对这一指标的成效进行了评估，认为幼儿保育和教育的进展迅速，但是起点太低，而且高度不平等。[①]从可量化的几个主要指标来看，虽然儿童死亡率降低了近50%，但2013年仍有630万名5岁以下儿童死于最容易避免的原因。改善儿童营养状况取得了巨大进展。然而全球仍有$\frac{1}{4}$的儿童低于其年龄标准身高，这是慢性营养不良的标志之一。2012年，全世界有1.84亿名儿童参加了学前教育，1999年以来，这一数字提高了将近$\frac{2}{3}$。

在存活率方面，儿童死亡率大幅下降。到2013年，192个有数据可查的国家中，53个国家已经实现了把死亡率降低为1990年的$\frac{2}{3}$的目标。1990—2000年，全球儿童死亡率从活产儿的90‰，降低到76‰，到2013年这个数字降低到了46‰，但似乎无法实现2015年的30‰的目标。[②]东亚和太平洋地区以及拉丁美洲和加勒比海这两个地区有望实现目标。虽然自2000年以来撒哈拉以南非洲取得了越来越快的进步，但该地区恐怕仍无法实现目标，其儿童死亡率预计将高于全球平均值。

在营养方面，儿童营养状况有所改善，发育不良儿童比例减少，但还不够。体重过轻儿童的比例从1990年的25%降低到了2013年的15%，而降低一半的目标还是未能实现。虽然全球发育迟缓率从1990年的40%降低到了2013年的24.5%，但是有1.61亿5岁以下儿童的认知与身体发展仍然面临危机。不同国家起点不同，进展也不一样。在撒哈拉以南非洲，和儿童死亡率一样，发育迟缓率从48%降低到38%，降幅较小。相比之下，南亚和西亚、东亚和太平洋地区的发育迟缓率降低了超过25个百分点，发展速度快。

学前教育服务于2000年以来扩张显著。联合国儿童基金会数据显示，全球学前教育入学率增长了将近$\frac{2}{3}$，在撒哈拉以南非洲、南亚和西亚增长了近2.5倍。全球学前教育毛入学率从1990年的27%，提高到1999年的33%，

---

① UNESCO. Education for All 2000-2015: Achievements and Challenges[R]. Paris: UNESCO Publishing, 2015.

② 同上.

2012年又提高到54%，如果维持1999—2012年的增长速度，2015年将可达到58%。但是，地区之间差距很大，存在相当严重的不平等。2013年，拉丁美洲和加勒比海的这一比例为75%，北美和西欧达到了89%，西欧国家甚至达到100%，但撒哈拉以南非洲只达到20%，阿拉伯国家只达到25%。在全球大多数地区，由于政府对公办学前教育机构的投入不足，私立机构的入学成本较高，因而由家庭经济状况的贫富差距导致的入学率高低差别十分突出。

从数字的增长中，可以看出幼儿保育和教育在几个主要量化指标上取得了较大的进展，但仍有一些边缘群体儿童的安全和营养得不到保障，他们没有机会接受学前教育。此外，在幼儿保育和教育的质量方面，还有待人们更进一步关注。幼儿认知和情感发展方面还少有成熟的测量工具，发展状况也就不得而知；多国学前教育教师资质认定和培训政策不完善，学前教育质量参差不齐。幼儿保育和教育仍需要更多的资源投入。

第二节 “一带一路”国家幼儿保育与教育的进展及问题

在幼儿保育和教育进展上，“一带一路”国家区域间和区域内的差别较大。总体来看，捷克、波兰、立陶宛等中东欧国家，希腊等北美和西欧国家，新加坡、马来西亚等部分东盟国家的幼儿早期保育和教育状况较好，阿富汗、巴基斯坦、伊拉克、也门等国家以及缅甸、老挝、柬埔寨等部分东盟国家的发展相对滞后。

一、进展情况

（一）幼儿早期保育状况

1. 幼儿安全状况

生命安全是幼儿的基本权利，保障幼儿的生命安全是对幼儿进行保育和教育的前提条件。1990年以来，全球幼儿死亡率大幅下降，“一带一路”国家也是如此(见图2.1)。从数值上看，中东欧国家的状况整体上优于其他国家和地区，这部分国家的5岁以下儿童死亡率在1990年的均值约为28‰，2013年的均值约为9.5‰，都远远低于同期的世界平均值(1990年为90‰，2013年为46‰)。

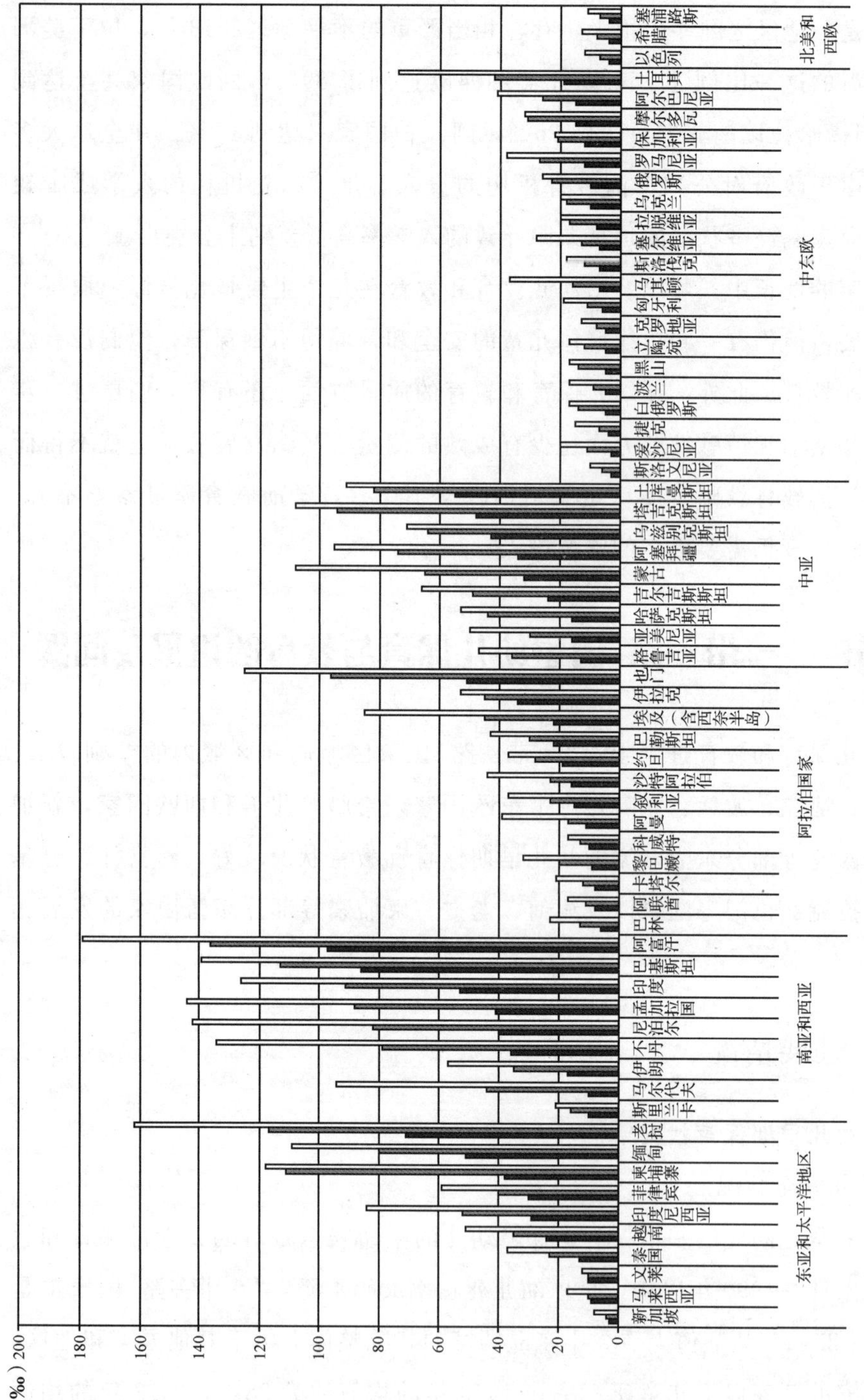

图 2.1 5岁以下儿童死亡率图(1990年、2000年和2013年)

资料来源：联合国儿童基金会数据库，2016年.

而亚洲部分国家整体上在这一指标上相对落后，低于世界均值的“一带一路”国家中大部分是亚洲国家，1990年有14个国家低于世界均值，其中13个是亚洲国家；2000年有12个、2013年有8个国家低于世界均值，全都是亚洲国家。同时，区域内不同国家之间的差别也很明显。从2013年的数据来看，东亚和太平洋地区5岁以下儿童死亡率最低的是新加坡的3‰，最高的是老挝的71‰，最高值是最低值的20多倍；阿拉伯国家的最低值是巴林的6‰，最高值是也门的51‰，最高值是最低值的近9倍；南亚和西亚的最低值是马尔代夫、斯里兰卡的10‰，最高值是阿富汗的97‰，最高值是最低值的近10倍；中亚的最低值是格鲁吉亚的13‰，最高值是土库曼斯坦的55‰，最高值是最低值的4倍多；中东欧的最低值是斯洛文尼亚的3‰，最高值是土耳其的19‰，最高值是最低值的6倍多。东亚和太平洋地区、阿拉伯国家、南亚和西亚及中亚这几个区域内的短板国家，包括老挝、也门、阿富汗、巴基斯坦、土库曼斯坦、印度等，同样也是所有“一带一路”国家中幼儿死亡率最高的几个国家。

尽管各个国家在1990年时幼儿死亡率的数据各有差别，到2013年所有国家的幼儿死亡率都下降了，幼儿的生命安全状况得到不同程度的改善。5岁以下儿童死亡率降幅最大的是马尔代夫，从1990年的94‰降到2013年的10‰；此外，柬埔寨、不丹、孟加拉国、尼泊尔等国家的进展也非常突出，都从1990年的100‰～150‰降到了2013年的40‰左右。降幅最小的国家是文莱，从1990年的12‰降到2013年的10‰，尽管降幅小，但因为1990年的基数就小，文莱的幼儿生命安全状况仍然稳中向好。在降幅较低的国家中，状况堪忧的是阿富汗、巴基斯坦、印度、老挝、土库曼斯坦等，这几个国家降幅小，同时1990年的死亡率基数大，到2013年状况仍然不佳。其中情况最糟的是阿富汗，阿富汗1990年5岁以下儿童死亡率是179‰，2013年是97‰，多年来一直是“一带一路”国家中死亡率最高的。

从2013年的数据来看，近半数“一带一路”国家幼儿死亡率的性别差异较小，不同性别幼儿死亡率差值低于世界均值3‰（见图2.2）。差值最大的10个国家全都是亚洲国家，其中土库曼斯坦、乌兹别克斯坦、老挝等国5岁以下男童死亡率平均高于女童近10‰，差值最大的是土库曼斯坦的16‰。只有印度1个国家女童死亡率高于男童，高出4个单位。

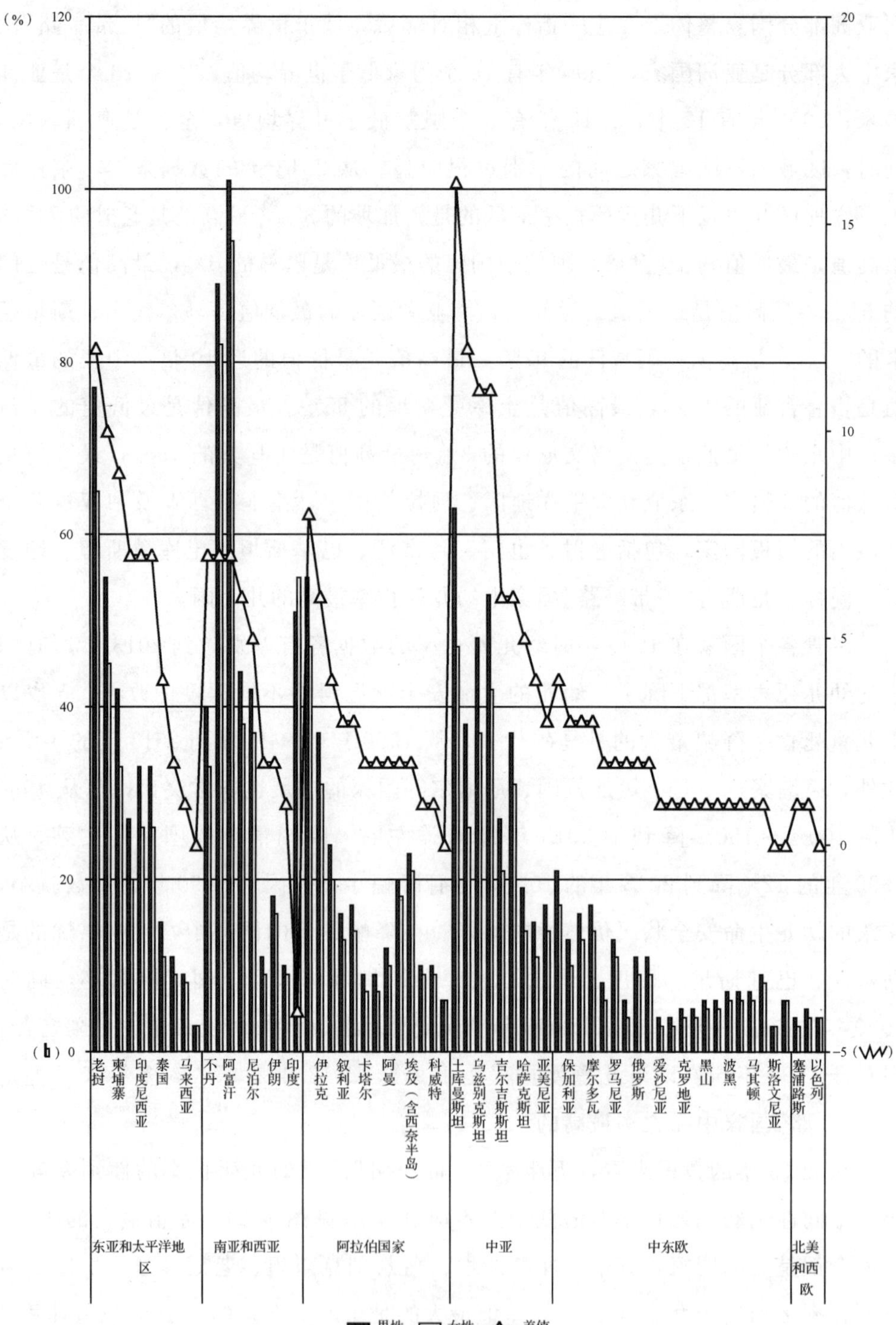

图 2.2　5 岁以下不同性别儿童死亡率图(2013 年)

资料来源：联合国儿童基金会数据库，2016 年.

从幼儿死亡率的数值、降幅以及性别间差值几个角度综合来看，数值大、降幅小、差值大的国家多有重叠，这些国家的幼儿生命安全问题仍然比较严峻。

2. 幼儿营养状况

幼儿营养状况在幼儿身高、体重等发育状况中可以得到反映，全球范围内，儿童营养状况得到了改善，但还不够。从现有的数据来看，“一带一路”国家的幼儿营养状况参差不齐。

新生儿的体重对婴幼儿时期有重要影响，低体重会影响日后的发育，甚至造成新生儿死亡。[①]“一带一路”国家新生儿发育情况整体较好，2009 年至 2013 年有数据可查的 62 个国家里(见图 2.3)，绝大多数国家新生儿发育状况高于世界平均水平，只有 7 个国家的出生体重过低婴儿比例高于世界均值(15.8%)，其中 5 个是南亚和西亚国家，包括印度、孟加拉国、斯里兰卡、尼泊尔和巴基斯坦。出生体重低于 2.5 千克的婴儿比例最低的前 10 个国家中，中东欧国家占 7 个，中亚占 3 个。比例最低是波黑的 4.5%，最高是也门和巴基斯坦的 32%，最高值是最低值的 7 倍多。

婴幼儿的母乳喂养状况是营养状况的一个重要方面。母乳是新生儿最好的食物，能够减小新生儿感染疾病的风险，也能够降低青少年肥胖的概率。特别是新生儿出生后一小时之内的初乳，对孩子的保健价值更高。世界卫生组织建议纯母乳喂养直到 6 个月，继续母乳喂养至 2 岁或更长时间，同时要补充其他适当的食物。[②]

母乳喂养状况的数据不全，2009 年至 2013 年有数据可查的“一带一路”国家只有 43 个(见图 2.4)，从现有的数据来看，亚洲国家的母乳喂养状况整体上好于其他区域。在母乳喂养的 4 个指标上，比例最高的 10 个国家中，绝大多数是亚洲国家，6 个月内纯母乳婴儿比例最高的是斯里兰卡的 76%。母乳持续到 2 岁幼儿比例最高的前 10 个国家中有 8 个南亚和西亚国家，最高的是尼泊尔的

---

① 世界卫生组织．新生儿：降低死亡率[EB/OL]. [2016-1]. http：//www. who. int/mediacentre/factsheets/fs333/zh.

② World Health Organization. Early initiation of breastfeeding[EB/OL]. http：//www. who. int/elena/titles/early _ breastfeeding/en

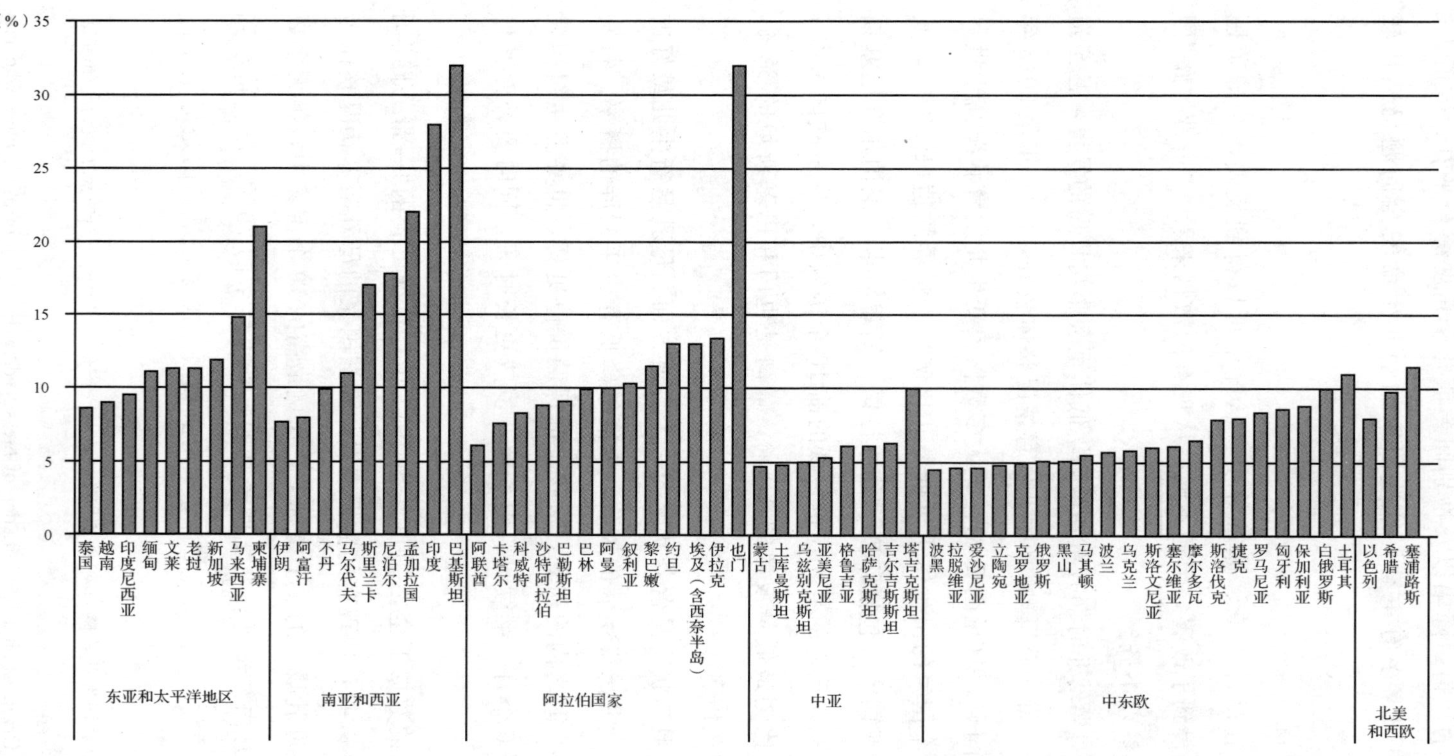

图 2.3　出生体重过低婴儿比例图

注：1. 数据是 2009 年至 2013 年可获取的最近一年的数据。

2. 出生体重过低的婴儿是指出生时体重低于 2.5 千克的婴儿。

资料来源：联合国儿童基金会数据库，2016 年.

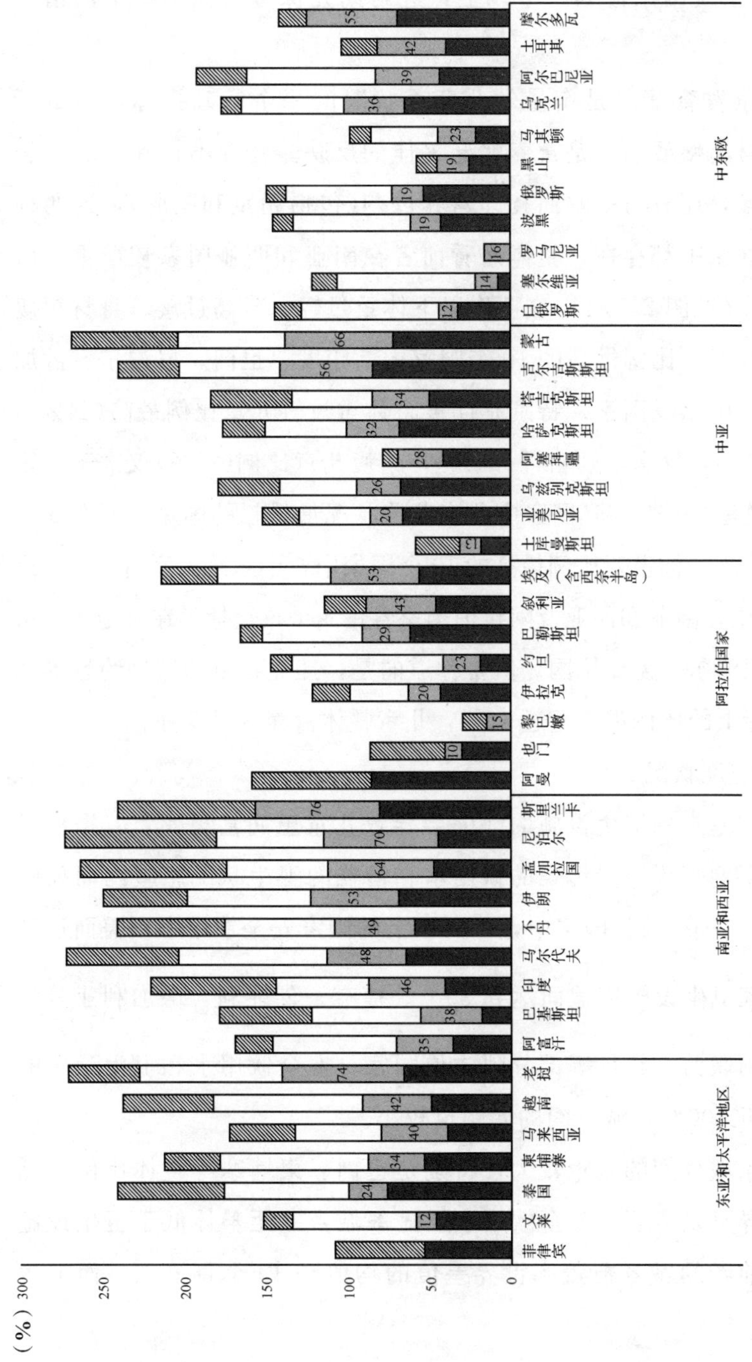

图 2.4　婴幼儿母乳喂养状况图

注：数据是 2009 年至 2013 年可获取的最近一年的数据。

资料来源：联合国儿童基金会数据库，2016 年.

92.6%，还有孟加拉国、斯里兰卡、印度、巴基斯坦等。而母乳喂养比例最低的10个国家中，中东欧国家占到一半以上，这与幼儿保育其他指标上的情况有较大反差。

幼儿身高和体重发育情况是衡量幼儿营养状况的一个基础指标，体重不足、身高过矮、身材超瘦或超胖是营养状况欠佳的反映。营养不良除了表现为生长迟滞和虚弱消瘦，还有另一幅面孔即营养过剩(包括超重和肥胖)，这两种情况在"一带一路"国家中都存在，整体来看前者在南亚和西亚国家较严重，后者多见于中东欧国家(见图2.5)。① 在5岁以下体重过轻、身高过矮、身材超瘦儿童比例这3个指标上，比例最高的10个国家中，印度、也门、尼泊尔、孟加拉国出现3次，无一中东欧国家。特别是印度，体重过轻儿童比例最高(44%)，身高过矮儿童比例(48%)仅次于阿富汗(59%)，超瘦儿童比例(20%)仅次于斯里兰卡(21%)，可以说是"一带一路"国家中儿童营养状况最糟糕的国家。而在5岁以下身材超胖儿童这一指标上，比例最高的10个国家中，中东欧国家占4个，比例最低的10个国家中，南亚和西亚及阿拉伯国家各占4个，包括了在其他3个指标上畸高的印度、尼泊尔、孟加拉国。值得称道的是，捷克、新加坡、约旦等几个国家在这4个指标上的比例都不超过10%，儿童整体营养状况良好。

3. 幼儿卫生和防疫状况

安全的饮用水和基本的卫生设施的缺失会导致儿童患病甚至死亡。据世界卫生组织的统计，平均每天因受污染的饮用水和糟糕的卫生状况患腹泻而死的儿童有1400多名。"一带一路"国家中，90%以上的国家安全饮用水覆盖面达到80%，超过$\frac{3}{4}$的国家卫生设施覆盖面达到80%。捷克、匈牙利、保加利亚等大多数中东欧国家，阿联酋、约旦等部分阿拉伯国家，安全饮用水和卫生设施的覆盖率都达到或接近100%，城乡间的差距也较小。

但仍有不少国家城乡间的差距较大，特别是也门、柬埔寨等整体比例较低的国家里，城乡差异更是显著。安全饮用水覆盖率城乡差距整体低于卫生设施覆盖率城乡差距，前者的城乡覆盖率世界差值的均值是15个百分点，而卫生

① 联合国儿童基金会．儿童营养问题[EB/OL]. http://www.unicef.org/chinese/nutrition/index_faces-of-malnutrition.html? p=printme

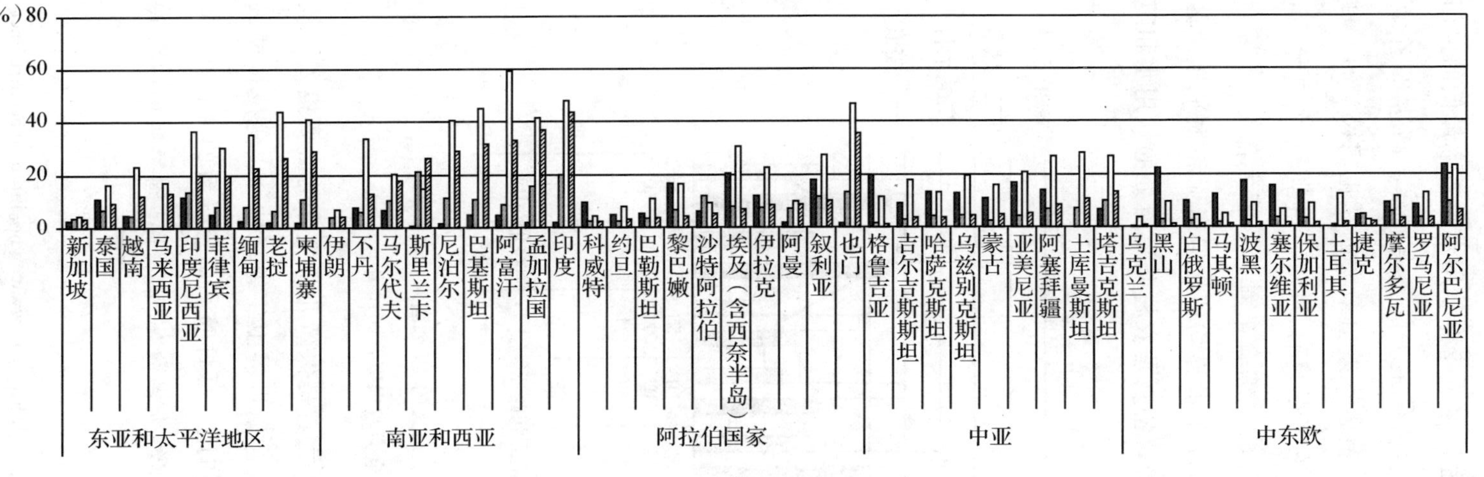

图 2.5　5 岁以下儿童身高、体重发育情况图(2013 年)

注：5 岁以下同龄儿童中体重过轻是指与年龄对应的体重比世界卫生组织的儿童发育成长标准值低 2～3 个单位以上；5 岁以下同龄儿童中身高过矮是指与年龄对应的身高比世界卫生组织标准值低 2 个单位以上；5 岁以下身材超瘦是指与身高对应的体重比世界卫生组织标准值低2 个单位以上；5 岁以下身材超胖是指与身高对应的体重比世界卫生组织标准值高 2 个单位以上。

资料来源：联合国儿童基金会数据库，2016 年.

设施覆盖率差值的均值是它的2倍，高达33%。安全饮用水覆盖率最低的也门(55%)，城乡间差值为25个百分点，城乡差值最大的是柬埔寨，高达28个百分点；卫生设施城乡差距比饮用水更大，覆盖率差值最大的是也门(59%)，城市卫生设施覆盖率高达93%，而农村的覆盖率只有34%，相差59个百分点，柬埔寨的城乡间差值也高达57%(见图2.6)。综合来看，尽管大部分“一带一路”国家的安全饮用水和卫生设施覆盖率高于世界均值，但东亚和太平洋地区及南亚和西亚部分国家的情况仍亟待改善，特别是农村儿童所处的饮用水和卫生条件堪忧。

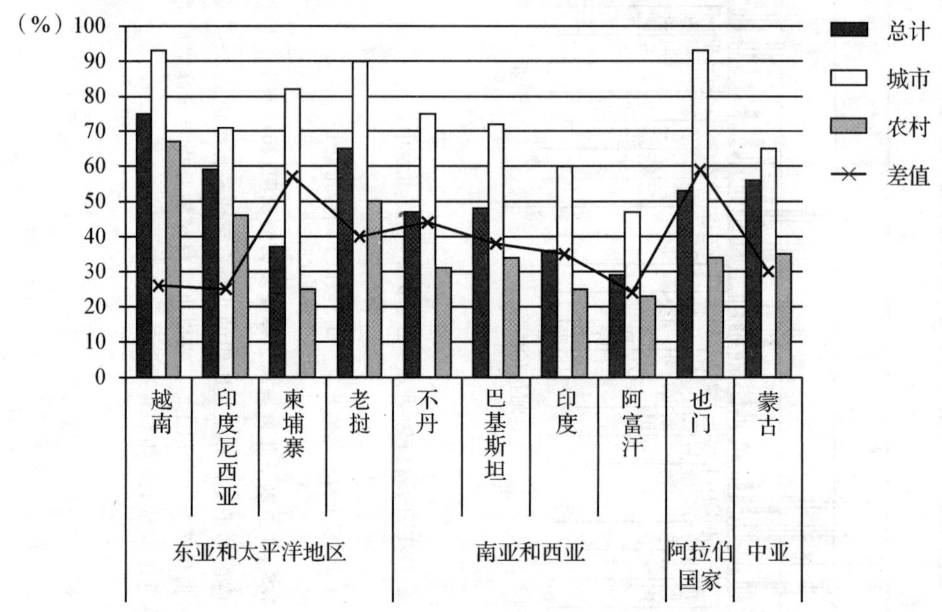

图2.6　卫生设施覆盖率城乡差值最大的10个国家(2012年)

资料来源：联合国儿童基金会数据库，2016年.

疫苗接种可预防疾病造成的残疾和死亡，是保障儿童生存的必要投入。从儿童免疫比例可以看出儿童健康保障状况。据世界卫生组织估计，免疫接种每年能避免200万至300万例因白喉、破伤风、百日咳和麻疹导致的死亡。① 全球疫苗接种覆盖率总体保持稳定，2013年绝大多数“一带一路”国家接种白百破

① 世界卫生组织．免疫覆盖[EB/OL].[2016-3]. http://www.who.int/mediacentre/factsheets/fs378/zh/.

(白喉、百日咳和破伤风)、脊髓灰质炎、麻疹、乙肝等常规疫苗的儿童比例超过80%，高于世界均值。中国、新加坡、希腊、捷克、阿联酋等近$\frac{2}{3}$国家接种儿童比例超过90%。低于世界均值的国家中，东亚和太平洋地区、南亚和西亚及阿拉伯国家都有(见图2.7)，其中阿富汗、印度、巴基斯坦、叙利亚、伊拉克、乌克兰6国四种疫苗的接种比例均低于世界均值。

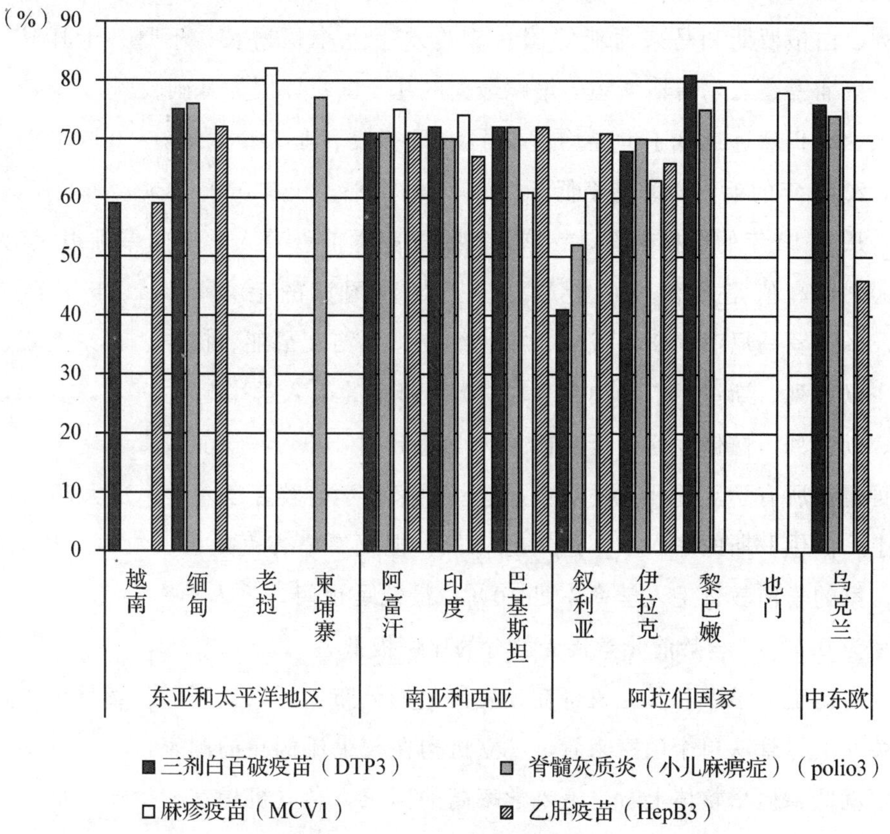

图2.7 常规疫苗接种儿童比例低于世界均值的国家(2013年)

资料来源：联合国儿童基金会数据库，2016年.

(二)幼儿学前教育状况

除了儿童生命安全、营养发育及卫生健康状况，儿童在认知、行为和情感等方面接受的教育和获得的发展同样重要。儿童早期教育主要包括婴幼儿阶段和学龄前阶段，关于0至3岁婴幼儿阶段教育的数据较少，目前可查的数据主要关于儿童学龄前早期教育规模等，但对其质量仍缺乏成熟的测评方法。

1. 学前教育入学情况

入学率是衡量学前教育发展水平的重要指标，标志着教育相对规模和教育机会，根据计算在校生人数时是否囊括规定年龄之外人口，分为毛入学率和净入学率两种。从 2000 年到 2013 年，世界各国学前教育毛入学率的均值从 35% 增长到 54%，增长了 19 个百分点，"一带一路"国家的学前教育毛入学率都有不同程度的发展(见图 2.8)。斯洛伐克、斯洛文尼亚、保加利亚、黎巴嫩、以色列、白俄罗斯和马来西亚等国在较高水平上小幅增长；不丹、土耳其、老挝、柬埔寨、吉尔吉斯斯坦等增幅最大的几个国家，因为基础较弱，到 2013 年毛入学率仍然远远低于世界均值 54%。只有叙利亚 1 个国家在 2013 年急速下降，2013 年的毛入学率甚至低于 2000 年的水平，仅有 5.9%。

从 2013 年的数据来看，"一带一路"国家学前教育入学率的差别很大(见图 2.9)，最高值是最低值的近百倍。近半数国家的毛入学率高于世界均值 53.8%。罗马尼亚、斯洛伐克、拉脱维亚、斯洛文尼亚、捷克、马来西亚、泰国、以色列、斯里兰卡和白俄罗斯 10 个国家的毛入学率超过 90%，其中，泰国、以色列、白俄罗斯、捷克的毛入学率超过 100%，学前教育基本上发展到了可覆盖所有学龄前儿童的规模；这些国家的学前教育净入学率也大都在 80% 以上，白俄罗斯的净入学率达到近 99%。但仍有塔吉克斯坦、叙利亚和也门 3 个国家的学前教育毛入学率不足 10%，最低是也门，毛入学率为 1.3%，净入学率为 0.7%，学龄前儿童接受教育的比例极低。

对比毛入学率和私立机构在校生比例的分布，可以发现，两者呈现一定的相关性。尽管从单个国家来看，私立机构在校生比例高的国家，毛入学率并不一定就低，但从整体上看，毛入学率高的国家，私立机构在校生比例低。要提高学前教育入学率，扩大普惠性公办幼儿园的覆盖率是一个重要途径。学前教育私立机构由宗教团体、社区、私营企业或个人投资者等开办，大多数私立机构的营利性特征大过普惠性，高质量、有特色的私立幼儿园可以作为公办园的补充，丰富学前教育资源，但如果营利性私立幼儿园比例较高，甚至高过公办园的比例，那么因为私立机构入园成本高、教育质量缺乏保障等，不少幼儿便会失去接受学前教育的机会。

一年级新生中接受过学前教育的学生比例也是衡量学前教育发展状况的一个指标。不同质量的学前教育会对学生有不同的影响，接受过优质学前教育的

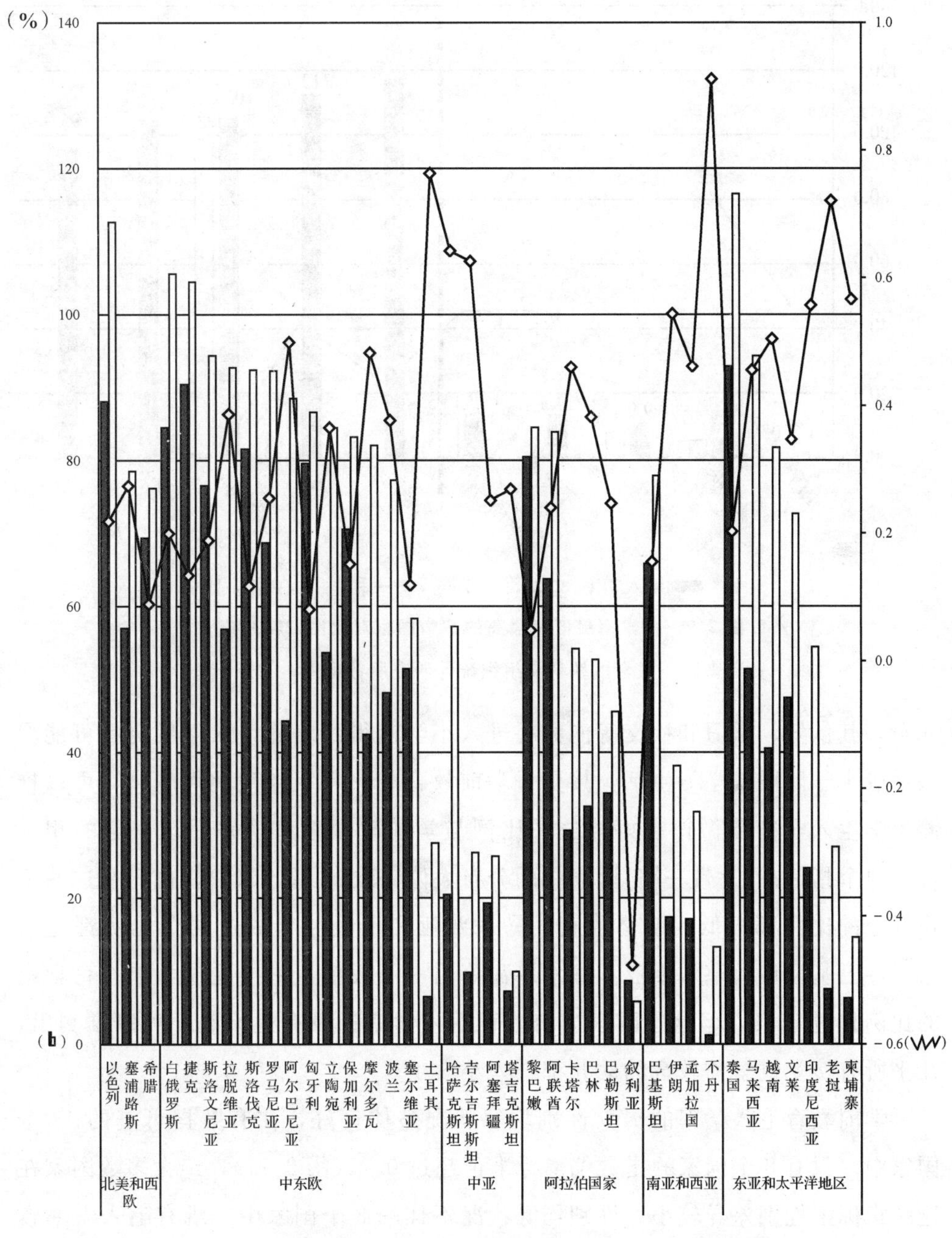

图 2.8　学前教育毛入学率对比图(2000 年和 2013 年)

资料来源：联合国教科文组织统计研究所数据库，2016 年.

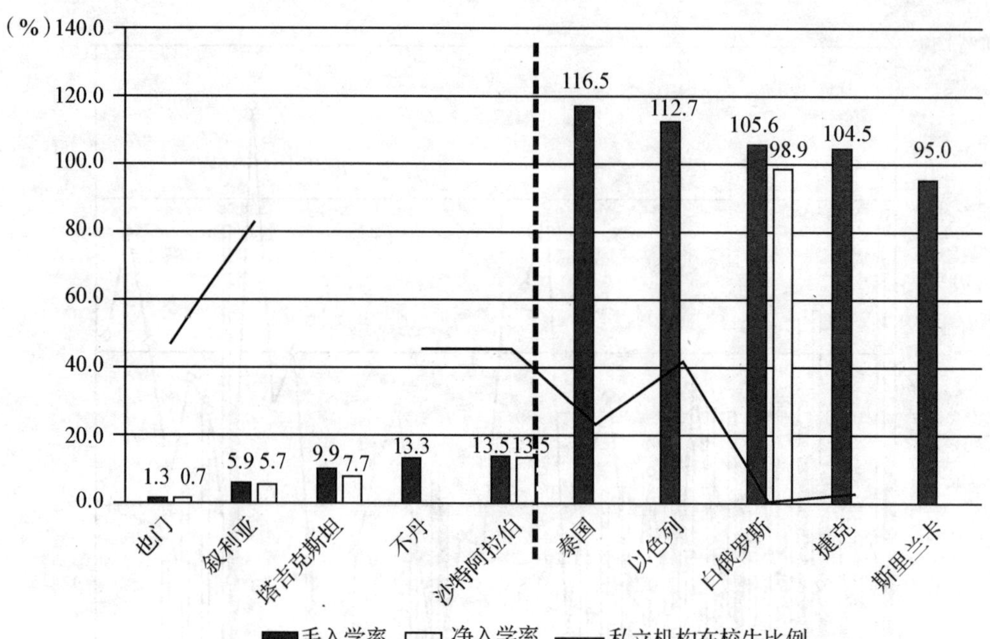

图 2.9 入学率最低和最高的 5 个国家对比图(2013 年)

资料来源：联合国教科文组织统计研究所数据库，2016 年.

儿童，其认知、学习和社交等能力在进入小学前得到培养，入学后更有可能尽快适应小学阶段的学习生活。接受过学前教育的一年级新生比例越高，可以推测出学生入学准备做得越好。这一比例与学前教育毛入学率呈现一定的相关性，两个指标在"一带一路"国家中的分布大体一致(见图 2.10)，也门在这两个指标上的比例都极低，斯洛伐克、马来西亚和斯里兰卡的这两个比例都超过 90%，巴基斯坦、塞尔维亚和摩尔多瓦等国一年级新生中接受过学前教育学生的比例超过 95%，但这些国家学前教育毛入学率远没有这么高，可以推测出，几乎所有接受过学前教育的幼儿都升入小学了。

学前教育毛入学率的男女性别均等状况整体良好，在有数据可查的 43 个国家中，只有 8 个国家的指数偏离标准值超过 0.05(图 2.11)，绝大多数国家在这一指标上性别差异较小。性别均等状况不佳的 8 个国家中，既有毛入学率较高的黎巴嫩，也有较低的也门、塔吉克斯坦、柬埔寨等；既有男童入学率低于女童的情况，如沙特阿拉伯、印度尼西亚和柬埔寨，也有男童入学率高于女童的，包括黎巴嫩、越南、巴基斯坦、也门和塔吉克斯坦等。(关于性别均等指数的详细分析请参见第七章。)

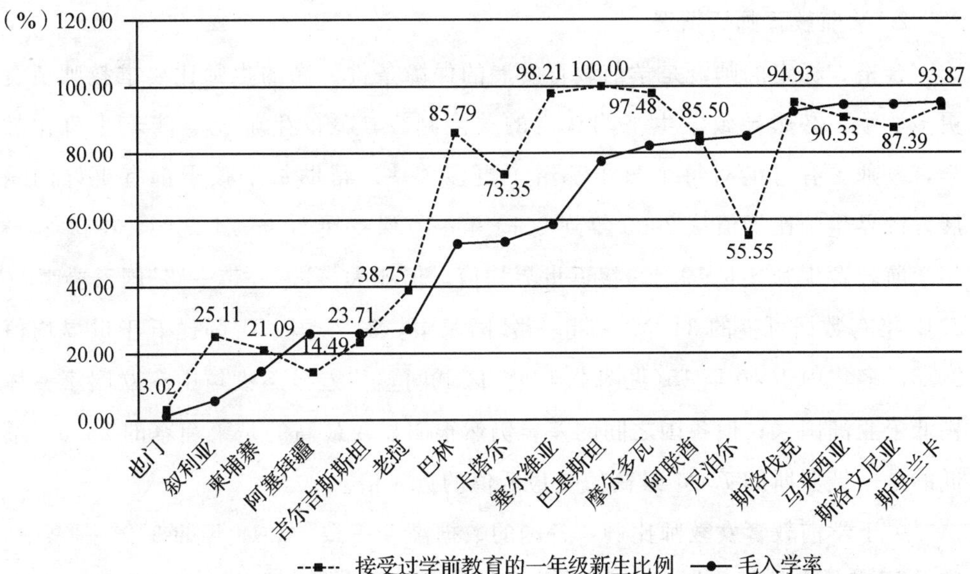

图 2.10 学前教育毛入学率和接受过学前教育的一年级新生比例对比图(2013 年)

资料来源：联合国教科文组织统计研究所数据库，2016 年.

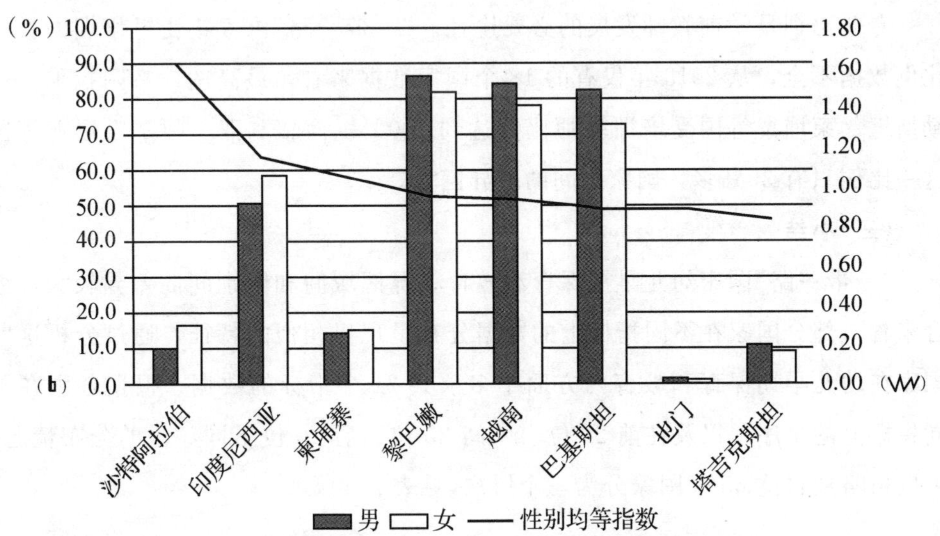

图 2.11 学前教育毛入学率性别均等指数极值图(2013 年)

资料来源：联合国教科文组织统计研究所数据库，2016 年.

2. 学前教育师资情况

合格、稳定的师资是学前教育发展的保障条件。高的生师比要求教师负责更多学生，必然导致学生平均获得的关注减少；低的生师比意味着小班化教学，教师更有可能对每个孩子都给予更多关注，帮助每个孩子都有更好的发展。世界生师比均值从2000年到2013年一直保持在20至21之间，中国2013年学前教育生师比是19.4，接近世界均值，但比大多数“一带一路”国家要高。① 2013年有数据可查的34个“一带一路”国家中，31个国家生师比低于世界均值20.8，多集中于10至15(见图2.12)。区域间整体差异不大，中东欧国家整体稍低于亚洲国家；但各国之间的差异仍然很明显，最高的是柬埔寨的28.6，最低的是白俄罗斯的7.6，最高值是最低值的近4倍。

关于学前教育女教师比例，各国的数据高度一致，2013年的34个国家中，27个国家的女教师比例高于95%，其中白俄罗斯、斯洛伐克、沙特阿拉伯、巴勒斯坦、阿尔巴尼亚等14个国家和地区的比例高于99%(见图2.12)。女教师比例最低的是马尔代夫，也高达86.7%。女教师在学前教育中的比例过高已成为“一带一路”国家较普遍的现象。

专业培训是学前教师发展的必要途径。“一带一路”国家接受过培训的教师比例数据不全，从2013年仅有的18个国家数据来看，最高的沙特阿拉伯、巴勒斯坦、柬埔寨等国受培训教师比例达到100%，而叙利亚、阿尔巴尼亚等国这一比例只有30%多，国家之间的差异巨大。

(三)小结

“一带一路”国家幼儿早期保育和教育状况区域间和国别间的差异较大，综合来看，部分国家在不同指标上的数据分布呈现出相似的特征。通过分析这些国家在幼儿早期保育和教育两方面十多项共21个指标的数据，根据各国在不同指标上的排序，以及在前20位、中间25位、后20位不同序位的分布情况，可以粗略地将这65个国家分为三个层次(见表2.1)。

---

① 中华人民共和国教育部．中国教育概况——2013年全国教育事业发展情况[EB/OL].[2015-3-31]. http://www.moe.edu.cn/publicfiles/business/htmlfiles/moe/s5990/201503/185430.html.

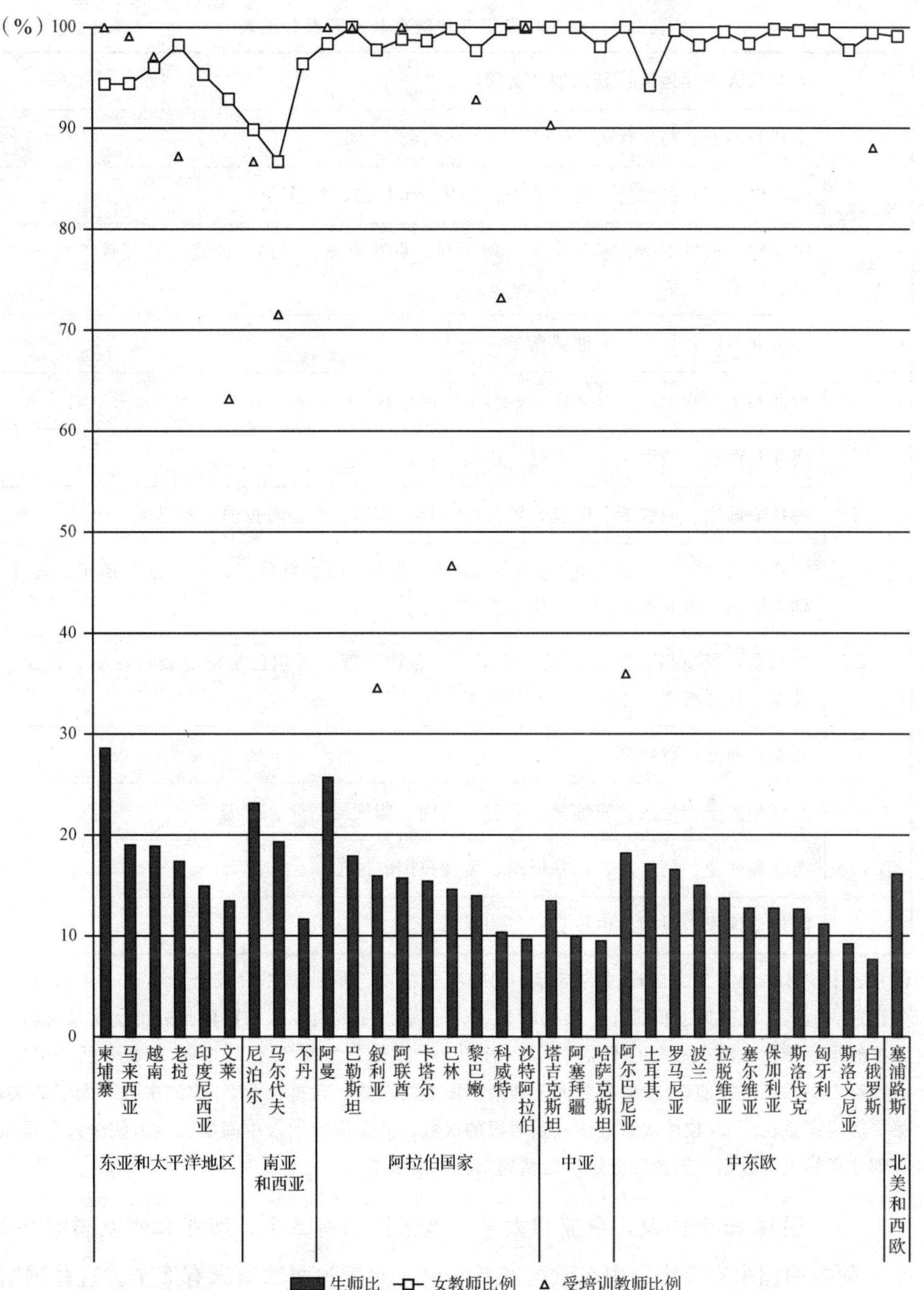

图 2.12　学前教育师资状况图(2013 年)

资料来源：联合国教科文组织统计研究所数据库，2016 年.

表 2.1　幼儿早期保育和教育状况国家分层表

层次	国家
第 1 层	东亚和太平洋地区：新加坡、文莱
	南亚和西亚：马尔代夫
	阿拉伯国家：科威特、巴勒斯坦、巴林、卡塔尔、约旦
	中东欧：白俄罗斯、塞尔维亚、匈牙利、克罗地亚、黑山、捷克、马其顿、斯洛伐克、斯洛文尼亚
	北美和西欧：希腊、塞浦路斯
第 2 层	东亚和太平洋地区：马来西亚、泰国、菲律宾
	南亚和西亚：斯里兰卡、不丹、伊朗
	阿拉伯国家：阿联酋、阿曼、埃及(含西奈半岛)、沙特阿拉伯、黎巴嫩
	中亚：格鲁吉亚、亚美尼亚、阿塞拜疆、蒙古、哈萨克斯坦、吉尔吉斯斯坦、乌兹别克斯坦、塔吉克斯坦、土库曼斯坦
	中东欧：俄罗斯、摩尔多瓦、乌克兰、保加利亚、阿尔巴尼亚、爱沙尼亚、波黑、波兰、拉脱维亚、立陶宛、罗马尼亚、土耳其
	北美和西欧：以色列
第 3 层	东亚和太平洋地区：柬埔寨、老挝、缅甸、印度尼西亚、越南
	南亚和西亚：阿富汗、巴基斯坦、孟加拉国、尼泊尔、印度
	阿拉伯国家：也门、伊拉克、叙利亚

注：表中统计的均为上文出现过的指标，同一项指标中选取数据相对较全、最近一年的数据，分性别或地区比较的以差值排序，共选取 21 个指标。按照数值高低和数值代表的优劣情况将有数据的国家排序，没有数据的不排序，将 1 至 65 个序位分为前 20 位、中间 25 位、后 20 位三段。第 1 层国家排在前 20 位的次数大于其余两段上的次数，且排在后 20 位的次数不大于 2 次；第 3 层国家排在后 20 位的次数大于其余两段的次数；其余国家纳入中间层。因为缺少部分国家在部分指标上的数据，表中的分层不是精确划分，仅供参考。

第一层共 19 个国家，东亚和太平洋地区国家有 2 个，南亚和西亚国家有 1 个，阿拉伯国家有 5 个，中东欧国家有 9 个，北美和西欧国家有 2 个。这些国家在大多数指标上表现突出，幼儿死亡率低于 10‰，营养不良幼儿比例低，安全饮用水和卫生设施覆盖率接近 100%，基础疫苗接种比例接近 100%，学前教育毛入学率高于 80%，生师比低于 15，幼儿发展状况逐年稳中有升，处于领先水平。

第二层共33个国家，东亚和太平洋地区国家有3个，南亚和西亚国家有3个，阿拉伯国家有5个，中亚国家有9个，中东欧国家有12个，北美和西欧国家有1个。这些国家在大多数指标上都表现中等，同时在少数指标上偏差。例如，俄罗斯的幼儿死亡率、死亡率性别差值、卫生设施城乡差值、基础疫苗接种比例等指标上的排序都集中于20至45；再如，伊朗在保育方面大多数指标上的排序都在20至45，但在毛入学率和私立机构在校生比例等指标上的数据排序在后20位。这些国家幼儿保育和教育状况各自有短板，同时整体有待提升。

第三层共13个国家，东亚和太平洋地区国家有5个，南亚和西亚国家有5个，阿拉伯国家有3个。这些国家在大多数指标上表现不佳，而且在一些指标上出现极值。例如，阿富汗幼儿死亡率达97‰，也门、巴基斯坦、印度的体重过低新生儿比例达到30％，印度、孟加拉国和也门的体重过轻儿童比例高达40％左右，也门安全饮用水覆盖率只有55％，阿富汗卫生设施覆盖率不足30％，叙利亚部分基础疫苗接种比例只有50％上下，也门和叙利亚的毛入学率不足10％，这些国家幼儿保育和教育状况都面临非常严峻的挑战，距离全民教育目标尚有不小距离。

二、主要问题

“一带一路”国家中既有幼儿保育和教育处于领先水平的国家，也有连儿童基本生命安全、营养、健康、教育权利都得不到有效保障的国家，不同层级国家面临的挑战不同，或者在相似方面面临不同程度的挑战。

(一)战乱和贫穷威胁幼儿最基本的生命安全、健康和受教育权

“一带一路”国家中有少数国家仍然未能摆脱战乱和贫困，战乱直接危害幼儿的生命健康，而战乱等因素导致的贫困使得国家在幼儿保育和教育上的投入难以保障。在“一带一路”国家内部，叙利亚内战、乌克兰局势、伊朗核问题、也门内乱、泰国、缅甸、阿富汗和伊拉克等国的暴力冲突和恐怖袭击等，都是非常棘手的问题，对该地区的整体经济发展有负面影响。外部势力介入更加剧了问题的复杂性，其背后的大国博弈往往使得局部地区问题长期得不到解决。生活在战争或动乱国家的幼儿成为直接受害者，他们的生命安全、营养健康都

难以得到保障，接受学前教育的比例也非常低，例如，阿富汗5岁以下儿童死亡率最高，也门和印度儿童营养不良比例最高，叙利亚和也门学前教育毛入学率最低等。叙利亚战争对儿童发展状况影响十分明显(见框2.1)，内战爆发5年来，500万以上儿童流离失所成为难民；2005年至2010年的5年来，叙利亚学前教育毛入学率在10%上下，叙利亚战争爆发两年后，2013年叙利亚的学前教育急速降低将近一半，只有5.88%。

框2.1　叙利亚战争对儿童的影响

据中国日报网报道，截至2016年3月中旬，叙利亚战争爆发已经5周年。联合国数据显示，迄今为止叙利亚内战已导致超过27万人丧生。叙利亚战前人口为2300万，目前有超过一半人口背井离乡。据联合国儿童基金会报告显示，叙利亚境内约有700万儿童生活贫困，有超过20万儿童被战火包围，境内210万儿童以及邻国的70万儿童被迫辍学，5岁以下的儿童中约有$\frac{1}{3}$除了战争一无所知，这里面估计包括290万名叙利亚境内的儿童以及至少81.1万名在邻国的儿童。叙利亚内战致使叙利亚境内武装部队和其他团体征用儿童的现状堪忧。他们通过玩具和每月400美元(约合人民币2600元)的工资来鼓励儿童投身战事。自2014年开始，被招募的童军的年龄较往年更小，有些甚至只有7岁，而且通常未获得他们父母的同意。这些孩子们接受军事训练后参加战斗，他们化身为刽子手或狙击手，其中不乏女孩。

资料来源：孙若男．叙内战5周年：27万人死亡，$\frac{1}{3}$儿童仅知战争[EB/OL].[2016-3-26]. http://world.chinadaily.com.cn/2016-03/15/content_23871487.htm.

除了战乱，贫困也会使幼儿成长必需的基本条件难以得到保障，不仅使幼儿容易受到发育和营养不良问题的影响，也会减少其获得早期教育的机会。“一带一路”国家中有超过$\frac{1}{3}$的国家属于中低收入国家。根据世界银行2013年的统计，人均国内生产总值低于1035美元为低收入国家，阿富汗、尼泊尔、缅甸、孟加拉国、柬埔寨5国都属于低收入国家，最低的阿富汗的2013年人均国内生产总值仅有约665美元；另有塔吉克斯坦、吉尔吉斯斯坦、也门、巴基斯坦、老挝、印度、越南、乌兹别克斯坦等19国，2013年人均国内生产总值在1035至4085美元，属于中等偏下收入国家；还有些国家尽管人均国内生产总值高于低收入国家标准，但赤贫人群(每日生活费低于1.25美元人口)比例较高，例如，老挝、印度和巴基斯坦的赤贫人口比例都超过20%。相对来说，贫困国家和贫困人口保障幼儿的发展更加困难，低收入国家幼儿保育和教育状况整体来看普遍比较糟糕。但经济状况与幼儿发展状况不是绝对正相关的，并不是人均国内生产总值越低的国家，幼儿发展状况就一定越差。例如，塔吉克斯坦和吉尔吉斯斯坦的人均国内生产总值均低于也门和巴基斯坦等，仅略高于低收入国家线，但其 5 岁以下儿童死亡率、出生体重过低婴儿比例以及营养和发育状况不良幼儿比例等均低于也门和巴基斯坦，幼儿发展各指标上的整体表现相对优于也门等国。

（二）对于脆弱的和处境不利幼儿的保育和教育服务可及性有待提高

对于“一带一路”国家来说，幼儿保育和教育状况的不均衡除了存在于不同发展水平的国家和地区之间外，一国之内的城市和农村之间、不同经济状况的家庭之间、不同性别之间等，在整体上也存在显著差异。[①] 生活在农村地区、贫困家庭、家长受教育水平低的家庭等处境不利的幼儿需要引起更多关注。

相比较城市基础设施条件而言，农村地区存在较大差距。以前文所述安全饮用水和基本卫生设施覆盖率为例，阿富汗、土库曼斯坦、塔吉克斯坦和柬埔寨等整体覆盖率较低的国家中，城市的安全饮用水覆盖率能达到 90%上下，而农村却只有 50%～65%；再如，也门、柬埔寨、巴基斯坦等，尽管这些国家整体的基本卫生设施覆盖率都不足 55%，但城市的覆盖率却可以达到 70%以上，甚至也门城市的基本卫生设施覆盖率达到 93%，而农村的覆盖率只有 30%上下。基础条件不足，再加上医疗服务资源匮乏，使得生活在农村地区的儿童在健康方面面临更大的风险。此外，农村地区的教育资源不足且水平不如城市，也使得农村地区儿童特别是贫困儿童接受早期教育的机会降低。

此外，家长的教育水平以及贫困问题也威胁幼儿早期保育与教育的发展。受教育水平低的家长缺乏幼儿保育的基本知识，不能很好地照料幼儿的健康，也不能根据幼儿的特征提供呼应式的喂养和刺激，因而难以有效地促进幼儿的健康发育及认知和情感等方面的发展。[②] 不同经济状况的家庭的儿童在接受学

---

① UNESCO. Education for All 2000-2015：Achievements and Challenges[R]. Paris：UNESCO Publishing，2015.

② UNESCO. Education for All 2000-2015：Achievements and Challenges[R]. Paris：UNESCO Publishing，2015.

前教育的机会方面存在严重的不平等，贫困儿童参加早期教育项目的机会较小，尤其是在公共学前教育服务普及率低的国家，非普惠性私立学前教育机构的高成本问题会让贫困家庭儿童丧失入学机会，或者只能接受低水平的学前教育。

幼儿保育和教育方面的性别平等问题有多种表现。在印度(见框 2.2)等国家中，女童处于被歧视的弱势地位，死亡率高，接受学前教育的比例低；而在伊朗、蒙古、也门等许多国家中，男童的状况反而更糟。在 5 岁以下幼儿死亡率这一指标上，绝大多数国家男童死亡率高于女童，土库曼斯坦男童死亡率甚至高于女童 16‰。另一个显著的性别问题是学前教育女教师比例畸高，各国普遍缺少男教师，职业性别构成不平衡也会对幼儿造成潜在的影响。

框 2.2　被蒸发的印度女孩

由于重男轻女的观念根深蒂固，过去 30 年，印度因流产而“失踪”的女孩约 1200 万之多。2011 年印度内务府公布的第 15 次全国人口普查结果数据显示，2011 年印度 0 至 6 岁的儿童中，女性与男性的数量比为 914：1000，女孩总数较男孩少 710 万。英国著名医学杂志 *Lancet* 2011 年发表的题为《印度针对女婴的选择性流产趋势》研究报告认为：“对于 2011 年人口普查中女童数量缺口最合理的解释，就是产前性别检查以及继之而来的流产女胎。由于超声波仪器的广泛使用，性别选择流产在印度已随处可见。”该研究还发现，具有较高学历或来自富裕家庭的妇女对胎儿性别检查和流产女胎的态度比其他女性更为积极。

资料来源：张旭．30 年 1200 万女孩被流产，被蒸发的印度女孩[J]．小康，2011 (7).

(三)对于保育和教育质量的追求仍需加强

对幼儿保育和教育质量的追求，对于不同的国家都是必要的。低质量的、不合标准的保育和教育(比如，提供不安全的饮食、消极的指导、采取暴力管教方式，甚至对幼儿实施违法犯罪行为等)对幼儿来说反而是有害的。即便是对于量化指标表现不佳的国家来说，在提高保育和教育服务普及率的同时，也要同时保证服务的质量至少满足幼儿基本的发展需求。对于幼儿发展量化指标表现良好的国家来说，如何缩小不同地区间的质量差距，促进整体内涵发展，以更好地帮助幼儿个性化的成长，也是需要不断探索的。

但是，对质量进行界定和测量非常困难，导致我们对于“一带一路”国家乃至全球幼儿保育和教育整体质量状况知之甚少。理想的测评工具应该能反映当地的价值观和儿童发展观，能够科学预测儿童认知、语言和社会情感发展的指标。对于不同类型的幼儿保育和教育服务质量，全世界并没有可比性数据，低收入国家的相关研究更是有限。[①] 在一些国家，还存在不同部门间的数据难以整合的问题。在缺少有效数据支撑的情况下，制定科学而有适切性的政策，探索提高质量的有效方法和途径，是一个大挑战。

第三节　“一带一路”国家儿童早期保育与教育创新性政策和措施

一、实施义务学前教育政策，提高学前教育普及率

“一带一路”国家大多数制定了针对儿童早期的政策和规定。截至 2014 年，全球共有 40 个国家立法实施义务学前教育，其中有 16 个“一带一路”国家，包含亚洲的伊朗、斯里兰卡、哈萨克斯坦、文莱、菲律宾等 6 国和中东欧的波兰、匈牙利、保加利亚等 10 国(见表 2.2)。通过立法使得学前教育具有义务性和强制性，能够稳步提升学前教育入学率。

“一带一路”国家中，文莱是较早实施义务学前教育的国家。文莱于 1979 年将学前一年教育义务化，规定幼儿在进入小学前要接受一年的学前教育。文莱在 2010 年 6 月成立专门的幼儿早期保育与教育部门，并在《2007—2017 年发展战略和政策纲要》中，将早期教育作为优先教育政策。文莱的公立幼儿园接受 5 岁及以上幼儿，私立学前教育机构可以为 3～6 岁幼儿提供服务。近 5 年来文莱 5～6 岁儿童学前教育毛入学率均在 95％以上，2012 年达到 97.2％。[②] 公立幼儿园一年的课程侧重于幼儿认知技能、社会情感发展、自信心的培养以及小学入学准备等，能够有效保障幼小衔接。

---

① UNESCO. Education for All 2000-2015：Achievements and Challenges[R]. Paris：UNESCO Publishing，2015.

② Education for All 2015 National Review Report：Brunei Darussalam [EB/OL]. http：//unesdoc. unesco. org/images/0023/002305/230503e. pdf

表 2.2 学前义务教育政策信息表

地区	国家	法律颁布年份	义务教育起始年龄	义务学前教育年限
东亚和太平洋地区	文莱	1979	5	1
	缅甸	…	5	1
	菲律宾	2012	5	1
南亚和西亚	伊朗	2004	5	1
	斯里兰卡	1997	5	…
中亚	哈萨克斯坦	1999	5	1
中东欧	波黑	2007	5	1
	保加利亚	2002/2003	6	1
	匈牙利	1993	5	1
	拉脱维亚	2002	4	2
	马其顿	2005	6	1
	波兰	2004	6	1
	摩尔多瓦	…	5	1
	罗马尼亚	…	6	1
	塞尔维亚	2003	5.5	1
	斯洛文尼亚	2001	6	0
北美和西欧	希腊	2006	5	…
	以色列	1949	3	…

注：…表示没有相关数据。
资料来源：UNESCO. Education for All 2000-2015：Achievements and Challenges[R]. Paris：UNESCO Publishing，2015.

缅甸是目前"一带一路"国家中较晚实施义务学前教育的国家，从 2015/2016 学年起开始实行幼儿园免费义务教育。① 缅甸的幼儿园教育于 2015 年 4 月由福利局监管转为教育部监管，并列入免费义务教育，又于同年 9 月 26 日的联邦议会上通过了将幼儿园开办在小学内的议案。与这些政策相配套，缅甸教育部还计划从 2015 年起，5 年内在全缅建立 2 万所幼儿园，同时增加教育经费，

① Education for All 2015 National Review Report：Myanmar [EB/OL]. http：//unesdoc.unesco.org/images/0022/002297/229723e.pdf

2015/2016 学年教育部将投入 1000 亿缅元作为幼儿教育经费。①

此外，俄罗斯、捷克等国家虽然没有实行义务学前教育，但提供免费公立学前教育服务，也很好地为提高入学率提供了政策保障。② 中国等还未实行义务学前教育的国家中，有专家学者积极呼吁将学前教育纳入义务教育范围，同时相关机构也在论证这一提议的可行性。③

二、加强多方协作，提升保育与教育公共服务

加强政府不同部门、早期保育和教育服务机构、社区、医院、家庭等多方协作，是《达喀尔行动纲领》提出的策略。2000 年以来，许多"一带一路"国家已经制定了这样的政策及法律框架，既有政府部门自上而下高度协同的政策，也有政府、社区、家庭等早期保育与教育相关参与者合作的项目。

政府部门高效的管理是政策和项目能够发挥作用的必要条件。中国政府凭借其独特的体制，在各级政府和组织的协调方面表现突出，使得儿童发展相关政策得以有效实施。中国政府在 2011 年颁布《中国儿童发展纲要(2011—2020年)》，由国务院及地方各级妇女儿童工作委员会(以下简称"妇儿工委")负责纲要实施的组织、协调、指导和督促，政府教育及民政等部门、相关机构和社会团体都在妇儿工委的协调下承担任务，建立起政府主导、多部门合作、全社会参与的工作机制。同时，各级妇儿工委设立监测评估领导小组，监测评估领导小组下设监测组和评估组，分别由各级统计部门和各级妇儿工委办事机构牵头，共同组织监测评估工作。纲要主要目标纳入相关部门、机构和社会团体的目标管理和考核体系，考核结果作为有关负责人综合考核评价的重要内容。建立和完善国家、省、地三级儿童发展监测数据库。④ 从中国国家统计局发布的《2014 年〈中国儿童发展纲要(2011—2020 年)〉实施情况统计报告》中，可以看

① 缅甸《金凤凰》中文报．缅甸拟于 2015—2016 学年起实施幼儿园免费义务教育制度[EB/OL].[2014-10-15]. http://www.mmgpmedia.com/business/7623-1020.

② 朱霞．俄罗斯学前教育政策改革对我国学前教育的启示[J]. 教育导刊，2010 (9)：93-95.

③ 常生龙．学前教育应谨慎纳入义务教育[EB/OL].[2014-3-6]. http://www.jyb.cn/opinion/gnjy/201403/t20140306_572818.html.

④ 中华人民共和国国务院新闻办公室．《中国儿童发展纲要(2011—2020 年)》[EB/OL].[2011-8-8]. http://www.scio.gov.cn/ztk/xwfb/46/11/Document/976030/976030.htm.

出“儿童健康事业成效显著，教育事业稳步推进”①。

早期保育和教育不单单是家庭的事，也需要公共部门的扶持。不少“一带一路”国家都有政府部门、社会团体、保育和教育服务机构及家庭等相关参与者共同合作的项目。匈牙利3岁以下幼儿保育机构在2000年至2012年，增长了20%，有13%的幼儿由日托中心看护，为需要工作的家长提供了支持。② 马来西亚社会保障部资助建立社区保育中心和工作场所保育中心，鼓励社区、家长及用人单位都参与到幼儿保育工作中来。③

此外，一些国家还与联合国等国际组织合作开展项目。马来西亚与联合国教科文组织合作开展多语言教育的试点项目，面向少数民族儿童，从使用母语教学逐渐过渡到使用马来西亚语和英语。缅甸国家社会福利部与联合国机构和当地的非营利性组织为学前学校和日托中心协同制定了一套课程体系、教师手册。④

三、因地制宜惠及最边缘幼儿，促进保育与教育公平

在不少“一带一路”国家中，保育与教育公平还有很多工作要做。如何将保育和教育服务惠及农村地区、贫困地区、偏远地区儿童以及有特殊需求的残疾儿童，减少性别差异、贫富差异等，不同国家都进行了一些积极的尝试。

印度自1975年设立的儿童综合发展服务计划(Integrated Child Development Services)是提供儿童早期保育与教育服务的最大规模的援助项目，经费主要来源于印度政府及联合国儿童基金会、世界银行等国际组织的资助，是印度政府的旗舰项目。计划旨在扩展保育和教育服务范围，主要针对农村贫穷地

---

① 中华人民共和国国家统计局 . 2014 年《中国儿童发展纲要(2011—2020 年)》实施情况统计报告[EB/OL]. [2015-11-27]. http：//www. stats. gov. cn/tjsj/zxfb/201511/t20151127 _ 1282230. html.

② Education for All 2015 National Review Report：Hungary [EB/OL]. http：//unesdoc. unesco. org/images/0022/002299/229933E. pdf

③ Education for All 2015 National Review Report：Malaysia [EB/OL]. http：//unesdoc. unesco. org/images/0022/002297/229719E. pdf

④ UNESCO and UNICEF. Asia-Pacific End of Decade Notes on Education for All：EFA Goal 1 Early Childhood Care and Education [R]. UNESCO Bangkok，UNICEF EAPRO and UNICEF ROSA，2012：18-19.

区、城市贫民窟的儿童、孕妇及哺乳期妇女等弱势群体。目标包括：改善6岁以下儿童的营养和健康状况；为儿童打好身体、心理和社会发展基础；减少儿童死亡率、营养不良比例和辍学率；增强母亲照顾婴幼儿能力；促进儿童发展相关部门间的协同。[①] 该计划在实施中也面临着各种各样的挑战，例如，接受服务的机会不均等、服务质量存在问题、工作人员的培训不够充分、缺乏监控，特别是在为年龄很小的孩子提供的服务上差异很大。印度某些邦进行了成功的干预，推出了一系列的创新措施，这些举措有可能产生积极的影响力。[②]

早期干预对有特殊需要的儿童的身体、认知、行为以及情感等方面也起着非常重要的作用，俄罗斯、捷克、斯洛伐克、哈萨克斯坦等国都出台了面向残障幼儿的保育和教育服务相关政策，建立专门面向有特殊需要儿童的早期保育和教育机构。新加坡在2007年出台了《助力计划》(Enabling Masterplan)，帮助残疾人实现自己的潜能，以5年为一个阶段分步实施，每阶段政府投入10亿美元左右资金，建立全纳社会。[③] 该计划面向6岁以下幼儿提供的服务包括：通过建立健康小册子对儿童实施早期监测，并进行早期识别和干预；为家长提供残障幼儿保育培训服务；建立特殊儿童服务中心，为有特殊需要的幼儿提供早期教育、康复服务等。[④] 新加坡对有特殊需要儿童的早期干预很大程度上开发了他们的潜力，减少了社会后期的教育成本，提高了他们的经济独立性和生活独立性，有助于他们将来获得较高质量的生活。

此外，土耳其、菲律宾、印度尼西亚、马来西亚、老挝、缅甸等国也都面向边缘幼儿实施了一些项目，如基于社区的早期教育、面向农村和贫困地区的

---

① Ministry of Women & Child Development，India. Integrated Child Development Services (ICDS) Scheme [EB/OL]. http：//icds-wcd. nic. in/icds/icds. aspx

② Michael Lokshin，Monica Das Gupta，Michele Gragnolati and Oleksiy Ivaschenko. Improving Child Nutrition? The Integrated Child Development Services in India [EB/OL]. http：//siteresources. worldbank. org/INTPUBSERV/Resources/477250-1187034401048/dasgupta. pdf

③ The Straitstimes. Third edition of Enabling Masterplan：Inclusive push to improve lives [EB/OL]. http：//www. straitstimes. com/singapore/third-edition-of-enabling-masterplan-inclusive-push-to-improve-lives

④ Ministry of Social and Family Development，Singapore. Enabling Masterplan [EB/OL]. http：//app. msf. gov. sg/Research-Room/Research-Statistics/Enabling-Masterplan

家访行动、幼儿生长发育记录和监测等，这些项目都在不同程度上扩展了幼儿保育和教育服务的覆盖面。

四、创新早期保育与教育措施，保障服务质量

为了提高幼儿保育与教育质量，许多"一带一路"国家从制定标准开始，进行了一些创新改革。柬埔寨、老挝、菲律宾、泰国、越南和中国在内的一些东亚和太平洋地区的国家，在联合国儿童基金会提供的技术指导和经费支持下，积极制定"早期学习和发展标准"(Early Learning and Development Standard, ELDS)。① 政府开始根据各国的具体情况，按照身体、社会情感、认知和语言发展的基本框架，对儿童早期保育与教育各方面的标准进行定义、发展和验证，包括课程改进，教师的质量和培训，项目的规划、评估和监控以及宣传倡导。②

就提高幼儿保育质量，东亚和太平洋地区的几个国家也开展了一些综合项目。马来西亚开展了包括常规家访和针对儿童的健康检查，免疫接种，营养状况、生长发育监测和评估，以及针对家长的健康教育等在内的诸多项目。同时，马来西亚还通过儿童健康门诊的方式，为有需要的家庭随时提供免疫接种、营养评估和健康教育方面的服务。2007 年修订的《儿童保育中心法案》中，制定了幼儿日托中心最低服务质量标准，马来西亚社会保障部负责监督该法案的实施。③

在学前教育方面，为了提高教育质量，俄罗斯、斯洛文尼亚等国都出台了对于幼儿园办学标准的规定，包括居住条件、教学设备和用具、师资保证等，从政策上保障不同地区的幼儿园都达到基本的办园要求。此外，俄罗斯、塞浦路斯、马来西亚、新加坡、哈萨克斯坦等国都引入并制定了全国学前教育课程

---

① UNESCO and UNICEF. Asia-Pacific End of Decade Notes on Education for All：EFA Goal 1 Early Childhood Care and Education［R］. UNESCO Bangkok，UNICEF EAPRO and UNICEF ROSA，2012：25-27.

② 周欣，周晶，高黎亚，张亚杰．早期学习与发展标准的制订：又一份国家指导性文件的诞生[J]. 学前教育研究，2008 (10)：3-7.

③ Education for All 2015 National Review Report：Malaysia [EB/OL]. http：//unesdoc. unesco. org/images/0022/002297/229719E. pdf

或标准，更加强调以儿童为中心，强调儿童认知和情感等的全面发展。俄罗斯于2013年出台学前教育标准，注重儿童的多元性、个性化及内在价值的培养。① 塞浦路斯在2011—2012学年引入国家新课程，新课程更加强调对儿童批判性和创造性思维的培养，还注重培养儿童的多元文化意识以及宽容、尊重等品格。②

除了课程，教师也是影响学前教育质量的关键因素，包括新加坡、中国在内的各国都有学前教师培训和激励计划。新加坡提升了幼儿园教师任职资格的门槛，由只要求证书变成了以文凭为标准；中国有计划地采取了一系列的行动，以满足农村和偏远地区学前教师的培训需求。③

第四节 "一带一路"国家儿童早期保育与教育方面的经验和启示

从前文对"一带一路"国家幼儿保育与教育数据的分析，以及对各国采取的创新措施的梳理，可以看出，"一带一路"国家之间在幼儿保育与教育方面有很多可以相互学习借鉴的地方。国家的政策制定者和项目实施的组织者，特别是一些南亚和西亚国家，可以在以下几方面做更多工作。

一、优先发展早期保育与教育，继续加大投入

儿童是国家的未来。许多国家都认识到对儿童早期保育与教育项目的投入具有重要意义，且回报率较高，可以产生巨大的效益，因而通过政策或法制，将儿童置于优先发展的领域。对于叙利亚、也门、阿富汗、伊拉克、缅甸等仍未摆脱战乱和贫困的国家来说，优先满足儿童的发展同样重要。

提高对儿童早期保育与教育的公共资金投入，增加早期保育和教育服务资

① Education for All 2015 National Review Report：Russian Federation [EB/OL]. http：//unesdoc. unesco. org/images/0023/002307/230799e. pdf

② Education for All 2015 National Review Report：Cyprus [EB/OL]. http：//unesdoc. unesco. org/images/0022/002299/229930E. pdf

③ UNESCO. Education for All 2000-2015：Achievements and Challenges[R]. Paris：UNESCO Publishing，2015.

源供给，保障8岁以内儿童的成长和发展，有助于儿童发挥潜能，将来成为优秀人才。首先，增加边缘地区公共卫生、饮用水、医疗等基础设施建设投入，改善儿童基础生活环境；增加公办保育园和幼儿园的数量，或者资助建立更多的私立早期保育和学前教育机构，增加服务机构数量。其次，增加人力资源投入，提高学前教育教师待遇，吸纳优秀人才从事学前教育工作；增加对家长相关知识和技能的培训，提高家长早期保育和家庭教育的知识和技能。最后，逐步实施学前一年义务或免费教育，扩大学前教育覆盖率，保障儿童平稳完成幼小衔接和入学准备。

二、完善幼儿发展数据，提高决策科学性

可靠、准确、全面的数据是科学决策的基础。在整理“一带一路”国家幼儿保育和教育数据的过程中，除了死亡率、毛入学率等少数指标数据齐全外，在儿童营养摄入状况，身高、体重发育状况，学前教育生师比，私立学前教育机构在校生比例等指标上，都存在数据缺失的问题。另外，在一些尚未在联合国儿童基金会、世界银行及联合国统计局数据库中列出的指标上，如3岁以内儿童早期教育状况等，数据缺口可能更大。在一些国家，数据分散于各个部门和机构，没有整合到一起，获取难度较大，且有的因为统计口径不一致无法整合。对于各个国家来说，数据的缺失使得决策者无法及时掌握整体状况，也就难以制定出科学而有针对性的政策。

就这个问题，包括中国在内的许多国家都已经认识到建立完善的数据资料库的重要性，并通过制度文件明确了数据库建设工作要求。建立数据收集常规机制，并参照国际数据标准明确不同指标的数据采集范围，建立儿童早期发展综合数据库；协调不同部门对现有数据进行分类整理，区分数据的统计范围，整合同类数据，避免交叉重复工作；逐步扩大数据范围，补充3岁以内幼儿认知和情感等方面的早期教育和发展数据，同时将少数民族群体的儿童、残疾儿童、农村和边远地区的儿童等都纳入研究范畴。

三、进一步甄别未惠及幼儿，提高服务覆盖率

在幼儿保育和教育工作不断发展的过程中，脆弱的、处境不利的儿童究竟

有多大范围，是不断变化的。有些原本处境不利的儿童，包括早先界定的农村和贫困儿童，随着经济社会的整体发展和早期保育和教育服务的推广，有一部分人群可能已经受惠于早期保育和教育服务；同时，也有一些儿童成为新增边缘群体。例如，在女童保育和教育相关项目和倡议实施多年后，在伊朗、不丹、蒙古等国，男童的入学率、死亡率等状况比女童糟糕，性别不平等的问题呈现出不同的情况。一些突发战乱和冲突的国家中，难民儿童成为新增的处境不利儿童，还有地震、海啸等突发灾害也会导致受灾地区的儿童处于不利处境，他们的保育和教育状况，甚至人道主义状况都亟待改善。面对这种变化，需要基于调查数据，及时甄别早期保育和教育服务未惠及的幼儿群体，并加以干预。对于不同类型的边缘儿童，要提高服务的覆盖率，就需要采取因地制宜的高效率措施，如使用低成本、安全、本土的材料，将本地优秀人才纳入项目中，尽可能地降低活动成本，并且提高活动和项目的质量。

四、执行最低服务质量标准，保障保育与教育服务质量

早期保育与教育服务的提供者可能包括政府部门、社会团体、私营企业及个人等，不同服务提供者因其各自的目的不同，所建立的机构以及提供的服务内容和质量必然参差不齐。为了确保儿童的利益在早期保育与教育机构中获得最基本的保障，多数“一带一路”国家已经意识到，国家标准和政府指导框架在提升儿童早期发展项目质量中的重要作用。许多国家已经通过政策或法律，制定了日托机构、幼儿园的基本设施条件的标准，这些机构在营养健康及认知和情感发展等方面应提供的基本服务标准，以及保育园和学前教育教师基本任职条件等。

对于服务质量标准的界定，应该置于本土化的情境中。标准的界定应以质量为主，量化指标为辅。量化指标表现越佳，并不必然意味着质量就越高。对于中国、印度等国土面积大且地区差异显著的国家来说，除了国家统一对早期保育和教育基础服务质量标准的原则性规定外，各地区根据实际情况制定合理的、定量与定性相结合的标准也很有必要。

五、充分利用国际援助，以合作促发展

促进幼儿保育和教育的发展，需要国际社会和各国的多方合作。积极响应

联合国教科文组织、联合国儿童基金会、世界银行等国际组织类似全民教育的倡议，重视这样的合作。同时，在完成全民教育目标，促进幼儿保育和教育发展的过程中，许多国家也积极参与到国际组织牵头的其他子项目中来，例如，柬埔寨、老挝、蒙古及中国等参与了联合国儿童基金会的早期学习和发展标准(Early Learning and Development Standard，ELDS)项目以及妇女和女童项目等。这些国家在国际组织的指导下制定政策、开展活动，相关能力得到发展，对于更好地实现早期保育和教育发展目标大有裨益。

此外，阿富汗、叙利亚、也门、尼泊尔等“一带一路”国家中的中低收入国家，受限于自身经济社会状况，在自身努力的同时，还需要国际社会的援助。除了根据自身情况和对方需求提供经济和物资援助，中国等发展中国家也可以与其分享本国在处理早期保育和教育过程中的经验和有效措施。首先，需要梳理本国不同发展程度的地区，在早期保育和教育方面解决过哪些问题，采取过什么具体做法，分析问题产生的背景及措施的落实过程，探讨各类经验的适用范围，形成精品材料。其次，可以通过出版物发行、教育培训、会议研讨等多种官方的或民间的方式传播和分享，以平等的态度分享本国的经验，由对方来判断经验的可推广性。基于对方的需求，开展力所能及的援助，才会更有成效。

第三章

普及初等教育

新千年伊始，国际社会共同制定的《达喀尔行动纲领》和《联合国千年宣言》都提出让全体儿童完成初等教育的设想(全民教育目标 2 和千年发展目标 2)。特别是全民教育目标 2 清晰地阐述了普及初等教育的愿景：“确保到 2015 年以前所有儿童，尤其是女童、处境困难儿童和少数民族儿童都有机会接受并完成良好的初等免费义务教育。”

在这样的大背景下，普及初等教育获得了充分的政治支持与经费保障，并建立了完整的监测体系，而且民众对推进全民教育的期待也越来越强烈。2000 年以来，各国教育加速发展，进入小学的儿童人数有了大幅提高，同时失学儿童百分比也在下降。尽管如此，普及初等教育的设想在“一带一路”国家中取得了重大的进展，但是这种进展并不均衡，各国之间以及国家内部(特别是城乡之间)所取得的成绩不尽相同。

普及初等教育并非只是让适龄儿童走进校园，还要确保他们不会中途辍学，有质量地完成整个基础教育阶段。由于本地区经济社会发展相对滞后，教育发展面临很多障碍，仍然有数百万儿童无法进入小学。例如，学校教学语言会成为不会讲官方语言的少数民族儿童面临的阻力；社会歧视、课堂教学缺少全纳教育方法以及缺乏无障碍设施会阻碍边缘化儿童和残疾儿童入学就读。因此，扩大初等教育的整体供给和入学机会将继续成为许多国家的优先事项。学校教育体系中的巩固率和升学情况也是另一个重要的关切点。

本章共有五节内容。第一节说明了普及初等教育的出发点和“一带一路”国家的学校教育环境；第二节侧重于从数据分析各国的进展情况；第三节简要概述各国涉及普及初等教育的政策措施；第四节着眼于各国政府用于解决不平等和边缘化问题的举措；最后一节探讨在普及过程中面临的一些挑战，并提出在2015年后加快实现普及初等教育进程的行动方向。

第一节　普及初等教育的背景

实现全民教育目标2和千年发展目标2取决于各国政府响应《达喀尔行动纲领》等国际文件的倡议，切实履行其提供免费义务初等教育的责任。普及初等教育要关注3个问题——①普遍接受和参与教育，②普遍续读和升级，③普遍良好的学习成绩和毕业率。这3个关切共同反映了让所有儿童入学、在校内定时升级并毕业的教育过程，同时反思了一些问题：儿童是否(有机会)入学，是否在不留级或退学的情况下在学校继续学习，是否完成了学业。①

本地区所有国家都是全民教育运动的参与国，有义务建立起能够满足所有学习者需求的、无歧视的、灵活的和负责任的教育体制，通过实施有效的社会政策和激励措施，提供免费的和人们承受得起的教育。反之，治理不善和服务体系欠佳会成为国家为儿童提供教育的障碍。除了提供免费的初等教育，需要降低入学的间接成本，特别关注生活在贫困中的儿童、遭受多种不利条件的弱势群体儿童以及受武装冲突、灾害或其他因素影响而不能接受教育的儿童，努力为他们创造学校教育机会。

通过分析调整后的小学净入学率，"一带一路"(有统计数据)的许多国家基本实现了普遍入学(入学率超过90%)。许多国家致力于普及基础教育，其义务教育已涵盖小学和初中，并逐渐延伸至高中。例如，2009年，泰国政府把免费学校教育的覆盖面扩大到12～15岁。2010年，巴基斯坦通过的宪法第18修正案第25a款呼吁为5～16岁的所有儿童提供免费义务教育。②

---

① UNESCO and UNICEF. Asia-Pacific End of Decade Notes on Education for All：EFA Goal 2 Universal Primary Education[R]. UNESCO Bangkok，UNICEF EAPRO and UNICEF ROSA，2013：5.

② UNESCO and UNICEF. Asia-Pacific End of Decade Notes on Education for All：EFA Goal 2 Universal Primary Education[R]. UNESCO Bangkok，UNICEF EAPRO and UNICEF ROSA，2013：5.

表 3.1　各国到 2015 年普及小学入学的可能性

<table>
<tr><td colspan="2">实现目标（调整后的净入学率：97%及以上）：1999 年已实现并保持</td><td>7</td><td colspan="3">塞浦路斯、以色列、约旦、科威特＊、拉脱维亚、立陶宛、越南</td></tr>
<tr><td colspan="2">实现目标（调整后的净入学率：97%及以上）：1999 年后实现并保持</td><td>20</td><td colspan="3">柬埔寨、克罗地亚、埃及、格鲁吉亚、希腊、匈牙利、印度、伊朗、哈萨克斯坦、吉尔吉斯斯坦、蒙古、黑山、尼泊尔、阿曼、俄罗斯、斯洛文尼亚、叙利亚、塔吉克斯坦、乌克兰、阿联酋</td></tr>
<tr><td rowspan="3">预计达到的水平</td><td>接近实现（调整后的净入学率：95%～96%）</td><td>6</td><td></td><td>伊拉克＊</td><td>孟加拉国＊、保加利亚、印度尼西亚、波兰、土耳其</td></tr>
<tr><td>中等水平（调整后的净入学率：80%～94%）</td><td>15</td><td>不丹、老挝、也门</td><td>罗马尼亚、马其顿</td><td>阿塞拜疆、白俄罗斯、爱沙尼亚、黎巴嫩＊、马尔代夫＊、巴勒斯坦、菲律宾＊、摩尔多瓦、塞尔维亚＊、斯里兰卡</td></tr>
<tr><td>差距很大（调整后的净入学率：<80%）</td><td>1</td><td>巴基斯坦＊</td><td></td><td></td></tr>
<tr><td colspan="3"></td><td>进步的国家：进展较快</td><td>进步的国家：有所进展</td><td>掉队的国家：进展较慢或有所退步</td></tr>
<tr><td colspan="3"></td><td colspan="3">1999 年以后的变化</td></tr>
<tr><td colspan="2">未能纳入分析的国家（数据不充分或者没有数据）</td><td>16</td><td colspan="3">阿富汗、阿尔巴尼亚、亚美尼亚、巴林、波黑、文莱、捷克、马来西亚、缅甸、卡塔尔、沙特阿拉伯、新加坡、斯洛伐克、泰国、土库曼斯坦、乌兹别克斯坦</td></tr>
</table>

注：带星号（＊）的国家没有 2007 年、2008 年或 2009 年之后的数据，但已有数据足以进行预测。
资料来源：联合国教科文组织．2015 全民教育全球监测报告[R]．北京：教育科学出版社，2015：223.

幼儿保育与教育是普及初等教育的重要基础。根据 2012 年的国家数据，不丹、柬埔寨、吉尔吉斯斯坦、老挝、阿塞拜疆、马其顿的学前教育参与率非常低，毛入学率从 9%到 28%不等，远远低于 53%的全球平均水平。在绝对值增幅方面，南亚和西亚地区的进步最为突出，2012 年的平均毛入学率达到 55%，比 1999 年增长 33 个百分点。这些国家在学前教育入学方面取得的进步有助于初等教育净入学率的实质性改善。全民教育运动开始前，南亚和西亚地区是小学适龄儿童参与程度偏低的区域。以调整后的净入学率计算的初等教育平均参与率显示，该区域从 1999 年的 78%(全球平均水平为 84%)已经上升至 2013 年的 94%(全球平均水平为 91%)。

另外，由于没有重视阻碍儿童入学的结构性障碍，一些国家越是接近普及目标，要取得进一步的实质性进展也就变得越困难[①](图 3.1)。造成这种情况的原因有很多，其中最为普遍的因素是国家教育系统不能完全惠及极其贫困的边缘化人群。2006 年至 2012 年，对发展中国家的 61 个住户的调查分析显示，20%最贫困家庭小学适龄儿童失学的可能性是 20%最富裕家庭小学适龄儿童的 3 倍以上。在最贫困家庭，女孩比男孩更容易被排斥在教育之外。入学差距与居住地位置相关，农村小学适龄儿童失学的可能性是城市小学适龄儿童的 2 倍。[②]

让儿童进入学校只是实现普及初等教育的第一步，更重要的是整个教育阶段的升级和完成情况。教育系统的内部效率低下仍然是优质教育面临的一个主要挑战，一部分儿童在入读小学后可能陷入留级和退学的窘境。初等教育的质量问题还反应在学生的基本能力水平上。例如，在巴基斯坦旁遮普省进行的评估发现，超过$\frac{2}{3}$的三年级学生不能用乌尔都语写句子，相似比例的学生不能解简单的减法题。印度的评估则发现，有 45%的三年级学生读不懂一篇为一年级学生编写的课文。[③]

值得注意的是，2000—2010 年，绝大多数国家的小学完成率都有所增长。柬埔寨和尼泊尔的完成率增长了 20 多个百分点。在阿尔巴尼亚和蒙古，小学完成率平均提高了 4%，而且贫困人口的完成率也有显著增长。[④] 但是对普及目标而言，这些进展还远远不够，尤其是在那些教育基础薄弱的国家，贫困人口和平均值之间的差距在一些方面有所扩大。大多数国家的教育质量尤其是偏

---

① Garcia-Jaramillo，S. and Miranti，R.. Effectiveness of targeting in social protection programs aimed to children：lessons for a post-2015 agenda[EB/OL]. http：//unesdoc. unesco. org/images/0023/002324/232421e. pdf

② UN. The Millennium Development Goals Report 2014[R]. New York：UN，2014：18-20.

③ 联合国教科文组织. 2009 全民教育全球监测报告[R]. 巴黎：联合国教科文组织，2008：12.

④ 联合国教科文组织. 2015 全民教育全球监测报告[R]. 北京：教育科学出版社，2015：83.

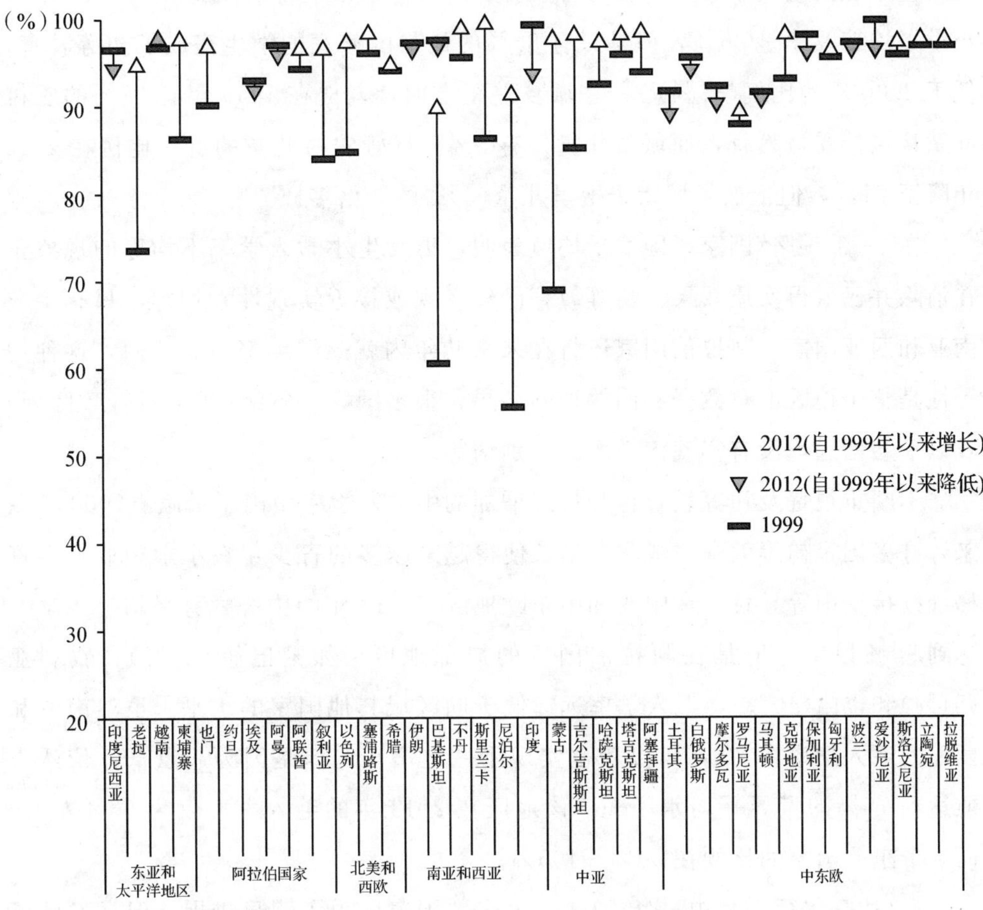

图 3.1 1999 年和 2012 年各地区调整后的初等教育净入学率

资料来源：联合国教科文组织.2015 全民教育全球监测报告[R]. 北京：教育科学出版社，2015：78-79.

远地区的教育质量依然较差。一些因素如贫困、性别歧视、语言和出生地等对教育质量产生不利影响，而学校及教育体系往往无法采取针对性措施。

贫困和地理位置是影响小学参与率和普及率的重要因素。2000 年以来，一些国家在上述两方面取得了重要进展，如尼泊尔、越南、柬埔寨和埃及的最贫困家庭的儿童初等教育普及率大幅提高。在尼泊尔，最贫困家庭的小学普及率从 2000 年的 25%上升到 2010 年的 61%，同时，该普及率与全国平均普及率之间的差距也同期缩小了8个百分点。[①] 然而，塞尔维亚却有所退步，2010年的小学平均普及率是96%，但是只有85%的最贫困家庭的学生完成了初等教育，低于2000年的比例(88%)。[②] 在城乡差距方面，老挝在1999年有28%的农村儿童从未接受过教育，而城市儿童只有5%。尽管农村儿童的这一比例在2010年降至21%，但依然是城市未上学儿童(6%)的3倍多。[③]

在"一带一路"国家，国家平均值表明，男女生小学入学率不均等的现象正在消除并已取得实质效果。初等教育已经实现或接近实现性别均等，只有少数南亚和西亚国家、阿拉伯国家还将在未来几年内就此继续努力。然而，这种均等性是整个地区汇总数据共同叠加的结果，很多国家在省级(或类似行政区划)及以下层面远远没有实现入学率的性别均等。

不断重视普及初等教育也为持续增加的中学入学率做出了贡献。2000年以来，许多国家初等教育完成率的增长使得越来越多的青少年在小学毕业后有资格继续接受中等教育。在中亚和中东欧地区，2013年的中等教育平均毛入学率达到95%以上。但是在阿拉伯国家的局部地区，如黎巴嫩(68%)、叙利亚(51%)和也门(49%)，毛入学率远远低于同区域其他国家的水平。虽然南亚和西亚的毛入学率在2000年以后也实现了一定增长，但是因为起点低，依然未能达到75%的世界平均水平——该地区在2013年的毛入学率仅为66%左右。而十个东盟国家的比例在50%～105%。

自《达喀尔行动纲领》实施以来，大多数国家取得了明显进展，但是发展还很不均衡。突出的问题包括：向所有人提供优质教育服务，使儿童在法定年龄入学并留在小学阶段就读，改善学前教育和基础后教育机会，改进学校效能和学习成绩，确保性别平等，提高系统和治理的质量。因此，未来努力的方向应致力于消除阻碍扩大初等教育覆盖面的障碍，重点关注来自特定文化背景和偏远地区的边缘化学龄儿童，提高各级教育部门及教育类政策措施的有效性。

---

① UNESCO. Regional overview：South and West Asia[EB/OL]. http：//en. unesco. org/gem-report/sites/gem-report/files/regional _ overview _ AS _ en. pdf. 2015：3.

② UNESCO. Regional overview：Central and Eastern Europe and Central Asia[EB/OL]. http：//en. unesco. org/gem-report/sites/gem-report/files/191765e. pdf. 2015：4.

③ UNESCO. Regional overview：East Asia and the Pacific [EB/OL] . http：//en. unesco. org/gem-report/sites/gem-report/files/regional _ overview _ EAP _ en. pdf. 2015：4.

第二节　普及初等教育的进展情况

“一带一路”国家在初等教育入学方面取得较大进展。其中，该地区的5个国家——孟加拉国、埃及、印度、印度尼西亚和巴基斯坦是9个人口大国行动倡议的参与国。2013年，在这5个国家居住着50.7%的世界人口，其法定年龄儿童初等教育总入学率占全球的28.1%。因此，这些国家普及初等教育的进展至关重要，对沿线地区乃至全球的全民教育都起到了决定性作用。

一、接受与参与

尽管所有国家都对初等教育的法定入学年龄做出了规定，但是，在适龄阶段进入小学一年级仍然是“一带一路”地区需要解决的一个问题(见图3.2)。2012年，中亚地区和阿拉伯国家分别只有73%和75%的儿童是在法定年龄开始上学的。一些冲突后国家(如阿塞拜疆)，超龄入学的情况很常见。还有一些国家如巴林、格鲁吉亚、印度尼西亚、吉尔吉斯斯坦、黎巴嫩、蒙古、尼泊尔、阿曼、巴勒斯坦、卡塔尔、阿联酋和乌克兰出现了低龄入学的情况。

出现超龄或低龄入学的原因是，有些儿童还没到年龄就被父母送入学校，另有一些儿童则因为经济原因、学校离家太远而推后一年或多年再上学，有些甚至因为要继续上学前班而推迟入学。减少低龄和超龄入学人数很重要。从国家政策的角度来看，它表明政策与实际情况存在脱节。如果一年级的课程面向的儿童比实际在课堂中的儿童小或大一两岁，可能会对教学的进展或理解程度产生影响，这意味着教学大纲和课程材料不适合学生的实际年龄，因此他们极有可能留级或辍学。这也可能产生累积效应，影响到中等教育阶段。如果儿童比预期晚一年进入小学，那么进入中学的时间也会相应顺延。同时，超龄儿童会因为入学晚、留级或就学机会成本增加而更容易辍学。随着年龄的增长，他们将面临更多的家庭和经济压力(比如，料理家务、半工半读或外出挣钱)，这往往会导致他们缺课或离开学校。从家庭的角度来看，如果父母认为自己的孩子就读一年级时年龄太大或太小，可能会对他们产生情感影响。超龄学生也会给老师和其他学生带来棘手的混龄学习环境。基于这些原因，即使政策规定的

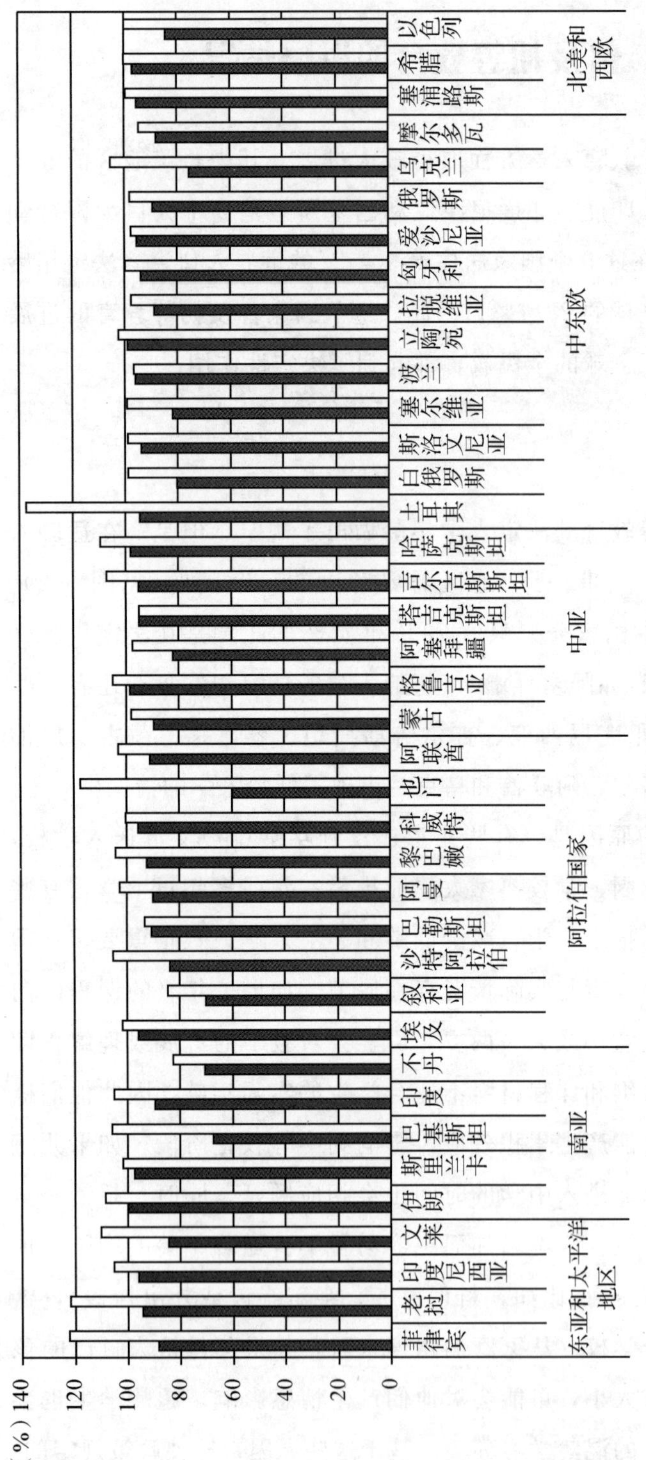

图 3.2 小学一年级的毛招生率和调整后的净招生率(2013 年)

资料来源：联合国教科文组织统计研究所数据库，2016 年。

儿童入学年龄和实际年龄之间只存在一年的差异，这也可能对儿童的未来教育历程产生重要影响。①

招生率反映了教育普及的总体情况，同时也表明国家教育系统接收、容纳学龄儿童的能力。图 3.3 显示，接受初等教育的机会在一些国家显著增加。1999—2013 年，调整后的初等教育净招生率的最大增幅出现在伊朗，上升了 54 个百分点。不丹(46%)、老挝(32%)和也门(31%)也取得了可观的成就。在一些教育发展起点较高的国家，其增速或多或少地出现了停滞，包括爱沙尼亚、科威特、斯洛文尼亚。另外，阿塞拜疆、拉脱维亚、蒙古、以色列、希腊、波兰的数据显示，调整后的一年级净招生率出现 1 至 6 个百分点的下滑。叙利亚受到国内动荡局势的影响，下滑幅度最为明显，超过 26%。

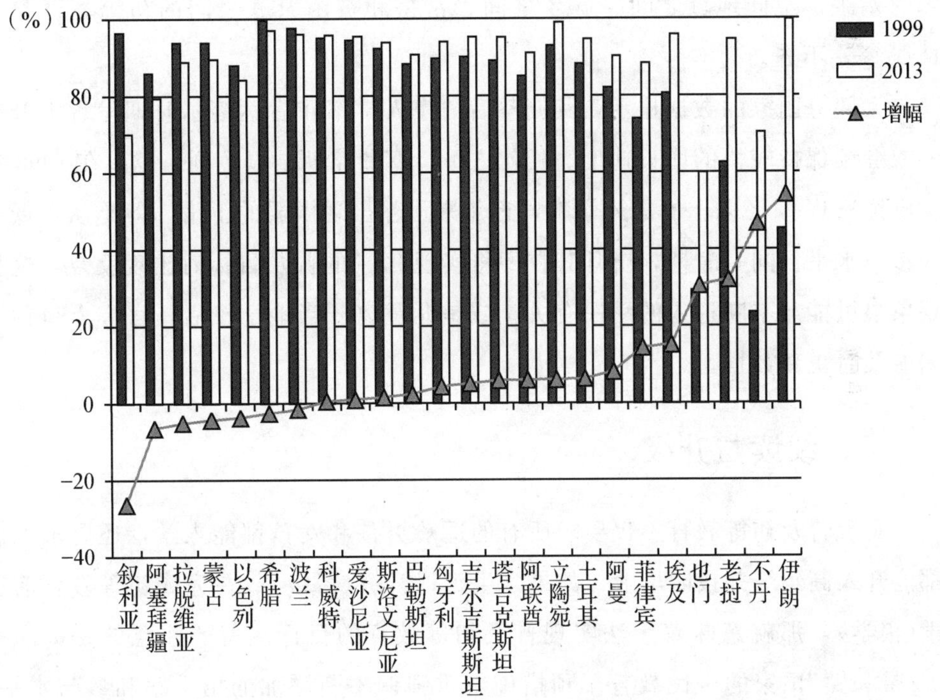

图 3.3 小学一年级的调整后的净招生率(1999 年和 2013 年)

资料来源：联合国教科文组织统计研究所数据库，2016 年.

① UNESCO and UNICEF. Asia-Pacific End of Decade Notes on Education for All：EFA Goal 2 Universal Primary Education[R]. UNESCO Bangkok，UNICEF EAPRO and UNICEF ROSA，2013：10-11.

“一带一路”国家的初等教育参与情况在2000年以后稳步前行。通过衡量过去15年中全球范围内的初等教育毛入学率可以发现，南亚和西亚地区的进步最为引人注目(见附件3)。然而，高达110%的毛入学率也表明，该区域教育体系内部效率偏低，可能出现的情况包括入学年龄晚/早、留级率高。

上文的表3.1以调整后的净入学率国家平均水平为基础，说明为了实现普及初等教育，各国之间存在差距。在收集到统计数据的49个国家中，有27个国家已经实现了普及目标。其中，中东欧(8个)的国家最多。上述国家还包括9个人口大国中的埃及和印度。孟加拉国和印度尼西亚如果继续保持已有的净入学率趋势，就很有可能在最近几年实现这一目标。巴基斯坦距离实现普遍参与初等教育的目标依然很远。另外，国家平均水平掩盖了国家内部的差距。不同地域之间、城乡之间、富裕和贫困家庭之间的初等教育参与情况参差不齐。

大部分国家的数据显示，其调整后的净入学率在后达喀尔时期呈现上升趋势或继续保持较快的增长速度。相比之下，塞浦路斯、以色列、越南在1999年就已经实现97%以上的净入学率，近年来虽然出现微弱的下滑，但是从未低于该参与水平。同一时期，土耳其在即将实现97%的普及目标时出现反复，这种现象很可能与不断迁入的移民有关，或是儿童离开当地学校后，官方人口预测未能及时更新数据。

二、续读与升级

实现普及初等教育不仅要求所有的适龄男孩和女孩都能入学，还要求他们都能升入高年级并按时毕业。如果学生延迟升级(留级)或在完成初等教育前退学(辍学)，那就意味着无法实现普及初等教育的目标。需要注意的是，许多“一带一路”国家的全民教育干预措施着重强调不断增加的招生率和参与水平，小学阶段内的巩固率和升学情况受到的关注依然不足。

表 3.2　入学率及升级情况(2013 年)

	国家	留级率(≥4%：留级率高)	调整后的净招生率(≤90%：招生年龄比法定年龄大或小)	小学最高年级的毛招生率(≤85%：小学最高年级的毛招生率低)
入学率低(调整后的净入学率<95%)	巴基斯坦	2.59	67	73
	叙利亚	7.35	70	69
	也门	8.42	60	69
	不丹	5.86	70	98
	摩尔多瓦	…	88	93
	白俄罗斯	0.04	80	99
	阿塞拜疆	0.23	82	88
	印度	2.14	90	96
入学率高(调整后的净入学率>95%)	蒙古	0.06	90	…
	沙特阿拉伯	1.38	84	101
	塞尔维亚	0.43	82	99
	菲律宾	1.36	88	101
	以色列	1.54	84	102
	俄罗斯	0.37	89	101
	阿曼	2.78	90	99
	拉脱维亚	1.01	89	111
	乌克兰	0.05	75	112

注：…表示没有相关数据。

资料来源：联合国教科文组织统计研究所数据库，2016 年.

从表 3.2 可以看出，除特殊情况外，净入学率在 95%以上的国家，其留级率相对较低，巩固率相对较高。反之，那些不能让儿童在法定年龄顺利入学的国家，在小学生的升级和毕业方面可能面临一些挑战。

2013 年，有 5 个国家(摩尔多瓦、阿塞拜疆、塞尔维亚、白俄罗斯、乌克兰)的小学最高年级的巩固率在 95%至 98%。它们很有可能在近期实现普遍续读。中亚和中东欧地区的初等教育内部效率高，在大多数国家，进入小学的儿童几乎都能够读到最高年级。相比之下，在南亚和西亚，2007 年有近$\frac{1}{3}$的入学儿童在完成初等教育前退学。①

降低小学阶段辍学率的进程依然缓慢。2012 年，在“一带一路”(有统计数据)的 8 个国家：尼泊尔、巴基斯坦、柬埔寨、也门、老挝、不丹、马尔代夫、波黑，小学最高年级的巩固率介于 55%至 83%。在一部分东盟国家(柬埔寨、印度尼西亚、老挝、缅甸和菲律宾)，学校教育的隐性成本、国内冲突、贫困、灾害、疾病、移民、语言障碍和教育质量低等社会经济因素造成了大量儿童从小学辍学。② 除非这些国家着手考虑应对初等教育高失学率的问题并制定有针对性的政策和战略干预措施，否则即使在 2015 年后也无法实现普遍续读的目标。

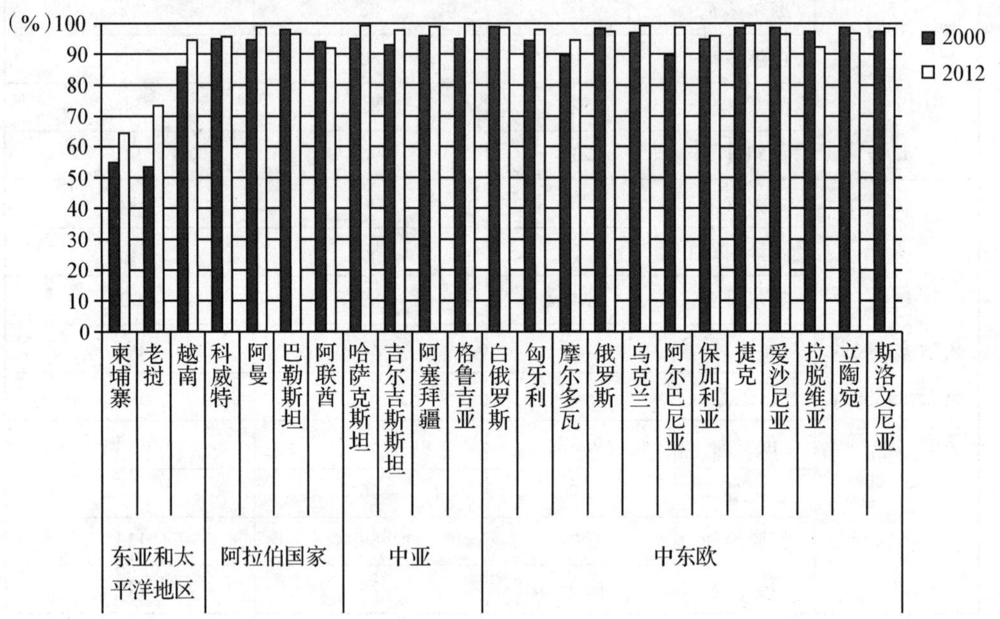

图 3.4　小学最高年级的巩固率(2000 年和 2012 年)

资料来源：联合国教科文组织统计研究所数据库，2016 年 .

2000 年以来，老挝、柬埔寨、阿尔巴尼亚、越南、摩尔多瓦和格鲁吉亚的小学最高年级的巩固率有显著进步。但是，其国内的教育发展水平非常不均衡。在

① 联合国教科文组织 .2011 全民教育全球监测报告[R]. 巴黎：联合国教科文组织，2011：41-46.

② UIS and UNICEF. Global Initiative on Out-of-School Children：East Asia and the Pacific Regional Study [EB/OL]. http：//allinschool. org/wp-content/uploads/2014/08/121119-EAPRO. pdf. 2012.

这个指标上没有取得进步甚至退步的国家包括拉脱维亚、塞浦路斯、不丹、阿联酋、立陶宛、爱沙尼亚，巩固率下滑了 2 至 5 个百分点。另外，在巴林、约旦、巴勒斯坦和沙特阿拉伯，几乎所有的小学入学儿童都进入了最后一个年级学习。①

在升级方面，一些中亚国家出台了宽松的升级政策，学生一旦入学就很少会在小学留级。但是在南亚和西亚以及阿拉伯国家，留级现象显然是一个有待解决的问题，初等教育在 2012 年的留级率分别为 6.3%和 5.4%。阿拉伯国家的男孩留级比率更高，达到 7.3%，而女孩的比率为 5.1%。

图 3.5 显示了 4 个南亚国家的留级情况。斯里兰卡的留级率非常低，整个小学和初中阶段的留级率约为 1%。而孟加拉国的小学低年级留级率相当高(11%～15%)，但是在小学最高年级和整个初中阶段，比率下降到 3%～4%。巴基斯坦的小学留级率高于初中留级率，初等教育前两个年级的留级率最高(在 2007/2008 学年，一年级为 6.4%，二年级为 4.4%)。印度的年级差异较小，大多数年级的留级率在 4%～5%，只是在每个教育阶段的一年级和最高年级会出现几个百分点的上涨。

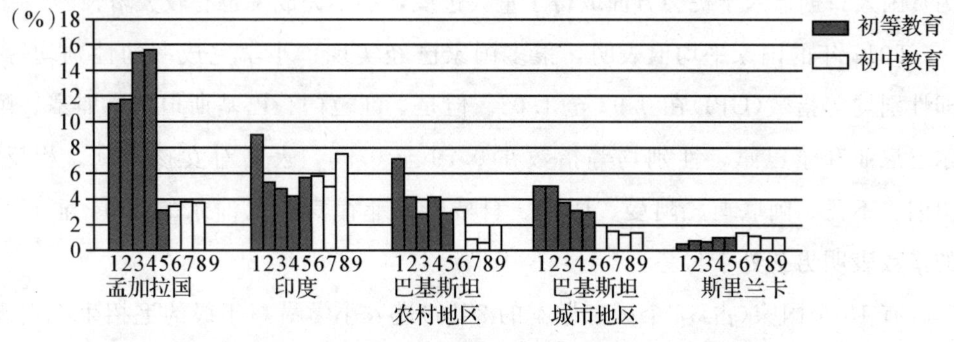

图 3.5 南亚四国的儿童留级比例(按年级划分)

注：1. 数据来源于四国在 2007—2010 年的最新统计报告。

2. 条形图下面的数字表示年级。

资料来源：UNESCO and UNICEF. Asia-Pacific End of Decade Notes on Education for All：EFA Goal 2 Universal Primary Education[R]. UNESCO Bangkok，UNICEF EAPRO and UNICEF ROSA，2013：22-23.

① UNESCO. Regional overview：Arab States [EB/OL]. http：//en. unesco. org/gem-report/sites/gem-report/files/regional _ overview _ AS _ en. pdf. 2015：3-4.

在一些国家，地理位置会导致某些显著的差异。巴基斯坦小学一年级的城市和农村留级率差距最大，2007/2008学年的农村留级率高达7.1%，而城市地区为5%。在印度，按地点或性别划分，留级率一般没有太大的差异，但是在2007/2008学年，一年级农村儿童的留级率高于城市地区同龄人5个百分点。

三、毕业与升学

在全民教育目标期内，绝大多数地区和国家的小学完成率都有所增长。在数据可得的37个国家中，有5个国家的小学完成率增长了20个百分点以上，包括不丹、柬埔寨、尼泊尔、老挝、印度。中东欧和阿拉伯国家的整体表现较为突出。当然这些进展还远远不够。虽然大部分国家已经具备了为适龄儿童提供完整的小学教育的能力，但是一部分南亚和西亚国家还要努力提高其进入小学最高年级的毛招生率。尤其是对那些教育基础较差的国家来说，教育质量是持久性的问题。另外，贫困也会影响小学完成率。当然，一些国家(如柬埔寨和尼泊尔)在为贫困人口创造入学机会方面取得了重大进展，小学完成率也有较大增长。[①]

2013年的国家平均值表明，很多国家已经实现了小学完成率的性别均等，即性别均等指数(GPI)在0.97至1.03。但是，在也门、巴基斯坦、柬埔寨、阿尔巴尼亚和黎巴嫩，性别均等指数在0.79至0.95，表明对女孩不利。相反，伊朗、不丹、阿联酋、阿曼、印度、科威特、菲律宾和尼泊尔的1.04至1.09的指数表明男孩处于劣势。

有13个国家(占37个国家样本的35%)进入小学最高年级的毛招生率出现缩减。其中，黎巴嫩和叙利亚的降幅高达33.7%和24.1%。造成招生率规模缩减的因素有很多。一部分国家归结于局势动荡，另一部分国家则是因为原有的教育体系内部效率低下，毛招生率过高，留级和超龄学生数量过多，如文莱、斯里兰卡和白俄罗斯。

检测初等教育成效的一个方法是，中等教育需求和中学入学人数是否有上涨趋势。沿线国家的初中毛入学率反映了不断提高的升学率和较高的参与度。在柬埔寨，这一比例在2000年时低至22.5%，之后有了快速提升，至2012年

---

① 联合国教科文组织.2015全民教育全球监测报告[R].北京：教育科学出版社，2015：242.

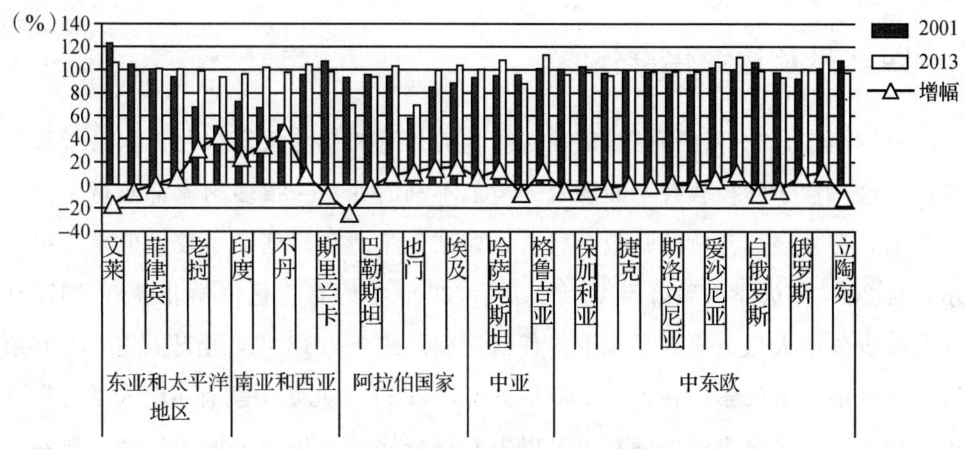

图 3.6 小学最高年级的毛招生率(2000 年和 2013 年)

资料来源：联合国教科文组织统计研究所数据库，2016 年.

实现了 35 个百分点的增幅。不丹和格鲁吉亚的初中毛入学率均提高了至少 20%。另外，黎巴嫩、科威特、摩尔多瓦和斯洛文尼亚的毛入学率呈下滑趋势。

2012 年的小升初有效升学率表明有 89% 的阿拉伯国家学生和 91% 的南亚和西亚国家学生继续接受普通初中教育。中亚和中东欧的平均比例高达 97%。在收集到数据的 26 个国家中，除叙利亚(57%)、柬埔寨(80%)、老挝(87%)、越南(93%)和不丹(96%)以外，其余国家的升学率都在 98% 以上，表明这些国家基本实现了参加初等教育的绝大多数儿童都会升入普通初中教育。从图 3.7 可以看出，初中毛入学率和小升初的升学率呈现正相关性。升学率越高的国家，其初中教育的参与水平也维持着较好的发展态势。

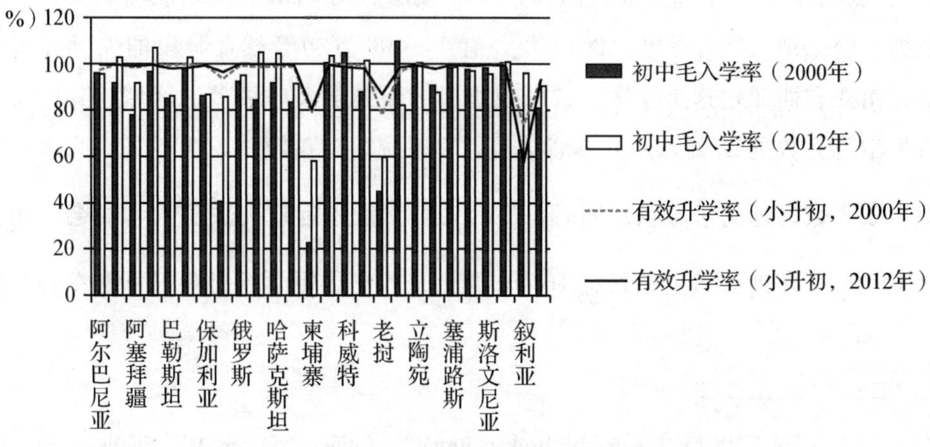

图 3.7 初中毛入学率和小学至初中教育升学率(2000 年和 2012 年)

资料来源：联合国教科文组织统计研究所数据库，2016 年.

四、惠及边缘化群体

总体而言，“一带一路”国家在保障学龄儿童的初等教育权利上取得了长足发展，这得益于学校教育不断触及处境最不利的儿童。很多国家都实行了全国性政策，努力增加儿童的受教育机会，如减免学费和修建新学校。但是数据显示，自2007年失学人数降至6,000万后(2000年约有1亿失学儿童)，国际社会在减少失学人数方面几乎未取得任何进展。截至2013年，全球共有5,900余万小学适龄儿童失学。在6～11岁年龄组，每11个儿童中就有1个失学。在发展中地区，每4名小学生就有1名以上有可能辍学。致力于增加教师、教室及教材的一贯做法已经无法对那些处境最为不利的儿童产生任何实质性影响。童工，生活在战乱中的儿童，以及那些因为种族、性别和残疾而被歧视的儿童，其失学风险最大。越来越多的人担心，如果不在政策和资源方面做出大的调整，先前在增加受教育机会方面所取得的成就将会逐渐被削减。“一带一路”国家面临的共同瓶颈是如何惠及(最后一部分)最为边缘化的群体，属于发展上“最后一公里”的问题。为此，各国政府需要掌握以下相关的可靠信息并实行有针对性的干预措施：谁是最边缘化的儿童？这些儿童集中在哪里？他们是否上过学？将来他们是否有可能上学？①

最新数据显示，约有3,200万失学儿童集中分布在19个国家，包括“一带一路”的巴基斯坦(550万)、印度(170万)、印度尼西亚(130万)、菲律宾(120万)、叙利亚(70万)和孟加拉国(60万)。阿富汗等国由于缺乏准确的失学儿童数据，暂未纳入统计范畴。2013年，有1，000万初等教育阶段的失学儿童生活在南亚和西亚，这是除撒哈拉以南非洲之外失学人口最多的区域。其中女孩占失学总人数的47%，这并不意味着教育系统向女孩倾斜，主要是因为本区域的男孩人数远远高于女孩。同时，$\frac{4}{5}$的失学女童永远地失去了入学机会，相比之下，这一比例在男生中只有16%，其余未入学或辍学的男童很可能在晚些时

① UIS and UNICEF. Fixing the Broken Promise of Education for All：Findings from the Global Initiative on Out-of-School Children[R]. Montreal：UIS，2015：10.

候重拾学业。[①]

失学问题突出的国家可以被划分为三组。第一组国家包括印度尼西亚、菲律宾、泰国、斯里兰卡等。大部分失学或辍学儿童限定于特定人群，他们来自偏远村庄、少数民族或游牧民族，还有一些儿童遇到了某种社会或经济障碍，如居住在斯里兰卡茶树种植园的儿童。除了增强学校的保护功能外，有针对性的政策和资源是让这些儿童上学的必要条件。

第二组国家的失学人口规模相对于学龄人口总数来说要大得多，如印度的表列种姓和表列部落，或泰国和柬埔寨的残疾人。在泰国，2005/2006 学年几乎所有 6 至 9 岁的无残疾儿童都入学读书，但在受行走或移动障碍困扰的儿童中，有 34％的人从未上过学。虽然某些特定人群更容易辍学，但是整个失学群体的规模较大，表明教育供给存在根深蒂固的问题。在许多发展中国家，有针对性、个性化的教育要么不足要么没有，使得这些儿童无法就学，或减慢了他们的学习进度。

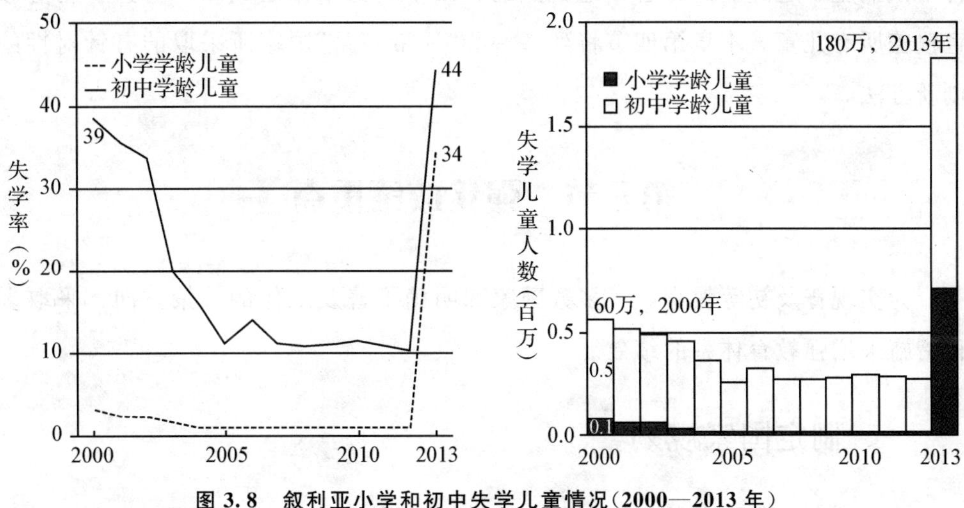

图 3.8　叙利亚小学和初中失学儿童情况（2000—2013 年）

资料来源：UIS. A growing number of children and adolescents are out of school as aid fails to meet the mark. Policy Paper 22/Fact Sheet 31. [EB/OL]. http://unesdoc.unesco.org/images/0023/002336/233610e.pdf. 2015：3.

---

① UIS. A growing number of children and adolescents are out of school as aid fails to meet the mark. Policy Paper 22/Fact Sheet 31 [EB/OL]. http://unesdoc.unesco.org/images/0023/002336/233610e.pdf. 2015：3-5.

第三组国家的情况反映了冲突对就学的负面影响。在伊拉克受冲突影响的纳贾夫省，2011年最贫困家庭的小学适龄儿童有27%从未上过学，而相对安全的苏莱曼尼亚省只有3%的比例。叙利亚的情况则展现了战争给儿童教育带来的破坏性后果。该国在2000年已经实现了普及初等教育。随着内战蔓延，小学和初中阶段的失学儿童数量从2012年的30万跃至2013年的180万。一至十二年级的入学率在2012/2013学年较上一年度下降了35个百分点，表明$\frac{1}{3}$的小学适龄儿童和$\frac{2}{5}$的初中学生未入校就读。这抹杀了该国自21世纪初以来付出的所有努力和取得的成绩。许多家庭流离失所或逃往邻国。至2015年5月，仅在黎巴嫩就登记有近120万叙利亚难民。估计有90%的难民儿童(小学和初中阶段)没有在当地注册入学。

值得庆幸的是，"一带一路"许多国家为惠及处于不利境地的群体采取了多种干预措施。通过制定符合当地特点的、以事实为依据的战略，努力将初等教育覆盖所有儿童。本章第四节将列举一些"一带一路"国家所采取的有针对性的创新方法。

第三节　强化政策重点

为实现普及初等教育，大多数国家都明确了普及工作的政策方向，采取多种措施来增强教育体系的绩效。

一、制定国家规划

初等教育的发展趋势很容易受到公共政策的影响。各国政府通过其宪法、教育法案和政策重申了所有人均可平等地享有免费义务初等/基础教育的机会。然而，落实这项权利的关键在于如何把具体的法律或政策规定付诸实践。例如，虽然许多国家都表示制定了适龄儿童必须入读小学的规定，不过如果没有配套的执行机制，政府、学校和家长就算不履行这一规定也不会被追究责任。此外，政策规划不周、教育部门管理能力欠缺、监测体制不完善等都是导致执行效率低下的原因。缺乏重视教育和鼓励社会参与的理念也是造成执行难的一个因素。

在推行免费义务教育方面，政策与实践之间是存在差距的。义务教育是指每个学生必须接受并完成一定年限的强制性课程，从小学逐渐延伸到中学。免费教育意味着政府提供受教育的机会，并且不收取任何直接费用。当然，这并不意味着家长不需要承担一些间接费用，如校餐和交通费。在大湄公河次区域，柬埔寨、老挝、泰国和越南实行的就是免费义务教育，但是学校教育的额外成本对初等教育的普及造成了一定的负面影响。①

在扩大教育供给方面，一些国家试图延长受教育期限从而涵盖更多的人群。根据伊朗宪法及相关法律的规定，免费教育一直持续到中等教育结束；为了惠及最难接触到的地区和处境不利的群体，政府规划、配置了必需的教育设施，让生活在农村地区、偏远地区和游牧地区的儿童都享有公平的学校教育机会。蒙古则是降低小学入学年龄，从 8 岁降低到 7 岁再到 6 岁。2005/2006 学年，蒙古将学校教育年限从 10 年延长到 11 年，随后在 2008/2009 学年又延长到 12 年。

框 3.1　印度——实行八年免费义务初等教育

2009 年，印度政府通过了《儿童免费义务教育权利法案》，并于 2010 年 4 月 1 日开始正式实施。这部法案与宪法第 21A 新增条款共同规定，向所有 6 至 14 岁儿童提供免费义务教育。该法案旨在进行系统性改革，消除差距和不平等现象。其创新性在于，赋予初等教育强制性，规定中央和地方政府共同承担财政及相关教育责任，社区和家长也要承担相应的责任。法案还要求合理分配教师，并保证那些受到良好培训的教师得到分配。据估计，法案有望使 2 亿学龄儿童受益。

印度还出台了其他一些规划来推动基础教育的进步。"教育担保计划"为小型偏远社区配置小学。"替代与创新教育计划"建议采用灵活的教学策略为不能直接来校就读的儿童提供教育。"全纳教育"的推广减少了那些有特殊需求的儿童的入学障碍。另外，提供寄宿衔接课程、午餐、奖学金、免费课本、校服和交通津贴，不仅可以减少全民教育边缘化现象，也有助于提高整体的巩固率和学习成绩。

资料来源：UNESCO and UNICEF. Asia-Pacific End of Decade Notes on Education for All：EFA Goal 2 Universal Primary Education[R]. UNESCO Bangkok，UNICEF EAPRO and UNICEF ROSA，2013：28.

① UNESCO Bangkok. Reaching the Unreached in Education in Asia-Pacific to Meet the EFA Goals by 2015：A Commitment to Action[R]. Bangkok：UNESCO Asia and Pacific Regional Bureau of Education，2010.

本地区出现的政治紧张局势比较频繁，因此国家的政策选项非常重要，在过渡和不稳定时期也要尊重受教育的权利。

阿富汗虽然经历了数十年战乱，但是在教育领域仍然取得了一定成就。国家规划在阿富汗教育的发展中发挥了核心作用。政府和援助者共同制定了《国家教育部门规划》，其中明确了资金筹措、学校建设和教师招聘的条件，并为实现上述目标提出了更广泛的要求。虽然中央政府机关在教育处境特别不利的地区开展工作的能力有限，教育部仍做出了进一步实现权力下放的规划安排，以便与地方社区开展更深入的合作。2007 年增加的以村庄为单位的社区学校，使试点村庄的入学率增加了 42%。①

框 3.2　尼泊尔——在普及初等教育的道路上大步前进

近年来，尼泊尔在普及初等教育的道路上大步前进。2012 年，小学净入学率从 2000 年的 65%上升到 95.3%。五年级(小学最高年级)巩固率由 58%升至 84.1%。尽管国内的暴力冲突一直持续到 2006 年，尼泊尔却始终在进步，这一事实让它的成绩更为令人瞩目。尼泊尔的经历表明，公共政策领域的改革尤其重要：

加强当地责任。2001 年，启动增加学校责任和加强社区管理的改革。把责权下放给地区和社区，使教育避开了中央计划和服务供应的全面崩溃，避免了国内冲突的影响。大约 13%的公立学校被转交给学校管理委员会。每个委员会有一笔启动补助金。学校还可以获得薪水补助，帮助它们招聘教师。

改善平等状况。冲突后教育策略包括给予女童、低级种姓儿童、土著儿童和残疾儿童津贴和专项助学金，借此鼓励这些儿童的父母让自己的子女接受学校教育。性别差距缩小反映了在改善性别平等状况方面取得的进步：小学净入学率的性别均等指数在 2012 年达到 0.99。社会底层群体的入学率与巩固率也在增加。

扩建基础设施，重点关注教育质量。增加学校和教室数量，扩大教师招聘，改善教科书的供应。

有效的援助。过去几十年中，国际援助在尼泊尔的教育发展预算中占有较大比重，该国一直努力改善援助方的治理工作。在不同援助主题下，尼泊尔坚持采用以政府为主导的方式，将多方捐助者的资金集中起来，朝着全民教育的大目标努力。由此取得的成功进一步促使援助资金稳定增加，提高了可预测性。

资料来源：联合国教科文组织 .2009 全民教育全球监测报告[R]. 巴黎：联合国教科文组织，2008：59；联合国教科文组织统计研究所数据库，2016 年 .

① 联合国教科文组织 .2015 全民教育全球监测报告[R]. 北京：教育科学出版社，2015：92.

二、基础广泛的合作伙伴关系

初等教育服务体系的成效可以通过各国政府、发展合作伙伴和私营部门之间的广泛合作进一步得到优化，以此弥补教育管理、服务、资金、师资水平等方面存在的各种差距。

菲律宾的全民教育计划支持在全国推行“大联盟”的概念，由教育部、相关政府部门和民间社会团体组成全民教育国家委员会，号召政府机构、国会和各类非政府组织共同履行对基础教育目标的承诺。大联盟的概念把巩固基础教育绩效的责任和义务从单一的政府部门(教育部)分散到社会各界。类似的合作伙伴关系还包括：柬埔寨成立了教育部门工作组，协助政府起草教育规划并划拨资金，教育部、财政部、社会福利部、非政府组织“教育合作伙伴”以及其他民间社会团体共同派代表参加该项工作；在孟加拉国，通过全部门的协调统一，教育援助者筹集资金并与政府教育部门工作组开展紧密合作，前者在该国的初等教育第二阶段发展规划的设计、筹资和实施中发挥了突出作用。①

除了采用教育公共管理战略，一些国家还建立了与私营部门之间的合作关系，共同承担教育服务供给的责任。这种公私合作关系由政府主导，提供政策和发展目标，由非政府实体利用私人或公共资金提供教育类服务。资金来源取决于合作关系。② ①教育服务供给计划。印度的公私合作形式受到教育法案的约束。所有私立学校必须面向来自处境不利群体的儿童开放至少25%的入学名额。政府按照人均成本定值对私立学校给予补偿。②专业支持服务。在阿富汗、孟加拉国、印度尼西亚和巴基斯坦，宗教学校填补了一项教育空白，在为社会地位低下的群体提供初等和中等教育方面长期发挥着重要作用。如2010

① UNESCO and UNICEF. Asia-Pacific End of Decade Notes on Education for All：EFA Goal 2 Universal Primary Education[R]. UNESCO Bangkok，UNICEF EAPRO and UNICEF ROSA，2013：30.

② UNESCO and UNICEF. Asia-Pacific End of Decade Notes on Education for All：EFA Goal 2 Universal Primary Education[R]. UNESCO Bangkok，UNICEF EAPRO and UNICEF ROSA，2013：30-32；联合国教科文组织.2009全民教育全球监测报告[R]. 巴黎：联合国教科文组织，2008：173；联合国教科文组织.2015全民教育全球监测报告[R]. 北京：教育科学出版社，2015：113.

年，印度尼西亚的伊斯兰学校约有600万学龄儿童，占小学入学总人数的$\frac{1}{5}$。这些学校由私营机构管理，但是接受宗教事务部的监督(公立学校接受教育部的监督)。学校按照政府和传统的课程体系为儿童提供正规教育。③基础设施支持和教育券计划。在巴基斯坦，政府鼓励私营部门在公立学校难以企及的偏远地区投资建设教育设施。教育券计划是另一种激励手段。简单来说，就是公共资金随着学生而不是学校流动，并可以跟随学生去私立教育机构。巴基斯坦向入学成本低的私立学校提供教育券，期望可以提高其教育质量并把来自低收入家庭的孩子留在学校。④慈善活动(框3.3)。

框3.3　菲律宾——让民间社会参与修建学校

为了启动经常性学校建设计划，自达喀尔论坛以来，菲律宾政府推出了一系列旨在让民间社会参与的举措：

学校认领计划——对企业界、非政府组织和其他民间社会团体实行税收激励，鼓励它们“收养”一所学校，支持其改善基础设施，开展师资培训，提供教学材料、计算机和科学实验室设备，以及提供校餐和营养品等。自2000年启动以来，该计划已使全国半数以上的公立学校受益。

Brigada Eskwela——2002年发起的这项社会动员活动鼓励人们志愿维修教室和学校家具，并且在每个新学年开始前的“国立学校维修周”期间进行实物捐助。2005年，此项倡议使61%的公立学校受益。

菲侨捐助教室——该项目与劳动和就业部合作，动员海外菲侨在全国重点中小学校捐建10,000间教室。2006年底，教育部宣布该国已经有充足的教学空间，不再处于短缺状态。

资料来源：联合国教科文组织.2008全民教育全球监测报告[R].巴黎：联合国教科文组织，2008：110-111.

政府建立公私合作关系的目的在于促进选择与竞争，扩大受教育机会，但是各国的经验和结果千差万别。潜在的惠益包括提高治理效率、教学质量，以及同政府共同分担风险。负面的结果可能是，例如，在孟加拉国，会造成公立学校质量下降，以及进一步加深最为边缘化群体的差距和不平等。如果选择这样的合作关系，政府有必要建立适当的制度框架和强有力的监督体系，确保利益最大化，避免让国家教育面临大量风险。①

---

① UNESCO and UNICEF. Asia-Pacific End of Decade Notes on Education for All：EFA Goal 2 Universal Primary Education[R]. UNESCO Bangkok，UNICEF EAPRO and UNICEF ROSA，2013：32.

三、初等教育经费投入

研究指出，教育支出的“健康”水平是要确保教育结果的提高(以较高完成率和较低留级率来衡量)，至少将国内生产总值的3.8%投入教育。① 例如，2010年，在有详细统计数据的25个国家中，有4个国家的教育投入不足国内生产总值的3%；只有3个国家的投入为6%以上。

“一带一路”国家对初等教育阶段的经费投入比例各不相同。摩尔多瓦的教育经费占国内生产总值的百分比在各国排名中名列前茅，为9.11%，但是初等教育支出仅占国内生产总值的1.64%。在塞浦路斯和越南，有2个百分点以上的国内生产总值被投入初等教育。印度尼西亚、柬埔寨、以色列和泰国的初等教育经费投入比例也相当高。斯里兰卡的初等教育经费却不足国内生产总值的0.5%。

对初等教育比较重视的大多数国家，其支出在国内生产总值中占的比例较大，事实证明对教育体系的影响是积极的，通常表现为初等教育的毛入学率提高较大。但是，仅仅给教育配置更多的资源还不够，资金必须得到正当公平地使用。一般来说，政府投入越多，效果似乎应该越好。然而，如果没有良好的治理、师资培训和教学设施，较高的投入水平也不一定会带来更好的成果。因此，支出效率与教育经费的比例同样重要。这并不是说要减少经费投入，因为教育投入低往往会与教育质量低直接联系在一起。政府部门应该改善规划，加大有效投入力度，提高教育体系的管理效率。例如，良好的治理规划会让政府预先考虑为所有学生提供免费教育所需的成本；提高效率意味着政府将充分利用投入的资金，而不必非要增加投资水平才能取得成果。②

---

① Bruns, B., Mingat, A. and Rakotomalala, R.. Achieving Universal Primary Education by 2015: A Chance for Every Child[R]. Washington, D. C.: World Bank, 2003: 71; Greenhill, R. and Ali, A.. Paying for progress: how will emerging post-2015 goals be financed in the new aid landscape? Overseas Development Institute (ODI) Working Paper Number 366[EB/OL]. [2013-4]. https://www.odi.org/sites/odi.org.uk/files/odi-assets/publications-opinion-files/8319.pdf.

② UNESCO and UNICEF. Asia-Pacific End of Decade Notes on Education for All: EFA Goal 2 Universal Primary Education[R]. UNESCO Bangkok, UNICEF EAPRO and UNICEF ROSA, 2013: 25-26, 28.

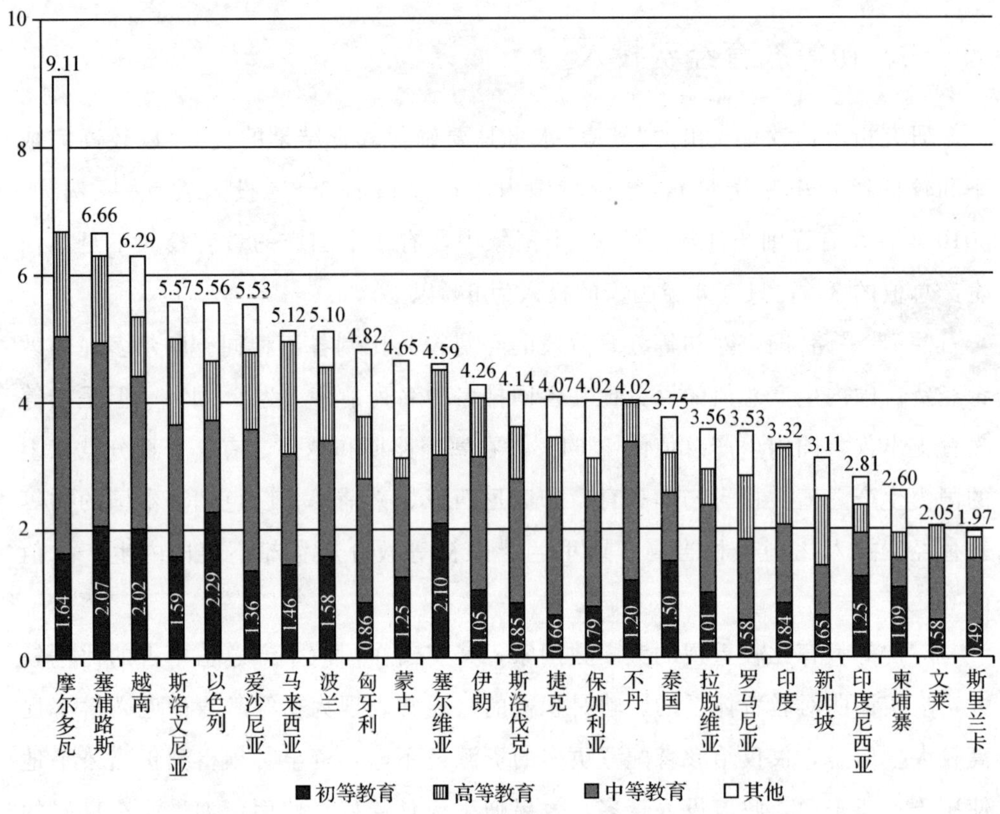

图 3.9　各级教育经费投入占国内生产总值的百分比（2010 年）

注：“其他”包括学前教育经费、中等后教育经费和未分配支出。

资料来源：联合国教科文组织统计研究所数据库，2016 年．

同时要确保经费支出有助于初等教育普及至最边缘人群，如最贫困人口、残疾人、偏远地区人口和少数族群。多数情况下，为了消除他们的弱势，这些群体的儿童所需的资源可能远远高于生均成本；当然，其长期社会和经济效益也远远超过投入成本。在孟加拉国，由于残疾人受教育水平较低，工资收入也较低，估计每年会带来 2,600 万美元的经济损失，而儿童弃学照顾残疾人又会带来 2,800 万美元的经济损失。①

① 联合国教科文组织．2015 全民教育全球监测报告[R]．北京：教育科学出版社，2015：275.

第四节　缩小初等教育差距

自全民教育运动开展以来，各国政府在确保入学机会供给、受众覆盖面和学业质量方面采取了多种务实措施，提高处境不利群体或资源不足地区的教育公平性。

一、东亚和太平洋地区

对边缘化群体来说，“一带一路”的十个东盟国家在教育方面采取了多种措施来解决障碍。“适切性”是大多数国家在教育与地理位置、民族、语言、性别差距及其他特殊需求之间搭建桥梁的一个主要策略。①

框 3.4　东南亚国家共同努力，惠及未受教育群体和教育边缘化群体

作为全民教育十年中期评估的一部分，东南亚教育部长组织、东盟和联合国教科文组织于 2008 年 9 月组织了一场培训活动。十个旨在惠及未受教育群体的合作项目被挑选出来，随后在 2009 年 4 月，各教育部长在第 44 届东南亚教育部长理事会会议上通过了这些项目，旨在关注有特殊需求的学习者、有辍学风险的学生、失学儿童、偏远地区和少数民族地区的妇女和女童、来自贫困家庭的学龄前儿童、偏远农村地区的学习者、无国籍和无证儿童、罹患艾滋病的儿童以及受艾滋病影响的儿童、处境困难的学习者。借助全民教育合作伙伴的支持，如联合国教科文组织和联合国儿童基金会，这些项目让东南亚教育部长成员国有机会自行引导自己的全民教育优先事项。

资料来源：UNESCO and UNICEF. Asia-Pacific End of Decade Notes on Education for All：EFA Goal 2 Universal Primary Education[R]. UNESCO Bangkok，UNICEF EAPRO and UNICEF ROSA，2013：36.

根据小学女童净入学率和进入五年级(小学最高年级)的女童巩固率进行排名，老挝政府确定了教育处境最为不利的区县。在大约 140 个区县中，有 56 个区县远低于全国平均水平；因此政策规划特别关注并试图满足其全民教育需

① UNESCO and UNICEF. Asia-Pacific End of Decade Notes on Education for All：EFA Goal 2 Universal Primary Education[R]. UNESCO Bangkok，UNICEF EAPRO and UNICEF ROSA，2013：35-36.

求。全民教育快车道倡议(现称为全球教育伙伴关系)将这些区县作为目标，划拨资金建设新教室或翻新原有教室；提供社区补助和校餐以消除因贫困而带来的入读障碍；提升现有教师的资格水平并引进优质示范学校。

在越南，政府为渔家儿童设立了“流动教室”(船上教室)以及卫星学校。虽然不能称之为完整的学校，但这些位于社区或村庄的教学点有助于把儿童特别是少数民族儿童吸引到并留在学校。政府的另一种做法是聘请教师助理或卫星学校助理挨家挨户地把孩子接送到学校。聘请来自同一族裔群体的助理可以鼓励少数民族家长把孩子送入学校就读。他们还能协助不会说当地语言的教师进行交流。此外，政府已成功试行了三种语言的双语教育课程。实践证明，这可以提高少数民族儿童的就读率和巩固率，改善试点学校的学习成果。

框 3.5　柬埔寨——入学和质量相辅相成

柬埔寨实行了一项雄心勃勃的教育改革计划，现已在学习质量和入学率两方面初见成效。20 世纪 90 年代，柬埔寨在学校建设、教科书和教师培训方面投入大量资金，可是对入学和学习效果的影响很有限。2000 年，该国启动了“优先行动计划”，在供应措施中考虑实际的需求：2001 年，在取消了当年学费之后，又减少了贫困家庭的一些杂费；初中贫困生有奖学金；在世界粮食计划署的援助下，给贫困学校的儿童每日供应早餐；学校引进了保健措施，比如驱蛔虫；给学校提供补助金，主要用于购置学校用品，减轻家长负担，必要时用于开办补习班。

优先行动计划不仅是关注需求方，它还包括这样一些重要措施，比如改进教师培训；鼓励教师到艰苦地区任教并提供特别津贴；向小规模学校提供现金补贴，用于提高教育质量。成本效益最好的现金补助就是用于教师培养的补助。但是柬埔寨依然面临着巨大挑战，其中包括在升入高年级之后设法把儿童继续留在学校，并进一步改善学习成果。

资料来源：联合国教科文组织.2008 全民教育全球监测报告[R]. 巴黎：联合国教科文组织，2008：123.

二、南亚和西亚

南亚和西亚国家对边缘化人口的教育给予了特别关注，特别是生活在偏远地区的人口、少数民族和少数语言群体、女孩和处境不利的儿童。一些政府已经出台了新的政策框架，努力提高教育质量，并在依然缺乏学校的地域扩建教育设施。虽然在过去十几年中增长显著，但是教育起点低的劣势让南亚和西亚地区需要继续努力。①

不丹政府承诺为所有 6 至 16 岁儿童提供免费教育。教育在政府发展政策中得到高度重视，教育支出的份额较高。尽管政府做出了相当大的改善，然而山区和边远地区的小规模分散定居点的教育供给依然存在困难。政府正在小型偏远社区扩建教室，并制定针对教育需求的干预措施来降低成本，如免费提供校服和课本。

在孟加拉国，政府实施的小学助学计划为提高社会经济处境不利的儿童的入学率和巩固率做出了重要贡献。截至 2010 年，该项目已经惠及 40％的最贫困学生，约为 480 万农村小学生。政府计划按照学龄儿童的需求扩大覆盖范围，将受益学生数提高到 780 万人。据估计，其中有 45％～90％的学生来自最偏远和最艰苦的地区。此外，在世界粮食计划署的支持下，孟加拉国政府的学校供餐计划还惠及了 110 万粮食不安全地区的小学生。

框 3.6 斯里兰卡——家庭学习计划为冲突地区提供教育

在斯里兰卡北部和东部地区，由冲突造成的背井离乡打乱了很多学生的学习计划。项目的最初构想是为无法正常上学的学生提供一种家庭替代教育课程，由教育部牵头开发工作，由国立教育学院提供技术支持，该课程以原有教材为基础设计出新的模块。儿童如果因为不安全因素无法上学，在家期间可以使用这些模块进行自学。2008 年开发出学习模块 1，面向 1～2年级学生，内容包括僧伽罗语、泰米尔语和数学，并于 2009 年试行。随后完成了面向 3～5年级的模块 2 和模块 3，第一版印刷了 60,000 份。家庭学习计划是一个可行的短期替代方法，可以避免留在境内难民营或者转移到安置区的学生跟不上学校课程。

资料来源：UNESCO and UNICEF. Asia-Pacific End of Decade Notes on Education for All: EFA Goal 2 Universal Primary Education[R]. UNESCO Bangkok, UNICEF EAPRO and UNICEF ROSA, 2013: 39.

三、阿拉伯国家

阿拉伯国家数量众多，社会和文化背景多种多样。同时，个别地区常年存

① UNESCO and UNICEF. Asia-Pacific End of Decade Notes on Education for All: EFA Goal 2 Universal Primary Education[R]. UNESCO Bangkok, UNICEF EAPRO and UNICEF ROSA, 2013: 38-39.

在不稳定因素，各国既要持续提高自身的教育发展水平，也需要顾及外来移民和难民儿童的教育需求。

也门是世界上最贫穷的国家之一。不过其入学人数从1999年的230万增加到2013年的387万，性别差距也在缩小，女孩从教育的整体扩张和有针对性的干预中获益良多。入学情况的改善可以回溯到20世纪90年代末引入的政策措施，其中包括使用低成本的标准化学校设计，并向社区征询有关学校位置的意见。90年代初以来，虽然学生继续为校服和课本支付费用，但是基础教育(1至9年级)原则上实现了免费义务教育。在2006/2007学年，教育部不再规定一定要穿校服，同时免除了1至6年级的女孩和1至3年级的男孩的书本费。也门还采取各种措施，聘用更多的女教师到农村学校任教。①

邻国对待伊拉克难民采取了一种宽容和开放的做法，特别是约旦所接纳的伊拉克难民人数位居第一。2007年，约旦皇家令规定，伊拉克难民子女享有与国民一样的上学机会，而不管其法律地位如何。为难民提供公立学校的上学机会能为适龄儿童挽回很多被迫失去的福利。比如，为他们提供书本和学校设施可以避免出现零散的、断断续续的入学计划，而在难民营环境下，这些都很难得到改善。约旦教育部和非政府组织“Questscope”共同运营了39所非正规教育中心，参与人群大多是辍学的约旦人，同时还接收了约1,000名伊拉克人。这些学校接收1～10年级的学生，在两年的时间内提供三期快速学习课程，每期持续八个月。在获得证书后，学生可进入职业培训学校或中学。该项目的成绩斐然，估计有75%的学生完成了其参加的学习班。②

四、中亚

在中亚地区，适龄儿童在获得优质教育时所面临的差距主要受到家庭经济条件、儿童健康状况等因素的影响，特别是偏远地区的人口不易获得受教育机会。③

---

① 联合国教科文组织.2010全民教育全球监测报告[R]. 巴黎：联合国教科文组织，2010：66.

② 联合国教科文组织.2011全民教育全球监测报告[R]. 巴黎：联合国教科文组织，2011：213-214.

③ UNESCO and UNICEF. Asia-Pacific End of Decade Notes on Education for All：EFA Goal 2 Universal Primary Education[R]. UNESCO Bangkok，UNICEF EAPRO and UNICEF ROSA，2013：37.

格鲁吉亚普通教育法第22款规定，国家有义务为所有公立学校的学生提供为期12年的免费教育。根据经济水平核算生均教育券的金额，并分发到每位学龄儿童的家长手中。政府还实施了一系列旨在提高教育公平性的项目，特别是增加边缘化儿童的入学机会。例如，2010—2013学年，教育与科学部为来自弱势家庭的儿童免费提供教科书。自2013/2014学年起，“学生用书免费供应项目”为所有公立学校的学生以及私立学校中家庭困难的学生或家庭成员在战争中丧生的学生等处境不利的群体提供教科书和教辅材料。[①]

在乌兹别克斯坦，政府特别重视并保护处境困难的儿童或失去父母/家庭照料的儿童，如重视孤儿和残疾儿童的权利和利益。政府还特别重视失学儿童和青少年的补习教育，在课外时间设置了一系列的艺术和音乐学校、体育学校、儿童图书馆、业余爱好俱乐部和活动场所，其目的是增加教育吸引力、提升就读率。这个计划还包括为农村地区或低收入家庭的青少年以及孤儿和残疾儿童修建运动场所。相比之下，本区最贫穷的国家——吉尔吉斯斯坦和塔吉克斯坦——对教育和课外活动的投资偏低。

框3.7　哈萨克斯坦——为残疾儿童进入全纳教育铺平道路

位于哈萨克斯坦阿拉木图的社会适应与劳动康复中心开展了一项名为“我在你们中间”的项目，旨在让教师、家长和自闭症儿童做好进入普通学校的准备。项目培训班向从事自闭症儿童工作的教师和专家宣传在教学中应采用恰当灵活的教学方法；向父母及家庭成员介绍在全纳教育环境中与自闭症儿童相处的方法，推动社会大众了解、接受自闭症。到目前为止，参与项目的15名儿童都成功融入主流教育体系。中心已经制订计划来延长和拓宽其服务内容，包括设立资源中心、为教师和家长提供早期特殊培训。该项目的优势在于，有一套系统的方法来应对目标群体的需求及各类挑战，并通过现有的教师培训机构和学校网络进行复制和扩展。研究认为，项目具有在哈萨克斯坦及其他中亚国家扩散的可能性。

资料来源：UNESCO and UNICEF. Asia-Pacific End of Decade Notes on Education for All：EFA Goal 2 Universal Primary Education[R]. UNESCO Bangkok，UNICEF EAPRO and UNICEF ROSA，2013：37.

教育系统并不能与暴力事件完全绝缘，和平和冲突后重建是在受冲突影响

① Education for All 2015 National Review Report：Georgia [EB/OL]. http：//unesdoc.unesco.org/images/0023/002303/230331e.pdf. 2014：2-3.

国家实现普及初等教育的基础。在格鲁吉亚、阿塞拜疆、亚美尼亚以及俄罗斯部分受冲突影响的地区，短期战事使数十万平民流离失所，许多儿童都在接受优质教育方面面临着严重困难。例如，在阿塞拜疆，政府已经付出了大量努力，力求解决来自纳卡地区的流离失所儿童所面临的各种问题。境内流离失所的学生有望获得免费的校服、书本并接受更高水平的教育。不过，许多家长都声称实际上他们不得不支付这些费用；教育质量也是一个问题，教师参与培训的机会有限。①

五、中东欧

在有统计数据的中东欧国家中，几乎所有国家都取得了90%以上的初等教育净入学率。大部分国家都通过宪法或教育法案的形式保障儿童受教育的权利。其关注的重点已经转向如何为学龄儿童提供更加优质的教育，以及如何消除社会和文化障碍，让学校教育更契合边缘化群体和特定文化背景群体的需求。

针对小学住宿生或参加课后延时班的学生，俄罗斯的教育机构会按规定标准为他们提供保障用品，包括衣服、鞋、床上用品、个人卫生用品、文具、玩具、营养品，等等。学校有权向家长(监护人)收取一定费用，并酌情减免困难家庭的费用。俄罗斯的联邦法律还规定，如果学龄儿童因为身体原因不能入学，并且需要在家接受教育时，教育机构有义务为其提供家庭式教育服务。②

捷克自2000年以来已经将普及初等教育与普及基础教育的概念相融合，涵盖小学和初中两个阶段。政府还出台相关政策，鼓励学校开发和实施有特色的校本活动，重视各个学校间的差异性，满足学生的不同需求，因材施教。师范院校或教师培训机构注重培养教师针对特定科目的任课能力。同时，在法律允许的范围内，赋予教师自主选择教学方法的权利，并为他们提供必要的指导。③

在爱沙尼亚，教育法案规定年满七周岁的儿童(包括外籍或无证儿童；外

---

① 联合国教科文组织.2011全民教育全球监测报告[R]. 巴黎：联合国教科文组织，2011：159.

② Education for All 2015 National Review Report：Russian Federation [EB/OL]. http：//unesdoc. unesco. org/images/0023/002307/230799e. pdf. 2014：9-10.

③ Education for All 2015 National Review Report：Czech Republic [EB/OL]. http：//unesdoc. unesco. org/images/0022/002299/229931E. pdf. 2014：9-12.

交官或国际机构雇员子女除外)须接受免费义务基础教育。所有适龄儿童都应入学就读，不能因为其身体或智力原因而被排斥在教育体系之外。例如，针对有智力缺陷的学生，教育部门根据不同学习能力等级的分类，开发了多套相对简单的课程材料。2010 年实施的新基础和高中教育法案还明确了家长的职责。如果家长未能履行协助孩子注册入学的义务，或者未在学龄儿童每学年缺勤20%及以上的课程时提交请假说明，则会被罚款约 800 欧元。①

在本区域，属于少数族裔或移民的儿童与青少年的辍学率和被开除率较高，且学习成绩较低。边缘化的一个特别明显的例子是罗姆人的经历。虽然各国政府对罗姆人社区的系统化隔离政策正在逐渐改变，但是罗姆儿童依旧遭受多种非正式隔离，包括在教室里与其他学生分开坐，或者被安置在残疾儿童学校。再加上罗姆人社区在地理上的孤立和住房的隔离，使得问题更为严重。据统计，在波黑，罗姆适龄儿童在 2011 年的入学率仅为 69.3%，远远落后于97.6%的全国平均水平。保加利亚有 15%至 20%的罗姆儿童仅上到四年级便会辍学，罗马尼亚的这类儿童则有 30%。为了解决这一问题，欧洲在 2005 年发起了多国跨机构的"罗姆人十年融合"倡议。例如，保加利亚通过有针对性地扩大服务范围、课外活动和财政支持来促进入学率和巩固率的提升。其他改善罗姆儿童初等教育的干预措施包括对学校实行经济激励(如匈牙利和斯洛伐克)，或对学生实行经济激励(如捷克和斯洛伐克)。不过这两种激励措施都是针对低收入家庭的，并非专门针对罗姆人。在保加利亚、克罗地亚、捷克、波兰、罗马尼亚和斯洛伐克，罗姆学生的教室有指定的调解人或助理。他们参与课堂事务的程度虽然在各国之间不尽相同，但重点都是通过学校与社区的对话来支持儿童的学业进步。②

六、北美和西欧

本区域国家主要是从宏观教育政策和法律法规的角度推进普及工作，切实

---

① Education for All 2015 National Review Report：Estonia [EB/OL]. http：//unesdoc. unesco. org/images/0023/002315/231505e. pdf. 2014：14.

② 联合国教科文组织 . 2010 全民教育全球监测报告[R]. 巴黎：联合国教科文组织，2010：157-158，203-204；联合国教科文组织 . 2015 全民教育全球监测报告[R]. 北京：教育科学出版社，2015：95-96.

保障所有儿童、特别是弱势群体儿童的学习机会。

在塞浦路斯，教育与文化部的首要关切点是确保岛上的所有儿童都平等地享有受教育机会，并重视整个教育过程的质量。在弱势群体和非官方语言群体的聚居区，政府将其划定为"教育优先区域"，防止出现社会排斥或边缘化现象，降低并消除辍学率和功能性文盲率。项目行动框架的具体措施包括：实行小班教学；聘请会讲当地母语的教师；在幼儿园和小学提供免费的早餐，为处境困难的学生提供三餐；提供丰富多样的课外活动；每个区域设立两名项目协调员。此外，由于教育政策的整体方向是协助不同文化背景的群体融入社会，国家法律还保障外来移民子女享有无歧视的教育权利。就算父母为非法移民，其子女也被允许入读公立学校。①

以上内容只是选取的一小部分案例。"一带一路"国家一直都在努力惠及所有的小学学龄儿童和边缘化群体。各国政府日益认识到初等教育在国家发展中的重要作用，采取了多管齐下的策略，应对普及过程中的各类问题和需求。然而，我们还应该认识到，普及免费的义务初等教育依然面临多种障碍，包括：数据的可用性不足；招收并把弱势儿童留在学校困难重重；一些国家给予教育的重视程度低；隐形教育成本高；缺乏惠及边缘化群体的系统性战略规划；局部冲突和突发事件，等等。

第五节　结论与建议

自 2000 年以来，"一带一路"地区对初等教育做出的承诺使很多国家取得了显著的进步。社会经济发达地区继续保持良好的小学教育发展水平；发展中国家也在过去十几年中奋起直追，成效显著。全国平均水平显示，大多数国家已经实现或即将实现普遍参与初等教育；男孩和女孩参与及在小学升级的比例相当。在此基础上，初等教育的普及化成为扩大小学后教育的助力点，各国政府正在努力扩大中等和高等教育的入学机会，提高平均受教育水平。

教育是社会公平发展的均衡器，但是也会复制甚至加剧不平等。各国之间

① Education for All 2015 National Review Report：Cyprus [EB/OL]. http：//unesdoc.unesco.org/images/0022/002299/229930E.pdf. 2014：18-24.

依然存在严重差距，而且许多国家的全国平均数据掩盖了国内基础教育成效的巨大差异。性别、城乡差异等导致边缘化的传统因素，再加之收入、语言、少数族裔和残疾等因素，造成了互相助长的恶性循环，特别是在中低收入国家和受冲突影响的国家尤为严重。①“一带一路”国家还有数百万儿童从未有机会踏足教室，一千多万儿童失学或辍学。沿线国家在已经实现长足发展的现状下，还应更多地关注那些在广泛意义上被边缘化的儿童。同时，教育机会的扩大是不是和教育质量的提高齐头并进呢？不断增加的入学机会(参与率)使受教育群体大幅扩大，但是在小学阶段留住孩子(巩固率)并让所有入学儿童都顺利度过整个小学阶段(完成率)却充满着挑战。新入学的儿童更有可能来自社会边缘群体。特殊的背景特征有可能造成学业成绩不良，随着入学人数的增加，教育质量有可能会下降，边缘化儿童的失学或辍学的概率也会随之上升。

阻碍普及进程的其他一些挑战还包括让儿童在正规入学年龄上学，增加基础教育经费，改善学龄前教育和小学后教育机会，提高制度和治理的效率，等等。还需要解决教育体系的固有障碍，如日常和教学中的歧视性做法，以及学校体系缺乏全纳教育方法。

每个国家在加强公平和加快普及初等教育步伐方面都没有固定的蓝图作为捷径。然而，对现有差距的评估就是出发点，可以找到一些用于指导政策规划的原则和方法。②

认真对待平等问题，惠及边缘化群体。这包括执行与免费义务初等教育相关的法律规定，让初等教育的利好覆盖到所有适龄儿童；免除学费，并采取具体、可持续的措施来减轻学校教育的间接成本；分析地方一级的入学率、巩固率、复读率、辍学率和完成率趋势，实施适当的干预措施，并注意提高教育质量；以事实为依据，深入分析遭受多重不利处境的儿童群体的特点以及他们没有进入或完成初等教育的原因，为国家政策规划提供有用的信息；倾听被排斥群体的需求，扩大学校或教师数量；增加公平的教育资源分配，确保学校、教

---

① UNESCO. The Hidden Crisis：Armed conflict and education. EFA Global Monitoring Report 2011[R]. Paris：UNESCO，2011.

② UNESCO and UNICEF. Asia-Pacific End of Decade Notes on Education for All：EFA Goal 2 Universal Primary Education[R]. UNESCO Bangkok，UNICEF EAPRO and UNICEF ROSA，2013：41-43.

师以及公共支出模式倾向于最需要的群体而不是最富有的群体。

提高治理水平，打造有效伙伴关系。大量的国际经验证明，普及的关键在于领导力和治理成效。坚持以政府为主导，以教育为国家发展战略的核心，努力实现普遍公平。中央政府要设定雄心勃勃的长期目标和明确的中期目标，地方机构要有良好的教育规划和管理能力来改善治理水平。同时，必须有协调一致的执行战略和可预测的预算承诺作为支持。提高教育部门内部以及教育部门与其他部门之间的政策协调性，要确保涉及教育的各部门的政策互为补充，而不是互相矛盾。制定沟通策略，跨越政府机构，使民间社会、援助方、私营部门以及利益相关方知晓有关政策、学校预算和教育实践的信息，特别是确保边缘化群体拥有发言权和参与权。

[i] 调整后的净入学率测量的是初等教育正规年龄组人口中，进入小学或中学学习的人数所占的百分比。仅对在1999—2012年中至少7个数据点可查且调整后的净入学率在1999年、2012年或两个年份均低于97%的国家进行估计。

[ii] 九个人口大国行动倡议是面向九个发展中人口大国(孟加拉国、巴西、中国、埃及、印度、印度尼西亚、墨西哥、尼日利亚和巴基斯坦)的论坛，探讨教育经验，交流最佳实践和监测全民教育的进展。1993年，新德里召开的"九个人口大国全民教育高峰会议"发起了这项倡议。此后，它的网络联系已经成为全民教育和南南合作的有力场所。

[iii] 本文对普及初等教育的定义是调整后的净入学率达到97%。这个指标仅测量是否所有正规学龄儿童都已入学，并不能指示学校教育的完成情况。但是，如果这个指标连续多年处于97%以上，则很可能所有入学的儿童都至少读完了小学。

[iv] 使用小学最高年级的毛招生率代替完成率。

[v] 国际上推荐的最低教育投入应占国内生产总值的6%。这个界限首先是由《教育——财富蕴藏其中》提出的，它是国际21世纪教育委员会向联合国教科文组织提交的报告，出版于1996年。此后，多个高级别全民教育会议都重申了这个建议。

[vi] "东南亚教育部长组织"是一个区域性的政府间国际组织，由东南亚多国政府于1965年共同创建，旨在促进本地区国家间的教育、科学和文化合作。由11个成员组成：文莱、柬埔寨、老挝、印度尼西亚、马来西亚、缅甸、菲律宾、新加坡、泰国、东帝汶和越南。

[vii] 快车道倡议是一种国际伙伴关系，旨在加快促进到2015年实现"普遍读完小学"，即普及初等教育。该倡议由世界银行发展委员会和国际货币基金组织在其2002年春季的会议上发起。

[viii] 罗姆人通常被称为吉普赛人，主要居住在中东欧，是罗马尼语族群人口最多的一个分支。

第四章

中等及中等后教育的发展

在初等教育基础上继续实施的中等及中等后教育，承担着为国家培养各类后备人力资源的重任，占据非常重要的位置。发展中等及中等后教育虽不是联合国教科文组织全民教育倡议的主要目标，但全民教育中的生活技能和终身学习、性别平等、教育质量等目标都与中等及中等后教育有密切关系，中等及中等后教育的内容以及公平和质量直接关乎全民教育的这些目标能否实现。教科文组织在2015年提出的《教育2030行动框架》发展目标更是明确地将中等及中等后教育的发展列入其中。通过全民教育行动计划的实施，大部分“一带一路”国家早期教育和初等教育都获得了迅速发展，同时，经济增长带来劳动力市场需求的不断变化，使得中等及中等后教育的发展得到更多关注，特别是《教育2030行动框架》目标中强调的中等教育公平和质量以及高等教育大众化等问题。

第一节　中等教育的发展

一、中等教育的含义和类别

中等教育介于初等教育与高等教育之间，通常包含普通中等教育和职业教育两类，普通中等教育一般又可分为初级中等教育和高级中等教育，职业教育通常与普通中等教育的高级阶段并列。初级中等教育大致可以进一步划分为综合教育和个性化发展两个阶段。在一些国家，初级中等教育与小学教育一并属于基础教育阶段，被纳入义务教育范畴；高级中等教育阶段在大多数国家不是义务教育，大体上综合教育与个性化发展通道并存；也有些国家的中等教育没有区分成初级和高级阶段，是一个连续的教育阶段；一些国家中等教育阶段的普通教育和职业教育在不同的学校进行，也有些国家的中等教育阶段的两轨教育在同一学校进行，呈现综合化的发展趋势。①

中等教育包含多种组织形式，大多数类型在"一带一路"国家中都有体现(见表 4.1)。这些国家中等教育阶段的学制也不尽相同，各个区域呈现出趋同的特征，国别较多的区域也会有几种典型学制并行(见表 4.2)。不管在哪种组织形式和学制下，中等教育都需要全面、公平、有质量的发展。《教育 2030 行动框架》目标中第一条就明确提出，"到 2030 年，确保所有男女童完成免费、公平、优质的中小学教育，并取得相应有效的学习成果"，强调中等教育公平和质量的发展目标；在第四条中提出，"大幅增加掌握就业、体面工作和创业所需技能(包括职业技术技能)的青年和成人人数"，注重中等教育等承担的培养人力资源的社会任务；在第七条中提出，"确保所有学习者掌握促进可持续发展所需知识和技能，具体做法包括开展可持续发展和可持续生活方式、人权和性别平等等方面的教育，弘扬和平和非暴力文化，提升全球公民意识，以及肯定文化多样性和文化对可持续发展的贡献等"，要求中等教育不能单单停留在知识和技能的传授上，还要培养学生的学习能力、跨文化交流能力以及全球公民意识等，对中等教育的内容和方法等提出了更高的要求。

表 4.1　中等教育组织形式

组织形式	国别(举例)
1. 初级中等教育与小学教育同属于基础教育阶段	柬埔寨、印度、印度尼西亚、哈萨克斯坦、摩尔多瓦、尼泊尔、乌克兰、也门、俄罗斯、中国
2. 初级中等教育和小学教育分属不同阶段，初级中等学校学生不分流进专科学校	希腊、土耳其
3. 初级中等教育和小学教育分属不同阶段，初级中等学校部分学生分流进专科学校	保加利亚、克罗地亚、波兰

① World Bank. Expanding Opportunities and Building Competencies for Young People: A New Agenda for Secondary Education[R]. Washington, D.C.: World Bank, 2005.

续表

组织形式	国别(举例)
4. 在高级中等教育阶段，普通教育和专科教育在不同学校进行	保加利亚、匈牙利、波兰、新加坡、也门、俄罗斯、中国

资料来源：World Bank. Expanding Opportunities and Building Competencies for Young People：A New Agenda for Secondary Education[R]. Washington，D. C.：World Bank，2005.

表 4.2　中等教育典型学制(2015 年)

国家和地区	中等教育总年限	初级中等教育年限	高级中等教育年限
·南亚和西亚：斯里兰卡 ·中东欧：匈牙利、波黑、保加利亚、克罗地亚、捷克、黑山、罗马尼亚、塞尔维亚	8	4	4
·东亚和太平洋地区：马来西亚 ·南亚和西亚：印度、孟加拉国、尼泊尔、巴基斯坦 ·中东欧：斯洛文尼亚、土耳其	7	4	3
·东亚和太平洋地区：老挝、越南 ·阿拉伯国家：阿联酋、科威特 ·中亚：蒙古 ·中东欧：阿尔巴尼亚	7	3	4
·中亚：哈萨克斯坦、吉尔吉斯斯坦、塔吉克斯坦、乌兹别克斯坦、亚美尼亚、阿塞拜疆 ·中东欧：俄罗斯、白俄罗斯、摩尔多瓦、乌克兰	7	2	5
·东亚和太平洋地区：柬埔寨、印度尼西亚、泰国 ·南亚和西亚：阿富汗 ·阿拉伯国家：巴林、伊拉克 ·中亚：格鲁吉亚 ·中东欧：波兰、爱沙尼亚、拉脱维亚 ·北美和西欧：希腊、以色列、塞浦路斯	6	3	3
·东亚和太平洋地区：缅甸 ·南亚和西亚：不丹 ·阿拉伯国家：约旦	6	2	4

资料来源：联合国教科文组织统计研究所数据库，2016 年.

此外，因中等教育在教育中承前启后的特殊位置，中等教育的发展对初等教育和高等教育都有促进作用。对于初等教育来说，中等教育的发展意味着初等教育结束后的升学机会增加，可以激发小学生更好地完成初等教育学业，提高初等教育毕业率，这有助于全民教育中“普及义务教育”目标的实现。[①] 对于高等教育来说，中等教育公平且有质量能够为高等教育提供优质而均衡的生源，中等教育阶段培养的学习能力对于学生在中等后教育阶段乃至终身教育都有深远影响。

二、“一带一路”国家中等教育整体进展

（一）“一带一路”国家中等教育发展数据分析

毛入学率可以体现中等教育的相对规模和入学机会，毛入学率达到 100％以上意味着中等教育的规模原则上能够覆盖所有法定年龄青少年，但不是指所有法定年龄青少年都入学。据联合国教科文组织统计研究所的数据，2013 年初级中等教育毛入学率的世界均值为 85％，高级中等教育毛入学率的世界均值为 66％。2013 年有数据可考的“一带一路”国家中，整体来看，初级中等教育毛入学率略高于高级中等教育阶段，约 70％国家中等教育两个阶段的毛入学率都高于世界均值，但是区域和国别间的差异显著(见图 4.1)。

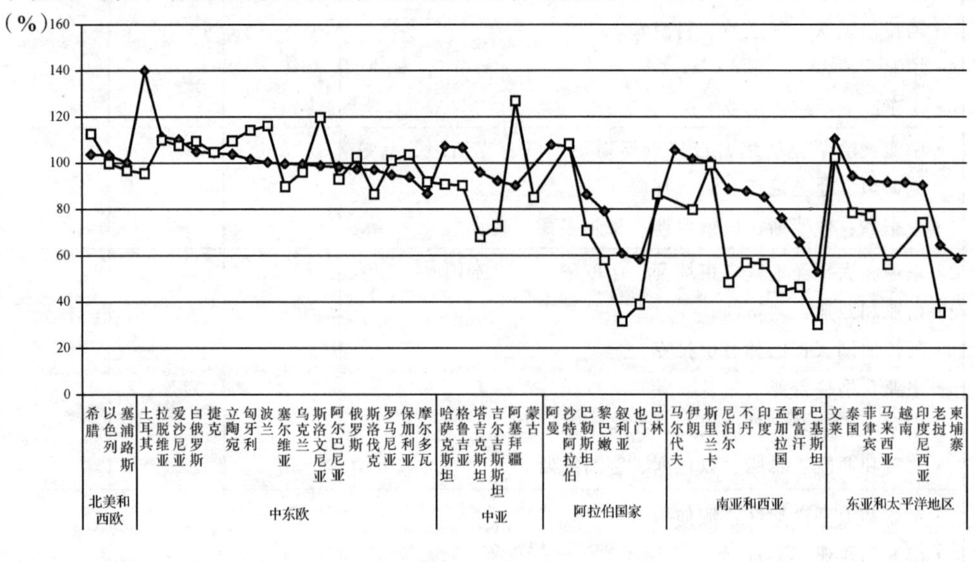

图 4.1　中等教育毛入学率(2013 年)

资料来源：联合国教科文组织统计研究所数据库，2016 年.

① World Bank. Expanding Opportunities and Building Competencies for Young People: A New Agenda for Secondary Education[R]. Washington, D.C.: World Bank, 2005: 1.

在初级中等教育方面，2013 年有 20 个国家的毛入学率高于 100%，其中有 1 个东亚和太平洋地区国家，3 个南亚和西亚国家，2 个阿拉伯国家，2 个中亚国家，9 个中东欧国家，3 个北美和西欧国家；有 8 个国家低于世界均值，包括黎巴嫩、叙利亚、也门、阿富汗、巴基斯坦、孟加拉国、老挝和柬埔寨；最低的巴基斯坦为 53%，最高的土耳其为 140%，最高值是最低值的近 3 倍。在高级中等教育方面，2013 年有 15 个国家的毛入学率高于 100%，其中有 1 个东亚和太平洋地区国家，1 个阿拉伯国家，1 个中亚国家，11 个中东欧国家，1 个北美和西欧国家；有 11 个国家低于世界均值，包括黎巴嫩、叙利亚、也门、印度、巴基斯坦、阿富汗、尼泊尔、孟加拉国、不丹、马来西亚和老挝；最低的巴基斯坦为 30%，不到世界均值的一半，最高的阿塞拜疆为 127%，最高值是最低值的 4 倍多。可以看出，中东欧国家中等教育两个阶段的入学状况整体较好，而部分东亚和太平洋地区及南亚和西亚国家的中等教育毛入学率还亟待提高。

绝大多数“一带一路”国家中等教育毛入学率的性别均等状况较好，但不同国家之间的差异很大；中东欧国家整体较好，而部分南亚和西亚国家表现不佳。根据联合国教科文组织统计研究所 2013 年的数据，初级中等教育方面，有 15 个国家的性别均等指数偏离标准值 0.05 以上，其中仅 5 个国家偏离标准值 0.1 以上；中东欧国家性别均等指数偏离标准值 0.05 以内，匈牙利和塞浦路斯等 5 个国家的性别均等指数几乎达到 1，而也门和阿富汗的性别均等指数偏离标准值 0.3 以上，这两个国家女孩入学率远低于男孩 20%以上。高级中等教育方面，毛入学率性别差异更明显，有 13 个国家性别均等指数偏离标准值 0.1 以上；中东欧偏离标准值都在 0.1 以下，但也门、巴基斯坦和阿富汗偏离标准值 0.3 以上，这些国家女孩入学率低于男孩约 30%。这 3 个国家性别均等指数最低，中等教育两个阶段整体的毛入学率在“一带一路”国家中也最低。可以说，这 3 个国家中，在中等教育资源有限的情况下，女生的受教育权最先受到威胁。

中等教育阶段普通教育和职业教育学生比例，是反映中等教育结构的重要指标。根据联合国教科文组织统计研究所的统计，2013 年有相关数据的“一带一路”48 个国家中，约有一半国家职业教育在校生比例在世界均值 10.9%以上（见图 4.2），不同区域和国家在这一指标上的差异很大。大多数国家初级中等教育中没有职业教育，有职业教育的国家，职业教育在校生比例也很小，世界均值只有1.5%，最高的只有保加利亚的6.6%。许多国家职业教育在高级中等教育阶段的规模较大，一半以上的国家高级中等教育阶段的职业教育在校生比例高于世界均值22.9%。特别是大多数中东欧国家的这一比例都在50%以上，最高的塞尔维亚，这一比例高达75.7%；而南亚和西亚国家高级中等教育阶段的职业教育在校生比例均低于世界均值，南亚国家中这一比例最高的斯里兰卡也只有11.9%，最低的印度是2.7%；也门、巴勒斯坦等阿拉伯国家的这一比例也很低，不到1%，其中最低的阿曼不到0.1%。整体来看，高级中等教育阶段职业教育在校生比例高的国家，中等职业教育总体的在校生比例也较高，总体比例最高的10个国家全都是中东欧国家，最高的斯洛文尼亚这一比例达到41.5%；这一比例最低的10个国家中，仍然以南亚和西亚国家为主，最低的阿曼，中等职业教育总体比例不到0.05%。那么，到底什么样的普职比例是合理的，可能要根据各个国家的经济、社会、人口及教育发展状况等综合国情来考虑。

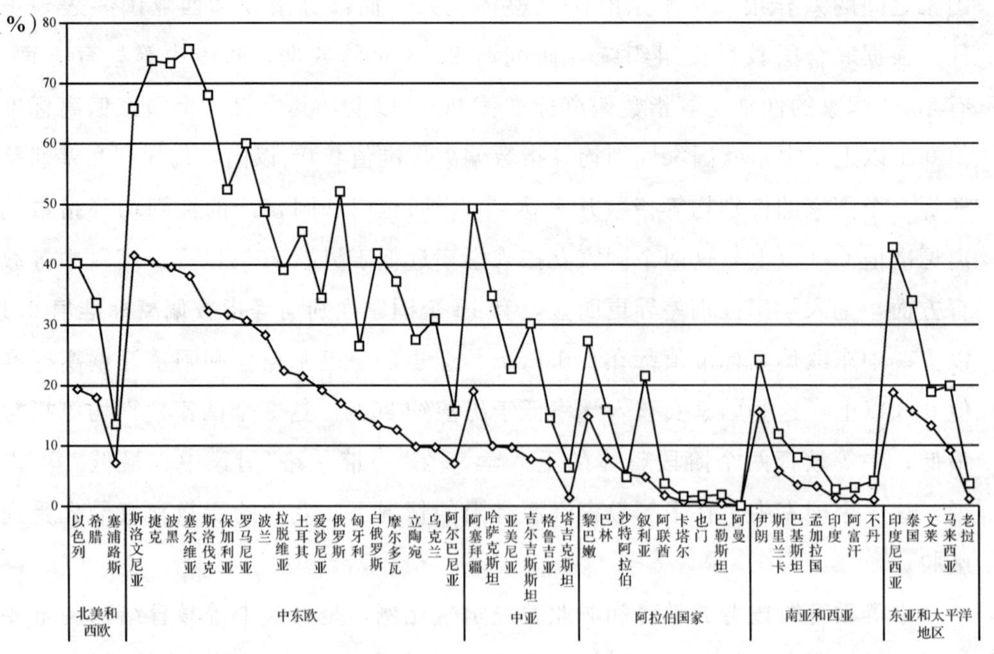

图4.2 中等职业教育在校生比例(2013年)

资料来源：联合国教科文组织统计研究所数据库，2016年.

（二）"一带一路"国家中等教育发展状况小结

自 1999 年以来，"一带一路"国家中等教育得到了较大发展。从以上数据分析来看，"一带一路"国家中等教育发展状况区域差异显著。中东欧及北美和西欧国家整体优于其他地区，且区域内不同国家之间差异较小，中东欧国家在"一带一路"国家中处于领跑位置。中亚国家之间差异不大，整体表现平平。东亚和太平洋地区、南亚和西亚及阿拉伯国家内部呈现两极分化的状况。相对而言，菲律宾、马来西亚等国相对较好，而老挝和柬埔寨相对较差；马尔代夫中等教育发展状况较好，而阿富汗、尼泊尔、巴基斯坦、孟加拉国等大多数国家状况堪忧；沙特阿拉伯、阿联酋等国中等教育发展状况较好，而叙利亚、也门、卡塔尔等国中等教育发展状况不佳。中东欧及北美和西欧国家中等教育发展基础较好，经过长期的积累，形成了适当的规模和结构。而阿富汗、叙利亚、也门等国，受制于经济、社会发展状况等因素，呈现出中等教育毛入学率低、比例结构失调、性别差异显著等问题。

大多数"一带一路"国家的毛入学率在过去 15 年间得到了不同程度的增长，一些基数较小的国家，如缅甸、不丹、柬埔寨、阿富汗等，中等教育毛入学率增长了一倍左右，但入学机会不均衡的问题仍普遍存在。入学率的性别差异问题在不同国家有不同表现。由于早婚、早育以及家庭经济限制等因素，印度、阿富汗、巴基斯坦、柬埔寨、老挝等国，中等教育阶段女孩的入学率低于男孩，这些国家的女教师比例也低于男教师。同时，在马来西亚、蒙古、菲律宾和泰国等国，中学的男孩比例偏低。除了性别因素外，家庭社会经济状况、城乡差距等，也会造成入学率不均衡。据联合国教科文组织 2011 年的一份报告显示，南亚地区作为一个整体，生活在最贫穷家庭的孩子比最富有家庭的孩子接受中等教育的概率低三成。① 生活在农村或偏远地区的孩子、少数民族群体、流动儿童以及有特殊学习需求的残障儿童等弱势群体接受中等教育的比例也相对较低。

除了教育公平问题，"一带一路"国家中等教育质量仍然有很大的提升空

① UNESCO and UNICEF. Asia-Pacific End of Decade Notes on Education for All：EFA Goal 3 Life Skills and Lifelong Learning[R]. UNESCO Bangkok，UNICEF EAPRO and UNICEF ROSA，2013：14-17.

间。在一些国家，"为考试而教学"、死记硬背的现象比较严重，在课堂实践中，对合作学习、批判性思维等的培养没有得到足够重视，以儿童为中心的方法没有得到有效实施。应对不同学生群体多样化的学习需求，建立一个能够为学生提供多元化发展通道的教育系统，是教育部门面临的挑战。

三、"一带一路"国家中等教育创新措施

就"一带一路"国家中等教育面临的问题，《教育 2030 行动框架》目标中提出的中等普通教育和职业教育发展目标，为解决这些问题提供了明确的指导方向。有些国家早年已经前瞻性地做出了一些尝试。

(一)跨越差异，促进中等教育公平

许多国家都通过政策或立法将初级中等教育纳入义务教育范围。根据联合国教科文组织统计研究所的数据，2014 年除了伊拉克、阿联酋、马来西亚、新加坡、孟加拉国、老挝和缅甸 7 个国家外，其余"一带一路"国家的义务教育都涵盖了初级中等教育，其中俄罗斯、波兰、土耳其、以色列、菲律宾、蒙古等国的义务教育长达 10 年以上，包含了整个中等教育阶段。俄罗斯还规定，在俄外籍和无国籍青少年与本国青少年享有同等接受义务教育的权利。[①] 初级中等教育义务化保障所有适龄青少年接受中等教育的权利，很好地提高了初中阶段的普及率，扩大了中等教育服务范围。在中等教育入学机会整体扩张的基础上，一些国家也采取措施使边缘化、处境不利群体能够获得中等教育入学机会。

除了巴基斯坦、伊朗等国的人们对性别平等持比较消极的态度外，几乎各国政府都制定了各种政策措施来解决中等教育的性别不平等问题。[②] 在印度尼西亚、柬埔寨和老挝等国，政府在教育部建立了国家的机制、机构和部门，包括激励机制等，确保关注性别问题。柬埔寨在 2003 年制定了《柬埔寨性别教育政策》，随后 2006 年又出台了《2006—2010 教育的性别主流化战略》和《教育的

① Education for All 2015 National Review Report：Russian Federation [EB/OL]. http：//unesdoc. unesco. org/images/0023/002307/230799e. pdf. 2014.

② UNESCO. Education for All 2000-2015：Achievements and Challenges[R]. Paris：UNESCO Publishing，2015.

性别主流化质量标准和指标》，这些政策要求多部门合作解决性别不平等问题，将这项工作纳入部门计划和考核内容。印度于2009年开始实施的普及中等教育旗舰项目中，还做了一些细致的规定，如招聘更多女教师、建设更多女厕所等。据印度全民教育监测报告显示，印度近年中等教育阶段女生的毛入学率仍然低于男生，但女生毛入学率增速快于男生。到2013/2014学年，男女生毛入学率的差距已经非常小，初中阶段女生为76.5%，男生为76.6%，高中阶段女生为51.6%，男生为52.2%，相差0.6%。① 还有一些国家，包括中国、老挝、蒙古和泰国等，政策制定者已经授权从性别的角度审视课程和学习材料，以识别和消除性别刻板印象和偏见，促使青少年从思想上改变对性别平等的态度。②

就城市和农村、富裕和贫困群体、少数民族群体和残障青少年接受中等教育机会不均衡的问题，许多国家也采取了相应措施。信息通信技术以其能够跨越时间和空间距离的优势，被各国广泛地应用在中等教育中，中等阶段的开放和远程教育为满足边缘化弱势群体的受教育需求发挥了较大作用(见框4.1)。老挝教育部重视农村寄宿制中学建设，同时也注重借助信息技术手段发展非正规中等教育，吸引从中学辍学的农村青少年接受非正规的中等教育。老挝的这些措施在缩小城乡中等教育普及率差距方面成效显著，2011/2012学年农村地区中等教育净参与率只比城市地区低10个左右百分点。③ 在缩小不同经济状况家庭儿童中等教育参与率方面，印度尼西亚专门设立了面向贫困学生的助学金，并且向边远地区输送优秀毕业生担任教师，满足了贫困和偏远地区学生的中等教育需求。2000年以来印度尼西亚来自较富裕家庭和较贫困家庭的儿童在中等教育升学率方面的差距明显缩短。④

---

① Government of India Ministry of Human Resource Development. Education for All：Towards Quality with Equity[EB/OL]. http：//unesdoc. unesco. org/images/0022/002298/229873e. pdf. 2014.

② UNESCO and UNICEF. Asia-Pacific End of Decade Notes on Education for All：EFA Goal 3 Life Skills and Lifelong Learning[R]. UNESCO Bangkok，UNICEF EAPRO and UNICEF ROSA，2013：14-17.

③ Education for All 2015 National Review Report：Lao People's Democratic Republic [EB/OL]. http：//unesdoc. unesco. org/images/0023/002314/231489e. pdf. 2014.

④ Education for All 2015 National Review Report：Indonesia [EB/OL]. http：//unesdoc. unesco. org/images/0022/002298/229874E. pdf. 2014.

框 4.1　印度国家开放学校

印度国家开放学校(National Institute of Open Schooling，NIOS)建立于 1990 年，常被称作世界上最大的开放学校。国家开放学校为 14 岁及以上的人提供了"开放的基础教育"，学习者也有机会学习职业课程和充实生活项目，可以参加初中和高中资格考试。国家开放学校允许在高中和初中阶段选择学术类和职业类课程，并且可以灵活选择考试，在五年中共有九次机会。对于超过基础水平的学术类课程，有近 4000 个经过认证的机构运行的学习中心，以及不到 2000 个经过认证的职业机构。多年来，入学人数和获得证书的学习者人数在平稳增长。2013/2014 学年，它共招收 56 万多名学生在线学习普通中等教育两个阶段以及职业教育的课程，其中男生有 37.8 万，女生有 18.2 万。印度国家开放学校因其在为边缘群体提供教育服务方面的贡献，近年来获得不少奖励。

资料来源：Government of India Ministry of Human Resource Development. Education for All：Towards Quality with Equity[EB/OL]. http：//unesdoc. unesco. org/images/0022/002298/229873e. pdf. 2014.

此外，新加坡、菲律宾、尼泊尔和柬埔寨等国家，近年来教育政策的变化以及对于基于母语的教育材料和教师培训的创新性投入，提升了少数民族儿童基本的中等教育完成率和学习效果。[①] 俄罗斯、新加坡、匈牙利、捷克等国还通过法律或政策规定了残障儿童的受教育权利，残障儿童享有与健康儿童同等的受教育权。2012 年年底颁布的《俄罗斯联邦教育法(No. 273-FZ)》规定，特殊教育可以在普通中等学校中开展，也可以在专门的特殊学校开展。联邦政府应该建立特殊学校，为有严重听障、视障等特殊需求的儿童提供适应他们需求的教育。[②] 新加坡还通过增加无障碍通道，改善学校基础设施建设，使有特殊需求的学生在学校中也能顺利通行。[③]

(二)多措并举，提高中等教育质量

许多国家都提出要提供公平且有质量的中等教育。中等教育的质量高低主要体现在能否很好地满足学习者和潜在雇主的需求，中等教育应该对学生进入高等教育或劳动力市场具有针对性，应该为学生配备足够的知识和生活技能，长期僵化的教

① UNESCO. Education for All 2000-2015：Achievements and Challenges. Paris：UNESCO Publishing，2015.

② Education for All 2015 National Review Report：Russian Federation [EB/OL]. http：//unesdoc. unesco. org/images/0023/002307/230799e. pdf. 2014.

③ Education for All 2015 National Review Report：Singapore [EB/OL]. http：//unesdoc. unesco. org/images/0022/002298/229877E. pdf. 2014.

育不利于提高学习者在竞争日益激烈的环境中工作或学习所需要的新技能和知识。为了提高中等教育质量，“一带一路”国家从师资和课程等方面做了很多努力。

在师资建设方面，为了提高中等教育普及率，多国都把增加教师数量，作为扩大中等教育规模的配套措施。印度 2009 年实施的普及中等教育旗舰项目提出增加教师数量，2011/2012 学年印度共增加 9,6000 余名中学教师，把生师比控制在 30∶1 以内。同时，许多国家都出台政策提高教师的入职资格和要求，以保障教师队伍的合格率。缅甸、印度、马来西亚、新西兰、菲律宾、新加坡、泰国、越南等国，规定的中学教师的入职门槛条件是必须至少完成 12 年的正规教育及 3～4 年的师范教育。在遴选教师的过程中，新加坡等国在基础条件之外，也注重候选人的学术能力、动机等，意在招收热爱教师职业的高素质人才。此外，加强教师的职前和在职培训，也是许多国家采取的措施。对教师专业发展的持续支持，包括校际访问、在职导师、同行评议等方式。俄罗斯、新加坡等大多数“一带一路”国家以及中国都有中学教师在职培训和专业发展政策。新加坡的教师职前培训由国家教育研究院开展，培训内容包括学习理论、教学技能、课堂管理技能，以及关于各自所教授科目的知识点和教学法，新加坡 98％的教师都参加职前培训。①

在课程改革方面，不少国家都尝试根据经济社会发展需求，更新和调整课程内容，将新兴事物或理念纳入到中等教育课程中，在普通教育课程中更加注重夯实基础以为未来高等教育阶段学业做准备，职业教育课程结构更加强调与劳动力市场的需求相匹配。许多教育部门也意识到创造力、批判性思维、人际交往技能等综合素质的重要性，通过综合课程或实践活动等给予学生全面的培养。为了加强对中等教育的指导，新加坡、俄罗斯等国都有中等教育国家课程，由教育部门负责在学校中推广国家课程。新加坡每个教育阶段的国家课程每 3 年有一次中期评估，每 6 年更新一次，每一科目的课程和教学法同时被评估，以确保课程满足国家、社区和个人的需求。② 2000 年开始，中国政府也推

① Education for All 2015 National Review Report：Singapore[EB/OL]. http：//unesdoc. un- esco. org/imges/0022/002298/2259877E. pdf. 2014.

② Education for All 2015 National Review Report：Singapore [EB/OL]. http：//unesdoc. unesco. org/images/0022/002298/229877E. pdf. 2014.

行了新课程改革，涉及初等教育和中等教育两个阶段，整个改革内容包括培养目标的变化、课程结构的改革、国家课程标准的制定、课程实施与教学改革、教材改革、课程资源的开发、评价体系的建立和师资培训以及保障支撑系统等，为提升教育质量提供了清晰、可操作、可衡量的指导策略。①

除了师资建设和课程改革，一些国家也在教育评价方面进行了探索，发挥考试的"指挥棒"作用，通过改革考试内容和方式，引导中学改革课程和教学，提高中等教育质量。印度国家教育研究与培训委员会负责开发全国教育测评工具，并在2015年之前开展测评研究，以评估中等教育质量。② 中国积极探索大学入学考试制度改革，在考试分数之外，高校还考查学生在中学阶段积累的综合素质。中国政府于2014年9月发布《关于深化考试招生制度改革的实施意见》，启动高考综合改革，并将于2017年在东部两省市首先启动试点。新的规定要求高校在选拔学生时，改变"唯分数论"的状况，除了考试成绩还要对学生高中阶段的综合素质评价提出要求，引导高中推进全面素质教育。③

第二节　中等后教育的发展

一、中等后教育的含义

中等后教育是中等教育之后最高阶段的正规教育和非正规教育，包括普通教育和职业教育两轨，全日制教育和非全日制成人教育两类，其中中等后全日制普通教育和职业教育也被称作高等教育，非全日制成人普通教育和职业教育也被称为继续教育，本文中的中等后教育主要是指高等教育。中等后教育机构包括大学、学院等普通高等教育院校和高等职业技术专科学院两大类，涵盖的学历、学位包括专科文凭和本科学位、研究生学位、博士学位等。④

① 中华人民共和国教育部．教育部关于印发《基础教育课程改革纲要(试行)》的通知[EB/OL].[2001-6-8]. http://www.gov.cn/gongbao/content/2002/content_61386.htm.

② Government of India Ministry of Human Resource Development. Education for All: Towards Quality with Equity[EB/OL]. http://unesdoc.unesco.org/images/0022/002298/229873e.pdf. 2014.

③ 中华人民共和国国务院．国务院关于深化考试招生制度改革的实施意见[EB/OL].[2014-9-4]. http://www.gov.cn/zhengce/content/2014-09/04/content_9065.htm.

④ Wikipedia [EB/OL]. https://en.wikipedia.org/wiki/Higher_education.

中等后教育在各国都不是强制的义务教育，但联合国于1966年颁布的《经济、社会及文化权利国际公约》等人权文件中，都强调公民应该享有平等的高等教育受教育权。尽管全民教育没有关于中等后教育或高等教育的发展目标，但《教育2030行动框架》目标中有不少关于高等教育发展的内容，尤其强调高等教育公平，具体目标包括："到2030年，确保所有男女平等获得负担得起的优质职业与技术教育以及高等教育，包括大学教育。""到2020年，在全球范围内大幅增加发达国家和部分发展中国家提供的、发展中国家(特别是最不发达国家、小岛屿发展中国家和非洲国家)可获得的高等教育奖学金数量，包括职业培训、信息通信技术、技术、工程和科学项目的奖学金。"①

二、"一带一路"国家中等后教育整体进展

进入21世纪以来，"一带一路"国家中等后教育或者说高等教育的规模迅速扩大，各国间高等教育交流与合作越来越密切，一些国家的顶尖大学在国际排名中崭露头角，但"一带一路"国家高等教育整体影响力还有很大的提升空间。

(一)数据分析

1. 学生规模及分布

毛入学率是衡量学生相对规模的一个指标。较高的毛入学率意味着高等教育学生的参与率较高。根据美国学者马丁·特罗的研究，如果以高等教育毛入学率为指标，则可以将高等教育发展历程分为"精英、大众和普及"三个阶段。他认为当高等教育毛入学率达到15%时，高等教育就进入了大众化阶段。进入21世纪以来，除了卡塔尔、也门等极少数国家外，绝大多数"一带一路"国家高等教育毛入学率都有不同程度的增长。东盟国家整体增长较快，增幅最大的老挝从2000年的2.7%增长到2014年的17.3%；其次是越南，从2000年的9.4%增长到2014年的30.5%。此外，阿尔巴尼亚、尼泊尔和伊朗，增幅也都较大。到2014年，除了阿富汗、土库曼斯坦、巴基斯坦和孟加拉国4个国家外，绝大多数"一带一路"国家都进入高等教育大众化阶段，$\frac{1}{3}$以上的国家进入普及高等教育阶段(图4.3)。

① 中华人民共和国教育部.2030教育可持续发展目标[EB/OL].[2016-1-4].http://moe.edu.cn/s78/A23/A23_ztzl/ztzl_kcxfz/201601/t20160104_226738.html.

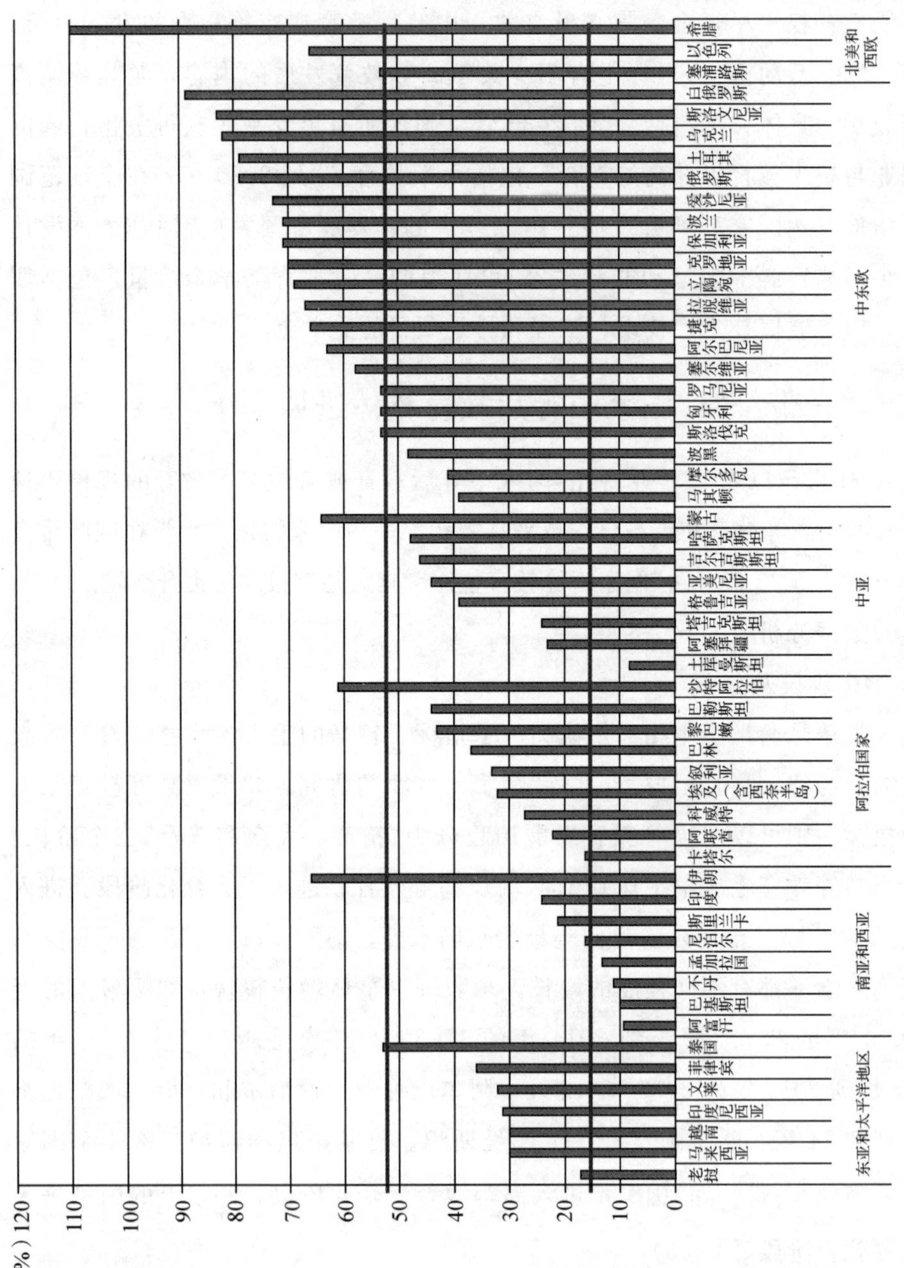

图 4.3　高等教育毛入学率(2014 年)

资料来源：联合国教科文组织统计研究所数据库，2016 年。

从上图中 2014 年有数据可查的 45 个国家来看，中东欧及北美和西欧国家整体上高等教育毛入学率最高，大部分国家都进入了高等教育普及化阶段，特别是希腊，高等教育毛入学率高达 110%，意味着高等教育理论上能够容纳全部的学龄人口；绝大多数东亚和太平洋地区、中亚、南亚和西亚及阿拉伯国家没有进入高等教育普及化阶段，尤其是南亚国家整体上高等教育毛入学率最低，南亚毛入学率最高的斯里兰卡和印度，2013 年和 2014 年的毛入学率都在 25%以下，毛入学率低于 15%的 4 个国家中，南亚国家占了 3 个，毛入学率最低的是中亚的土库曼斯坦，2014 年的高等教育毛入学率仅有 8%。

私立高校在“一带一路”不同国家的发展状况差异很大。私立高等教育能否以及在多大程度上发挥其积极作用，受到社会经济、政治、文化、传统等外部因素制约。根据联合国教科文组织统计研究所 2013 年和 2014 年的数据，拉脱维亚、巴勒斯坦、以色列和爱沙尼亚等国私立高校在校生比例高达 80%以上，而文莱、乌克兰、克罗地亚、斯里兰卡、土耳其、沙特阿拉伯和塔吉克斯坦私立高校在校生比例不足 10%(图 4.4)。

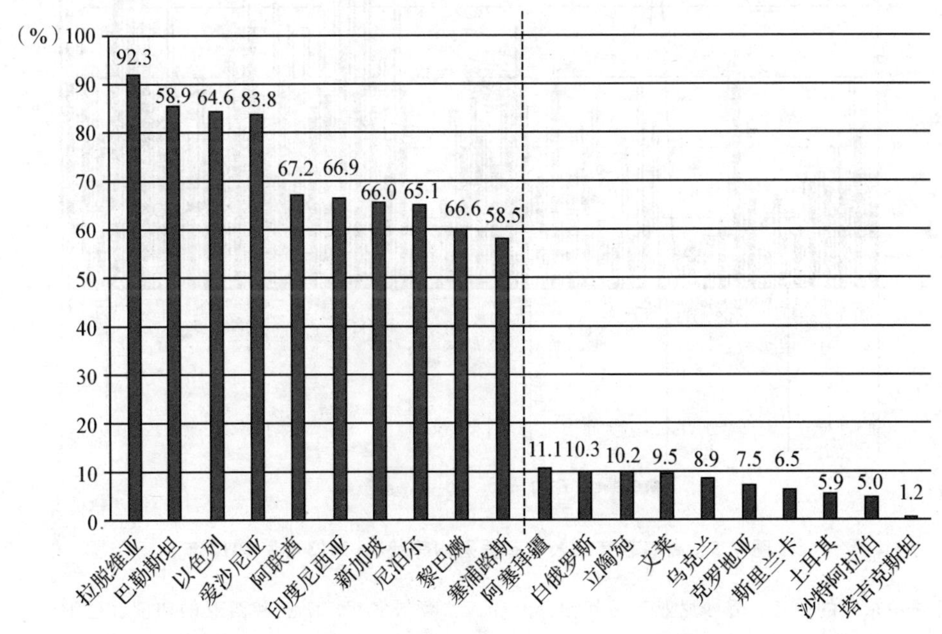

图 4.4　私立高校在校生比例最高和最低的 10 国(2013 年、2014 年)

注：图中爱沙尼亚、新加坡、尼泊尔、斯里兰卡和土耳其是 2013 年的数据，其余国家是 2014 年的数据。

资料来源：联合国教科文组织统计研究所数据库，2016 年．

2. 性别平等状况

性别平等是高等教育现代化的一个重要表现。整体来看，高等教育入学状况的性别差异在大多数“一带一路”国家表现为，女性毛入学率高于男性（见图4.5）。根据联合国教科文组织统计研究所2014年的数据，仅不到$\frac{1}{5}$的国家，高等教育毛入学率性别均等指数低于1，也就是说，女性毛入学率低于男性。大部分国家高等教育毛入学率性别均等指数都高于1，世界均值为1.11，卡塔尔、巴林和阿联酋甚至高于2。卡塔尔女性毛入学率是46%，男性是7%，女性是男性的6倍多；巴林和阿联酋的女性毛入学率都比男性高1倍以上。巴基斯坦、越南、叙利亚、希腊、沙特阿拉伯、印度、伊朗、老挝8个国家的性别均等状况较好，性别均等指数偏离标准值不到0.1，男性和女性的毛入学率差别很小。

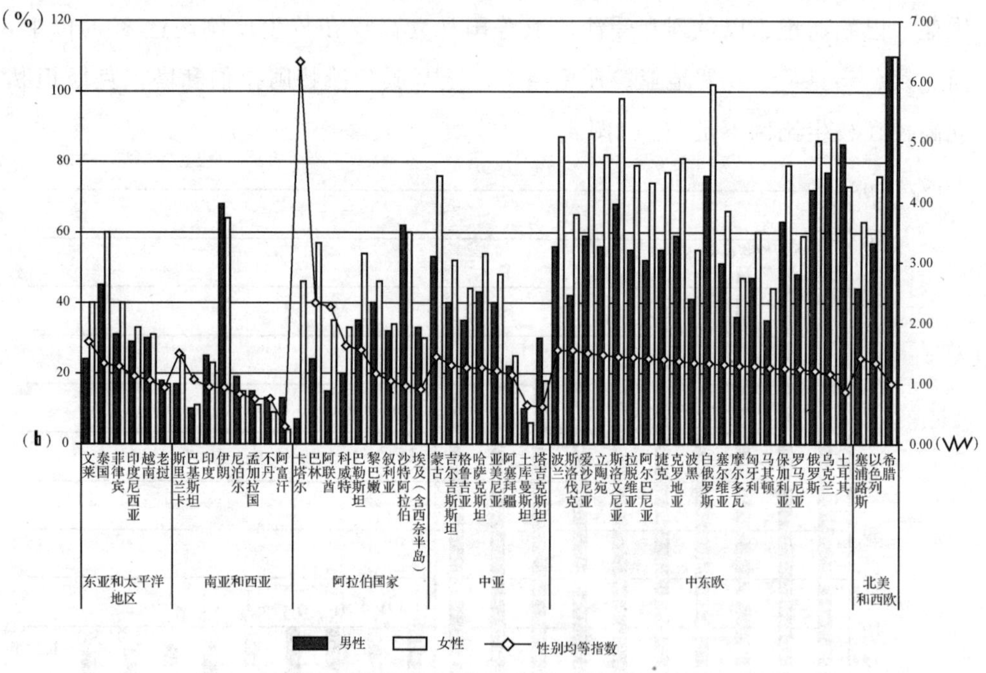

图 4.5　高等教育毛入学率性别均等状况（2013 年、2014 年）

注：中东欧的波兰、爱沙尼亚、马其顿、土耳其、摩尔多瓦，南亚和西亚的印度、尼泊尔、不丹，阿拉伯国家的科威特、叙利亚，北美和西欧的希腊，2014 年的数据缺失，图中采用的是 2013 年的数据；其余国家都采用的是 2014 年的数据。

资料来源：联合国教科文组织统计研究所数据库，2016 年.

埃及、土耳其、尼泊尔、孟加拉国、不丹、土库曼斯坦、塔吉克斯坦和阿富汗等国性别均等指数都小于1，女性毛入学率低于男性，其中阿富汗、土库曼斯坦和不丹3个国家的女性高等教育毛入学率不到10%，但是这几个国家男性高等教育毛入学率也都低于15%，高等教育整体规模都有待扩大。

分区域来看，中东欧及北美和西欧国家整体上性别均等指数偏离标准值基本上都不到0.5，女性毛入学率略高于男性。特别是希腊，性别均等指数高于标准值不到0.01，男性和女性的高等教育毛入学率都高达110%，是“一带一路”国家中男女毛入学率最高、差值最小的。中亚及东亚和太平洋地区有少数国家性别均等指数小于1，如土库曼斯坦、塔吉克斯坦和老挝，大多数国家都大于1。南亚和西亚大多数国家的性别均等指数都小于1，该区域性别均等指数最低的阿富汗也是整个“一带一路”国家中指数最低的。阿拉伯国家之间的差异最大，性别均等指数最高的卡塔尔高出标准值5.32，是“一带一路”国家中性别均等指数偏离标准值最大的；最低的埃及(含西奈半岛)低于标准值0.1。

3. 学生迁移情况

各国高等教育学校对于优质生源的竞争越来越激烈，学生在不同国家之间的迁移越来越频繁，国际留学生的规模也逐年增大。全球留学生总数从2000年的200万增长到2013年的410万，翻了一番，留学生占到高等教育在校生的2%左右。美国、英国等传统的留学生目的地仍然对追寻高质量高等教育的学生有很强的吸引力，一些新的国家和地区也在竞争中逐渐扩大留学生市场的份额。根据联合国教科文组织统计研究所的数据，2013年，美国(19%)、英国(10%)、澳大利亚(6%)、法国(6%)、德国(5%)和俄罗斯(3%)6个国家的留学生数占到总数的将近一半。亚太地区的澳大利亚和日本等传统的留学目的地的地位受到了新兴目的地的冲击，包括中国、马来西亚、韩国、新加坡和新西兰等新兴留学目的地2013年的留学生总数占比7%。①

“一带一路”国家高等教育阶段学生流动规模也较大，如中国、印度、沙特阿拉伯、马来西亚和越南等都是输出留学生较多的国家，学生大多数也流入欧

① UIS. Global Flew of Tertiary-level Students [EB/OL]. [2016-2-3]. http://www.uis.unesco.org/Education/Pages/international-student-flow-viz.aspx.

美地区高等教育实力较强的国家；"一带一路"国家高校对留学生的吸引力尽管有限，但随着中国、马来西亚、新加坡等国的高等教育实力不断增强，这些国家接纳的留学生近年正不断增加，在国际留学生市场上也占据一定份额。

此外，"一带一路"国家之间流动的国际学生也有相当规模。以"一带一路"国家中人口数量较大的俄罗斯为例，在高等教育阶段，2014 年俄罗斯接收的国际留学生共 17.8 万人，其中来自"一带一路"国家的学生占到 96%；2014 年俄罗斯赴其他国家留学的学生共 4.5 万余人，其中赴"一带一路"国家的学生占近 43%(表 4.3)，可见俄罗斯与"一带一路"国家高等教育层面交流密切。

表 4.3 "一带一路"国家与俄罗斯之间留学生迁移数最大的 10 个国家(2014 年)

"一带一路"国家赴俄留学生数			俄赴"一带一路"国家留学生数		
1	哈萨克斯坦	49252	1	捷克	4379
2	白俄罗斯	24880	2	乌克兰	2930
3	土库曼斯坦	15662	3	白俄罗斯	2128
4	乌兹别克斯坦	12783	4	哈萨克斯坦	1644
5	阿塞拜疆	12680	5	吉尔吉斯斯坦	1302
6	乌克兰	12043	6	亚美尼亚	1277
7	塔吉克斯坦	8490	7	沙特阿拉伯	601
8	摩尔多瓦	5336	8	波兰	585
9	亚美尼亚	4234	9	拉脱维亚	482
10	吉尔吉斯斯坦	3734	10	希腊	465

资料来源：联合国教科文组织统计研究所数据库，2016 年.

根据联合国教科文组织统计研究所的数据，2014 年中国赴其他国家继续高等教育阶段学习的留学生共计约 73.8 万人，中国留学生数最多的 10 个国家和地区分别是美国、澳大利亚、日本、英国、加拿大、韩国、中国香港、法国、新西兰和中国澳门；其中赴"一带一路"国家留学的中国高校学生数共计约 2.5 万人，中国留学生最多的 5 个"一带一路"国家分别是俄罗斯、泰国、马来西亚、乌克兰和白俄罗斯(图 4.6)。“一带一路”国家的中国留学生总数与美国的中国留学生数量相当，仅占中国留学生总数的 3.4%。

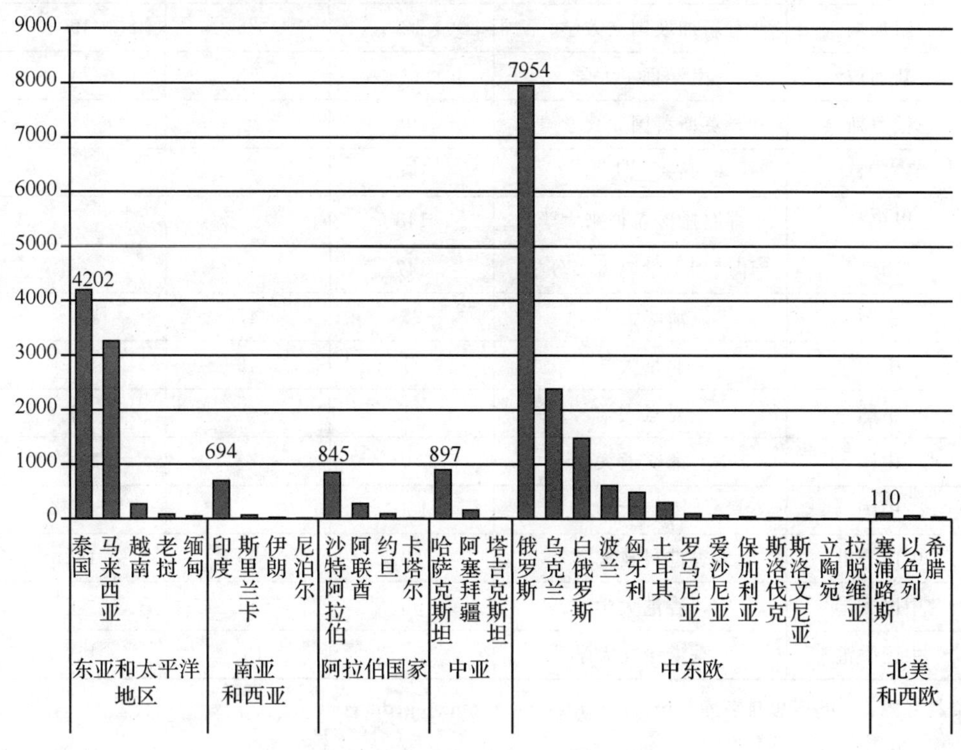

图 4.6　赴“一带一路”国家留学的中国留学生数(2014 年)

资料来源：联合国教科文组织统计研究所数据库，2016 年.

4. 高校排名情况

教育机构依托数据库发布的大学排行榜近年不断多样化，既有综合性的排行榜，也有分区域或分类别的排行榜。尽管排行榜的排名不尽科学和完美，但可以从中窥见各国高等教育的质量情况。从 QS、Times 和 US News 世界三大最具影响力的排名机构发布的 2016 年最新全球大学综合排名来看，“一带一路”国家进入三大榜单前 150 名的高校非常少，仅有新加坡、中国、俄罗斯等少数国家的个别高校跻身前 150 名，所有“一带一路”国家高校在三大排行榜中均未能冲进前十位(见表 4.4)。“一带一路”国家高校在排行榜上的数量和位次都还有很大的上升空间。

表 4.4 “一带一路”国家进入三大排行榜前 150 名的高校(2016 年)

国家(地区)	学校中文名	QS 排名	Times 排名	US News 排名
新加坡	新加坡国立大学	12	26	49
新加坡	南洋理工大学	13	55	74
俄罗斯	莫斯科国立大学	108		
马来西亚	马来亚大学	146		
以色列	耶路撒冷希伯来大学	148		
印度	印度理工学院孟买分校	147		
中国	清华大学	25	47	59
中国	北京大学	41	42	41
中国	复旦大学	51		96
中国	上海交通大学	70		136
中国	南京大学	130		
中国香港	香港科技大学	28	59	142
中国香港	香港大学	30	44	64
中国香港	香港中文大学	51	138	119

资料来源：IDP 诺思排名库，http：//ranking. promisingedu. com

相对来说，中国上榜的高校数量较多。QS 排名前 150 位的中国高校有 8 所，其中中国内地的 5 所高校中有 4 所排名都在前 100；入围 US News 排名前 150 位的中国高校有 7 所，其中有 4 所内地高校；入围 Times 排名前 150 位的中国高校有 5 所，其中有 2 所内地高校。内地高校中排名最靠前的北京大学和清华大学，在 3 个榜单的排名都在前 60 位。新加坡上榜的高校数量虽然只有 2 所，但两所高校的排位都很靠前。俄罗斯、印度等国上榜高校数量较少，在不同排行榜上的表现差别较大。

(二)小结

从上述数据分析来看，“一带一路”国家高等教育发展程度参差不齐。整体上中东欧及北美和西欧国家的高等教育发展水平较高，高等教育入学机会较多，能够覆盖大多数民众，且性别等教育公平状况较好；东亚和太平洋地区区域内不同国家之间的高等教育发展状况差异较大，发展水平较高的如新加坡等，堪比中东欧及北美和西欧国家水平，发展水平较低的老挝等，高等教育刚刚从精英化进入大众化阶段；南亚和西亚、中亚及阿拉伯国家整体上高等教育发展水平相对较差，阿富汗、土库曼斯坦、巴基斯坦和孟加拉国等国的高等教育仍然处于精英化阶段，入学机会较少，特别是土库曼斯坦、阿富汗等区域内的短板国家，同时也是“一带一路”国家中的最低值所在。对于部分亚洲国家来说，进一步增加高等教育入学机会，提高高等教育普及程度，仍然是艰巨任务。

在推动高等教育大众化和普及化的同时，如何兼顾教育公平和质量，是“一带一路”国家面临的另一个问题。除了性别平等，高等教育也不能忽视贫困及偏远地区学生、有身体障碍和特殊学习需求的学生以及母语非官方语言的少数民族地区学生等弱势群体。此外，提升高等教育质量，促进高等教育内涵式发展，也值得“一带一路”国家加强重视。通过治理结构、办学体系等方面的综合改革，提升高校在人才培养、科学研究和社会服务等方面的质量，通过内在的创新，提高对外的影响力，逐步增强“一带一路”国家高校在各大排行榜中的显示度，是许多国家高校正在不断探索的事情。

在对外合作与交流方面，“一带一路”国家与其他国家，以及“一带一路”国家之间在高等教育领域的联系越来越频繁，不同区域和国家之间迁移的留学生规模显著扩大，同时各国高校在科研和社会服务等方面的合作不断深入。特别是在“一带一路”战略开始实施之后，高等教育如何承担起新的责任，培养出符合时代需要的国际化人才，包括专业技能人才、小语种人才、“一带一路”国家研究人员等，对“一带一路”国家来说仍然是一个需要不断探索的问题。

三、“一带一路”国家中等后教育创新措施

进入21世纪以来，经济社会的发展越来越依托于科学技术的创新。高等教育承担着推进科学发展、科技创新的职责，肩负着培养高素质人才的重任，对于经济社会的发展越来越重要。因而，高等教育的发展在“一带一路”各国都较受重视，各国在推进高等教育大众化的同时，也关注到教育的公平与质量。

（一）推进高等教育大众化

高等教育大众化不仅要求高等教育规模的整体提升，也要求机会的公平分布。“一带一路”国家高等教育规模区域间差别较大，不少国家近年来在增加高

等教育入学机会、提高高等教育覆盖率，以及推动高等教育公平方面做了一些努力，取得了显著成效。《教育2030行动框架》目标中提出高等教育覆盖所有男性和女性，这在一些“一带一路”国家并不是难以实现的目标，比如，希腊2014年高等教育的毛入学率已经达到110%，但对于一些高等教育毛入学率较低的亚洲国家来说难度很大，尤其是阿富汗、土库曼斯坦等高等教育毛入学率目前低于15%的国家。

推进高等教育大众化，就需要增加对高等教育的投入。从高等教育经费主要来源来看，可以把“一带一路”国家大众化路径大体分为政府投入为主型和民间投入为主型两种，“一带一路”大多数国家的发展模式属于后一种。俄罗斯、波兰、匈牙利等中东欧国家，在19世纪90年代之后允许不同社会组织、企业等创办高等教育机构，并且对私立高校的学生提供政府补助，促进了私立高等教育的快速发展。私立高校通过录用自费生、收取高额学费来补充办学经费，有效地化解经费不足的挑战。① 中国是在人均GDP较低水平上通过快速扩招实现高等教育大众化的，在中国高等教育大众化发展进程最初阶段，高等教育投入水平低。过去10年中，通过收取学费、吸引社会资金成立基金会等方式，中国高校经费逐渐改为“社会投入为主、财政投入为辅”②，提高了投入水平，在扩张规模的同时，开始注重质量的提升。

在整体规模不断扩大的同时，高等教育公平问题在一些国家也得到了重视。针对印度高等教育毛入学率低于中国等发展中国家、城乡之间和男女性别之间的差别较大，以及教育质量不高等问题，印度政府出台了《高等教育“十二五”规划(2012—2017)》，提出通过实施远程教育教学项目、创建社区学院等多种方式，适度扩张高等教育规模，到2017年将印度高等教育毛入学率提高到30%；同时，提出要消除性别、城乡、区域、阶层的人为差别，加强对弱势群体学生的财政支持力度，大幅增加公共部门财政经费，提高奖学金数额，进一步普及国家奖学金和政府担保学生贷款自主项目；将低入学率地区示范性学院、社区学院和多科技术学院创建工程拓展到所有少数民族聚居区和其他贫困地区。另外，为解决长期以来印度高等教育领域各执行部门协调不力的局面，

① 潘懋元，罗丹．多国高等教育大众化模式比较研究[J]．高等教育研究，2007 (3)：1-8.

② 李立国．中国高等教育大众化发展模式的转变[J]．清华大学教育研究，2014 (1)：17-27.

在“十二五”期间，印度政府将其各部门所有与高等教育公平相关的行动计划整合为“高等教育机会均等计划”，将所有残疾人全纳教育行动计划整合为“国家残疾人全纳计划”。[①] 此外，匈牙利、捷克等中东欧国家通过立法等途径，支持少数民族语言在教育系统中的应用，建立多元化的高等教育体系，从而保护少数民族学生接受高等教育的权利，提高少数民族学生接受高等教育的比例。捷克的波兰族有一整套波兰语的教育体系，在高等教育层次也和其他教育层次一样，提供母语教育或双语教育。匈牙利 2011 年出台的《国家高等教育法》规定，允许少数民族学生使用其民族语言接受高等教育。[②]

（二）拓展高等教育国际化

随着高等教育教师、学生、资源在国际的加速流动，各国高等教育之间的合作和交流日益频繁，“一带一路”大多数国家都积极应对高等教育国际化趋势，同时“一带一路”国家之间的国际合作也越来越深入。

“一带一路”不同区域国家高等教育国际化发展状况不同。为了推进欧洲一体化进程，欧洲国家高等教育国际化或一体化进程早早启动。1999 年，29 个欧洲国家在意大利博洛尼亚提出欧洲高等教育改革计划，提出到 2010 年建成欧洲高等教育区，博洛尼亚进程签约国之间实现三级学位制度、学分互认和转换、学历学位证书互认、无障碍申请去其他签约国学习等，欧洲高等教育区内各国间的交流合作将更便利和深入。到 2015 年，“一带一路”国家中，21 个中东欧国家、希腊、塞浦路斯、哈萨克斯坦等，都加入了这个欧洲高等教育一体化改革计划。[③] 加入博洛尼亚进程后，签约国根据相关协议对原有高等教育体系进行改革，更好地参与到高等教育合作与竞争中。同时，马来西亚、新加坡和中国等亚洲国家也有各自的国际化战略规划。中国在《国家中长期教育改革和发展规划纲要（2010—2020 年）》中，提出扩大教育开放，加强与国外高水平大学合作，开办中外合作学校和中外合作办学项目，培养国际化人才，提高高

---

① 杨晓斐．卓越、扩张、公平——印度高等教育“十二五”规划“三极”战略述评[J]．比较教育研究，2014 (12)：45-50.

② 何山华．中东欧转型国家语言权利与小族语言保护研究——以捷克、斯洛伐克和匈牙利为例[D]．北京：北京外国语大学博士论文，2015：104-204.

③ 杨东平，金如意．博洛尼亚进程述论[J]．华东师范大学学报(教育科学版)，2009 (1)：9-22.

等教育国际化水平。[①] 中国近年来高校与国外高水平大学合作办学的数量和水平都发展迅速，到 2016 年共批准了 7 所中外合作大学，包括宁波诺丁汉大学、西交利物浦大学、上海纽约大学等，还有一些大学正在筹建中。中外合作大学凭借其英语教学环境和国际化等优势，生源遍布全球 60 多个国家和地区，生源质量和人才培养质量都逐步得到了社会认可。[②] 此外，中国高水平大学注重师资的国际化水平，强调新进教师的国际化教育背景，大力支持在职教师赴其他一流大学进行访学，并且将国际访学列入职称评聘条件中。中国政府及高校对于学生的短期国际交流、访学及攻读学位等也有许多资助项目，有国际化教育背景的学生比例近年不断提高。

“一带一路”战略为高等教育国际化提供了新的机遇。“一带一路”战略开始实施后，“一带一路”国家之间高等教育合作和交流不断深入，政府之间以及高校之间的合作更加频繁，各国通过建立联盟等方式，在学术研究和人才培养等方面加强合作。在 2015 年的“一带一路”国际教育发展校长论坛上，与会的“一带一路”高校校长和专家共同发起成立了“一带一路”国际教育发展大学教育联盟，搭建起国际学术交流和人才培养的平台。[③] 除了综合性的联盟，中国与俄罗斯于 2013 年成立中国-俄罗斯经济类大学联盟，旨在促进两国经贸合作培养“外语+专业”的经济专家和复合型人才，促进两国经贸合作更迅速、更有成效地发展。[④] 此外，中国与马来西亚政府于 2009 年 11 月签署《中华人民共和国政府和马来西亚政府高等教育合作谅解备忘录》，探讨相互承认学历和学位的可能性，就相互承认高等教育学历和学位达成协定，增进了两国高等教育交流与合作。[⑤]

---

① 中华人民共和国教育部．国家中长期教育改革和发展规划纲要(2010—2020 年)[EB/OL]．[2010-7-29]．http：//www.moe.edu.cn/publicfiles/business/htmlfiles/moe/moe_838/201008/93704.html.

② 新华网．中外合作大学办学成果显著愈发受考生青睐[EB/OL]．[2016-6-16]．http：//www.jsj.edu.cn/n2/7001/12107/784.shtml.

③ 中国新闻网．“一带一路”国家高校发起成立国际教育联盟[EB/OL]．[2015-11-12]．http：//www.sdaxue.com/post/92523.html.

④ 中国教育新闻网．中俄高校合作服务“一带一路”[EB/OL]．[2016-1-20]．http：//www.syn.gov.cn/JiaoYuDT/GuoWai/FD42F88480C7CFCC.shtml.

⑤ 中华人民共和国教育部．中华人民共和国政府和马来西亚政府关于相互承认高等教育学历和学位的协定[EB/OL]．http：//www.moe.edu.cn/publicfiles/business/htmlfiles/moe/moe_857/201301/146812.html.

（三）提升高等教育质量

高等教育水平关系到一个国家的综合实力及其国际竞争力，因而各国都非常重视高等教育的改革和发展问题。“一带一路”国家的世界一流大学很少，大多数国家尤其是高等教育由大众化迈向普及化的国家，在经历了高等教育规模的扩张之后，越来越关注高等教育质量的提升。

博洛尼亚进程签约国签署的“博洛尼亚宣言”中，提出了欧洲高等教育质量保障框架，强调保障欧洲高等教育质量的重要性，为签约国高校提高自身教育质量提供了动力支持。俄罗斯于2003年加入博洛尼亚进程后，在新的体制环境下，对高等教育制度进行了大力改革，紧抓高等教育质量。俄罗斯一方面承袭苏联重视高校内部质量保障的传统；另一方面，立足于新的市场环境，充分发挥联邦政府对高等教育的宏观调控作用，通过制定《高等教育国家教育标准》，推行新的高校综合评估模式、规范高校排名等措施，不断完善高等教育质量的外部保障机制。[①] 哈萨克斯坦于2010年成为“博洛尼亚进程”正式成员国，2011年哈萨克斯坦政府制定并出台了《2011—2020年国家教育发展纲要》，按照进程的相关要求制定高等教育改革任务，提出完善高等教育管理、进一步改进提高高校教师专业能力、加强企业与教育机构合作、完善教育评估质量监控体系等具体措施，为提升高等教育质量提供了明确的指导和要求。[②]

博洛尼亚进程之外的国家也有各自的质量提升战略。新加坡的高校竞争力排名靠前，新加坡政府逐年增加对高等教育的经费投入，并有效地干预高等教育事务，上至高等教育的发展策略，下至高校教师的聘用，扮演了“教育体系”中的核心角色。在经费投入比较紧张的情况下，中国政府优先支持部分高校的发展。为了提升高等教育质量，提高中国高校在世界的影响力，从20世纪90年代开始，中国相继实施“985工程”“211工程”，以及“优势学科创新平台”和“特色重点学科项目”等重点工程，2016年开始世界一流大学和一流学科新一轮建设，政府集中资源，重点投入部分优质高校建设。

---

① 孙明娟．俄罗斯高等教育质量保障体系探析[EB/OL]．[2015-5-18]．http：//www.jyb.cn/zggdjy/tjyd/201605/t20160518_659922.html.

② 马新英，程良宏．哈萨克斯坦《2011—2020年国家教育发展纲要》中高等教育改革解读[J]．俄罗斯中亚东欧市场，2013（2）：118-125.

第三节 “一带一路”国家中等及中等后教育发展的经验和启示

通过对“一带一路”国家中等及中等后教育发展状况的梳理可以看出，各国发展状况差别较大。关于《教育 2030 行动框架》目标中提出的均衡地普及中等和高等教育、丰富中等和高等教育内容等目标，希腊、新加坡等一些发达国家非常接近或者已经实现了这些目标，而阿富汗、巴基斯坦等亚洲国家到 2030 年恐怕难以实现这些目标。《教育 2030 行动框架》目标为“一带一路”国家的中等及中等后教育发展提供了指导方向，为了实现这些目标，“一带一路”国家可以在以下几方面相互借鉴。

一、进一步增加教育投入

教育与经济、社会发展状况密切相关，经济发展水平直接影响了政府对教育事业的投入。教育投入是支撑国家长远发展的基础性、战略性投资，是发展教育事业的重要物质基础。中东欧、北美和西欧国家以及东亚和太平洋地区部分国家中等及中等后教育发展状况，与政府的大力投入息息相关；南亚和西亚部分国家教育发展状况不佳，与投入不足也不无关系。教育需要一贯的、持续的投入，只重视高等教育的投入，而忽视中等教育，是不可取的。高等教育的发展离不开中等教育，中等教育得不到良好发展，势必影响高等教育的发展状况。

政府公共教育资源不足的国家，可以挖掘本国民间资本的潜力，鼓励有精力的企业家对教育事业进行捐赠，还可以积极争取国际组织、其他国家政府、个人或者基金会等的国际教育援助，多渠道拓宽经费来源。一些国家私立学校的大力发展，激发了民间资本投资教育事业的潜力。同时，政府与学校需统筹合理安排教育经费，切实提高资金使用效益。除了增加学校基础设施建设投入外，还应该在教师的引进与培训等方面增加投入，在改善办学条件的同时，提高办学质量。

二、完善多元化教育体系

教育供给应满足不同家庭经济状况、不同民族、不同地区、不同文化程度的劳动者、不同职业发展阶段、不同产业状态的多元化需求。为了满足学习者的多元化需求，需要建立并完善多元化的中等及中等后教育体系。中等及中等后教育都包含普通教育和职业教育两类，中等教育阶段的普通教育和职业教育在一些国家呈现出综合化的趋势，两种教育相互渗透而不是相互封闭，普通教育中增加职业的内容，职业教育中夯实文化知识基础。加快普通教育和职业教育的对接，为学生提供更多灵活的选择，是大势所趋。一些国家已经建立起综合高中，在同一所学校提供可选择的普通教育和职业教育内容，或者在独立的普通教育和职业教育学校中推行双向沟通机制。

在普通学校和职业学校内部，推行多元化的教育形式，也是许多国家在中等及中等后教育阶段推行的改革内容。通过开设多样化选修课，为学生提供可选择的教育，培养学生综合的全面发展的能力；在课堂教育之外，开展形式多样的实习实践活动，培养学生的实践能力；在职业教育中，加强校企合作，通过以企业资源充实学校教育资源、学校为企业培养“订单式”人才、校企联合办学等方式，使职业教育更加贴合劳动力市场需求。

三、重视多层次职业教育

职业教育作为培养劳动力资源的重要手段，其人才培养目标需与劳动力市场的需求相一致。中等及中等后职业教育分别承担着培养不同层次职业教育人才的重任。对于一些经济高速发展和产业结构升级调整的国家来说，中等职业教育培养的人才已经难以满足劳动力市场的需求。技术密集型和知识密集型企业的增加，使得市场对于高水平职业人才的需求增长。对于人力资源结构的新要求，迫使职业教育的结构必须调整。在保持职业教育层次多样性的同时，增强高等职业教育的力量，提升职业教育质量，是许多国家经济社会发展的客观要求。

四、深化教育国际化

教育国际化已渗透到教育各阶段，教育开放在各国中等及中等后教育中不断深化。不管是在中等还是中等后教育阶段，跨国的校级师生交流、教学科研合作，已不是特例，国际化的形式不断多样化、内容不断深入。教育国际化不单单表现为学习和了解国外科技文化知识、向国外派出学生和教师交流、与国外机构联合办学、利用信息通信技术开展远程国际交流等，更重要的是增进不同国别人之间的国际理解。开设国际课程，开展跨文化教育，培养学生的跨文化沟通能力，使学生面对来自不同文化背景的人，能够结合对方的文化环境进行换位思考，不以自己的价值观评判对方，做到相互尊重，理解对方言行在其自身文化环境中的合理性。具备跨文化沟通能力的人，才能成为能够参与国际事务与国际竞争的国际化人才。

五、切实保障教育公平

教育公平是社会公平的基础，是贯穿整个教育过程的重要问题。城乡差异、性别差异、家庭贫富状况、母语是否官方语言、父母亲受教育状况、身体是否有残障以及是否有居住地的合法身份等各种原因造成的教育不公平状况，在越高的教育阶段往往表现得越严重，在基础教育阶段就没有获得良好教育的学生，很难在之后的中等及中等后阶段有好的表现，弱势群体的受教育状况在高等教育阶段更加堪忧。在教育资源比较紧张的情况下，弱势群体受教育权利最容易被忽视。

“一带一路”国家在中等及中等后教育阶段基本上都有面向弱势群体的倾斜政策。一些国家在经过教育整体规模的扩张后，开始有余力关注弱势群体。对于经济不发达地区、少数民族群体等重点地区和重点人群增加教育投入，优化资源配置，并开展适合不同群体特殊需要的教育，如面向少数民族群体的双语教育、面向身体有残障的群体的特殊教育等，使这些群体的学习者也能享受公共教育资源，平等地获得学习和发展机会。在全球范围内，本国政府无力关注的弱势群体，或者没有政府负责的群体，如战争等造成的难民群体等，这些群体的受教育权利更难获得保障，需要国际社会的共同努力。

六、不断提高教育质量

中等及中等后教育质量直接关乎人力资源的质量乃至经济竞争力，在各国都备受重视。随着时代的发展，中等及中等后教育质量的内涵在不断丰富，什么样的教育质量是高质量，评估方式不一样，结果也不一样。对教育质量的评价越来越注重对学生的综合评价，摒弃唯分数论，将品德、兴趣爱好、身心发展水平等方面也纳入评价中来；改变单一的测试方式，将量化评估与质性评估相结合，开展过程性记录，注重全面客观地收集信息，根据数据和事实来进行综合判断。除了人才培养质量评价改革，对师资队伍建设的评价更加注重分类评价，对教师的教学、科研和公共服务等方面的评价更加注重质的评价，逐渐改变"一刀切"和"记工分"的评价方式，评价制度的导向更利于质量的提升。

为了提高管理效率，教育管理越来越重视数据基础和事实依据，现代信息通信技术的发展和应用为其提供了实现路径。多国已经建立和完善教育质量综合评价数字化管理平台，许多高校也自建了综合性数据平台，用于收集和分析教育数据，集成学校宏观运行数据及微观的学生和教师发展数据等于一个大数据库，综合分析数据之间的关联。基于"大数据"来进行科学决策，通过教育管理水平的提升，来逐步提高教育质量。

第五章

青年与成人扫盲

在当今的知识社会，识字能力是个人发展链条上的第一环，是社会参与的基础。它可以帮助人们更好地掌握自己的生活，进而带动社会进步和经济健康发展。在联合国扫盲十年的决议中，国际社会承认："创造有文化的环境与社会对于实现消除贫困、降低儿童死亡率、控制人口增长、实现性别平等、确保可持续发展、和平与民主等目标至关重要。"

纵观全球，青年和成人识字率在近 30 年取得了实质性进展，男性和女性的差距也有所减小。15 岁以上的成人识字率从 1990 年的 76％上升到 2015 年的 85％，其中 15～24 岁青年的识字率从 83％上升到 91％。然而，这些积极的趋势极有可能不是既定政策和干预措施带来的结果，有可能是因为年轻的、受教育程度高的人口步入成年，而不是受教育程度不高的成年人群体得到改善。①

那么，谁是文盲？他们几乎都是处于贫困的人群，几乎全部来自发展中国家的低收入家庭，而且许多人属于语言和文化上的少数族群。在许多国家，女性依然要比男性在受教育方面面临更大的障碍。② 截至 2015 年，预计全球有 7.58 亿成人和 1.14 亿青年缺乏基本的文字表达和理解能力。在"一带一路"国家生活着约 4.25 亿成人文盲和 4,900 万青年文盲，分别占全球总人数的 56％

① 联合国教科文组织．2015 全民教育全球监测报告[R]．北京：教育科学出版社，2015：135-136.

② UIL. Literacy Initiative for Empowerment (LIFE) 2006-2015 [EB/OL]. http://unesdoc.unesco.org/images/0015/001529/152921e.pdf. 2007：16.

和43％。这一事实不仅从道义上说不过去，而且也是人类潜能和经济实力的惊人损失。

多重障碍限制了“一带一路”国家的全面扫盲进程，包括基于财富、地理位置、性别、民族、语言的不平等性，获取优质教育机会的有限性，对离开教育系统的年轻人支持薄弱，成人学习机会不足。此外，扫盲工作不受重视、资金投入少、管理分散等也是需要克服的不利条件。这些因素对边缘和弱势群体的影响尤其严重，又进一步加剧了社会经济不平等。即使是在读写技能和教育水平高的国家，仍然有严重的文盲和读写水平低下的现象，导致那些识字能力薄弱的人群被边缘化，生活机会减少。

本章通过分析“一带一路”国家的青年和成人文盲数据，呈现了各国在普及识字过程中的进展和差距。文中还概述了边缘化群体所面临的挑战和差异，并总结了一些国家为改善整体识字水平而实行的政策策略和行动倡议。

第一节 识字的重要性

1948年，《世界人权宣言》承认的受教育权中就包含识字的权利，此后多项国际宣言和公约也重申了这项权利。不过目前并没有一个统一的国际定义可以对“识字”进行全面的概括。过去近70年中，由于受到学术研究、国际议程和各国发展重点的影响，识字的内涵和对识字的理解不断拓展。根据联合国教科文组织1958年的定义，识字能力指一个人能读、写和理解与其日常生活有关的简单话语。计算能力通常是识字能力的一种补充或一个部分。20世纪60年代和70年代出现了一个平行定义，“实用识字”(功能性识字)概念特别强调识字在促进经济增长和国家发展方面的作用。根据这种新兴的识字观，联合国教科文组织于1978年引入了功能性读写能力的定义并沿用至今：“一个有实用识字能力的人，是指能从事需要有识字能力的各种活动，从而有效发挥他(她)的群体和社会功能并使他(她)能够继续利用其读写和计算能力，以谋个人与社会发展。”80年代至90年代，识字的定义有了相当大的扩展，一些国际文件主张从广义的角度解释识字，即它不仅仅是读写能力，还应涵盖利用科技知识、法律信息、文化和媒体的能力，用于应对经济全球化的各种挑战，包括新技术和信息媒介的影响以及知识经济的形成。1990年在泰国宗滴恩发表的《世界全民教育宣言》将识字的挑战置于满足每个儿童、青年和成人的基本学习需求这一更大范围内，强调读写是“一个人自身必要的技能，也是其他生存技能的基础”。到21世纪初，联合国教科文组织认为识字是“使用打印或手写以及各种背景资料来识别、理解、解释、创造、交流和计算”的能力。现在，识字被视为能够让个人实现工作、生活目标并充分参与社会事务的技能统一体。这一观点已在2009年的《贝伦行动框架》中得到国际社会的认可。人们越来越意识到更广阔的社会环境对鼓励、获得、发展和保持识字技能的重要性。①

关于识字的数据表明，全球识字率从1950年的56%提高到了1980年的70%，2000年达到82%。在全世界范围内，成人识字率在20世纪70年代的增长速度最快，这得益于各国政府发起了大规模的成人扫盲运动。国际社会也不断发出提高成人识字率的宣言。由联合国教科文组织牵头的“到2000年根除文盲的行动计划”在1989年被正式通过。2000年的《达喀尔行动纲领》也设定了一个提升识字率的具体目标。从1950年到2000年，全球文盲率减少了一半以上，但是从90年代开始，由于国际社会的关注点转移到了普及初等教育，扫盲运动受到的重视普遍减弱。如联合国千年发展目标就没有涉及成人学习或读写的具体指标，它隐含的假设是，高质量地普及初等教育终将实现成人扫盲。正因如此，一些学者认为，成人扫盲在国际和国家议程中逐渐被忽略了。② 2000年至2013年，全球成人识字率的进展颇为缓慢，仅从82%提高到85%。

值得注意的是，在不同的国家，判断一个人是否识字的最低标准有所不同，这包括：是否能读或会写(如保加利亚和埃及)；能读报纸并写一封简单的信（如巴基斯坦)；以任何一种书面语言，能读写并理解其内容(阿塞拜疆)；无论是用什么语言，能读写，或只能读(土库曼斯坦)；能读懂并书写任何一种语言(印度)。甚至在一国之内，识字的定义也很快会发生变化，如在巴基斯坦的五次全国人口普查中，每次使用的识字定义都不一样。

---

① 联合国教科文组织.2006全民教育全球监测报告[R]. 巴黎：联合国教科文组织，2006：153-154；UIL. Confintea VI - Belém Framework for Action：Harnessing the power and potential of adult learning and education for a viable future[R]. Hamburg：Institute for Lifelong Learning，2009：3-4.

② 联合国教科文组织.2015全民教育全球监测报告[R]. 北京：教育科学出版社，2015：145.

表 5.1　各国对识字/文盲的定义

能够轻松或吃力地阅读信件或报纸	
	波黑、缅甸、摩尔多瓦
能够读写简单的句子	
语言标准	没有提及语言： 巴林(文盲：不会读写的人，以及只能读的人，比如学习古兰经的人)、白俄罗斯、保加利亚、塞浦路斯、埃及、俄罗斯、塔吉克斯坦。 能够使用特定语言读写简单的句子： 阿塞拜疆(承认任何一种书面语言的识字)、老挝、斯里兰卡(用锡兰语、泰米尔语和英语)、叙利亚(用阿拉伯语)、土耳其(土耳其公民：用现行土耳其字母；非公民：用本族语言)。 能够使用任何一种语言读写： 文莱、柬埔寨、克罗地亚、伊朗(用法尔西语或任何其他语言)、马尔代夫(用迪维希语、英语、阿拉伯语，等等)、蒙古、巴基斯坦、巴勒斯坦、菲律宾、沙特阿拉伯(允许盲人用布莱叶点字法阅读)、越南。
年龄标准	泰国(5 岁以上)；亚美尼亚、印度和土库曼斯坦(7 岁以上)；约旦(15 岁以上)。
受教育程度(按学识衡量)	
爱沙尼亚	没有达到相当于初等教育的水平、不能用至少一种语言读懂和写出与其日常生活有关的简单文章的人，作为"没受过小学教育者或文盲"被登记入册。
立陶宛	识字人(没受过正规学校教育)是指没有上过学，但能读(懂)和(或)写出有关日常生活的简单句子的人。
乌克兰	识字人是指达到一定教育水平的人。对于没有上过学的人，是指能够用任何一种语言阅读或书写的人或只能阅读的人。
斯洛伐克	文盲是指未受过正规教育的人。
马来西亚	识字人是指 10 岁及以上参加过学校教育的人(不论教学语言如何)。
匈牙利	没有完成小学一年级课程的人被视为文盲。
马其顿	完成小学三年级以上课程的人被视为识字人。
以色列	识字人是指至少完成小学学业的人。
希腊	文盲是指从未上过学的人(全文盲)以及没有完成六年初等教育的人(功能性文盲)。
罗马尼亚	识字人是指具有初等教育＋中等教育＋中等后教育程度的人，以及能读会写的人。 文盲是指能读但不会写的人，以及既不能读也不会写的人。

续表

其他定义	
新加坡	识字能力是指一个人可以用特定语言读懂(譬如报纸)的能力。

资料来源：联合国教科文组织 .2006 全民教育全球监测报告[R]. 巴黎：联合国教科文组织，2006：157.

识字数据大多来源于各国的人口普查或住户调查等传统统计信息，调查主要依靠自我评估、第三方报告(一家之主经常替代所有家庭成员回答问题)或学历证书。事实上，这些间接评估数据可能存在失真的成分，主观申报的识字能力通常夸大了"真实的"识字水平。例如，回答者可能因为会签名而认为自己识字，或不愿意承认自己是文盲。在孟加拉国农村开展的一项研究发现，宣称自己能够书写的人有半数以上经验证明达不到识字的最低标准。另一种情况是，许多国家使用受教育程度来替代识字数据。例如，从 2010 年开始，马来西亚使用学校的出勤率来定义识字率。此外，在一些国家，所有在学校中学习了一定年数或达到某一年级的人都被认为具备了识字能力。但是，在某些教育系统薄弱的国家，上过小学的人们甚至小学毕业生中没有持久掌握读写技能的情况并不罕见。研究表明，在受教育程度越低、教学质量越差的国家，间接评估的偏差就会越大。此外，在一些夸大实际识字水平的国家，男性的偏差幅度往往要高于女性。①

以上案例说明，要慎重对待那些基于传统计量方法的调查和数据。识字不仅仅是关于成人是否能够读写，其最终目的是总结文中的意思、做出严谨的思考和判断，更重要的是，识字对于个人发展和社会发展有意义。必须承认识字水平在现实生活中是能力和情境的统一体，要考虑到一系列适用于各种情况的功能性技巧。例如，除了一直强调的阅读能力和正确的书写能力，在信息时代，计算机技能也不应该被忽视。

目前，很多国家和国际机构都意识到识字的多元化和重要性，一些识字能力调研和测评由此制定了以直接评估为基础的新方法，用于提高识字数据和相关决策的质量。例如，最基本的直接评估方法是，通过让受访者阅读卡片上的

---

① 联合国教科文组织 .2005 全民教育全球监测报告[R]. 巴黎：联合国教科文组织，2005：141-143.

一句话并签名确认来对其读写能力进行直接测试。但是，上过中学的成人被默认为具备识字能力，不接受此项评估。这种预先设定的最低教育年限依然把在校学习作为预测识字能力的最重要依据。尽管这会让直接评估的准确度存在一定的局限，但其测量结果还是要比来源于自我声明的评估更令人信服。①

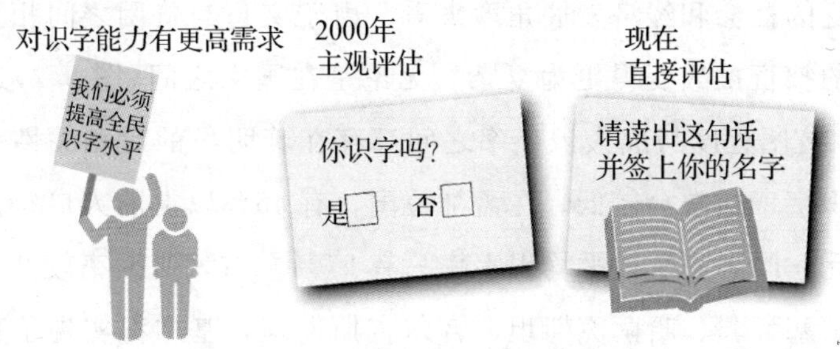

图 5.1　识字能力评估

资料来源：联合国教科文组织.2015 全民教育全球监测报告摘要[R]. 巴黎：联合国教科文组织，2015：28.

另外，识字不再是纯粹的个人事宜，而是与所处环境相关联的社会现象。识字与个人自尊、自信以及个人赋权有着密切的联系，能够加强个体、家庭和社区的发展潜力。反之，文盲会导致人们错失各种机会，其后果超越了对个人的影响。研究表明，与识字人群相比，那些不具备基本识字技能的人在维护合法权益时往往处于劣势，社会整体也会失去获取更高生产力和共同繁荣的机会。与此相对，识字群体会在社会中发挥更加积极的作用，为家庭创造更有保障的未来。受过教育的父母，尤其是母亲——不论是参加过正规的学校教育还是成人扫盲活动——更有可能送自己的孩子去上学并在学习过程中给予他们帮助。例如，2000 年时，在老挝能够自如进行阅读的母亲，其小学学龄子女的失学比例只有 17%，而文盲母亲的子女的失学率是 41%。说明当母亲的识字水平

---

① Ahmed, M.. Defining and measuring literacy: Facing the reality[J]. *International review of education*, Vol. 57, No. 1-2, 2011: 179-195; Esposito, L., Kebede, B. and Maddox, B.. The value of literacy practices [J]. *Compare: A Journal of Comparative and International Education*, 2014: 1-18; Guadalupe, C. and Cardoso, M.. Measuring the continuum of literacy skills among adults: educational testing and the LAMP experience[J]. *International Review of Education*, Vol. 57, No. 1-2, 2011: 199-217.

低下时，儿童的失学风险是非常高的。扫盲还能让女性对健康、疾病和计划生育有更多的了解，更有可能采取预防性保健措施，或为自己和孩子寻医问药。此外，用少数民族语言实施的扫盲计划会丰富社区文化的多样性，提高人们了解本民族文化的能力，增强价值认同感。①

从更广泛的社会和经济发展角度来看，由于文盲与贫困之间相互牵扯，许多国家面临的扫盲挑战变得更为复杂。无论是在国家之间(图 5.2)还是国家内部(图 5.3)，贫困程度与成人识字率之间都存在着明显的反相关性。贫困率越高的地方，识字率通常会较低。在孟加拉国，有 45%以上的人口每天的生活标准低于 1 美元，同时，全国平均识字率只有 57%左右。贫困率较低的国家，如亚美尼亚、阿塞拜疆、哈萨克斯坦、吉尔吉斯斯坦，基本都实现了普及识字的目标。伊朗则是一个例外，其贫困率和识字率都相对较低。在印度国内，喀拉拉邦是唯一一个人均家庭支出在 800 卢比以上的地区，其成人识字情况也是各邦中发展最好的。

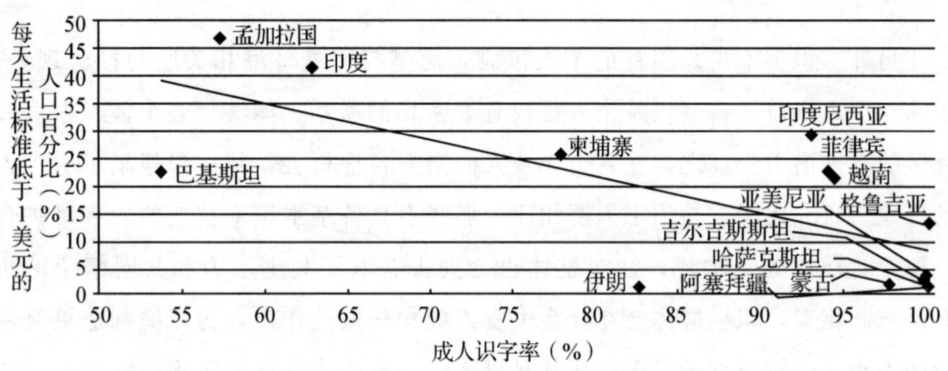

图 5.2　识字率与贫困的关系

注：数据来源于多个研究报告。上图意在说明一般现状，而不是分析每个时间段内的趋势。

资料来源：UNESCO and UNICEF. Asia-Pacific End of Decade Notes on Education for All：EFA Goal 4 Youth and Adult Literacy[R]. UNESCO Bangkok，UNICEF EAPRO and UNICEF ROSA，2012：6.

① 联合国教科文组织．2005 全民教育全球监测报告[R]. 巴黎：联合国教科文组织，2005：145；联合国教科文组织．2006 全民教育全球监测报告[R]. 巴黎：联合国教科文组织，2006：22.

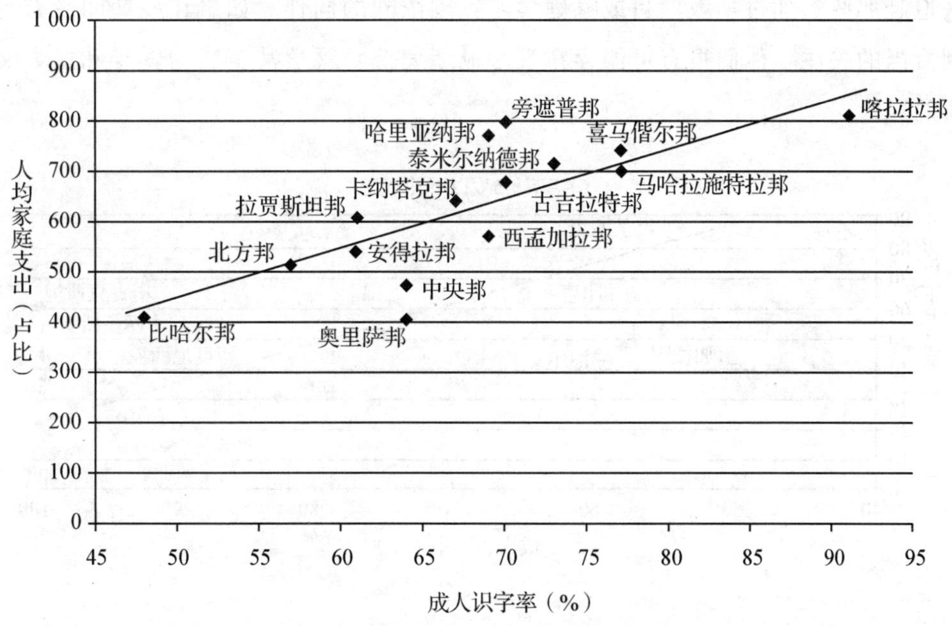

图 5.3　印度各邦识字率与平均家庭支出的关系

资料来源：联合国教科文组织 .2006 全民教育全球监测报告[R]. 巴黎：联合国教科文组织，2006：169.

扫盲活动还被视为普及儿童保育、营养和健康的重要基础，整个家庭的健康状况与个人获得并保持识字能力有着密切关系。在成人识字率高的国家，儿童死亡率通常较低。例如，新加坡的成人识字率是不丹的两倍以上，而其 5 岁以下儿童死亡率只有不丹的$\frac{1}{40}$。具有一定文化水平的父母会更加关注子女的营养问题。然而也有例外，越南的平均识字率虽然接近 95％的比例，但是在每 5 个 5 岁以下的儿童中，就有一个儿童的体重不达标。（见图 5.4）

需要注意的是，儿童早期营养不良可能对身体和智力发育、认知功能发育、入学后的学习能力等产生负面影响。此外，父母的受教育程度和文化水平偏低可能会导致他们在子女的婴幼儿时期缺乏鼓励或陪伴孩子开展早期学习活动的意识。同时，这些父母往往缺乏购置书籍、报刊资料的习惯，他们的子女几乎没有模仿成人阅读和培养良好阅读习惯的机会，这进一步加大了文盲代际传递的可能性。来自这类家庭的儿童在入学后通常需要付出额外的时间和努力去追赶那些参加过早教项目或家庭学习氛围浓烈的同伴。如果在校期间没有得到恰当的关注，他们很有可能存在学习成绩偏低、辍学甚至成为青年和成人文盲的风险。

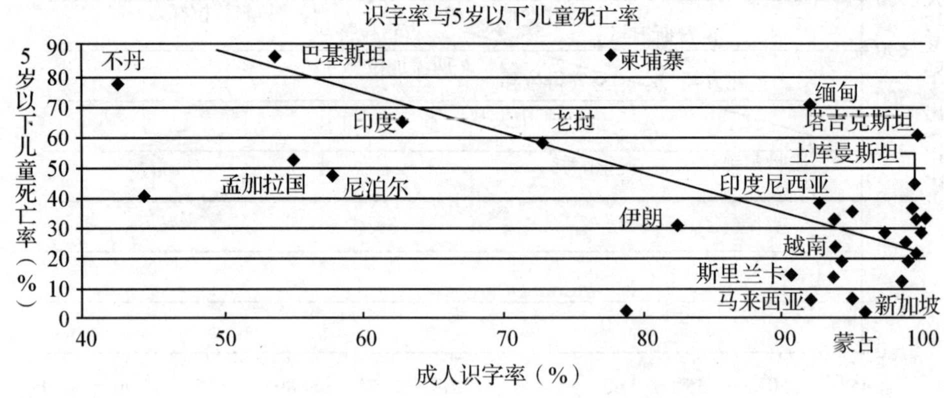

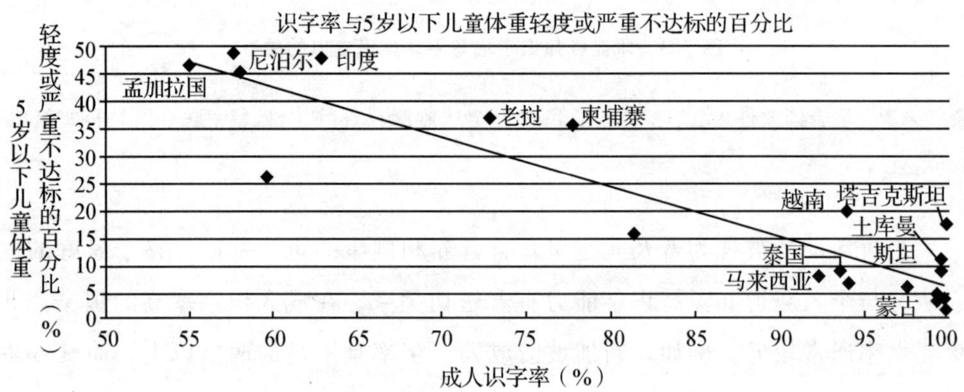

图 5.4 识字率与儿童死亡率及健康状况的关系

注：数据来源于多个研究报告。上图意在说明一般现状，而不是分析每个时间段内的趋势。

资料来源：UNESCO and UNICEF. Asia-Pacific End of Decade Notes on Education for All：EFA Goal 4 Youth and Adult Literacy[R]. UNESCO Bangkok，UNICEF EAPRO and UNICEF ROSA，2012：6.

第二节 扫盲的进展情况

2000 年，《达喀尔行动纲领》设定的成人扫盲目标是："到 2015 年使成人，尤其是妇女的识字率提高百分之五十，并让所有成人都享有接受基础教育和继续教育的平等机会。”为了普及识字方面取得进展，联合国教科文组织主张采取三管齐下的策略：高质量地普及初等教育、大力推广青年和成人扫盲计划、更加关注识字环境。[①] 基本的识字技能最好是在儿童发展初期通过高质量的教育获得，因为很少有国家有能力设计出健全的成人教育架构，为大多数缺乏基本技能的青年和成人提供真正的第二次受教育机会。[②] 出于多种原因(如全球政治承诺的力度、扫盲活动和方案的有效性、对实际识字需求的响应程度)，成人扫盲成为全民教育框架中一个“被遗忘的目标”。在全球范围内，成人平均识字率在 2000 年约为 81.8%。如果要实现文盲率减半的目标，则到 2015 年识字率必须达到 90.9%。但是整体的增长速度异常缓慢，该比率在 2000 年至 2013 年仅增长了 3.4%，为 85.2%。

图 5.5 显示，“一带一路”国家可能就扫盲进程被分成两组。第一组以阿富汗、柬埔寨、阿尔巴尼亚等国为代表，2015 年的成人识字率低于 21 世纪初设定的目标，差距从 24%(阿富汗)至 1%(不丹)不等。大部分国家的识字水平较低，在过去 10 多年中付出了更多的努力，才逐渐缩小与教育发达国家之间的差距。令人失望的是，几乎所有国家的进展都颇为缓慢。南亚地区的问题最为严重，需要面对起点低和进展慢的双重压力。缅甸和斯里兰卡的情况相对好一些，2000 年时就已经达到 90%的平均识字率。阿尔巴尼亚是一个例外，其识字率从最初的 99%下降至 2009 年的 96%，2015 年又回升至 98%。虽然扫盲进程有所反复，但是国内的识字普及情况从未落后于世界领先水平。

第二组国家则是在 2015 年就已经实现或超额完成了既定目标，以伊朗、印度尼西亚、白俄罗斯、哈萨克斯坦等国为代表。中亚地区的阿塞拜疆、哈萨克斯坦、吉尔吉斯斯坦，其成人识字率一直都接近 100%。印度尼西亚、越南、文莱、菲律宾、马来西亚、新加坡、泰国等东盟国家的表现也很突出，经过 15 年的努力，各国的识字水平已经接近或超过 95%。这些国家所面临的问题是，

---

① 联合国教科文组织．2006 全民教育全球监测报告[R]．巴黎：联合国教科文组织，2006：215.

② 联合国教科文组织．2013/14 全民教育全球监测报告[R]．北京：教育科学出版社，2014：71.

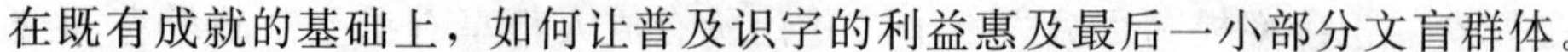

在既有成就的基础上，如何让普及识字的利益惠及最后一小部分文盲群体。

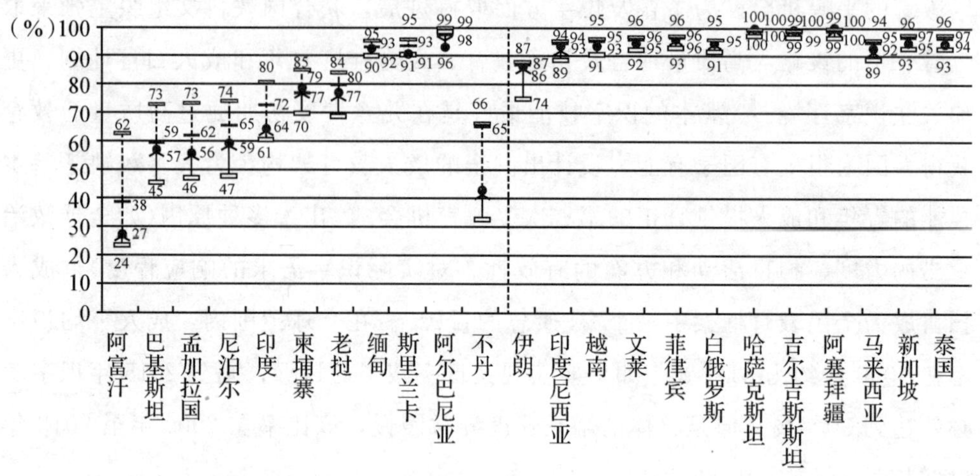

图 5.5 部分国家的扫盲进程(2000—2015 年)

资料来源：联合国教科文组织统计研究所数据库，2016 年.

2015 年，有 29 个国家(占 59 个收集到统计数据的国家样本的 49%)实现了成人普遍脱盲的目标，即成人识字率达到 97%。其中，中东欧所占的比例最大。这些国家在 21 世纪的识字普及行动之初就已经达到了较高的发展水平。相比之下，南亚和西亚地区中只有马尔代夫的识字成就最高，接近 100%。同时，有些国家如果继续努力，就有希望在未来几年内实现普及目标。特别是有 12 个国家与目标之间的差距可能不超过 3 个百分点(见附件 5)，其中有 2 个国家在扫盲过程中取得了长足进步。沙特阿拉伯的成人识字率从 2000 年的 79.4%升至 2015 年的 94.7%，上升幅度超过 15 个百分点。巴林的识字率从 2001 年的 86.6%升至 2010 年的 94.6%，随后进展步伐有所放缓，2015 年为 95.7%。还有一些国家与普及识字的预期有着很大差距，甚至距普及目标还十分遥远，成人识字率远远低于 80%。这些国家大多数位于南亚和西亚，也包括少数东盟及阿拉伯国家。

表 5.2　到 2015 年，各国成人识字率达到 95%的可能性

<table>
<tr><td rowspan="3">预计到2015年达到的水平</td><td>实现目标或接近实现(≥95%)</td><td>37</td><td colspan="3">阿尔巴亚、亚美尼亚、阿塞拜疆、巴林、白俄罗斯、波黑、文莱、保加利亚、克罗地亚、塞浦路斯、爱沙尼亚、格鲁吉亚、希腊、哈萨克斯坦、科威特、吉尔吉斯斯坦、拉脱维亚、立陶宛、马尔代夫、蒙古、黑山、巴勒斯坦、菲律宾、卡塔尔、库尔多瓦、罗马尼亚、俄罗斯、塞尔维亚、新加坡、斯洛文尼亚、塔吉克斯坦、泰国、马其顿、土耳其、土库曼斯坦、乌克兰、乌兹别克斯坦</td></tr>
<tr><td>差距很大(80%～94%)</td><td>12</td><td>伊朗、马来西亚、缅甸、沙特阿拉伯、越南</td><td>斯里兰卡、叙利亚</td><td>印度尼西亚、约旦、黎巴嫩、阿曼、阿联酋</td></tr>
<tr><td>差距非常大(<80%)</td><td>11</td><td></td><td>阿富汗、孟加拉国、印度、伊拉克、老挝、尼泊尔</td><td>不丹、柬埔寨、埃及、也门、巴基斯坦</td></tr>
<tr><td colspan="3"></td><td>进步较快</td><td>进展较慢或有所退步</td><td>无趋势数据</td></tr>
<tr><td colspan="3"></td><td colspan="3">2000—2011 年的变化</td></tr>
</table>

未能纳入分析的国家(数据不充分或者没有数据)	5	捷克、匈牙利、以色列、波兰、斯洛伐克

资料来源：联合国教科文组织．2013/14 全民教育全球监测报告[R]．北京：教育科学出版社，2014：74-75；联合国教科文组织统计研究所数据库，2016 年．

广泛积极的整体景象掩盖了某些不太乐观的发展情况。2015 年，仅南亚和西亚的文盲人数就接近 3.79 亿，占世界文盲总人数的一半，占“一带一路”国家文盲总人数的 89.2%。在该区域内部，成人识字率也有相当大的差异。阿富汗(38.16%)、巴基斯坦(58.68%)的识字率相对较低，而马尔代夫(99.31%)和斯里兰卡(92.63%)的平均识字水平较高。

在全球文盲人数排名前 10 的国家中，有一半以上的国家分布在“一带一路”国家。这些国家有着各自截然不同的发展轨迹。中国的扫盲成就最为显著，2015 年的文盲总数为 4157 万，相较于 2000 年减少了 4474 万人(降低了 51.8%)，同时人口增长率放缓。印度目前拥有最多的成年文盲人口，共约 2.56 亿人，占世界总数的$\frac{1}{3}$。该国的识字率从 2001 年的 61%提高到 2015 年的 72%。尽管不断取得进步，但普及速度过于缓慢，无法抵消人口增长所产生的影响，因此文盲总数没有发生显著变化。具有类似问题的巴基斯坦的2015年的成人文盲总数比2005年时还多了346万人，增长了7%。

成人文盲人口较多的国家还有伊朗(794万)、尼泊尔(674万)、也门(465万)、伊拉克(441万)和柬埔寨(247万)。尽管这些国家的绝对值相对较低，但是与其全国总人口和教育系统容量相比，这样的文盲数量仍然是一个极具挑战性的难题。

上述数据突出说明，成人文盲高度集中在少数拥有大量人口的发展中国家，这种大规模存在的文盲现象会进一步造成更加广泛的社会和经济边缘化问题。显然，加快扫盲速度不仅有益于上述国家的人民，同时也会成为改善全球识字趋势的关键。

第三节　边缘化群体的识字差异

随着经济社会的不断发展和学校教育的日益普及，高文盲率在大多数"一带一路"国家早已成为久远的历史。国家数据虽然能够让人们了解到一国的平均状况，却模糊了国家内部存在的差距。本地区仍有大量青年和成人的读写能力极差，特别集中在少数发展中国家，这与边缘化问题存在着密切关联。青年和成人文盲现象往往是家庭收入、父母的教育水平、民族、语言等因素相互交织而产生的，女性通常处于更加劣势的地位。

一、识字的性别差异

在全世界未能拥有基本读写能力的成人中，女性的比例在2015年依然高居64%的水平，与1990年的63%相比，这一比例在近30年中几乎没有变化。尤其是在那些识字率低的国家，成人文盲的性别差距随处可见。从全球来看，识字的成年女性与男性的比例为89∶100，即成人识字性别均等指数为0.89。在收集到统计数据的"一带一路"国家中(63个)，实现性别均等的国家数量有40个。成人识字性别均等指数最低的地区是南亚和西亚，低至0.78。其次为阿拉伯国家(0.83)。而其他地区的性别均等指数长期处于0.97～1.03，表明已经实现了识字率的性别均等。

虽然自 1990 年以来，所有地区的性别均等指数都有所提高，但在某些国家，成年男女之间仍然存在严重的不平等，识字的性别差距由于更广泛的边缘化结构而被放大。在阿富汗(0.46)、巴基斯坦(0.63)和也门(0.65)，以男性占多数的性别不均等特别普遍。这 3 个国家的女性识字率不及男性识字率的$\frac{2}{3}$，阿富汗的女性识字率甚至不到男性的一半。虽然以女性占多数的性别不均等逆转情况在世界其他地方正在增多，特别是在年青一代中尤其明显，但是本地区的性别不均等指数都显示为对女性不利，暂未有数据显示对男性存在偏见。

图 5.6 显示，男性成人识字水平与女性之间的差距在 15 个百分点以上的国

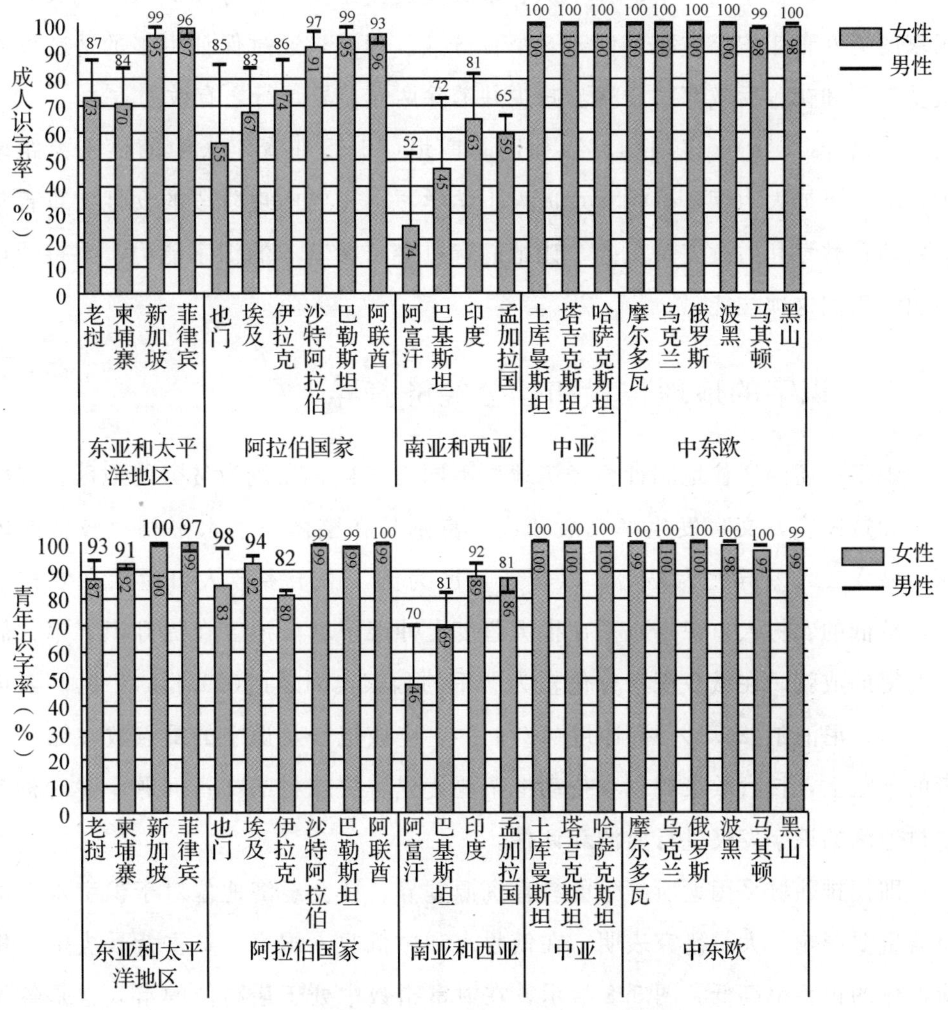

图 5.6　部分国家识字率的性别差异(2015 年)

资料来源：联合国教科文组织统计研究所数据库，2016 年.

家包括：也门(30%)、阿富汗(28%)、巴基斯坦(26%)、印度(18%)和埃及(16%)，说明这些国家在扫盲过程中要给予妇女和女童更多的关注，努力缩小性别差异，只有这样才有助于提升国内识字率的整体水平。

两性识字差距在6～15个百分点的国家，如沙特阿拉伯、孟加拉国、伊拉克、柬埔寨、老挝，极有可能在未来几年实现性别均等。这些国家需要努力惠及边缘化人群，特别是妇女和女童。

在以阿联酋和菲律宾为代表的国家，女性识字率略高于男性1～3个百分点，表明它们还需要关注男性的识字进程。

在同样的样本国家中，青年识字率的性别差距要明显好于成人。绝大多数国家的男女青年识字差距都低于6个百分点。因此，通过保证更多的适龄女童接受初等和初等后教育对于逐步减少并消除两性差异是行之有效的方法。

阿富汗(23%)、也门(15%)和巴基斯坦(12%)在青年人中的性别差距较大，除了要加大力度，确保女童进入小学学习，还要向现阶段的女性文盲青年提供扫盲教育和后续支持服务，让她们有机会掌握基本的识字能力，并持续地使用和巩固这项技能。

二、识字的地理位置和社会经济差异

识字率还因居住地和社会经济地位不同而各异。在较为贫穷的地区、农村地区和贫民窟，文盲发生率一般较高。特别是在整体识字水平相对较低的国家，城乡二元差异尤为显著。以南亚地区为例，由于多数人口生活在农村地区，较低的农村人口识字水平在很大程度上冲淡了城市地区在提升识字率方面所取得的成就。在城乡识字分化较为严重的国家，如老挝(29.1%)、巴基斯坦(28%)、尼泊尔(26.1%)和印度(22.3%)，应该把普及识字的重点放在缩小二者的差距上，扫盲政策规划和行动框架要优先解决农村的文盲问题，并对整个农村地区的识字发展进行监测和评估。

即便排除城乡因素所导致的教育资源差异，社会经济地位对于识字水平也有着重要影响。大量研究表明，在低收入和中低收入国家，贫富背景决定了相应群体的识字率高低。图5.8显示，在财富指数中处于最高位的富人也是各国识字比例较高的群体，从尼泊尔的72.5%到印度的91%不等，说明这部分人的识字普及情况较好。同时，来自最富裕阶层的文盲很有可能因为身处浓烈的识字氛围中，出于自尊或受到同伴压力而努力转变为识字的人。在财富五分位最低一级的最贫困群体中，识字率仅为28.0%～42.7%，只有不到一半甚至$\frac{1}{3}$的人掌握基本的读写技能。在老挝，最富裕群体的识字率比最贫穷群体高出了53.5个百分点。

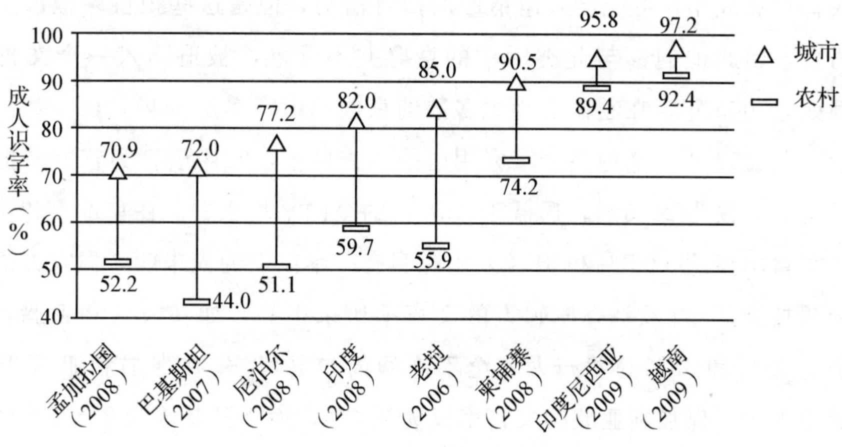

图5.7　部分国家识字率的城乡差异

资料来源：UNESCO and UNICEF. Asia-Pacific End of Decade Notes on Education for All：EFA Goal 4 Youth and Adult Literacy[R]. UNESCO Bangkok，UNICEF EAPRO and UNICEF ROSA，2012：24.

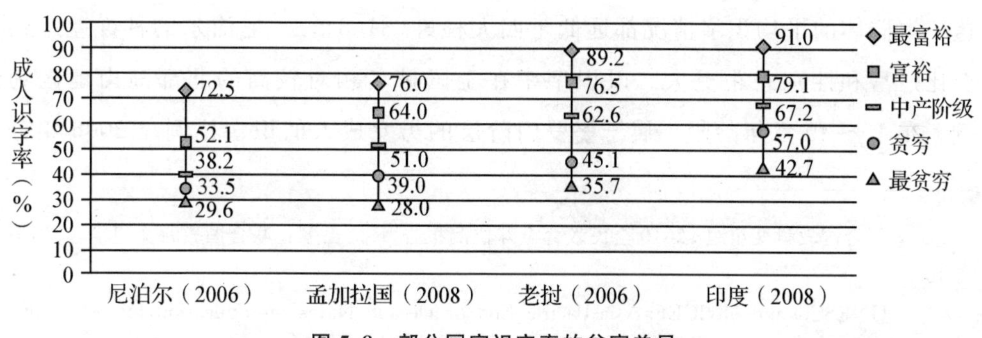

图5.8　部分国家识字率的贫富差异

资料来源：UNESCO and UNICEF. Asia-Pacific End of Decade Notes on Education for All：EFA Goal 4 Youth and Adult Literacy[R]. UNESCO Bangkok，UNICEF EAPRO and UNICEF ROSA，2012：27.

三、识字的民族和语言差异

文化和社会原因导致一些少数民族和少数族裔群体被排斥在主流社会之外。许多少数民族以使用非官方语言为特征，他们在接受以官方语言授课的学校教育时会面临多重障碍，导致成绩差、辍学率高。当这部分识字水平较低的人步入青年和成年，可能会被邀请参加扫盲活动，但是这些扫盲课程依然使用官方语言，因此他们参与此类活动的意愿并不强烈，被迫陷入一个文盲的怪圈。例如，2005 年，在越南占绝大多数的京族的识字率是 94%，而少数民族只有 72%。[①] 2006 年，老挝关于家庭用语的调查显示，常用语言为官方老挝语的家庭的文盲率仅为 24.3%，远低于 35.7%的全国平均水平。在克木人和苗族家庭中，文盲率高达 52.5%和 61.2%，说明有一半以上的人未能掌握官方语言的基本读写技能。[②] 在欧洲，罗姆人的文盲率历来很高，如在波兰和希腊，2009 年分别有 11%和 35%的罗姆人完全不能阅读和书写。[③] 在保加利亚的 25～64 岁的成年人中，保加利亚族的文盲率仅为 0.4%，而土耳其族为 2.8%，罗姆人为 16.6%。罗姆青年人的文盲情况更为严重，20～24 岁和 25～29 岁两个年龄段的文盲率分别高达 20.2%和 21.4%。[④]

在南亚地区，低种姓和高种姓之间的识字差距非常明显。2006 年的印度人口和健康调查显示，受种姓制影响，表列种姓和表列部落的识字水平最差，仅为 65.7%，其他落后阶层的识字率稍高一些，有 69.4%的成人能读会写。但是这三类群体的平均识字情况都远低于四大种姓(81.3%)。尼泊尔的种姓差距甚至比财富和性别差距更大。以识字率在全国排名相对较高的北部高山地区为例。在 15～49 岁年龄段，属于婆罗门阶层的男女成人的识字比例在 2006 年分

① 联合国教科文组织. 2010 全民教育全球监测报告[R]. 巴黎：联合国教科文组织，2010：99-100.

② UNESCO and UNICEF. Asia-Pacific End of Decade Notes on Education for All：EFA Goal 4 Youth and Adult Literacy[R]. UNESCO Bangkok，UNICEF EAPRO and UNICEF ROSA，2012：25.

③ 联合国教科文组织. 2012 全民教育全球监测报告[R]. 巴黎：联合国教科文组织，2012：101.

④ Education for All 2015 National Review Report：Bulgaria [EB/OL]. http：//unesdoc. unesco. org/images/0023/002311/231176e. pdf. 2014：31.

别达到96.9%和82.1%，而来自较低社会阶层的达利特人中仅有69%的男性和46.3%的女性识字。①

上述导致识字差异的劣势无一是独立存在的。特别是性别劣势因地理位置、贫困、民族、歧视和文化习俗的影响而变得更为糟糕。例如，居住在腊塔纳基里省（一个以山地土著部落为主的省份）的柬埔寨女性的识字率只相当于首都金边女性的三分之一。② 印度尼西亚和菲律宾的财富差距尤为明显。在印度尼西亚，巴厘省几乎所有来自富裕家庭的女青年都具备读写能力，而巴布亚省只有60%的贫困妇女识字。③ 在菲律宾，最贫穷家庭的女性平均识字率是65%，而最富裕家庭的女性识字率则为96%。④ 另一项关于15～49岁女性识字率的调查发现，在也门，城市女性识字的可能性几乎是农村女性的3倍。相对于最富裕家庭的女性而言，来自最贫穷的20%家庭的女性识字的可能性仅为$\frac{1}{10}$。

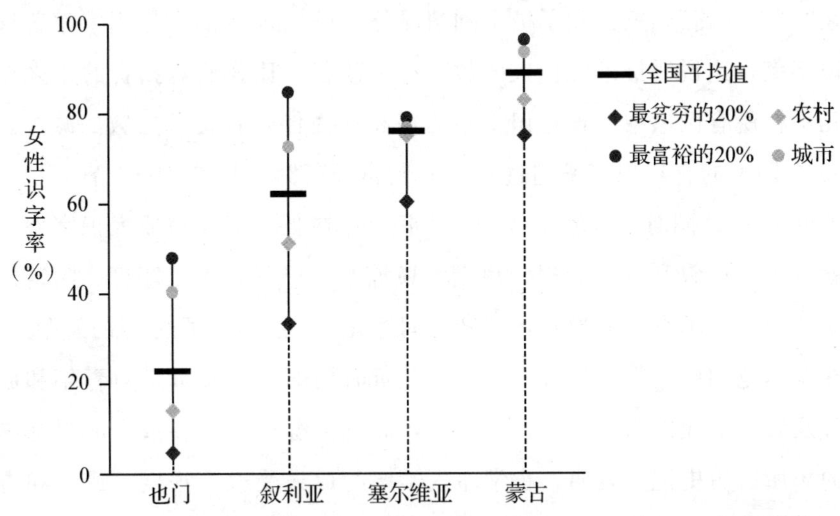

图5.9　15至49岁女性的识字比例（按城乡位置、贫富状况划分）（2005年）

资料来源：联合国教科文组织．2011全民教育全球监测报告[R]．巴黎：联合国教科文组织，2011：67.

① UNESCO and UNICEF. Asia-Pacific End of Decade Notes on Education for All：EFA Goal 4 Youth and Adult Literacy[R]. UNESCO Bangkok，UNICEF EAPRO and UNICEF ROSA，2012：26.

② 联合国教科文组织．2010全民教育全球监测报告[R]．巴黎：联合国教科文组织，2010：100.

③ 联合国教科文组织．2013/14全民教育全球监测报告[R]．北京：教育科学出版社，2014：21.

④ 联合国教科文组织．2010全民教育全球监测报告[R]．巴黎：联合国教科文组织，2010：100.

同样的情况也发生在叙利亚。该国最富裕家庭的女性中有85%的人识字，而最贫穷家庭中的识字女性比例仅为33%。在族群差异方面，譬如塞尔维亚罗姆女性的识字率约为46%，而塞尔维亚主要民族的女性识字率高达78%。

第四节　识字发展的决定因素

考虑到各国普及识字进程的多样性和复杂性，本节将着重呈现文盲人口大国的普遍性做法，分析它们在扩大正规学校教育、设定行动政策、开展群众扫盲活动、创建有益的识字环境方面所做出的努力。

一、普及初等教育

在"一带一路"国家，除了极个别情况外，15～24岁的青年识字率普遍高于成人识字率，这说明最近几代人的教育有了改善，让我们对扫盲的未来充满希望。几乎在所有国家中，青年识字率的提高往往伴随着文盲人数的减少。2015年，55个国家的青年识字率超过90%；阿富汗(58%)是唯一一个青年识字率低于75%的国家。同时，国家整体的成人识字率越低，青年与成人识字率之间的差距就越大。在叙利亚、老挝、伊朗、柬埔寨、巴基斯坦、印度、阿富汗、也门、孟加拉国、不丹、尼泊尔，二者之间存在10至25个百分点的差距。

在全球范围内，学校教育的扩大和儿童时期的教育质量是对青年和成人的识字普及影响最大的因素。学校一直是，而且会继续成为多数人取得基本识字技能的场所。历史记录表明，小学净入学率与成人受教育程度、成人和青年识字率之间有着密切的相关性。特别是青年识字率较高的国家，它们近年来在普及初等教育方面取得了突出进展，如老挝和柬埔寨。

世界各国的学校教育课程都希望儿童能够在小学二年级结束时学会阅读。[①] 在实际工作中，更为常见的观点是，需要经过四五年的学校教育，才能让所有儿童学会识文断字。然而，不能认为普及初等或基础教育就能同时完成扫盲的

---

① Abadzi，H.. Reading Fluency Measurements in EFA FTI Partner Countries：Outcomes and Improvement Prospects[R]. GPE Working Paper Series on Learning，No. 1. Washington，D. C.：Education for All Fast Track Initiative Secretariat，2011：15-16.

所有任务。一项针对15～29岁青年识字情况的调查分析表明(图5.10)，即便是完成了初等教育，也不能确保人们达到基本的识字水平。以印度为例，在这一年龄段中属于文盲的青年男女比例分别为17.9%和19.6%，还有27.4%的男青年和32.1%的女青年为半文盲。柬埔寨的半文盲问题较为突出，有超过40%的男性在校读书6年后只具备部分读写能力。尼泊尔的情况则相对好一些，80%左右的青年人在完成初等教育周期后掌握了基本的识字技能。

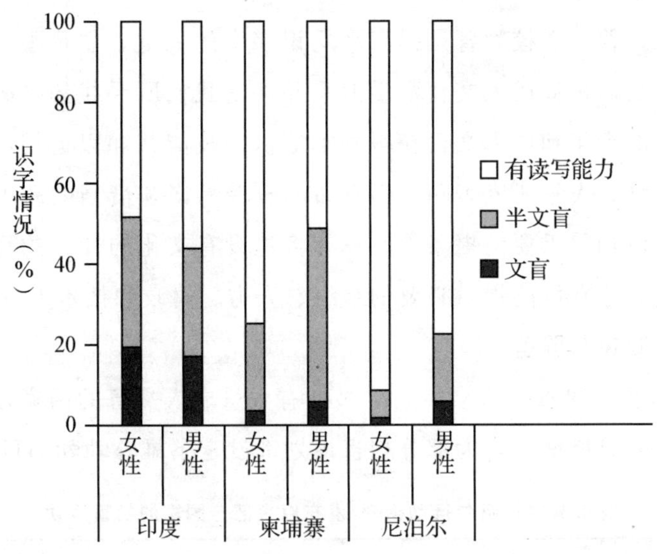

图5.10　2005—2011年在校就读仅6年的15～29岁青年人的识字情况

资料来源：联合国教科文组织.2012全民教育全球监测报告[R]. 巴黎：联合国教科文组织，2012：96.

从来没有上过学或者只上过一两年学的年轻人，几乎不可避免地会加入成人文盲的行列。可是那些在完成初等教育后才离开学校的儿童，其陷入文盲或半文盲状态的深层原因又不同于失学儿童群体。随着各国努力普及初等教育，更多的弱势或边缘化家庭子女进入学校读书，但他们在完成初等教育之后往往就此止步。过早离开学校的学生很可能是因为在校表现不佳(除个人因素外，教育质量低下的负面影响也不容忽视)，导致他们不再接受更高层次的教育。在某些情况下，即便是读到初中阶段，可能也无法保证在全体入学学生中实现完全消除文盲的设想。如果我们希望未来所有的青年都是有文化的一代人，那么优质的学校教育就必不可少，也就是说，不仅仅要让他们普遍进入小学学习，而且要确保他们能顺利地读完小学，接受有质量的教育。因此，政策制定者应该密切监督和评估识字能力的获得情况，不应认为单纯地延长在校读书时间就可以降低未来的成人文盲数量。学校应该为学龄儿童(特别是处境不利的儿童)提供必要的支持，开展有效的教学与学习，不断巩固学生的识字技能。

二、推广扫盲计划

展望未来，普及学校教育是提高平均识字率的关键。立足眼下，坐等儿童普遍读完小学从而稀释成人文盲数量似乎并不是我们所寻找的答案。如果我们希望数以亿计的青年和成人文盲获得基本的识字技能并加以运用，就非常有必要推广扫盲计划。大量研究表明，强有力的政治承诺和恰当的政策规划是一个国家取得扫盲成功的重要前提条件。只有将建设有文化的社会的目标完全纳入教育部门规划，才有可能提供必要的组织、人力、财政和技术支持。

(一)扫盲政策与服务

2000 年世界全民教育大会后，许多拥有大量成人文盲的国家在扫盲运动方面的兴趣和投入有所增加，大部分扫盲计划都设定了雄心勃勃的目标。

表 5.3 《达喀尔行动纲领》发布以来部分国家的扫盲运动

国家	运动或项目名称	启动年份	启动时的文盲人数	运动结束时文盲的目标人数或比例
阿富汗	National Literacy Action Plan (多个项目)	2010 年	9,500,000	3,600,000(2014 年)；到 2020 年识字率从 26% 增加到 60%
孟加拉国	National Action Plan(多个项目)	2010 年	49,036,000 (2005—2009)	37,000,000(11～45 岁年龄组)；到 2014 年识字率为 100%
埃及	National Literacy Campaign	2011 年	17,816,000 (2005—2009)	到 2020 年文盲率低于 10%
印度	Saakshar Bharat Mission	2009 年	283,105,000 (2005—2009)	70,000,000(妇女为 60,000,000)(2017 年)；到 2017 年识字率为 80%

续表

国家	运动或项目名称	启动年份	启动时的文盲人数	运动结束时文盲的目标人数或比例
印度尼西亚	AKRAB!	2006 年	12,858,000（2005—2009）	8,500,000；到 2014 年成人识字率为 96%
尼泊尔	National Literacy Campaign Programme	2008 年	7,604,000（2005—2009）	到 2011 年识字率为 100%
巴基斯坦	NCHD Literacy Programme	2002/2003 年	46,625,000（1994—2004）	到 2015 年识字率为 85%

资料来源：Hanemann，U.. Evolution of literacy campaigns and programmes and their impact since 2000[R]. Background paper for EFA Global Monitoring Report 2015. 2015：29-33.

从表 5.3 中可以看出，扫盲运动存在一定的局限性。它们往往会提出过高的期望，具体的行动规划也不能照顾到多样性，而是采取“一刀切”的方法，统一使用规定的教学目标和教材。有些国家甚至把目标锁定为特定人群，比如，印度特别关注女性文盲，阿富汗关注受战乱影响的人口，印度尼西亚关注农村人口。

另外，20 世纪 60 至 90 年代，许多国家政府试图通过自上而下制定的课程消除文盲现象，但是这些课程大多设计不良，无法与正规学校教育规划相媲美，并且扫盲结束后没有提供后续支持，学员巩固和提高识字能力的机会有限。少数民族和少数族裔语言群体的需求往往被忽视。扫盲中心拒绝或者没有能力向人们提供使用当地语言学习的机会。一些少数民族学员虽然在课程中掌握了官方语言的基本读写方法，但是他们在回到本民族的语言环境后，几乎没有运用官方语言的需求。①

然而必须承认，扫盲运动无论是昙花一现还是旷日持久，人们都会不断吸取过往的经验，完善相关的政策规划和工作方式。以印度为例，1988 年成立的国家扫盲工作组通过 20 多年的持续努力，使国内的扫盲工作取得了成效。良好的工作效果成为激发政策制定者进一步支持识字普及活动的动力。2007—2012 年的“十一五”规划更是把工作组的预算投入提高到 210 亿美元。各类相关计划得以重新制订，并引入初级扫盲培训与扫盲后巩固课程相结合的综合性方法。此外，权力下放的做法还让各邦和区县对使用当地语言的扫盲教材的开发

① 联合国教科文组织 .2010 全民教育全球监测报告[R]. 巴黎：联合国教科文组织，2010：102.

和编写工作做出了更加坚定的承诺。2009年，印度政府显示出进一步重视性别和平等的意愿，把国家扫盲工作组更名为国家妇女扫盲工作组，并发布了具体的战略目标，包括确保85%的目标受益人为妇女，50%的受益人来自表列种姓、表列部落和少数民族，重点关注穆斯林群体。①

在印度尼西亚，印尼总统于2004年发起了一场扫盲运动，旨在加强政府内部的合作，鼓励社区参与，提高政策制定者对扫盲重要性的认识。印度尼西亚教育部采取了四管齐下的策略，目的是确保：①所有儿童能够参加正规和非正规教育，从而获得识字能力；②所有成年人均有接受相当于小学和初中教育的平等机会；③开展针对15岁以上人口的实用扫盲教育，包括“提高生产率”和“儿童抚育”方面的教育；④通过提供阅读材料和建立社区图书馆，保持人们的识字能力。随后，2006年颁布的总统令和教育部长令再次提及，在全国范围内加快普及九年基础教育和扫除文盲。②

针对少数民族的识字差距，一些国家开发并实施了以少数民族母语为基础的扫盲项目，如东亚和太平洋地区的柬埔寨、老挝和泰国，南亚和西亚地区的阿富汗、孟加拉国、印度和尼泊尔，以及中亚的蒙古。然而，中亚地区并未实施类似的扫盲计划。同时，为了提高少数民族的识字率，在学校教育阶段就为儿童提供母语教学环境，对促进他们的认知发展和学习效果是非常有必要的。菲律宾的教育政策规定，学前班至三年级的教学语言可以采用少数民族母语，不必强制采用双语教学。在越南，一些少数民族小学(如老街省的苗族和克木人)从2008年开始实施了过渡性母语教学方案。儿童在三年级前都接受母语教学，之后开始学习越南语。该方案希望小学生在五年级时能够掌握双语技能。③

很多国家还制订了社区学习中心发展计划，把它作为一个提供识字和非正

① 联合国教科文组织.2010全民教育全球监测报告[R]. 巴黎：联合国教科文组织，2010：102.

② 联合国教科文组织.2006全民教育全球监测报告[R]. 巴黎：联合国教科文组织，2006：231；Hanemann，U.. Evolution of literacy campaigns and programmes and their impact since 2000 [R]. Background paper for EFA Global Monitoring Report 2015. 2015：106-107.

③ UNESCO and UNICEF. Asia-Pacific End of Decade Notes on Education for All：EFA Goal 4 Youth and Adult Literacy[R]. UNESCO Bangkok，UNICEF EAPRO and UNICEF ROSA，2012：42.

规教育的平台，它同时也是一种提供技能培养和缓解贫困现状的机制。例如，尼泊尔的第十个国家发展规划(2002—2007 年)和减贫战略项目都强调了社区学习中心的作用。2002 年，尼泊尔的社区学习中心数量非常有限。到 2011 年，已经有 1831 个中心散落在尼泊尔各地。①

以阿富汗为代表的国家则是选择与多个国际组织和援助方合作，努力提高政策制定和项目规划能力。例如，在联合国教科文组织的支持下，阿富汗开发了一个扫盲和非正规教育信息管理系统，并进行了首个识字评估调查。这两项工作有助于加强政策管理层的现状分析能力和战略干预规划能力。日本国际协力机构(JICA)也在阿富汗实施了一个类似的项目。项目为期 4 年，通过改进监测和督导系统，让教育部扫盲司了解真实信息的重要性，并以此为基础构建政策制定者的规划能力。联合国人居署的贡献在于帮助阿富汗制定了全国性的扫盲教师资格标准，并设立了一所扫盲教师培训学院。同时，全国性的资格框架还能促使政府员工从更宏观的视角看待扫盲问题，把普及识字纳入阿富汗国家发展规划，加强识字实践活动的相关性和可持续性。②

(二)培训和支持扫盲教师

各级各类教育不论其形式或内容如何，都有一个共通之处：教师都发挥着关键作用。训练有素、积极性高、获得充分专业发展支持的教师是无可替代的。“任何成人教育计划的质量高低、效果好坏，显然都取决于这些‘满面粉灰’的工作人员，即培训班指导员或辅导员——正是他们去教那些目标受益人，去与学员们交流互动。”③但是全世界的扫盲运动面临的普遍问题是，合格的扫盲教师奇缺。例如，针对阿拉伯国家的一项研究认为，“师资问题是扫盲和成人教育体系中最薄弱的环节。”④

---

① UNESCO and UNICEF. Asia-Pacific End of Decade Notes on Education for All: EFA Goal 4 Youth and Adult Literacy[R]. UNESCO Bangkok, UNICEF EAPRO and UNICEF ROSA, 2012: 32.

② Chu, S. K. and R. Bajracharya. Regional Mid-Term Evaluation of Literacy Initiative for Empowerment (LIFE): Summary Report. UNESCO Bangkok. 2011: 32-33.

③ 联合国教科文组织 . 2006 全民教育全球监测报告[R]. 巴黎：联合国教科文组织，2006：225-226.

④ 联合国教科文组织 . 2006 全民教育全球监测报告[R]. 巴黎：联合国教科文组织，2006：225-226.

虽然一些国家设置了扫盲教师的准入门槛(例如，立陶宛要求成人扫盲教师必须获得教师资格证)，但为他们提供的入职和在职培训非常有限。一些国家甚至对扫盲教师的教学资格没有具体的要求(例如，克罗地亚就没有官方授权的成人教育教师资格证)。尽管其中有些人受过良好的教育，但是仍有相当大比例的教师人选只接受过相对有限的正规教育。大多数教师还属于兼职性质，很多国家的小学教师或小学管理人员需要承担扫盲夜校的工作。① 还有一些从教人员是聘用合同制教师或者是非政府组织的工作人员。虽然他们参与扫盲计划的时间较为固定，工作热忱很高，但是和那些兼职教师一样，三者面临的共同困境是，其专业资质基本不是成人教育方面的。

扫盲教师也是全世界教育工作者中得到支持最少的一个群体。他们的工作条件较差，物质报酬较低，工作中得到的专业支持少之又少。2005 年，一项针对全球 67 项扫盲计划的调查发现，有一半扫盲教员的收入是津贴或补助，25％的扫盲教员的工资为全国最低工资，大约 20％的教员没有任何报酬。大多数扫盲计划给予的报酬(计时工资)是小学教师基本工资的 25％到 50％；其他计划给予的报酬几乎都不到小学教师基本工资的 25％。②

师资短缺、支持力度有限，严重阻碍了扫盲计划的良性发展。在希腊，“二次机会学校计划”面向没有获得初中毕业证书的青年和成年人，希望为他们提供再次接受教育的机会。从 2001 年项目伊始至 2009 年，共有 7000 名学生参加了这项活动。该项目的教学理念是，设立跨学科开放式课程，鼓励小组合作，其灵活的办学方法截然不同于正规教育系统。然而，项目的授课教师都是从普通中小学借调来的，他们都没有为讲授这种课程做好充分的准备。这个案例凸显出提供适当培训和职业发展机会的重要性。③

一些国家已经采取措施来解决扫盲计划中遇到的短板问题。印度和巴基斯

① UIL. Global Report on Adult Learning and Education：Rethinking Literacy[R]. Hamburg：UIL，2013：145.

② 联合国教科文组织 .2006 全民教育全球监测报告[R]. 巴黎：联合国教科文组织，2006：227-228.

③ Koutrouba，K.，Vamvakari，M.，Margara，T. and Anagnou，E.. Adult student assessment in second chance schools in Greece：teachers’ views [J]. *International Journal of Lifelong Education*，Vol. 30，No. 2，2011：249-270.

坦在中央和省级政府的多个扫盲规划文件中强调扫盲教师专业发展的重要性，计划投入更多的人力和财政支持来缓解文盲现象。孟加拉国和尼泊尔的教师则有机会接受以扫盲项目为基础的培训。① 埃及对扫盲教师的支持最为全面。

框 5.1　埃及——支持扫盲教师的工作颇具成效

20 世纪 90 年代中期，埃及识字和成人教育总局启动了一项雄心勃勃的十年运动，中心工作是培养基本的阿拉伯语识字技能。作为核心扫盲内容的补充，该项目还提供相当于初等教育水平的学历课程和职业培训机会。为文盲亲属、朋友和社会成员提供扫盲培训的中学毕业生，只要获得了政府的认证，每月就可以领取一份津贴。不过，虽然识字和成人教育总局负责提供课本等教学材料，但却缺乏相关资源开展系统培训和监督。项目取得初步成功之后，入学率和毕业率出现下滑，整个运动陷入困境，特别是在较贫困的农村地区和女性之中。

为此，国家相关主管部门对项目进行了重新配置。在捐助方的支持下，识字和成人教育总局推出了“提高能力促进终身学习”项目。原先基于课本的教学方式被参与式教学法所取代，特别强调教学材料要与学习者的生活、经验密切相关。新项目将目标锁定为旧项目未能成功推行的贫困农村，并招募社区领袖参与其中，提高人们对项目的兴趣。所有教师都是当地的中学毕业生。与旧项目一样，政府每月会为这些教师发放津贴。此外，他们还要接受三次提供住宿的入门培训，每月还要和项目指导教师共同召开支持会议。

加大支持力度果然收到了成效。2005 年的一次评估发现，该项目的学生巩固率很高，82%的参与者完成了为期五个月的第一阶段学习，62%学完了第二阶段。此外，参与者的学习成绩也很高：该项目第二年入学的学习者中有 65%通过了最终评定，而旧项目的通过率不足 50%。该项目在吸引女性入学方面也比较成功，女性学习者占到四分之三。评估认为，项目结果的改善与招聘当地协调人、根据当地需求改编课程大纲、为教师提供大力支持有关。

资料来源：联合国教科文组织．2011 全民教育全球监测报告[R]. 巴黎：联合国教科文组织，2011：72.

（三）财政支持

大多数国家都认可识字可以促进人的全面发展，并带来广泛的社会经济价值。然而，在具体实施过程中，与国家对正规教育体系的投入相比，仅有一小部分预算用于支持庞大的全国扫盲行动。扫盲预算仅占教育总支出的 1%到 2%是很常见的现象。②

国际社会建议的扫盲活动投入的最低标准为人均 50～100 美元，或是把至

---

① UNESCO and UNICEF. Asia-Pacific End of Decade Notes on Education for All：EFA Goal 4 Youth and Adult Literacy[R]. UNESCO Bangkok，UNICEF EAPRO and UNICEF ROSA，2012：48-49.

② 联合国教科文组织．2010 全民教育全球监测报告[R]. 巴黎：联合国教科文组织，2010：102.

少 3%的教育预算分配到成人扫盲计划中。[①] 但是实际情况非常令人失望。例如，2010—2011 年，参与尼泊尔基础扫盲项目的学习者的人均经费仅为 12 美元，包括书本费、文具费、教师和人员工资、管理费等各项成本；扫盲后项目的人均经费为 21.5 美元。非正规教育和扫盲支出在 2004—2005 年仅占整个教育支出的 0.52%。随后几年的支出比例相似。2008 年，尼泊尔政府宣布开展一项扫盲运动(National Literacy Campaign Programme)，作为配套投入，把 2.85%的国家教育预算分配到扫盲工作中，是之前年度预算的 4 倍。但是随后几年中，这一比例有所下滑。

表 5.4　尼泊尔的教育支出及非正规教育和扫盲计划支出所占比重

	2004—2005 年（实际支出）	2005—2006 年（实际支出）	2006—2007 年（实际支出）	2007—2008 年（实际支出）	2008—2009 年（实际支出）	2009—2010 年（实际支出）
公共财政支出总额	102,560,471,000	110,889,158,000	133,606,606,000	161,349,894,000	213,578,374,000	285,930,000,000
占 GDP(%)	18.7	18.15	19.77	21.36	23.47	26.59
教育支出总额	17,269,888,000	19,420,639,000	21,500,962,000	27,060,918,000	35,975,298,000	46,616,672,000
占 GDP(%)	3.15	3.18	3.18	3.58	3.95	4.34
占公共财政支出总额	16.84	17.51	16.09	16.77	16.84	16.3
非正规教育和扫盲计划支出	90,657,000	122,662,000	115,698,000	140,113,000	1,024,738,000	1,046,593,000
占教育支出(%)	0.52	0.63	0.54	0.52	2.85	2.25

单位：尼泊尔卢比。

资料来源：UNESCO and UNICEF. Asia-Pacific End of Decade Notes on Education for All：EFA Goal 4 Youth and Adult Literacy[R]. UNESCO Bangkok，UNICEF EAPRO and UNICEF ROSA，2012：46.

① UNESCO and UNICEF. Asia-Pacific End of Decade Notes on Education for All：EFA Goal 4 Youth and Adult Literacy[R]. UNESCO Bangkok，UNICEF EAPRO and UNICEF ROSA，2012：47.

事实上，低收入和中低收入国家的文盲群体对教育活动的支付能力原本就十分有限，迫切需要各级政府特别是中央政府采取筹资战略和资源调动策略，增加扫盲工作的预算拨款，同时不能以牺牲其他教育(如学校教育)质量的投资为代价。[①] 在巴基斯坦，为了扩大普及识字的资金来源，采用了公私合作的理念，计划从多方筹措经费，包括联邦政府、国际组织、私营慈善家、旅居海外的巴基斯坦侨民等。然而，在私人领域的募款进展并不顺利，扫盲活动仍然依赖于政府的支持。2002—2008 年，政府为全国扫盲运动提供了约合 1.02 亿美元的财政支持，占整个活动经费的 74%。[②]

(四)创新途径

信息通信技术(ICT)的迅速发展拓宽了扫盲的工作途径，它在教育稀缺和得不到充分服务的地区变得越来越常见。研究表明，由于可以覆盖更为广泛的受众，它为处于孤立地位和处境不利条件下的儿童、青年和成年人的教育带来希望。[③] 埃及、印度、印度尼西亚、巴基斯坦、缅甸、泰国等国家，已经开发出了以新兴技术为基础的扫盲活动。

据估计，在 2015 年，埃及 15 岁以上的成人文盲数量为 1,450 万，其中女性约占 66%。埃及官方信息显示，极为保守的农村和偏远地区的妇女文盲尤为普遍。由于社会风俗习惯，一些妇女不被允许离家参加扫盲课程；即使可以参加扫盲课程，许多年岁较大的学习者明显不适应传统的课堂教学。为了克服这一障碍，人们想到了运用多媒体技术。教材包括 3 张 CD 盘：一张是预备性的入门课程，另两张是扫盲课程。课程为期 4 个月(传统课程为 10 个月)，授课内容与识字和成人教育总局的官方课程相同，让学习者有机会参加总局组织的考试并获得认证。[④]

---

① 联合国教科文组织.2006 全民教育全球监测报告[R]. 巴黎：联合国教科文组织，2006：237-238.

② Hanemann，U.. Evolution of literacy campaigns and programmes and their impact since 2000[R]. Background paper for EFA Global Monitoring Report 2015. 2015：36-37.

③ Saechao，N.. Harnessing Mobile Learning to Advance Global Literacy. The Asia Foundation [EB/OL]. [2012-9-5]. http：//asiafoundation. org/in-asia/2012/09/05/harnessing-mobile-learning-to-advance-global-literacy.

④ Zalat，L.. Effective Practices for Engendering the Digital Divide，Egypt. The i4d magazine [EB/OL]. [2009-7-1]. http：//i4d. eletsonline. com/effective-practices-for-engendering-the-digital-divide-egypt/2009.

在印度，塔塔咨询服务机构(Tata Consultancy Services)开发了一套以计算机为基础的功能性扫盲工具，用于提高成人的日常阅读水平。扫盲课程把全国扫盲委员会编写的教材作为蓝本，以不同的语言和方言为重点，采用计算机软件和多媒体展示等方式教授阅读技巧，并辅以课本材料。音频画外音介绍了每个单词的结构和意义，以及每个字母的读音。这在泰米尔语的学习中尤为重要，因为字母的读音会根据上下文的意思而改变。课程软件还加入了动画图形(如木偶)等元素，将课程设计得具有视觉新鲜感和娱乐性。整个学习过程会考虑到学习者的不同需求和学习进度，具有一定的灵活性。该项目成立了多个教学中心，每个中心都配备一台电脑和一名教员。上课时间一般是在晚上，每个班有15～20名学习者。由于扫盲活动主要依赖于计算机程序，因此对教员的教学资质要求不高。这对于缺乏优质师资力量的地区来说是个利好消息。[①]

框5.2　巴基斯坦——运用信息技术巩固扫盲成果

在巴基斯坦试行的一项扫盲活动把手机创造性地转化为教学工具。由于它是年轻人每天都必须用到的交流设备，有助于激励他们频繁地使用并巩固识字能力。

在上完一个月的基础课程后，学员们(半文盲)可以拿到一部手机，每天早晚两次会收到用乌尔都语编写的短信，内容涉及生活技能、宗教课程、健康、卫生等各类主题。他们需要把短信内容抄写到作业本上，并大声朗读出来。这些年轻人平时还会通过手机短信与其他同学保持联系，进一步练习了读写技能。扫盲小组的成员每周要和自己的老师在社区学习中心至少会面一次，评估一周的情况，交流彼此遇到的问题。他们还要参加月度考试，检测学习成果。

项目最初是在旁遮普省的一个地区开展试点工作。第一个月结束后，有90%的学员没能通过月度考试；四个月后，学员的识字能力有了明显改善，86%的人通过了考试。由于学员大部分时间是在家自习，他们还能把学会的内容教给自己的姐妹或母亲。在提高个人安全意识方面，手机短信发送的生活技能信息起到了事半功倍的作用。

资料来源：UNESCO and UNICEF. Asia-Pacific End of Decade Notes on Education for All：EFA Goal 4 Youth and Adult Literacy[R]. UNESCO Bangkok，UNICEF EAPRO and UNICEF ROSA，2012：41.

① UNESCO and UNICEF. Asia-Pacific End of Decade Notes on Education for All：EFA Goal 4 Youth and Adult Literacy[R]. UNESCO Bangkok，UNICEF EAPRO and UNICEF ROSA，2012：41.

三、关注识字环境

识字能力大多是在学校或者扫盲中心获得的，然而在走向普及识字的过程中，各国政府除了要扩大获得识字能力的途径，还要重视保持这种能力所需的社会文化环境。即使是在发达国家，如果生活在没有图书、报纸或其他书面材料的环境中，那些在基础教育阶段获得识字能力的个人也会逐步丧失相关技能。

毫无疑问，识字活动是最有益于培养识字技能的环境。校园或扫盲班中丰富的书面和视觉材料让学生们能够学习并不断刺激他们去练习各类技能。除了学校，还有哪些有效的识字环境呢？其实，它存在于广泛的公共和私人领域，包括家庭、工作场所、社区甚至整个国家。例如，在家庭中，一个有利的识字环境会有大量阅读材料(如书籍、杂志、报纸)和新兴媒介(如电视、电脑、手机)。在职场中，识字环境主要与单位的工作重点和个人业务方向有关；工作中运用读、写、算技能以及参加在职培训都有助于提高功能性识字的熟练程度。在社区中，丰富的识字环境应该有多种标志、标语、宣传单。公共场所中也有很多提高识字的机构，如图书馆、银行和餐厅。有鉴于此，识字作为一种有组织的社会活动，不仅仅是知道如何读写一篇文章，还应该在特定环境中将这些知识用于具体的、多样化的日常生活，包括自由交流信息、填写表格、从报纸中摘录信息、看价格、付账单、买卖商品与服务、正确服药，等等。理想的识字环境还能为人们提供终身学习的机会。①

为了衡量个人、家庭或社区的"识字环境密度"，联合国教科文组织统计研究所在 22 个国家启动了"扫盲评估和监督计划"(Literacy Assessment and Monitoring Programme，LAMP)，用于收集识字实践的背景信息。已经完成项目主要评估工作的国家包括"一带一路"的约旦、蒙古和巴勒斯坦。这 3 个国家均实现了较高的识字率，但是人们利用并巩固识字能力的做法各有不同。自述为娱乐而阅读的成人比例，在巴勒斯坦为 36%，在蒙古为 60%。使用计算机撰写电子邮件的比例从约旦的 26%到蒙古的 38%不等。在工作中进行书面运算的比例，约旦(21.5%)和巴勒斯坦(21%)相当，落后于蒙古近 7 个百分点。

① 联合国教科文组织．2006 全民教育全球监测报告[R]．巴黎：联合国教科文组织，2006：206-207.

项目还通过日常阅读活动调查了上述3国成人的读写技能。研究发现，手机短信、电子邮件、互联网搜索等新兴的日常阅读活动在青年和成人的识字基础上，进一步维持和拓展了他们的读写技能。参与者在调查中表现出三种不同的技能水平。在最低水平上，参与者能够看电视，听广播，用手机打电话。中等水平的参与者除了掌握上述技能，还会用手机发短信。位于最高层次的是电脑使用者，他们会收发电子邮件，用互联网搜索信息，会使用社交媒体；他们大多受过良好的教育，绝大多数人不超过40岁。

但是，两个受过同等学校教育的人，最终可能达到不同的技能水平，这取决于他们在业余时间里使用读写技能的频率。图5.12显示，在极少进行日常阅读活动的人中，至少有一半属于阅读的最低水平(水平1)。他们至多能从报纸的广告上认出电话号码，或者从一段文字中找到一个简单问题的答案并逐字誊写下来。阅读量较大的人往往受过更多的教育，不过这类人群同样受到技能使用频率的影响。例如，在蒙古受过中等教育的人中，如果很少开展日常阅读活动，其中只有12%的人属于阅读测验的最高水平(水平3)，而相对于经常阅读的人，这一比例高达31%。

另外，社区所营造的识字环境在这些国家具有重要意义，包括是否设立报刊亭或公共图书馆、是否有街道名和门牌号码。公告牌、广告、电影院等也在巩固识字能力方面发挥了一定的作用。特别是社区学习中心开展的扫盲和扫盲后继续教育活动，更为贴近文盲群体的生活，可以根据当地的情况进行课程调整。这种基层社会组织往往还会针对未能完成正规教育的弱势群体的需求，因地制宜地开展经济社会发展活动。如果把使用当地语言和恰当的教学内容以及生产性劳动结合起来，就会极大地激发参与者的学习动力。

1971年起，泰国就通过社区学习中心开展了一项功能性扫盲活动，帮助成人文盲学会基本的识字和认知技能(如解决问题的能力)。由非正规教育委员会办公室(前身为泰国教育部非正规教育司)制定学习大纲，类似于正规学校系统四年级的课程。学习内容根据学习者的生活环境和具体需求而有所不同，如南部的穆斯林和北部的山地部落的课程就不完全一致。除了该项目，还有专门为泰国西部和北部山区的文盲人群设计的山地人群教育项目。2001年，共有59941名学员参与其中。部分学员还拿到了相当于六年级课程的结业证书。①

① 杜越，王力．全民教育理念下的农村社区学习中心[M]. 北京：高等教育出版社，2011.

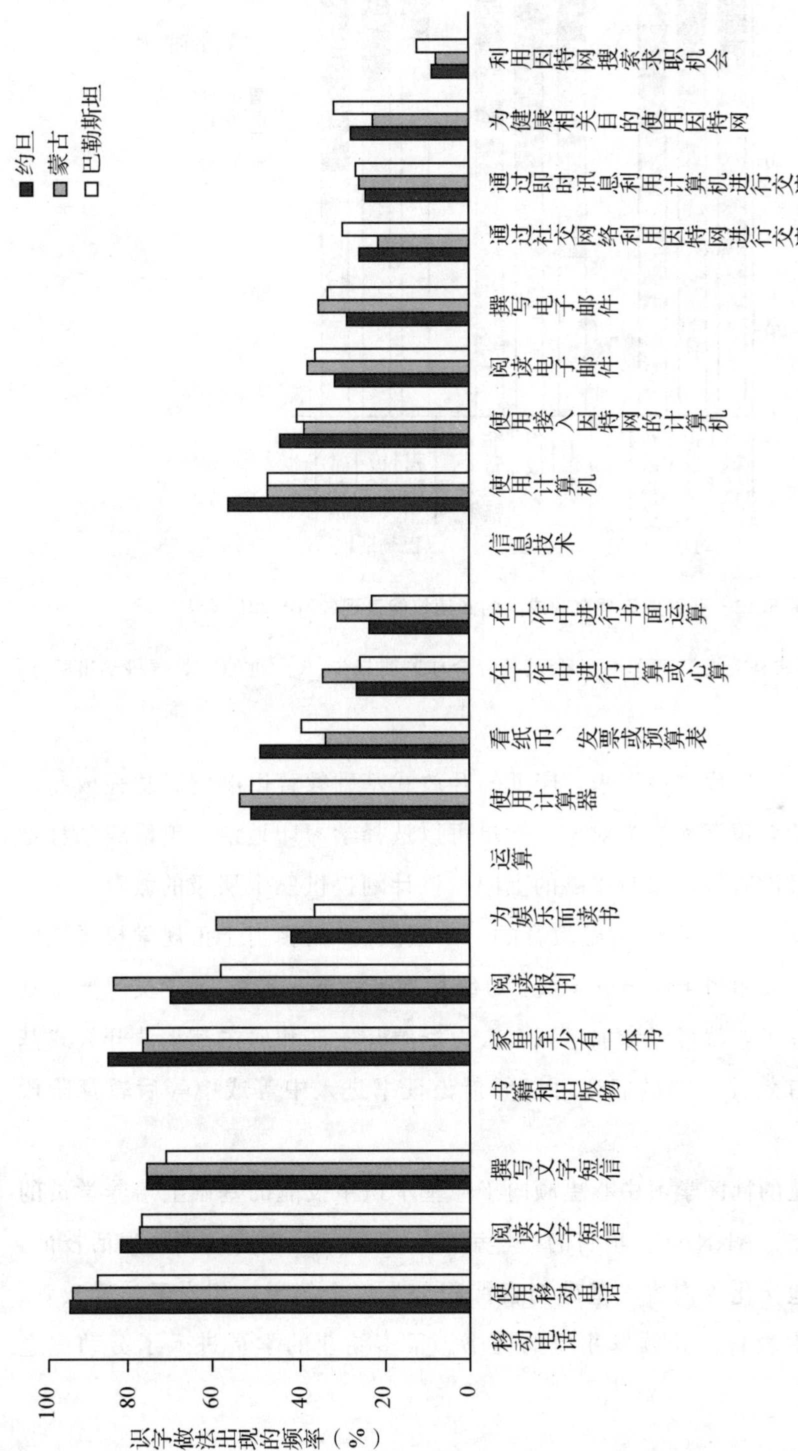

图5.11　约旦、蒙古和巴勒斯坦的识字实践活动(2010/2011年)

资料来源：联合国教科文组织．2012全民教育全球监测报告[R]．巴黎：联合国教科文组织，2012：94.

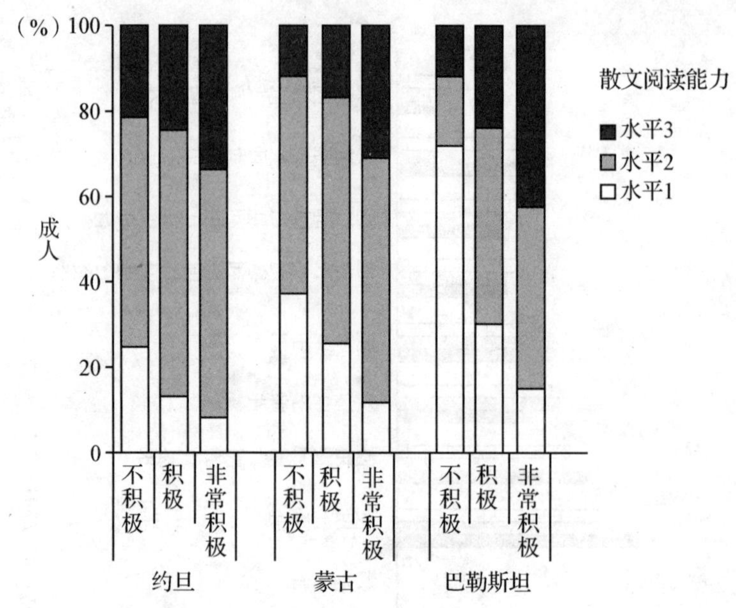

图 5.12　受过中等教育的成人的阅读技能表现(2010/2011 年)

资料来源：联合国教科文组织.2013/14 全民教育全球监测报告[R].北京：教育科学出版社，2014：73.

自 20 世纪 90 年代中期以来，印度的开放式基础教育以刚刚成功完成扫盲和扫盲后项目的新识字人群为对象。学员可以选择学习印地语、英语或某种地区性语言，而且没有规定参与年龄的上限。该计划提供三个层级的教育，每一层级相当于正规学校体系中基础教育的一个层级(A 级相当于正规学校系统的一至三年级，B 级相当于四至五年级，C 级相当于六至八年级)。学员只要感觉自己已经准备好了，就可以参加考试。人力资源开发部和雇主都承认开放式基础教育证书的有效性。学员们还可以凭借该证书进入中等或中等后教育阶段学习。①

印度尼西亚的社区学习中心更倾向于在基本识字技能的基础上培养学员的就业技能。例如，AKRAB! 项目的教学就融合了识字、创业培训、生活技能、性别平等、当地文化等内容。基础扫盲课程分为三个等级，相当于初等教育、初中教育和高中教育，并颁发相应的证书。很多结业的学员进入了劳动型企

① 联合国教科文组织.2007 全民教育全球监测报告[R].巴黎：联合国教科文组织，2006：73.

业、家庭作坊或者从事保安工作。①

越南政府把建立社区学习中心制度化，努力惠及边缘化群体，扩大扫盲和生活技能培训项目的覆盖面。新修订的教育法规定，社区学习中心是全国教育系统的一个组成部分。2003 年，越南总理签署决议，规定由教育培训部牵头并协调内务部、越南学习促进委员会、社会伤兵劳动部、各省人民委员会，共同扩大社区学习中心的规模。这些国家政策和规划极大地催化了社区学习中心的发展前景。1999 年，越南仅有 15 个社区学习中心，到 2006 年，该数量激增到 7384 个。在许多省市，每个公社或地区都有自己的社区学习中心。正因如此，参与继续教育和终身教育的人数在 2001—2006 年，从 2001/2002 年的 25 万人，急速增长到 2003/2004 年的 233 万人，随后 2005/2006 年的参与规模更是高达 630 万人。②

第五节　结论与建议

自 20 世纪末期以来，青年和成人扫盲所取得的积极进展必须得到认可，特别是青年识字率的成就无疑是过去几十年普及初等和基础教育的直接结果。识字是教育的关键，同时，也可以带来诸多益处，如消除贫困、提高性别平等、降低儿童死亡率、增加就业机会等。尽管它为个人带来这些益处，并且从发展的角度看，提高了社会生产力和综合经济实力，但是扫盲目标仍然遭到忽视。积极乐观的全球平均值模糊了各国之间和国家内部的巨大差异，“一带一路”国家的文盲人口大国几乎都没有实现到 2015 年将其 2000 年成人文盲率减半的目标。

与其他目标相似，普及识字的进程同样在于如何惠及社会边缘化群体。“一带一路”国家的青年和成人文盲数量占世界的一半，我们绝不能低估文盲问题的严重程度。一代又一代受先天外部条件影响的儿童受到教育机会有限、辍学、教育质量不高等因素的影响，在缺少基本读、写、算技能的情况下步入青

① Hanemann，U.. Evolution of literacy campaigns and programmes and their impact since 2000[R]. Background paper for EFA Global Monitoring Report 2015. 2015：58-59.

② UNESCO and UNICEF. Asia-Pacific End of Decade Notes on Education for All：EFA Goal 4 Youth and Adult Literacy[R]. UNESCO Bangkok，UNICEF EAPRO and UNICEF ROSA，2012：43.

年和成年。政府既要通过提高教育质量，阻止青年文盲的不断涌现，同时还要解决长期积压的成人文盲问题。

“一带一路”国家要认识到扫盲的重要性，加强推广全国性扫盲计划，把泛泛的政治承诺转化为具体的行动，努力扭转进展缓慢的普及识字趋势。同时，要完善政策制定者和教育管理人员的规划能力，通过实施契合的扫盲干预措施，提供恰当的第二次教育机会和后续支持，并促进终身学习的发展。重视扫盲前的目标人群需求调查，针对特殊语言和文化群体设计开发符合当地情境的课程大纲和配套教材。这些都有助于吸引更多的青年和成人参与扫盲活动，尤其是处于不利境地的女性、农村人口、贫困人口、少数民族和少数族裔群体。

社会无处不在经历着深刻的变革，扫盲的理念也不断变化。这种趋势呼吁新的教育形式，培养当今及今后社会和经济所需要的能力。这意味着超越识字和算术的界限，以学习环境和新的学习方法为重点，不断更新青年和成人的实际学习需求和学习内容。营造并保持有效的识字环境，发挥基层社区学习中心的沟通作用，鼓励人们学习和巩固读写能力、多媒体应用能力、创造能力等，进而获得更好的职业技能。

在促进识字水平可持续发展方面，需要一批专业基础过硬、受过良好培训的成人教育教师来传授相关的识字知识，以便适应多样化的学生群体需求。此外，要为扫盲培训教师提供适当的在职培训、专业支持和职业发展机会，并让他们得到体面的报酬。

在扫盲上投入意味着在解决普遍的贫困问题上迈出了重要一步。因此，政府必须履行其承诺，向扫盲计划和非正规教育分配充足的财政预算，尤其是增加对最贫困地区的资金投入。在综合性国家政策框架内，拓展国内外的合作伙伴关系，协调和整合多方资源以及技术援助，为文盲群体提供高质量的、可持续的扫盲课程。

[i] 2001 年 12 月 19 日，联合国大会宣布 2003 年至 2012 年为联合国扫盲十年，重申人人识字是普及教育的核心，而建立无文盲环境对消灭贫穷、实现男女平等和确保可持续发展至关重要。

[ii] 种姓制是印度最为古老的社会制度之一，社会被划分为四个等级集团：婆罗门（宗教祭司）、刹帝利（国王和武士）、吠舍（农民、手工业者和商人）和首陀罗（为以上三个等级服务的人）。伴随着印度社会的发展，最初的四大种姓开始分化并衍生出数量众多的亚种姓，逐渐形成

一个“贱民”阶层，自称为“达利特人”。1950 年，依据宪法“法律面前人人平等”，印度宪法将处于印度主流社会之外的贱民种姓和部落专门列表，在议员选举中为他们保留席位，他们因此获得了表列种姓(Scheduled Castes)和表列部落(Scheduled Tribes)的名称。这两类社会弱势群体再加上印度其他落后阶层(Other Backward Class)，占印度总人口的 60%左右。

第六章

教师队伍建设

教育机会和教育质量二者有着天然的内在联系。让儿童走进学校并留在学校学习，取决于很多因素，其中发挥决定性作用的因素是“教什么和怎么教”。一个国家糟糕的教育质量无助于吸引和留住学生，而且也无法帮助学生获得有意义的学习结果。随着全民教育运动在世界各国的实施和发展，国际社会对于“教育系统的质量就是教师的质量”已经达成共识。教师是把普通资源转化为有效的教学和学习过程的最终环节：促进知识的建构，而不是简单地传递信息；提高学生的分析和综合能力，而不是简单地死记硬背；确保性别和文化敏感的实践活动，以及最终提供以学习者为中心的过程(而不是以教师为中心)。教师是学生的楷模，他/她们的基本态度、行为和仪表可能对学生的社会和情感发展产生巨大影响。

2011 年国际数学与科学趋势研究发布了 45 个国家四年级学生的成绩报告，对该报告进行分析发现，教师质量越高，学生成绩差的可能性就越小，这在不同的国家中都得到了验证。例如，在波兰，相比起那些在教师水平较高的学校上学的学生，在教师水平较低的学校上学的学生取得低于标准分的数学成绩的可能性高了 25%，取得低于标准分的科学成绩的可能性高了 34%。在土耳其，这种差距在数学方面是 28%，在科学方面是 30%。因为在土耳其，42%的学校都被认定为教师水平较低，所以教师质量对学生成绩的影响可以从很多学生身上看到。①

① 联合国教科文组织.2013/14 全民教育全球监测报告[R].北京：教育科学出版社，2014：233.

教师素质的重要性特别明显地表现在决定来自处境不利的社会经济背景的学生成绩水平，有证据表明好的教学所产生的惠益有累积的特性。处境不利的学生在连续几年内得到有效教师的教导有可能会抵消其学习障碍。[①] 因此，缩小来自不同背景的学生之间差距的最有影响力的策略之一是，确保服务处境不利学生的学校有足够数量的好教师。[②] 在田纳西增值评估体系中——这种方法通过跟踪学生在其求学生涯中的进展情况，衡量教师对学生表现的影响——结果显示，8 岁开始上学的学生在标准化考试中位于第 50 个百分位，在有实力的教师连续授课 3 年后平均上升到第 90 个百分位，而第 50 个百分位的学生在无效教师的授课下平均只取得第 37 个百分位的分数。[③] 这 53 个百分点的差异说明了教师效能如何让学生成绩产生巨大差异。

什么类型的策略能够塑造教师素质以及提高课堂教学仍然是一个争论和研究的话题。尽管吸引、培训和留住优秀教师的政策措施是提高各国教育质量的优先关注领域，但是这些工作往往非常复杂、相互关联并依赖于更广泛的社会背景，才能在学生学习方面成功地产生积极的回报。事实上，关于哪些类型的政策能够最有效地提高教师素质，在实验证据上一直没有定论，特别是在发展中国家和处境最为不利的学校。[④] 尽管如此，根据全民教育六项目标和联合国教科文组织 2015 年发布的《教育 2030 行动框架》，我们仍可以从如下几个方面去考察“一带一路”国家的中小学教师队伍建设情况，从而做出初步的描述、比较和判断。具体说来，本章将从各国中小学教师队伍基本情况、教师的专业化水平、职前教师教育、教师在职专业发展情况以及教师的招聘和分配五个维度进行描述分析，并在此基础上，做出初步判断和得出未来发展与合作的建议。

---

① Hanushek，E. A. and S. G. Rivkin. *Teacher Quality. Handbook of the Economics of Education，Volume 2*[M]. E. A. Hanushek and Finis Welsh，eds. Amsterdam，Elsevier，2005：1051-1078.

② Sanders，W.，A. Saxton and B. Horn. *The Tennessee Value-Added Assessment System：A quantitative outcomes-based approach to educational assessment. Grading Teachers，Grading Schools：Is achievement a valid measure?* [M]. J. Millman ed. Thousand Oaks，California：Corwin Press，2007：163-168.

③ 同上.

④ Goldhaber，D. D.. The mystery of good teaching：Surveying the evidence on student achievement and teachers'characteristics[J]. *Education Next* 2，no. 1，2002：50-55.

第一节 各国中小学教师队伍基本情况

一、各国中小学教师队伍数量和短缺情况

教师数量短缺是实现普及小学教育目标的主要障碍。联合国教科文组织统计研究所在2012年发布统计数据，预测到2015年，如果世界各国都能实现普及初等教育的目标，那么在2010年至2015年，全球114个国家需要新招聘至少170万名教师。数据显示，每10个新招聘的教师当中，有6个是撒哈拉以南非洲国家所需(993,000)。其他地区，北美和西欧需要新增174,000名教师，占全球所需的10%；南亚和西亚地区需要新增114,000名教师，占7%；中东欧地区需要新增的教师占全球所需5%；东亚和太平洋地区的需求占4%；拉丁美洲和加勒比海地区占1%。① 根据统计研究所的数据，表6.1显示了“一带一路”涵盖的一些国家在2010年小学教师的存量，到2015年普及小学教育所需要招聘的教师数。

表6.1 “一带一路”国家小学教师存量和到2015年普及小学教育所需要招聘的教师数(2010年)

国家	2010年教师数	2015年需要的教师数	年均增加率(%)	需要招聘的教师总数	新增教师数	替代损耗教师数
东亚和太平洋地区						
柬埔寨	46,905	45,348	−0.67	13,924	…	13,924
印度尼西亚	1,899,946	1,678,487	−2.45	186,926	…	186,926
菲律宾	$435,385^{-1}$	435,798	0.02	131,080	413	130,667
南亚和西亚						
巴基斯坦	463,674	525,737	2.54	184,032	62,063	121,969
斯里兰卡	71,957	78,515	1.76	25,191	6,558	18,634
伊朗	277,991	287,253	0.55	65,319	9,262	56,057

① UIS. The Global Demand for Primary Teachers-2012 Update. UIS Information Bulletin No. 10. [EB/OL]. http://www.uis.unesco.org/Education/Pages/global_teacher_demand_2012.aspx. 2012.

续表

国家	2010 年教师数	2015 年需要的教师数	年均增加率(%)	需要招聘的教师总数	新增教师数	替代损耗教师数
阿拉伯国家						
也门	111,227	149,843	6.14	70,054	38,616	31,439
巴勒斯坦	14,491	17,148	3.42	6,536	2,657	3,880
中亚						
吉尔吉斯斯坦	16,089	17,001	1.11	5,024	912	4,112
塔吉克斯坦	27,087	26,470	−0.46	6,092	…	6,092
乌兹别克斯坦	110,962	115,380	0.78	32,597	4,418	28,179
中东欧						
拉脱维亚	9,566	10,688	2.24	3,623	1,122	2,501
波兰	$238{,}741^{-1}$	221,721	−1.23	43,970	…	43,970
罗马尼亚	52,272	53,031	0.29	13,903	759	13,144
保加利亚	14,885	16,073	1.55	5,026	1,188	3,838

注：…表示没有相关数据，X^{-n}引用参考年份前 n 年的学年或财年数据。

资料来源：联合国教科文组织统计研究所数据库，2016 年.

根据 2010 年的数据，全球 208 个国家和地区当中有 114 个国家和地区(占 55%)，由于小学阶段学生数量的增长，需要进一步增加小学教师的数量，还有 94 个国家和地区需要维持它们现有的小学教师人力资源水平，甚至有的国家会减少其小学教师数量。联合国教科文组织统计研究所辨识出全球 29 个最缺小学教师的国家，这些国家要在 2015 年实现普及小学教育，需要以每年 3% 的速度增加小学教师。其中大部分国家都处于撒哈拉以南非洲地区，但是也有处于“一带一路”位置上的几个国家和地区，包括巴勒斯坦、也门和哈萨克斯坦。① 从表 6.1 也可以看出，“一带一路”国家当中，小学阶段教师数量缺失比较严重的国家包括巴勒斯坦，巴基斯坦和斯里兰卡，以及拉脱维亚和保加利亚。而由于人口出生率的下降，一些国家小学教师出现负增长，如波兰、印度

① UIS. The Global Demand for Primary Teachers-2012 Update. UIS Information Bulletin No. 10. [EB/OL]. http://www.uis.unesco.org/Education/Pages/global_teacher_demand_2012.aspx, 2012.

尼西亚、柬埔寨等。各国需要更多教师的原因各不相同。在巴基斯坦和也门等国家，入学率很低，因此需要新增教师，以确保所有儿童都能入学。①

二、各国初等和中等教育阶段的生师比

教师资源配置是否充分的一个重要指标是生师比。世界各国生师比相差较大，总体而言，越发达的国家(或地区)的生师比越低，越不发达的国家(或地区)的生师比越高。通常生师比超过 30∶1 就被认为是生师比较高的国家(或地区)。从世界范围看，初等教育阶段的生师比呈现逐年下降的趋势。表 6.2 显示，在 2013 年，全世界初等教育阶段生师比为 24.20∶1，世界各地区按从高到低的顺序分别是：撒哈拉以南非洲(42.18∶1)、南亚和西亚(35.35∶1)、拉丁美洲和加勒比海(21.96∶1)、阿拉伯国家(19.87∶1)、东亚和太平洋地区(18.28∶1)、中东欧(16.68∶1)、中亚(16.30∶1)、北美和西欧(13.95∶1)。

表 6.2　全球各区域初等教育阶段生师比(按人头数)

全球各区域 \ 年份	2000	2010	2013
世界	26.41	24.41	24.20
阿拉伯国家	23.27	22.06	19.87
中东欧	17.66	16.39	16.68
中亚	20.96	17.06	16.30
东亚和太平洋地区	23.86	18.43	18.28
拉丁美洲和加勒比海	25.46	22.82	21.96
北美和西欧	15.01	13.54	13.95
南亚和西亚	38.81	36.37	35.35
撒哈拉以南非洲	43.34	43.30	42.18

资料来源：联合国教科文组织统计研究所数据库，2016 年.

"一带一路"国家在初等教育阶段的生师比呈现很大的差异。从表 6.3 可以

① 联合国教科文组织.2013/14 全民教育全球监测报告[R]. 北京：教育科学出版社，2014：224.

看出，在南亚和西亚一些国家生师比超过 40∶1。例如，阿富汗在 2013 年的生师比达到 45.71∶1，巴基斯坦是 42.55∶1，孟加拉国在 2012 年仍然是 42.97∶1。初等教育阶段生师比最高的是柬埔寨，从 2000 年的 50.12∶1 下降到 2013 年的 46.93∶1，但仍然是"一带一路"国家中生师比最高的国家。此外，印度、菲律宾和也门 3 个国家的生师比也超过 30∶1。在中东欧国家，由于人口出生率下降和人口移民到国外等，初等教育阶段的生师比已经很低了。例如，波兰、塞尔维亚、匈牙利和拉脱维亚，生师比都在 10∶1 左右。其中，拉脱维亚的学校平均学生数不超过 300 人，平均的班额是 18 个学生。此外，一些阿拉伯国家如科威特(8.61∶1)和卡塔尔(10∶1)，初等教育阶段的生师比也很低。

表 6.3　部分国家初等教育阶段生师比(按人头数)

国家＼年份	2000	2010	2013
阿富汗	…	44.42	45.71
孟加拉国	…	42.97	…
柬埔寨	50.12	48.45	46.93
塞尔维亚	14.32	11.72	11.50
格鲁吉亚	16.84	…	9.09
匈牙利	10.71	10.58	10.40
印度	40.00	…	32.32
科威特	13.78	8.38	8.61
拉脱维亚	15.10	11.88	11.16
马来西亚	19.56	12.60	11.83
蒙古	32.58	30.24	27.59
尼泊尔	38.04	31.92	25.63
巴基斯坦	33.00	40.45	42.55
菲律宾	35.32	…	31.35
波兰	…	9.32	10.23
卡塔尔	…	12.03	10.00
也门	…	30.81	…

注：… 表示没有相关数据。

资料来源：联合国教科文组织统计研究所数据库，2016 年 .

在中等教育阶段，世界各地区的平均生师比在2013年达到17.37∶1。世界各地区按从高到低的顺序分别是：南亚和西亚(25.20∶1)、撒哈拉以南非洲(24.98∶1)、拉丁美洲和加勒比海(16.94∶1)、东亚和太平洋地区(15.87∶1)、阿拉伯国家(14.64∶1)、北美和西欧(13.11∶1)、中亚在2012年(12.03∶1)、中东欧(11.40∶1)。

表6.4 全球各区域中等教育阶段生师比(按人头数)

全球各区域＼年份	2000	2010	2013
世界	18.01	17.03	17.37
阿拉伯国家	16.63	15.35	14.64
中东欧	11.66	10.88	11.40
中亚	11.72	12.23	12.03^{-1}
东亚和太平洋地区	17.67	15.75	15.87
拉丁美洲和加勒比海	18.97	16.91	16.94
北美和西欧	13.25	12.59	13.11
南亚和西亚	32.07	24.83	25.20
撒哈拉以南非洲	25.70	25.94	24.98

注：X^{-n}引用参考年份前n年的学年或财年数据。

资料来源：联合国教科文组织统计研究所数据库，2016年.

在"一带一路"国家中，从可获得的数据来看，南亚和西亚国家在中等教育阶段的生师比依然偏高。例如，2013年，孟加拉国的中等教育生师比超过了35∶1，印度也超过了30∶1，尼泊尔也接近30∶1。处于东亚和太平洋地区的缅甸和菲律宾，在中等教育阶段生师比也比其他国家高一点。而在中亚和中东欧，中等教育阶段的生师比非常低，甚至低于10∶1。例如，格鲁吉亚和白俄罗斯的生师比低于8∶1，而立陶宛、拉脱维亚等国家生师比也不到10∶1。

表6.5 部分国家中等教育阶段生师比(按人头数)

国家＼年份	2000	2010	2013
孟加拉国	38.43	28.33	35.20
白俄罗斯	…	…	7.74

续表

国家＼年份	2000	2010	2013
格鲁吉亚	7.46	…	7.49
匈牙利	9.84	10.20	10.48
印度	33.62	25.33	30.78
印度尼西亚	14.57	12.18	15.38
拉脱维亚	10.74	9.00	8.33
立陶宛	11.18	8.84	8.10
马来西亚	18.38	13.72	13.26
缅甸	31.88	34.08	31.8^{+1}
尼泊尔	30.22	31.97	29.18
菲律宾	…	…	26.99
波兰	…	10.39	9.53
罗马尼亚	12.84	12.48	12.81

注：… 表示没有相关数据，X^{+n}引用参考年份后 n 年的学年或财年数据。
资料来源：联合国教科文组织统计研究所数据库，2016 年.

三、各国教师队伍中的女教师

全球范围看，女性都是教师队伍中的中坚力量。女教师的存在能够提高女童的入学率和成绩，尤其是在那些特别保守的地区。在这些地区，女童和女青年的一举一动以及生活选择都受到严格的限制。在巴基斯坦旁遮普省，如果教师是女性，那么当地女童的标准化测试成绩会更高。① 在 30 多个发展中国家特别是在那些偏远地区的研究发现，在一个地区中，女教师数量的增加能够提高女童的入学率和学习成绩。印度的绝大多数父母认为，至少有一个女教师在场时会让他们感到他们的女儿更安全，而且这个问题在三年级和三年级以上变得更加重要。② 按照统计数据，印度初等教育每 3 名教师中才可能有 1 名女教师，

① 联合国教科文组织．2013/14 全民教育全球监测报告[R]．北京：教育科学出版社，2014：235.

② UNESCO Principal Regional Office for Asia and the Pacific. A Synthesis Report of Education for All 2000 Assessment for the Asia-Pacific Region[R]. Bangkok，UNESCO PROAP，2000.

但在印度农村还有很多学校的女教师数量少于 3 名，甚至还有许多单师学校，显然这些学校很可能根本就没有女教师，这影响了家长送女孩到学校就读的安全感，也一定程度影响了女孩接受初等教育的机会。①

然而许多因素都限制了将女性招聘到教育系统中，特别是在那些不发达地区，简而言之，很少有女性受过足够的教育，因此没有资格成为教师，特别是在那些偏远社区和土著少数民族中。例如，在老挝，教师中只有很少的少数民族女性，一部分原因是能够完成学校教育的少数民族女童本身就很少。② 如果再提高入职资格要求，就会使得能够进入教育系统的女性更少，特别是那些来自处境不利群体的女性。例如，在柬埔寨，20 世纪 90 年代后期的政策变化提高了入职要求，将 10 年的基础教育提高到 12 年，这导致了偏远地区女教师数量的减少。在这些地区，很少有人有机会接受更高级的中等教育。③

阿富汗也非常需要女教师。但是，直到最近，由于女童缺少教育，有能力成为教师的女性依然非常少。2008 年，在职前教师教育中，只有不到 30％的学生是女性，达到这一比例还是因为降低了对女性入学资格的要求。④

2013 年的联合国教科文组织统计研究所的数据显示，在中东欧地区，以及中亚地区，女教师的数量在学前和小学教育上处于主导性的多数地位。

次区域的平均数据显示，中亚地区女教师的比例最高，紧随其后的是东亚和太平洋地区。中亚地区教师队伍中女教师的平均比例高于世界平均水平，而东亚和太平洋地区的比例则接近世界平均比例。谈到女性化作为一种趋势的问题，有必要更仔细地审视女教师作为教师队伍的一部分在更长的时段内其比例的变化。次区域关于初等教育女教师的数据（见图 6.2）显示，中亚地区在 1990—2009 年女教师的比例有了小幅度的增加。在东亚和太平洋地区，比例也增加了，同一时段内从 48％ 增加到 61％。在南亚和西亚，1990—2005 年女教师的比例大幅增加(12 个百分点)。在南亚和西亚地区，尽管教师队伍中女教师的数量增加很多，但是，2005 年女教师占教师队伍的比例仍然不到一半。

① 李娟，秦玉友．印度农村初等教育教师问题研究[J]．外国教育研究，2009 (11)：65-70.

② 联合国教科文组织．2013/14 全民教育全球监测报告[R]．北京：教育科学出版社，2014：235.

③ 同上．

④ 同上．

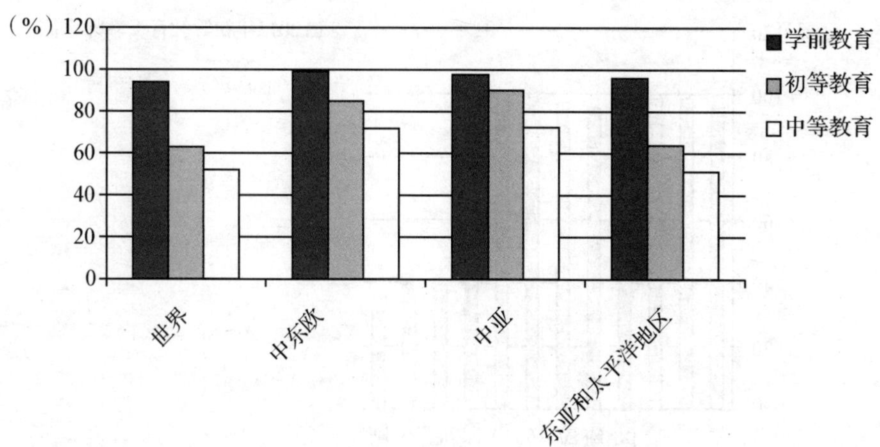

图 6.1　学前、初等和中等教育阶段全球各区域女性教师比例(2013 年)

注：南亚和西亚在 2013 年仅有中等教育阶段女教师比例(39.17%)。中亚的 2013 年中等教育阶段数据缺失，用 2010 年的数据替代。

资料来源：联合国教科文组织统计研究所数据库，2016 年.

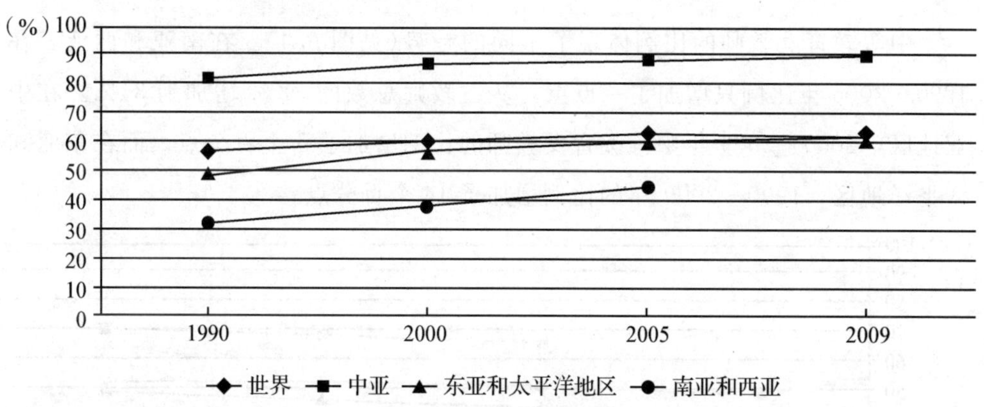

图 6.2　次区域初等教育女教师平均比例趋势图(1990—2009 年)

资料来源：联合国教科文组织统计研究所数据库，2011 年.

在初等教育阶段，“一带一路”国家的女教师占教师队伍的比例有很大的差异性。中亚国家(土库曼斯坦没有数据)普遍存在女教师占据多数地位的情况，几个中东欧国家的女教师比例也高达 90%以上，而在南亚和西亚地区的国家则呈现两极分化，斯里兰卡小学女教师比例高达 85.71%，而阿富汗的女教师比例才 31%。图 6.3 呈现的是“一带一路”国家中初等教育阶段女教师占据绝对多数和占比较少数的几个国家。

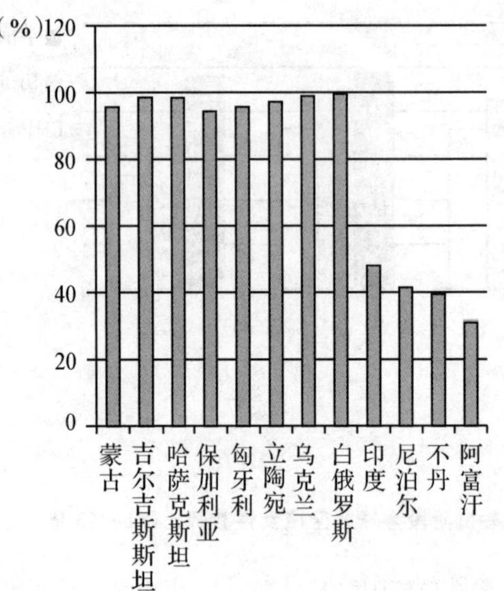

图 6.3　部分国家初等教育女教师比例(2013 年)

资料来源：联合国教科文组织统计研究所数据库，2016 年.

中等教育女教师的比例体现了不同的趋势(见图 6.4)。在南亚和西亚，在 1990—2005 年比例只增加了一点点，从占教师总数的 32% 增加到 34%。在中亚地区，2000—2009 年中等教育女教师的比例增加了 5 个百分点。而在东亚和太平洋地区，1990—2009 年的比例增加了 14 个百分点。

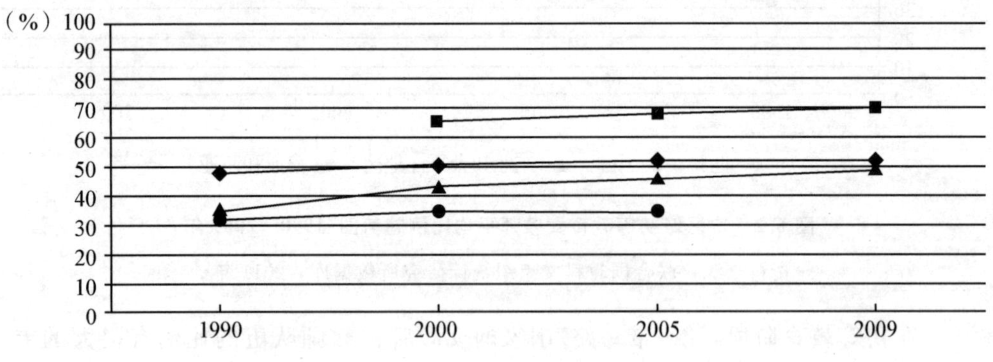

图 6.4　次区域中等教育女教师平均比例趋势图(1990—2009 年)

资料来源：联合国教科文组织统计研究所数据库，2011 年.

"一带一路"国家中，女教师在中等教育阶段的比例也各不相同。总体而言，女教师的比例在学前教育阶段普遍最高，不少国家在中等教育阶段女教师占比也达到 50%～70%(详细数据参见附件 7)。其中，中亚的哈萨克斯坦和吉尔吉斯斯坦中学女教师比例超过了 85%。然而，南亚和西亚地区的孟加拉国和尼泊尔中学女教师仅占 20%左右。大部分国家的初等教育阶段女教师占比高于中等教育阶段。不丹是个例外，与其他国家相比，该国初等教育女教师的比例比中等教育小。图 6.5 显示了部分“一带一路”国家中等教育阶段女教师比例。

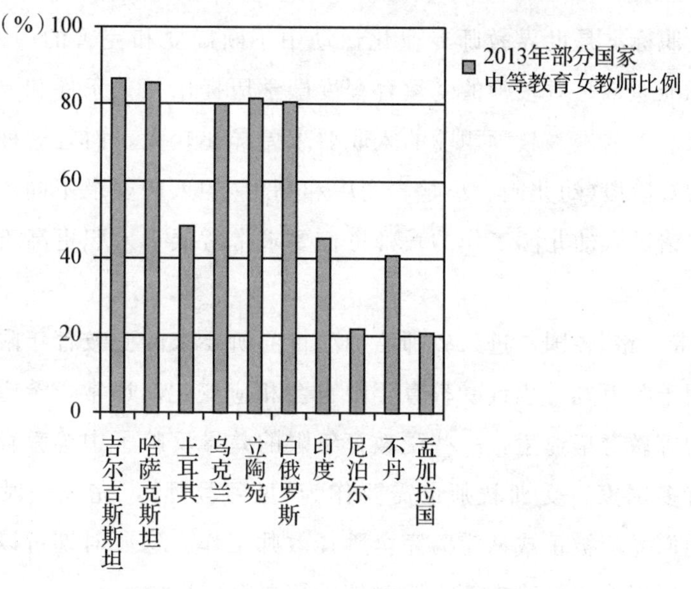

图 6.5　部分国家中等教育女教师比例(2013 年)

资料来源：联合国教科文组织统计研究所数据库，2016 年.

国家的平均数据掩盖了一国之内显著的地方差异。有些国家女教师在各个地区分布的比例并不均衡。因此，关于教师队伍是否正在走向女性化或者是否存在女教师短缺等问题不能从地区的角度来回答，因为国与国之间以及国家内部都存在巨大的差异。在一些国家，女教师比例不足，出现女教师短缺的现象，而在中亚、中东欧国家，在初等教育和中等教育阶段，女性都在其中占据大多数。

第二节　各国教师的专业化水平

许多研究表明，由获得坚实教学技能和相应认证的教师进行授课的学生往往比那些没有得到此类培训的教师进行授课的学生表现要好，但是培训和认证的作用不能一概而论，因为培训的质量和认证标准有很大差异①。尽管如此，很多国家都非常重视教师资质、教师选拔、教师培训和教师的在职专业发展。一个国家教师队伍的专业水平可以通过教师入职资格的规定、教师职前培训的年限和内容、教师受训情况以及学历达标情况等方面来考察。

一、教师的入职资格

教师任职标准是世界教师专业化运动中不断确立和完善的一个重要内容。教师任职标准通常是对教师的受教育程度即学历提出相关条件和要求。全球各地区的国家对申请进入教师职业的入职要求差异比较大，而且这种差异也体现在对各个教育阶段(幼儿园、小学、初中和高中)的入职要求不同。比较普遍的情况是，申请进入幼儿园工作的教师资格要求常常低于入职更高级的教育阶段要求。

在“一带一路”各国，进入教师培训项目前所要求的受教育年限根据国家和教育层级而千差万别，累计受教育年限也会相应变化。通常，希望成为教师的人必须是中等教育毕业生，一些受教育年限的差异反映了中等教育学制年限的差别。在许多国家，受训教师也需要作为“见习教师”，完成一段时间的见习期，随后他们才能被正式认定为完全胜任教师工作。这段时期可以算作培训的一部分，应届毕业生可能在新入职时依然需要得到指导。

在老挝，小学教师在进入 3 年的培训前，需要接受过 8 至 11 年的学校教育；中学教师在进入 3 或 4 年的教师培训前，需要接受过 10 至 11 年的学校教育。与此不同的是，泰国要求在进入 4 年的培训以及一年的教学实习前，需要具备接受过 12 年的学校教育。② 乌兹别克斯坦对中等教育阶段学科教师的入职要求是具备本科文凭；而在柬埔寨，对高中教师的入职要求是不仅需要本科文凭而且还必须完成为期一年的教师培训。③

---

① Darling-Hammond, L. , B. Berry and A. Thorethon. Does Teacher Certification Matters? Evaluating the evidence[J]. *Educational Evaluation and Policy Analysis*, 23, no. 1, 2001: 57-77.

② UNESCO and UNICEF. Asia-Pacific End of Decade Notes on Education for All: EFA Goal 6 Quality Education[R]. UNESCO Bangkok, UNICEF EAPRO and UNICEF ROSA, 2012: 28.

③ UNESCO Bangkok. Teachers in Asia Pacific: Status and Right[R]. Bangkok: UNESCO Bangkok Office, 2015: 2.

一直以来，印度中小学教师的学历资质状况并不乐观，为了改变农村和城市地区学校教师学历资格低下的状况，印度政府努力通过对中小学教师任职条件的严格规定来提高教师的专业地位。2010 年 8 月，印度全国教师教育委员会颁布《义务教育教师任职最低资格标准》，对从事小学、初中和高中教学的教师任职资格做出最低要求。表 6.6 列出了各个教育阶段的具体任职要求。

表 6.6　印度中小学教师最低任职标准

年级		最低学历要求及专业资格
小学阶段	(a) 初小	(i)取得高中毕业证书或同等学力教育；以及(ii)获得不少于两年的基础教师培训证书或文凭，或者取得初等教育学士学位(Bachelor of Elementary Education，B. El. Ed.)。
	(b) 高小	(i)获得高中毕业证书或同等学力教育；以及(ii)获得不少于两年的基础教师培训证书或文凭，或者取得初等教育学士学位，或者取得教育学士学位(B. Ed.)或同等学力。
初中阶段		取得教育学士学位(B. Ed.)或同等学力；或者参加了四年的理学学士(B. Sc.)和教育学士(B. Ed.)的整合课程或同等课程。
高中阶段/中专		取得与教育学士学科相关的硕士学位或同等学力；或者参加了两年的理学学士(B. Sc.)和教育学士(B. Ed.)的整合课程或同等课程。

资料来源：李英．印度教师教育研究[D]. 重庆：西南大学博士论文，2013：62.

位于中东欧地区的立陶宛，对教师资格的要求如下：申请者必须具备高等教育文凭(1995 年以前要求特殊的中等教育文凭；2009 年以前包括专科文凭)；拥有教师资格证；必须完成与学科教学相关的培训项目。2013 年，立陶宛全国有 98％的小学教师和 96％的中学教师已经获得教师资格证书。根据一项新的规定，从 2013 年 9 月开始，立陶宛要求那些没有获得教师资格证的在职教师必须在两年内取得教师资格证。对于达不到这个要求的教师，将根据劳动法来解除工作合同。①

整体而言，大多数国家对进入师范专业的要求是，无论是在哪个教育阶段从教，都必须完成至少 12 年的教育或拥有同等学力的教育证明。尽管所有的国家都一致认为有必要吸引和招聘最好的“候选人”进入教学行业，但是对于“最好的”

① Education for All 2015 National Review Report：Lithuania [EB/OL]. http：//unesdoc. unesco. org/images/0022/002299/229934E. pdf. 2014：69.

品质的定义却有很大差别。例如，柬埔寨和巴基斯坦倾向于看重申请者的学历资格；而乌兹别克斯坦则更看重候选人对教学工作的态度和从教的愿望。

二、各国教师队伍中受训教师比例

“一带一路”国家当中，初等教育阶段教师受训比例各不相同。根据教科文统计研究所的数据，2014 年，所有小学教师都接受过培训的国家包括：越南、柬埔寨、伊朗、哈萨克斯坦、蒙古、巴勒斯坦、沙特阿拉伯、塔吉克斯坦、乌兹别克斯坦以及阿联酋。

与 2000 年相比，越南受过培训的小学教师比例据称从 80％提高到 2009 年的近 100％。缅甸取得了相似的进步，受过培训的小学教师为 99％，中学教师为 96％，与此相比，10 年前还不到 70％。两国还提高了中学教师的受训比例，即使在中小学阶段的入学率增加、生师比下降的情况下，它们依然这么做，说明国家对教师发展进行了可观的投入。尼泊尔的小学教师受训的比例也提升很快，2001 年，仅有 15.37％的小学教师受训，到 2014 年该国的小学教师参训比例达到 93.58％。

相比之下，受训教师的比例在很多国家仍然严重不足，甚至在一些国家还出现了下降。2014 年，阿尔巴尼亚小学阶段的受训教师仅有 27.53％。2011 年在孟加拉国(57.73％)、吉尔吉斯斯坦(69.66％)以及 2012 年在马尔代夫(77.47％)，受过培训的小学教师比例偏低。

在塞尔维亚，受过培训的小学教师比例在 2009 年达到 94.22％，然而在 2012 年却降到了 55.73％。科威特的小学受训教师曾在 2009 年达到 100％，到 2013 年，这一比例却下降到 77.16％。(见附件 7)

在不丹，受过培训的教师比例在 2000 年至 2006 年出现下降，在初等教育中，从 95％下降到 92％。①

在中等教育阶段，“一带一路”国家受训教师比例的数据很多都是缺失的。从可以获得的数据来看，到 2014 年，所有中学教师都经过培训的国家包括：蒙古、伊朗、巴勒斯坦、沙特阿拉伯、阿联酋、乌兹别克斯坦、哈萨克斯坦。

---

① UNESCO and UNICEF. Asia-Pacific End of Decade Notes on Education for All：EFA Goal 6 Quality Education[R]. UNESCO Bangkok，UNICEF EAPRO and UNICEF ROSA，2012：28.

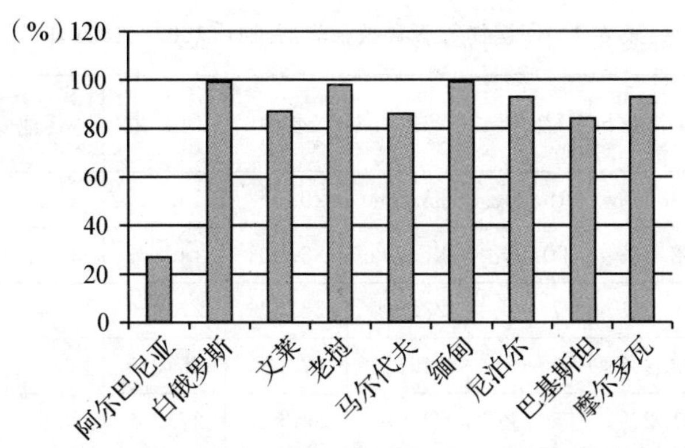

图 6.6　部分国家初等教育受训教师比例(2014 年)

资料来源：联合国教科文组织统计研究所数据库，2016 年．

老挝的中等教育阶段教师也基本接受过培训，达到 99.63%。一些国家的情况不容乐观，例如，在阿尔巴尼亚，2014 年的中学教师受训比例仅有 5.77%；2010 年孟加拉国有半数的中学教师没有接受过培训，到 2014 年这个比例也没超过 60%；在塞尔维亚，中学教师的受训比例甚至出现下降，从 2009 年的 84.91%下降到 2012 年的 39.96%。

三、教师学历达标情况

教师的学历水平也是用来表现教师队伍专业水准的一个指标。一些针对专门国家的教师研究，提供给我们“一带一路”国家当中教师学历情况的信息。

印度初等教育教师学历以高中和本科为主，研究生也占了一定比例。从本科和研究生学历所占比例来看，初级小学本科学历教师所占比例为 29.8%，研究生学历教师所占比例为 13.6%；小学本科学历教师所占比例为 35.0%，研究生学历教师所占比例为 14.2%；高级小学本科学历教师所占比例为 38.6%，研究生学历教师所占比例为 27.9%(详见表 6.7)。可以看出，初级小学、小学、高级小学、有中学的小学、有中学的高级小学，这几类学校的本科和研究生学历的教师所占比例逐渐增加。同时从总体数据来看，印度初等教育教师学历偏低，教师学历中的高中、初中、初中以下学历所占比例较大。

表 6.7　印度初等教育教师学历统计(2007—2008 年)

学历 学校	初中以下	初中	高中	本科	研究生	其他	总计教师数量
初级小学	3.6%	19.2%	33.5%	29.8%	13.6%	0.3%	2,067,660
小学	2.0%	20.6%	27.7%	35.0%	14.2%	0.5%	1,161,834
高级小学	2.0%	7.6%	23.5%	38.6%	27.9%	0.4%	420,506
有中学的小学	2.3%	9.9%	14.5%	47.0%	25.5%	0.8%	209,342
有中学的高小	1.2%	7.7%	8.4%	54.9%	27.3%	0.6%	458,842
总计	2.7%	16.7%	27.2%	35.8%	17.2%	0.4%	4,358,177

资料来源：Arun C. Mehta. Elementary Education in Rural India：Where do We Stand? Analytical tables 2007-2008[R]. New Delhi，National University of Educational Planning and Administration & Department of School Education and Literacy Ministry of Human Resource Development，Government of India，2009.

20 世纪 80 年代以来，以色列的教师培训学院学位授予权的获得，极大地提高了以色列中小学教师的专业化水平，使以色列中小学获得学士以上学位的教师比例大大提高：在希伯来教育系统，在 2006/2007 学年，中学教师中有博士学位的占 2.1%，硕士学位教师占 33.1%，学士学位教师占 49.9%；小学教师中有博士学位者占 1%，硕士学位教师占 18%，学士学位教师占 51.4%；幼儿园教师中有硕士学位者占 10.3%，学士学位教师占 55.7%。在阿拉伯教育系统，中学教师中有博士学位的教师占 1.1%，硕士学位教师占 18.7%，学士学位教师占 65.2%；小学教师中，有博士学位者占 0.2%，硕士学位教师占 6.7%，学士学位教师占 62.8%；幼儿园教师中有硕士学位者占 1.4%，学士学位教师占 60.1%。① 现在，以色列幼儿园要求教师获得合格教师证书，小学要求教师获得高级合格教师证书。初中学术科目的教师必须获得所教专业的学士学位和大学颁发的教师证书或教师培训学院的教育学士学位；高中阶段的教师要求获得硕士学位和教师证书。除此之外，以色列还要求某些岗位的教师具有硕士学位，如学校咨询师，以使他们能够更好地完成工作任务。

巴勒斯坦全民教育回顾报告的数据显示，2012—2013 年度，全国有 76.2%

① 邱兴．以色列中小学职前教育体制及其特点[J]．外国中小学教育，2009 (1)：22-25.

的教师拥有学士学位，拥有学士学位的男教师占 74.8%，拥有学士学位的女教师占 77.3%。拥有专科文凭的教师占 17%，拥有高等教育文凭的教师占 0.8%，拥有硕士及以上学位的教师占比达到 6%。① 为加强教师的教育教学能力，巴勒斯坦从 2004 年开始实施全国教师培养和素质提升策略，要求教师除了达到要求的学历之外，还必须拥有教育专业证书，以证明教师具备基本的教育教学能力。表 6.8 显示了 2009—2013 年，巴勒斯坦教师拥有教育文凭的增长情况。

表 6.8　巴勒斯坦教师拥有教育资质证书的比例(按性别划分)(2009—2013 年)

年份	男教师(%)	女教师(%)	全部教师(%)
2009	22.9	30.7	27.3
2010	23.5	31.4	28.0
2011	25.1	32.4	29.3
2012	26.4	33.7	30.6
2013	28.2	36.5	33.1

资料来源：Ministry of Education and Higher Education，Palestine. National Assessment for Education for All (2015-2000)[R]. 2014：136.

亚美尼亚已经消除了教师数量短缺的问题。在 2011/2012 学年，全国有 40,715 名教师，其中 87%的教师拥有教育学的高等文凭。

四、教师专业认证制度

随着“一带一路”区域各国中小学教育的迅速发展，对中小学教师队伍的整体数量和质量都提出了更高的要求。一些国家开始界定教师专业能力，以教师专业标准和专业认证制度来规范教师职业。

在土耳其，国民教育部于 2004 年公布了《关于教师能力的规划草案》，依据该草案的规定，公立中小学教师应具备六种素质和能力：个人职业价值，认识学生的能力，学习和教学能力，跟进和评价学习与进步的能力，与学校、家

① Ministry of Education and Higher Education，Palestine. National Assessment for Education for All (2015-2000)[R]. 2014：135.

庭和社会建立良好关系的能力以及了解课程和内容的能力。[①] 同时，依照国家相关法律，国民教育部还相继制定或重新修订《教师职业等级晋升条例》《国民教育部教师派任和岗位调动条例》《国民教育部行政管理人员和教师工作量相关规定》《国民教育部下属教育机构行政管理人员和教师编制条例》《教师执教课程、派任和课时细则》等条例条令，细化对于中小学教师的管理，进一步规范公立中小学教师的任用。

根据《摩尔多瓦教育法》的规定，摩尔多瓦每 5 年就要进行一次强制性教师专业认证。由地方教育部门代表和教师工会代表共同组成的教育评估委员会(Evaluation Boards)作为教师评估的主导机构，定期对教师进行专业考核。考核内容分为教学、亲师关系、科研三大类别，具体包括课堂教学、班级管理、专业评估、交际和社会包容、自我发展、发现问题六项具体能力(见表 6.9)。这六项具体能力涵盖了教师从事教学、科研，处理亲师关系应具备的基本素质，体现了摩尔多瓦对教师的全方位要求。

表 6.9 摩尔多瓦教师职业资格能力标准

类别	能力	能力要求
教学	课程教学能力	掌握教学的基本方法和学科的基础知识
	班级管理能力	创建班级文化、加强班级管理、组织学生活动
	专业评估能力	对教学活动进行自我分析和测评
亲师关系	交际和社会包容能力	能够与学生家长进行融洽沟通、遵循教师职业道德，包容多元文化
科研	自我发展能力	研究学科的教学方法，针对学科知识进行研究
	发现问题能力	能够发现教学中的问题并及时进行修正

资料来源：陈鹏磊．摩尔多瓦教师教育改革的举措与特征[J]．世界教育信息，2014 (13)：38-41.

通过资格认证的教师须拥有 3 年的教学经验，才有资格参加更高层级的专业认证。摩尔多瓦教师专业认证主要是对教师的教学水平进行评估，教育部门在对教师进行审核后划定专业等级。摩尔多瓦教师的专业等级分为三个层次，由低至高分别是二级教师、一级教师和高级教师，每个层次的教师标准都有不同的要求(见表 6.10)。

---

① 韩智敏．土耳其公立中小学教师任用制度的历史演进[J]．教育教学论坛，2016 (5)：15-19.

表 6.10　摩尔多瓦教师专业等级划分

教师专业等级	能力要求
高级教师	通过地方教育评估委员会的审核
	在国家教育评估委员会认可的刊物上公开发表教学研究方面的论文或参与教科书的编著
	绩效评估报告合格
	在教育学领域或所教授的学科领域取得了硕士学位证书
一级教师	通过地方教育评估委员会的审核
	在国家教育评估委员会认可的刊物上公开发表教学研究方面的论文或参与教科书的编著
	绩效评估报告合格
二级教师	通过地方教育评估委员会的审核
	公开发表过自我评估报告

资料来源：陈鹏磊．摩尔多瓦教师教育改革的举措与特征[J]．世界教育信息，2014（13）：38-41.

为进一步提升中小学教师的整体素质，提高教师专业发展的持续性，俄罗斯联邦教育与科学部于 2010 年 3 月通过了《国立和市立教育机构的教育工作者鉴定制度》，要求从 2011 年 1 月 1 日开始实施。该法令适用于实施基础教育大纲和补充教育大纲的各类学前教育机构。法令提出了实施教师资格定期鉴定制度，要求对所有中小学教师每 5 年进行一次教师资格鉴定。实施新鉴定制度的目的是根据对教育工作者职业活动的评价，确定教育工作者的技能是否符合初级资格或高级资格的技能要求，或者确定教育工作者是否适合他们所从事的工作岗位。实施新鉴定制度的任务是促进教育工作者树立明确目标，持续地提高自己的业务水平、方法论素养，促进个体的职业成长；促进教育工作者掌握现代教育技术；提高教育劳动的效率和质量；展现教育工作者充分挖掘和利用各种潜能的前景；教育机构在加强教师队伍建设时要考虑到国家教育标准对实施教育大纲的师资条件要求；确定提高教育工作者技能的必要性；保障教育工作者劳动支付水平的差异化。① 新的鉴定制度要求对所有教师进行职业资格鉴定

① 李艳辉，李雅君．俄罗斯加强中小学教师队伍建设的制度评析[J]．外国教育研究，2014（7）：71-79.

和认证，确认是否符合所从事的岗位要求。此外，新鉴定制度对教师技能的要求和评价方法也发生了变化，教师的职业教育能力被确定为核心能力。鉴定程序和内容以评价教师对提高教育质量的贡献程度、促进学生发展的绩效、教书育人的参与度和掌握新教育策略的程度为基础。在新的教师技能要求中增加了掌握信息技术等一些新内容，同时还出现了一些新的教师岗位，如辅导员，其主要职责是为中小学生编制个性化的教育大纲，并向学生提供教育支持和服务。

2009 年 10 月，印度正式颁布《教师教育国家课程框架》，在这份框架的教师教育目标当中界定了印度教师的教学能力标准。具体而言，印度教师教学能力标准包括十个方面。①儿童心理学知识；②课程知识；③教育目标的达成；④调整适应的知识，即教师有能力及时了解学生的问题和需求并做出相应的教学调整；⑤教学法原则的知识；⑥协调指导性项目；⑦开发和使用教学器材的能力；⑧评估方法的知识；⑧规划课程：如何备课、交流、处理个别需求；⑩组织课程辅助活动。[①]

近年来，巴基斯坦的基础教育尽管也得到较快发展，但 2008 年巴基斯坦国家教育评价的结果表明：全国教师整体专业水平不高，教师教育质量得不到保障。为提升教育质量，2005 年，巴基斯坦高等教育委员会建立了教师教育认证委员会，巴基斯坦联邦教育部于 2009 年颁布《巴基斯坦教师专业标准》，为教师教育和教师资格认证提供了统一的标准。该标准是一项全国性的教师专业标准，包括学科知识、人的成长与发展、伊斯兰民族价值观及社会生活知识、教学设计和策略、评价、教学环境、有效交际及充分利用信息技术、合作伙伴关系、专业发展能力及行为规范和英语作为第二语言(外语)的教学 10 项标准，有助于确保巴基斯坦教师教育与培训的规范性和一致性。新标准要求中小学教师资格证书申请者至少要拥有学士学位，而且要经过 1 年教师教育培训，并通过包括知识、技能及教学演示等方面的测试才能够获得教师资格证书。[②]

---

① Dash，B.. Trends and Issues in India Education[M]. New Delhi：Dominant Publishers and Distributors，2002：172.

② Ministry of Education，Pakistan. National Professional Standards for Teachers in Pakistan [R]. 2009：1-18.

第三节　各国职前教师教育

一、各国职前教师教育的年限

在全球各个地区，各种形式的教师教育一直是也将继续成为教育方面的重要优先事项。一般而言，工业化国家对中小学教师职前培养的官方要求平均为4年时间，而发展中国家平均需要3年培养时间。如图6.7所示，泰国的小学、初中和高中教师的职前培养都是5年时间。柬埔寨、老挝和尼泊尔的高中教师职前培养要求也是5年时间。其他的国家，如蒙古、菲律宾、印度尼西亚和尼泊尔的小学和中学教师的职前教育都是4年。越南和老挝的中小学教师职前培养要求是3年。柬埔寨的小学教师职前培养要求只有两年时间，但是，柬埔寨新颁布的《教师政策行动计划》规定，从2020年起，将实行四年制的职前教师培养模式。

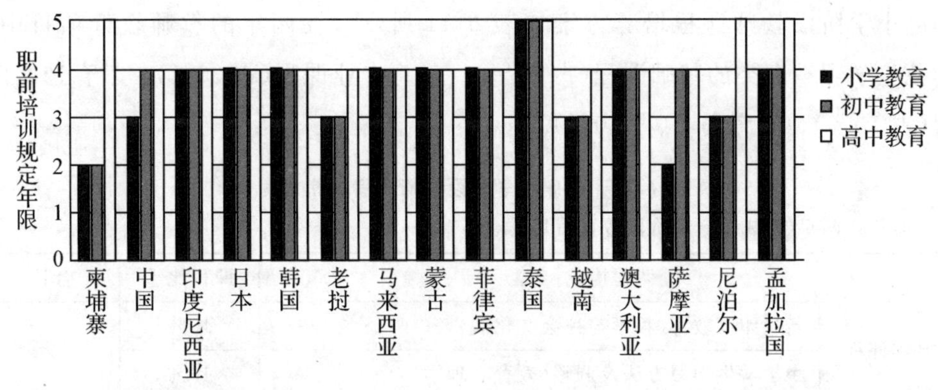

图6.7　部分国家按教师在各教育阶段从教所规定的职前教师培训年限

注：中国的小学职前培训要求是3至4年，老挝的高中职前培训要求是4至5年。图中使用的数据是每个国家的最低要求。

资料来源：UNESCO and UNICEF. Asia-Pacific End of Decade Notes on Education for All：EFA Goal 6 Quality Education[R]. UNESCO Bangkok，UNICEF EAPRO and UNICEF ROSA，2012：28.

在斯里兰卡，师范生需要完成3年的职前教育项目，其中两年是在教师培训学院完成，剩余一年是在学校中以实习的身份完成。

二、职前教师教育模式和课程

教师的专业发展起始于职前教育，教师职前培养的模式和内容反映了整个国家教师教育体系的核心内容和运行方式。

在印度，其师资培养模式包括两种：连续性教师培养模式(Consecutive Model)和整合性教师培养模式(Integrated Model)。连续性培养模式是印度中小学教师职前培养的主要形式，目前印度绝大多数师范学校、教育学院和综合性大学都采取这种模式培养大量的小学、初中和高中教师。

连续性培养模式是指将师范生学习的学术性课程和教师教育课程分开进行。大学非师范专业毕业生在取得第一学士学位或硕士学位后，再集中一年时间学习教师教育课程，取得教育学士或教育硕士学位，即分别获得初中和高中教师任职资格；而对于小学教师来说，则是完成普通高中教育(10＋2 年级)后再进行两年的教师教育项目。印度全国教师教育委员会在 1978 年颁布《国家教师教育课程框架》，制订各阶段教师培养方案，1988 年又进行修订。具体来说，印度小学阶段教师课程培养方案如表 6.11 所示。在两年的教师教育项目中，师范生学习教育类的基础课程(占 20%)、教育专业课程(占 30%)、教育选修课程(占 10%)、教育实习(占 40%)。

表 6.11　印度小学阶段教师课程培养方案

时长：两年(完成 10＋2 阶段教育后)

<table>
<tr><th colspan="2">课程构成</th><th>课程比重</th><th>合计</th></tr>
<tr><td rowspan="2">基础课程</td><td>新兴印度教育(哲学与社会文化观)</td><td>10%</td><td rowspan="2">20%</td></tr>
<tr><td>小学学生学习方法及调整(教育心理学)</td><td>10%</td></tr>
<tr><td rowspan="6">相关阶段专业课程</td><td>小学教育与教师的作用</td><td>5%</td><td rowspan="6">30%</td></tr>
<tr><td>语言教学(一个相关语言的选择)</td><td>5%</td></tr>
<tr><td>数学教学</td><td>5%</td></tr>
<tr><td>环境研究教学(1～5 年级学生)</td><td>5%</td></tr>
<tr><td>健康与体育教育</td><td>5%</td></tr>
<tr><td>艺术教育与工作经验</td><td>5%</td></tr>
</table>

续表

课程构成		课程比重	合计
辅修专业课程	科学教育和社会研究教育、学前教育	5%	10%
	选修课(包括成人教育、非正规教育、社会教育、种族教育、多元化教学、人口教育、特殊教育、教育技术等)	5%	
实习与实践操作	社会实践	20%	40%
	教学实习(初小、高小和学前)	20%	

资料来源：李英．印度教师教育研究[D]. 重庆：西南大学博士论文，2013：83.

印度的初中教师培养采取的是“3＋1”模式，即获得3年专业本科教育(10＋2＋3年级)后再接受为期一年的教师教育项目学习，即获得第二学士学位——教育学士(B. Ed)。印度许多教师培训学院都提供为期一年的教育学士培训。另外，高中教师培养采取的是获得学科硕士学位后再接受一年的教师教育项目课程学习，即获得教育硕士学位(M. Ed)。

整合性教师培养模式，在印度一般由地区教育学院提供四年制的整合课程。这种模式是将构成教师重要知识基础的普通教育课程、学科专业课程和教育专业课程进行整合，在学习顺序上不分先后，同时进行。各阶段教师培养的目标不同，因此三类课程的比重和科目开设有所不同。以初中教师教育整合项目为例，普通教育课程占比25%，主要包括语言学、社会科学、计算机技能、生理健康和体育教育等。学科专业课程比重占60%，这类课程的内容与初中阶段学科专业教师的培养目标一致，主要由印度各大学提供3年的课时，其中选修课有2～3门。教育专业课程比重占25%，包括历史学、哲学、社会学、心理学、教育问题与实践等。

联合国教科文组织亚太办事处2015年发布的《亚太区的教师：地位和权利》报告指出，参加报告的大部分国家对各自职前教师教育项目的考察评估都认为，很多项目都过于理论化，不足以培训未来教师为真实的课堂教学做好准备。最薄弱的环节就是理论与教育教学实践的关联性不强。① 为此，一些国家着手改革职前教师教育，目的在于加强教师教育项目的实践导向，培养师范生

---

① UNESCO Bangkok. Teachers in Asia Pacific：Status and Right[R]. Bangkok：UNESCO Bangkok Office，2015：14-15.

具备合格的教育教学能力。印度尼西亚的《教师法》在 2005 年通过，旨在解决教师教育的质量问题，因为该国的一些教师教育机构提供的课程的确质量不高。《教师法》规定所有的教师都必须持有四年制的高等教育学位，而且应在 2015 年取得教师资格。在 2005 年，印度尼西亚仅有 26%的教师持有四年制的学位，到 2014 年，这个比例达到 71%。在 2005 年之前，小学和中学教师职前培训课程的大部分时间都花在教育理论和学科知识上，很少时间分配给教学实践。新的教师法则规定，大学提供的四年制的教育项目，必须提供机会让师范生体验“以学生为中心和互动式”的教学方法，并且要引入国际上关于教师实习和培养的最佳实践。大学必须证明，实施教师教育课程的大学教员必须具备中小学教育教学经验，理解学校实际情况，并且能够与学校、教师和学区教职工一起工作，为学校教师提供评估和校本培训。印度尼西亚教师法也规定，所有想要取得中等教育教师资格的申请者必须完成为期一年的研究生层次专业培训课程，小学教师资格申请者则需要完成 6 个月的课程。这种课程的重点是课堂教学实践，尤其是以学生为中心的教学法，60%的课程时间必须花在教学实践上。[①]

在土耳其，自 1974 年小学教师培养高等教育化以来，该国的教师教育经历了持续不断的改革。1981 年土耳其将独立设置的教师培训学院(teacher training college)并入到综合性大学，开始了以综合性大学教育学院(faculty of college)为主体、其他院系参与的教师教育大学化转型；1989 年，小学教师的培养也从专科层次提高到大学本科层次，实现了教师教育起点的本科化；1997 年制订了“教育学院重构”计划，开始对教师教育进行系统重构与改革；2006 年则开始了新一轮的教师教育课程改革。目前，土耳其的学前和小学(一至八年级)教师的培养仍然保持原有的教育学院并行培养模式(Concurrent Model)，学制为 4 年，毕业时授予学士学位。教育学院的培养采取“3.5＋1.5”的五年制模式，即学习时间由原来的 3～5 年，延长到 5 年，前 3 年半学习通识课程和学科课程，随后的 1 年半学习教育专业课程，毕业时授予硕士学位。[②] 中学(九至十

---

① UNESCO Bangkok. Teachers in Asia Pacific：Status and Right[R]. Bangkok：UNESCO Bangkok Office，2015：15.

② 李广平 .20 世纪末以来土耳其教师教育的重构与课程改革[J]. 外国教育研究，2012 (9)：34-42.

二年级)教师的培养由原有的教育学院和文理学院来实施，从连续性模式转向并行式教师教育模式，即通识教育课程、教育类课程和学科课程都是在5年的时间里学习。学生在文理学院学习4年取得学士学位之后，在教育学院学习为期1年的教育专业课程，毕业时授予硕士学位。

在教师教育课程方面，土耳其在1998年的改革中就注重提升教育专业类课程比例，将这类课程所占比例提高到26%～30%。而且，增加教育实践类课程，重视学科方法类课程以及教育实习，规定至少要有10～24周(每周1天)的中小学实地活动时间，还规定了教育实习中要讲授4～8节课程，实习指导教师要对讲授情况做出评析和反馈。2006年，土耳其开始新一轮教师教育课程改革。改革重点包括：加强通识教育课程(general education courses)，扩展学生对土耳其文化、土耳其教育史、科学哲学、信息技术以及学科史的学习。增加教育学类课程(pedagogy courses)的学分，提高学生教育理论水平和教学技能知识。新开设社区服务实践课（community service practice)，以此为学生提供支援服务的机会，促进他们了解当下社会问题，培养他们的同情心和社会问题意识，发展与社区、政府或非政府组织合作的能力。开设研究方法课(research methods course)，使准教师掌握教育研究，特别是行动研究的方法和程序，从而能以科学研究的方法来研究自己的教学实践，以便成长为更有效能的教师。开设土耳其教育体制与学校管理课程，以使准教师了解土耳其教育体制的基本理念的结构，了解学校管理对优质教学的价值。扩大教育学院课程设置的自主权，有25%的课程可以由各大学自行设置；同时增加选修课程的数量。

以色列的中小学教师职前教育体系由小学教师职前教育体系和中学教师职前教育体系两个部分构成。教师培训学院(教育学院)主要负责小学和幼儿园教师的培养，大学的教育学院则主要负责中学教师的培养。教师培训学院的教师培养一般为3～4年，学生主要是师范专业学生和需要获得教育学士学位的教师等。在教师培训学院还有一些学习计划是专门为已经获得学士学位、想从事教师工作的学生(大学和非师范学院毕业生、新移民教师)开设的，其学习时间一般为一年或一年半，学生毕业时可以获得教师资格证书。大学的教育学院或系则负责中学教师的培养，其对象主要是有志于从事教育工作的大学在校生，属于“开放型”师范教育。大学教育学院的教师培养计划时间为2年，教学时间约为每周两天。学生只要愿意并在交纳额外注册费用后，就可以在本科的第三年加入中学教师培养计划。大学教育学院的教师培养偏重于理论知识的学习，但是也聘请来自中学的优秀教师授课，以指导和增强学生的教学实践能力。①

摩尔多瓦于1995年颁布《摩尔多瓦教育法》，废除原来的师范专科学校，将全国教师培养任务改由学院(College)和大学(University)承担。其中，学院主要负责培养学前教育机构(pre-school institutions)和小学(primary school)的教师；大学的培养层次相对较高，承担初中(gymnasium)、高中(general secondary school)、职业中学(lyceum)和大专院校(post-secondary professional education)的教师培养任务，同时也承担部分培养小学教师的任务。

摩尔多瓦教师职前培养阶段开设的课程包括专业学习课程(specialty courses)、基础教育课程(fundamental courses)、教学实习(internship)、人文通识课程(courses of general culture)、选修课程(optional courses)等。其中，专业课程的设置目标在于帮助职前教师形成专业化能力，并在传授专业知识的基础上培养教师的科研能力。基础教育课程侧重培养教师的学科教学能力，例如，制定教学具体目标和课堂计划、设置教学情境等，课程内容包含教育学、心理学、管理学等学科的相关知识，这些知识对于培养教师的教学能力、组织管理能力及科研能力具有重要作用。教学实习分为三类：初级实习(initiation classroom-practice)、专业教学实习(teaching classroom-practice)及正式课堂实习(state classroom-practice)。初级实习和专业教学实习要求教师在由学校设立的特殊教学环境内开展教学实践活动，在正式课堂实习阶段，教师将被安排在真实的中小学课堂情境中；人文学科课程专注于培养教师的人文素养，选修课程则更多考虑教师的自身兴趣，因此课程种类及样式较多。总体而言，摩尔多瓦教师教育课程的设置以兼顾专业性与教育性、贯彻教师发展的实践性为目标导向，融合多学科内容，旨在促进教师教学能力的综合发展，体现了教师专业化的整体发展取向。

很多国家的职前教师教育是由公立和私立的机构来提供的。例如，在巴基斯坦，在国际组织的帮助下，从1996年到2006年10年间教师教育机构就增加了200多个，这些机构包括公立和私立的机构，都在开设教师教育培训课程。大部分机构开设的职前教师培训课程都是一般性的，有一些是提供某些学科的

① 邱兴．以色列中小学职前教育体制及其特点[J]. 外国中小学教育，2009 (1)：22-25.

教师培训，例如，专门培训物理教师和农业教师。但是，这种多样化的提供者并没有让申请者有更多的选择，在很多情况下反而让巴基斯坦的教师教育显得混乱而缺乏质量。巴基斯坦的国家报告指出，由于缺乏将教师教育标准化，提供教师教育课程的机构本身也良莠不齐。① 巴基斯坦政府正在全力实施教师专业标准，建立教师质量保证体系，从而提升教师的社会和专业地位。

第四节　各国教师在职专业发展情况

一、各国对教师在职专业发展的政策

一旦进入课堂，教师们都需要持续的支持，以确保他们能够反思自己的教学实践，提高工作积极性，适应诸如新课程改革之类的变化。那些接受过在职培训的教师通常比没有接受过在职培训的教师教得更好，当然，这也取决于教师所受培训的目的和质量。② 对于那些没有接受过职前教育或者接受过不充分的职前教育，以及所受职前教育没有让他们充分了解课堂实际情况的教师来说，在职培训更加重要。在职培训不仅能够补充教师贫乏的学科知识以及未完成的职前教育，也应该在教师的职业生涯中为其提供新思想，让他们学会支持成绩较差的学习者，从而在提高学习成绩中扮演关键角色。

"一带一路"国家对教师在职专业发展的要求和提供的机会都存在很大差异。一些国家对教师专业发展有严格的规定，要求教师在职业生涯的各阶段依据清晰的发展项目进行学习和能力提升。例如，乌兹别克斯坦就设置了教师在职培训指南，要求所有的教师每 3 年就参加一次培训课程并且考试合格。而且，乌兹别克斯坦政府对教师在职专业发展的投入逐年增多，2005 年其教育预算的 17.8%增长到 2012 年的 28%，有力支持了该国教师的发展。③ 自 1998 年

① UNESCO Bangkok. Teachers in Asia Pacific：Status and Right[R]. Bangkok：UNESCO Bangkok Office，2015：16.

② 联合国教科文组织 .2013/14 全民教育全球监测报告[R]. 北京：教育科学出版社，2014：242.

③ UNESCO Bangkok. Teachers in Asia Pacific：Status and Right[R]. Bangkok：UNESCO Bangkok Office，2015：19-20.

起，新加坡的中小学教师每年必须接受不少于100小时的培训。教师根据自己的实际情况选择脱产培训或者在岗培训，培训地点也可以选择在新加坡国内或国外。新加坡为教师专业发展提供了有力的财政支持。教育部为攻读硕士或博士的优秀教师提供奖学金；对其他种类的教师进修计划，根据相关规定予以资助。[①] 为确保教师有时间进修，新加坡教育采取如下举措来形成教师在职学习的制度和氛围：鼓励学校减少资深教师的带班数量，从而让他们有时间指导新入职教师；教育部为每所学校分配一位“教师发展导师”(School Staff Developer)。教师发展导师由学科主任或资深教师担任，负责了解学校目标和教师需求，负责为教师制订培训和专业发展计划。开展“教师见习项目”，帮助广大中小学教师在新的学校环境中拓展视野，然后以全新观念回到学校任教。

在乌克兰，2002年12月乌克兰教育部颁布了《教师继续教育学院条例》，这个政策体现了终身教育理念在教师继续教育中的价值。新条例规定：每个中小学教师每5年必须通过一次师资鉴定。参加教师鉴定者，规定必须先(不少于每5年一次)参加继续教育培训，而教师有权利自由地选择培训的内容、大纲、培训形式和培训机构。[②]

在印度，1986年的《国家教育政策》强调教师教育是一个连续的过程，它的职前培养和在职培训部分不可分割。印度教师的在职教育又称为教师继续教育，主要在全国范围内分三级组织初等和中等学校的在职教师培训。国家一级由国家教育研究与培训委员会组织的培训师资作为培训课程的领导和教员；地区一级由4所地区教育学院为各邦和直辖区培训教员和领导组织培训课程；邦一级由邦教育研究和训练委员会或邦教育学院组织短期的在职教师培训计划。具体承担培训任务的机构包括县教育与培训机构(DIETs)、教师教育学院(CTEs)和高级教育研究机构(IASEs)。

在一些国家，教师专业发展的动力来自于本国中小学课程改革的推动。在这样的情况下，教师往往接受短期的培训课程，以便能顺利开始学校的新课程。但是在很多情况下，这些短期培训往往由于预算和时间比较紧张，而且没

① 孟靖岳．新加坡教师教育质量保障体系研究[D]．福州：福建师范大学硕士论文，2013：38.

② 张天雪，娜佳．乌克兰现代化进程中的中小学教师继续教育[J]．比较教育研究，2011 (4)：83-87.

有提供给教师长期的专业发展机会，在培训内容深度和效果上都不容乐观。目前柬埔寨就是这种情况，提供给教师的专业发展机会很少，而且，即使有机会也只是提供给年长的资深教师。尽管在该国有很多非政府组织也提供给教师专业发展的培训，但是也仅限于那些组织所在的地区，不能覆盖全国。

在大部分国家都有一些特定的提供教师专业发展项目的机构，绝大多数机构都需要获得本国教育部的认可。例如，在乌兹别克斯坦，是由政府认证的培训中心和教师远程学习机构来提供教师在职培训的。这些机构整合来自教育部、地区教育部门以及学校的力量，设计和开发教师培训课程。该国的国家考试中心(State Testing Centre)负责监测教师培训的质量和评估教师培训者的工作。斯里兰卡设立了专门的国家机构，管理为学校领导、教育官员和教师开设的教师专业发展课程(获得研究生学位，文凭和资格证书)。与此不同的是，在巴基斯坦，提供教师专业发展培训的机构众多，其中包括很多非政府组织。这些机构开设的专业发展课程在质量和持续时间等方面也各不相同。

二、新教师入职培训

研究表明教师经验有助于提高其课堂效能，甚至于和学生的成绩水平呈正相关，但是在最初的 4 至 5 年教学活动之后，边际影响会逐渐消失。① 因此，教师政策的一个重要目标是，适当地支持新教师的入职并留住他们，让其成为长期全心投入的专业人员。然而，正是在第一年的教学中，教师的流失率最高，这是由于沮丧、无力应付压力和缺乏足够的入职培训来帮助他们发展与儿童合作的技能。整个地区缺乏教师流失率的可靠数据，但是入职过程的制度化取得了重大进展，预计这会对把教师留在本专业中产生积极的影响。无论是作为获得认证的职前培训项目的一部分，还是作为在校入职导师引导过程的一部分，入职过程都是一个机会，在有经验的教育工作者的监督和指导下，让没有经验的教师发展出明确的职业身份，并探索课堂教师的职责。

在马来西亚、新加坡和泰国，教师资格认证要求受指导的教师必须顺利完

---

① Hanushek, E. A., J. F. Kain, D. M. O'Brien and S. G. Rivkin. The market for teacher quality. NBER Working Paper 11154. Cambridge, Massachusetts: National Bureau of Economic Research [EB/OL]. http: //www. nber. org/papers/w11154. pdf. 2005.

成入职过程。有些国家对新入职的教师在入职头一年需要接受的培训类型做出规定。印度尼西亚自2011年开始，要求所有新入职的教师必须参加为期一年的校本入职培训。这项政策认为新教师比其他教师更需要支持和关注，以帮助他们顺利从大学毕业生的角色过渡到工作场地的教师角色。与此类似，蒙古国也要求新入职的教师完成为期一年的入职培训项目，而且要求所有的教师参加与各自职业发展阶段相符合的专业发展活动。柬埔寨目前并没有为新教师提供正规入职培训项目的机构，但是该国最近颁布的教育战略规划明确认定，所有新入职的教师都必须在入职头5年中完成特定的专业发展项目。①

三、教师在职培训的模式和内容

教师专业发展是指通过各种各样的专门培训、正规的教育或者是高级专业学习来帮助教师提升其专业知识、能力和工作效率。在“一带一路”地区各个国家都提供了各种各样不同类型的在职培训，让教师可以扩展知识和技能，成为优质的专业教育人员。各个国家之间和国家内部提供的培训类型、频率和持续时间都不尽相同，特别是在中低收入国家，与职前培养相比，在职培训似乎更缺乏标准化方法。在许多低收入国家，参加暑假期间或(在某些情况下)学年中开展的一至两周的培训是大部分在职教师培训的典型情况。

教科文统计研究所出版的报告《小学内部观察》(*A View Inside Primary Schools*)对一些国家提供的在职培训类型提出了独特的见解。例如，如图6.8所示，学科或内容课程是迄今为止最常见的小学教师培训类型，约有40%～50%的学生的授课教师参与过此类培训。其他覆盖率相对较高的培训在不同国家的差别很大，例如，在菲律宾，约有30%的培训是教师资质培训项目，观摩其他学校和参加会议分别占20%。在马来西亚，20%的培训是对教师进行信息通信技术(ICT)培训。

亚太地区的一些国家提供给教师的在职培训可能依然会着重强调学科知识，特别是在低收入国家，由于很大(虽然呈下降趋势)比例的教师没有达到必要的教学资质，需要通过在职培训来帮助他们达到基本的学历。2010年亚太地

① UNESCO Bangkok. Teachers in Asia Pacific：Status and Right[R]. Bangkok：UNESCO Bangkok Office，2015：18-20.

区教师政策回顾报告指出，在许多国家，在职培训的本质往往是补救性和补偿性，而不是介绍新的理念、教育原则和其他创新性的技能。① 提高持续专业发展项目的质量对教师来说至关重要，这样他们才能有机会获得内容和方法的培训，加强职业成功所需要的其他必要技能，如行动研究技能、诊断教学、课堂管理和高阶技能。

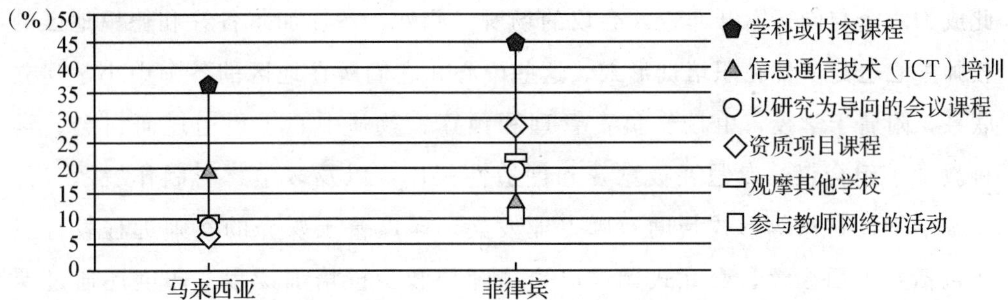

图 6.8　授课教师在职培训课程类型的学生百分比（马来西亚和菲律宾）

资料来源：UNESCO and UNICEF. Asia-Pacific End of Decade Notes on Education for All：EFA Goal 6 Quality Education[R]. UNESCO Bangkok，UNICEF EAPRO and UNICEF ROSA，2012：30.

在越南，政府开始培训教师去支持来自不同背景的学生、具有不同需求的学生。由于认识到支持全纳教育的倡议需要大量人力资源，越南开发了国家核心课程和全纳教育的引导性框架。这包括一些独立模块，以及与教师培训学院中现有项目相关联的模块。在这些学院中，课程包括为所有学习者创建个性化的教育方案，为那些具有不同需求的儿童设计并改编活动，评估具有特殊需要或残疾儿童的学习成果。② 尽管全纳教育的国家核心课程框架已具备，但是教师教育者对于如何处理多样性还是缺乏想法。为此，政府为来自大学的教师教育者提供了培训，让他们成为职前教育中的全纳教育专家。

在印度，中小学教师在职教育与培训采取的方式因项目而异。既有传统的教师面对面交流培训模式，如研讨会、研究小组活动、学术会议、研习班、拓

① Thomas，E.. Teacher Policies in the Asia-Pacific and Other Regions：A Review，written for UNESCO Bangkok，Asia-Pacific Regional Seminar on Teacher Policies [R]. Bangkok：UNESCO Bangkok，2010：17-19.

② 联合国教科文组织. 2013/14 全民教育全球监测报告[R]. 北京：教育科学出版社，2014：239.

展课程、讲座培训等，也有新兴的远程教育模式。全国教师联合训练营是小学教师培训的创新模式。从不同的邦和地区抽取小学教师组成训练营，教师们共同居住一段时间，相互了解印度不同地区的文化、传统、小学教育新动向以及革新实践。参加泰米尔纳都邦兴起的教师之家是另一种教师研习的形式。教师之家由教师自己组织和管理，为教师提供讨论课堂教学和专业问题的平台，由此成为一个与同行召开非正式会议的场所。此外，参加加尔各答和德里地区的教师中心也是一种在职培训形式。这些中心和它们所在地区的各个中小学建立联系，附属于学校，由校长负责管理和预算。教师中心主要通过研讨会、学科教师小组会议、专题展板竞赛和创造性写作，以及教学材料制作展示、开发教学辅助材料等形式帮助教师专业发展。印度基于媒介的教师远程教育主要包括：电话会议、交互式无线电广播辅导和函授培训课程。印度还通过课堂见习制度来帮助新入职教师和在职教师更新知识和教学能力。该形式的特点是通过实践性很强的课堂观察和模拟教学来帮助教师反思和增强教学实践能力。

在培训形式方面，一些国家也开始将传统的讲座式培训转变为学习者为中心的培训方式，让教师体验到新的教育理念和方法。现代化进程之前，乌克兰的教师培训通常是开设信息性和指导性的讲座(相当于中国的观念更新讲座)，这种培训方式忽略了教师(学习者)的主观积极性和他们个体的实践智慧，对提高教师的专业化水平帮助不大。目前，这种“课堂式”填鸭培训已经被多种多样的教学组织形式和教学方式取代。乌克兰教师继续教育学院主要的培训形式有：教师技能提高班、公开课、学术研究会、教学法讨论会、艺术团体、讲习班、教育及教学经验交流会等。

一些国家正在尝试一些小规模的在职培训创新模式，以此提高教师的教学实践。然而在其他国家，现有证据指出，教师教学实践呈现出令人担忧的趋势，实践方式主要是讲课，把课文抄在黑板上，鼓励背诵和死记硬背。尽管培训项目日益强调并推动“以学习者为中心”的教学实践，提高批判性思维和解决问题的能力，但是大部分教师都无法把这些原则在课堂上付诸实践。事实上，许多教师甚至还在疲于应付让学生集中注意力这种简单的任务。例如，在老挝，2009 年的调查发现有近$\frac{2}{3}$的五年级学生在任务分配后“没有参与其中”，从而证明课堂缺乏富有活力的、互动式的教学和学习过程。[①] 教师在职培训的有效性亟待提高。同样在阿拉伯国家约旦也进行了课程改革和教师培训，目标就是为知识经济时代培养学生的可迁移技能，包括创造性、批判性思维和团队合作。然而，教师们依然依赖于机械教学，因为这是适合中等教育毕业考试的方法。为改变这种状况，约旦的拉尼娅王后教师学院为教师们提供了以学科为基础的职业发展项目。该项目主要使用积极的学习方法来实施国家课程，已经为新任教师开发了一个入职项目。学院也支持学校网络的建立，这个网络能够为教师、学校领导以及督导人员提供机会，让他们分享相关的教学方法，并在培训期间和培训后都能获得支持。这个想法的困难在于如何让需要支持的大量教师都能得到及时的支持。[②]

此外，《亚太区的教师：地位和权利》报告指出，很多国家提供给在职教师的专业发展项目都与教师的实际需求相互脱节。实际上，很多国家报告都指出，教师专业发展课程没有实践意义，无法帮助教师增强课堂教学能力。与此相关的问题是大部分国家缺乏对教师培训后的跟踪支持。例如，在柬埔寨以及其他几个国家，在教师培训后都没有后续的质量监控以确保培训的效果。很多国家也在担忧专业发展培训的成效。一些国家的专业培训采取的是传输模式，大部分形式是讲座，而在其他国家，例如，斯里兰卡和柬埔寨，更多依赖层层传递的培训模式。尽管这两种培训模式的成本效益比较高，但是，这些培训模式并没有提供机会让教师实践练习所学内容，而且，培训教师的教师教育者自身的能力也让人担忧，他们并不都具备相应的技能和知识。

第五节 各国教师的招聘和分配

培养优秀教师的第一步是吸引最优秀、最想成为教师的候选人进入教育行业。在那些学生成绩较高的富裕国家中，教书是一个受人尊敬的职业，所有未

① Benveniste, L., J. Marshall and L. Santibanez. Teaching in Lao PDR[R]. Lao PDR: Human Development Sector of East Asia and Pacific Program, World Bank and Ministry of Education. 2010.

② 联合国教科文组织.2013/14 全民教育全球监测报告[R]. 北京：教育科学出版社，2014：246.

来的教师都毕业于最好的中学。在新加坡，教师候选人需要从最顶尖的$\frac{1}{3}$高中毕业生中选择。在芬兰，甄选更加严格，只有大约10%的申请人能够进入教师教育项目。[①] 然而，在许多低收入国家，进入教育系统的候选人都是学历不高且学术能力不强的人。随着各国教育事业的发展，以及各国对全球化发展背景下人才培养意识的提升，一些国家开始招聘优秀青年成为教师，以此作为提升教育质量的重要策略。

一、新教师的补充政策与实践

由于各国教育事业发展水平不同，总体而言，发达国家正在进行师资优质化努力，而发展中国家还在为招聘到足够多的教师而努力。由于初等教育处于普及期等，印度生师比偏高。为了降低生师比，为初等教育配置更充足的师资，2008年印度规划委员会"十一五"教育发展规划提出，初级小学生师比应该低于40∶1，高级小学生师比应该低于30∶1。[②] 这一规定为增加初等教育教师提供了政策支持。此外，印度政府为促进女生入学，考虑到印度特定的文化背景，加强了增加女性教师的政策倾向。印度国家教育政策(1986)、行动计划(1992)等政策措施都表达了对补充女教师的关注。印度政府对各邦发起的一项计划中，倡导和支持每个学校必须至少有2名教师，其中1名应该是女教师。[③] 招聘女教师的政策，对农村教育发展有多维促进作用，这一政策的落实对于普及阶段的印度初等教育的最直接作用在于它可以调整农村初等教育教师性别结构，提高女性学龄人口的入学率。

为吸引有天赋的高校毕业生选择教师职业，俄罗斯开始实施新教师补充机制，并设立了专项奖金。2008年7月28日，时任俄罗斯总理的普京签署通过了《关于实施〈创新俄罗斯的科技人才和科学—教育人才(2009—2013年)〉国家目标纲要》的政府决议。此决议提出了多种为俄罗斯创新发展提供人才保障的

① OECD. Strong Performers and Successful Reformers in Education: Lessons from PISA for the United States[R]. Paris: OECD, 2011: 35.

② Planning Commission, Government of India. Report of Working Group on Elementary Education and Literacy for the 11th Five Year Plan[R]. 2008: 102.

③ 李娟，秦玉友．印度农村初等教育教师问题研究[J]. 外国教育研究，2009 (11)：65-70.

措施，而吸引有潜力的高校毕业生到俄罗斯联邦主体的国立和市立普通教育机构工作是诸多措施之一。俄罗斯各联邦主体通过竞争性选拔确定优秀毕业生候选人，以各联邦主体的提议为基础，俄罗斯教育与科学部根据设定的配额批准入选人名单，并与每位获胜者签订合同，要求获胜的新入职年轻教师创造性地组织普通教育机构的教育教学过程，开发并检验个性化的创新活动模式。①

俄罗斯还对成绩优秀并有意在学校工作的高校毕业生提供支持和奖励。2010 年 1 月，原俄联邦教育与科学部部长富尔先科在总统委员会会议上指出："如果俄罗斯高校毕业生选择了教师职业，并愿意在师资力量不足的学校工作，可以获得专项奖金。在未来两年俄罗斯将从联邦预算中拨款 5 亿卢布作为专项奖励资金，为通过选拔脱颖而出的获胜者提供资金奖励，计划两个学年共奖励 1000 名优秀毕业生，每人奖励 50 万卢布。这项计划由俄罗斯联邦和各联邦主体共同实施，联邦主体负责为年轻的教师提供住房保障。"②同年 6 月 9 日，俄罗斯教育与科学部正式通过了《关于吸引优秀高校毕业生到俄罗斯联邦主体的国立和市立普通教育机构工作的保障令》，为这项奖励机制的实施提供了政策和制度依据。根据该法令规定的限额，俄罗斯各联邦主体挑选优秀高校毕业生到各联邦主体所辖的国立普通教育机构工作。资料表明，2010 年共与 678 名优秀高校毕业生签订了协议，根据协议内容，2011 年的拨款总额是 27，886.14 万卢布。此外，2011 年又签订了 12 份协议，拨款总额是 865.8 万卢布。③ 这已经形成一种激励机制，吸引有发展潜力的优秀高校毕业生补充到俄罗斯中小学师资队伍中。

在土耳其，从 20 世纪 80 年代开始，国家实行新的政策，鼓励大学中的其他院系的学生接受"非定向的师范教育"，获得相关的从业资格证书，成为公立中小学的教师候选人。至 20 世纪末，困扰土耳其多年的中小学教师备选人员不足的问题得到彻底解决。至此，该国以更加严格的标准、通过更加规范的程序审核确认合格人员担任公立中小学教师的条件。1998 年，土耳其开始进行统

---

① 李艳辉，李雅君．俄罗斯加强中小学教师队伍建设的制度评析[J]．外国教育研究，2014 (7)：71-79.

② 同上．

③ 同上．

一的公务员选拔考试，公立中小学教师的录用考试也被包括在内。此后，公立中小学教师的录用考试每年定期举办，规模不断扩大。

除了出台政策，招募优秀大学毕业生到教师队伍当中，一些发展中国家为了应对教师短缺的问题，不得不招聘大量合同教师。在南亚和西亚的部分国家，入学率的上升导致大量合同教师的出现，这些教师的工资只相当于公务员教师工资的一小部分。在印度，尽管有几个邦已经不再招聘公务员教师，但全国范围内的合同教师已经占到公立小学教师人数的16%。2007年，在西孟加拉邦，合同教师只得到正式教师工资的14%，这一比例在安得拉邦是23%，在拉贾斯坦邦是25%。① 印度合同教师的工资水平也极不相同。在九个邦中，2007年合同教师的工资是正式教师工资的14%—68%。② 在一些国家，政府最终将合同教师转为公务员教师；在另一些国家，正式教师和合同教师的工资会逐渐趋同。在印度尼西亚，2010年时，小学合同教师占全部教师的35%，正式教师的工资是他们的40倍。但是政府许诺合同教师最终将获得公务员教师的地位。这对教育预算影响深刻：假如所有合同教师都获得正式地位，那么基础教育的工资预算将增长35%，合计约90亿美元。③

二、教师委派的策略

为了吸引教师到条件艰苦的地方任教，各国通常提供一些诸如住房、额外的补贴以及快速升迁等激励措施，以确保所有学生都能被优秀教师所教。在孟加拉国，教师完成培训后，激励、培训和聘用女教师在农村中学工作项目(1995—2005)就为农村地区的女教师提供了靠近学校的安全住房。在柬埔寨，过去教师都是由中央政府随机委派到6个行政区的，然后行政区又把教师委派到学校。然而，合格的教师可以拒绝去偏远的农村地区。在2004—2005年度之前，不同地区这类教师的数量也不同，占比42%～82%。结果，柬埔寨为偏远

① 联合国教科文组织.2013/14全民教育全球监测报告[R].北京：教育科学出版社，2014：257.

② 联合国教科文组织.2013/14全民教育全球监测报告[R].北京：教育科学出版社，2014：258.

③ World Bank. Spending More or Spending Better：Improving Education Financing in Indonesia[R]. Jakarta：World Bank，2013.

地区远离主要公路3公里以上的学校教师提供了艰苦津贴，数额为基本工资的30%～40%。这个激励措施足以改变教师的态度，到2007年，已经有24%的教师要求调到那些提供激励措施的艰苦学校。①

还有的国家解决教师分配问题的策略是从当地招聘教师。在阿富汗，对于女童来说，女教师非常重要，女教师能够让更多女童入学。但是，在找工作的时候，尤其是在某些家人无法提供保护的地区，女性面临着文化障碍。结果是，在首都喀布尔，女教师数量是男教师的两倍。同时在偏远的并且不太安全的乌鲁兹甘省，几乎没有女教师，即使是资格水平最低的女教师也没有。从当地招聘女教师是解决这种极端状态的一种方式。从当地招聘教师的好处是，教师更容易接受在农村工作，也能减少流失率。但是，大多数偏远的处境不利的社区都缺少合格的申请者，以致在这些地区进入小学教育领域的门槛非常低。如此，虽然教师数量增加了一点，但是教学质量却并没有得到保障。

印度尼西亚并不缺少教师。由于2001年以来的大规模招聘，以及儿童人数的减少，到2010年，每位小学教师只负责16名学生，每位初中教师负责13名学生，到高中是11名学生。然而，教师委派仍然存在不公，因为这种分配并未打破行政区域之间、城乡之间、不同学校之间以及学科领域的界限，所以教师短缺问题仍然局部存在，特别是在城市地区的贫民区和偏远的农村地区。2006年在小学，113个地区的生师比小于16∶1，然而还有53个地区的生师比在30∶1～50∶1。在偏远的农村地区，只有20%的小学教师和初中教师拥有四年制大学文凭，相比之下，在城市地区这一比例超过了50%。

大部分情况下，印度尼西亚的学校拥有招聘教师的权利，当前在小学由学校直接招聘的教师占全部教师的30%，在初中占36%。2011年，5个部委联合发布了一道命令，为各省和地区提供一些指导：少于168名学生的小学，至少需要配备6名教师，在更大的学校中，每班人数应该为28～32人。这些标准适用于所有教学机构，但是为了实施这些标准，共有34万名教师，相当于全国教师的17%，需要被重新分配。然而，那些由学校招聘的教师是不能被调任的，因此，重担只能落到公务员教师身上：超过27%的在初中工作的公务员教

---

① 联合国教科文组织.2013/14全民教育全球监测报告[R].北京：教育科学出版社，2014：252.

师将不得不被调任。①

第六节 结论与建议

"一带一路"各国教师队伍建设呈现出来的特性，通常都是由各种学校教育体系、教育政策与实践，以及更广泛的社会经济和文化背景决定的。影响教师素质和教学实践的问题和挑战也同样是多样化和相互关联的，但尽管如此，在加强教师队伍建设，提升教师专业素质方面，许多国家都面临共性的问题，一些政策和创新实践也可以通过进一步的交流得到传播和借鉴。

第一，大部分国家都曾经面临或正在面临教师数量和质量的双重挑战。由于全民教育运动的推进，各国初等教育入学率在过去 10 年中显著提高，由此新增大量教师。2000 年以来，不丹的小学教师人数增长了 90%，尼泊尔增长了 73%，印度尼西亚和基里巴斯增长了 40%。同样，对于中等教育的需求增加也导致了教师队伍的大规模扩张，不丹的教师数量自 2000 年以来几乎翻了 3 倍，印度尼西亚、老挝和马来西亚在 2000 年至 2009 年的增长超过了 40%。②许多国家的初等教育生师比在过去 10 年中也出现下降，但入学率的急剧增加对新教师的供给提出了更大的需求。尽管生师比提供了一个很好的人数标杆，是优质教育的有利条件，但是它对学习成绩的影响尚无确定的证据。在招聘足够的教师进入学校的同时，各国政府有必要探索政策选择，用成本效益较高的方式来提升教师质量，从而改善教学和学习。例如，在新加坡，政策要求将经费用于少量受过较好培训和工资较高的教师，相较于给大量不太合格和工资较低的教师，前者在教育体系中产生了更好的综合表现。此类政策也会让教学变得对最优秀的人才具有吸引力，带来一个更具竞争力的选拔过程，有助于提高教师的专业地位。

提升教师经济和社会地位，以更具竞争性的过程选拔教师，这对于那些已

---

① 联合国教科文组织.2013/14 全民教育全球监测报告[R]. 北京：教育科学出版社，2014：253.

② UNESCO and UNICEF. Asia-Pacific End of Decade Notes on Education for All：EFA Goal 6 Quality Education[R]. UNESCO Bangkok，UNICEF EAPRO and UNICEF ROSA，2012：32.

经解决了教师短缺问题的国家来说是值得借鉴的选择。此外，在中东欧地区，由于人口出生率下降，中小学的生师比持续下降，小规模学校增多，而且教师队伍呈现出的女性化和老龄化特征也值得关注。南亚和西亚国家需要增加女教师数量以提高女童入学率不同，这个地区的国家更需要提升教师职业的社会和经济地位，吸引更多的优秀男性和女性大学毕业生进入教学行业。

第二，各国的职前教师教育取得了很大的进步。在许多国家，政府都有政策清晰地表述教师职前培养项目的最低年限和标准。随着教师教育大学化的进程，一些国家开始改革职前教师教育体系和课程，改变职前培养与学校实践相互脱离的弊端，试图培养未来教师更好地为真实的课堂教学做好准备。也有少数发达国家开始将信息通信技术(ICT)融入教师教育课程中，培养未来教师运用ICT教学能力。整体而言，"一带一路"大多数发展中国家的职前教师教育体系普遍缺乏严格的认证程序来监控培养项目的质量，也缺乏必要的标准和程序来监测执行教师职前培养项目的教职人员、项目课程以及各种条件，此外，对于职前教育项目的运营过程也缺乏监管。这需要各国进一步改革职前教师教育，尤其是创建职前教师教育机构、教师教育课程和从业人员的认证机制。

一旦教师被分配到岗，专业发展机会就至关重要，这可以帮助教师扩展已有知识，适应技术和新研究介绍的教育进步和创新，从而提高教学能力。从可获得的资料来看，"一带一路"地区，处于中东欧的大部分国家、中亚国家和部分经济条件较好的东盟国家，都构建起比较完善的教师在职培训体系，而且将教师在职培训与教师资质审定、专业等级评估等相互关联，形成规范系统的制度。但是在许多发展中国家，其教师在职培训存在很大的零散性。教师培训者来自不同的课程开发部门、高等教育机构、政府部门或捐助者以及非政府机构。在职培训提供者和高等教育机构之间有限的联系限制了联手开发培训课程的空间，使培训课程不能兼具实用性和理论性。大多数培训机会提供的是固化的、统一的课程和项目，没有考虑教师的不同需求，而这些需求往往源于学生的特点和学习风格的多样性[①]。这种情况导致的结果是教师在职培训体系无法满足教师真切的需求，也无法构建满足学习者多样化需求的教学队伍。

---

① UNESCO Bangkok. Teachers in Asia Pacific: Status and Right. Bangkok: UNESCO Bangkok Office, 2015: 7-8.

除了少数几个国家，大多数发展中国家的教师教育改革驱动力都源于本国的基础教育课程改革，倡导将教师为中心的教学转变为学生为中心的学习。然而，绝大多数教师教育机构和教师教育者还不具备相应的能力向未来教师和在职教师传递新的教学理念、教学技术与方法以及在新的课程改革条件下解决问题的能力。教师教育者自身的能力有限，在培训过程中很少运用互动式、启发式的教学模式，不能很好地帮助教师提高教学技能。因此，提升教师教育机构和教师教育者的综合能力也是未来各国发展教师教育的重点。

随着信息通信技术越来越多地融入教学和学习当中，很多国家开始采取措施加强中小学的信息化建设，注重提高教师的信息素养。俄罗斯已经开始针对农村教师开展信息技术培训，并利用网络开展远程教育。其他国家也加强了教师信息素养的培训。随着未来学校教育信息化的发展，利用信息技术促进学生学习、利用信息技术提高自身专业技能并构建专业学习社区，都是教师专业发展的主要内容。无论是培训形式还是内容，各国发展采取的措施、经验和教训，都可以相互交流和借鉴。

总之，提高教师质量要解决一系列复杂的问题，这涉及吸引和留住优秀的人选，确保教师保持工作动力，支持其专业发展并表现出最好的能力。各国政府不仅要加强教师发展政策，还要提高影响教师及其表现的学校和教育体系的各项条件，包括学校领导力、工作条件和绩效评估。特别是政府需要制定和实施一系列旨在提高学校管理、绩效责任制和教师支持的政策。同样，各国根据教师队伍状况，应优先解决不同社会经济背景下的学校之间的教师质量差距，填补国家内部和各国之间存在的质量鸿沟。

[1] 该研究使用了教师质量指数，包括教师工作满意度、教师对课程目标的理解、教师使用课程的成功度、教师对学生成绩的预期以及教师缺勤问题。

第七章

教育中的性别平等

性别平等是众多国际组织的关注重点，更是联合国教科文组织近年来的战略优先。全民教育六项目标的第五条明确指向了性别平等，提出：到 2005 年，消除初等教育和中等教育中的性别差异，到 2015 年实现教育中的性别平等，重点确保女童全面、均等地接受和完成优质基础教育。关于性别平等的目标要追溯到全民教育的肇始，在 1990 年召开的“世界全民教育大会”上通过的《世界全民教育宣言》提出在普及入学和促进公平方面最紧迫的优先任务是确保女童和妇女能接受有质量的教育。当然，全民教育作为“未竟的事业”，其核心理念和价值追求将在未来的发展议程中得以延续。在《教育 2030 行动框架》下，性别平等仍然是关注重点，多项目标和措施均提到了性别平等的追求。

1990 年的“世界全民教育大会”，特别是 2000 年的“世界教育论坛”召开以来，“一带一路”国家在全民教育运动的推动下，在本国范围内通过政策制定、宣传教育并采取切实有效的措施，取得了显著成绩，大大加快了促进教育中性别平等的进程。到 2015 年，大多数“一带一路”国家实现了初等教育的性别均等，但是，尚有不少国家没能实现中等教育入学的性别均等，而实现性别平等还有很长的路要走。

第一节　性别均等与性别平等的内涵

一、两个概念的区分

实际上，除了全民教育目标 5 以外，全民教育目标 2 和 4 也涉及了性别平等，旨在追求初等教育和扫盲上的平等。目标5分两个阶段完成，呼吁到2005年实现“性别均等”(Gender Parity)，而到2015年实现“性别平等”(Gender E-quality)。在很多国家的教育政策中，性别均等和性别平等这两个概念的边界模糊，甚至被等同视之，但是，我们必须认识到在各级教育中获得性别均等并不必然意味着在相应的教育层级上实现了性别平等。

在教育领域，性别均等是实现性别平等的前提。性别均等关注的是男女儿童具有公平的入学和参与教育的机会，但性别平等内涵更宽，包括如学习环境、学习和教学过程、学业成就以及学生个体发展与更广泛的社会发展之间的关系等问题。教育中性别平等实现的程度只能通过分析学习环境、学习和教学过程以及学习成就来衡量。[①] 性别平等是一个比性别均等更加复杂的概念，也更加难以测量。它要求不只计算学校里的男女童个数，还要探索女童和男童在课堂及学校中的体验的质量，以及他们在教育机构中的成就和他们未来的志向。[②] 对这两个概念最为直观的理解是，前者是教育中数量上的平等，后者是实质上(质量上)的平等。

国际上衡量性别均等一般用“性别均等指数”(Gender Parity Index，GPI)来表述。性别均等指数的计算方法为“所在教育层级的女性数量除以男性数量”。性别均等指数(GPI)处于0.97～1.03，意味着实现了性别均等；低于0.97或高于1.03，意味着尚未实现性别均等，低于0.97指向对男童更有利，而高于1.03指向对女童更有利。

二、教育质量的性别维度[③]

教育质量与性别平等密切相关。全民教育目标2和5强调了性别平等和教育质量之间的关系，目标2呼吁女童接受高质量的教育，而目标5强调他们能在基础教育中获得好的成就。接受有质量的教育和好的教育成就需要消除阻碍

---

① UNESCO and UNICEF. Asia-Pacific End of Decade Notes on Education for All：EFA Goal 5 Gender Equality[R]. UNESCO Bangkok，UNICEF EAPRO and UNICEF ROSA，2012：5.

② 联合国教科文组织.2015全民教育全球监测报告[R]. 北京：教育科学出版社，2015：155.

③ UNESCO and UNICEF. Asia-Pacific End of Decade Notes on Education for All：EFA Goal 5 Gender Equality[R]. UNESCO Bangkok，UNICEF EAPRO and UNICEF ROSA，2012：6.

实现性别平等的入学、教学模式和方法方面的障碍。为了确保学习机会中的性别敏感性，需要高质量的教学。因此，在重点保障校舍、教师和学校设施等基本条件对男女童都安全的同时，还要特别关注教师和学生之间的互动，教师需要确保男童和女童感到安全和受到赞赏，这不仅要他们自己感觉到，还要学生感受到。此外，有质量的教育需要考虑学习者个别的和性别化的需求。这需要在教师层面解决教育、教学和学习过程中的价值观和平等问题。还有，需要保证所有旨在促进性别平等所使用的学习材料、课程和方法具有性别敏感性。

三、教育中的性别平等和通过教育实现性别平等

女童的成功入学并不意味着社会不公和差异得到消除。在教育中实现性别平等的努力首先要解决的是阻止男童和女童参与教育的社会规范。换句话说，促进教育中的性别平等旨在通过教育改变更大的社会与文化问题和结构。因此，教育中的性别平等就不可避免的和通过教育实现性别平等关联到一起。女童在教育中获得公平对待要求教育为消除教育领域之外的不公正的和不平等的结构做出贡献。鉴于此，目标 5 剩下的挑战“不仅仅是入学和质量的问题，而更多的要挑战教育和社会中的性别观念”①。

教育中的性别平等和通过教育实现性别平等意味着，要实现前者，不能仅仅关注教育系统的变化，而必须同时关注更广阔的社会的变化。从这个角度而言，各国实现目标 5 的努力需要考虑到学校教育、文化、经济和性别角色之间的互动。在教育中，要对一些观念和做法进行挑战，并通过教育重构公平的社会结构。在这样的背景下，对入学公平的普遍关注应该转向更加综合的教育中的性别平等，为通过教育促进性别平等提供前提。

四、促进性别平等也需要关注男童

一谈到性别平等问题，大多数人首先想到的是提高女性的地位。但是，在实际工作中，有不少国家的教育系统却指向对女童有利，如亚太地区的太平洋岛国。同时，根据《2015 全民教育全球监测报告》，一旦进入学校，女童与男童

---

① UNESCO and UNICEF. Asia-Pacific End of Decade Notes on Education for All：EFA Goal 5 Gender Equality[R]. UNESCO Bangkok，UNICEF EAPRO and UNICEF ROSA，2012：6.

享有同等或者更好的机会继续升入小学高年级，在许多国家，女童到五年级的巩固率一直与男童持平甚至要高。[①] 此外，男童的学业成就低的问题困扰着很多教育系统。虽然校园内的性别暴力(Gender-based violence)大多指向女学生和女教师，但也不排除对男童的伤害行为。

由此可见，性别平等是两性的平等，虽然总体而言女性处于弱势，但并不意味着男性就没有遭遇任何问题。当我们在审视教育系统时，也需要考虑男孩面临的问题。

第二节 “一带一路”国家性别均等与性别平等目标进展

自2000年在达喀尔举办“世界教育论坛”以来，由于“一带一路”国家社会经济状况差异不小，且起点各异，因此，在实现性别均等和性别平等目标上取得的进展参差不齐。

一、初等教育和中等教育性别均等指数

对最近几年掌握的毛入学率的女/男比例进行审视，发现在性别均等方面进展明显，特别是在初等教育阶段。2000年以来的国家数据显示，“一带一路”的大多数国家在初等教育入学率方面已经基本实现性别均等的目标。到2014年，在有数据的58个国家中，只有12个还在初等教育阶段有性别差异，其中，有6个国家(阿富汗、黎巴嫩、巴基斯坦、也门、柬埔寨、老挝)是指向对男童有利，有6个国家(伊朗、亚美尼亚、印度、孟加拉国、尼泊尔、阿曼)是指向对女童有利(见表7.1)。

与此同时，在中等教育阶段，有数据的58个国家中，有25个国家仍然存在性别差异，12个指向对女童有利，13个指向对男童有利(见表7.1)。这跟全球的情况相似，根据《2015全民教育全球监测报告》，到2012年，63%有数据可查的国家没有实现中等教育入学的性别均等，以男童和女童为代价的不均等的国家在数量上相当。[②]

---

① 联合国教科文组织.2015全民教育全球监测报告[R].北京：教育科学出版社，2015：159.

② 联合国教科文组织.2015全民教育全球监测报告[R].北京：教育科学出版社，2015：160.

表 7.1　初等和中等教育阶段毛入学率的性别均等指数(2014 年)

有利于男童/男性			实现性别均等	有利于女童/女性	
远低于目标水平(GPI 低于 0.80)	中间水平(GPI 介于 0.80～0.94)	接近目标(GPI 介于 0.95～0.96)	实现目标(GPI 介于 0.97～1.03)	接近目标(GPI 介于 1.04～1.05)	中间水平(GPI 介于 1.06～1.21)
初等教育(毛入学率性别均等指数)					
阿富汗	黎巴嫩(2013)、巴基斯坦、也门(2013)	柬埔寨、老挝	阿尔巴尼亚、阿塞拜疆、白俄罗斯、不丹、文莱、保加利亚、克罗地亚(2012)、塞浦路斯、捷克(2013)、爱沙尼亚(2013)、格鲁吉亚、希腊(2013)、匈牙利(2013)、印度尼西亚(2013)、以色列(2013)、约旦(2012)、哈萨克斯坦(2015)、科威特(2013)、吉尔吉斯斯坦、拉脱维亚(2013)、立陶宛(2013)、马尔代夫(2009)、蒙古、黑山(2015)、缅甸、巴勒斯坦、菲律宾(2013)、波兰(2013)、摩尔多瓦(2013)、罗马尼亚(2012)、俄罗斯(2013)、沙特阿拉伯、塞尔维亚、斯洛伐克(2013)、斯洛文尼亚(2013)、斯里兰卡、叙利亚(2013)、塔吉克斯坦(2015)、泰国(2013)、土耳其(2013)、土库曼斯坦、乌克兰、阿联酋、卡塔尔(2011)、乌兹别克斯坦(2011)、越南	伊朗	亚美尼亚(2009)、孟加拉国(2011)、印度(2013)、尼泊尔(2015)、阿曼
中等教育(毛入学率性别均等指数)					
阿富汗、巴基斯坦	柬埔寨(2008)	阿尔巴尼亚、希腊(2013)	阿塞拜疆、白俄罗斯、文莱、保加利亚、塞浦路斯、捷克(2013)、爱沙尼亚(2013)、格鲁吉亚、匈牙利(2013)、印度(2013)、印度尼西亚(2013)、伊朗、以色列(2013)、哈萨克斯坦(2015)	克罗地亚(2012)	亚美尼亚(2009)、孟加拉国(2013)

续表

有利于男童/男性			实现性别均等	有利于女童/女性	
中等教育(毛入学率性别均等指数)					
沙特阿拉伯、也门(2013)	老挝、卡塔尔(2011)、塔吉克斯坦(2013)	立陶宛(2013)、波兰(2013)、土库曼斯坦	吉尔吉斯斯坦、拉脱维亚(2013)、黎巴嫩(2013)、蒙古、黑山(2015)、缅甸、阿曼(2012)、摩尔多瓦(2013)、罗马尼亚(2013)、俄罗斯(2013)、塞尔维亚、斯洛伐克(2013)、斯洛文尼亚(2013)、叙利亚(2013)、土耳其(2013)、乌克兰、乌兹别克斯坦(2011)	约旦(2012)、斯里兰卡(2013)	不丹、科威特(2013)、尼泊尔(2015)、巴勒斯坦、菲律宾(2013)、泰国(2013)、阿联酋(1999)

注：表中国家后面的年份为数据的年份，没有标注的为2014年。

资料来源：联合国教科文组织统计研究所数据库，2016年.

从表7.1可见，相比于初等教育，中等教育存在性别不均等的国家数量更多，差异更大。初等教育和中等教育均未实现性别均等的国家有：阿富汗、巴基斯坦、也门、孟加拉国、柬埔寨、老挝、亚美尼亚、尼泊尔。在初等教育方面，在有数据的58个国家中，起点较低的国家从2000年到2010年进展较快，如阿富汗、也门、尼泊尔(具体见图7.1)。在中等教育方面，尼泊尔、老挝、柬埔寨、也门在2000年至2010年进展迅速(具体见图7.2)；阿富汗2000年的中等教育数据缺失，但是，可以判断，当年该国的中等教育毛入学率性别均等指数不会高于初等教育，因此其进步也是很明显的。这跟2000年以后这些国家采取的更有针对性且多样化的措施有关(见后文)。

二、初等和中等教育性别均等指数次区域间的比较

对初等教育毛入学率的性别均等指数进行次区域的对比(见图7.3)，发现中东欧、中亚以及东亚和太平洋地区在2000年时已经实现性别均等，此后数值一直保持稳定。而南亚和西亚地区在2000—2013年取得显著进步，从2000年的0.84增长到2010年的0.99，并进而增长到2013年的1.00。阿拉伯国家的进步也不小，但2013年时的性别均等指数只达到0.94，还没有实现性别均等的目标，这可能跟阿拉伯国家社会存在的较强的社会性别规范有关。

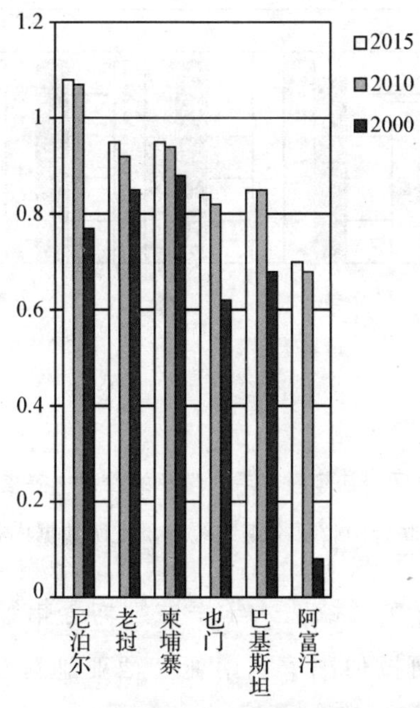

图 7.1　部分国家初等教育毛入学率的性别均等指数变化图

注：部分国家数据不是 2015 年数据，但是是最接近 2015 年的数据。

资料来源：联合国教科文组织统计研究所数据库，2016 年.

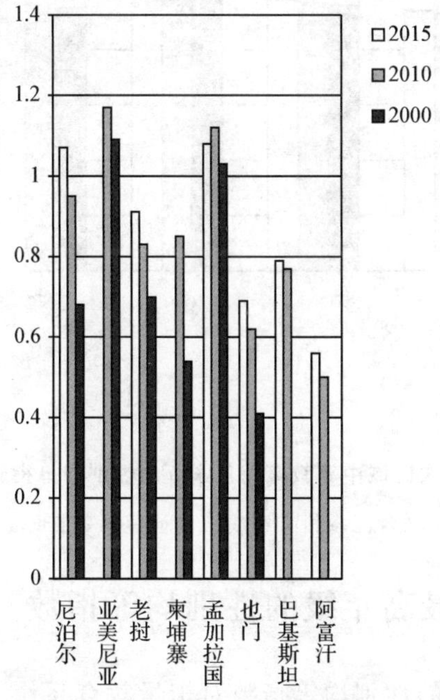

图 7.2　部分国家中等教育毛入学率的性别均等指数变化图

注：部分国家数据不是 2015 年数据，但是是最接近 2015 年的数据。

资料来源：联合国教科文组织统计研究所数据库，2016 年.

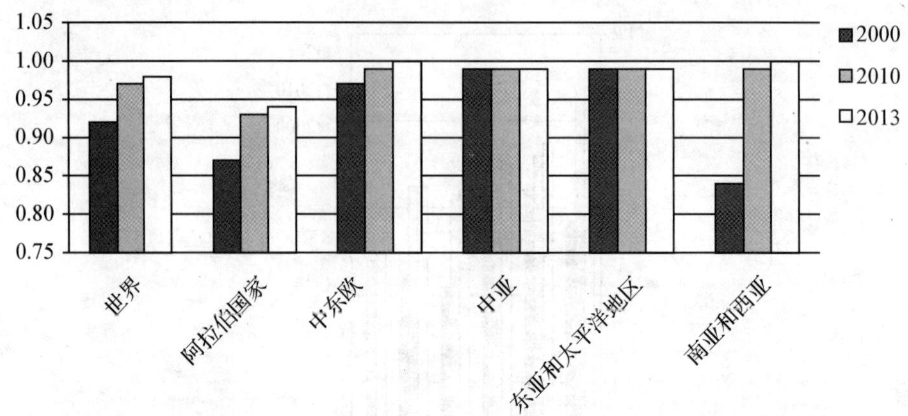

图 7.3 次区域初等教育毛入学率的性别均等指数变化图

资料来源：联合国教科文组织统计研究所数据库，2016 年.

与此同时，中等教育次区域毛入学率性别均等指数(见图 7.4)的变化趋势与初等教育保持一致，阿拉伯国家、南亚和西亚地区增长最快，但 2013 年的性别均等指数为 0.94，尚未实现均等的目标。

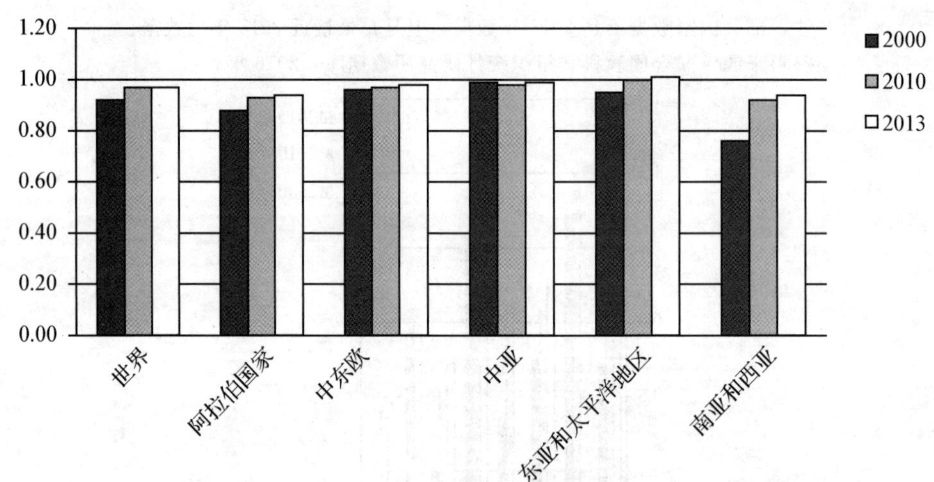

图 7.4 次区域中等教育毛入学率的性别均等指数变化图

资料来源：联合国教科文组织统计研究所数据库，2016 年.

三、初等教育最高年级的性别均等指数

初等教育最后一年的性别均等指数对衡量教育系统在教育男童和女童上的有效性而言是有限的指标。但是，巩固率能显示女童和男童在继续接受教育直至完成初等教育机会上的性别差异。

表 7.2　初等教育最后年级的性别均等指数

男童高巩固率(8 个国家)			初等教育最高年级实现性别均等(38 个国家和地区)	女童高巩固率(8 个国家)		
国家	年份	GPI	国家(年份)	国家	年份	GPI
缅甸	2014	0.66	印度尼西亚(2013)；泰国(2000)；老挝(2014)；柬埔寨(2014)；文莱(2014)；蒙古(2014)；伊朗(2014)；叙利亚(2013)；土耳其(2010)；约旦(2010)；以色列(2013)；阿曼(2014)；阿联酋(2014)；希腊(2013)；塞浦路斯(2014)；斯里兰卡(2015)；哈萨克斯坦(2015)；乌兹别克斯坦(2010)；塔吉克斯坦(2015)；吉尔吉斯斯坦(2014)；乌克兰(2014)	越南	2014	1.04
马尔代夫	2009	0.90		菲律宾	2013	1.08
黎巴嫩	2013	0.95		科威特	2013	1.07
巴勒斯坦	2014	0.96		印度	2013	1.06
沙特阿拉伯	2014	0.96	白俄罗斯(2014)；格鲁吉亚(2014)；摩尔多瓦(2013)；波兰(2013)；立陶宛(2013)；爱沙尼亚(2013)；拉脱维亚(2013)；捷克(2013)；斯洛伐克(2013)；匈牙利(2015)；斯洛文尼亚(2013)；克罗地亚(2010)；黑山(2015)；塞尔维亚(2014)；阿尔巴尼亚(2014)；罗马尼亚(2010)；保加利亚(2014)	孟加拉国	2010	1.12
也门	2013	0.79		尼泊尔	2015	1.11
卡塔尔	2011	0.90		不丹	2014	1.12
巴基斯坦	2015	0.84		亚美尼亚	2008	1.11

资料来源：联合国教科文组织统计研究所数据库，2016 年.

在女童高巩固率的国家中，有些国家如菲律宾、科威特在 2000 年的性别均等指数就已高于 1.03；而南亚地区的印度、尼泊尔和不丹则是从非常低的女童巩固率反转到较高的女童巩固率(见图 7.5)。印度初等教育最高年级性别均等指数由 2000 年的 0.80 提高到目前的 1.06，尼泊尔从 0.74 提高到 1.11，不丹从 0.87 提高到 1.12，这样的成绩是令人瞩目的，值得其他国家学习。

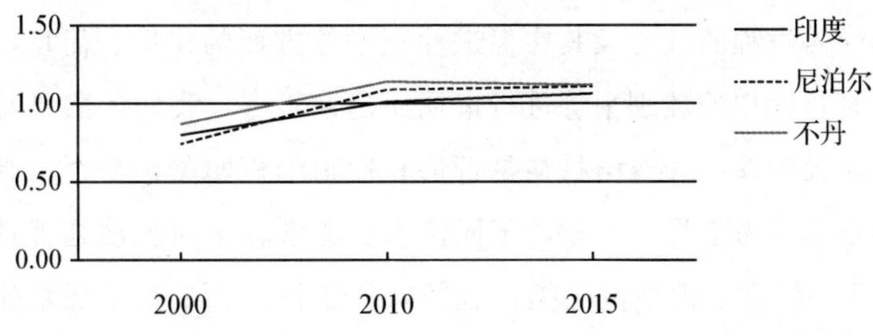

图 7.5　印度、尼泊尔、不丹初等教育最高年级毛招生率的性别均等指数变化图

资料来源：联合国教科文组织统计研究所数据库，2016 年.

在男童高巩固率的国家中，缅甸、也门和巴基斯坦初等教育最高年级的性别均等指数较低，严重的对女童不利。其中，也门从 2000 年到 2013 年进步显著，性别均等指数从 0.49 提高到 0.79，而巴基斯坦 2000 年的数据缺失，2010 年到 2015 年的进步有限，仅从 0.82 提高到 0.84(见图 7.6)。

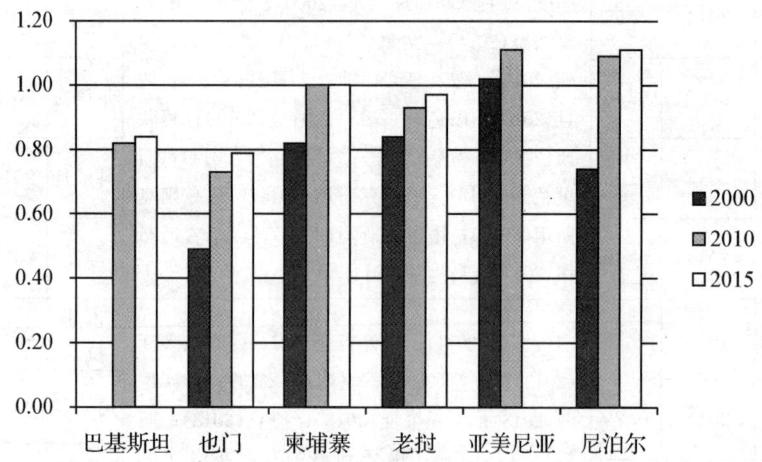

图 7.6　部分国家初等教育最高年级毛在学率的性别均等指数变化图

资料来源：联合国教科文组织统计研究所数据库，2016.

当然，这样的女童低巩固率与初等教育毛入学率所体现的性别差异是一致的。在也门，2001 年、2010 年和 2013 年初等教育毛入学率的性别均等指数分别为 0.62、0.82、0.84，而巴基斯坦的数值为 0.68、0.85、0.85(2014)(参见附件 8)。

四、教育过程中的性别平等

尽管一些指标如巩固率能提供一些教育结果的信息，但是他们还不足以洞察到教学和学习过程的核心及其在促进性别平等方面的作用。而且，仅仅从这些维度对教育过程中的性别平等进行审视还远远不够，我们还需要对以下问题进行考察：学校的课程和教学材料是否仍有性别刻板印象，是否具有性别回应性？学校环境是否考虑男女儿童的不同需求？课堂教学与互动是否具有性别刻板影响？是否将性别意识主流化纳入教师队伍建设中？是否出现教师队伍的女性化和男性化趋势？女教师的领导力是否得到重视？等等。

改变已经在发生，但较为缓慢。一份 2010 年的综述发现，性别敏感教学作为一种课堂管理工具已经在$\frac{1}{3}$的欧洲国家得到应用。另一份对于40个发展中国家教育政策的综述表明，将性别敏感培训整合到教师教育中的政策仍然稀缺。[①]从各个国家提供的全民教育进展报告来看，各国在实质性的性别平等方面有些探索，体现在散落的单个项目或创新举措上，但还不成系统，不能形成席卷全国的趋势。

在发展中国家，性别敏感培训大多由捐赠者或者国际非政府组织资助，要么作为一个附加项目，要么作为广泛部门改革的一部分。性别回应教学模式是一个完善的附加培训模式的例子。这一模式由非洲女教育家论坛开发，自2005年以来培训量已经达到6600名教师。印度尼西亚在由美国国际开发署(USAID)支持的基础教育分权改革背景下，引入了作为改进教育质量策略的性别敏感培训。在斯里兰卡及非洲多国，英联邦学习共同体(Commonwealth of Learning)与联合国儿童基金会(UNICEF)合作，支持职前与在职教师培训中的性别敏感主流化与儿童友好的教育方法。[②]

而在具有性别回应性的课程方面，印度孟买实施了一个名为“学校中的性别平等”的项目，为六、七年级的学生开发了额外的课程，内容包括性别角色、性别暴力、性与生殖健康。上过这个课程的学生显示出更棒的问题解决技能和自信以及更好的态度和性别意识。[③] 一些国家的政府已经采取行动在正规教师教育政策和项目中纳入性别培训。孟加拉国在一项为期12个月的教师资格课程中包含了一个单元的性别问题，给教师提供方法去探讨他们自己的实践并开发更多的方法。[④]

在非正规教育课程方面，由孟加拉国农村促进委员会(BRAC)提供的非正规初等教育课程充分考虑了性别差异。BRAC学校主要为农村地区8～10岁从未入学或辍学的贫困儿童提供非正规的初等教育。由于70%的学生为女童，约96%的教师为妇女，所以它采用“肯定区别”的策略。最初课程的时间是三年，

---

① 联合国教科文组织.2015全民教育全球监测报告[R].北京：教育科学出版社，2015：177.

② 联合国教科文组织.2015全民教育全球监测报告[R].北京：教育科学出版社，2015：177.

③ UNESCO. Regional overview：South and West Asia [EB/OL]. http：//en. unesco. org/gem-report/sites/gem-report/files/207054E. pdf. 2015：7.

④ 联合国教科文组织.2015全民教育全球监测报告[R].北京：教育科学出版社，2015：177.

后来扩展到四年，并且包括所有基础课程。①

第三节　各国采取的措施及成效

继1979年联合国大会通过《消除对妇女一切形式歧视公约》(The Convention on the Elimination of All Forms of Discrimination against Women，CEDAW)之后，1995年在北京召开的“世界妇女大会”通过了《北京行动纲领》，支持将性别主流化作为实现性别平等承诺的关键手段，其关键的目标之一就是将性别视角整合到跨部门的政策、规划和预算编制中。

近10多年来，持续不断的全球倡议引发空前的政府和民间团体对性别均等和性别平等的支持，尤其在女童入学方面。2000年，《达喀尔行动纲领》和“联合国千年发展目标”引导国际社会消除初等和中等教育阶段的性别不均等。此外，《达喀尔行动纲领》提出了到2015年实现性别平等的关键战略。此后，有利于性别主流化的政策已经在教育部门广泛实施。

国际组织是引领此项工作的关键。在2000年召开的“世界教育论坛”上，联合国秘书长提出“联合国女童教育倡议”(United Nations Girls Education Initiative，UNGEI)，13个联合国机构、双边机构和非政府组织协同工作，保证各地的女童教育质量。倡议发起之后，各地开展了不同形式的宣传、能力建设和研究。联合国儿童基金会是这一计划的领导机构。2002年年底，它提出了“25国2005年”计划。该计划的目的是加速25个国家的女童教育进程，到2005年实现初等教育和中等教育的性别均等。该计划的提出是为了克服UNGEI合作面临的挑战，包括需要更多的人力和财力帮助那些面临最大挑战的国家。②UNGEI是第一项专门改善女童教育和提高教育性别平等问题意识的全球合作计划。在提出该倡议时，时任联合国秘书长科菲·安南强调，女童教育是制止冲突、建设和平的重要工具。③

---

① 联合国教科文组织.2003/04全民教育全球监测报告[R]. 北京：人民教育出版社，2004：186.

② 联合国教科文组织.2003/04全民教育全球监测报告[R]. 北京：人民教育出版社，2004：262.

③ 联合国教科文组织.2003/04全民教育全球监测报告[R]. 北京：人民教育出版社，2004：143.

在这样的大背景下，“一带一路”国家出台相关政策，并采取多样化的措施，提高女童入读和参与教育的机会，将性别意识主流化纳入教育过程中，并为校外女童和妇女提供补偿性教育项目和技能开发项目，有力支撑这些国家实现国际和国家关于性别平等的目标。

一、各国促进教育中性别平等的政策

在国际上普遍关注教育中的性别平等的大背景下，各国政府轮番实施立法和政策改革，让性别意识在教育体制、规划和预算中主流化，并在社会上赢得广泛支持。虽然有些国家未能在2005年和2015年分别实现性别均等和性别平等的目标，但是自2000年以来对教育性别问题的承诺已经在增加。① 这样的政治承诺无疑是各个国家取得进步的重要基础和保证。联合国教科文组织国际教育规划研究所(IIEP)的一项研究表明，那些(在30国家中)在2000年和2012年都在规划中纳入性别视角的国家，在迈向初等教育入学的性别均等上取得明显成效。② 鉴于篇幅和资料的限制，我们按“一带一路”所覆盖的次区域选择了部分国家并对这些国家的相关政策进行简要介绍。

表7.3　部分国家促进教育中性别平等的政策

国家/年份	政策	具体内容
老挝	全纳教育国家政策(National Policy on Inclusive Education, 2010)及全民教育国家行动计划(EFA-NPA)	该政策旨在“通过考虑所有学习者的特征和多样化的需求来解决入学以及教育中的障碍”。老挝的政策显示，为解决学生参与并从教育中获益的障碍，有必要改变教育过程，并让教与学的过程满足个体需要及学生背景。教育系统要关注原先被排除在外的群体如女童，鼓励、支持他们入学并在学习过程中给予他们特别支持。 该国还在“全民教育国家行动计划”(EFA-NPA)中明确强调通过以下措施解决性别平等问题： 出台性别和教育政策； 系统使用性别分列的数据； 在总目标基础上，设立具体的有关女童和妇女的目标； 鼓励并培训家长支持女童教育； 通过不同的激励办法在教育中增加女童的出勤率。

① 联合国教科文组织.2015全民教育全球监测报告[R]. 北京：教育科学出版社，2015：164.

② 联合国教科文组织.2015全民教育全球监测报告[R]. 北京：教育科学出版社，2015：165.

续表

国家/年份	政策	具体内容
老挝	全纳教育国家政策(National Policy on Inclusive Education, 2010)及全民教育国家行动计划(EFA-NPA)	资料来源：UNESCO and UNICEF. Asia-Pacific End of Decade Notes on Education for All：EFA Goal 5 Gender Equality [R]. UNESCO Bangkok，UNICEF EAPRO and UNICEF ROSA，2012；Education for All 2015 National Review Report：Lao People's Democratic Republic [EB/OL]. http：//unesdoc. unesco. org/images/0023/002314/231489e. pdf. 2014：31.
印度尼西亚 2000	2000年第9号总统令(Presidential Instruction No. 9/2000)	2000年，印度尼西亚总统发布第9号总统令，要求将社会性别主流化纳入所有发展项目以及各级政府工作中。根据此总统令，2008年，国家教育部出台了第84号部长规定(Minister of National Education Regulation No. 84/2008)，要求把教育系统纳入性别主流化。 资料来源：Education for All 2015 National Review Report：Indonesia [EB/OL]. http：// unesdoc. unesco. org/images/0022/002298/229874E. pdf. 2014：25.
捷克	倡导女性和男性公平机会的优先事项及程序(Priorities and Procedures in the Advocacy of Equal Opportunities for Women and Men)	1998年以来，性别平等成为各个部委包括教育、青年和体育部(Ministry of Education，Youth and Sports)需要采取各种具体措施解决的问题。教育、青年和体育部每年都制定“倡导女性和男性公平机会的优先事项及程序”的文件。该行动计划的内容受到了涉及性别平等的相关法律如教育法和教育部相关政策的支持。 资料来源：Education for All 2015 National Review Report：Czech Republic [EB/OL]. http：// unesdoc. unesco. org/images/0022/002299/229931E. pdf. 2014.
匈牙利	系列法案和政策	为实现达喀尔目标，匈牙利制定了多项促进公平机会包括消除性别不平等的法律，涉及教育的有： 2003年，公共教育法案(修正)，禁止歧视； 2003年，促进公平对待和公平机会法案(the Act on Promoting Equal Treatment and Equal Opportunities)，有些条款涉及教育和培训； 2004年，成立公平对待部门(the Equal Treatment Authority)； 2006年，成立妇女和男性社会平等委员会(the Council for Women's and Men's Social Equality)；

续表

国家/年份	政策	具体内容
匈牙利	系列法案和政策	2006年，修订教材使用规定(regulations on textbook adoption)； 2010年，通过“国家促进男女社会平等战略(2010—2021)”(the National Strategy for Promoting the Social Equality of Men and Women)(与欧盟优先领域保持一致)； 2011年，通过“国家社会包容战略(2011—2020)”(the National Social Inclusion Strategy)。 资料来源：Education for All 2015 National Review Report：Hungary [EB/OL]. http：//unesdoc. unesco. org/images/0022/002299/229933E. pdf. 2014：15.
爱沙尼亚	性别平等法案(Gender Equality Act)	“性别平等法案”的目的是保证宪法规定的男女受到平等对待，并将在社会生活各个领域把男女的平等作为基本人权。根据这个法案，教育和研究机构以及参与提供教育和培训的相关机构一定确保在职业指导、教育获得、专业和职业发展以及再培训等方面公平对待男性和女性。使用的课程、学习资料以及开展的研究要支持消除不公平地对待两性并促进平等，且不允许只为一个性别的人员提供教育和培训。 资料来源：Education for All 2015 National Review Report：Estonia [EB/OL]. http：// unesdoc. unesco. org/images/0023/002315/231505e. pdf. 2014：26.
格鲁吉亚 2010	格鲁吉亚“性别平等法”(the law of Georgia “On Gender Equality”)	格鲁吉亚“性别平等法”从2010年4月开始实施。根据该法，该国制定了“性别平等实施行动计划(2011—2013)”，要对教育相关的主要法律进行性别分析，并将性别视角引入这些法律的实施。2014年，设在格鲁吉亚教育科学部的一个工作小组制定了新的“性别平等实施行动计划(2014—2016)”(2014-2016 Action Plan of the Activities for Implementation of Gender Equality Policy in Georgia)，并获议会通过。根据该计划，格鲁吉亚教育科学部需要采取措施提高公众意识，促进普通教育中的性别平等，支持改善职业技术教育中的性别平等。 资料来源：Education for All 2015 National Review Report：Georgia [EB/OL]. http：//unesdoc. unesco. org/images/0023/002303/230331e. pdf. 2014：15.

续表

国家/年份	政策	具体内容
哈萨克斯坦 2005	哈萨克斯坦共和国性别平等战略(Strategy for Gender Equality in the Republic of Kazakhstan)	为了确保男女机会平等，1998 年，哈萨克斯坦成立了由总统直接领导的"国家妇女和家庭事务委员会"(National Commission for Women and Family Affairs)。2005 年，该国制定了"性别平等战略"。 资料来源：Education for All 2015 National Review Report: Kazakhstan [EB/OL]. http: // unesdoc. unesco. org/images/0022/002297/229717E. pdf. 2014：40.
阿富汗	阿富汗国家妇女发展行动计划(2007—2017)(The National Action Plan for the Women of Afghanistan，NAPWA)	为改变阿富汗社会根深蒂固的对妇女的歧视，阿富汗制定了"国家妇女发展行动计划(2007—2017)"，确定了八个改善妇女状况的政策和策略，其中七项聚焦于教育： 针对女性教育采取坚定的行动路径及激励措施； 让更多女性接受教育并改善教育基础设施； 改善教育的组织与结构； 解决安全问题； 解决阻碍女性接受教育的社会因素； 减少文盲； 加强替代教育、速成学习(accelerated learning)和职业培训； 利用教育提升妇女整体福利。 资料来源：Education for All 2015 National Review Report: Afghanistan [EB/OL]. http: // unesdoc. unesco. org/images/0023/002327/232702e. pdf. 2014：44.

在"一带一路"国家中，阿富汗是世界上对女性而言最具挑战的地方之一，很多女性死于生育，且每个妇女要平均生育 5 个孩子以上，但是有$\frac{1}{10}$的孩子活不过 5 岁。阿富汗的女童上学面临诸多障碍，很多家庭只允许女儿上离家较近的女子学校，但这样的学校太少；一些家庭认为没有必要让女孩接受教育；为女子提供教育的学校受到攻击，而教师们则受到死亡威胁；女童经常会在学校或上下学路上受到伤害。但自 2010 年以来，女童受教育的安全得到提高，而且教育被认为是解放女性最好的办法之一。2013 年，在普通教育中的女性比例为 39.32%(性别均等指数为 0.648)，其中，小学的比例为 40.84%，初中

为 36.13%，高中为 34.95%。[①] 取得这样的成就，跟阿富汗政府制定的相关政策和措施是分不开的，当然也离不开国际组织、双边援助机构和非政府组织多样化的援助和支持。

二、各国促进教育中性别平等的措施

(一)社会性别主流化和预算编制

性别主流化旨在将性别平等作为一个核心理念整体反映到机构和社会的结构及实践中。《达喀尔行动纲领》要求政府承诺通过教育体系来使性别主流化。研究表明，对整个教育系统投入充足的资源来实现性别主流化战略，有助于确保教育体制中的性别平等。然而，在许多国家，性别主流化行动受到一些制约。在机构设置方面想要实现革命性的改变仍然是一个巨大挑战。[②]

提高性别均等需要采取多元化的方式应对障碍。那些在减少教育性别差距上已取得明显进步的国家，都有综合性政策纲领，这些纲领在立法改革的支持下，综合多种措施来提高受教育权利，特别是女童入读和参与教育。

在教育中将性别主流化需要获得足够的经费支持，最理想的是有单独的经费预算。在柬埔寨，2007 年以前，性别预算并不单列，往往被包括在各部门的预算中。从 2007 年开始，该国教育、青年和体育部特设了性别主流化的预算。促进教育中性别平等的工作通过该预算以及外来的发展援助而得以加强。

表 7.4 柬埔寨性别工作项目预算(2007—2013 年)

学年	教育、青年和体育部预算(柬埔寨瑞尔)	性别预算(柬埔寨瑞尔)	比例(%)
2007/2008	126,281,000,000	230,800,000	0.18
2008/2009	126,585,000,000	172,200,000	0.13
2009/2010	127,032,000,000	102,800,000	0.08
2010/2011	137,575,100,000	115,000,000	0.08

---

① Education for All 2015 National Review Report：Afghanistan [EB/OL]. http：//unesdoc.unesco.org/images/0023/002327/232702e.pdf. 2014：40.

② 联合国教科文组织. 2015 全民教育全球监测报告[R]. 北京：教育科学出版社，2015：165.

续表

学年	教育、青年和体育部预算(柬埔寨瑞尔)	性别预算(柬埔寨瑞尔)	比例(%)
2011/2012	141,537,700,000	110,100,000	0.07
2012/2013	150,238,500,000	111,900,000	0.07

资料来源：Education for All 2015 National Review Report：Cambodia [EB/OL]. http：// unesdoc. unesco. org/images/0022/002297/229713e. pdf. 2014：38.

此外，印度尼西亚也实施了性别计划和预算，这是解决性别主流化问题和改善治理的有效措施。该国在具体实施中，遵循以下基本原则：一是要有较强的政治意愿(Political Will)，二是提升意识并加强倡议(Awareness and Advocacy)，三是注重透明和参与(Transparency and Participation)，四是要有按性别分列的数据(Sex-disaggregated Data)，五是要有相应的人力资源，六是监测与评估其效果。①

为了提高全社会的性别意识，并呼吁支持相关的活动和计划，一些国家加强了宣传工作。在塔吉克斯坦，“2015 年国家教育发展战略”利用电视和广播运动来推广女童教育。最近的“2020 年国家教育发展战略”继续使用媒体运动，但目标定位于提高女童在义务教育后中学阶段的入学率，因为该国到 2012 年初中阶段每 100 名男童对应 90 名女童。② 在土耳其，宣传女童教育的国民运动中纳入了多个利益相关者，这带来了目标学区入学人数的增加。③ 这些运动已被证明能够非常有效地融合来自多个部门的合作者，它们得到国家规划和政策的支持，并且直接触及草根组织和社区。

(二)将性别意识主流化纳入大型教育发展规划和项目

受全球教育议程的影响，各个国家都将促进女童教育及把教育中的性别平等纳入其重要的教育发展计划和项目，并动员各利益相关方，采取多样化的策略和办法，解决女童入学的社会障碍，并推动教育中的性别平等。譬如，印度

① Ministry of Education and Culture，Indonesia. Gender Responsive Planning and Budgeting Guidebook[R]. 2016.

② 联合国教科文组织 . 2015 全民教育全球监测报告[R]. 北京：教育科学出版社，2015：167.

③ 同上 .

第十二个五年规划就提出要优先促进女童教育并实现教育中的性别平等，而且推进女童教育的相关措施要秉持这样的理念，即教育中的性别平等既是公平问题，又是质量问题。① 除了印度，那些在性别平等方面取得不俗成绩的国家如孟加拉国、尼泊尔等也采取了类似的措施，将性别意识纳入各种大型政府项目和活动(见表 7.5)。

表 7.5 部分国家性别主流化教育行动项目与计划

国家	项目/计划	具体内容
孟加拉国	性别与全纳教育行动计划(Gender and Inclusive Education Action Plan)	为了实现所有儿童没有歧视地入读并完成初等教育，孟加拉国在第二个“初等教育发展计划”下制订了“性别与全纳教育行动计划”，并继续在第三个“初等教育发展计划”项目下实施。该计划的目标是通过创造性别友好和全纳的学习环境，提高所有男女儿童学业成就和初等教育完成率。该行动框架开发了旨在解决全纳和性别问题的行动、建议和指南，并制定出切实可操作的行动策略。孟加拉国第三个“初等教育发展计划”的四大重点领域即学习成果、参与与差异、权力下放(decentralization)以及规划与管理都需要使用性别和全纳教育的透视镜进行审视。 资料来源：Education for All 2015 National Review Report：Bangladesh［EB/OL］. http：// unesdoc. unesco. org/images/0023/02305/230507e. pdf. 2014：41.
印度	初等教育发展计划(Sarva Shiksha Abhiyan，SSA)	为了解决教育中的性别平等问题，印度在各个五年计划中都列入了缩小性别差距和赋权妇女的目标。而“初等教育发展计划”在实施中特别关注女童的教育。该计划将性别意识纳入了所有的活动，具体包括以下几个策略： 保证小学距离儿童居住地一公里之内，小学高段在三公里内； 为女童提供独立的厕所； 招录 50%的女教师； 与整合的儿童发展服务计划一道，在学校内或附近建立早期儿童保育和教育中心，帮助女童从照顾弟妹的工作中解放出来；

① Government of India Ministry of Human Resource Development. Education for All：Towards Quality with Equity[EB/OL]. http：//unesdoc. unesco. org/images/0022/002298/229873e. pdf. 2014：83.

续表

国家	项目/计划	具体内容
印度	初等教育发展计划(Sarva Shiksha Abhiyan，SSA)	提供失学女童回归主流的特殊培训； 提供旨在促进女童公平学习机会的教师性别敏感性项目； 提供性别敏感的教与学的材料，包括教材； 强化社区动员的工作； 建立创新基金，用以支持保证女童出勤及继续在学的基于需求的干预； 制订国家初等教育阶段女童教育计划； 为教育落后地区的处境不利女童提供住宿的计划。 资料来源：Government of India Ministry of Human Resource Development. Education for All：Towards Quality with Equity［EB/OL］. http：//unesdoc. unesco. org/images/0022/002298/229873e. pdf. 2014：70-71.
	国家初等教育阶段女童教育计划(National Programme for Education of Girls at Elementary Level)	国家初等教育阶段女童教育计划(NPEGEI)于2003年启动，主要在教育落后的社区实施，以满足在学和失学的女童的需要。鉴于很多女童因为跟不上课堂学习的步骤或者在课堂中受到老师和同伴的忽视而辍学，该计划强调教师有责任甄别这样的女童，给她们提供特别的关注，防止她们失学。考虑到很多女童需要承担诸如取水、照顾弟妹等工作，该计划通过在一些地区提供早期儿童保育与教育服务，帮助女童从上述劳动中解放出来，从而得以出勤。该计划的另一个重要方面是努力在学校里建立支持性和性别敏感性的课堂环境。截至2012/2013学年，该项目覆盖了来自442个地区的3353个教育落后社区的4120万名女童。该计划还通过村社的妇女和社区团体的参与来追踪女童的入学、出勤和学业成就。 资料来源：Government of India Ministry of Human Resource Development. Education for All：Towards Quality with Equity［EB/OL］. http：//unesdoc. unesco. org/images/0022/002298/229873e. pdf. 2014：70-71.
尼泊尔	将性别主流化纳入各项教育计划	公平而有质量的全民教育是尼泊尔系列教育计划(BPEP-I 1992-1998；BPEP- II 1999-2004；EFA 2004-2009；SSRP 2009-2015)的主要原则及追求。为了落实这个原则，尼泊尔设计并实施了多项策略和活动，包括通过以下措施来提高入学上的公平：缩短学校和社区的距离，学校建设和修缮，备选/弹性学校(alternative/flexible schools)，免费

续表

国家	项目/计划	具体内容
尼泊尔	将性别主流化纳入各项教育计划	学校教育，免费教科书，学校提供伙食以及奖学金等。而为了实质上的平等，采取的措施包括：课程改善、教师培训、专业支持、学校环境改善以及考试改革等，并采取措施增加女教师的数量，加强制度能力建设并扩大学校自主权。此外，建立女童入读并完成初等教育的动员和激励机制，出台每所学校至少有一名女教师的政策并提供女教师，在学校、教育机构和其他组织招录中给予女性优先地位，强调提高入学率、提供性别友好的环境以及供各种残障学生使用的设施。 资料来源：Ministry of Education，Nepal，and UNESCO Kathmandu Office. Education For All：National Review Report (2001-2015)[R]. Kathmandu：UNESCO Kathmandu Office，2015：66.

在埃及，为了缩小教育中的性别差距并消除歧视，教育部采取了一系列的行动，包括：实现两性教育机会均等，特别关注女性；消除女孩入读基础教育并学有所成的障碍；扩大“一个班级学校”、女童友好学校和社区学校等举措(具体见表7.6)；加强农村地区、贫民窟、贫困和处境不利地区的女性教育及教育服务；通过提供经济支持和社会媒体运动，鼓励女童及其家庭参与到各级教育；在教育部和社会机构间建立联系，缩小女性教育的差距；加强教育部和区域及国际组织之间的伙伴关系，实现有质量的免费基础教育，并制订专门针对女童的计划。

表 7.6 埃及促进女童教育的系列措施

项目	简要介绍
一个班级学校 (One Classroom Schools)	一个班级学校是根据1993年发布的教育部第355号令(Ministerial Decree No. 355 of 1993)而建立的，旨在为女童提供教育，消除男女儿童在教育中的差异。这些学校增加了女童接受教育的机会。自建立以来，这类型的学校不断扩大规模，1992/1993学年有7684名学生，2000/2001学年有54022名学生，2006/2007学年有65007名学生，而2012/2013学年则增加到82794名学生。
社区学校 (Community Schools)	社区学校主要通过社区参与为处境不利和教育缺失地区的儿童提供教育，这类学校也招收辍学和从未上学的儿童。学校往往有不同年龄段的孩子，有很大的弹性。社区学校建设始于1996年，当年只建了4所，到2007/2008学年，学校规模扩大到497所，拥有学生9247名。

续表

项目	简要介绍
女童友好学校 (Girls' Friendly Schools)	女童友好学校始建于 2004 年，到 2006/2007 学年，共建立 386 所，拥有 10807 名学生。此类学校强调关爱女童，倡导性别平等方面积极的价值观和对话，并重视甄别和解决问题方面的能力建设。
小规模学校 (Small Schools)	小规模学校是在教育部与非政府组织、国际组织之间的合作框架下，为教育服务落后的处境不利地区提供教育机会的举措。此类型学校通过社区的参与，特别是建立由当地社区、社会组织和商业机构参与的社区教育委员会来加强教育的质量。这是缩小男女童教育差距的方式，同时还能缩小贫困和富裕群体之间的教育差距。
爱生学校 (Child Friendly School)	爱生学校是在教育部和联合国教科文组织等国际组织以及社会组织之间的合作协议下建立的，主要是为那些辍学并进入劳动市场且失去家庭庇护的孩子提供教育。爱生学校的建立有助于为女童增加教育机会。

资料来源：Education for All 2015 National Review Report：Egypt [EB/OL]. http：// unesdoc. unesco. org/images/0022/002299/229905E. pdf. 2014：143-147.

而在非正规教育领域，各国又开展了什么样的活动，关注妇女的教育与发展呢？同样的，在此领域的发展项目关注提高女性的社会地位，帮助她们提高技能，促进创收，从而享有一定质量的生活，让她们活得更有自信、更有尊严。以下是部分“一带一路”国家开展的项目和计划(见表 7.7)。

表 7.7　部分国家关注性别平等的非正规教育项目

国家	项目/计划	具体内容
印度	Mahila Samakhya Programme	Mahila Samakhya(MS)项目始于 1989 年，主要是为农村妇女特别是那些处于社会和经济边缘化的妇女提供教育和赋权的项目。项目的干预重点是帮助贫困妇女发展能力，消除妇女接受教育的性别和社会障碍，支持她们拥有在家庭和社区层面的权利。项目的主要活动侧重妇女和女童的健康和教育，享受公共服务，应对暴力和歧视妇女和女童的社会实践，参与地方治理并追求可持续生计。项目在村级成立了妇女团体，以动员妇女的参与。项目的活动包括传播信息、提升意识、支持对核心问题的集体行动以及支持性的措施，譬如建立 Mahila Shikshan Kendras，旨在发展从未上过学或中途辍学的大龄女童和年轻妇女的教育。 资料来源：Government of India Ministry of Human Resource Development. Education for All：Towards Quality with Equity[EB/OL]. http：//unesdoc. unesco. org/images/0022/002298/229873e. pdf. 2014：72.

续表

国家	项目/计划	具体内容
柬埔寨	通过社区学习中心创收项目(Income Generating Program Through Community Learning Centers)	柬埔寨的“性别主流化战略规划”包括了在社区学习中心实施的“创收项目”。项目致力于提高社区男女的技能以提高收入。项目特别鼓励妇女的参与，参与该项目的妇女比例从2007/2008年的17.91%提高到了2012/2013年的60.92%，参与项目的妇女多于男人。而从该项目“毕业”的妇女比例从2007/2008年的39.27%提高到了2012/2013年的85.31%，意味着更多的妇女成功完成学习，实现了项目的目标。 资料来源：Education for All 2015 National Review Report：Cambodia [EB/OL]. http：// unesdoc. unesco. org/images/0022/002297/229713e. pdf. 2014：33.
巴基斯坦	巴基斯坦女童移动扫盲(Mobile Literacy for Girls in Pakistan)	联合国教科文组织的移动扫盲项目利用移动电话来补充和支持为生活在巴基斯坦偏远地区的250位少女开办的传统面授扫盲课程。巴基斯坦的文盲问题严重，女性文盲更多，全国男性成人识字率为69%，而女性仅为40%。教育研究显示，刚刚掌握不久的识字能力如果没有坚持练习，很快就会丧失，项目规划者希望在女童完成课程之后通过某种方式为她们提供远程支持。参与这个项目的学生所在的村庄没有电脑，或是没有可靠的固定线路互联网连接，与学生进行交流的唯一途径是借助移动电话。教员向学生发送短信，提醒她们练习书写技能或复读作业本上的某些段落。教员还向学生提出问题，女童通过短信方式回答。所有这些活动和交流都旨在巩固女童在面授课程中学到的读写技能。在这个项目使用移动设备之前，在完成扫盲课程的女童当中只有28%能够在后续测验中得到“A”级成绩。但有了移动支持以后，超过60%的女童得到了“A”。在取得初步成功的基础上，目前项目扩大了覆盖范围，为2500多名学生提供移动支持。 资料来源：UNESCO. Rethinking Education：Towards a global common goods? [R]. Paris：UNESCO，2015：51.
格鲁吉亚	促进格鲁吉亚性别平等项目(Enhancement of Gender Equality in Georgia)	该项目由联合国开发计划署(UNDP)资助，从2013年开始在格鲁吉亚的Samegrelo和Kakheti地区实施，具体由Aissi公共学院(Public College “Aissi”)和Shota Meskhia教学大学(Shota Meskhia Teaching University)执行。在项目支持下，315名妇女接受了职业培训，内容包括电力、信息技术、奶酪制作、饲养技术和园艺技术。 资料来源：Education for All 2015 National Review Report：Georgia [EB/OL]. http：//unesdoc. unesco. org/images/0023/002303/230331e. pdf. 2014：16.

（三）为女童教育提供多样化的物质和其他条件支持

教育中的性别平等不仅要求入学平等，还要求学习过程、学习成果等的平等。《达喀尔行动纲领》强调与学校有关的因素会制约平等的实现，并且呼吁学校成为安全、性别敏感的学习场所。为了促进女童教育，各个国家都采取了多种措施，包括提供助学金，在学校提供餐饮，改善学校卫生条件特别是增加女厕所，增加女教师等措施，并且取得了不错的成效。

奖学金和补贴能够帮助女童继续上学。在柬埔寨，以正常出勤和续读为条件的奖学金让女童从小学升入中学，帮助女童入学率提高 22～32 个百分点。在印度的旁遮普邦，女性学校补贴项目设立于 2003 年，目标锁定识字率最低学区中的公办学校的六到八年级女童。该项目的头四年里，所有年龄组的入学率增幅在 11%～32%。① 在孟加拉国，"中学女生补助项目"的重点在中学而不是小学。这个项目被描述为"这一领域中具有世界意义的先驱性项目"②(具体见框 7.1)。当然，这样的项目不一定总是能完全瞄准处境最不利的女童。在尼泊尔，奖学金并不总能足够支付如学习材料在内的全部学校费用，也无法为最贫困家庭送女童上学提供激励。③ 除了助学金以外，包括孟加拉国在内的一些国家还提供学校餐饮的项目，这本质上也是一种实物助学的方式，能促进入学人数的增加。

框 7.1　孟加拉国——为学生提供助学金

"中学女生补助项目"(Female Secondary School Stipend Programme)旨在增加中等教育女童入学和巩固率、延迟女性结婚年龄、控制生育率、赋权妇女和女童并提高她们的就业。

项目始于 1982 年，由一个当地的非政府组织发起，并得到美国国际开发署的资助。获得助学金的人数远远超出计划数目，在四年内参与这个计划的学校增加 12%。在取得以上成功的基础上，这个项目不断得到扩展和延续。项目大大促进了孟加拉国女童入读中等教育，该国中等教育女童入学人数从 1991 年的 110 万增加到 390 万。

当然，获得项目资助有条件限制：女童到校天数不少于学年的 75%，学习成绩至少达到评估和考试总分的 45%，并且未婚。项目还通过将部分开支支付给家长和学校来提高入学率，

① 联合国教科文组织 .2015 全民教育全球监测报告[R]. 北京：教育科学出版社，2015：168.

② 联合国教科文组织 .2003/04 全民教育全球监测报告[R]. 北京：人民教育出版社，2004：167.

③ 联合国教科文组织 .2015 全民教育全球监测报告[R]. 北京：教育科学出版社，2015：168.

续表

框 7.1　孟加拉国——为学生提供助学金
通过提高分数要求来改善教学质量，通过推迟结婚年龄以实现社会和人口目标。 资料来源：联合国教科文组织．2003/04 全民教育全球监测报告[R]．北京：人民教育出版社，2004：167；Education for All 2015 National Review Report：Bangladesh [EB/OL]. http：// unesdoc. unesco. org/images/0023/002305/230507e. pdf. 2014：37.

印度和土耳其已经弥合了小学和初中阶段的性别差距，两个国家均采取了一系列的措施促进女童教育。在印度，多元战略帮助提高女童教育的可及性和质量。这些策略包括为所有女童提供免费教材，"回到学校"的露营活动和衔接课程，招募女性教师，以及增加农村和弱势群体女童教育需求的国家项目。在土耳其，旨在扩大小学和初中阶段教育参与的法制改革和学校建设，得到贫困家庭女童补助和提高女童入学的全国性意识提升运动的补充支持。[①]

框 7.2　土耳其——多元利益相关者支持改善女童教育的运动
"嘿，女童，让我们去上学!"运动，由联合国儿童基金会驻土耳其办事处与土耳其教育部共同发起并实施，支持政府努力去增加受教育机会并提高女童入学率。该运动于 2003 年在土耳其基础教育性别最不均等的 10 省展开。 由于教育部缺乏失学儿童的具体信息，指导委员会派遣咨询人员到这 10 省去评估需求并且将运动有关事项通知当地相关人士。由于土耳其教育体系的分层结构，这一举措的效果有限：咨询人员被认为是督导人员，而且对运动的理解不足。 随着方法的转变，该运动在众多中央和各省的利益相关者中建立起了一种新的关系模式：官员经常去解决地方小组遇到的问题。政府官员和教师都深度参与家访——这是一种规劝家长送女童到学校读书的有效策略。地方民间团体组织也成为运动的一分子。 与其他省份相比，这 10 个在运动开始时入选的省份都在缩小入学性别差距上取得了更大进步。据估计，在运动持续的 4 年中有大约 35 万名儿童入学。 资料来源：联合国教科文组织．2015 全民教育全球监测报告[R]．北京：教育科学出版社，2015：168.

在基础设施的建设中考虑性别差异，对于保证女童充分参与学校教育极其重要，特别是女厕所的建设对经期女童是决定性的因素。在印度，经历 21 世

① 联合国教科文组织．2015 全民教育全球监测报告[R]．北京：教育科学出版社，2015：166.

纪早期的学校厕所建设之后，在有厕所的学校，女童入学数量比男童增加更多。在更小的时候，女童和男童都明显受益于厕所，无论是分性别的还是混用的，但是独立厕所是决定青春期女童入学的关键因素，在配备独立厕所之后女童入学人数明显增加。[①] 这一点开始受到各个国家教育规划的重视。《2010 全民教育全球监测报告》中的一项研究，对 2005—2009 年来自发展中国家和转型国家的 44 份国家教育规划进行评述，发现有 25 份包含了改进学校供水和卫生设施的策略，其中 11 份与性别相关的目标有特别联系。计划包括分别修建男童和女童的厕所。2012 年，巴基斯坦的旁遮普教育部门改革项目，有 60%的资金作为专项用于改进女童所在学校的设施，并且将厕所作为头等大事。[②] 而在阿富汗这样一个存在传统性别规范的国家，是否有相关的卫生设施异常重要，阿富汗政府已经开始了这方面的工作(见框 7.3)。

框 7.3 阿富汗——清洁用水和厕所建设

2010 年，教育部、公共卫生部、农村复兴和发展部联同民间社会团体、捐助者和社区成员共同发起了学校水、环境卫生与个人卫生[WASH]项目联合行动(Joint Action for Water, Sanitation and Hygiene [WASH] in Schools)。

该项目计划改善阿富汗学校的卫生和用水情况。提供清洁用水和卫生设施，如厕所，这将显著减少与卫生相关的疾病，从而提高学生出勤率。2009 年，从 24 省的 7769 所学校收集的数据表明，只有 36%的学校有安全饮用水，22%的学校的男孩和女孩有单独使用的厕所，8%的学校的身体残障学生有单独使用的厕所，13%的学校有洗手池。项目也将大大鼓励更多女孩上学。据估计，阿富汗中小学有 800 万名学生，其中只有 300 万是女孩。

到 2010 年年底，项目进展十分显著。相关部委协调国际和当地的利益相关方，制订了学校 WASH 计划，以及配套的指导方针和标准。启动了学校校长、教师、学生和其他相关人员的能力建设活动。通过当地一级的学校 WASH 项目月度协调会，各方都参与进来。学校还修建了女性专用设施，包括安全处理卫生巾的焚烧炉。阿富汗教育部估计，到 2014 年，将有 1000 多万名中小学适龄儿童入读 16500 所学校。计划 80%的学校到 2014 年将有充足的水和卫生设施，到 2015 年实现全面覆盖。

资料来源：UNESCO and UNICEF. Asia-Pacific End of Decade Notes on Education for All: EFA Goal 2 Universal Primary Education[R]. UNESCO Bangkok, UNICEF EAPRO and UNICEF ROSA, 2013: 39.

① 联合国教科文组织.2015 全民教育全球监测报告[R]. 北京：教育科学出版社，2015：172.

② 同上.

女童的入学和出勤对于上学的距离特别敏感。非洲一些研究表明，当距离学校较远时，家长就对送女孩上学产生犹豫，家长特别关注的问题是她们上学路上的安全。[①] 因此，将学校建在距离社区较近的地方，能够帮助克服与距离相关的女童教育障碍。阿富汗古尔省的一项研究随机地选择村庄新建小学，结果发现，整体入学率提高了 42 个百分点，而且女童的入学率比男童多增加 17 个百分点，消除了既存的性别差距。[②]

除了上述措施之外，一些国家还为已经辍学的女童提供第二次接受教育的机会，给予她们特别的支持。在印度，不拉罕开放学校（The Pratham Open School of Education，POSE）是为边缘化群体提供第二次教育机会的尝试。该项目创始于 2011 年，主要目标群体是被主流教育系统边缘化的女童和妇女，给他们提供完成学业的第二次机会。该项目在 7 个邦实施，为上述人群提供 3 个月的强化基础课程，弥补基本概念和中等学校课程之间的差距。到目前为止，该项目已让 2 万多名小学阶段儿童获益。[③] 孟加拉国也有类似的尝试（具体见框 7.4）。

框 7.4 孟加拉国——幸运的十三人

"阅读室"(Room to Read)女童教育项目为八个地区包括那些处于孟加拉国农村的女童提供全面支持，包括生活技能教育、家长支持(parental advocacy)和强化的学习辅导。项目提供的辅导证明额外的、有针对性的协助是如何帮助并防止女孩从学校辍学的。在 2009 学年末，"阅读室"项目开始为 Sirajganj 地区的 232 名女孩提供教育服务，当时，很多女孩离参加初中入学考试只有两个月。最终，13 个女孩没能通过考试。家长们不相信女儿们能在第二次考试中成功，这些女童面临辍学。

当地"阅读室"项目员工通过评估，发现大多数女孩挣扎于数学和英语。基于这个信息，女童教育项目团队设计了强化的一年期辅导计划，以对女孩的正规教育形成补充并为一年后的考试做准备。女孩们在下午和周末接受辅导。最终，所有女孩通过考试并升入六年级，有一个女孩的成绩甚至进入了甲级。由孟加拉国"阅读室"项目提供的有针对性的学习支持突出了一个事实，即学习结果的公平并不简单的意味着所有学生接受同样的教育。相反，男孩和女孩经常需要根据他们的特殊需求提供额外支持，以获得学业上的成功。这是一个小小的胜

---

① 联合国教科文组织．2003/04 全民教育全球监测报告[R]．北京：人民教育出版社，2004：137.

② 联合国教科文组织．2015 全民教育全球监测报告[R]．北京：教育科学出版社，2015：171.

③ UNESCO. Regional overview：South and West Asia [EB/OL]. http：//en. unesco. org/gem-report/sites/gem-report/files/207054E. pdf. 2015：7.

续表

框 7.4　孟加拉国——幸运的十三人
利，但是被认为是"幸运的"，因为在孟加拉国"幸运"意味着"准备"(preparation)和"机会"(opportunity)的结合。
资料来源：UNESCO and UNICEF. Asia-Pacific End of Decade Notes on Education for All：EFA Goal 5 Gender Equality [R]. UNESCO Bangkok，UNICEF EAPRO and UNICEF ROSA，2012：26.

(四)解决女教师短缺的问题

在"一带一路"国家，中东欧以及中亚初等和中等教育中的女教师比例很高，出现了教师队伍的女性化趋势。但在其他次区域，1990 年的"世界全民教育大会"召开直至 2000 年的"达喀尔全民教育论坛"举办之时，女教师短缺的问题仍然是主导性的。从表 7.8 我们可以看到，在南亚和西亚地区，1990 年和 2000 年初等教育中的女教师比例为 32%和 38%，而中等教育更低，为 32%和 35%，即使是教师队伍普遍女性化的学前教育阶段，1990 年和 2000 年该地区的女教师比例也不算高，仅为 43%和 75%。而解决这个问题是近 10 多年来相关国家为促进女童教育，促进教育公平的着力点。由于起点较低且政策得力，这一地区在女教师的招录方面取得的进展也最大。

表 7.8　次区域各级教育女教师比例(%)(1990 年、2000 年和 2013 年)

年份 地区	学前教育			初等教育			中等教育		
	1990	2000	2013	1990	2000	2013	1990	2000	2013
世界	93	92	94	56	60	63	48	51	52
阿拉伯国家	54	78	91	50	52	58	38	43	47
中东欧	…	100	99	83	83	85	…	73	72
中亚	…	97	98	81	86	90	…	66	71(2012)
东亚和太平洋地区	94	94	96	48	56	64	35	43	51
南亚和西亚	43	75	…	32	38	…	32	35	39

注：…表示没有相关数据。

资料来源：联合国教科文组织统计研究所数据库，2016 年.

女教师的比例是迈向性别平等进展的一项重要指标。那些女童在教育参与上面临劣势的国家，增加女教师的数量被证明具有积极作用。女教师的存在可以减轻家长对安全问题的担心，并帮助提高对女童教育的需求，特别是在女童入学存在社会文化障碍的国家。一项在 30 个发展中国家的研究发现，提高某一学区女教师的比例能够增加女童的入学率和续读率，特别是在农村地区。①

在全球范围内，初等教育师资中的女性比例从 1990 年的 56%上升到 2013 年的 63%。在许多国家她们都是绝对主体，特别是在中亚、中东欧。在中等教育阶段，全球的平均水平保持在 52%。但是，在阿拉伯国家、南亚和西亚，女教师在初等和中等教育阶段仍然是少数。在阿富汗，2013 年教育部的所有雇员共计 257807 人，其中只有 27.2%是女性。②

在阿富汗、尼泊尔等国家，招聘女教师已经成为过去 10 年国家教育规划中的重要策略，并与鼓励女童入学和续读的策略相联系。在阿富汗，保守的社区不允许男性给女童教学，两项国家规划已经包含明确目标要招聘女教师来解决女童入学率低的问题。③ 在尼泊尔，增加女教师是政府的明确政策，规定一个学校至少有一名女教师。同时，为了促进融合，政策还强调从达利特人(贱民)和贾那贾提人(土著民族)中招聘教师。④ 在过去几年，印度采取了多项具体措施为政府办的初等学校招录女教师。SSA 项目计划招录女教师的比例提高到 50%，此举措大大提高了学校中女教师的比例。印度所有学校的女教师比例从 2006/2007 学年的 41.9%提高到了 2013/2014 学年的 47.2%。⑤ 另外，非政府组织的参与为招录女教师提供了新的渠道。孟加拉国农村发展委员会(BRAC)主要雇用从本地招募的已婚妇女并对她们进行培训，让她们去教小学低年级。

---

① 联合国教科文组织．2015 全民教育全球监测报告[R]. 北京：教育科学出版社，2015：176.

② Education for All 2015 National Review Report：Afghanistan [EB/OL]. http：//unesdoc. unesco. org/images/0023/002327/232702e. pdf. 2014：41.

③ 联合国教科文组织．2015 全民教育全球监测报告[R]. 北京：教育科学出版社，2015：174.

④ Ministry of Education，Nepal and UNESCO Kathmandu Office. Education For All：National Review Report (2001-2015). Kathmandu：UNESCO Kathmandu Office，2015：40.

⑤ Government of India Ministry of Human Resource Development. Education for All：Towards Quality with Equity[EB/OL]. http：//unesdoc. unesco. org/images/0022/002298/229873e. pdf. 2014：83.

在巴基斯坦，收费低廉的私立小学从本地社区雇用年轻的、未受过训练的未婚女性。①

当然，在那些教师队伍严重女性化的国家，政府在制定政策并采取措施努力提高男教师的比例。譬如，立陶宛于 2013 年通过"国家教育战略(2013—2022)"(National Education Strategy)，其目标之一就是到 2022 年，把在初等和中等学校任职的男性教师的比例从 2013 年的 15.8%提高到 20%。②

第四节　面临的挑战和需要关注的问题

不同国家在实现性别均等和性别平等目标上面临不同的具体障碍。但是，有一些挑战是地区大多数国家共同面临的，也有一些挑战是部分国家特有的，但是与我们的惯常认识有一定出入。

一、地区之间和城乡之间的差异

国家数据可以帮助了解国家层面实现性别均等目标的进展，但也会遮蔽地方差异。很多国家的数据显示，在省级和地方层面，男女在接受教育的比例上存在一定的差别。例如，在某省，男童可能处于明显弱势，而在邻近的省，歧视却指向女童。因此，在国家层面上实现性别均等并不必然意味着所有地区都实现此目标。以越南为例，尽管已经在初等教育实现性别均等目标，但在东北部(不利于女童)和南部高地(不利于男童)仍然存在较大差异。③ 2013 年缅甸的初等教育的 GPI 为 0.98，实现了性别均等。但是，仔细比对各邦数据，我们发现 GPI 最低的若开邦为 0.92，即每 100 个男生对应的女生为 92 人，GPI 最高的掸邦为 1.04，即每 100 个男生对应的女生人数为 104 人，地区之间的差异不小(见表 7.9)。

---

① 联合国教科文组织.2015 全民教育全球监测报告[R].北京：教育科学出版社，2015：176.

② Education for All 2015 National Review Report：Lithuania [EB/OL]. http：//unesdoc.unesco.org/images/0022/002299/229934E.pdf. 2014：60.

③ UNESCO and UNICEF. Asia-Pacific End of Decade Notes on Education for All：EFA Goal 5 Gender Equality[R]. UNESCO Bangkok，UNICEF EAPRO and UNICEF ROSA，2012：16.

表 7.9　缅甸各邦初等教育性别均等指数(2013 年)

序号	省/邦	性别均等指数
1	伊洛瓦底省(Ayeyarwady)	0.95
2	勃固省(Bago)	1.03
3	钦邦(Chin)	0.98
4	克钦邦(Kachin)	0.95
5	克耶邦(Kayah)	1.03
6	克伦邦(Kayin)	1.02
7	马圭省(Magway)	1.01
8	曼德勒省(Mandalay)	1.00
9	孟邦(Mon)	0.99
10	内比都市(Nay Pyi Taw)	0.93
11	若开邦(Rakhine)	0.92
12	实皆省(Sagaing)	0.99
13	掸邦(Shan)	1.04
14	德林达依省(Tanintharyi)	0.99
15	仰光省(Yangon)	0.96
	全国	0.98

资料来源：Education for All 2015 National Review Report：Myanmar [EB/OL]. http：//unesdoc.unesco.org/images/0022/002297/229723e.pdf. 2014：29.

在巴基斯坦(在多项目标上未实现性别均等)，各省在学前教育毛入学率、初等教育净入学率、到五年级的巩固率以及成人识字率的性别均等指数均存在较大的差异。以初等教育净入学率为例，GPI 最高的为 1.14，强烈指向对女童有利，而最低的只有 0.50，差别竟然有 64 个百分点(具体见表 7.10)。

表 7.10　巴基斯坦部分省/地区性别均等指数(2012/2013 学年)

省	学前教育毛入学率	初等教育净入学率	到五年级的巩固率	成人识字率
俾路支省(Balochistan)	0.70	0.78	0.93	0.29
联邦直辖部落地区(FATA)	0.63	0.50	0.51	…
吉尔吉特-巴尔蒂斯坦(GB)	0.78	0.99	1.29	…
联邦首都区(ICT)	1.03	1.14	1.10	…
开伯尔-普赫图赫瓦省(KP)	0.80	0.72	0.75	0.45

注：…表示没有相关数据。

资料来源：Education for All 2015 National Review Report：Pakistan [EB/OL]. http：// unesdoc.unesco.org/images/0022/002297/229718E.pdf. 2014：28.

入学方面的性别差异与城乡差距(主要体现为社会经济鸿沟)也有联系。将来自世界各地的43个国家从2000年至2008年的城市和农村调整后的初等教育净入学率的性别均等指数进行比较，结果显示农村地区平均性别均等指数(0.94)指向女童的处境不利，而城市的数据处于实现性别均等的范围(0.99)。这项调查在包括孟加拉国、柬埔寨、印度、印度尼西亚、老挝、尼泊尔、巴基斯坦、菲律宾、泰国和乌兹别克斯坦等43个国家开展。①

在巴基斯坦，尽管2009年初等教育净入学率和中等教育净入学率的性别均等指数分别为0.84和0.79，但是图7.7显示，农村和城市的女性在初等和中等教育入学率上都存在差距。该图还显示，城市的女性在初等和中等教育入学上差异较小，但是，农村女孩接受中等教育的比例要远远低于接受初等教育的比例。变化的趋势也揭示，当农村初等教育的女童入学率大幅增长的同时，中等教育的女童入学率却似乎停滞不前了。

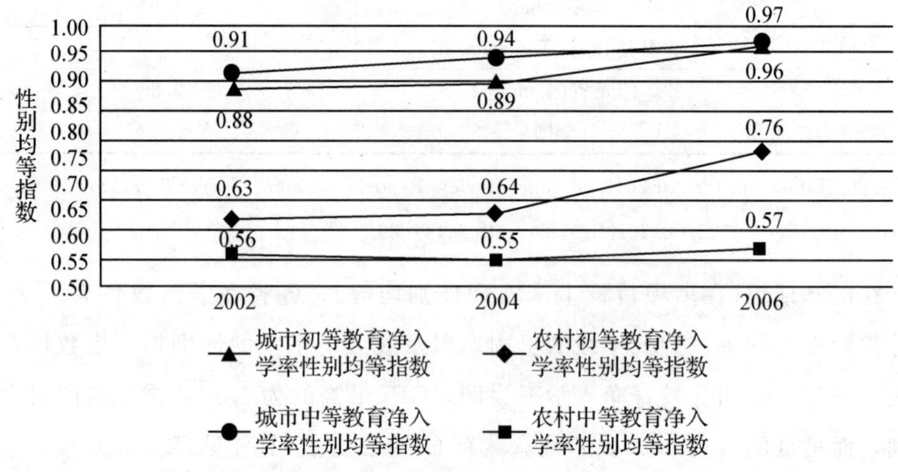

图7.7 巴基斯坦农村和城市净入学率性别差距(2002年、2004年和2006年)

资料来源：UNESCO and UNICEF. Asia-Pacific End of Decade Notes on Education for All：EFA Goal 5 Gender Equality[R]. UNESCO Bangkok，UNICEF EAPRO and UNICEF ROSA，2012：16.

在一些国家，教师队伍中女教师的比例在地区间差异明显。在阿富汗，普通教育(一至十二年级)中女教师的比例从2012年的30.9%提高到了2013年的

① UNESCO and UNICEF. Asia-Pacific End of Decade Notes on Education for All：EFA Goal 5 Gender Equality[R]. UNESCO Bangkok，UNICEF EAPRO and UNICEF ROSA，2012：19.

32.91%。但是在一些农村省份，譬如 Paktika、Paktia、Khost 和 Uruzgan，女教师的比例不到 5%。一半地区根本就没有女教师。[①] 在柬埔寨，2005/2006 学年，尽管初等教育阶段全国教师队伍中女教师的比例为 41.7%，但女教师最少的奥多棉芷省的比例仅仅只有 18.7%，而最多的金边的比例为 73.6%(见图 7.8)。

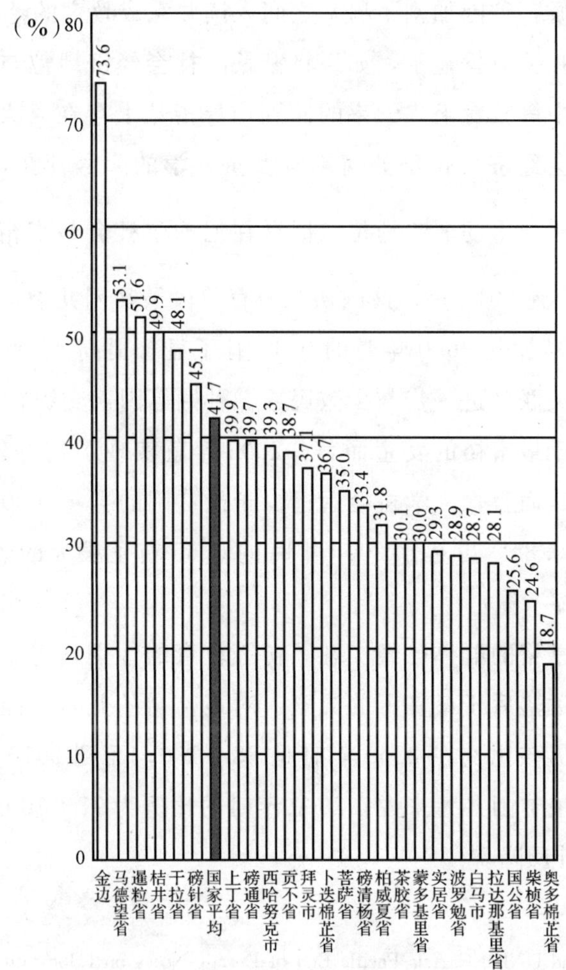

图 7.8　柬埔寨各省初等教育女教师比例(2005/2006 年)

资料来源：UNESCO and UNICEF. Asia-Pacific End of Decade Notes on Education for All：EFA Goal 5 Gender Equality[R]. UNESCO Bangkok，UNICEF EAPRO and UNICEF ROSA，2012：39.

---

① Education for All 2015 National Review Report：Afghanistan [EB/OL]. http：//unesdoc. unesco. org/images/0023/002327/232702e. pdf. 2014：41.

二、最贫困群体仍然面临较大的障碍

教育中的性别问题常常与儿童所在家庭的社会经济地位有关。在很多国家，富裕群体在教育机会上已经实现了性别均等；但是，对最贫困的群体而言，女童获得的机会仍然大大少于同处这一社会经济地位的男童，明显处于弱势地位。很多时候，贫困加剧了男女之间入读并完成教育的差异。

在尼泊尔，相关数据显示，如果将家长的社会经济地位与学生的性别进行关联，在初等和中等教育毛入学率的性别均等指数上存在巨大的差别。尼泊尔的数据说明了社会经济地位是如何影响女童入学的。尽管在初等和中等教育，最贫困的女童处于严重的弱势地位，但是在尼泊尔社会最富裕的$\frac{1}{5}$人群中不存在这样的差异。[①] 到 2010 年，该国初等教育阶段最贫困儿童的性别均等指数仍然只有 0.84，当然比起 2000 年时的 0.40 有了显著提高。[②] 此外，性别与社会经济地位之间的关联又进一步与少数民族、种姓等因素交织在一起。

在埃及，对于最富裕的女童而言，2000 年就实现了初等教育的性别均等；但对最贫困的女童而言，入学机会远远少于最贫困的男童。2008 年，该群体的性别均等指数为 0.84，虽然比 2000 年时的 0.65 有了很大的改善，[③] 但是仍然低于全国平均水平。

在老挝，最富裕的群体已经实现了初等教育的性别均等，但是最贫困的女童入学的机会远远落后于最贫困的男童。对最富裕的儿童，能够完成完整的初等教育的女孩与男孩比例在 2000 年时是 88∶100，而到 2010 年则实现了性别均等；但是，对最贫困儿童来说，2000 年时的比例为 77∶100，而到 2010 年则为 70∶100，不升反降。[④]

---

① UNESCO and UNICEF. Asia-Pacific End of Decade Notes on Education for All：EFA Goal 5 Gender Equality[R]. UNESCO Bangkok，UNICEF EAPRO and UNICEF ROSA，2012：17.

② UNESCO. Regional overview：South and West Asia [EB/OL]. http：//en. unesco. org/gem-report/sites/gem-report/files/207054E. pdf. 2015：6.

③ UNESCO. Regional overview：Arab States [EB/OL]. http：//en. unesco. org/gem-report/sites/gem-report/files/regional _ overview _ AS _ en. pdf. 2015：6.

④ UNESCO. Regional overview：East Asia and the Pacific [EB/OL]. http：//en. unesco. org/gem-report/sites/gem-report/files/regional _ overview _ EAP _ en. pdf. 2015：7.

在巴基斯坦，2006 年到 2012 年，在缩小从未上学的最贫困的儿童的比例上进展很小，同时在缩小最贫困的女童和男童之间高达 18%的差距上的进展也很小。而对最富裕的儿童而言，每年的性别差异很小。[①] 总体而言，在南亚和西亚，最贫困的女孩仍然是最不可能上学的。

三、在教育过程中（课程、教学、教师）将性别主流化

全民教育运动为解决教育中的性别偏见提供了动力和契机，联合国教科文组织、联合国儿童基金会等国际组织也大力支持发展中国家对教材中的性别偏见进行审查。但是，尽管采取了多种努力去纠正教材中的性别偏见问题，但在很多国家，这个现象仍然很普遍。

在中东欧和中亚的多数国家，课本以不同的性别角色来表现男人和妇女。妇女总是被描述为在家中从事家务劳动。例如，波兰的课本经常将女性呈现为正在做家务的母亲和家庭主妇等家庭角色。在阿尔巴尼亚、匈牙利、哈萨克斯坦及塔吉克斯坦，大多数课本从未描述家庭环境之外的女性。在描述家庭之外的工作女性时，又一次倾向于陈规角色。例如，罗马尼亚初等学校课本描述女性为学校教师、农民、卖水果的或卖花的，而男性则是宇航员、警察、医生、演员、指挥家和建筑工人。[②] 在菲律宾，教材中也出现类似的状况（见框 7.5）。而在巴基斯坦，负责课程研制和教材开发的机构对教材进行修改比较抗拒，这导致很难将此事列为政府的优先事项，而缺乏公众的支持进一步强化了这种现状。[③] 另外一个原因是负责教材开发指南和批准教材使用的主要专业人员缺乏性别敏感性方面的知识，比如在格鲁吉亚。[④] 若课程本身仍刻有性别偏见的痕迹，让教师关注课堂中的性别差异几乎不大可能起作用。因此，“修正”课程至关重要，尽管极具挑战性。[⑤]

---

① UNESCO. Regional overview：South and West Asia [EB/OL]. http：//en. unesco. org/gem-report/sites/gem-report/files/207054E. pdf. 2015：6.

② 联合国教科文组织 . 2003/04 全民教育全球监测报告[R]. 北京：人民教育出版社，2004：146.

③ UNESCO. Regional overview：South and West Asia [EB/OL]. http：//en. unesco. org/gem-report/sites/gem-report/files/207054E. pdf. 2015：6.

④ UNESCO. Regional overview：Central and Eastern Europe and Central Asia [EB/OL]. http：//en. unesco. org/gem-report/stes/gem-report/files/191765e. pdf. 2015：6.

⑤ 联合国教科文组织 . 2003/04 全民教育全球监测报告[R]. 北京：人民教育出版社，2004：145.

框 7.5 菲律宾——历史课本中的性别歧视

根据一项分析，菲律宾中等学校使用的历史课本将妇女绝大部分刻画成男性创造历史过程中的一个旁观者(bystander)。历史课本常常将公共与私人领域截然划分，而在其中，女性被描绘成家庭妇女、妻子和母亲的角色，而男性则是战士、领导和公民。没有一本书是描述菲律宾女性在国家建设中的积极角色的，仅仅只是在她们的丈夫或父亲被刺杀时意外承担了国家领导者的角色。这项研究以及其他关于学习材料的质性研究指出，如何刻画男孩和女孩是有规范的，这复制了歧视性的社会结构。正如分析中强调的，几乎可以确定课本的作者们没有意识到他们在描绘女性和男性角色中存在的歧视。因此，通过强调书籍如何强化社会中男女角色的性别化和歧视性观念，质性研究对提升学习材料的性别敏感性至关重要。

资料来源：UNESCO and UNICEF. Asia-Pacific End of Decade Notes on Education for All：EFA Goal 5 Gender Equality[R]. UNESCO Bangkok，UNICEF EAPRO and UNICEF ROSA，2012：28.

教育中的性别平等呼吁不仅要消除入学的性别差异，还要那些实施教育的人即教师们信仰它并将其作为共同的价值观。男性和女性教育者和教育管理者对与现有的价值体系交织在一起的性别刻板印象不是"有免疫力的"，有必要对他们进行性别敏感性和回应性的培训，提高他们的意识和能力，帮助他们更好地创建性别回应性的学校和教室环境，营造性别回应性的学习氛围，支持教师更好地开展性别回应性的教学。在这一点上，"一带一路"国家目前进展尚小，未来任重而道远。

最后，我们必须清楚地意识到，教育改革和更广泛的社会、经济变革存在很深的相互依赖关系，教育系统外部的性别不平等的顽固势力，是实现教育内部性别平等的深层次制约因素。① 因此，要促进教育中的性别平等不能只从教育切入，而应该以更综合和更整体(holistic)的视角去采取措施。

四、教育中的女性领导力

学校管理等级制度也反映了性别的不平等。非洲一项涉及 12 国的调查结果显示，存在将男教师提拔到学校管理岗位上的明显偏好。在肯尼亚和坦桑尼亚，尽管接近半数的小学教师是女性，但校长中女性的比例不到 20%。② 即便

① 联合国教科文组织. 2003/04 全民教育全球监测报告[R]. 北京：人民教育出版社，2004：117.

② 联合国教科文组织. 2015 全民教育全球监测报告[R]. 北京：教育科学出版社，2015：176.

在那些绝大多数教师都是女性的地方，女性升任领导职位的比例仍低于男性。在乌兹别克斯坦，尽管大多数教师是女性，但大多数学校校长是男性。在克罗地亚，女性在管理人员中少有代表；而在阿塞拜疆，教育中的男性大多数是学校的行政人员和校长。① 老挝和尼泊尔关于女教师的研究也描述了女教师在升职方面面临巨大障碍以及在教育部门的决策层面女性的参与较少。② 为了确保公平对待女教师，有必要解决这些不平等的问题。一些国家采取了相应的干预措施，提升女性领导力。譬如，斯里兰卡建立了妇女联合网络，加强她们在决策过程中的作用(见框 7.6)。

框 7.6　促进赋权和领导力——女教育者的单独论坛
为女教师提供分享对话的空间能帮助培养女性的领导力并赋权她们在决策过程中提出性别问题。斯里兰卡妇女联合网络(The Sri Lankan Joint Women's Network)由来自五个教师工会的成员组成。它有助于女教师的招聘以及女教师被提拔到领导岗位。该网络开展了一些活动，譬如，为年轻教师组织特别的研讨班，大规模的研讨班，领导力培训以及印制有关招聘的学习材料。妇女联合网络(JWN)也倡导更好的孕产福利，强调女教师的特殊需求。这些网络和论坛在几个方面发挥着作用：帮助女教育者的声音能被听到；鼓励她们应对性别暴力；让决策者更多地意识到她们的特殊需求。 资料来源：UNESCO and UNICEF. Asia-Pacific End of Decade Notes on Education for All：EFA Goal 5 Gender Equality[R]. UNESCO Bangkok，UNICEF EAPRO and UNICEF ROSA，2012：38-39.

类似的情况也发生在中国的农村学校。中英西南基础教育项目(2006—2011 年)基线调研结果显示，尽管义务教育阶段女教师的比例接近男教师且女教师的学历高于男教师，但在 356 位小学校长的样本中只有 11 位女校长，在 87 位中学校长中只有 1 位女校长；除此之外，女性在成为校长之前要经过更长一段时间的等待，女校长的平均年龄为 40 岁，相比较而言，男校长的平均年龄为 37 岁。③ 为改变这一现状，项目设计了关于女性领导力建设的活动，主要

① 联合国教科文组织. 2003/04 全民教育全球监测报告[R]. 北京：人民教育出版社，2004：148.

② UNESCO and UNICEF. Asia-Pacific End of Decade Notes on Education for All：EFA Goal 5 Gender Equality[R]. UNESCO Bangkok，UNICEF EAPRO and UNICEF ROSA，2012：38.

③ 中英西南基础教育项目办公室. 教育公平[M]. 重庆：西南师范大学出版社，2010：28.

包括女性领导力行动研究和女性领导能力建设。行动研究主要由县教育局开展，主要目的是在政策上为优秀的女教师走上学校领导岗位“铺路架桥”，而能力建设则是为有潜力的女教师提供培训，两个活动从不同角度共同努力，为项目县学校女性领导的成长提供支持。相关措施在项目结束时已取得初步成效。2010 年，项目县(均为国家级贫困县)义务教育阶段的女校长人数由 2006 年的 73 名提高到 146 名，而学校层面女性中层干部的人数由 2006 年的 280 名增加到 1050 名。①

五、男童也需要关注

前面提到过，提到性别平等，虽然女性处于弱势并需要提供特别支持的国家和地区较多。但是，在不少“一带一路”国家中，中等教育入学指向对男童不利的国家与指向对女童不利的国家数量基本一致，包括亚美尼亚、孟加拉国、不丹、科威特、马尔代夫(2002)、尼泊尔、巴勒斯坦、菲律宾、泰国、阿联酋等国家。而且，在受教育的过程中，男童的学业成绩差，容易脱离学校。②

许多男童过早离开学校，是由于贫困和工作的责任或愿望，通常也夹杂着上学迟、成绩差和随之而来的缺乏兴趣，以及诸如种族和其他边缘化的因素。在蒙古，贫困牧民家庭的男童一直都存在较高的辍学率，也一直都是教育上最弱势的农村群体。2004 年政府明确针对男性的高辍学率颁布了政策。但是，这种情形在最近的教育行动规划中被扭转，不再具体提及男童或其他弱势群体。③ 在亚太地区的一些国家，存在数量巨大的男孩从小学辍学以及高中教育男生入学率低的问题。不丹、柬埔寨、印度尼西亚和菲律宾(见框 7.7)的数据显示，初等教育最后一年的巩固率存在性别差异，辍学的男孩显著多于女孩。④

---

① 中英西南基础教育项目办公室．中英西南基础教育项目完工报告[R].2011.

② 联合国教科文组织.2015 全民教育全球监测报告[R]. 北京：教育科学出版社，2015：166.

③ 联合国教科文组织.2015 全民教育全球监测报告[R]. 北京：教育科学出版社，2015：173-174.

④ UNESCO and UNICEF. Asia-Pacific End of Decade Notes on Education for All：EFA Goal 5 Gender Equality[R]. UNESCO Bangkok，UNICEF EAPRO and UNICEF ROSA，2012：22.

框 7.7 菲律宾——男童的教育是主要的关注点

在菲律宾，男孩的低学业表现和高辍学率是该国到 2015 年实现性别平等以及学校入学率性别均等的挑战之一。高辍学率的原因之一是童工问题。根据国家数据，菲律宾大多数的童工(Child Workers)是来自农村地区的男孩。虽然童工现象并不必然意味着对教育产生绝对的阻碍，但是国家的数据显示，在 5～17 岁的童工中，每五个中就有两个完全放弃学校教育。联合国教科文组织统计研究所 2007 年以来的数据显示，在菲律宾，男孩大多在初等教育阶段辍学(到初等教育最后一年的巩固率性别均等指数为 1.13)，而且在初中和高中阶段都没有实现性别均等的目标(2008 年初中和高中毛入学率的性别均等指数分别为 1.07 和 1.20)。

资料来源：UNESCO and UNICEF. Asia-Pacific End of Decade Notes on Education for All: EFA Goal 5 Gender Equality [R]. UNESCO Bangkok，UNICEF EAPRO and UNICEF ROSA，2012：22.

与很多人的想法相反，女童都尽一切努力争取上学。而且，她们一旦入学，都能努力学习，成绩也经常比男童更好。[①] 无论是捷克自己的数据还是国际数据均显示，在捷克，成绩不佳、留级和辍学的孩子中男童占多数。在捷克，中小学留级的学生中 60%是男生。[②] 在黎巴嫩，尽管入学时女童处于弱势(GPI 为 0.95)，但是一直读到五年级的概率比男童更高(五年级的 GPI 为 1.04)。[③] 在柬埔寨，2011 年，初等教育入学人数中每 100 个男生对应的女生是 95 个，但是男生在小学过程中更有可能辍学，到五年级的性别均等指数为 1.06。[④] 孟加拉国和不丹面临同样的情况。[⑤] 在拉脱维亚，2012 年的 PISA 结果显示，15 岁的女孩在 3 个测试领域(阅读、数学、科学素养)的成绩均高于男生。[⑥] 在马来

① 联合国教科文组织. 2003/04 全民教育全球监测报告[R]. 北京：人民教育出版社，2004：133.

② Education for All 2015 National Review Report：Czech Republic [EB/OL]. http：//unesdoc. unesco. org/images/0022/002299/229931E. pdf. 2014.

③ UNESCO. Regional overview：Arab States [EB/OL]. http：//en. unesco. org/gem-report/sites/gem-report/files/regional _ overview _ AS _ en. pdf. 2015：6.

④ UNESCO. Regional overview：East Asia and the Pacific [EB/OL]. http：//en. unesco. org/gem-report/sites/gem-report/files/regional _ overview _ EAP _ en. pdf. 2015：6.

⑤ UNESCO. Regional overview：South and West Asia [EB/OL]. http：//en. unesco. org/gem-report/sites/gem-report/files/regional _ overview _ AS _ en. pdf. 2015：6.

⑥ Education for All 2015 National Review Report：Latvia [EB/OL]. http：//unesdoc. unesco. org/images/0023/002313/231327e. pdf. 2014：42.

西亚，要促进性别均等，更为重要的是如何让男性继续留在学校并帮助他们改善学业成就。①

尽管男孩辍学的可能更大，入读中等教育的机会更少，并且在识字相关的技能上表现不如女孩；然而，应对以男童为代价的性别不均等的政策仍然稀缺，而且很少形成像女童教育那样的综合性、多层级的框架。《2015 全民教育全球监测报告》指出，全世界数以百万计男童的需求还没有在正规教育系统中得到充分满足，这一事实在女童持续面临整体劣势的情况下有时容易被忽略。尽管一开始女童比男童上学的可能性要低，但在许多国家男童有更高的风险无法续读和完成整个阶段的教育。需要指出的是，男童的劣势并不必然转换为女童的优势。女童和男童需要不同的政策来支持各自的入学和毕业。②

六、部分国家出现教师队伍高度女性化

上文提到，一些国家为了促进女童教育的发展，积极采取多种措施增加教师队伍中的女教师比例，并且取得显著成效。而在另外一些国家，情况却刚好相反，教师队伍早在十几年前就已经高度女性化，有的比例高达 96%，而学前教育阶段更高。教师队伍的女性化，特别是学前和初等教育阶段，对男童的发展也会有不利影响，需要相关国家采取措施，增加男教师的比例。

《2003/04 全民教育全球监测报告》显示，在中东欧和中亚国家，大多数小学教师为女性，并且在大部分国家，中学教师也是这样。然而，国家与国家间的情况有所不同。在亚美尼亚、白俄罗斯、保加利亚、格鲁吉亚、哈萨克斯坦、吉尔吉斯斯坦、拉脱维亚、立陶宛、俄罗斯、斯洛伐克、斯洛文尼亚和乌克兰等国的初等教育中，女教师超过 90%，在阿塞拜疆、克罗地亚、捷克、爱沙尼亚、匈牙利、波兰、罗马尼亚和乌兹别克斯坦等国这一比例为 75%～90%。③

目前，这样的状况没有得到改善。2012 年，中东欧地区初等教育中女教师比

---

① Education for All 2015 National Review Report：Malaysia [EB/OL]. http：//unesdoc. unesco. org/images/0022/002297/229719E. pdf. 2014：89.

② 联合国教科文组织 . 2015 全民教育全球监测报告[R]. 北京：教育科学出版社，2015：173.

③ 联合国教科文组织 . 2003/04 全民教育全球监测报告[R]. 北京：人民教育出版社，2004：148.

例为83%，而中亚地区的比例接近90%。在中等教育阶段，中东欧地区的比例为72%，中亚地区的比例为69%。① 在这些地区，拉脱维亚是教师队伍女性化的典型代表(见表7.11)。与拉脱维亚情况相似的立陶宛，2004—2013年，初等教育(Primary Education)女教师的比例约为98%，而基础和中等教育(Basic and Secondary Education)2013年的女教师比例为84.2%。为此，该国"国家教育战略2013—2022"设定了到2022年将基础和中等教育的男教师比例增加到20%的目标。② 在东亚和太平洋地区的一些国家，女教师的比例没有那么高，但也占据多数，譬如文莱，初等教育的女教师比例为70%以上，而中等教育的比例高于60%。③

表7.11　拉脱维亚各级教育的女教师比例(%)(2000—2012年)

年份	初等教育的女教师比例	中等教育的女教师比例	中等后教育的女教师比例
2000	96.62	80.14	61.15
2001	96.84	80.78	51.98
2002	97.10	81.35	54.31
2003	96.91	81.79	54.76
2004	97.18	82.22	55.37
2005	97.12	83.17	57.95
2006	96.79	85.15	56.97
2007	…	…	…
2008	92.89	81.27	57.16
2009	92.99	82.12	57.92
2010	93.61	82.97	57.68
2011	93.35	82.25	58.69
2012	93.49	82.23	57.44

注：…表示没有相关数据。

资料来源：Education for All 2015 National Review Report：Latvia [EB/OL]. http：// unesdoc. unesco. org/images/0023/002313/231327e. pdf. 2014：45.

① UNESCO. Regional overview：Central and Eastern Europe and Central Asia [EB/OL]. http：//en. unesco. org/gem-report/sites/gem-report/files/191765e. pdf. 2015：6.

② Education for All 2015 National Review Report：Lithuania [EB/OL]. http：//unesdoc. unesco. org/images/0022/002299/229934E. pdf. 2014：62-63.

③ Education for All 2015 National Review Report：Brunei Darussalam [EB/OL]. http：// unesdoc. unesco. org/images/0023/002305/230503e. pdf. 2014：29.

在一定程度上，教师队伍的女性化(特别是在低年级)强化了教学是妇女的领域的观念，因此阻止了男性在这个领域求职。一项研究显示，将小学教学看成女性的工作的观点与把女性看成照顾者(Caregiver)的角色相关联，这是在小学阶段男教师数量有限的共同原因。教学常常被看作男性在没有其他就业机会时最后的选择。而女性在教师岗位上遭遇到的不公平被性别化的价值体系强化，这种价值体系大多在社会中赋予女性自然的照顾者的角色而把男性放到领导者和决策者的位子上。①

① UNESCO and UNICEF. Asia-Pacific End of Decade Notes on Education for All：EFA Goal 5 Gender Equality[R]. UNESCO Bangkok，UNICEF EAPRO and UNICEF ROSA，2012：37.

第八章

教育信息化

第一节　背景

一、信息化助推实施“一带一路”战略

21世纪是一个信息化时代，世界上很多国家都很重视信息化建设与发展，信息化逐渐上升为国家战略。信息化与经济发展是相辅相成的关系，信息化建设需要以经济实力为基础，信息化又能带动经济发展。以信息化带动工业化，以信息流整合物流、资金流、人才流，全面发挥信息化在“一带一路”经济发展与区域一体化进程中的先导与支撑功能，是建设新型丝绸之路经济带的必然选择。没有信息化也就没有新的、快速发展的“一带一路”经济带，加快推进“互联互通”建设是“一带一路”有关国家的基本共识。①

二、“一带一路”战略助推“一带一路”国家教育信息化均衡发展

“一带一路”国家的经济和社会发展水平存在较大差距，而经济与教育信息化发展水平密切相关，由此导致“一带一路”国家教育信息化发展水平存在较大

① 陕西传媒网．委员建言：将信息化纳入一带一路国家战略顶层设计[EB/OL].[2015-3-12]. http://sn.ifeng.com/zixun/jinrishanxi/detail_2015_03/12/3646484_0.shtml.

差距。实施“一带一路”战略，将有利于促进“一带一路”国家教育信息化协同发展，缩小沿线国家教育信息化发展水平，为“一带一路”国家教育未来发展提供有力支撑。

第二节 “一带一路”国家教育信息化进展

一、“一带一路”国家对信息化战略的重视程度

利用信息化提高国家综合竞争力，已经成为“一带一路”很多国家的战略选择。2013—2014 年，“一带一路”国家明确利用信息化促进国家综合竞争力的实施计划情况见图 8.1。

利用信息化促进国家综合竞争力的实施计划情况，反映了这些国家对信息化的重视程度。信息化重视程度排前 10 名的国家和地区是阿联酋、新加坡、卡塔尔、马来西亚、沙特阿拉伯、巴林、阿塞拜疆、爱沙尼亚、斯里兰卡、阿曼、马其顿。也门、黎巴嫩、埃及、乌克兰、科威特、尼泊尔等国家对信息化重视程度不够。总体来说，中东欧和东盟的国家对信息化重视程度较高，南亚和西亚的国家对信息化重视程度较低。

二、“一带一路”国家信息化发展概况

(一)“一带一路”国家信息社会指数

据 2016 年 5 月中国国家信息中心发布的《2015 全球信息社会发展报告》，2015 年全球信息社会指数为 0.5494，正在从工业社会向信息社会加速转型。“一带一路”有 26 个国家信息社会指数高于全球信息社会指数(ISI)0.5494，还有 30 多个国家和地区的信息社会指数低于全球信息社会指数，见表 8.1。

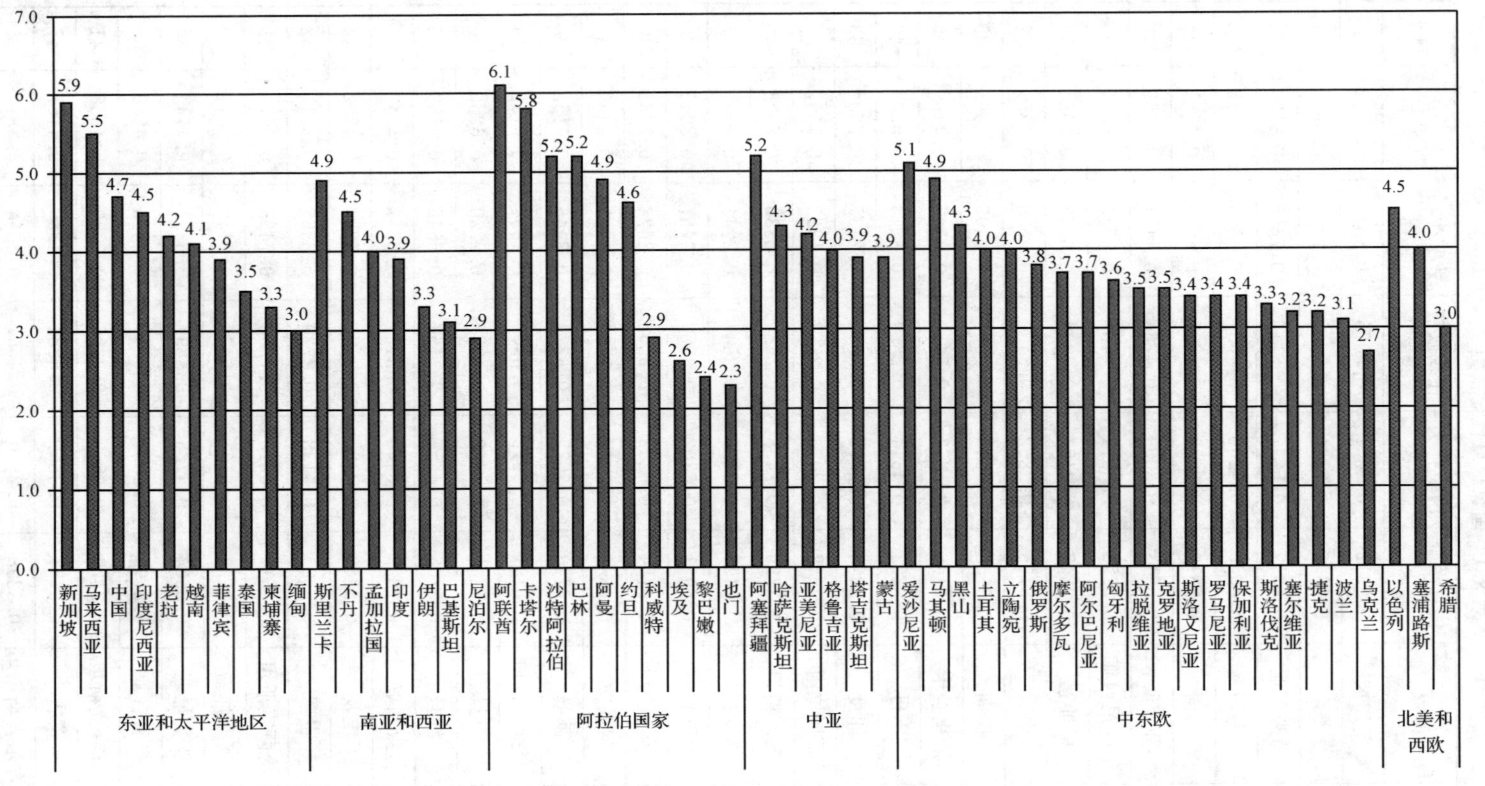

图 8.1　“一带一路”国家的信息化重视程度

注：1=没有实施计划，7=有明确的实施计划，数据是 2013—2014 年的加权平均值。

资料来源：Soumitra Dutta，Thierry Geiger and Bruno Lanvin，ed.. The Global Information Technology Report 2015[R]. Geneva：World Economic Forum and INSEAD，2015.

表 8.1　国家信息社会指数

	国家	信息经济指数	网络社会指数	在线政府指数	数字生活指数	ISI	排名
东亚和太平洋地区	新加坡	0.8312	0.9357	0.9076	0.8812	0.8852	1
	文莱	0.6637	0.7134	0.5042	0.7747	0.6959	11
	马来西亚	0.5319	0.5297	0.6115	0.7665	0.6096	22
	泰国	0.4056	0.4206	0.4631	0.4903	0.4413	38
	越南	0.3810	0.3539	0.4705	0.4986	0.4171	46
	菲律宾	0.3813	0.3099	0.4768	0.4171	0.3802	48
	印度尼西亚	0.3225	0.3511	0.4487	0.3638	0.3561	50
	柬埔寨	0.2248	0.2177	0.2999	0.3322	0.2624	54
	中国	0.3795	0.3852	0.5450	0.5038	0.4351	42
南亚和西亚	伊朗	0.3558	0.5843	0.4508	0.4405	0.4593	35
	斯里兰卡	0.3466	0.5377	0.5418	0.3347	0.4199	45
	不丹	0.3222	0.4614	0.2829	0.3248	0.3608	49
	印度	0.2878	0.2862	0.3834	0.2431	0.2834	53
	孟加拉国	0.2948	0.2956	0.2757	0.1832	0.2597	55
	巴基斯坦	0.2725	0.2438	0.2580	0.2335	0.2508	56
	尼泊尔	0.2477	0.2136	0.2344	0.2241	0.2291	57
阿拉伯国家	巴林	0.6951	0.7302	0.8089	0.9767	0.8015	2
	科威特	0.6784	0.8282	0.6268	0.8628	0.7735	3
	阿联酋	0.6600	0.6354	0.7136	0.9599	0.7480	6
	阿曼	0.6276	0.7027	0.6273	0.8446	0.7152	9
	沙特阿拉伯	0.6701	0.5612	0.6900	0.7994	0.6782	14
	黎巴嫩	0.7240	0.4647	0.4982	0.7220	0.6230	20
	约旦	0.5706	0.4554	0.5167	0.6548	0.5559	26
	叙利亚	0.2829	0.6968	0.3134	0.3647	0.4347	43
	埃及	0.3348	0.3380	0.5129	0.5804	0.4272	44
	也门	0.3305	0.4138	0.2720	0.2365	0.3215	52
中亚	哈萨克斯坦	0.4519	0.5218	0.7283	0.7433	0.5879	23
	阿塞拜疆	0.3538	0.5191	0.5472	0.6149	0.5011	30
	亚美尼亚	0.3664	0.4788	0.5897	0.5394	0.4744	34
	格鲁吉亚	0.3899	0.4061	0.6047	0.5313	0.4586	36
	塔吉克斯坦	0.3129	0.6509	0.3395	0.3759	0.4358	41
	蒙古	0.3781	0.3861	0.5581	0.4386	0.4167	47
	吉尔吉斯斯坦	0.3298	0.2810	0.4657	0.4064	0.3517	51

续表

	国家	信息经济指数	网络社会指数	在线政府指数	数字生活指数	ISI	排名
中东欧	爱沙尼亚	0.7483	0.5897	0.8180	0.8956	0.7519	5
	俄罗斯	0.5611	0.8202	0.7296	0.7781	0.7208	8
	立陶宛	0.6718	0.6701	0.7271	0.7885	0.7118	10
	捷克	0.7331	0.5552	0.6070	0.7943	0.6855	12
	斯洛文尼亚	0.7699	0.5239	0.6505	0.7534	0.6792	13
	斯洛伐克	0.7266	0.5204	0.6148	0.7928	0.6734	15
	拉脱维亚	0.6373	0.5416	0.7178	0.8022	0.6661	16
	波兰	0.6290	0.5777	0.6482	0.7943	0.6651	17
	匈牙利	0.7068	0.4578	0.6637	0.7553	0.6423	18
	克罗地亚	0.6076	0.5086	0.6282	0.7068	0.6097	21
	黑山	0.5651	0.4521	0.6346	0.7229	0.5855	24
	白俄罗斯	0.4738	0.6217	0.6053	0.6311	0.5785	25
	保加利亚	0.5207	0.4259	0.5421	0.6820	0.5428	27
	罗马尼亚	0.4472	0.4814	0.5632	0.6083	0.5174	28
	土耳其	0.5240	0.4452	0.5443	0.5413	0.5076	29
	塞尔维亚	0.4386	0.3799	0.5472	0.6485	0.4948	31
	乌克兰	0.4497	0.4315	0.5032	0.5774	0.4879	32
	马其顿	0.4284	0.3491	…	0.6755	0.4844	33
	摩尔多瓦	0.4090	0.3111	0.5571	0.5666	0.4417	37
	阿尔巴尼亚	0.4026	0.3626	0.5046	0.5369	0.4411	39
	波黑	0.3954	0.3301	0.4707	0.5848	0.4402	40
北美和西欧	以色列	0.9146	0.5797	0.8162	0.8015	0.7703	4
	塞浦路斯	0.8334	0.7039	0.5958	0.6750	0.7233	7
	希腊	0.7053	0.5183	0.7118	0.6634	0.6373	19

注：…表示没有相关数据。

资料来源：Soumitra Dutta，Thierry Geiger and Bruno Lanvin，ed.. The Global Information Technology Report 2015[R]. Geneva：World Economic Forum and INSEAD，2015.

新加坡和巴林的国家信息社会指数超过0.8，已进入信息社会发展的中级阶段；科威特、以色列、爱沙尼亚、阿联酋等20个国家的信息社会指数超过0.6，进入信息社会初级阶段；哈萨克斯坦、黑山、白俄罗斯、约旦等30个国家的信息社会指数处于0.3和0.6之间，处于从工业社会向信息社会转型期。印度、柬埔寨、孟加拉国、巴基斯坦和尼泊尔的信息社会指数低于0.3，尚处在信息社会发展的起步期。2015 年“一带一路”国家处于不同发展阶段的国家信息社会指数情况见图 8.2。

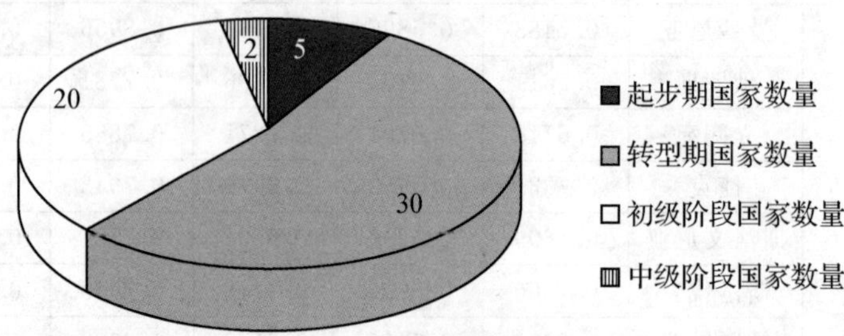

图 8.2　处于不同发展阶段的国家信息社会指数(2015 年)

(二)“一带一路”国家信息化发展指数

2015 年 11 月 30 日，国际电信联盟(ITU)发布《2015 年衡量信息社会报告》，反映了 2014 年全球 167 个国家和地区信息通信技术(ICT)的发展情况，对各国家和地区 ICT 发展指数进行了排名，见表 8.2。

IDI 指数(ICT Development Index)是衡量各国家和地区 ICT 发展水平的综合评价指标，从 ICT 接入、ICT 使用以及 ICT 技能三个维度，选取 11 个分项指标加权计算得出。ICT 接入包括固定电话普及率、移动电话普及率、人均国际出口带宽、电脑家庭普及率、互联网家庭普及率共 5 个指标；ICT 使用包括网民普及率、固定宽带人口普及率、移动宽带人口普及率共 3 个指标；ICT 技能包括成人识字率、中等教育毛入学率、高等教育毛入学率共 3 个指标。

“一带一路”国家信息化发展水平存在较大差距，IDI 指数排名前 10 的国家和地区是中国香港、新加坡、爱沙尼亚、中国澳门、巴林、卡塔尔、阿联酋、斯洛文尼亚、捷克、以色列。阿富汗、孟加拉国、巴基斯坦、缅甸、老挝等国家的信息化发展指数较弱。一般来说，ICT 接入与 ICT 使用、ICT 技能呈正相关，但是也有少数国家的 ICT 接入排名位居前列，但是 ICT 使用和 ICT 技能较弱。例如：新加坡 ICT 接入和 ICT 使用都位居第 2 名，但是 ICT 技能位居第 27 名；卡塔尔 ICT 接入位居第 3 名，ICT 使用位居第 7 名，ICT 技能位居第 44 名。

表 8.2　国家和地区信息化发展指数

排名	总指数 IDI 2015		ICT 接入 2015		ICT 使用 2015		ICT 技能 2015	
	国家和地区	数值	国家和地区	数值	国家和地区	数值	国家和地区	数值
1	中国香港	8.52	中国香港	9.32	爱沙尼亚	7.66	希腊	9.92
2	新加坡	8.08	新加坡	8.64	新加坡	7.61	白俄罗斯	9.75
3	爱沙尼亚	8.05	卡塔尔	8.13	巴林	7.56	斯洛文尼亚	9.44
4	中国澳门	7.73	以色列	7.98	中国香港	7.55	乌克兰	9.25
5	巴林	7.63	斯洛文尼亚	7.94	中国澳门	7.22	爱沙尼亚	9.22
6	卡塔尔	7.44	爱沙尼亚	7.86	阿联酋	6.99	立陶宛	9.13
7	阿联酋	7.32	阿联酋	7.86	卡塔尔	6.93	俄罗斯	9.04
8	斯洛文尼亚	7.23	中国澳门	7.85	捷克	6.29	波兰	9.02
9	捷克	7.21	巴林	7.79	拉脱维亚	6.29	以色列	8.86
10	以色列	7.19	希腊	7.71	立陶宛	6.10	中国香港	8.84
11	白俄罗斯	7.18	白俄罗斯	7.68	科威特	6.03	拉脱维亚	8.76
12	拉脱维亚	7.16	匈牙利	7.54	沙特阿拉伯	6.00	蒙古	8.69
13	希腊	7.09	沙特阿拉伯	7.42	斯洛伐克	5.86	捷克	8.66
14	立陶宛	7.08	捷克	7.41	克罗地亚	5.85	克罗地亚	8.64
15	沙特阿拉伯	7.05	克罗地亚	7.33	波兰	5.62	匈牙利	8.62
16	克罗地亚	7.00	科威特	7.31	以色列	5.57	中国澳门	8.49
17	俄罗斯	6.91	塞尔维亚	7.28	黎巴嫩	5.54	保加利亚	8.47
18	波兰	6.91	文莱	7.25	俄罗斯	5.52	沙特阿拉伯	8.41
19	科威特	6.83	俄罗斯	7.24	斯洛文尼亚	5.42	土耳其	8.35
20	匈牙利	6.82	阿曼	7.24	白俄罗斯	5.40	塞尔维亚	8.30
21	斯洛伐克	6.82	拉脱维亚	7.23	保加利亚	5.22	斯洛伐克	8.28
22	保加利亚	6.52	波兰	7.15	匈牙利	5.19	罗马尼亚	8.18
23	塞尔维亚	6.45	立陶宛	7.04	希腊	5.05	黑山	8.17
24	塞浦路斯	6.37	斯洛伐克	7.04	阿曼	5.05	哈萨克斯坦	8.07
25	阿曼	6.33	塞浦路斯	7.04	塞浦路斯	4.89	亚美尼亚	8.06
26	黎巴嫩	6.29	哈萨克斯坦	6.92	马其顿	4.76	塞浦路斯	8.01

续表

排名	总指数 IDI 2015		ICT 接入 2015		ICT 使用 2015		ICT 技能 2015	
	国家和地区	数值	国家和地区	数值	国家和地区	数值	国家和地区	数值
27	哈萨克斯坦	6.20	保加利亚	6.85	马来西亚	4.76	新加坡	7.93
28	罗马尼亚	6.11	马其顿	6.75	阿塞拜疆	4.70	吉尔吉斯斯坦	7.85
29	马其顿	6.07	黑山	6.74	塞尔维亚	4.69	阿尔巴尼亚	7.85
30	马来西亚	5.90	摩尔多瓦	6.70	哈萨克斯坦	4.54	泰国	7.83
31	黑山	5.90	罗马尼亚	6.69	罗马尼亚	4.48	格鲁吉亚	7.76
32	摩尔多瓦	5.81	马来西亚	6.61	泰国	4.28	约旦	7.66
33	阿塞拜疆	5.79	黎巴嫩	6.57	摩尔多瓦	4.02	摩尔多瓦	7.63
34	土耳其	5.58	乌克兰	6.27	黑山	3.91	伊朗	7.61
35	文莱	5.53	格鲁吉亚	6.20	中国	3.84	波黑	7.52
36	泰国	5.36	阿塞拜疆	6.11	土耳其	3.77	巴林	7.49
37	亚美尼亚	5.32	亚美尼亚	6.08	波黑	3.74	科威特	7.49
38	波黑	5.28	马尔代夫	6.03	马尔代夫	3.59	阿塞拜疆	7.34
39	格鲁吉亚	5.25	土耳其	6.00	菲律宾	3.55	文莱	7.34
40	乌克兰	5.23	伊朗	5.97	吉尔吉斯斯坦	3.46	马其顿	7.30
41	马尔代夫	5.08	波黑	5.71	阿尔巴尼亚	3.40	黎巴嫩	7.23
42	中国	5.05	约旦	5.69	蒙古	3.20	阿曼	7.09
43	蒙古	5.00	中国	5.25	亚美尼亚	3.19	中国	7.07
44	伊朗	4.79	泰国	5.20	格鲁吉亚	3.03	卡塔尔	7.05
45	约旦	4.75	埃及	5.12	越南	3.01	菲律宾	6.97
46	阿尔巴尼亚	4.73	蒙古	4.97	文莱	2.90	斯里兰卡	6.96
47	吉尔吉斯斯坦	4.62	叙利亚	4.76	埃及	2.71	阿联酋	6.93
48	菲律宾	4.57	印度尼西亚	4.60	约旦	2.36	印度尼西亚	6.93
49	埃及	4.40	阿尔巴尼亚	4.50	不丹	2.27	马来西亚	6.75
50	越南	4.28	越南	4.43	伊朗	2.19	越南	6.54
51	印度尼西亚	3.94	菲律宾	4.39	乌克兰	2.17	埃及	6.34
52	斯里兰卡	3.64	斯里兰卡	4.17	印度尼西亚	1.79	马尔代夫	6.16

续表

排名	总指数 IDI 2015		ICT 接入 2015		ICT 使用 2015		ICT 技能 2015	
	国家和地区	数值	国家和地区	数值	国家和地区	数值	国家和地区	数值
53	叙利亚	3.48	吉尔吉斯斯坦	4.16	斯里兰卡	1.44	印度	5.48
54	不丹	3.35	柬埔寨	3.77	叙利亚	1.22	叙利亚	5.42
55	柬埔寨	2.74	不丹	3.57	尼泊尔	1.14	缅甸	5.22
56	印度	2.69	巴基斯坦	3.15	印度	0.85	不丹	5.07
57	尼泊尔	2.59	印度	3.13	柬埔寨	0.78	老挝	4.94
58	老挝	2.45	老挝	3.03	巴基斯坦	0.69	尼泊尔	4.85
59	缅甸	2.27	尼泊尔	2.92	老挝	0.64	柬埔寨	4.60
60	巴基斯坦	2.24	孟加拉国	2.82	孟加拉国	0.60	孟加拉国	4.28
61	孟加拉国	2.22	阿富汗	2.64	缅甸	0.58	巴基斯坦	3.54
62	阿富汗	1.83	缅甸	2.47	阿富汗	0.32	阿富汗	3.21

资料来源：International Telecommunication Union. Measuring the Information Society Report 2015[R]. Geneva：ITU，2015：46-49.

（三）“一带一路”国家网络准备指数

“网络准备指数”(Networked Readiness Index)，是由世界经济论坛推出的一套指标体系。对全球主要经济体利用信息和通信技术推动经济发展及竞争力的成效进行打分和排名，从而对各经济体的信息科技水平进行评估。拥有最佳ICT 基础设施的国家将最有可能在 21 世纪相互关联的全球化经济中赢得经济繁荣。

从“一带一路”国家 2015 年网络准备指数(见图 8.3)可以看出，“一带一路”国家在信息环境、准备就绪和使用情况方面存在着较大差距，“数字鸿沟”问题依然严峻。2015 年网络准备指数位居前 10 名的国家和地区是新加坡、中国香港、以色列、阿联酋、爱沙尼亚、卡塔尔、马来西亚、巴林、立陶宛、沙特阿拉伯。缅甸、也门、尼泊尔、塔吉克斯坦、巴基斯坦等国家的网络准备指数较弱。总体来看，中东欧、北美和西欧以及东盟的网络准备指数较强，南亚和西亚的网络准备指数较弱。

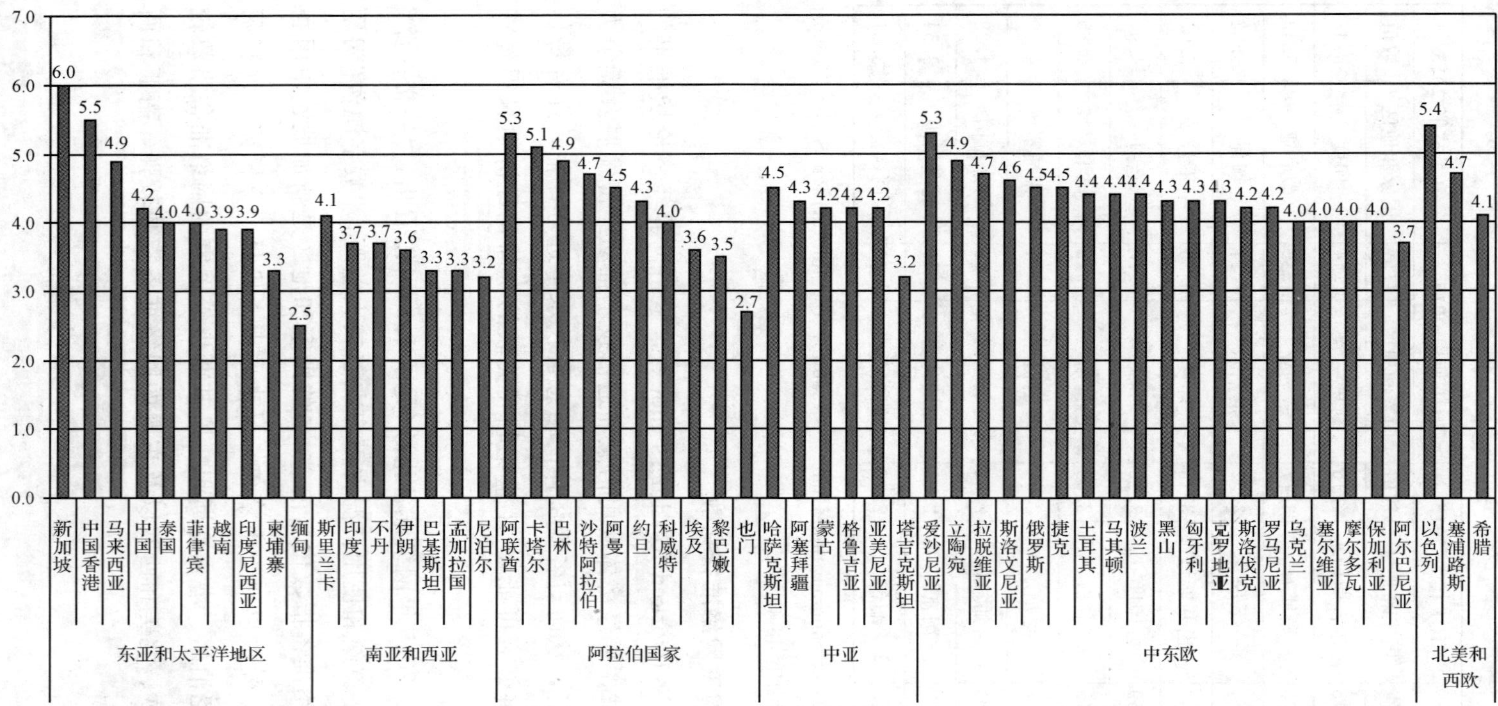

图 8.3 "一带一路"国家和地区网络准备指数排名(2015 年)

资料来源：Soumitra Dutta，Thierry Geiger and Bruno Lanvin，ed.. The Global Information Technology Report 2015[R]. Geneva：World Economic Forum and INSEAD，2015.

（四）"一带一路"国家和地区信息接入指数

据《2015年衡量信息社会报告》，"一带一路"国家和地区信息接入指数，见表8.3。2014年与2010年相比，除每百人固定电话拥有量外，国际互联网带宽、每百户计算机拥有量、每百户互联网拥有量有明显增加。

表8.3　国家和地区信息接入指数

	国家和地区	每百人固定电话拥有量		每百人移动电话拥有量		国际互联网带宽比特/秒每个互联网用户		每百户计算机拥有量		每百户互联网拥有量	
		2010	2014	2010	2014	2010	2014	2010	2014	2010	2014
东亚和太平洋地区	新加坡	39.3	35.5	145.4	158.1	172,404	616,531	84.0	88.0	82.0	88.0
	马来西亚	16.3	14.6	119.7	148.8	11,495	27,173	61.8	66.5	55.6	65.5
	菲律宾	3.6	3.1	89.0	111.2	10,702	27,688	13.6	20.5	9.5	26.9
	泰国	10.3	8.5	108.0	144.4	12,791	46,826	22.8	33.9	11.4	33.8
	印度尼西亚	17.0	11.7	87.8	126.2	2,473	6,225	10.8	17.8	4.6	29.1
	越南	16.1	6.0	125.3	147.1	4,925	20,749	14.2	20.5	12.5	18.6
	柬埔寨	2.5	2.8	56.7	155.1	27,625	9,374	4.3	10.6	1.6	7.0
	老挝	1.6	13.4	62.6	67.0	1,117	2,848	6.9	10.5	3.4	5.2
	文莱	19.9	11.4	108.6	110.1	23,551	68,720	79.6	92.0	65.0	79.2
	缅甸	0.9	1.0	1.1	49.1	7,702	28,668	1.3	3.4	1.0	3.0
	中国	21.6	17.9	63.2	92.3	2,356	4,995	35.4	46.7	23.7	47.4
	中国香港	61.9	61.1	195.7	239.3	777,030	3,345,122	77.9	83.7	76.4	82.4
南亚和西亚	斯里兰卡	17.2	12.5	83.6	103.2	3,332	12,651	12.3	17.8	5.9	15.3
	不丹	3.7	3.1	55.0	82.1	1,590	2,546	8.9	21.9	6.0	26.3
	印度	2.9	2.1	62.4	74.5	5,917	5,677	6.1	13.0	4.2	15.3
	孟加拉国	0.8	0.7	44.9	75.9	1,431	5,925	3.0	6.9	1.4	6.5
	巴基斯坦	3.5	2.6	57.3	73.3	4,332	5,684	9.7	15.9	5.7	13.2
	阿富汗	0.1	0.3	45.8	74.9	1,761	6,942	1.9	2.7	1.5	2.3
	马尔代夫	8.7	6.1	151.8	189.4	33,447	69,077	55.5	65.9	23.5	44.5
	尼泊尔	3.1	3.0	34.3	82.5	1,879	3,109	4.2	8.2	2.1	5.6
	伊朗	34.7	39.0	72.6	87.8	2,264	6,056	35.2	52.5	21.4	44.7

续表

	国家和地区	每百人固定电话拥有量		每百人移动电话拥有量		国际互联网带宽比特/秒每个互联网用户		每百户计算机拥有量		每百户互联网拥有量	
		2010	2014	2010	2014	2010	2014	2010	2014	2010	2014
阿拉伯国家	阿联酋	17.5	22.3	129.4	178.1	18,309	44,503	76.0	87.9	65.0	90.1
	卡塔尔	15.4	18.4	125.0	145.8	20,295	67,473	87.0	97.2	81.8	98.0
	巴林	18.2	21.2	125.2	173.3	14,528	49,054	87.0	94.6	74.0	81.0
	沙特阿拉伯	15.3	13.4	189.2	179.6	11,095	30,548	57.3	80.0	54.4	94.0
	阿曼	10.1	9.6	164.3	157.8	5,582	33,724	54.3	84.0	35.5	86.2
	约旦	7.5	5.0	102.6	147.8	7,405	7,874	46.7	51.1	21.6	60.0
	科威特	17.4	14.2	133.0	218.4	43,553	50,096	59.5	87.8	49.9	75.4
	埃及	12.3	7.6	90.5	114.3	5,370	9,302	31.3	45.1	25.3	36.8
	黎巴嫩	19.3	19.4	66.0	88.3	1,318	23,992	61.5	81.0	50.7	68.4
	叙利亚	18.9	18.1	54.3	70.9	1,287	4,048	40.4	47.6	35.2	40.9
中亚	哈萨克斯坦	25.5	26.1	121.9	168.6	9,306	51,489	46.0	64.7	44.0	58.8
	吉尔吉斯斯坦	9.2	7.9	98.9	134.5	1,426	8,166	6.1	17.6	3.6	12.0
	蒙古	7.1	7.9	92.5	105.1	62,121	89,976	22.3	35.8	7.7	29.0
	阿塞拜疆	16.6	18.9	100.1	110.9	9,083	32,219	30.3	51.7	37.4	54.6
	亚美尼亚	20.0	18.9	130.4	115.9	14,236	44,534	20.0	51.5	13.6	46.6
	格鲁吉亚	25.3	25.4	90.6	124.9	21,177	70,966	18.2	45.8	16.6	41.0
中东欧	俄罗斯	31.3	27.7	165.5	155.1	17,812	29,860	55.0	71.0	41.3	69.9
	白俄罗斯	43.6	48.5	108.9	122.5	22,199	142,536	40.8	59.9	31.2	57.1
	摩尔多瓦	32.5	35.2	71.4	108.0	81,450	152,362	37.0	52.4	34.7	47.5
	乌克兰	28.1	24.6	117.1	144.1	14,912	40,704	25.2	52.4	22.2	43.0
	爱沙尼亚	37.1	31.7	127.3	160.7	23,903	28,665	69.2	82.5	67.8	82.9
	立陶宛	24.6	19.5	159.4	147.0	49,203	125,454	59.2	68.1	60.6	66.0
	拉脱维亚	25.5	19.0	110.3	124.2	33,559	93,683	62.8	73.5	59.8	73.4
	斯洛文尼亚	44.3	37.1	103.3	112.1	55,634	121,137	70.5	79.8	68.1	76.8
	捷克	22.4	17.6	122.6	130.0	68,842	116,806	64.1	78.5	60.5	78.0
	马其顿	19.7	18.6	102.4	109.1	16,498	41,812	53.6	70.1	46.1	68.3
	波兰	20.1	13.2	122.9	156.4	37,806	90,356	69.0	77.7	63.4	74.8

续表

	国家和地区	每百人固定电话拥有量		每百人移动电话拥有量		国际互联网带宽比特/秒每个互联网用户		每百户计算机拥有量		每百户互联网拥有量	
		2010	2014	2010	2014	2010	2014	2010	2014	2010	2014
中东欧	黑山	7.1	7.9	92.5	105.1	62,121	89,976	22.3	35.8	7.7	29.0
	匈牙利	29.7	30.3	119.9	118.1	9,985	37,027	66.4	76.8	60.5	75.1
	克罗地亚	43.0	36.7	113.6	104.4	22,420	58,034	60.0	70.1	56.5	68.4
	罗马尼亚	20.6	21.3	111.4	105.9	50,405	153,807	47.9	63.8	42.2	60.5
	斯洛伐克	20.2	16.8	109.0	116.9	12,155	11,462	72.2	80.5	67.5	78.4
	保加利亚	29.3	25.3	138.0	137.7	68,091	138,277	35.1	57.9	33.1	56.7
	塞尔维亚	39.3	37.3	125.3	122.1	45,597	112,372	50.9	65.6	40.2	51.8
	阿尔巴尼亚	10.6	7.8	85.5	105.5	11,992	26,117	15.6	23.5	13.7	26.6
	波黑	26.0	22.2	80.9	91.3	18,612	43,003	33.7	45.0	23.0	50.0
	土耳其	22.5	16.5	85.6	94.8	13,577	42,911	44.2	56.0	41.6	60.2
北美和西欧	塞浦路斯	37.4	28.4	93.7	96.3	51,638	75,055	60.5	74.0	53.7	68.6
	希腊	53.1	46.9	110.6	115.0	31,694	99,513	53.4	62.7	46.4	65.6
	以色列	45.9	37.1	122.8	121.5	7,986	98,409	76.6	82.4	68.1	71.5

资料来源：International Telecommunication Union. Measuring the Information Society Report 2015[R]. Geneva：ITU，2015：218-221.

2014 年，每百人固定电话拥有量，位居前 10 位的国家和地区是中国香港、白俄罗斯、希腊、伊朗、塞尔维亚、以色列、斯洛文尼亚、克罗地亚、新加坡、摩尔多瓦，阿富汗、孟加拉国、缅甸、印度、巴基斯坦等国家的固定电话拥有量非常低。2014 年与 2010 年相比，大部分国家的固定电话拥有量明显下降，反映了固定电话或许将会被移动电话代替。

2014 年，每百人移动电话拥有量，位居前 10 位的国家和地区是中国香港、科威特、马尔代夫、沙特阿拉伯、阿联酋、巴林、哈萨克斯坦、爱沙尼亚、新加坡、阿曼，缅甸、老挝、叙利亚、巴基斯坦、印度等国家移动电话拥有量较低。2014 年与 2010 年相比，大部分国家和地区的移动电话拥有量明显上升。中国香港和科威特每百人移动电话拥有量超过了 200，44个国家每百人移动电话拥有量超过了 100。15 个国家每百人移动电话拥有量介于 49～100。

2014 年，每个互联网用户拥有的国际互联网带宽，位居前 10 名的国家和地区是中国香港、新加坡、罗马尼亚、摩尔多瓦、白俄罗斯、保加利亚、立陶宛、斯洛文尼亚、捷克、塞尔维亚，不丹、老挝、尼泊尔、叙利亚、中国等国家每个互联网用户拥有的国际互联网带宽非常低。中国香港的每个互联网用户拥有的国际互联网带宽很高，达到了3,345,122比特/每秒。2014年与2010年相比，绝大部分国家的每个互联网用户拥有的国际互联网带宽明显增加。10个国家的每个互联网用户拥有的国际互联网带宽超过了100,000比特/每秒，36个国家的每个互联网用户拥有的国际互联网带宽介于10,000比特/每秒～100,000比特/每秒。15个国家的每个互联网用户拥有的国际互联网带宽介于2,000比特/每秒～10,000比特/每秒。

2014年，每百户计算机拥有量，位居前10名的国家和地区是卡塔尔、巴林、文莱、新加坡、阿联酋、科威特、阿曼、中国香港、爱沙尼亚、以色列，阿富汗、缅甸、孟加拉国、尼泊尔、老挝等国家每百户计算机拥有量非常低，各国之间差距较大。2014年与2010年相比，所有国家每百户计算机拥有量明显增加。13个国家每百户计算机拥有量达到了80及以上，16个国家每百户计算机拥有量介于60～80，14个国家每百户计算机拥有量介于40～60，7个国家每百户计算机拥有量介于20～40，7个国家每百户计算机拥有量介于10～20，4个国家每百户计算机拥有量在10以下。

2014年，每百户互联网拥有量，位居前10名的国家和地区是卡塔尔、沙特阿拉伯、阿联酋、新加坡、阿曼、爱沙尼亚、中国香港、巴林、文莱、斯洛伐克，阿富汗、缅甸、老挝、尼泊尔、孟加拉国等国家每百户互联网拥有量较低。2014年与2010年相比，所有国家每百户互联网拥有量明显增加。8个国家每百户互联网拥有量达到了80以上，20个国家每百户互联网拥有量介于60～80，14个国家每百户互联网拥有量介于40～60，8个国家每百户互联网拥有量介于20～40，5个国家每百户互联网拥有量介于10～20，6个国家每百户互联网拥有量在10以下。

三、“一带一路”国家教育信息化政府承诺

据联合国教科文组织统计数据(2011年和2012年统计数据)，“一带一路”国家教育信息化的政府承诺详情见附件12。

调查的29个国家推动信息技术与教育整合战略数据中，明确针对小学、初中、高中有国家政策的国家和地区数量分别是24、24、25，约占被调查国家和地区总数的82.8%、82.8%、86.2%；明确针对小学、初中、高中有战略规划的国家和地区数量分别是21、21、22，约占被调查国家和地区总数的72.4%、72.4%、75.9%；明确针对小学、初中、高中有监督管理规划的国家和地区数量分别是11、11、12，约占被调查国家和地区总数的37.9%、37.9%、41.3%；明确针对小学、初中、高中有监督管理机构的国家和地区的数量分别是22、21、22，约占被调查国家和地区总数的75.9%、72.4%、75.9%；明确有使用开放教育资源政策的国家和地区数量是2，约占被调查国家和地区总数的6.9%。

总体来说，“一带一路”大部分国家都有针对小学、初中、高中推动信息技术与教育整合的国家政策、战略规划和监督管理机构，但是有相当多的国家缺乏监督管理规划，另外仅有极少数的国家制定了使用开放教育资源的政策。

四、“一带一路”国家教育信息化发展战略

尽管“一带一路”很多国家实施了利用信息化提升国家综合竞争力的计划，但并非所有国家都意识到“信息技术将会对教育产生革命性的影响”。教育信息化意识超前的国家，已经把教育信息化作为提高全民素质、增强创新能力和国家竞争力的重要战略。

联合国教科文组织非常重视教育信息化，在2015年5月23日与中国教育部共同举办了国际教育信息化大会。全球90多个国家的教育官员、学者、校长和教师等汇聚一堂，以“信息技术与未来教育变革”为主题，共同探索教育与信息技术深度融合的有效途径，研讨信息技术在教育领域更加广泛的实施应用。

中国政府非常重视教育信息化的发展。为适应教育信息化事业的发展，教育信息化建设的领导机构历经变迁，国家领导人重要讲话中多次强调“大力发展教育信息化，以教育信息化带动实现教育现代化”。中国国家主席致贺信给国际教育信息化大会的召开，强调“推动教育变革和创新”“建设……的学习型社会，培养大批创新人才，是人类共同面临的重大课题”。

框 8.1 习近平致国际教育信息化大会的贺信

习近平致国际教育信息化大会的贺信

值此国际教育信息化大会开幕之际，我谨代表中国政府和人民，并以我个人的名义，向出席会议的联合国教科文组织总干事博科娃女士、各国教育官员、专家学者及企业界人士，表示诚挚的欢迎！向首届国际教育信息化大会的召开，致以热烈的祝贺！

当今世界，科技进步日新月异，互联网、云计算、大数据等现代信息技术深刻改变着人类的思维、生产、生活、学习方式，深刻展示了世界发展的前景。因应信息技术的发展，推动教育变革和创新，构建网络化、数字化、个性化、终身化的教育体系，建设“人人皆学、处处能学、时时可学”的学习型社会，培养大批创新人才，是人类共同面临的重大课题。

中国坚持不懈推进教育信息化，努力以信息化为手段扩大优质教育资源覆盖面。我们将通过教育信息化，逐步缩小区域、城乡数字差距，大力促进教育公平，让亿万孩子同在蓝天下共享优质教育、通过知识改变命运。

人才决定未来，教育成就梦想。中国愿同世界各国一道，开拓更加广阔的国际交流合作平台，积极推动信息技术与教育融合创新发展，共同探索教育可持续发展之路，共同开创人类更加美好的未来！

中华人民共和国主席 习近平

2015 年 5 月 22 日

资料来源：习近平致国际教育信息化大会的贺信[EB/OL].[2015-5-23].
http://news.xinhuanet.com/world/2015-05/23/c_1115383959.htm.

目前，“信息技术对教育发展具有革命性影响，必须予以高度重视”这一观点，在中国已经达成共识。中国研制了教育信息化中长期规划，将教育信息化纳入了国家信息化发展战略、国家教育发展战略(见框 8.2)、国民经济和社会发展战略规划。但是，“一带一路”国家对实施教育信息化战略的重要性和紧迫性的认识存在很大差异，多数国家已经充分认识到教育信息化对教育未来发展具有革命性影响，还有一些国家尚未意识到教育信息化战略的重要性。

框 8.2 《国家中长期教育改革和发展规划纲要(2010—2020 年)》涉及的教育信息化

第十九章 加快教育信息化进程

(五十九)加快教育信息基础设施建设。信息技术对教育发展具有革命性影响，必须予以高度重视。把教育信息化纳入国家信息化发展整体战略，超前部署教育信息网络。到 2020 年，基本建成覆盖城乡各级各类学校的教育信息化体系，促进教育内容、教学手段和方法现代化。充分利用优质资源和先进技术，创新运行机制和管理模式，整合现有资源，构建先进、高效、实用的数字化教育基础设施。加快终端设施普及，推进数字化校园建设，实现多种方式接入互联网。重点加强农村学校信息基础建设，缩小城乡数字化差距。加快中国教育和科研计算机网、中国教育卫星宽带传输网升级换代。制定教育信息化基本标准，促进信息系统互联互通。

续表

框 8.2 《国家中长期教育改革和发展规划纲要(2010—2020 年)》涉及的教育信息化
(六十)加强优质教育资源开发与应用。加强网络教学资源体系建设。引进国际优质数字化教学资源。开发网络学习课程。建立数字图书馆和虚拟实验室。建立开放灵活的教育资源公共服务平台，促进优质教育资源普及共享。创新网络教学模式，开展高质量高水平远程学历教育。继续推进农村中小学远程教育，使农村和边远地区师生能够享受优质教育资源。 强化信息技术应用。提高教师应用信息技术水平，更新教学观念，改进教学方法，提高教学效果。鼓励学生利用信息手段主动学习、自主学习，增强运用信息技术分析解决问题能力。加快全民信息技术普及和应用。 (六十一)构建国家教育管理信息系统。制定学校基础信息管理要求，加快学校管理信息化进程，促进学校管理标准化、规范化。推进政府教育管理信息化，积累基础资料，掌握总体状况，加强动态监测，提高管理效率。整合各级各类教育管理资源，搭建国家教育管理公共服务平台，为宏观决策提供科学依据，为公众提供公共教育信息不断提高教育管理现代化水平。

“一带一路”意识超前的国家已经意识到教育信息化的重要性，推出了一系列教育信息化发展战略(见表 8.4)，并将教育信息化发展战略置于重要地位。为了更好地推动教育信息化发展，中国、新加坡、俄罗斯、泰国等国家都制定了教育信息化发展规划。适时研制教育信息化战略规划已经成为各个国家推动教育信息化未来发展的重要战略选择。

表 8.4　教育信息化政策和规划

	国家和地区	教育信息化政策和规划	政策内容/备注
东亚和太平洋地区	新加坡	《教育信息技术总规划(1997—2002)》(The First Master Plan for ICT in Education，MP1)； 《教育信息技术总规划(2003—2008)》(The Second Master Plan for ICT in Education，MP2)； 《教育信息技术总规划(2009—2014)》(The Third Master Plan for ICT in Education，MP3)； 《智慧国 2015 规划》(Intelligence Nation 2015，iN2015)	ICT、协作能力、智慧国
	马来西亚	《第 8 计划中期修订，教育实践研究和支持中心》(8th Plan，Midterm Revision Center for the Research and Support of Educational Practice)； 《智能学校》(The Smart School 2005)； 《马来西亚学校 ICT：政策和策略》(ICT in Malaysian Schools：Policy and Strategies 2002)	连接、e-learning、资源开发

续表

	国家和地区	教育信息化政策和规划	政策内容/备注
东亚和太平洋地区	菲律宾	《ICT 战略规划草案 2008》(Draft ICT Strategic Plan 2008); 《ICT 部门战略路线图》(Strategic Roadmap for the ICT Sector 2006); 《国家基础教育 ICT 发展框架计划 2004》(National Framework Plan for ICTs in Basic Education 2004); 《21 世纪 IT 行动议程》(I. T. Action Agenda for the 21st Century 1997)	信息化基础设施、教师培训、ICT 培训、资源开发和获取、课程
	泰国	《2001—2010 泰国 IT 政策框架:迈向知识经济的愿景》(Thailand IT Policy Framework 2001-2010: Vision towards a Knowledge-based Economy); 《职业培训中的信息技术》(IT in Vocational Training)	信息化基础设施、使教育信息和知识更容易获得
	印度尼西亚	《教育战略计划 2010—2014》(Education Strategic Plan 2010-2014); 《印尼 ICT 指导原则的制订与实施——印尼 ICT 五年行动计划的制订与实施》(Guidelines for the Development and Implementation of ICT in Indonesia TKTI-Five Year Action Plan for the Development and Implementation of ICTs in Indonesia 2001)	信息化设施、课程、远程教育、应用、本地语言资源
	越南	《教育信息技术总规划 2001—2005》(Master Plan for IT in Education 2001-2005); 《教育发展战略规划 2001—2010》(The Education Development Strategic Plan for 2001-2010); 《运用和发展信息技术加快越南工业化和现代化》(Accelerating the Use and Development of Information Technology for the Cause of the Industrialization and Modernization of the Communist Party of Viet Nam, 2000)	信息化基础设施、教师培训
	柬埔寨	《柬埔寨教育信息通信技术政策和战略》(Policy and Strategies on Information and Communication Technology in Education in Cambodia 2005); 《2006—2010 年教育战略计划和支持项目》(Education Strategic Plan 2006-2010 and Support Programme); 《柬埔寨教育信息通信技术最佳实践 2008》(Best Practices of ICT in Education in Cambodia 2008); 《国家 ICT 政策 2008》(National ICT Policy 2008)	人力资源、信息化设施、本地资源、开源软件、知识管理、远程教育、合作关系、教师信息化持续培训

续表

	国家和地区	教育信息化政策和规划	政策内容/备注
东亚和太平洋地区	老挝	《国家教育行动计划 2003—2015》(Education for All National Plan of Action 2003-2015)； 《国家教育系统改革战略 2006—2015》(National Education System Reform Strategy 2006-2015)； 《教育法 2008》(Education Law 2008)	ICT 培训
	文莱	《教育部战略规划 2007—2011》(MoE Strategic Plan 2007-2011)； 《数字文莱》(e-Brunei)； 《国家 IT 战略规划"IT2000 及超越"》(National IT Strategic Plan "IT 2000 and Beyond")	数字化、信息技术
	缅甸	《ICT 规划 2011—2015》(2011-2015 ICT Master Plan)； 《30 年长期国家教育促进计划》(30-year Long-term National Education Promotion Plan 2001)	信息化基础设施、教师信息化、多媒体、教师培训
	中国	《电化教育重要法令》(1942)； 《关于电化教育工作的初步规划》(1978)； 《1992—2000 年少数民族和民族地区电化教育发展纲要》(1993)； 《中小学计算机教育软件规划(1996—2000 年)》(1996)； 《中小学计算机教育五年发展纲要(1996—2000 年)》(1996)； 《全国电化教育"九五"计划》(1997)； 《教育信息化"十五"发展规划(纲要)》(2002)； 《教育信息化十年发展规划(2011—2020 年)》(2012)	电化教育、教育信息化、课程、计算机教育、少数民族和地区、软件开发、教师培训、远程教育
	中国香港	《利用信息技术增强学习和教学》(Empowering Learning and Teaching with Information Technology)； 《信息技术教育——前进的道路》(Information Technology in Education—Way Forward)； 《与时并进善用资讯科技学习五年策略 1998/99 至 2002/03》(1998)； 《善用资讯新科技 开拓教学新世纪》(2006)； 《适时适用科技 学教效能兼备》(2008)	连接、教师培训、资源、软件
南亚和西亚	斯里兰卡	《斯里兰卡数字化计划 2006》(e-Sri Lanka Initiative 2006)； 《国家学校教育信息技术政策 2001》(National Policy on IT in School Education 2001)； 《知识社会教育项目》(Education for Knowledge Society Project)	连接、资源获取、培训

续表

	国家和地区	教育信息化政策和规划	政策内容/备注
南亚和西亚	不丹	《信息通信技术政策和策略 2004》(Information and Communications Technology Policy and Strategies 2004)； 《教育机构战略 2006》(Education Sector Strategy 2006)	计算机素养、连接、教师培训
	印度	《全国学校 ICT 政策 2011》(National Policy on Information and Communication Technology In School Education 2011)； 《印度学校教育课程框架》(National Curriculum Framework for School Education in India 2000)； 《计算机软件出口发展和培训政策》(1986)； 《信息技术行动计划》(1998)； 《学校信息技术课程指南和大纲》(2000)； 《ICT@School 计划》(2004)； 《基于 ICT 的国家教育计划》(National Mission on Education through ICT, NME ICT)； 《技术促进学习的国家项目》(National Programme on Technology Enhanced Learning, NPTEL)； 《国家知识网络》(National Knowledge Network, NKN)； 《教育卫星计划》(EDUSAT, 2002)	学校教育、ICT 政策、课程、教育卫星、信息技术、软件、知识网络
	孟加拉国	《国家 ICT 政策 2008》(National Information and Communication Technology Policy 2008)； 《全民教育国家行动计划 2003—2015》(Education for All-National Plan of Action 2003-2015, NPA II)	教育中的 ICT、远程培训、学校互联网
	巴基斯坦	《国家教育政策回顾 2010》(National Education Policy Review 2010)； 《2025 愿景规划》(Vision 2025)； 《国家教育信息通信技术战略 2007》(National Information and Communication Technology Strategy for Education in Pakistan 2007)； 《IT 政策和行动计划》(IT Policy and Action Plan 2000)	农村学校连接、ICT 培训、数字图书馆、信息化基础设施、通信、软件、教师培训
	阿富汗	《2014—2018 年新信息通信技术发展政策》(Lettre de politique de développement des Nouvelles Technologies de l'Information et de la Communication 2004-2008)	技术教育、课程、信息化设施、教师培训、移动计算机、远程教育

续表

	国家和地区	教育信息化政策和规划	政策内容/备注
南亚和西亚	马尔代夫	《科技计划》(Science and Technology Master Plan 2001); 《马尔代夫愿景 2020》(Maldives Vision 2020); 《数字马尔代夫》(e-Maldives)	科技、数字、愿景
	尼泊尔	《国家 ICT 政策和行动计划》(National ICT Policy & Action Plan); 《学校部门改革计划 2009—2015》(School Sector Reform Plan 2009-2015); 《ICT 总规划》(ICT Master Plan)	课程、信息化基础设施、ICT
	伊朗	《国家信息通信技术议程》(National Information and Communication Technology Agenda 2002)	软件、e-learning、教师培训
阿拉伯国家	阿联酋	《战略规划 2009—2010》(Strategic Plan 2008-2010); 《2021 年远景规划》	战略规划、教学手段信息化、家校联络信息化、教师聘用流程信息化
	卡塔尔	《2015 年国家 ICT 战略》(National ICT Plan 2015); 《数字教育》(e-Education); 《国家 ICT 战略总规划 2006》(National ICT Strategy and Master Plan 2006); 《数字校园项目》(e-Education Projects)	课程、数字资源
	巴林	"未来学校"整体规划	未来学校
	沙特阿拉伯	《国家 IT 规划》(National IT Plan)	学校信息化基础设施、软件、资源、IT 培训
	阿曼	《数字阿曼战略》(Digital Oman Strategy)	教师培训、数字化教育、教育门户
	约旦	《约旦 ICT 素养课程项目》(Jordan ICT Literacy Currículo Project); 《约旦教育计划》(Jordan Education Initiative); 《知识经济工程教育改革》(Education Reform for Knowledge Economy Project)	ICT 素养、课程、知识经济、教育改革

续表

	国家和地区	教育信息化政策和规划	政策内容/备注
阿拉伯国家	科威特		资料暂无
	埃及	《利用ICT学习：埃及教育倡议2006》(ICT for Learning：Egyptian Education Initiative 2006)； 《埃及ICT战略2007—2010》(Egypt's ICT Strategy 2007-2010)	信息化基础设施、课程、远程教育、扫除文盲
	黎巴嫩	《国家数字化战略 文件4：ICT政策和7项倡议2003》(The National e-Strategy for Lebanon，Document 4：The ICT Policies and the Seven Initiatives 2003)； 《教育发展项目》(Educational Development Project)	学校信息化设施、IT培训
	伊拉克		资料暂无
	叙利亚	《叙利亚信息化促进社会经济发展战略》(National ICT Strategy for Socio-Economic Development in Syria，2004)	ICT
	巴勒斯坦	《巴勒斯坦教育举措》(Palestinian Educational Initiative)	信息化基础设施、连接、门户、装备、软件
	也门	《国家高等教育ICT政策》(National ICT Policy for Higher Education 2005)； 《第三个发展规划2006—2010：第四章 教育部门》(Third Development Plan 2006-2010—Chapter 4：Education Sector)； 《国家ICT总规划》(National ICT Master Plan 2005-2008)	信息资源管理与维护、学籍管理信息系统、财务管理信息系统、数据通信技术、用户计算机技能培训、管理信息系统、数字化学习、数字化图书馆
中亚	哈萨克斯坦		资料暂无
	乌兹别克斯坦	《国家教育行动计划2002》(National Action Plan on Education for All 2002)	远程教育、课程、学校信息化基础设施、学校管理、教师培训

续表

	国家和地区	教育信息化政策和规划	政策内容/备注
中亚	土库曼斯坦		资料暂无
	吉尔吉斯斯坦	《国家信息通信战略》(National Strategy Information and Communication)； 《吉尔吉斯斯坦技术促进发展》(Technologies for Development in the Kyrgyz Republic 2001)	ICT 培训、远程教育
	塔吉克斯坦	《国家教育计划 2006—2015》(National Education Plan 2006-2015)； 《学校信息技术》(Information Technology in Schools)； 《塔吉克斯坦中小学部署计算机 2003—2007》(Installation of Computers in Primary and High Schools in the Republic of Tajikistan for 2003-2007)； 《塔吉克斯坦发展信息通信技术 2003》(Information and Communication Technology for Development of the Republic of Tajikistan 2003)	课程、信息化基础设施、大学生培训、教师培训
	蒙古	《数字蒙古项目》(e-Mongolia National Programme)； 《蒙古 ICT 发展行动计划》(Plan of Action ICT Development in Mongolia 2000)； 《国家 IT 政策》(National IT Policy 2006)	人力资源、远程学习、数字学校、研究与开发、低价通信费
	阿塞拜疆	《阿塞拜疆 ICT 发展战略 2003—2012》(National Information and Communication Technology Strategy for the Development of the Republic of Azerbaijan，2003-2012)； 《阿塞拜疆教育机构发展项目》(Education Sector Development Project for Azerbaijan)	信息化设施、资源、教师培训、课程、ICT 素养
	亚美尼亚	《项目发展目标》(Project Development Objective，2003)	学校信息化基础设施、课程、ICT 培训、教师培训
	格鲁吉亚	《综合教育战略和行动计划 2007—2011》(Consolidated Education Strategy and Action Plan 2007-2011)； 《学校计算机化项目：鹿跃》(School Computerization Program：Deer Leap)	学校设备和连接、教育软件、服务和技术支持、更新教师和学生的 ICT 技能、ICT 与课程整合

续表

	国家和地区	教育信息化政策和规划	政策内容/备注
中东欧	俄罗斯	《数字学习政策 2003》(E-Learning Policy 2003); 《公共教育信息化环境的发展 2001—2005》(Development of Common Educational Information Environment 2001-2005); 《教育现代化项目》(Education Modernization Program); 《2010 年俄罗斯信息化发展纲要》(2002); 《2020 年的俄罗斯教育——服务于知识经济的教育模式》	连接、维护、ICT 技能
	白俄罗斯	《白俄罗斯综合教育信息系统》(Integrated Information Systems Education of the Republic of Belarus for 2007-2010)	学校基础设施、连接、网络和资源
	摩尔多瓦	《教育系统实施 ICT 项目 2004—2006》(Presidential Program "Salt" of Informational and Communication Technologies Implementation in the Educational System 2004-2006); 《教育机构综合行动计划 2006—2008》(Consolidated Action Plan for the Educational Sector 2006-2008)	信息化基础设施、连接、软件、教师培训、资源
	乌克兰		资料暂无
	爱沙尼亚	《爱沙尼亚 IT 战略 2006》(Estonian IT Strategy 2006); 《爱沙尼亚 IT 政策 2004》(Estonian IT Policy 2004); 《虎跃项目和虎跃学习项目》(Tiger Leap Program and Learning Tiger Program); 《战略 2006—2009》(Strategy 2006-2009); 《基于知识的爱沙尼亚 2007—2013》(Knowledge-based Estonia 2007-2013); 《普通教育系统发展规划 2007—2013》(General Education System Development Plan, 2007-2013); 《虎跃基金会战略规划(2010—2013)》(Tiger Leap Foundation Strategy 2010-2013)	信息技术素养、培养高水平 IT 专家、培养教育专家、e-learning、出版教育资源、研究和发展
	立陶宛	《国家教育战略 2003—2012》(National Education Strategy 2003-2012)	学校信息化设施、远程教育、课程
	拉脱维亚	《拉脱维亚国家发展计划 2007—2013》(Latvia National Development Plan 2007-2013)	学校连接、信息化设施、教师培训、资源开发

续表

	国家和地区	教育信息化政策和规划	政策内容/备注
中东欧	斯洛文尼亚	《斯洛文尼亚信息社会发展战略，智慧 2010》(Development Strategy for the Information Society in the Republic of Slovenia，i2010)； 《国家 e-learning 战略 2008—2013》(National Strategy of e-learning 2008-2013)	ICT 连接、资源门户、合作关系、培训
	捷克	《捷克政府项目和行动计划 2009—2013》(Ministry's Projects and Action Plan 2009-2013)； 《国家信息传播政策 2006》(State Information and Communications Policy 2006)	连接、信息化基础设施、教师培训、管理
	马其顿	《国家信息化发展和行动计划战略》(National Strategy for Information Society Development and Action Plan 2005)	标准、法律框架、技术人员、ICT 素养、资源
	波兰	《数字波兰——波兰信息社会发展战略 2004—2006》(ePoland-Strategy for the Information Society Development in Poland，2004-2006)； 《2013 年波兰信息技术发展战略》(Strategy for Development of Information Technology in Poland until 2013)	新教学技术、计算机装备学校项目、教师和图书管理员培训、教学应用规则、发展教育和远程学习系统、获取通信技术、发展通信相关的职业
	黑山	《黑山教育信息系统项目》(Main Project on Education Information System of Montenegro 2004)	课程、教师培训、信息化基础设施、软件开发、应用
	匈牙利	《教育部 ICT 立法》(ICT Legislation MoE)； 《匈牙利新发展计划 2007—2013》(New Hungary National Development Plan II 2007-2013)； 《综合信息战略》(The Comprehensive Strategy for Informatics)	ICT、信息战略

续表

	国家和地区	教育信息化政策和规划	政策内容/备注
中东欧	克罗地亚	《教育机构发展规划 2005—2010》(Education Sector Development Plan 2005-2010)； 《信息通信技术——21 世纪的克罗地亚》(Information and Communication Technology-Croatia in the 21st Century)	教师培训、ICT 终身培训、特殊教育、连接、资源
	罗马尼亚	《新经济和实施信息社会的国家战略》(National Strategy for the New Economy and the Implementation of the Information Society)； 《ICT 法规》(ICT Laws and Regulations)； 《教育系统信息化》(System Educational Informatization)	连接、ICT 培训、课程内容、教师培训、软件
	斯洛伐克	《教育信息通信技术政策和相关资源》(ICT in Education Policy and Related Resources)	ICT 政策、资源
	保加利亚	《国家信息化社会发展战略 1998》(National Strategy for Information Society Development 1998)； 《国家教育信息通信技术战略》(National Educational Strategy in Information and Communication Technologies)； 《国家实施教育信息通信技术战略》(National Strategy for Implementation of ICT in Education)； 《保加利亚加速发展信息社会计划 2007》 (National Program for Accelerated Development of Information Society in Bulgaria 2007)	信息化基础设施、ICT 培训、教师培训、标准
	塞尔维亚		资料暂无
	阿尔巴尼亚	《国家 ICT 战略，2003》(National Information and Communication Technologies Strategy，2003)； 《国家教育战略 2004—2015》(National Education Strategy 2004-2015)	计算机素养、信息化设施、课程、远程学习
	波黑		资料暂无
	土耳其	《若干 ICT 项目 2004》(Several ICT Projects 2004)	资源获取、课程、教师培训
北美和西欧	塞浦路斯	《里斯本战略文本》(Lisbon Strategy Text)； 《教育部年度报告 2014》(MoE Annual Report 2014)	学校信息化基础设施、教育、教师培训、e-learning

续表

	国家和地区	教育信息化政策和规划	政策内容/备注
北美和西欧	希腊	《教育 ICT 战略》(Strategy for ICTs in Education)； 《数字战略 2006—2013》(Digital Strategy 2006-2013)； 《行动线：教育》(Action Line：Education)	装备学校、网络、教师培训、准备数字材料
	以色列	《学校 ICT》(ICT in Schools)； 《电脑服务规划》(Computer Service Plan)	ICT、电脑服务

资料来源：Roxana Bassi. ICTs in Education：Policies and Plans Worldwide［EB/OL］. https：//www. ictedupolicy. org/content/icts-education-policies-and-plans-worldwide. 2011：4-61.

五、"一带一路"国家教育信息化法律法规

教育信息化政策法规是推进教育信息化建设的重要手段，有效执行教育信息化战略规划应该备受重视。教育信息化法律的空白和滞后，严重制约着教育信息化的未来可持续发展。面对教育信息化快速发展和日趋重要的形势，必须发挥法制对教育信息化建设的引领和规范作用，促进教育信息化法制建设全民发展。

教育信息化进程中的众多问题呼唤教育信息化立法，教育信息化急需走向法制化。教育信息化法制化有利于有效执行教育信息化战略规划，促进全民共建教育信息化，人人共享教育信息化成果。教育信息化法制化有利于推动依法治教、依法治国，有利于提升国家综合实力，有利于实现国家信息化和国家现代化，有利于建设信息化强国，有利于建设智慧型和创新型国家。教育信息化立法保障教育信息化未来发展，促使教育信息化更好地发挥功能与效益，实现教育公平，提升国家的国际竞争力和国际化程度，引领与创新全球教育信息化未来发展。①

"一带一路"一些国家已经开始重视信息化立法，以立法的形式推动信息化发展，并为教育信息化发展提供了法律依据。信息化法律建设正在引起全球法律界的关注。总体来说，全球教育信息化法律法规比较薄弱，不能与教育信息化发展的需求相适应。

---

① 王运武. 关于加快制定《中国教育信息化促进法》的战略思考[J]. 中国教育信息化，2016 (3)：14-18.

（一）中国

1997年3月，国务院信息化工作领导小组倡议举办了首届信息化法制建设研讨会，深入研讨了信息化立法所涉及的各类问题。2004年8月，中国颁布《中华人民共和国电子签名法》。1990年9月，中国颁布《中华人民共和国著作权法》，并在2001年、2010年和2012年进行了修订。近年来，信息化法制建设研究日益受到关注，专家学者热议信息化法学科体系、信息化法制建设的若干问题。尤其步入信息社会，数字化时代、大数据时代的个人信息是一种重要的经济资源，盗窃个人信息用于商业活动已经成为严重的犯罪现象。

目前，仅有《中华人民共和国教育法》和《中华人民共和国高等教育法》涉及教育信息化，但是这些有关教育信息化的法律描述已经不具有教育信息化迅速发展的时代特征，急需进行修改和完善。

框8.3《中华人民共和国教育法》涉及的教育信息化
1995年《中华人民共和国教育法》首次以法律条文的形式规定"县级以上人民政府应当发展卫星电视教育和其他现代化教学手段，有关行政部门应当优先安排，给予扶持；国家鼓励学校及其他教育机构推广运用现代化教学手段"。 2015年《中华人民共和国教育法》（修订）规定"第十一条　国家适应社会主义市场经济发展和社会进步的需要，推进教育改革，推动各级各类教育协调发展、衔接融通，完善现代国民教育体系，健全终身教育体系，提高教育现代化水平"、"第六十六条　国家推进教育信息化，加快教育信息基础设施建设，利用信息技术促进优质教育资源普及共享，提高教育教学水平和教育管理水平。"

框8.4《中华人民共和国高等教育法》涉及的教育信息化
1998年《中华人民共和国高等教育法》，在第二章"高等教育基本制度"中规定"国家支持采用广播、电视、函授及其他远程教育方式实施高等教育。"

（二）俄罗斯

俄罗斯非常重视信息化法规和标准的建设，制定和公布了《大众信息手段法》《关于信息、信息化和信息保护法》《通信法》《国家支持俄罗斯联邦大众信息手段和图书出版事业法》《著作权和相关权利法》《电子计算机和数据库程序法律保护法》《国际信息化交流参与法》《电子数字签名法》《俄罗斯联邦信息化安全学说》、总统令《关于完善国家在大众传媒及通信工具领域中的管理》《关于国家审查与注册数据库及数据仓库》等。这些法规和标准为俄罗斯信息化发展提供了依据和保障。

(三)印度

印度为了快速发展本国经济，不断尝试改革，先后公布了“国家电信政策1994(National Telecom Policy 1994)”“新电信政策1999(New Telecom Policy 1999)”和“宽带政策2004(Broadband Policy 2004)”。

2000年，印度议会通过《信息技术法案》(Information Technology Act)，为IT人才的教育培训与流动提供了许多便利，又使其落实“新世纪跨越型发展战略”有了法律保证。2008年通过《信息技术(修订)法案》，对2000年的《信息技术法案》进行修订，融入了国际电子商务立法的最新发展成果。2011年，印度政府出台《合理安全实践与程序及敏感个人数据与信息规则》《中介指引规则》《网吧行为规则》《电子服务提供规则》，统称为《2011信息技术规则》。

(四)马来西亚

1998年，马来西亚通过了《通信和多媒体法》，并在2006年进行了修订，以推动通信和多媒体产业的发展。

六、“一带一路”国家中小学信息化基础设施

据联合国教科文组织统计研究所数据库(2012年统计数据)，“一带一路”少数国家和地区已经基本具备了较好的信息化基础设施，见附件12，还有很多国家信息化基础设施薄弱。

在被调查的29个国家和地区中，小学、中学全部数字化的国家和地区分别是12、13，分别约占总数的41.4%、44.8%，但是尼泊尔、缅甸、柬埔寨等国家的数字化程度较低；小学、中学全部拥有电话通信设施的国家和地区分别是6、6，分别约占总数的20.7%、20.7%；小学、中学全部拥有无线电辅助教学的国家和地区分别是3、3，分别约占总数的10.3%、10.3%；小学、中学全部拥有电视辅助教学的国家和地区分别是2、2，分别约占总数的6.9%、6.9%；小学、中学全部拥有计算机辅助教学的国家和地区分别是10、10，分别约占总数的34.5%、34.5%；小学、中学全部拥有计算机实验室的国家和地区分别是4、4，分别约占总数的13.8%、13.8%；小学、中学全部拥有局域网

的国家和地区分别是1、1，分别约占总数的3.4%、3.4%；小学、中学全部接入互联网的国家和地区分别是6、5，分别约占总数的20.7%、17.2%；小学、中学全部拥有固定宽带互联网的国家和地区分别是3、2，分别约占总数的10.3%、6.9%；小学、中学全部用计算机辅助教学的国家和地区分别是4、4，分别约占总数的13.8%、13.8%；小学、中学全部用信息技术辅助服务的国家和地区分别是5、5，分别约占总数的17.2%、17.2%；小学、中学全部用开放教育资源的国家和地区分别是3、3，分别约占总数的10.3%、10.3%；小学、中学全部建有教育网站的国家和地区分别是2、2，分别约占总数的6.9%、6.9%。

据联合国教科文组织统计研究所数据库(2012年统计数据)，"一带一路"国家和地区计算机的普及程度见附件12。在被调查的28个国家和地区中，小学、中学全部运用计算机教学的国家和地区分别是2、2，分别约占总数的7.1%、7.1%；小学、中学全部用于教学目的生机比大于100的国家和地区分别是5、4，分别约占总数的17.9%、14.3%，小学、中学全部运用计算机辅助教学生机比大于100的国家和地区分别是2、1，分别约占总数的7.1%、3.6%，这说明还有少数国家计算机普及率过低，学校缺乏足够的计算机；小学、中学计算机全部连接到互联网的国家和地区分别是2、2，分别约占总数的7.1%、7.1%。

七、"一带一路"国家学校互联网普及程度

据《2015年全球信息技术报告》，2013—2014年，"一带一路"国家和地区学校互联网的普及程度见图8.4。互联网普及程度位于前10名的国家和地区是爱沙尼亚、新加坡、中国香港、阿联酋、拉脱维亚、斯洛文尼亚、卡塔尔、立陶宛、捷克、塞浦路斯。也门、缅甸、埃及、伊朗、孟加拉国等国家学校互联网普及程度较低。学校互联网普及程度高的国家集中在东盟和中东欧地区，南亚和西亚学校互联网普及程度较低，各国之间差异较小。

八、"一带一路"国家课程和ICT教育

据联合国教科文组织统计研究所数据库(2010年、2011年、2012年统计数

据)，“一带一路”国家和地区课程、ICT教育情况，见附件12。在被调查的29个国家和地区中，小学课程包含计算机技能的国家和地区是16个，约占总数的55.2%；中学课程包含计算机技能的国家和地区是27个，约占总数的93.1%；数学、自然科学、社会科学、第二语言，以及阅读、写作和文学，这5类课程中使用计算机辅助教学的国家和地区分别是18、18、13、18、18，分别约占总数的62.1%、62.1%、44.8%、62.1%、62.1%，由此可见，大多数国家已经开始实施信息技术与课程整合。

九、“一带一路”国家招生管理中使用信息技术

据联合国教科文组织统计研究所数据库(2012年统计数据)，“一带一路”国家招生管理中使用信息技术情况，见附件12。在被调查的17个国家和地区中，招生工作基本实现数字化，巴勒斯坦、约旦、阿曼等国家普遍为招生工作提供无线电指导，中国香港、马来西亚等国家和地区普遍为招生工作提供电视指导，阿曼、约旦、格鲁吉亚、马来西亚、新加坡等国家普遍在招生工作中实施计算机辅助教学，卡塔尔、格鲁吉亚、马来西亚、新加坡等国家普遍在招生工作中提供网络辅助教学，约旦、格鲁吉亚、新加坡等国家普遍为招生工作提供开放教育资源。

十、“一带一路”国家教师信息化培训和实践

据联合国教科文组织统计研究所数据库(2012年统计数据)，“一带一路”国家教师信息化培训和实践情况，见附件12。新加坡的教师已经普遍拥有信息化资格证，泰国、马来西亚、阿塞拜疆等国家教师拥有信息化资格证的比例较高，很多国家教师拥有信息化资格证的比例很低。新加坡、泰国等国家教师的基本教学技能普遍较高。中国、中国香港、新加坡、泰国等国家和地区普遍开展了教师信息化教学培训，普遍运用信息化设备进行教学。总体而言，“一带一路”国家教师信息化培训和实践差距较大，还有很多国家需要强化教师信息化培训和实践。

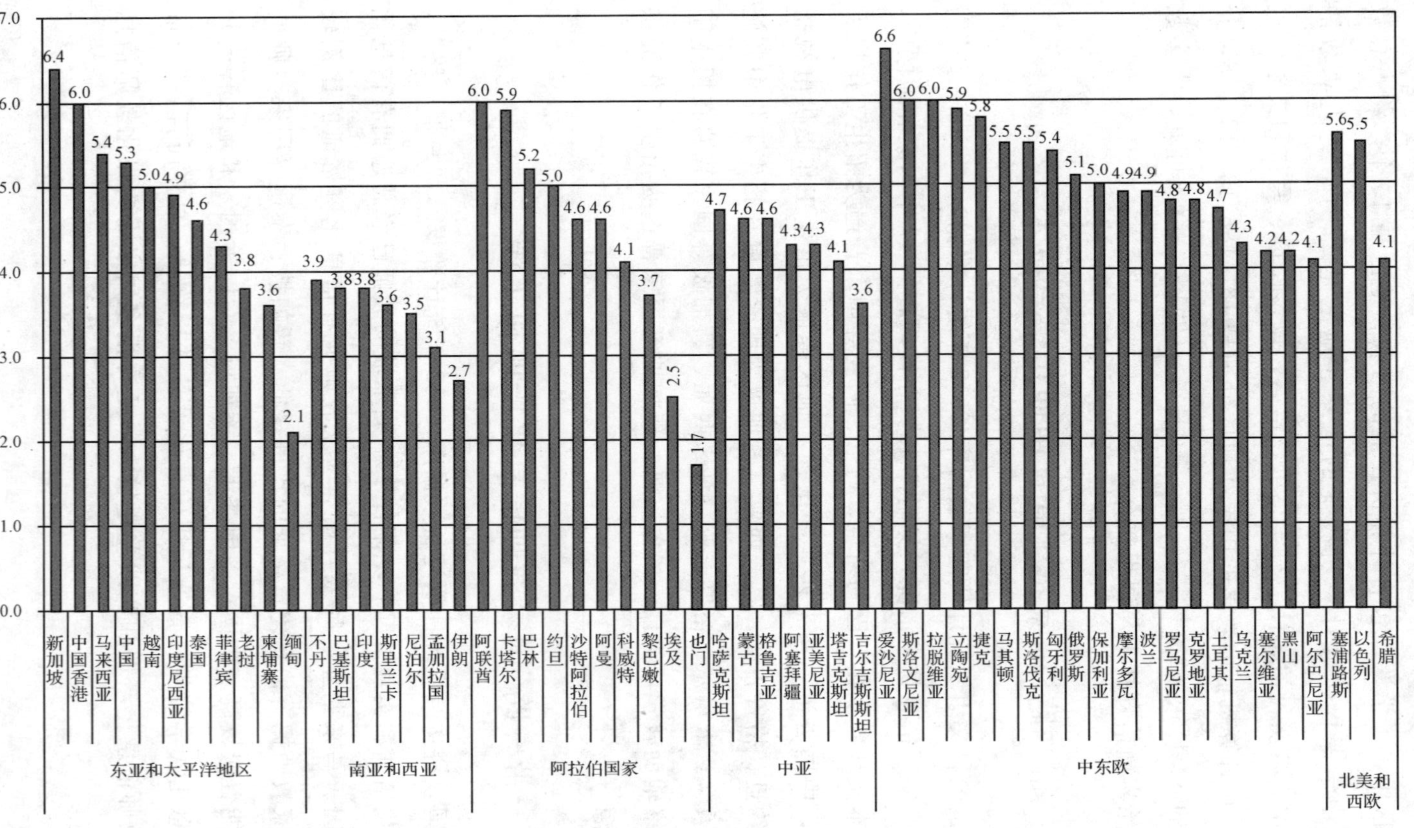

图 8.4 "一带一路"国家和地区学校互联网普及程度

注：1＝没有普及互联网，7＝普遍普及互联网，数据是2013—2014年的加权平均值。

资料来源：Soumitra Dutta, Thierry Geiger and Bruno Lanvin, ed.. The Global Information Technology Report 2015[R]. Geneva: World Economic Forum and INSEAD, 2015.

第三节 “一带一路”国家教育信息化的问题、挑战、政策建议

一、“一带一路”国家教育信息化存在的主要问题

第一，“一带一路”国家教育信息化重视程度存在很大差异。新加坡、马来西亚、阿联酋、中国等意识超前的国家已经意识到教育信息化的重要性，推出了系列教育信息化发展战略，但是还有很多国家尚未意识到教育信息化对教育未来发展的重要作用和意义。“一带一路”大部分国家都有针对小学、初中、高中推动信息技术与教育整合的国家政策、战略规划和监督管理机构，但是有相当多的国家缺乏监督管理规定，另外仅有极少数的国家制定了使用开放教育资源的政策。

第二，“一带一路”国家教育信息化政策法规不健全，难以保障教育信息化未来可持续发展。仅有少数国家重视教育信息化政策法规建设，制定了一系列的教育信息化政策法规，但是还有相当多的国家缺乏教育信息化政策法律的保障。

第三，“一带一路”国家教育信息化基础设施建设存在较大差距。新加坡、爱沙尼亚、中国香港、阿联酋等国家和地区已经具有较好的教育信息化基础设施，但是还有相当多的国家教育信息化基础设施建设薄弱。

第四，“一带一路”国家信息技术与课程整合程度存在较大差异。大部分国家开设了信息技术课程或者课程中包含信息技术知识模块，在数学、自然科学、社会科学、阅读、写作和文学、第二语言等学科教学中能够融入信息技术，实现信息技术与课程整合。但是还有一些国家没有开设信息技术课程，信息技术与课程整合程度较低。

第五，“一带一路”国家教育信息化应用水平存在较大差距。新加坡、中国等少数国家教师普遍拥有信息化资格证，具有较高的信息化教学能力，能够熟练使用数字化教学资源开展教学活动。但是还有很多国家教师的教育信息化能力较弱，教育信息化支持的教学和管理实践活动不多。

二、“一带一路”国家教育信息化未来发展面临的挑战

“一带一路”国家教育信息化未来发展主要面临以下两大挑战：

第一，目前，“一带一路”国家教育信息化发展存在较大差距，国家之间、国家内部都存在很大差距，教育信息化未来发展面临如何进一步缩小“数字鸿沟”，促进各国教育信息化均衡发展，使人类共享教育信息化建设成果的重大挑战。

第二，“一带一路”国家要充分利用信息化推动教育创新与变革，构建学习型社会，培养大批创新人才，共同推动实现“一带一路”战略，共同开拓更加广阔的国际交流合作平台，积极推动信息技术与教育融合创新发展，共同探索教育可持续发展之路，共同开创人类更加美好的未来！

三、“一带一路”国家教育信息化未来发展的政策建议

第一，“一带一路”国家建立教育信息化协同发展战略联盟。教育信息化未来发展急需加强国际交流与合作，建立跨国、跨区域的教育信息化发展战略联盟。以推进教育信息化为契机，畅通“信息丝绸之路”，助推实施“一带一路”战略。以共同商议、互联互通、共建共享为原则，优先考虑宽带网络基础设施，加快推进双边跨境光缆、洲际海底光缆等通信干线网络建设项目。

第二，加强“一带一路”国家教育信息化顶层设计，科学谋划教育信息化发展战略。“一带一路”国家教育信息化建设迫切需要顶层设计，进一步深入调研沿线国家教育信息化现状与典型经验，有针对性地提出“一带一路”国家教育信息化未来发展的解决方案。“一带一路”国家建立双边、多边沟通，统一认识、统一标准、分步实施，实现数据互通互联。

第三，加强“一带一路”国家教育信息化政策法规和标准建设。充分利用教育信息化政策法规，保障“一带一路”国家教育信息化未来发展。充分利用教育信息化标准，保障“一带一路”国家之间数据互联互通，打破“一带一路”国家“信息孤岛”的局面，消除“信息壁垒”，缩小“数字鸿沟”，让信息资源充分涌流，促进“一带一路”国家信息沟通与交流，促进“一带一路”国家经济和社会发展。

第四，“一带一路”国家还需要多方筹措资金，加大教育信息化经费投入，提升教育信息化基础设施建设水平，提高教育信息化应用能力，为创新与变革教育，培养创新人才，同创人类美好生活提供有力支持。

第九章

结　语

"一带一路"各国经济发展水平差距很大，既有大量发展中国家，也有一些中等发达国家，还有少数发达国家；既有印度、巴基斯坦、孟加拉国等这样的人口大国，也有如马尔代夫这样规模很小的岛国。此外，由于各国历史、宗教、文化差异较大，决定教育发展的因素也各不相同。这决定了沿线各国各级各类教育呈现差异化的发展，同时也决定了中国在实施"一带一路"中的教育战略时需要采取区别化、多样化的策略。

第一节　"一带一路"国家教育发展状况概述

一、幼儿保育与教育的发展

优质的儿童早期保育与教育可以产生巨大效益。高质量的保育与教育，对儿童个体来说，可以促进儿童社交能力、认知水平和智力发展等；对社会整体而言，还可以打破贫穷的恶性循环，成为改善社会公平和包容的切入点。因此，世界各国都越来越关注幼儿，不少"一带一路"国家将其置于优先发展的位置。

从 2000 年到 2013 年，世界各国学前教育毛入学率的均值从 35％增长到 54％，"一带一路"国家的学前教育毛入学率都有不同程度的发展。2013 年，近半数"一带一路"国家的毛入学率高于世界均值 53.8％。中东欧的罗马尼亚、斯洛伐克、拉脱维亚、斯洛文尼亚和捷克，以及马来西亚、泰国、以色列、斯里兰卡和白俄罗斯 10 个国家的毛入学率超过 90%，其中，泰国、以色列、白俄罗斯、捷克的毛入学率超过 100%。但仍有塔吉克斯坦、叙利亚和也门 3 个国家的学前教育毛入学率不足 10%，最低是也门，毛入学率为 1.3%，学龄前儿童接受教育的比例极低。

在幼儿保育和教育进展上，总体而言，区域间和区域内的差别较大。“一带一路”国家中既有幼儿保育和教育处于领先水平的国家，也有连儿童基本生命安全、营养、健康、教育权利都得不到有效保障的国家，不同层级国家面临的挑战不同，或者在相似方面面临不同程度的挑战。总体来看，捷克、波兰、立陶宛等中东欧国家，希腊等北美和西欧国家，新加坡、马来西亚等部分东盟国家的幼儿早期保育和教育状况较好，阿富汗、巴基斯坦等部分南亚和西亚国家和缅甸、老挝、柬埔寨等部分东盟国家的发展状况相对滞后。

二、普及初等教育的进展

“全民教育目标”和“千年发展目标”均明确提出了普及初等教育。普及初等教育需要重点关注三个问题，即普遍接受和参与教育，普遍续读和升级，普遍良好的学习成绩和毕业率。

在普及初等教育方面，自 1990 年特别是 2000 年以来，“一带一路”各国对普及初等教育的工作做出了坚定的政治承诺，并转化为具体的行动实践。社会经济发达地区继续保持良好的小学教育发展水平；发展中国家也在过去十几年中奋起直追，成效显著。大多数国家已经实现适龄人口普遍参与初等教育的目标。男孩和女孩在入学、巩固、毕业、升学方面的比例相当。但是，各区域间还是存在或大或小的差距。大多数中东欧和阿拉伯国家的小学参与度较高，而南亚和西亚地区只有斯里兰卡、印度等国的入学情况稍好一些。

实现普及初等教育不仅要求所有孩子都能进入学校系统，还要求他们能够升入高年级并按时毕业。中亚和中东欧国家的初等教育内部效率高，几乎所有学生都能读到小学的最高年级，留级率和失学率较低。相比之下，南亚和西亚以及个别东盟、阿拉伯国家的失学问题较为严重，大量小学学龄儿童往往受到贫困（如柬埔寨）、民族和族群（如希腊）、居住地（如斯里兰卡）、健康状况（如泰国）、地区冲突（如叙利亚）等因素的影响而被迫辍学。在此基础上，沿线许多国家为惠及处于不利境地的儿童采取了多种干预措施，包括：制定符合当地特点、以事实为依据的国家规划和项目活动，拓展合作伙伴关系，加大初等教育经费投入，努力缩小初等教育的差距，特别是边缘化儿童群体面临的差距。

三、中等和中等后教育的扩展

中等及中等后教育，承担着为国家培养各类后备人力资源的重任，占据非常重要的位置。

自1999年以来，“一带一路”国家中等教育得到了较大发展，但是，区域间差异显著。中东欧及北美和西欧国家整体优于其他地区，且区域内不同国家之间差异较小。中亚国家之间差异不大，整体表现平平。东亚和太平洋地区、南亚和西亚及阿拉伯国家内部呈现两极分化的状况。相对而言，菲律宾、马来西亚等国相对较好，而老挝和柬埔寨相对较差；马尔代夫中等教育发展状况较好，而阿富汗、尼泊尔、巴基斯坦、孟加拉国等大多数国家状况堪忧；沙特阿拉伯、阿联酋等国中等教育发展状况较好，而叙利亚、也门、卡塔尔等国中等教育发展状况不佳。

在高等教育方面，“一带一路”国家发展程度参差不齐。整体上中东欧及北美和西欧国家的高等教育发展水平较高，高等教育入学机会较多，能够覆盖大多数民众，且性别等教育公平状况较好；东亚和太平洋地区内不同国家之间的高等教育发展状况差异较大，发展水平较高的如新加坡等，堪比中东欧及北美和西欧国家水平，发展水平较低的老挝等，高等教育刚刚从精英化进入大众化阶段；南亚和西亚、中亚及阿拉伯国家整体上高等教育发展水平相对较差，阿富汗、土库曼斯坦、巴基斯坦和孟加拉国等国的高等教育仍然处于精英化阶段，入学机会较少，特别是土库曼斯坦、阿富汗等区域内的短板国家。对于一些国家来说，进一步增加高等教育入学机会，提高普及程度，仍然是艰巨任务。在推动高等教育大众化和普及化的同时，如何兼顾教育公平和质量，是这些国家面临的另一个问题。

四、青年与成人扫盲

识字可以带来诸多益处，如消除贫困、提高性别平等、降低儿童死亡率、增加就业机会并提高社会生产力和综合经济实力，但是扫盲目标仍然遭到忽视，“一带一路”沿线的文盲人口大国几乎都没有实现到2015年将成人文盲率减半的目标。

在“一带一路”国家，青年与成人扫盲在近30年取得了积极进展，特别是15～24岁的青年识字率普遍高于成人，说明最近几代人的受教育情况有了显著改善。截至2015年，近半数国家的成人识字率达到97%，实现了普遍脱盲的目标。男女成人之间的识字水平差距不断缩小，有$\frac{2}{3}$的国家已经达到性别均等。然而，大部分南亚和西亚国家以及个别东盟国家的成人识字率起点相对较低、普及进展较慢。其中，南亚地区的问题最为严重，特别是区域内的印度、巴基斯坦和孟加拉国还是人口大国，过于缓慢的普及速度无法抵消人口增长所产生的影响，因此它们长期处在全球文盲人数国家排行榜前3名。另外，中亚、中东欧以及大部分阿拉伯国家的整体识字水平较高，平均识字率接近或超过95%的比例。这些国家今后的工作方向是如何让识字的益处延伸到最后一小部分文盲群体。

读写技能差通常是性别、贫困、父母受教育水平、居住地、民族、语言、文化习俗、学校教学质量等多重因素相互交织而产生的，各国要提供必要的组织、人力、财政和技术支持，做出恰当的政策引导规划(如印度尼西亚)，培训和支持扫盲教师(如埃及)，加大资金投入力度(如巴基斯坦)，运用信息通信技术等创新方法(如印度)，发挥社区学习中心的连接作用(如泰国)，不断拓宽扫盲的工作途径，努力覆盖更多的边缘化群体。

五、教师队伍建设

国际社会对于“教育系统的质量就是教师的质量”已经达成共识。教师是把普通资源转化为有效的教学和学习过程的最终环节：促进知识的建构，而不是简单地传递信息；提高学生的分析和综合能力，而不是简单地死记硬背；确保性别和文化敏感的实践活动，以及最终提供以学习者为中心的过程。

“一带一路”国家教师队伍建设呈现出来的特性，通常都是由各种学校教育体系、教育政策与实践，以及更广泛的社会经济和文化背景决定的。

首先，大部分国家都曾经面临或正在面临教师数量和质量的双重挑战。由于全民教育运动的推进，各国初等教育入学率在过去 10 年中显著提高，由此新增大量教师。在招聘足够的教师进入学校的同时，各国政府有必要探索政策选择，用成本效益较高的方式来提升教师质量，从而改善教学和学习。

其次，各国的职前教师教育取得了很大的进步。在许多国家，政府都有政策清晰地表述教师职前培训项目的最低年限和标准。随着教师教育大学化的进程，一些国家开始改革职前教师教育体系和课程，改变职前培养与学校实践相互脱离的弊端，试图培养未来教师更好地为真实的课堂教学做好准备。也有少数发达国家开始将信息通信技术(ICT)融入教师教育课程中，培养未来教师运用 ICT 的教学能力。

最后，各国都采取措施搭建起在职培训体系。从可获得的资料来看，中东欧的大部分国家、中亚国家和部分经济条件较好的东盟国家，都构建起比较完善的教师在职培训体系，而且将教师在职培训与教师资质审定、专业等级评估等相互关联，形成规范系统的制度。但是在许多发展中国家，其教师在职培训存在很大的零散性。此外，随着 ICT 越来越多地融入教学和学习当中，很多国家开始采取措施加强中小学的信息化建设，注重提高教师的信息素养。

六、教育中的性别平等

性别平等是众多国际组织的关注重点，更是联合国教科文组织近年来的战略优先，也仍将是《教育 2030 行动框架》的核心关切。1990 年的“世界全民教育大会”特别是 2000 年的“世界教育论坛”召开以来，“一带一路”国家在全民教育运动的推动下，在本国范围内通过政策制定、宣传教育并采取切实有效的措施，取得了显著成绩，大大加快了促进教育中性别平等的进程。

“一带一路”大多数国家在初等教育入学率方面已经实现性别均等的目标。到 2014 年，在有数据的 58 国中，只有 12 个还在初等教育阶段存在性别差异，其中，有 6 个国家(阿富汗、黎巴嫩、巴基斯坦、也门、柬埔寨、老挝)指向对男童有利，有 6 个国家(伊朗、亚美尼亚、印度、孟加拉国、尼泊尔、阿曼)指向对女童有利；在中等教育阶段，有 25 国仍然存在性别差异，12 国指向对女童有利，13 国指向对男童有利。在地区层面，中东欧、中亚以及东亚和太平洋地区在 2000 年时已经实现初等教育毛入学率的性别均等，此后数值一直保持稳定。而南亚和西亚地区在2000—2013年取得显著进步，阿拉伯国家的进步也不小。中等教育次区域毛入学率性别均等指数的变化趋势与初等教育一致，阿拉伯国家、南亚和西亚地区增长最快，但2013年尚未实现均等的目标。

在国际上普遍关注教育中的性别平等的大背景下，各国政府轮番实施立法和政策改革，让性别意识在教育体制、规划和预算中主流化，并在社会上赢得广泛支持。此外，根据本国的现状，“一带一路”国家采取了多样化的措施，如将社会性别主流化并引入性别预算(Gender Budgeting)，将性别意识主流化纳入大型教育发展规划和项目，为女童教育提供多样化的物质和其他条件支持(如卫生设施、助学金、免费供餐等)，以及解决女教师短缺的问题。这些政策和措施有力地支撑这些国家实现国际和国家关于性别平等的目标。但是，未来的发展仍然面临诸多挑战，如一些国家内部地方和城乡之间的差异，最贫困群体仍然面临较大的障碍，在教育过程中(课程、教学、教师)将性别主流化，教育中的女性领导力(Female Leadership)，男童的学业成就和巩固，以及部分国家(主要是中东欧和中亚)出现教师队伍高度女性化等问题。

七、教育信息化

21世纪是一个信息化时代，利用信息化提高国家综合竞争力，已经成为“一带一路”沿线很多国家的战略选择。

在信息化基础条件方面，第一，“一带一路”国家和地区中有26个国家信息社会指数高于全球信息社会指数(ISI)，还有30多个国家和地区的信息社会指数低于全球信息社会指数；第二，“一带一路”国家信息化发展水平存在较大差距，阿富汗、孟加拉国、巴基斯坦、缅甸、老挝等国家的信息化发展指数较弱；第三，从“一带一路”国家2015年网络准备指数可以看出，“一带一路”国家在信息环境、准备就绪和使用情况方面存在着较大差距，“数字鸿沟”问题依然严峻。

而在教育信息化政策方面，“一带一路”大部分国家都有针对小学和中学推动信息技术与教育整合的国家政策、战略规划和监督管理机构，但是有相当多的国家缺乏监督管理规定，另外仅有极少数的国家制定了使用开放教育资源的政策。“一带一路”意识超前的国家已经意识到教育信息化的重要性，推出了一系列教育信息化发展战略，并将教育信息化发展战略置于重要地位。为了更好地推动教育信息化发展，中国、新加坡、俄罗斯、泰国等国家都制定了教育信息化发展规划。总体来说，“一带一路”国家对教育信息化的重视程度，相关政策法规的制定，基础设施建设，信息技术与课程的整合以及教育信息化的应用水平等方面存在较大差异。

第二节　中国在“一带一路”中的教育行动

针对“一带一路”国家各级各类教育出现的差异化发展状况，基于中国以往与这些国家和地区以及其他国家开展教育合作与交流的基础及比较优势，中国在实施“一带一路”中的教育战略时应该采取区别化、多层次、多样化的策略。

一、扩大高等教育海外办学与合作

高等院校建设海外分校、成立合作高校以及组织教育联盟等，可以打通文化交流可能存在的各种障碍，服务国际合作的各个领域。在这方面，老挝苏州大学提供了良好示范。随着中国与东盟经贸合作往来的日益密切，大量的中国企业去老挝投资建厂，开拓市场。由于老挝自身的高等教育发展较为缓慢，难以满足经济和社会发展的人才需求，使得中国企业在老挝的发展受到了专业人才匮乏的制约。① 中国在“一带一路”国家建立的高等教育机构还有厦门大学马来西亚吉隆坡分校和云南财经大学曼谷商学院，从数量上而言过少，且全部分布在我们比较熟悉的国家。在新的形势下，中国高水平大学应该走出去，在“一带一路”国家联合建立大学、院系、研究中心，联合培养人才，联合开展科学研究。这顺应了本报告第一章提到的相关国家关于中国高校海外办学的期待，同时也为中国大学的国际化提供更广阔的平台。

以中国大学为主导建立的各类大学联盟，如“新丝绸之路大学联盟”、“一带一路”高校战略联盟、“新海上丝绸之路大学联盟”等，则需要进一步落实联盟的抓手，与沿线国家和地区大学之间在校际交流、人才培养、科研合作、文化沟通、政策研究和医疗服务等方面交流合作，服务“新丝绸之路经济带”沿线及欧亚地区发展建

---

① 邢光远，汪应洛．“一带一路”教科文先行的战略思考与资金保障[J]．西安交通大学学报(社会科学版)，2016 (1)：1-7.

设。当然，我们也欢迎其他国家和地区的高水平大学参与到这样的合作网络中。

二、扩大“一带一路”国家留学生规模

除了在海外办学之外，实施“一带一路”国家“留学中国”计划，支持和吸引沿线国家优秀学生到中国留学，特别是接受高等学历教育，为发展中国家培养未来领袖。接受来华留学是在“一带一路”国家培养“知华、友华”的精英人才的重要途径，这些学生将成为中国与相关国家之间友谊的纽带，能有力配合官方外交，部分精英化人才甚至能在该国对华友好政策中起到决定性的作用，曾经在北京大学留学的现任埃塞俄比亚总统穆拉图·特肖梅(Mulatu Teshome)就是最好的例证。在“留学中国”方面，我们已经和东盟国家取得较大的进展，需要扩大到更多的“一带一路”地区和国家。可以设立高端学历项目，为发展中国家培养一批未来领袖人才。

当然，留学是双向的，在实施扩大来华留学战略的同时，需要转变中国学生传统上紧盯欧美国家的现状，通过政府奖学金及创造就业的方式，鼓励和吸引我国学生到沿线国家留学，学习语言、文化、宗教、法律、外交等专业，为未来我国企业在这些国家的发展以及国家整体外交大局服务。

三、培养“一带一路”建设所需的各类人才

在推进“一带一路”建设过程中，人无疑是重要因素，无论是经贸合作还是文化交流，都离不开具备国际视野、熟悉国际规则、通晓国际语言以及对某一国家、地区或者行业领域有专业研究的复合型人才。而在各类人才培养的过程中，高等院校包括职业院校以及科研院所将责无旁贷。

为实现“一带一路”的战略目标，需要重点培养以下几类人才①：一是专业技能人才培养。“一带一路”战略的实施涉及政治、经济、文化、法律、民族、宗教等诸多领域，都需要专业技能人才支撑。二是小语种人才培养。随着我国与“一带一路”国家合作与交流的增加，我国将急需大量通晓“一带一路”国家语言，熟知当地政治、经济、文化、宗教等国情的专门人才。三是技术人员和工

① 刘宝存．“一带一路”中教育的使命与行动策略[J]．神州学人，2015 (10)：4-7.

人劳务培训。“一带一路”的实施需要大量外派技术人员和技术工人，有必要对外派技术人员和工人进行必要的当地国情教育和语言、文化、习俗培训，同时需要围绕工程项目对当地人员进行技术、技能培训。

四、进一步加强对外汉语教学工作

近10多年来，以“孔子学院”和“孔子课堂”为标志的对外汉语教育取得巨大成就，并摸索出了中国高校和外国高校合办孔子学院的成功模式，为我国对外汉语教学工作的可持续发展奠定了良好的基础。当然，正如本报告第一章所言，孔子学院和孔子课堂在“一带一路”国家呈现数量偏少、分布不均的特点。中国可以在“人文交流”的大框架下，充分发挥地方高校对创办海外孔子学院的积极性，根据不同国家的教育需求，开设不同特色的孔子学院，特别是有“一带一路”特色文化标识的孔子学院。这将促进中国同“一带一路”国家人文教育交流合作长期稳定发展。

五、重视对“一带一路”国家教育的研究

传统上，我国的国际问题和国别区域研究主要聚焦在欧美发达国家和地区，对发展中国家和地区的研究比较薄弱。比较教育研究长期以来也比较注重发达国家的教育研究，对于相关一些发展中国家的教育研究还比较薄弱。

为支持“一带一路”的实施，一些高校和研究院所行动迅速，纷纷成立相关机构，如浙江大学成立“一带一路”合作与发展协同创新中心，大连外国语大学建立“一带一路”人文交流机制协同创新中心，北京师范大学将原来的发展研究所改名为“一带一路”研究所，西北大学建立了丝绸之路研究院，中国与全球化智库(Center for China & Globalization)成立“中国与全球化智库一带一路研究所”，而中联部牵头，联合国务院发展研究中心、中国社会科学院、复旦大学成立了“一带一路”智库合作联盟，中国农业科学院农业经济与发展研究所成立“一带一路”研究中心，中国科学院地理科学与资源研究所成立“一带一路”战略研究中心，香港也成立了“一带一路”研究机构。同时，相关研究机构已启动了一系列的研究，并取得了一些成果，如江苏师范大学于2015年完成了《“一带一路”国家语言国情手册》，北京大学发布了《“一带一路”国家“五通”指数研究报告》。

但是，这些机构中专门研究“一带一路”教育问题的较少，需要成立相关机构或者引导现有教育研究机构开展对这些国家的教育研究。可以设立“一带一路”教育研究专项基金，支持高等学校开展“一带一路”国家和教育问题研究；建立“一带一路”教育协同创新研究中心，在双多边和区域、次区域合作机制基础上开展联合研究；设立“一带一路”教育援助专项基金，扩大对发展中国家的教育援助，帮助发展中国家培养培训领导管理人才、教师和各级、各类专业技能人才。①

六、采取“软”“硬”结合的教育援助模式

国际教育援助经过数十年的发展，实现了从重点支持“硬件建设”到“软件改善”的转变。越来越多的国际组织、双边援助机构和非政府机构将教育援助的重点放到课程改革、教学方式变革、教师培训、能力建设、教育质量，以及制度建设、教育规划和教育政策的变革，同时关注社会发展和性别平等问题。②

虽然中国的教育援助也有教师培训等“软”项目，但规模较小，投入的重点仍然是校舍建设、条件改善、教材资料等方面，这对于扩大我们在教育领域的“软”实力影响非常不利。因此，在新的时期，有必要在为“一带一路”发展中国家提供改善基本条件的教育援助的同时，增加“软”的部分，把我国优秀教育改革经验与成果，理念与思想扩散到这些国家，同时培育一批能支持相关项目的总体设计和具体实施的第三方咨询机构。

七、借力国际多边平台

从本报告第二至八章对“一带一路”国家各级各类教育发展的介绍和论述来看，我们发现国际组织在很多国家政策变革和实践创新的过程中发挥了不可忽视的作用，是一些国家在教育公平与教育质量追求上取得进步的重要因素。

未来，我们可以借助国际组织的力量，开展更有影响力的教育发展合作项目，支持联合国可持续发展目标 4(SDG 4)即《教育 2030 行动框架》相关目标的实现。借力国际组织有诸多优势，一是国际组织的知识优势能让相关项目和活

① 刘宝存．“一带一路”中教育的使命与行动策略[J]．神州学人，2015 (10)：4-7.

② 赵玉池．国际教育援助研究[D]．重庆：西南大学博士论文，2010：71.

动更具引领性，二是能扩大相关项目的国际显示度(International Visibility)，三是通过与国际组织的合作为我们培养一批高素质的项目设计和管理人员，四是能在不削弱援助方影响力的情况下打消受援方的疑虑。在这方面，中国政府通过联合国教科文组织设立的“援非信托基金项目”(CFIT)就是成功的先例，此外还有“海南航空公司信托基金项目”(HFIT)，这些项目的成功实施将为未来相关合作提供基础。

八、加强教育机构与企业的合作

上文提到，大量中国企业包括央企已经在“一带一路”国家建立分公司或机构，发展所需要的人才及如何与当地社会和文化融合是大多数企业面临的挑战。为了更好地支持企业在这些国家的发展，真正将“一带一路”战略落到实处，教育机构需要与企业合作，为企业提供多样化的支持服务，主要包括，一是前面曾经谈到过的培养具有多元文化视野的国际化人才；二是为企业提供咨询服务，当然这需要教育机构开展大量的相关研究并具有知识优势；三是支持企业扛起社会责任的大旗，通过在当地开展教育公益项目来获得声誉，建立良好的企业形象并营造较好的发展环境。

当然，我们在实施相关战略的过程中也需要注意以下几点[①]：一是避免以我为中心的思维，考虑对方的需求。“一带一路”的主要动力来自我国，但如果没有沿线国家的响应与配合，“一带一路”战略不可能取得成效。不同国家肯定有不同的教育需求，从匹配双方的需求出发，我们的态度，应该是互利共赢，而不是居高临下。二是制定差异化的对外教育合作政策。“一带一路”国家经济发展水平差距很大，我们的对外教育合作政策一定不能采用“一刀切”的粗放式做法，采取差异化政策，提高政策的针对性和有效性。三是处理好各利益主体的关系。“一带一路”国家战略的实施，依靠的是不同区域、不同部门和不同机构的协作努力。因此，需要处理好国家利益、区域利益、部门利益、单位利益的关系，建立不同区域、不同部门和不同机构之间的协调与合作机制，处理好不同利益主体的分工和协作，调动各方面的积极性。

---

① 刘宝存．“一带一路”中教育的使命与行动策略[J]．神州学人，2015 (10)：4-7.

参考文献

杜越，王力．全民教育理念下的农村社区学习中心[M]. 北京：高等教育出版社，2011.

中英西南基础教育项目办公室．教育公平[M]. 重庆：西南师范大学出版社，2010.

何山华．中东欧转型国家语言权利与小族语言保护研究——以捷克、斯洛伐克和匈牙利为例[D]. 北京：北京外国语大学博士论文，2015.

李英．印度教师教育研究[D]. 重庆：西南大学博士论文，2013.

孟靖岳．新加坡教师教育质量保障体系研究[D]. 福州：福建师范大学硕士论文，2013.

赵玉池．国际教育援助研究[D]. 重庆：西南大学博士论文，2010.

陈鹏磊．摩尔多瓦教师教育改革的举措与特征[J]. 世界教育信息，2014 (13).

陈时见．“一带一路”战略框架下比较教育研究的视野与路径 [J]. 比较教育研究，2015 (6).

顾明远．“一带一路”与比较教育的使命[J]. 比较教育研究，2015 (6).

韩智敏．土耳其公立中小学教师任用制度的历史演进[J]. 教育教学论坛，2016 (5).

李广平．20 世纪末以来土耳其教师教育的重构与课程改革[J]. 外国教育研究，2012 (9).

李娟，秦玉友．印度农村初等教育教师问题研究[J]. 外国教育研究，2009 (11).

李立国．中国高等教育大众化发展模式的转变[J]．清华大学教育研究，2014 (1).

李艳辉，李雅君．俄罗斯加强中小学教师队伍建设的制度评析[J]．外国教育研究，2014 (7).

刘宝存．“一带一路”中教育的使命与行动策略[J]．神州学人，2015 (10).

马新英，程良宏．哈萨克斯坦《2011—2020年国家教育发展纲要》中高等教育改革解读[J]．俄罗斯中亚东欧市场，2013 (2).

潘懋元，罗丹．多国高等教育大众化模式比较研究[J]．高等教育研究，2007 (3).

邱兴．以色列中小学职前教育体制及其特点[J]．外国中小学教育，2009 (1).

孙存良，李宁．“一带一路”人文交流：重大意义、实践路径和建构机制[J]．国际援助，2015 (2)：14-20.

王运武．关于加快制定《中国教育信息化促进法》的战略思考[J]．中国教育信息化，2016 (3).

邢光远，汪应洛．“一带一路”教科文先行的战略思考与资金保障[J]．西安交通大学学报(社会科学版)，2016 (1).

杨东平，金如意．博洛尼亚进程述论[J]．华东师范大学学报(教育科学版)，2009 (1).

杨小卜．“一带一路”战略下的高等教育人才培养 [J]．科技与企业，2016 (1).

杨晓斐．卓越、扩张、公平——印度高等教育“十二五”规划“三极”战略述评[J]．比较教育研究，2014 (12).

张天雪，娜佳．乌克兰现代化进程中的中小学教师继续教育[J]．比较教育研究，2011 (4).

张旭．30年1200万女孩被流产，被蒸发的印度女孩[J]．小康，2011 (7).

周谷平，阚阅．“一带一路”战略的人才支撑与教育路径[J]．教育研究，2015 (10).

周欣，周晶，高黎亚，张亚杰．早期学习与发展标准的制订：又一份国家指导性文件的诞生[J]．学前教育研究，2008 (10).

朱霞．俄罗斯学前教育政策改革对我国学前教育的启示[J]．教育导刊，2010 (9).

李玉．构建高效人文交流运行机制[N]．中国社会科学报，2016-3-23.

瞿振元．“一带一路”建设与国家教育新使命[N]．光明日报，2015-8-13.

曾君．“一带一路”为国际教育合作开辟新天地[N]．光明日报，2015-8-9.

联合国教科文组织．2003/04 全民教育全球监测报告[R]．北京：人民教育出版社，2004.

联合国教科文组织．2005 全民教育全球监测报告[R]．巴黎：联合国教科文组织，2005.

联合国教科文组织．2006 全民教育全球监测报告[R]．巴黎：联合国教科文组织，2006.

联合国教科文组织．2007 全民教育全球监测报告[R]．巴黎：联合国教科文组织，2006.

联合国教科文组织．2008 全民教育全球监测报告[R]．巴黎：联合国教科文组织，2008.

联合国教科文组织．2009 全民教育全球监测报告[R]．巴黎：联合国教科文组织，2008.

联合国教科文组织．2010 全民教育全球监测报告[R]．巴黎：联合国教科文组织，2010.

联合国教科文组织．2011 全民教育全球监测报告[R]．巴黎：联合国教科文组织，2011.

联合国教科文组织．2012 全民教育全球监测报告[R]．巴黎：联合国教科文组织，2012.

联合国教科文组织．2013/14 全民教育全球监测报告[R]．北京：教育科学出版社，2014.

联合国教科文组织．2015 全民教育全球监测报告[R]．北京：教育科学出版社，2015.

联合国教科文组织．2015 全民教育全球监测报告摘要[R]．巴黎：联合国教科文组织，2015.

孔子学院总部．孔子学院年度发展报告[R]．2015.

中英西南基础教育项目办公室．中英西南基础教育项目完工报告[R]．2011.

常生龙．学前教育应谨慎纳入义务教育[EB/OL]．[2014-3-6]．http：//

www. jyb. cn/opinion/gnjy/201403/t20140306 _ 572818. html.

黄欢，李润文.《“一带一路”国家语言国情手册》出版[EB/OL]. [2015-11-3]. http：//world. huanqiu. com/hot/2015-11/7900287. html.

李江涛，朱利．我国开设汉语国际教育本科专业高校逾 300 所[EB/OL]. [2013-10-26]. http：//www. gov. cn/jrzg/2013-10/26/content _ 2515995. htm.

联合国儿童基金会．儿童营养问题．http：//www. unicef. org/chinese/nutrition/index _ faces-of-malnutrition. html? p＝printme

缅甸《金凤凰》中文报．缅甸拟于 2015—2016 学年起实施幼儿园免费义务教育制度[EB/OL]. [2014-10-15]. http：//www. mmgpmedia. com/business/7623-1020.

陕西传媒网．委员建言：将信息化纳入一带一路国家战略顶层设计[EB/OL]. [2015-3-12]. http：//sn. ifeng. com/zixun/jinrishanxi/detail _ 2015 _ 03/12/3646484 _ 0. shtml.

世界卫生组织．免疫覆盖[EB/OL]. [2016-3]. http：//www. who. int/mediacentre/factsheets/fs378/zh/.

世界卫生组织．新生儿：降低死亡率[EB/OL]. [2016-1]. http：//www. who. int/mediacentre/factsheets/fs333/zh.

孙明娟．俄罗斯高等教育质量保障体系探析[EB/OL]. [2015-5-18]. http：//www. jyb. cn/zggdjy/tjyd/201605/t20160518 _ 659922. html.

孙若男．叙内战 5 周年：27 万人死亡，1/3 儿童仅知战争[EB/OL]. [2016-3-26]. http：//world. chinadaily. com. cn/2016-03/15/content _ 23871487. htm.

习近平：“一带一路”建设不能急功近利[EB/OL]. [2015-5-1]. http：//news. ifeng. com/a/20160430/48646555 _ 0. shtml.

习近平致国际教育信息化大会的贺信[EB/OL]. [2015-5-23]. http：//news. xinhuanet. com/world/2015-05/23/c _ 1115383959. htm.

中外合作大学办学成果显著愈发受考生青睐[EB/OL]. [2016-6-16]. http：//www. jsj. edu. cn/n2/7001/12107/784. shtml.

中国教育新闻网．中俄高校合作服务“一带一路”[EB/OL]. [2016-1-20]. http：//www. syn. gov. cn/JiaoYuDT/GuoWai/FD42F88480C7CFCC. shtml.

中国新闻网．“一带一路”国家高校发起成立国际教育联盟[EB/OL]. [2015-

11-12]. http://www.sdaxue.com/post/92523.html.

中华人民共和国国家统计局. 2014年《中国儿童发展纲要(2011—2020年)》实施情况统计报告[EB/OL]. [2015-11-27]. http://www.stats.gov.cn/tjsj/zxfb/201511/t20151127_1282230.html.

中华人民共和国国务院. 国务院关于深化考试招生制度改革的实施意见[EB/OL]. [2014-9-4]. http://www.gov.cn/zhengce/content/2014-09/04/content_9065.htm.

中华人民共和国国务院新闻办公室. 国务院新闻办公室发布《中国的对外援助(2014)》白皮书[EB/OL]. [2014-7-10]. http://www.scio.gov.cn/zxbd/tt/Document/1374895/1374895.htm.

中华人民共和国国务院新闻办公室.《中国儿童发展纲要(2011—2020年)》[EB/OL]. [2011-8-8]. http://www.scio.gov.cn/ztk/xwfb/46/11/Document/976030/976030.htm.

中华人民共和国教育部. 2030教育可持续发展目标[EB/OL]. [2016-1-4]. http://moe.edu.cn/s78/A23/A23_ztzl/ztzl_kcxfz/201601/t20160104_226738.html.

中华人民共和国教育部. 国家中长期教育改革和发展规划纲要(2010—2020年)[EB/OL]. [2010-7-29]. http://www.moe.edu.cn/publicfiles/business/htmlfiles/moe/moe_838/201008/93704.html.

中华人民共和国教育部. 教育部关于印发《基础教育课程改革纲要(试行)》的通知[EB/OL]. [2001-6-8]. http://www.gov.cn/gongbao/content/2002/content_61386.htm.

中华人民共和国教育部. 中国教育概况——2013年全国教育事业发展情况[EB/OL]. [2015-3-31]. http://www.moe.edu.cn/publicfiles/business/htmlfiles/moe/s5990/201503/185430.html.

中华人民共和国教育部. 中华人民共和国政府和马来西亚政府关于相互承认高等教育学历和学位的协定[EB/OL]. http://www.moe.edu.cn/publicfiles/business/htmlfiles/moe/moe_857/201301/146812.html.

Hanushek, E. A. and S. G. Rivkin. *Teacher Quality. Handbook of the Economics of Education, Volume* 2[M]. E. A. Hanushek and Finis Welsh, eds. Amsterdam,

Elsevier, 2005.

Dash, B.. *Trends and Issues in India Education*[M]. New Delhi: Dominant Publishers and Distributors, 2002.

Sanders, W., A. Saxton and B. Horn. *The Tennessee Value-Added Assessment System: A quantitative outcomes-based approach to educational assessment. Grading Teachers, Grading Schools: Is achievement a valid measure?* [M]. J. Millman ed. Thousand Oaks, California: Corwin Press, 2007.

Ahmed, M.. Defining and measuring literacy: Facing the reality[J]. *International Review of Education*, Vol. 57, No. 1-2, 2011.

Guadalupe, C. and Cardoso, M.. Measuring the continuum of literacy skills among adults: educational testing and the LAMP experience[J]. *International Review of Education*, Vol. 57, No. 1-2, 2011.

Darling-Hammond, L., B. Berry and A. Thorethon. Does Teacher Certification Matters? Evaluating the evidence[J]. *Educational Evaluation and Policy Analysis*, 23, no. 1, 2001.

Esposito, L., Kebede, B. and Maddox, B.. The value of literacy practices [J]. *Compare: A Journal of Comparative and International Education*, 2014.

Goldhaber, D. D.. The mystery of good teaching: Surveying the evidence on student achievement and teachers' characteristics [J]. *Education Next* 2, no. 1, 2002.

Koutrouba, K., Vamvakari, M., Margara, T. and Anagnou, E.. Adult student assessment in second chance schools in Greece: teachers' views [J]. *International Journal of Lifelong Education*, Vol. 30, No. 2, 2011.

Abadzi, H.. Reading Fluency Measurements in EFA FTI Partner Countries: Outcomes and Improvement Prospects[R]. GPE Working Paper Series on Learning, No. 1, Washington, D. C.: Education for All Fast Track Initiative Secretariat, 2011.

Arun C. Mehta. Elementary Education in Rural India: Where do We Stand? Analytical tables 2007-2008[R]. New Delhi, National University of Educational Planning and Administration & Department of School Education and Literacy

Ministry of Human Resource Development, Government of India, 2009.

Bruns, B. , Mingat, A. and Rakotomalala, R.. Achieving Universal Primary Education by 2015: A Chance for Every Child[R]. Washington, D. C. : World Bank, 2003.

Hanemann, U.. Evolution of literacy campaigns and programmes and their impact since 2000[R]. Background paper for EFA Global Monitoring Report 2015. 2015.

Ministry of Education, Nepal, and UNESCO Kathmandu Office. Education For All: National Review Report (2001-2015) [R]. Kathmandu: UNESCO Kathmandu Office, 2015.

Ministry of Education, Pakistan. Education for All: Mid Decade Assessment. Country Report: Pakistan[R]. Islamabad: Ministry of Education, 2008.

Ministry of Education and Higher Education, Palestine. National Assessment for Education for All (2015-2000) [R]. 2014.

UNESCO. The Dakar Framework for Action: Education for All—Meeting Our Collective Commitments[R]. Paris: UNESCO, 2000.

UNESCO. Education 2030: Framework for Action—Towards Inclusive and Equitable Quality Education and Lifelong Learning for All[R]. Paris: UNESCO, 2015.

UNESCO. Education for All 2000-2015: Achievements and Challenges[R]. Paris: UNESCO, 2015.

UNESCO and UNICEF. Asia-Pacific End of Decade Notes on Education for All: EFA Goal 1 Early Childhood Care and Education[R]. UNESCO Bangkok, UNICEF EAPRO and UNICEF ROSA, 2012.

UNESCO and UNICEF. Asia-Pacific End of Decade Notes on Education for All: EFA Goal 2 Universal Primary Education [R]. UNESCO Bangkok, UNICEF EAPRO and UNICEF ROSA, 2013.

UNESCO and UNICEF. Asia-Pacific End of Decade Notes on Education for All: EFA Goal 3 Life Skills and Lifelong Learning[R]. UNESCO Bangkok, UNICEF EAPRO and UNICEF ROSA, 2013.

UNESCO and UNICEF. Asia-Pacific End of Decade Notes on Education for

All: EFA Goal 4 Youth and Adult Literacy[R]. UNESCO Bangkok, UNICEF EAPRO and UNICEF ROSA, 2012.

UNESCO and UNICEF. Asia-Pacific End of Decade Notes on Education for All: EFA Goal 5 Gender Equality[R]. UNESCO Bangkok, UNICEF EAPRO and UNICEF ROSA, 2012.

UNESCO and UNICEF. Asia-Pacific End of Decade Notes on Education for All: EFA Goal 6 Quality Education[R]. UNESCO Bangkok, UNICEF EAPRO and UNICEF ROSA, 2012.

UNESCO Bangkok. Teachers in Asia Pacific: Status and Right[R]. Bangkok: UNESCO Bangkok Office, 2015.

UNESCO Principal Regional Office for Asia and the Pacific. A Synthesis Report of Education for All 2000 Assessment for the Asia-Pacific Region[R]. Bangkok: UNESCO PROAP, 2000.

International Telecommunication Union. Measuring the Information Society Report 2015[R]. Geneva: ITU, 2015.

OECD. Strong Performers and Successful Reformers in Education: Lessons from PISA for the United States[R]. Paris: OECD, 2011.

Soumitra Dutta, Thierry Geiger and Bruno Lanvin, eds. The Global Information Technology Report 2015[R]. Geneva: World Economic Forum and INSEAD, 2015.

UIL. Confintea VI-Belém Framework for Action: Harnessing the power and potential of adult learning and education for a viable future[R]. Hamburg: Institute for Lifelong Learning, 2009.

UIL. Global Report on Adult Learning and Education: Rethinking Literacy [R]. Hamburg: UIL, 2013.

UNESCO. Rethinking Education: Towards a global common goods? [R]. Paris: UNESCO, 2015.

World Bank. Expanding Opportunities and Building Competencies for Young People: A New Agenda for Secondary Education[R]. Washington D. C. : World Bank, 2005.

Benveniste, L. , J. Marshall and L. Santibanez. Teaching in Lao PDR[R]. Lao PDR: Human Development Sector of East Asia and Pacific Program, World Bank and Ministry of Education, 2010.

Chu, S. K. and R. Bajracharya. Regional Mid-Term Evaluation of Literacy Initiative for Empowerment (LIFE): Summary Report[R]. Bangkok: UNESCO Bangkok, 2011.

Garcia-Jaramillo, S. and Miranti, R.. Effectiveness of targeting in social protection programs aimed to children: lessons for a post-2015 agenda[R]. Background paper for EFA Global Monitoring Report 2015. 2015.

Planning Commission, Government of India. Report of Working Group on Elementary Education and Literacy for the 11th Five Year Plan[R]. 2008.

Thomas, E.. Teacher Policies in the Asia-Pacific and Other Regions: A Review, written for UNESCO Bangkok, Asia-Pacific Regional Seminar on Teacher Policies[R]. Bangkok: UNESCO Bangkok, 2010.

UIS and UNICEF. Fixing the Broken Promise of Education for All: Findings from the Global Initiative on Out-of-School Children[R]. Montreal: UIS, 2015.

UN. The Millennium Development Goals Report 2014[R]. New York: UN, 2014.

World Bank. Spending More or Spending Better: Improving Education Financing in Indonesia[R]. Jakarta: World Bank, 2013.

UNICEF. Global Initiative on Out-of-School Children: East Asia and the Pacific Regional Study[R]. Bangkok: UNICEF Regional Office for East Asia and the Pacific, 2012.

Ministry of Education, Pakistan. National Professional Standards for Teachers in Pakistan[R]. 2009.

Ministry of Education and Culture, Indonesia. Gender Responsive Planning and Budgeting Guidebook[R]. 2016.

Education for All 2015 National Review Report: Afghanistan [EB/OL]. http://unesdoc.unesco.org/images/0023/002327/232702e.pdf. 2014.

Education for All 2015 National Review Report: Armenia [EB/OL]. http://

unesdoc. unesco. org/images/0022/002299/229906E. pdf. 2014.

Education for All 2015 National Review Report：Bangladesh [EB/OL]. http：//unesdoc. unesco. org/images/0023/002305/230507e. pdf. 2014.

Education for All 2015 National Review Report：Brunei Darussalam [EB/OL]. http：//unesdoc. unesco. org/images/0023/002305/230503e. pdf. 2014.

Education for All 2015 National Review Report：Bulgaria [EB/OL]. http：//unesdoc. unesco. org/images/0023/002311/231176e. pdf. 2014.

Education for All 2015 National Review Report：Cambodia [EB/OL]. http：//unesdoc. unesco. org/images/0022/002297/229713e. pdf. 2014.

Education for All 2015 National Review Report：Cyprus[EB/OL]. http：//unesdoc. unesco. org/images/0022/002299/229930E. pdf. 2014.

Education for All 2015 National Review Report：Czech Republic [EB/OL]. http：//unesdoc. unesco. org/images/0022/002299/229931E. pdf. 2014.

Education for All 2015 National Review Report：Egypt [EB/OL]. http：//unesdoc. unesco. org/images/0022/002299/229905E. pdf. 2014.

Education for All 2015 National Review Report：Estonia [EB/OL]. http：//unesdoc. unesco. org/images/0023/002315/231505e. pdf. 2014.

Education for All 2015 National Review Report：Georgia [EB/OL]. http：//unesdoc. unesco. org/images/0023/002303/230331e. pdf. 2014.

Education for All 2015 National Review Report：Hungary [EB/OL]. http：//unesdoc. unesco. org/images/0022/002299/229933E. pdf. 2014.

Education for All 2015 National Review Report：Indonesia [EB/OL]. http：//unesdoc. unesco. org/images/0022/002298/229874E. pdf. 2014.

Education for All 2015 National Review Report：Kazakhstan [EB/OL]. http：//unesdoc. unesco. org/images/0022/002297/229717E. pdf. 2014.

Education for All 2015 National Review Report：Lao People' s Democratic Republic [EB/OL]. http：//unesdoc. unesco. org/images/0023/002314/231489e. pdf. 2014.

Education for All 2015 National Review Report：Latvia [EB/OL]. http：//unesdoc. unesco. org/images/0023/002313/231327e. pdf. 2014.

Education for All 2015 National Review Report：Lithuania [EB/OL]. http：//

unesdoc. unesco. org/images/0022/002299/229934E. pdf. 2014.

Education for All 2015 National Review Report: Malaysia [EB/OL]. http://unesdoc. unesco. org/images/0022/002297/229719E. pdf. 2014.

Education for All 2015 National Review Report: Myanmar [EB/OL]. http://unesdoc. unesco. org/images/0022/002297/229723e. pdf. 2014.

Education for All 2015 National Review Report: Pakistan [EB/OL]. http://unesdoc. unesco. org/images/0022/002297/229718E. pdf. 2014.

Education for All 2015 National Review Report: Russian Federation [EB/OL]. http://unesdoc. unesco. org/images/0023/002307/230799e. pdf. 2014.

Education for All 2015 National Review Report: Singapore [EB/OL]. http://unesdoc. unesco. org/images/0022/002298/229877E. pdf. 2014.

UNESCO. Regional overview: Arab States [EB/OL]. http://en. unesco. org/gem-report/sites/gem-report/files/regional _ overview _ AS _ en. pdf. 2015.

UNESCO. Regional overview: Central and Eastern Europe and Central Asia [EB/OL]. http:// en. unesco. org/gem-report/sites/gem-report/files/191765e. pdf. 2015.

UNESCO. Regional overview: East Asia and the Pacific [EB/OL]. http://en. unesco. org/gem-report/sites/gem-report/files/regional _ overview _ EAP _ en. pdf. 2015.

UNESCO. Regional overview: South and West Asia [EB/OL]. http://en. unesco. org/gem-report/sites/gem-report/files/regional _ overview _ AS _ en. pdf. 2015.

Greenhill, R. and Ali, A.. Paying for progress: how will emerging post-2015 goals be financed in the new aid landscape? Overseas Development Institute (ODI) Working Paper Number 366 [EB/OL]. [2013-4]. https://www. odi. org/sites/odi. org. uk/files/odi-assets/publications-opinion-files/8319. pdf.

Hanushek, E. A., J. F. Kain, D. M. O'Brien and S. G. Rivkin. The market for teacher quality. NBER Working Paper 11154. Cambridge, Massachusetts, National Bureau of Economic Research [EB/OL]. http://www. nber. org/papers/w11154. pdf. 2005.

Michael Lokshin, Monica Das Gupta, Michele Gragnolati and Oleksiy Ivaschenko. Improving Child Nutrition? The Integrated Child Development Services in India [EB/OL]. http://siteresources. worldbank. org/INTPUBSERV/Resources/477250-1187034401048/dasgupta. pdf. 2005.

Ministry of Social and Family Development, Singapore. Enabling Materplan [EB/OL]. http://app. msf. gov. sg/Research-Room/Research-Statistics/Enabling-Masterplan

Ministry of Women & Child Development, India. Integrated Child Development Services (ICDS) Scheme [EB/OL]. http://icds-wcd. nic. in/icds/icds. aspx

Roxana Bassi. ICTs in Education: Policies and Plans Worldwide [EB/OL]. https://www. ictedupolicy. org/content/icts-education-policies-and-plans-worldwide. 2011.

Saechao, N.. Harnessing Mobile Learning to Advance Global Literacy. The Asia Foundation [EB/OL]. [2012-9-5]. http://asiafoundation. org/in-asia/2012/09/05/harnessing-mobile-learning-to-advance-global-literacy.

UIL. Literacy Initiative for Empowerment (LIFE) 2006-2015 [EB/OL]. http://unesdoc. unesco. org/images/0015/001529/152921e. pdf. 2007.

UIS. A growing number of children and adolescents are out of school as aid fails to meet the mark [EB/OL]. Policy Paper 22/Fact Sheet 31. http://unesdoc. unesco. org/images/0023/002336/233610e. pdf. 2015.

UIS. Global Flew of Tertiary-level Students [EB/OL]. [2016-2-3]. http://www. uis. unesco. org/Education/Pages/international-student-flow-viz. aspx.

UIS. The Global Demand for Primary Teachers – 2012 Update. UIS Information Bulletin No. 10. [EB/OL]. http://www. uis. unesco. org/Education/Pages/global _ teacher _ demand _ 2012. aspx. 2012.

UIS and UNICEF. Global Initiative on Out-of-School Children: East Asia and the Pacific Regional Study [EB/OL]. http://allinschool. org/wp-content/uploads/2014/08/121119-EAPRO. pdf. 2012.

World Health Organization. Early initiation of breastfeeding[EB/OL]. http://www. who. int/elena/titles/early _ breastfeeding/en

The Straitstimes. Third edition of Enabling Masterplan：Inclusive push to improve lives [EB/OL]. http：//www. straitstimes. com/singapore/third-edition-of-enabling-masterplan-inclusive-push-to-improve-lives

Zalat，L.. Effective Practices for Engendering the Digital Divide，Egypt. The i4d magazine [EB/OL]. [2009-7-1]. http：//i4d. eletsonline. com/effective-practices-for-engendering-the-digital-divide-egypt/2009.

附　　录

附录1："一带一路"国家

"丝绸之路经济带"和"21世纪海上丝绸之路经济带"涉及65个国家和地区[①]：

东亚和太平洋地区：

文莱、柬埔寨、印度尼西亚、老挝、马来西亚、缅甸、菲律宾、新加坡、泰国、越南。

南亚和西亚：

阿富汗、孟加拉国、不丹、印度、伊朗、马尔代夫、尼泊尔、巴基斯坦、斯里兰卡。

阿拉伯国家：

巴林、埃及(含西奈半岛)、伊拉克、约旦、科威特、黎巴嫩、阿曼、巴勒斯坦、卡塔尔、沙特阿拉伯、叙利亚、阿联酋、也门。

中亚：

亚美尼亚、阿塞拜疆、格鲁吉亚、哈萨克斯坦、吉尔吉斯斯坦、蒙古、塔吉克斯坦、土库曼斯坦、乌兹别克斯坦。

---

① 本报告对"一带一路"国家所属区域的划分参照联合国教科文组织统计研究所的分类方法.

中东欧：

阿尔巴尼亚、白俄罗斯、波黑、保加利亚、克罗地亚、捷克、爱沙尼亚、匈牙利、拉脱维亚、立陶宛、黑山、波兰、摩尔多瓦、罗马尼亚、俄罗斯、塞尔维亚、斯洛伐克、斯洛文尼亚、马其顿、土耳其、乌克兰。

北美和西欧：

塞浦路斯、希腊、以色列。

附录 2：学前教育的入学情况

国家或地区	参考年份	学前教育入学情况（Enrolment in pre-primary education）			学前教育毛入学率（Gross enrolment ratio in pre-primary education）			学前教育净入学率（Net enrolment ratio in pre-primary education）			一年级小学新生中接受过幼儿保育与教育的比例（Percentage of new entrants to Grade 1 of primary education with early childhood education experience）			
		合计（千）	女（%）	入读私立教育机构的比例（%）	合计（%）	男（%）	女（%）	合计（%）	男（%）	女（%）	合计（%）	男（%）	女（%）	性别均等指数
东亚和太平洋地区														
新加坡	2000	…	…	…	…	…	…	…	…	…	…	…	…	…
	2010	…	…	…	…	…	…	…	…	…	…	…	…	…
	2015	…	…	…	…	…	…	…	…	…	…	…	…	…
马来西亚	2000	550	$50.55^{**,+1}$	48.06	51.39	…	…	51.31	…	…	78.40^{+2}	76.04^{+2}	80.89^{+2}	1.06^{+2}
	2010	805	50.55	45.50	80.08	…	…	69.41	…	…	100.00	100.00	100.00	1.00
	2015	867^{-2}	49.37^{-2}	43.64^{-2}	94.35^{-2}	…	…	81.57^{-2}	…	…	90.33^{-2}	89.41^{-2}	91.30^{-2}	1.02^{-2}
印度尼西亚	2000	$2,094^{**}$	50.05^{**}	99.20^{**}	24.11^{**}	23.70^{**}	24.54^{**}	…	…	…	…	…	…	…
	2010	3,863	49.68	97.49	41.31	40.39	42.28	29.43	28.83	30.06	50.14	61.10^{+1}	61.26^{+1}	1.00^{+1}
	2015	$5,058^{-2}$	51.94^{-2}	…	54.45^{-2}	50.81^{-2}	58.31^{-2}	38.09^{-2}	35.54^{-2}	40.79^{-2}	…	…	…	…

续表

国家或地区	参考年份	学前教育入学情况（Enrolment in pre-primary education）			学前教育毛入学率（Gross enrolment ratio in pre-primary education）			学前教育净入学率（Net enrolment ratio in pre-primary education）			一年级小学新生中接受过幼儿保育与教育的比例(Percentage of new entrants to Grade 1 of primary education with early childhood education experience)			
		合计（千）	女（%）	入读私立教育机构的比例(%)	合计（%）	男（%）	女（%）	合计（%）	男（%）	女（%）	合计（%）	男（%）	女（%）	性别均等指数
缅甸	2000	41^{-1}	…	89.85^{-1}	2.07^{-1}	…	…	…	…	…	…	…	…	…
	2010	159	50.96	60.96	7.47	7.27	7.66	7.47	7.27	7.66	20.13	19.21	21.09	1.10
	2015	453^{-1}	50.52^{-1}	82.11^{-1}	23.46^{-1}	23.03^{-1}	23.89^{-1}	23.46^{-1}	23.03^{-1}	23.89^{-1}	…	…	…	…
泰国	2000	2，752	49.08	18.66	92.87	92.25	93.52	…	…	…	…	…	…	…
	2010	2，768	49.33	20.16	110.20	108.82	111.67	97.96	96.03	…	…	…	…	…
	2015	2，804^{-2}	48.18^{-2}	23.08^{-2}	116.50^{-2}	117.41^{-2}	115.54^{-2}	…	…	…	…	…	…	…
老挝	2000	38	51.55	16.64	7.53	7.18	7.90	7.07	6.72	7.43	7.87^{+2}	7.15^{+2}	8.71^{+2}	1.22^{+2}
	2010	90	49.95	23.50^{+1}	19.91	19.56	20.28	19.80	19.44	20.17	26.84	26.17	27.58	1.05
	2015	150^{-1}	49.90^{-1}	18.91^{-1}	30.41^{-1}	29.85^{-1}	31.01^{-1}	21.05^{-1}	20.70^{-1}	21.42^{-1}	45.44^{-1}	44.72^{-1}	46.22^{-1}	1.03^{-1}
柬埔寨	2000	65	50.43	22.51	6.34	6.21	6.48	5.26	5.15	5.38	8.42^{+1}	8.07^{+1}	8.81^{+1}	1.09^{+1}
	2010	115	49.98	12.85^{+2}	12.50	12.37	12.63	12.50	12.37	12.63	23.25	22.84	23.68	1.04
	2015	182^{-1}	48.37^{-1}	13.41^{-1}	17.60^{-1}	17.64^{-1}	17.56^{-1}	16.62^{-1}	16.69^{-1}	16.54^{-1}	21.09^{-2}	19.84^{-2}	22.53^{-2}	1.14^{-2}
越南	2000	2，124	48.19	51.08	40.51	40.94	40.05	39.69	…	…	…	…	…	…
	2010	2，902	47.36	44.53	70.75	72.05	69.36	65.80	…	…	…	…	…	…
	2015	3，614^{-1}	46.65^{-1}	11.83^{-1}	81.35^{-1}	82.71^{-1}	79.86^{-1}	77.86^{-2}	…	…	…	…	…	…
文莱	2000	10	49.36	61.48	47.47	46.60	48.39	…	…	…	94.55	94.04	95.08	1.01
	2010	13	48.61	72.03	68.54	68.83	68.24	60.80	60.86	60.73	…	…	…	…
	2015	13^{-1}	48.63^{-1}	77.18^{-1}	73.54^{-1}	72.95^{-1}	74.17^{-1}	65.19^{-1}	64.43^{-1}	66.01^{-1}	…	…	…	…

续表

国家或地区	参考年份	学前教育入学情况 (Enrolment in pre-primary education)			学前教育毛入学率 (Gross enrolment ratio in pre-primary education)			学前教育净入学率 (Net enrolment ratio in pre-primary education)			一年级小学新生中接受过幼儿保育与教育的比例(Percentage of new entrants to Grade 1 of primary education with early childhood education experience)			
		合计（千）	女（%）	入读私立教育机构的比例(%)	合计（%）	男（%）	女（%）	合计（%）	男（%）	女（%）	合计（%）	男（%）	女（%）	性别均等指数
菲律宾	2000	514	50.01^{+1}	48.52	25.42	28.29^{+1}	29.66^{+1}	23.02^{+1}	23.22^{+1}	22.81^{+1}	53.46^{+2}	52.81^{+2}	54.18^{+2}	1.03^{+2}
	2010	1，166^{-1}	49.27^{-1}	36.80^{-1}	54.42^{-1}	53.29^{-1}	55.63^{-1}	40.93^{-1}	40.32^{-1}	41.59^{-1}	69.54^{-2}	69.41^{-2}	69.68^{-2}	1.00^{-2}
	2015	…	…	…	…	…	…	…	…	…	88.82^{-2}	88.26^{-2}	89.45^{-2}	1.01^{-2}
阿位伯国家														
伊拉克	2000	72	48.87	.	5.22	5.20	5.25	5.22	5.20	5.25	…	…	…	…
	2010	…	…	…	…	…	…	…	…	…	…	…	…	…
	2015	…	…	…	…	…	…	…	…	…	…	…	…	…
叙利亚	2000	116	46.84	67.31	8.68	9.03	8.31	8.68	9.03	8.31	9.13	9.25	9.00	0.97
	2010	149	47.38	71.55	9.96	10.27	9.64	9.96	10.27	9.64	17.98^{+2}	18.32^{+2}	17.62^{+2}	0.96^{+2}
	2015	87^{-2}	48.05^{-2}	82.55^{-2}	5.88^{-2}	5.98^{-2}	5.77^{-2}	5.69^{-2}	5.79^{-2}	5.59^{-2}	25.11^{-2}	25.78^{-2}	24.40^{-2}	0.95^{-2}
约旦	2000	80	46.45	99.64	31.12	32.43	29.74	28.51	29.64	27.32	56.84^{+2}	59.24^{+2}	54.32^{+2}	0.92^{+2}
	2010	99	47.29	83.37	30.92	31.83	29.97	30.87	31.77	29.93	52.05	53.02	51.03	0.96
	2015	…	…	…	…	…	…	…	…	…	…	…	…	…
黎巴嫩	2000	149**	48.33**	76.54**	80.47**	80.96**	79.95**	77.77**	78.07**	77.46**	90.33$^{**,+1}$	90.41$^{**,+1}$	90.25$^{**,+1}$	1.00$^{**,+1}$
	2010	154	48.47	80.84	84.59	86.85	82.31	81.68	83.67	79.68	100.00	100.00	100.00	1.00
	2015	172^{-2}	48.28^{-2}	77.42^{-2}	84.49^{-2}	86.90^{-2}	82.05^{-2}	80.93^{-2}	83.04^{-2}	78.8^{-2}	…	…	…	…
埃及	2000	354	47.61	51.23	11.19	11.42	10.94	10.05	10.27	9.81	…	…	…	…
	2010	1，006	45.10	…	27.84	29.65	25.91	20.60^{+2}	20.95^{+2}	20.24^{+2}	…	…	…	…
	2015	935^{-2}	47.69^{-2}	…	24.57^{-2}	24.94^{-2}	24.18^{-2}	…	…	…	…	…	…	…

续表

国家或地区	参考年份	学前教育入学情况 (Enrolment in pre-primary education)			学前教育毛入学率 (Gross enrolment ratio in pre-primary education)			学前教育净入学率 (Net enrolment ratio in pre-primary education)			一年级小学新生中接受过幼儿保育与教育的比例(Percentage of new entrants to Grade 1 of primary education with early childhood education experience)			
		合计(千)	女(%)	入读私立教育机构的比例(%)	合计(%)	男(%)	女(%)	合计(%)	男(%)	女(%)	合计(%)	男(%)	女(%)	性别均等指数
巴勒斯坦	2000	77	47.55	99.83	34.34	35.28	33.37	29.43	30.41	28.40	49.16	50.05	48.23	0.96
	2010	91	48.38	99.77	39.57	40.01	39.12	32.50	32.81	32.18	…	…	…	…
	2015	127^{-1}	49.49^{-1}	99.26^{-1}	50.65^{-1}	50.12^{-1}	51.21^{-1}	45.35^{-1}	44.65^{-1}	46.09^{-1}	…	…	…	…
沙特阿拉伯	2000	…	…	…	…	…	…	…	…	…	…	…	…	…
	2010	190	$47.85^{**,-2}$	51.26	11.14	$11.12^{**,-2}$	$10.57^{**,-2}$	…	…	…	…	…	…	…
	2015	306^{-1}	55.22^{-1}	42.28^{-1}	16.33^{-1}	14.30^{-1}	18.45^{-1}	16.28^{-1}	14.26^{-1}	18.40^{-1}	…	…	…	…
也门	2000	11^{+1}	46.14^{+1}	33.42^{+1}	0.57^{+1}	0.60^{+1}	0.54^{+1}	$0.67^{**,-1}$	$0.71^{**,-1}$	$0.62^{**,-1}$	1.56^{-1}	1.51^{-1}	1.62^{-1}	1.07^{-1}
	2010	26	46.25	51.52	1.25	1.32	1.18	0.38	0.37	0.38	2.41	2.38	2.45	1.03
	2015	29^{-2}	45.80^{-2}	46.14^{-2}	1.34^{-2}	1.43^{-2}	1.26^{-2}	0.69^{-2}	0.73^{-2}	0.65^{-2}	3.02^{-2}	3.11^{-2}	2.91^{-2}	0.93^{-2}
阿曼	2000	…	…	…	…	…	…	…	…	…	…	…	…	…
	2010	56^{+1}	49.09^{+1}	65.92^{+1}	54.35^{+1}	54.68^{+1}	54.01^{+1}	40.97^{+1}	41.55^{+1}	40.37^{+1}	…	…	…	…
	2015	69^{-1}	49.72^{-1}	73.19^{-1}	54.41^{-1}	53.37^{-1}	55.50^{-1}	40.93^{-1}	40.07^{-1}	41.82^{-1}	…	…	…	…
阿联酋	2000	66	48.13	68.18	63.78	64.79	62.72	49.42	49.96	48.86	75.62	73.90	77.47	1.05
	2010	125	48.69	79.46	86.75	86.45	87.08	63.82	63.82	63.82	86.59	87.28	85.86	0.98
	2015	166^{-1}	48.56^{-1}	80.04^{-1}	91.96^{-1}	91.71^{-1}	92.22^{-1}	64.76^{-1}	68.22^{-1}	61.06^{-1}	91.32^{-1}	91.40^{-1}	91.24^{-1}	1.00^{-1}
卡塔尔	2000	8.9	46.99	100.00	29.28	30.60	27.91	28.29^{**}	29.58^{**}	26.96^{**}	…	…	…	…
	2010	30^{+1}	49.02^{+1}	81.08^{+1}	55.59^{+1}	53.95^{+1}	57.41^{+1}	50.79^{+1}	48.83^{+1}	52.96^{+1}	…	…	…	…
	2015	38^{-1}	48.88^{-1}	79.58^{-1}	58.49^{-1}	58.48^{-1}	58.49^{-1}	57.06^{-1}	56.97^{-1}	57.16^{-1}	72.60^{-1}	72.78^{-1}	72.42^{-1}	1.00^{-1}

续表

国家或地区	参考年份	学前教育入学情况 (Enrolment in pre-primary education)			学前教育毛入学率 (Gross enrolment ratio in pre-primary education)			学前教育净入学率 (Net enrolment ratio in pre-primary education)			一年级小学新生中接受过幼儿保育与教育的比例(Percentage of new entrants to Grade 1 of primary education with early childhood education experience)			
		合计（千）	女（%）	入读私立教育机构的比例(%)	合计（%）	男（%）	女（%）	合计（%）	男（%）	女（%）	合计（%）	男（%）	女（%）	性别均等指数
科威特	2000	60	48.72	26.00	87.22	88.52	85.90	70.31	71.27	69.33	85.64	88.64	82.47	0.93
	2010	74	48.59	42.55	82.16	83.40	80.90	67.55	68.94	66.13	…	…	…	…
	2015	83^{-2}	48.65^{-2}	46.56^{-2}	…	…	…	…	…	…	100.00^{-2}	100.00^{-2}	100.00^{-2}	1.00^{-2}
巴林	2000	14	48.18	99.25	32.56	33.57	31.54	31.94	32.87	30.99	…	…	…	…
	2010	26	48.83	100.00	50.74	50.85	50.62	49.87	49.92	49.82	84.73	85.34	84.10	0.99
	2015	33^{-1}	48.55^{-1}	100.00^{-1}	55.23^{-1}	55.24^{-1}	55.23^{-1}	54.18^{-1}	54.03^{-1}	54.34^{-1}	86.90^{-1}	87.13^{-1}	86.67^{-1}	0.99^{-1}
北美和西欧														
希腊	2000	148	48.89	3.41	69.39	68.76	70.07	69.39	68.76	70.07	…	…	…	…
	2010	160	48.68	7.44	74.15	74.41	73.88	73.35	73.38	73.33	…	…	…	…
	2015	167^{-2}	48.44^{-2}	6.60^{-2}	76.20^{-2}	76.76^{-2}	75.61^{-2}	74.91^{-2}	75.17^{-2}	74.64^{-2}	…	…	…	…
塞浦路斯	2000	17	48.65	52.30	56.98^{*}	56.73^{*}	57.24^{*}	53.26^{*}	52.88^{*}	53.66^{*}	…	…	…	…
	2010	21	48.53	51.14	79.09^{*}	79.11^{*}	79.07^{*}	70.08^{*}	69.51^{*}	70.68^{*}	…	…	…	…
	2015	23^{-1}	49.02^{-1}	47.58^{-1}	$77.11^{*,-1}$	$76.90^{*,-1}$	$77.33^{*,-1}$	$68.32^{*,-1}$	$67.70^{*,-1}$	$68.96^{*,-1}$	…	…	…	…
以色列	2000	299	48.57	…	88.06	88.21	87.90	84.70	84.38	85.03	…	…	…	…
	2010	403	48.35	4.43	97.37	98.13	96.56	92.38	92.56	92.20	…	…	…	…
	2015	499^{-2}	48.53^{-2}	41.57^{-2}	112.68^{-2}	113.07^{-2}	112.26^{-2}	…	…	…	…	…	…	…
南亚和西亚														
印度	2000	2617^{+1}	49.14	3.00	23.97	23.21	24.80	…	…	…	…	…	…	…
	2010	5，570	48.81	…	53.40	51.81	55.19	…	…	…	…	…	…	…
	2015	7，376^{-2}	…	…	…	…	…	…	…	…	…	…	…	…

续表

国家或地区	参考年份	学前教育入学情况 (Enrolment in pre-primary education)			学前教育毛入学率 (Gross enrolment ratio in pre-primary education)			学前教育净入学率 (Net enrolment ratio in pre-primary education)			一年级小学新生中接受过幼儿保育与教育的比例(Percentage of new entrants to Grade 1 of primary education with early childhood education experience)			
		合计(千)	女(%)	入读私立教育机构的比例(%)	合计(%)	男(%)	女(%)	合计(%)	男(%)	女(%)	合计(%)	男(%)	女(%)	性别均等指数
巴基斯坦	2000	5,160*	39.98*	…	65.86*	76.78*	54.26*	…	…	…	…	…	…	…
	2010	6,681^{-1}	45.24^{-1}	…	83.55^{-1}	87.80^{-1}	78.92^{-1}	…	…	…	100.00	100.00	100.00	1.00
	2015	6,550^{-1}	45.22^{-1}	34.16^{-1}	70.24^{-1}	74.42^{-1}	65.76^{-1}	56.19^{-1}	59.53^{-1}	52.61^{-1}	97.70^{-1}	97.81^{-1}	97.56^{-1}	1.00^{-1}
孟加拉国	2000	1,694	49.52	…	17.14	16.96	17.33	…	…	…	…	…	…	…
	2010	1,234*	48.65*	48.48*	12.70*	12.77*	12.61*	12.65*	12.70*	12.58*	…	…	…	…
	2015	2,961^{-2}	48.99^{-2}	35.57^{-2}	31.81^{-2}	31.81^{-2}	31.82^{-2}	…	…	…	…	…	…	…
阿富汗	2000	…	…	…	…	…	…	…	…	…	…	…	…	…
	2010	…	…	…	…	…	…	…	…	…	…	…	…	…
	2015	…	…	…	…	…	…	…	…	…	…	…	…	…
斯里兰卡	2000	…	…	…	…	…	…	…	…	…	…	…	…	…
	2010	314	49.50	80.00	87.95	88.38	87.51	…	…	…	91.29	90.82	91.78	1.01
	2015	335^{-2}	49.26^{-2}	…	94.99^{-2}	95.46^{-2}	94.51^{-2}	…	…	…	93.87^{-2}	92.35^{-2}	95.44^{-2}	1.03^{-2}
马尔代夫	2000	13	49.05	…	59.80	58.86	60.82	57.71	56.80	58.68	91.36	91.15	91.59	1.00
	2010	18	49.03	90.82	…	…	…	…	…	…	98.34	98.24	98.45	1.00
	2015	23^{-1}	48.88^{-1}	100.00^{-1}	…	…	…	…	…	…	…	…	…	…
伊朗	2000	252	50.03	12.66	17.40	17.05	17.76	…	…	…	…	…	…	…
	2010	463	50.63	20.08	41.49	40.38	42.63	…	…	…	40.88	39.03	42.83	1.10
	2015	543^{-1}	48.74^{-1}	98.02^{-1}	42.40^{-1}	42.94^{-1}	41.84^{-1}	38.12^{-1}	39.03^{-1}	37.19^{-1}	42.59^{-1}	42.35^{-1}	42.84^{-1}	1.01^{-1}

续表

国家或地区	参考年份	学前教育入学情况 (Enrolment in pre-primary education)			学前教育毛入学率 (Gross enrolment ratio in pre-primary education)			学前教育净入学率 (Net enrolment ratio in pre-primary education)			一年级小学新生中接受过幼儿保育与教育的比例(Percentage of new entrants to Grade 1 of primary education with early childhood education experience)			
		合计（千）	女（%）	入读私立教育机构的比例(%)	合计（%）	男（%）	女（%）	合计（%）	男（%）	女（%）	合计（%）	男（%）	女（%）	性别均等指数
尼泊尔	2000	258^{+1}	42.70^{+1}	83.89^{+1}	12.37^{+1}	13.78^{+1}	10.89^{+1}	…	…	…	21.00^{+1}	21.00^{+1}	21.00^{+1}	1.00^{+1}
	2010	947	47.60	11.51	71.90	73.15	70.57	52.26^{+1}	51.78^{+1}	52.77^{+1}	52.12^{+1}	51.82^{+1}	52.42^{+1}	1.01^{+1}
	2015	1，014	48.17	35.40	85.42	86.68	84.10	57.14	56.97	57.32	59.56	59.10	60.02	1.02
不丹	2000	0.4	48.60	100.00	1.18	1.20	1.16	1.05	1.00	1.10	…	…	…	…
	2010	0.7	47.50	100.00	2.33	2.42	2.25	…	…	…	…	…	…	…
	2015	4.9^{-1}	51.06^{-1}	28.62^{-1}	17.05^{-1}	16.42^{-1}	17.69^{-1}	…	…	…	…	…	…	…
中亚														
蒙古	2000	79	49.84	3.67	29.43	29.20	29.66	27.29	27.08	27.51	…	…	…	…
	2010	109	50.29	5.99	78.61	77.27	79.98	58.41	57.59	59.24	68.18	67.54	68.86	1.02
	2015	…	…	…	…	…	…	…	…	…	64.73^{-1}	64.88^{-1}	64.57^{-1}	1.00^{-1}
哈萨克斯坦	2000	215	47.37	7.50	20.49	21.03	19.92	22.31^{+1}	22.32^{+1}	22.31^{+1}	…	…	…	…
	2010	520^{+1}	48.45^{+1}	4.76^{+1}	48.07^{+1}	48.29^{+1}	47.85^{+1}	47.76^{+1}	47.94^{+1}	47.56^{+1}	…	…	…	…
	2015	852	51.14	10.13^{-1}	60.37	57.26^{-1}	57.18^{-1}	60.27	57.15	63.58	…	…	…	…
乌兹别克斯坦	2000	609	47.73	…	25.30	25.70	24.87	…	…	…	…	…	…	…
	2010	527	48.82	0.52	25.92	25.98	25.85	20.13	20.07	20.20	…	…	…	…
	2015	…	…	…	…	…	…	…	…	…	…	…	…	…
土库曼斯坦	2000	…	…	…	…	…	…	…	…	…	…	…	…	…
	2010	…	…	…	…	…	…	…	…	…	…	…	…	…
	2015	189^{-1}	48.53^{-1}	…	62.85^{-1}	63.77^{-1}	61.91^{-1}	…	…	…	…	…	…	…

续表

国家或地区	参考年份	学前教育入学情况 (Enrolment in pre-primary education)			学前教育毛入学率 (Gross enrolment ratio in pre-primary education)			学前教育净入学率 (Net enrolment ratio in pre-primary education)			一年级小学新生中接受过幼儿保育与教育的比例(Percentage of new entrants to Grade 1 of primary education with early childhood education experience)			
		合计(千)	女(%)	入读私立教育机构的比例(%)	合计(%)	男(%)	女(%)	合计(%)	男(%)	女(%)	合计(%)	男(%)	女(%)	性别均等指数
塔吉克斯坦	2000	52	45.09	.	7.25	7.82	6.66	6.22	…	…	…	…	…	…
	2010	58	44.50	.	8.45	9.15	7.70	6.56	7.08	6.01	1.69^{+1}	1.74^{+1}	1.63^{+1}	0.94^{+1}
	2015	86	45.63	—	10.65	11.12	10.14	8.64	9.00	8.25	…	…	…	…
吉尔吉斯斯坦	2000	46	48.65	1.12	9.82	9.87	9.77	6.96	6.98	6.94	6.44	6.56	6.32	0.96
	2010	76	49.52	3.04	18.62	18.45	18.79	15.34	15.19	15.50	18.05	18.01	18.09	1.00
	2015	126^{-1}	49.06^{-1}	8.69^{-1}	25.33^{-1}	25.31^{-1}	25.34^{-1}	24.00^{-1}	23.96^{-1}	24.04^{-1}	13.23^{-1}	13.23^{-1}	13.23^{-1}	1.00^{-1}
格鲁吉亚	2000	74	48.48	0.19	37.60	38.05	37.14	21.69	21.77**	21.60**	…	…	…	…
	2010	79^{-2}	…	…	59.45^{-2}	…	…	…	…	…	…	…	…	…
	2015	…	…	…	…	…	…	…	…	…	…	…	…	…
阿塞拜疆	2000	96	49.56	—	19.27*	19.84*	18.72*	14.56*	14.82*	14.3*	7.67^{+2}	8.03^{+2}	7.27^{+2}	0.91^{+2}
	2010	93	45.83	0.55	25.58*	25.99*	25.12*	21.63*	21.88*	21.35*	11.20	11.06	11.37	1.03
	2015	107^{-1}	47.05^{-1}	1.38^{-1}	23.11$^{*,-1}$	22.72$^{*,-1}$	23.56$^{*,-1}$	18.86$^{*,-1}$	18.51$^{*,-1}$	19.26$^{*,-1}$	6.93^{-1}	6.64^{-1}	7.26^{-1}	1.09^{-1}
亚美尼亚	2000	53	51.88^{+1}	0.54^{+1}	26.47	23.03^{+1}	27.13^{+1}	…	…	…	…	…	…	…
	2010	54	49.68	1.33	47.72^{+1}	41.38^{+1}	56.57^{+1}	…	…	…	…	…	…	…
	2015	…	…	…	…	…	…	…	…	…	100.00^{-1}	100.00^{-1}	100.00^{-1}	1.00^{-1}
中东欧														
俄罗斯	2000	4，225	47.23	7.31	74.69	76.88	72.38	…	…	…	…	…	…	…
	2010	5，388^{+1}	48.39^{+1}	1.04^{+1}	89.53^{+1}	90.22^{+1}	88.81^{+1}	72.65^{+1}	72.85^{+1}	72.43^{+1}	…	…	…	…
	2015	…	…	…	…	…	…	…	…	…	…	…	…	…

续表

国家或地区	参考年份	学前教育入学情况 (Enrolment in pre-primary education)			学前教育毛入学率 (Gross enrolment ratio in pre-primary education)			学前教育净入学率 (Net enrolment ratio in pre-primary education)			一年级小学新生中接受过幼儿保育与教育的比例(Percentage of new entrants to Grade 1 of primary education with early childhood education experience)			
		合计（千）	女（%）	入读私立教育机构的比例(%)	合计（%）	男（%）	女（%）	合计（%）	男（%）	女（%）	合计（%）	男（%）	女（%）	性别均等指数
土耳其	2000	252	47.61	5.80	6.52	6.72	6.32	…	…	…	…	…	…	…
	2010	981	47.88	8.97	25.50	26.04	24.93	25.28^{**}	25.87^{**}	24.66^{**}	…	…	…	…
	2015	$1,078^{-2}$	47.85^{-2}	11.57^{-2}	27.58^{-2}	28.18^{-2}	26.96^{-2}	27.58^{-2}	28.18^{-2}	26.96^{-2}	…	…	…	…
乌克兰	2000	1,055	48.08	0.49^{+1}	51.47	52.11	50.80	…	…	…	38.88^{-1}	…	…	…
	2010	1,214	47.89	1.10	104.20	105.31	103.02	…	…	…	69.29	…	…	…
	2015	…	…	…	…	…	…	…	…	…	78.35^{-2}	…	…	…
白俄罗斯	2000	263	47.30^{*}	—	84.50	86.68^{*}	82.19^{*}	78.32	80.53^{*}	75.98^{*}	…	…	…	…
	2010	282	48.12	4.4^{-2}	101.58	102.59	100.52	90.90	91.12	90.66	…	…	…	…
	2015	327^{-1}	47.57^{-1}	0.09^{-1}	105.04^{-1}	107.11^{-1}	102.85^{-1}	98.71^{-1}	100.00^{-1}	97.34^{-1}	…	…	…	…
摩尔多瓦	2000	85	48.00	2.79^{+1}	42.47^{*}	43.10^{*}	41.80^{*}	32.68^{*}	…	…	…	…	…	…
	2010	112	48.18	0.11	75.51^{*}	76.12^{*}	74.86^{*}	74.04^{*}	74.49^{*}	73.56^{*}	91.49	90.20	92.88	1.03
	2015	130^{-1}	47.95^{-1}	0.24^{-1}	$82.06^{*,-2}$	$82.75^{*,-2}$	$81.31^{*,-2}$	$80.62^{*,-2}$	$81.27^{*,-2}$	$79.92^{*,-2}$	97.34^{-1}	96.90^{-1}	97.80^{-1}	1.01^{-1}

续表

国家或地区	参考年份	学前教育入学情况（Enrolment in pre-primary education）			学前教育毛入学率（Gross enrolment ratio in pre-primary education）			学前教育净入学率（Net enrolment ratio in pre-primary education）			一年级小学新生中接受过幼儿保育与教育的比例（Percentage of new entrants to Grade 1 of primary education with early childhood education experience）			
		合计（千）	女（%）	入读私立教育机构的比例（%）	合计（%）	男（%）	女（%）	合计（%）	男（%）	女（%）	合计（%）	男（%）	女（%）	性别均等指数
波兰	2000	919	48.96	3.89	48.20	47.96	48.45	47.36	47.05	47.69	…	…	…	…
	2010	994	48.93	13.33	69.73	69.41	70.07	67.86	67.49	68.24	…	…	…	…
	2015	1,216^{-2}	48.55^{-2}	18.33^{-2}	77.32^{-2}	77.53^{-2}	77.11^{-2}	75.28^{-2}	75.47^{-2}	75.07^{-2}	…	…	…	…
立陶宛	2000	93	47.80	0.28	53.61	54.73	52.45	51.22	52.08	50.32	…	…	…	…
	2010	88	48.30	0.53	79.23	79.98	78.44	78.49	79.13	77.82	…	…	…	…
	2015	94^{-2}	48.75^{-2}	1.85^{-2}	84.47^{-2}	84.83^{-2}	84.10^{-2}	84.29^{-2}	84.60^{-2}	83.96^{-2}	…	…	…	…
爱沙尼亚	2000	53	48.39	0.88	91.98	92.21	91.73	74.33	74.49	74.16	…	…	…	…
	2010	48	48.15	2.61	87.01	87.92	86.06	86.59	87.35	85.79	…	…	…	…
	2015	…	…	…	…	…	…	…	…	…	…	…	…	…
拉脱维亚	2000	57	47.62	1.40^{+1}	56.89	58.41	55.31	55.21	56.44	53.93	…	…	…	…
	2010	71	47.98	3.35	87.06	88.65	85.39	85.48	86.68	84.22	…	…	…	…
	2015	80^{-2}	48.67^{-2}	5.08^{-2}	92.71^{-2}	93.29^{-2}	92.11^{-2}	90.87^{-2}	91.02^{-2}	90.71^{-2}	…	…	…	…
捷克	2000	299	48.65	1.49	90.44	90.44	90.43	…	…	…	…	…	…	…
	2010	317	47.91	1.61	102.45	103.97	100.84	…	…	…	…	…	…	…
	2015	358^{-2}	48.09^{-2}	2.42^{-2}	104.45^{-2}	105.61^{-2}	103.23^{-2}	…	…	…	…	…	…	…

续表

国家或地区	参考年份	学前教育入学情况 (Enrolment in pre-primary education)			学前教育毛入学率 (Gross enrolment ratio in pre-primary education)			学前教育净入学率 (Net enrolment ratio in pre-primary education)			一年级小学新生中接受过幼儿保育与教育的比例(Percentage of new entrants to Grade 1 of primary education with early childhood education experience)			
		合计(千)	女(%)	入读私立教育机构的比例(%)	合计(%)	男(%)	女(%)	合计(%)	男(%)	女(%)	合计(%)	男(%)	女(%)	性别均等指数
斯洛伐克	2000	164	46.07	0.45	81.53	85.81	77.03	…	…	…	…	…	…	…
	2010	143	48.12	3.59	91.44	92.73	90.09	…	…	…	…	…	…	…
	2015	155^{-2}	48.26^{-2}	4.57^{-2}	92.38^{-2}	93.42^{-2}	91.29^{-2}	…	…	…	94.93^{-2}	97.57^{-2}	92.14^{-2}	0.94^{-2}
匈牙利	2000	367	48.40	3.36	79.60	80.23	78.93	79.32	79.90	78.71	…	…	…	…
	2010	329	48.14	6.14	84.94	85.85	83.99	83.71	84.37	83.01	…	…	…	…
	2015	340^{-2}	48.34^{-2}	8.61^{-2}	86.62^{-2}	87.24^{-2}	85.97^{-2}	83.77^{-2}	84.32^{-2}	83.20^{-2}	…	…	…	…
斯洛文尼亚	2000	58	44.88	1.07	76.57	82.31	70.54	76.57	82.31	70.54	…	…	…	…
	2010	49	47.97	3.59	88.53	89.55	87.45	86.90	87.53	86.23	…	…	…	…
	2015	58^{-2}	48.02^{-2}	2.96^{-2}	94.40^{-2}	95.42^{-2}	93.32^{-2}	92.80^{-2}	93.29^{-2}	92.27^{-2}	87.39^{-2}	86.96^{-2}	87.84^{-2}	1.01^{-2}
克罗地亚	2000	85	48.00	5.81	45.37	45.99	44.71	45.28	45.87	44.65	…	…	…	…
	2010	99	48.24	13.68	61.77	62.21	61.31	61.45	61.86	61.02	…	…	…	…
	2015	…	…	…	…	…	…	…	…	…	…	…	…	…
波黑	2000	…	…	…	…	…	…	…	…	…	…	…	…	…
	2010	17	48.14	15.47	…	…	…	…	…	…	…	…	…	…
	2015	16^{-1}	47.04^{-1}	…	…	…	…	…	…	…	…	…	…	…
黑山	2000	11^{+1}	47.56^{+1}	…	32.14^{+1}	32.55^{+1}	31.70^{+1}	28.07^{+1}	…	…	…	…	…	…
	2010	10	47.15	1.98^{+1}	31.14	31.74	30.50	31.12	36.17^{+1}	34.34^{+1}	…	…	…	…
	2015	13	46.58	2.80	55.35	57.02	53.56	53.75	55.23	52.16	…	…	…	…

续表

国家或地区	参考年份	学前教育入学情况 (Enrolment in pre-primary education)			学前教育毛入学率 (Gross enrolment ratio in pre-primary education)			学前教育净入学率 (Net enrolment ratio in pre-primary education)			一年级小学新生中接受过幼儿保育与教育的比例(Percentage of new entrants to Grade 1 of primary education with early childhood education experience)			
		合计（千）	女（%）	入读私立教育机构的比例(%)	合计（%）	男（%）	女（%）	合计（%）	男（%）	女（%）	合计（%）	男（%）	女（%）	性别均等指数
塞尔维亚	2000	165	48.39	…	51.42^{*}	51.62^{*}	51.21^{*}	…	…	…	…	…	…	…
	2010	158	48.67	0.97	52.70^{*}	52.53^{*}	52.88^{*}	52.32^{*}	52.08^{*}	52.59^{*}	91.42^{+1}	91.77^{+1}	91.05^{+1}	0.99^{+1}
	2015	157^{-1}	48.58^{-1}	1.55^{-1}	$59.16^{*,-1}$	$58.99^{*,-1}$	$59.35^{*,-1}$	$58.96^{*,-1}$	$58.79^{*,-1}$	$59.14^{*,-1}$	98.67^{-1}	99.26^{-1}	98.05^{-1}	0.99^{-1}
阿尔巴尼亚	2000	83	50.45^{+1}	3.07	44.32	43.54^{+1}	47.46^{+1}	42.96	43.54^{+1}	47.46^{+1}	…	…	…	…
	2010	75	47.17	4.86	70.71	71.53	69.81	66.89	67.61	66.11	…	…	…	…
	2015	81^{-1}	47.60^{-1}	6.18^{-1}	88.56^{-1}	89.58^{-1}	87.46^{-1}	81.34^{-1}	82.00^{-1}	80.63^{-1}	…	…	…	…
罗马尼亚	2000	616	49.51	0.57	68.73	67.65	69.88	68.73	67.65	69.88	…	…	…	…
	2010	666	48.82	1.82	79.19	79.00	79.39	77.75	77.43	78.09	…	…	…	…
	2015	581^{-2}	48.82^{-2}	2.67^{-2}	92.27^{-2}	92.02^{-2}	92.54^{-2}	85.73^{-2}	85.23^{-2}	86.26^{-2}	…	…	…	…
保加利亚	2000	212	48.57	0.16	70.55	70.65	70.44	67.01	67.07	66.93	…	…	…	…
	2010	218	48.25	0.82	83.52	83.96	83.07	79.97	80.39	79.52	…	…	…	…
	2015	241^{-1}	48.49^{-1}	1.13^{-1}	83.01^{-1}	83.49^{-1}	82.51^{-1}	80.69^{-1}	81.15^{-1}	80.20^{-1}	…	…	…	…
马其顿	2000	35	48.55	.	28.87	29.00	28.73	26.80	27.01	26.59	…	…	…	…
	2010	17	49.30	.	24.10	23.83	24.39	22.90	22.78	23.02	…	…	…	…
	2015	…	…	.	…	…	…	…	…	…	…	…	…	…
地区平均水平														

续表

国家或地区	参考年份	学前教育入学情况 (Enrolment in pre-primary education)			学前教育毛入学率 (Gross enrolment ratio in pre-primary education)			学前教育净入学率 (Net enrolment ratio in pre-primary education)			一年级小学新生中接受过幼儿保育与教育的比例(Percentage of new entrants to Grade 1 of primary education with early childhood education experience)			
		合计（千）	女（%）	入读私立教育机构的比例(%)	合计（%）	男（%）	女（%）	合计（%）	男（%）	女（%）	合计（%）	男（%）	女（%）	性别均等指数
世界	2000	116，837	47.82	25.39**	34.71	35.06	34.32	…	…	…	…	…	…	…
	2010	164，209	48.14	28.23**	49.21	49.30	49.12	…	…	…	…	…	…	…
	2015	184，518$^{**,-2}$	48.23$^{**,-2}$	30.54$^{**,-2}$	53.77$^{**,-2}$	53.74$^{**,-2}$	53.79$^{**,-2}$	…	…	…	…	…	…	…
阿拉伯国家	2000	2，437	43.69	68.15	15.52	17.13	13.85	…	…	…	…	…	…	…
	2010	4，167	47.06	48.03	25.32	26.24	24.36	…	…	…	…	…	…	…
	2015	4，588^{-2}	48.26^{-2}	46.56^{-2}	26.60^{-2}	26.93^{-2}	26.26^{-2}	…	…	…	…	…	…	…
中东欧	2000	9，165	47.84	4.43	52.44	53.46	51.37	…	…	…	…	…	…	…
	2010	11，140	48.30	3.25	70.37	70.94	69.77	…	…	…	…	…	…	…
	2015	12，439$^{**,-2}$	48.29$^{**,-2}$	3.71$^{**,-2}$	74.20$^{**,-2}$	74.86$^{**,-2}$	73.50$^{**,-2}$	…	…	…	…	…	…	…
中亚	2000	1，508	48.17	1.42**	23.65	24.11	23.16	…	…	…	…	…	…	…
	2010	1，704	48.62	1.99	31.37	31.30	31.45	…	…	…	…	…	…	…
	2015	2，112$^{**,-2}$	48.67$^{**,-2}$	3.77$^{**,-2}$	35.19$^{**,-2}$	35.13$^{**,-2}$	35.26$^{**,-2}$	…	…	…	…	…	…	…
东亚和太平洋地区	2000	36，198	47.15	29.82**	40.24	40.52	39.94	…	…	…	…	…	…	…
	2010	43，809	46.62	48.87	57.11	57.66	56.49	…	…	…	…	…	…	…
	2015	56，620^{-2}	47.27^{-2}	50.85^{-2}	70.76^{-2}	70.38^{-2}	71.19^{-2}	…	…	…	…	…	…	…
拉丁美洲和加勒比海地区	2000	16，731	…	…	…	…	…	…	…	…	…	…	…	…
	2010	18，655	49.24	24.14	71.76	71.42	72.12	…	…	…	…	…	…	…
	2015	19，420^{-2}	49.17^{-2}	24.47^{-2}	76.50^{-2}	76.16^{-2}	76.87^{-2}	…	…	…	…	…	…	…

续表

国家或地区	参考年份	学前教育入学情况(Enrolment in pre-primary education)			学前教育毛入学率(Gross enrolment ratio in pre-primary education)			学前教育净入学率(Net enrolment ratio in pre-primary education)			一年级小学新生中接受过幼儿保育与教育的比例(Percentage of new entrants to Grade 1 cf primary education with early childhood education experience)			
		合计(千)	女(%)	入读私立教育机构的比例(%)	合计(%)	男(%)	女(%)	合计(%)	男(%)	女(%)	合计(%)	男(%)	女(%)	性别均等指数
北美和西欧	2000	19，025	48.74	31.43	75.58	75.60	75.56	…	…	…	…	…	…	…
	2010	21，643	49.10	36.57	85.04	84.59	85.52	…	…	…	…	…	…	…
	2015	21，904^{-2}	48.61^{-2}	37.28^{-2}	84.30^{-2}	84.68^{-2}	83.91^{-2}	…	…	…	…	…	…	…
南亚和西亚	2000	25，492	47.26	19.29	26.17	26.47	25.83	…	…	…	…	…	…	…
	2010	51，012	48.32	…	51.93	51.27	52.66	…	…	…	…	…	…	…
	2015	…	…	…	…	…	…	…	…	…	…	…	…	…
撒哈拉以南非洲	2000	6，281**	48.49**	29.86**	11.48**	11.72**	11.22**	…	…	…	…	…	…	…
	2010	12，080	49.58	35.09	17.36	17.32	17.41	…	…	…	…	…	…	…
	2015	13，397**,$^{-2}$	50.14**,$^{-2}$	34.91**,$^{-2}$	17.90**,$^{-2}$	17.65**,$^{-2}$	18.16**,$^{-2}$	…	…	…	…	…	…	…

符号：

…	没有相关数据
**	国家数据：统计研究所估计数据
	地区平均水平：部分估计数据是因为国家数据覆盖范围(25%～75%的人口)不完整
*	国家估计数据
—	零数值
.	不可用
X^{+n}	引用参考年份后 n 年的学年或财年数据
X^{-n}	引用参考年份前 n 年的学年或财年数据

术语解释(部分)：表格中术语对应的原英文定义如下所示。

一年级小学新生中接受过幼儿保育与教育的比例：Total number of new entrants to Grade 1 of primary education who have attended some form of organised early childhood care and education (ECCE) programmes，expressed as a percentage of the total number of new entrants to primary education.

资料来源：联合国教科文组织统计研究所数据库，2016 年　http：//data. uis. unesco. org/

附录 3：小学和初中的入学情况

国家或地区	参考年份	小学									初中								
		入学情况（Enrolment in primary education）			毛入学率（Gross enrolment ratio in primary education）			净入学率（调整后）（Adjusted net enrolment rate in primary education）			入学情况（Enrolment in lower secondary education）			毛入学率（Gross enrolment ratio in lower secondary education）			净入学率（调整后）（Adjusted net enrolment rate in lower secondary education）		
		合计（千）	女（%）	入读私立教育机构的比例（%）	合计（%）	男（%）	女（%）	合计（%）	男（%）	女（%）	合计（千）	女（%）	入读私立教育机构的比例（%）	合计（%）	男（%）	女（%）	合计（%）	男（%）	女（%）
东亚和太平洋地区																			
新加坡	2000	…	…	…	…	…	…	…	…	…	…	…	…	…	…	…	…	…	…
	2010	295^{-1}	48.26^{-1}	7.59^{-1}	…	…	…	…	…	…	110^{-1}	47.94^{-1}	8.05^{-1}	…	…	…	…	…	…
	2015	…	…	…	…	…	…	…	…	…	…	…	…	…	…	…	…	…	…
马来西亚	2000	3,026	48.70	1.56^{-1}	98.08	…	…	97.81	…	…	1,349	49.90	5.67	92.15	…	…	92.09	…	…
	2010	3,234	48.70	9.73	101.24	…	…	…	…	…	1,517	49.09	3.03	91.87	…	…	90.96	…	…
	2015	3,246^{-2}	48.67^{-2}	14.74^{-2}	106.25^{-2}	…	…	…	…	…	1,494^{-2}	49.10^{-2}	4.94^{-2}	91.59^{-2}	…	…	90.66^{-2}	…	…
印度尼西亚	2000	28,509	48.50	15.72	108.78	110.30	107.21	96.17^{+1}	96.86^{+1}	95.45^{+1}	9,413	48.89^{+1}	37.49	70.35	71.80^{+1}	70.82^{+1}	59.25^{+1}	59.76^{+1}	58.73^{+1}
	2010	30,342	49.53	16.82	108.66	106.88	110.53	96.81	96.45	97.20	11,797	49.63	36.29	88.52	87.28	89.81	76.35	75.40	77.34
	2015	30,109^{-2}	48.46^{-2}	17.94^{-2}	106.34^{-2}	106.44^{-2}	106.23^{-2}	93.29^{-2}	92.83^{-2}	93.77^{-2}	12,540^{-2}	49.44^{-2}	35.11^{-2}	90.32^{-2}	89.03^{-2}	91.68^{-2}	79.63^{-2}	78.40^{-2}	80.93^{-2}
缅甸	2000	4,858	49.28	.	98.26	99.44	97.08	89.92	90.90	88.93	1,640	50.16	.	39.89	39.77	40.01	33.16	33.07	33.26
	2010	5,126	49.51	.	96.72	97.12	96.32	87.75	88.24	87.25	2,179	50.66	.	54.47	53.60	55.36	48.26	47.52	49.00
	2015	5,177^{-1}	48.99^{-1}	0.21^{-1}	99.66^{-1}	101.01^{-1}	98.29^{-1}	94.53^{-1}	98.24^{-1}	90.76^{-1}	2,503^{-1}	49.80^{-1}	0.54^{-1}	59.44^{-1}	59.40^{-1}	59.48^{-1}	52.45^{-1}	52.57^{-1}	52.33^{-1}

续表

国家或地区	参考年份	小学									初中								
		入学情况(Enrolment in primary education)			毛入学率(Gross enrolment ratio in primary education)			净入学率(调整后)(Adjusted net enrolment rate in primary education)			入学情况(Enrolment in lower secondary education)			毛入学率(Gross enrolment ratio in lower secondary education)			净入学率(调整后)(Adjusted net enrolment rate in lower secondary education)		
		合计(千)	女(%)	入读私立教育机构的比例(%)	合计(%)	男(%)	女(%)	合计(%)	男(%)	女(%)	合计(千)	女(%)	入读私立教育机构的比例(%)	合计(%)	男(%)	女(%)	合计(%)	男(%)	女(%)
泰国	2000	6, 101	48.29	13.06	97.91	99.34	96.44	…	…	…	2, 285^{+1}	47.19^{+1}	6.24^{+1}	71.31^{+1}	74.08^{+1}	68.45^{+1}	…	…	…
	2010	5, 147	48.36	18.22	96.10	97.13	95.03	96.34^{-1}	96.96^{-1}	95.69^{-1}	2, 798	49.01	12.58	98.73	99.15	98.30	93.90	92.99	94.84
	2015	4, 955^{-2}	48.36^{-2}	20.81^{-2}	97.90^{-2}	98.87^{-2}	96.89^{-2}	…	…	…	2, 504^{-2}	49.24^{-2}	13.82^{-2}	94.21^{-2}	94.02^{-2}	94.40^{-2}	…	…	…
老挝	2000	832	45.18	2.03	106.74	115.24	97.97	75.70	79.00	72.28	184	41.06	1.25	44.90	52.17	37.42	20.54	20.95	20.10
	2010	916	47.18	3.46	122.92	127.78	117.91	94.15	95.69	92.55	335	44.79	3.02	53.82	58.64	48.86	37.68	38.03	37.32
	2015	871^{-1}	47.84^{-1}	4.53^{-1}	116.34^{-1}	119.08^{-1}	113.49^{-1}	95.12^{-1}	95.89^{-1}	94.33^{-1}	421^{-1}	47.28^{-1}	3.35^{-1}	71.31^{-1}	74.00^{-1}	68.53^{-1}	53.12^{-1}	52.36^{-1}	53.92^{-1}
柬埔寨	2000	2, 248	45.85	1.62	106.47	113.29	99.40	92.32	97.50	86.96	235	35.33	0.65	22.48	28.70	16.09	14.47	17.15	11.71
	2010	2, 273	47.79	1.40	123.39	126.92	119.75	93.28	94.20	92.33	594	47.75	1.51	59.29	60.26	58.25	33.04^{-2}	32.02^{-2}	34.12^{-2}
	2015	2, 129^{-1}	48.04^{-1}	2.58^{-1}	116.39^{-1}	119.57^{-1}	113.14^{-1}	94.71^{-1}	95.74^{-1}	93.65^{-1}	556^{-1}	49.65^{-1}	3.19^{-1}	60.61^{-1}	60.18^{-1}	61.05^{-1}	43.90^{-1}	41.73^{-1}	46.12^{-1}
越南	2000	10, 063	47.71	0.30	108.74	111.39	105.98	97.36**	…	…	5, 767	46.95	3.51	80.92	84.41	77.31	69.83**	…	…
	2010	6, 923	47.26	0.58	105.09	107.70	102.32	98.14	…	…	5, 214	49.83	0.83	86.54	84.54	88.66	…	…	…
	2015	7, 435^{-1}	47.93^{-1}	0.60^{-1}	109.35^{-1}	110.04^{-1}	108.62^{-1}	98.11$^{**,-2}$	…	…	4, 931^{-1}	48.58^{-1}	0.68^{-1}	93.51^{-1}	93.49^{-1}	93.52^{-1}	…	…	…
文莱	2000	45	47.38	35.10	111.29	113.21	109.24	…	…	…	20	47.58	11.94	108.41	109.76	106.96	…	…	…
	2010	44	48.30	36.41	107.13	107.34	106.90	…	…	…	15	47.78	15.97	104.37	104.47	104.26	88.82**	86.81**	91.01**
	2015	41^{-1}	48.65^{-1}	39.23^{-1}	107.44^{-1}	107.34^{-1}	107.56^{-1}	…	…	…	15^{-1}	47.89^{-1}	17.07^{-1}	107.82^{-1}	109.14^{-1}	106.42^{-1}	89.05^{-1}	87.89^{-1}	90.28^{-1}
菲律宾	2000	12, 708	48.91^{+1}	7.25	109.39	108.58^{+1}	108.79^{+1}	89.63^{+1}	88.85^{+1}	90.45^{+1}	4, 283^{+1}	50.79^{+1}	21.81^{+1}	78.21^{+1}	75.32^{+1}	81.22^{+1}	45.93^{+1}	41.81^{+1}	50.24^{+1}
	2010	13, 687^{-1}	48.30^{-1}	8.13^{-1}	108.87^{-1}	109.09^{-1}	108.64^{-1}	91.26^{-1}	89.68^{-1}	92.94^{-1}	5, 287^{-1}	50.16^{-1}	19.39^{-1}	87.23^{-1}	85.02^{-1}	89.53^{-1}	57.01^{-1}	51.94^{-1}	62.31^{-1}
	2015	14, 460^{-2}	47.89^{-2}	8.32^{-2}	116.82^{-2}	116.78^{-2}	116.86^{-2}	96.75^{-2}	94.86^{-2}	98.81^{-2}	5, 650^{-2}	50.10^{-2}	18.68^{-2}	92.07^{-2}	88.61^{-2}	95.79^{-2}	64.60^{-2}	58.72^{-2}	70.92^{-2}
阿拉伯国家																			

续表

国家或地区	参考年份	小学									初中								
		入学情况(Enrolment in primary education)			毛入学率(Gross enrolment ratio in primary education)			净入学率(调整后)(Adjusted net enrolment rate in primary education)			入学情况(Enrolment in lower secondary education)			毛入学率(Gross enrolment ratio in lower secondary education)			净入学率(调整后)(Adjusted net enrolment rate in lower secondary education)		
		合计(千)	女(%)	入读私立教育机构的比例(%)	合计(%)	男(%)	女(%)	合计(%)	男(%)	女(%)	合计(千)	女(%)	入读私立教育机构的比例(%)	合计(%)	男(%)	女(%)	合计(%)	男(%)	女(%)
伊拉克	2000	3, 639	43.99	.	96.50	105.04	87.46	88.42	94.42	82.06	839	36.38	.	49.47	61.14	37.08	34.77	40.20	29.01
	2010	…	…	…	…	…	…	…	…	…	…	…	…	…	…	…	…	…	…
	2015	…	…	…	…	…	…	…	…	…	…	…	…	…	…	…	…	…	…
叙利亚	2000	2, 775	47.00	4.18	107.68	111.77	103.40	96.86	…	…	784	45.85	4.61	62.80	66.65	58.79	51.98	54.21	49.65
	2010	2, 429	47.91	4.19	122.24	124.36	120.01	98.92^{-1}	99.77^{-1}	98.02^{-1}	2, 232	48.24	3.92	92.34	93.01	91.62	81.84	81.74	81.95
	2015	1, 547^{-2}	48.09^{-2}	3.94^{-2}	80.10^{-2}	81.42^{-2}	78.73^{-2}	70.87^{-2}	71.57^{-2}	70.14^{-2}	1, 446^{-2}	47.85^{-2}	3.63^{-2}	60.93^{-2}	61.86^{-2}	59.94^{-2}	54.23^{-2}	54.78^{-2}	53.65^{-2}
约旦	2000	724	48.84	29.95	102.53	101.87	103.22	98.94	96.76$^{**,-1}$	98.61$^{**,-1}$	418	49.09	19.53	92.17	90.87	93.56	86.60	84.67	88.65
	2010	820	48.64	33.09	91.01	91.14	90.88	89.75	89.76	89.74	518	49.18	21.06	94.95	93.94	96.02	88.52^{+1}	87.48^{+1}	89.61^{+1}
	2015	…	…	…	…	…	…	…	…	…	…	…	…	…	…	…	…	…	…
黎巴嫩	2000	404**	48.02**	67.20**	130.98**	132.86**	129.02**	98.57$^{**,+2}$	…	…	270**	51.31**	56.37**	109.76**	104.27**	115.53**	…	…	…
	2010	462	48.37	72.72	104.73	109.57	100.01	93.36	96.66	90.14	215	51.42	63.38	86.28	86.05	86.51	68.56	68.60	68.53
	2015	472^{-2}	48.28^{-2}	71.85^{-2}	97.15^{-2}	101.65^{-2}	92.75^{-2}	88.89^{-2}	91.91^{-2}	85.94^{-2}	219^{-2}	50.94^{-2}	64.66^{-2}	79.12^{-2}	79.50^{-2}	78.75^{-2}	…	…	…
埃及	2000	7, 948*	46.91*	8.87$^{*,+1}$	93.49*	96.73*	90.07*	88.40*	90.67*	86.00*	4, 780*	46.86*	…	91.97*	95.29*	88.48*	…	…	…
	2010	10, 542	47.85	…	107.11	108.64	105.49	99.07*	99.47$^{*,+2}$	97.09$^{*,+2}$	4, 474	48.56	…	94.74	95.04	94.41	89.57$^{*,+1}$	89.55$^{*,+1}$	89.60$^{*,+1}$
	2015	11, 103	48.28^{-2}	…	105.54^{-2}	105.98^{-2}	105.06^{-2}	99.89^{-2}	98.55^{-1}	99.36^{-1}	4, 762^{-2}	48.69^{-2}	…	99.94^{-2}	99.90^{-2}	99.98^{-2}	…	…	…
巴勒斯坦	2000	388	48.91	8.73	96.49	96.59	96.39	90.90	91.10	90.69	405	49.97	4.33	84.96	83.39	86.58	80.33	79.16	81.54
	2010	403	48.46	11.84	90.69	91.56	89.77	89.02	89.74	88.26	559	50.03	5.83	88.02	86.20	89.92	85.73	84.42	87.09
	2015	442^{-1}	48.78^{-1}	12.89^{-1}	94.91^{-1}	95.25^{-1}	94.57^{-1}	92.95^{-1}	92.91^{-1}	92.99^{-1}	567^{-1}	50.23^{-1}	7.19^{-1}	86.89^{-1}	84.74^{-1}	89.13^{-1}	84.84^{-1}	82.84^{-1}	86.92^{-1}

续表

国家或地区	参考年份	小学									初中								
		入学情况(Enrolment in primary education)			毛入学率(Gross enrolment ratio in primary education)			净入学率(调整后)(Adjusted net enrolment rate in primary education)			入学情况(Enrolment in lower secondary education)			毛入学率(Gross enrolment ratio in lower secondary education)			净入学率(调整后)(Adjusted net enrolment rate in lower secondary education)		
		合计(千)	女(%)	入读私立教育机构的比例(%)	合计(%)	男(%)	女(%)	合计(%)	男(%)	女(%)	合计(千)	女(%)	入读私立教育机构的比例(%)	合计(%)	男(%)	女(%)	合计(%)	男(%)	女(%)
沙特阿拉伯	2000	…	…	…	…	…	…	…	…	…	…	…	…	…	…	…	…	…	…
	2010	3，321	49.08	9.18	99.17	99.25	99.09	90.35	90.23	90.47	1，609$^{**,-1}$	46.19$^{**,-1}$	10.98^{-2}	100.61$^{**,-1}$	107.62$^{**,-1}$	93.51^{-1}	66.48$^{**,-1}$	68.04$^{**,-1}$	64.91$^{**,-1}$
	2015	3，737^{-1}	48.56^{-1}	10.18^{-1}	108.72^{-1}	109.16^{-1}	108.25^{-1}	96.48^{-1}	97.94^{-1}	94.95^{-1}	1，741$^{**,-1}$	43.33$^{**,-1}$	…	108.15$^{**,-1}$	120.94$^{**,-1}$	95.01$^{**,-1}$	73.19$^{**,-1}$	80.70$^{**,-1}$	65.48$^{**,-1}$
也门	2000	2，644^{+1}	37.59^{+1}	1.34^{+1}	76.80^{+1}	94.14^{+1}	58.82^{+1}	64.66$^{**,+1}$	70.62^{-1}	41.32^{-1}	758^{+1}	29.34^{+1}	1.27^{+1}	52.41^{+1}	72.84^{+1}	31.29^{+1}	28.39^{-1}	39.59^{-1}	16.79^{-1}
	2010	3，427	43.98	3.95	90.83	99.79	81.50	81.34	89.02	73.36	976	38.21	3.67	53.85	65.31	41.94	41.29**	49.79**	32.47**
	2015	3，875^{-2}	44.66^{-2}	5.52^{-2}	97.49^{-2}	105.75^{-2}	88.88^{-2}	85.33^{-2}	92.13^{-2}	78.25^{-2}	1，066^{-2}	40.22^{-2}	4.95^{-2}	58.14^{-2}	68.19^{-2}	47.70^{-2}	…	…	…
阿曼	2000	316	47.97	4.51	93.35	94.76	91.88	84.75	84.25	85.28	145	47.66	1.02	91.54	94.32	88.66	68.59	66.87	70.36
	2010	296^{+1}	48.95^{+1}	17.23^{+1}	104.55^{+1}	104.13^{+1}	104.99^{+1}	97.00^{+1}	96.56^{+1}	97.47^{+1}	147^{+1}	48.73^{+1}	8.95^{+1}	101.98^{+1}	102.05^{+1}	101.91^{+1}	87.89^{+1}	87.33^{+1}	88.48^{+1}
	2015	233^{-1}	51.24^{-1}	20.96^{-1}	110.26^{-1}	105.76^{-1}	114.90^{-1}	97.30^{-1}	97.30^{-1}	97.30^{-1}	298^{-1}	48.89^{-1}	12.50^{-1}	107.79^{-2}	104.99^{-2}	110.87^{-2}	91.10^{-2}	87.31^{-2}	95.26^{-2}
阿联酋	2000	273	47.86	45.00	94.20^{-1}	94.42^{-1}	93.96^{-1}	85.21^{-1}	84.68^{-1}	85.78^{-1}	122	48.39	34.20	95.17^{-1}	95.65^{-1}	94.65^{-1}	82.72^{-1}	81.16^{-1}	84.37^{-1}
	2010	327	48.59	71.67	99.70	98.07	101.48	93.23	91.40	95.24	211	48.79	60.39	…	…	…	…	…	…
	2015	410^{-1}	48.89^{-1}	74.51^{-1}	106.71^{-1}	106.34^{-1}	107.11^{-1}	96.20^{-1}	96.01^{-1}	96.39^{-1}	253^{-1}	48.62^{-1}	66.29^{-1}	…	…	…	…	…	…
卡塔尔	2000	61	48.20	38.24	104.89	102.36	107.75	95.48**	91.66**	99.79**	26	47.88	31.31^{+1}	93.07	89.17	97.71	79.81$^{**,+1}$	72.93$^{**,+1}$	88.14$^{**,+1}$
	2010	89	48.76	55.47	97.42	98.69	96.11	91.53	92.16	90.88	37	48.86	42.65	104.34	109.54	99.41	85.19	87.60	82.90
	2015	117^{-1}	48.96^{-1}	60.34^{-1}	…	…	…	…	…	…	47^{-1}	48.46^{-1}	48.86^{-1}	…	…	…	…	…	…
科威特	2000	140	48.94	31.10	104.84	102.80	107.06	97.05**	95.18**	99.08**	134	48.58	28.89	104.86	101.63	108.51	91.23**	89.02**	93.73**
	2010	214	48.84	39.18**	102.80	100.89	104.88	97.49	95.65	99.49	164	48.70	32.59	101.40	101.75	101.02	92.73	91.76	93.75
	2015	239^{-2}	49.13^{-2}	41.73^{-2}	104.19^{-2}	103.12^{-2}	105.32^{-2}	98.09^{-2}	96.95^{-2}	99.30^{-2}	…	…	…	…	…	…	…	…	…

续表

国家或地区	参考年份	小学									初中								
		入学情况(Enrolment in primary education)			毛入学率(Gross enrolment ratio in primary education)			净入学率(调整后)(Adjusted net enrolment rate in primary education)			入学情况(Enrolment in lower secondary education)			毛入学率(Gross enrolment ratio in lower secondary education)			净入学率(调整后)(Adjusted net enrolment rate in lower secondary education)		
		合计(千)	女(%)	入读私立教育机构的比例(%)	合计(%)	男(%)	女(%)	合计(%)	男(%)	女(%)	合计(千)	女(%)	入读私立教育机构的比例(%)	合计(%)	男(%)	女(%)	合计(%)	男(%)	女(%)
巴林	2000	78	48.90	19.08	104.39^{-1}	104.84^{-1}	103.92^{-1}	99.58^{-1}	99.36^{-1}	99.82^{-1}	34	49.41	15.10	107.93	106.08	109.89	87.46**	85.33**	89.73**
	2010	91	48.80	31.13	…	…	…	…	…	…	42	48.54	23.40	…	…	…	…	…	…
	2015	104^{-1}	49.24^{-1}	34.59^{-1}	…	…	…	…	…	…	46^{-1}	48.36^{-1}	27.12^{-1}	…	…	…	…	…	…
北美和西欧																			
希腊	2000	645	48.42	7.02	96.58	96.50	96.66	98.07	97.84	98.32	366	47.67	5.00	95.28	95.63	94.91	86.78	85.14	88.57
	2010	643	48.54	7.24	100.25	101.16	99.31	98.52	99.23	97.79	353	47.24	5.14	106.24	110.05	102.28	95.43	96.37	94.47
	2015	634^{-2}	48.48^{-2}	6.50^{-2}	98.60^{-2}	99.25^{-2}	97.92^{-2}	97.17^{-2}	97.60^{-2}	96.72^{-2}	324^{-2}	47.75^{-2}	4.67^{-2}	103.61^{-2}	106.20^{-2}	100.92^{-2}	96.34^{-2}	96.80^{-2}	95.86^{-2}
塞浦路斯	2000	64	48.50	4.07	96.73*	96.65*	96.82*	98.07*	97.76*	98.40*	33	48.29	9.50	98.04*	98.66*	97.38*	93.89*	94.05*	93.72*
	2010	55	48.58	7.62	101.62*	101.62*	101.63*	99.29*	99.12*	99.46*	31	48.69	17.87	96.57*	96.59*	96.55*	93.44*	93.19*	93.70*
	2015	53^{-1}	48.57^{-1}	8.02^{-1}	99.15$^{*,-1}$	98.75$^{*,-1}$	99.59$^{*,-1}$	97.14$^{*,-1}$	96.52$^{*,-1}$	97.79$^{*,-1}$	28^{-1}	48.86^{-1}	15.44^{-1}	100.53$^{*,-1}$	100.77$^{*,-1}$	100.29$^{*,-1}$	96.38$^{*,-1}$	95.85$^{*,-1}$	96.92$^{*,-1}$
以色列	2000	677	48.55	.	105.97	106.51	105.40	97.85	98.06	97.63	305	48.83	.	96.90	96.83	96.98	93.97	94.23	93.70
	2010	807	48.79	21.64	104.25	104.03	104.48	97.39	97.02	97.77	367	49.26	15.33	102.58	101.34	103.89	94.60	93.90	95.33
	2015	849^{-2}	48.76^{-2}	22.87^{-2}	104.50^{-2}	104.37^{-2}	104.64^{-2}	97.25^{-2}	96.99^{-2}	97.52^{-2}	393^{-2}	48.82^{-2}	16.42^{-2}	103.30^{-2}	102.96^{-2}	103.66^{-2}	94.17^{-2}	93.74^{-2}	94.63^{-2}
南亚和西亚																			
伊朗	2000	8，288	47.53	3.33	100.09	102.95	97.10	85.25**	86.76**	83.69**	5，173	45.31	4.92	93.76	100.41	86.82	…	…	…
	2010	5，630	48.49	7.23	105.76	106.23	105.27	99.68	…	…	3，322	47.39	7.72	96.91	98.21	95.50	86.12	84.92	87.43
	2015	7，441^{-1}	50.10^{-1}	8.11^{-1}	109.18^{-1}	106.87^{-1}	111.60^{-1}	99.34^{-1}	…	…	2，103^{-1}	47.50^{-1}	7.07^{-1}	99.96^{-1}	100.94^{-1}	98.89^{-1}	91.36^{-1}	90.72^{-1}	92.04^{-1}
印度	2000	113，613	43.58	16.53	94.59	102.21	86.26	84.14**	91.01**	76.62**	42，065	40.37	34.50	60.52	69.50	50.83	…	…	…
	2010	138，414	47.78	…	109.18	108.13**	110.36**	96.19	95.31	97.18	59，421	46.44	…	80.18	81.63	78.56	61.51	62.58	60.32
	2015	141，155^{-2}	49.95^{-2}	…	110.58^{-2}	104.86^{-2}	116.99^{-2}	94.98^{-2}	91.78^{-2}	98.57^{-2}	64，172^{-2}	48.83^{-2}	40.84^{-2}	85.20^{-2}	82.71^{-2}	87.98^{-2}	74.61$^{**,-2}$	72.72$^{**,-2}$	76.73$^{**,-2}$

续表

国家或地区	参考年份	小学：入学情况(Enrolment in primary education) 合计(千)	女(%)	入读私立教育机构的比例(%)	毛入学率(Gross enrolment ratio in primary education) 合计(%)	男(%)	女(%)	净入学率(调整后)(Adjusted net enrolment rate in primary education) 合计(%)	男(%)	女(%)	初中：入学情况(Enrolment in lower secondary education) 合计(千)	女(%)	入读私立教育机构的比例(%)	毛入学率(Gross enrolment ratio in lower secondary education) 合计(%)	男(%)	女(%)	净入学率(调整后)(Adjusted net enrolment rate in lower secondary education) 合计(%)	男(%)	女(%)
巴基斯坦	2000	13,987*	39.13**	…	73.97*	87.62**	59.54**	59.04$^{**,+2}$	69.86$^{**,+2}$	47.57$^{**,+2}$	3,835$^{*,+2}$	45.37$^{*,+2}$	…	34.79$^{*,+2}$	36.99$^{*,+2}$	32.46$^{*,+2}$	…	…	…
	2010	18,756	44.00	30.75	95.74	103.06	87.80	74.68	80.39	68.48	5,501	42.46	32.18	46.82	52.07	41.19	45.23^{+1}	49.81^{+1}	40.31^{+1}
	2015	19,432^{-1}	44.07^{-1}	37.30^{-1}	93.56^{-1}	100.73^{-1}	85.81^{-1}	72.98^{-1}	78.57^{-1}	66.93^{-1}	6,461^{-1}	43.30^{-1}	36.17^{-1}	55.86^{-1}	60.86^{-1}	50.43^{-1}	52.43^{-1}	57.13^{-1}	47.34^{-1}
孟加拉国	2000	…	…	…	…	…	…	…	…	…	6,132	52.19	97.62	64.94	60.89	69.16	62.46	58.90	66.17
	2010	16,987*	50.51*	41.96$^{*,+1}$	102.66*	99.58*	105.86*	94.52*	92.60*	96.51*	6,377	54.22	97.76	64.59	57.98	71.47	58.98	53.81	64.36
	2015	…	…	…	…	…	…	…	…	…	7,529^{-2}	52.71^{-2}	97.79$^{**,-2}$	76.12^{-2}	70.52^{-2}	81.97^{-2}	68.39$^{**,-2}$	64.15$^{**,-2}$	72.80$^{**,-2}$
阿富汗	2000	749	7.32^{-1}	…	22.33	43.25	4.10^{-1}	…	…	…	202^{+1}	…	…	13.79^{+1}	26.52^{+1}	…	…	…	…
	2010	5,279	39.34	1.67^{+1}	105.52	124.64	85.34	…	…	…	1,477	33.51	1.35^{+1}	71.22	92.09	49.13	…	…	…
	2015	6,218^{-1}	39.96^{-1}	2.48$^{**,-1}$	111.74^{-1}	130.69^{-1}	91.76^{-1}	…	…	…	1,634^{-1}	35.72^{-1}	2.19^{-1}	66.15^{-1}	82.73^{-1}	43.62^{-1}	50.63^{-1}	62.91^{-1}	37.64^{-1}
斯里兰卡	2000	1,768^{+1}	48.79^{+1}	…	107.77^{+1}	108.61^{+1}	106.90^{+1}	99.88^{+1}	…	…	1,305^{+1}	49.33^{+1}	…	96.57^{+1}	96.04^{+1}	97.12^{+1}	…	…	…
	2010	1,721	49.09	2.79	99.71	100.96	98.44	95.04	95.86	94.22	1,285	48.37	5.08	98.90	100.90	96.85	91.25**	90.56**	91.96**
	2015	1,778^{-1}	49.18^{-1}	2.89^{-1}	101.27^{-1}	102.42^{-1}	100.11^{-1}	97.33^{-1}	98.21^{-1}	96.45^{-1}	1,351^{-1}	49.55^{-1}	4.17^{-1}	99.68^{-1}	100.42^{-1}	98.95^{-1}	93.38^{-2}	92.75^{-2}	94.01^{-2}
马尔代夫	2000	74	48.64	2.32	128.17	128.07	128.27	97.15**	96.77**	97.56**	19	51.69	18.49	78.05	74.35	31.87	34.62**	31.80**	37.53**
	2010	42	47.79	3.80	102.43^{-1}	103.97^{-1}	100.81^{-1}	96.53^{-1}	97.26^{-1}	95.76^{-1}	25	50.46	7.87	116.16	111.78	120.79	…	…	…
	2015	40^{-1}	48.32^{-1}	0.59^{-1}	…	…	…	…	…	…	19^{-1}	48.05^{-1}	6.81^{-1}	101.07^{-1}	102.68^{-1}	99.38^{-1}	…	…	…
尼泊尔	2000	3,780	42.62	6.57^{+1}	120.24	135.26	104.59	72.61**	80.34**	64.56**	916	40.92	9.92^{+1}	53.98	63.10	44.66	…	…	…
	2010	4,901	50.07	13.15	142.29	137.78	147.08	98.64^{+1}	99.29^{+1}	97.94^{+1}	1,604	49.01	14.84	77.19	77.23	77.16	35.70	35.98	35.42
	2015	4,335	50.78	15.45	135.43	130.22	140.90	97.13	97.86	96.36	1,835	50.72	15.86	90.41	86.74	94.27	55.15	53.70	56.69
不丹	2000	85	46.13	1.62	78.24	83.41	72.95	59.17	62.09	56.18	23	44.73	…	40.57	44.46	36.62	18.66	18.65	18.67
	2010	110	49.89	2.73	109.40	108.16	110.68	88.49	86.86	90.17	47	50.88	0.69	77.69	75.53	79.89	48.35	44.30	52.49
	2015	102^{-1}	49.65^{-1}	3.54^{-1}	102.13^{-1}	101.41^{-1}	102.87^{-1}	88.98^{-1}	87.74^{-1}	90.26^{-1}	53^{-1}	51.68^{-1}	1.14^{-1}	91.94^{-1}	87.71^{-1}	96.28^{-1}	62.16^{-1}	57.85^{-1}	66.60^{-1}

续表

国家或地区	参考年份	小学									初中								
		入学情况（Enrolment in primary education）			毛入学率（Gross enrolment ratio in primary education）			净入学率（调整后）（Adjusted net enrolment rate in primary education）			入学情况（Enrolment in lower secondary education）			毛入学率（Gross enrolment ratio in lower secondary education）			净入学率（调整后）（Adjusted net enrolment rate in lower secondary education）		
		合计（千）	女（%）	入读私立教育机构的比例（%）	合计（%）	男（%）	女（%）	合计（%）	男（%）	女（%）	合计（千）	女（%）	入读私立教育机构的比例（%）	合计（%）	男（%）	女（%）	合计（%）	男（%）	女（%）
中亚																			
蒙古	2000	253	50.20	0.92	99.02	98.36	99.69	92.86	91.87	93.86	179	53.82	0.21	74.22	67.90	80.66	73.56^{**}	66.94^{**}	80.31^{**}
	2010	274	48.98	4.93	125.70	127.14	124.23	97.64^{**}	98.25^{**}	97.03^{**}	179	50.58	4.57	92.25	90.39	94.13	85.20^{-2}	82.68^{-2}	87.78^{-2}
	2015	239^{-1}	48.96^{-1}	5.74^{-1}	101.68^{-1}	102.70^{-1}	100.64^{-1}	95.62^{-1}	96.24^{-1}	94.99^{-1}	165^{-1}	49.65^{-1}	5.04^{-1}	95.03^{-1}	94.84^{-1}	95.24^{-1}	92.81^{-1}	91.75^{-1}	93.88^{-1}
哈萨克斯坦	2000	1,208	49.26	0.46	96.42	96.11	96.74	94.13^{**}	93.27^{**}	95.03^{**}	1,443	50.17	0.41	91.72	89.97	93.53	95.73^{**}	93.40^{**}	98.13^{**}
	2010	958	48.89	0.86	107.60	107.34	107.87	99.65^{**}	$98.88^{**,+1}$	$99.67^{**,+1}$	1,255	48.83	0.63	100.02	100.34	99.68	98.81^{**}	98.94^{**}	98.68^{**}
	2015	1,196	48.70	0.93	110.56	110.50	110.63	99.87	99.83	99.92	1,209	49.05	0.71	111.54	110.86	112.26	98.36	97.49	99.28
乌兹别克斯坦	2000	2,602	49.05	…	100.66	100.40	100.92	…	…	…	2,497	49.19	…	81.64	82.01	81.25	…	…	…
	2010	1,971	48.45	…	96.74	97.66	95.77	94.65	95.53	93.73	2,850	48.66	…	100.59	100.87	100.29	99.24	99.34	99.13
	2015	…	…	.	…	…	…	…	…	…	…	…	.	…	…	…	…	…	…
土库曼斯坦	2000	…	…	…	…	…	…	…	…	…	…	…	…	…	…	…	…	…	…
	2010	…	…	…	…	…	…	…	…	…	…	…	…	…	…	…	…	…	…
	2015	359^{-1}	48.91^{-1}	…	89.37^{-1}	90.08^{-1}	88.64^{-1}	…	…	…	417^{-1}	49.13^{-1}	…	87.36^{-1}	87.65^{-1}	87.07^{-1}	…	…	…
塔吉克斯坦	2000	692	47.44	.	95.31	98.84	91.68	94.45	97.71	91.11	675	46.87	.	82.53	86.78	78.19	82.55	86.64	78.37
	2010	682	48.14	0.91^{+1}	100.04	101.47	98.55	98.11	99.49	96.67	826	47.18	1.04^{+1}	94.40	97.87	90.79	94.06	97.47	90.53
	2015	683	48.31	1.30	98.19	98.00	98.39	98.11	97.91	98.33	822	47.74	1.11	97.44	99.33	95.45	…	…	…
吉尔吉斯斯坦	2000	466	48.83	0.21	95.99	96.71	95.24	92.41^{**}	92.55^{**}	92.25^{**}	479	50.13	0.18	83.30	82.24	84.38	…	…	…
	2010	391	48.77	0.81	97.98	98.40	97.53	93.75	93.97	93.53	516	48.94	1.09	92.69	93.03	92.34	89.41^{*}	89.52^{*}	89.30^{*}
	2015	435^{-1}	48.80^{-1}	1.30^{-1}	107.67^{-1}	108.29^{-1}	107.03^{-1}	97.98^{-1}	98.42^{-1}	97.53^{-1}	472^{-1}	49.06^{-1}	1.71^{-1}	94.56^{-1}	94.42^{-1}	94.70^{-1}	90.26^{-1}	90.01^{-1}	90.52^{-1}

续表

国家或地区	参考年份	小学									初中								
		入学情况(Enrolment in primary education)			毛入学率(Gross enrolment ratio in primary education)			净入学率(调整后)(Adjusted net enrolment rate in primary education)			入学情况(Enrolment in lower secondary education)			毛入学率(Gross enrolment ratio in lower secondary education)			净入学率(调整后)(Adjusted net enrolment rate in lower secondary education)		
		合计(千)	女(%)	入读私立教育机构的比例(%)	合计(%)	男(%)	女(%)	合计(%)	男(%)	女(%)	合计(千)	女(%)	入读私立教育机构的比例(%)	合计(%)	男(%)	女(%)	合计(%)	男(%)	女(%)
格鲁吉亚	2000	298	48.72	1.84	97.29	97.97	96.58	…	…	…	346	49.09	1.26^{+1}	84.29	84.20	84.39	83.95**	82.18**	85.79**
	2010	289	47.07	8.74	109.92	109.27	110.66	99.36^{+1}	…	…	167	47.77	6.25	101.14	102.78	99.41	82.57^{-1}	82.05^{-2}	77.54^{-2}
	2015	285^{-1}	46.83^{-1}	9.62^{-1}	116.86^{-1}	116.27^{-1}	117.54^{-1}	…	…	…	141^{-1}	46.70^{-1}	8.08^{-1}	108.83^{-1}	109.93^{-1}	107.59^{-1}	92.80^{-1}	93.49^{-1}	92.03^{-1}
阿塞拜疆	2000	700	48.89	—	97.21*	98.10*	96.29*	88.24**	88.46**	88.01**	721	49.03	—	77.88*	79.48*	76.29*	…	…	…
	2010	482	46.44	0.32	93.76*	94.22*	93.24*	84.73*	85.28*	84.09*	666	46.84	0.63	91.79*	92.92*	90.54*	82.97*	83.84*	82.02*
	2015	518^{-1}	46.42^{-1}	0.46^{-1}	$106.06^{*,-1}$	$106.56^{*,-1}$	$105.49^{*,-1}$	$95.32^{*,-1}$	$96.09^{*,-1}$	$94.45^{*,-1}$	577^{-1}	46.15^{-1}	0.74^{-1}	$89.06^{*,-1}$	$90.08^{*,-1}$	$87.89^{*,-1}$	$81.83^{*,-1}$	$82.95^{*,-1}$	$80.56^{*,-1}$
亚美尼亚	2000	180	49.05	0.24^{-1}	98.53	98.71	98.33	87.32^{+2}	86.10^{+2}	88.62^{+2}	308	51.50	0.36^{+2}	93.63	90.46	96.83	…	…	…
	2010	102	46.81	1.55^{+1}	102.45^{-1}	95.80^{-1}	111.22^{-1}	…	…	…	209	47.37	1.19^{+1}	97.47^{-1}	91.31^{-1}	105.25^{-1}	90.80^{-1}	85.08^{-1}	98.02^{-1}
	2015	143^{-1}	46.82^{-1}	1.86^{-1}	…	…	…	…	…	…	141^{-1}	46.90^{-1}	1.49^{-1}	…	…	…	…	…	…
中东欧																			
俄罗斯	2000	6,138	48.59	0.30	102.79	103.21	102.34	…	…	…	11,423	49.32	0.22	92.41	91.71	93.13	…	…	…
	2010	$5,318^{+1}$	48.94^{+1}	0.63^{+1}	100.92^{+1}	100.62^{+1}	101.25^{+1}	97.27^{+1}	96.71^{+1}	97.85^{+1}	$6,206^{+1}$	49.09^{+1}	0.49^{+1}	92.92^{+1}	92.28^{+1}	93.60^{+1}	85.32^{-2}	83.97^{-2}	86.74^{-2}
	2015	$5,652^{-2}$	48.94^{-2}	0.75^{-2}	100.24^{-2}	99.95^{-2}	100.54^{-2}	97.51^{-2}	96.92^{-2}	98.12^{-2}	$6,120^{-2}$	49.06^{-2}	0.61^{-2}	97.24^{-2}	96.70^{-2}	97.81^{-2}	…	…	…
土耳其	2000	6,562	46.97	…	102.78	107.53	97.91	95.84	98.34^{-1}	90.14^{-1}	3,353	43.64	…	86.51	96.47	76.34	79.90**	87.66**	71.98**
	2010	6,635	48.68	2.66^{+2}	101.55	102.26	100.81	96.33	97.02	95.61	3,892	48.10	2.94^{+2}	99.53	101.55	97.43	89.53**	91.07**	87.94**
	2015	$5,594^{-2}$	48.82^{-2}	2.99^{-2}	106.86^{-2}	107.20^{-2}	106.51^{-2}	93.18^{-2}	93.74^{-2}	92.60^{-2}	$5,567^{-2}$	49.42^{-2}	2.95^{-2}	139.89^{-2}	138.89^{-2}	140.92^{-2}	96.66^{-2}	97.63^{-2}	95.65^{-2}
乌克兰	2000	2,079	48.63	0.36^{+1}	115.15	115.32	114.96	96.16^{+2}	$96.15^{**,+2}$	$96.17^{**,+2}$	3,668	48.93	0.24^{+1}	105.29	104.88	105.72	98.69**	97.45**	100.00**
	2010	1,540	48.80	0.55	102.75	102.41	103.10	94.41	94.09*	94.75*	2,289	48.80*	0.37	102.43	102.47*	102.40*	88.61	88.53*	88.69*
	2015	$1,685^{-1}$	49.02^{-1}	0.46^{-1}	103.91^{-1}	102.83^{-1}	105.06^{-1}	96.52^{-1}	95.51^{-1}	97.59^{-1}	$1,909^{-1}$	48.81^{-1}	0.41^{-1}	102.30^{-1}	101.98^{-1}	102.64^{-1}	$93.08^{**,-1}$	$92.71^{**,-1}$	$93.47^{**,-1}$

续表

国家或地区	参考年份	小学									初中								
		入学情况(Enrolment in primary education)			毛入学率(Gross enrolment ratio in primary education)			净入学率(调整后)(Adjusted net enrolment rate in primary education)			入学情况(Enrolment in lower secondary education)			毛入学率(Gross enrolment ratio in lower secondary education)			净入学率(调整后)(Adjusted net enrolment rate in lower secondary education)		
		合计(千)	女(%)	入读私立教育机构的比例(%)	合计(%)	男(%)	女(%)	合计(%)	男(%)	女(%)	合计(千)	女(%)	入读私立教育机构的比例(%)	合计(%)	男(%)	女(%)	合计(%)	男(%)	女(%)
白俄罗斯	2000	600	48.36	0.09	113.14	113.77	112.48	96.54$^{**,+1}$	…	…	786	48.64	0.06	98.06	98.37	97.73	86.87$^{**,+1}$	…	…
	2010	358	48.61	0.06	103.45	103.54	103.35	91.40	91.48**	91.32**	468	48.42	0.05	97.78	98.10	97.44	93.32	91.68**	95.06**
	2015	369^{-1}	48.71^{-1}	0.08^{-1}	98.97^{-1}	98.88^{-1}	99.06^{-1}	94.06^{-1}	93.98^{-1}	94.15^{-1}	448^{-1}	48.66^{-1}	0.07^{-1}	104.49^{-1}	104.42^{-1}	104.57^{-1}	95.58^{-1}	95.49^{-1}	95.68^{-1}
摩尔多瓦	2000	252	48.71	0.83^{+1}	101.38*	101.79*	100.95*	92.56*	93.02**	92.08**	332	49.37	0.91^{+2}	90.61*	90.35*	90.87*	92.43*	90.52**	94.39**
	2010	141	48.49	0.88	93.54*	93.72*	93.35*	90.11*	90.07*	90.14*	208	48.60	0.76	88.84*	89.47*	88.17*	85.71*	86.05*	85.35*
	2015	138^{-1}	48.48^{-1}	1.17^{-1}	93.77$^{*,-2}$	93.74$^{*,-2}$	93.80$^{*,-2}$	90.58$^{*,-2}$	90.55$^{*,-2}$	90.62$^{*,-2}$	167^{-1}	48.41^{-1}	0.92^{-1}	86.67$^{*,-2}$	87.09$^{*,-2}$	86.22$^{*,-2}$	84.05$^{*,-2}$	84.28$^{*,-2}$	83.80$^{*,-2}$
波兰	2000	3, 319	48.41	0.86^{+1}	97.80	98.45	97.10	95.98	95.96	96.00	1, 261	48.38	1.10^{+1}	97.52	98.26	96.75	93.42	93.54	93.28
	2010	2, 235	48.51	2.84	98.62	98.91	98.32	96.77	96.67	96.87	1, 332	48.22	3.93	96.91	97.97	95.81	91.56	90.64	92.53
	2015	2, 161^{-2}	48.75^{-2}	4.06^{-2}	101.31^{-2}	101.21^{-2}	101.42^{-2}	97.10^{-2}	97.04^{-2}	97.17^{-2}	1, 188^{-2}	47.77^{-2}	5.51^{-2}	100.21^{-2}	102.05^{-2}	98.28^{-2}	93.18^{-2}	92.50^{-2}	93.88^{-2}
立陶宛	2000	218	48.68	0.33	106.92	107.58	106.24	97.88	97.83	97.94	323	48.46	0.22	99.20	100.48	97.87	97.02	96.83	97.22
	2010	122	48.30	0.82	100.08	100.62	99.51	99.31	99.23	99.39	238	47.90	1.22	97.23	98.81	95.57	91.87	91.68	92.07
	2015	109^{-2}	48.63^{-2}	1.40^{-2}	100.98^{-2}	101.12^{-2}	100.83^{-2}	99.73^{-2}	99.61^{-2}	99.85^{-2}	203^{-2}	47.58^{-2}	1.95^{-2}	103.67^{-2}	105.74^{-2}	101.48^{-2}	98.60^{-2}	98.40^{-2}	98.82^{-2}
爱沙尼亚	2000	123	47.90	1.31	102.97	103.45	102.44	98.96	98.01	99.98	61	48.59	0.87	96.36	95.94	96.81	91.05	86.68	95.72
	2010	73	48.27	4.07	103.04	103.80	102.24	99.10	99.57	98.60	42	47.68	3.22	102.85	104.81	100.78	92.36	90.76	94.05
	2015	76^{-2}	48.57^{-2}	4.79^{-2}	100.70^{-2}	100.97^{-2}	100.41^{-2}	99.55^{-2}	99.67^{-2}	99.43^{-2}	37^{-2}	47.37^{-2}	4.14^{-2}	109.96^{-2}	112.73^{-2}	107.05^{-2}	97.46^{-2}	97.77^{-2}	97.13^{-2}
拉脱维亚	2000	135	48.45	0.92^{+1}	99.89	100.86	98.87	97.16$^{**,-1}$	97.38$^{**,-1}$	96.93$^{**,-1}$	165	48.48	0.70^{+1}	87.84	88.62	87.03	…	…	…
	2010	114	48.47	1.09	105.85	106.23	105.45	98.15	97.22	99.13	64	47.53	0.75	95.86	98.43	93.18	82.56	81.33	83.84
	2015	114^{-2}	48.60^{-2}	1.44^{-2}	102.73^{-2}	103.19^{-2}	102.25^{-2}	98.47^{-2}	98.03^{-2}	98.92^{-2}	55^{-2}	47.51^{-2}	1.22^{-2}	111.29^{-2}	113.37^{-2}	109.08^{-2}	92.61^{-2}	90.39^{-2}	94.95^{-2}

续表

国家或地区	参考年份	小学 入学情况(Enrolment in primary education) 合计(千)	小学 入学情况 女(%)	小学 入学情况 入读私立教育机构的比例(%)	小学 毛入学率(Gross enrolment ratio in primary education) 合计(%)	小学 毛入学率 男(%)	小学 毛入学率 女(%)	小学 净入学率(调整后)(Adjusted net enrolment rate in primary education) 合计(%)	小学 净入学率 男(%)	小学 净入学率 女(%)	初中 入学情况(Enrolment in lower secondary education) 合计(千)	初中 入学情况 女(%)	初中 入学情况 入读私立教育机构的比例(%)	初中 毛入学率(Gross enrolment ratio in lower secondary education) 合计(%)	初中 毛入学率 男(%)	初中 毛入学率 女(%)	初中 净入学率(调整后)(Adjusted net enrolment rate in lower secondary education) 合计(%)	初中 净入学率 男(%)	初中 净入学率 女(%)
捷克	2000	645	48.56	0.85	103.48	103.71	103.25	…	…	…	525	49.03	1.67	100.39	99.76	101.05	…	…	…
	2010	463	48.53	1.53	104.00	104.21	103.78	…	…	…	379	48.54	2.65	97.94	98.15	97.72	…	…	…
	2015	492^{-2}	48.68^{-2}	1.79^{-2}	98.94^{-2}	98.90^{-2}	98.98^{-2}	…	…	…	365^{-2}	48.59^{-2}	2.94^{-2}	104.20^{-2}	104.22^{-2}	104.18^{-2}	…	…	…
斯洛伐克	2000	309	48.53	3.87	101.96	102.63	101.27	…	…	…	409	48.74	4.77	97.29	97.71	96.86	…	…	…
	2010	212	48.54	5.95	102.34	102.86	101.79	…	…	…	280	48.35	6.40	93.95	94.72	93.14	…	…	…
	2015	211^{-2}	48.42^{-2}	6.49^{-2}	101.76^{-2}	102.59^{-2}	100.88^{-2}	…	…	…	259^{-2}	48.32^{-2}	6.74^{-2}	96.97^{-2}	97.86^{-2}	96.03^{-2}	…	…	…
匈牙利	2000	501	48.44	5.12	101.15	102.07	100.18	96.60	96.48	96.74	507	48.39	5.04	100.44	101.49	99.33	93.28	92.76	93.83
	2010	388	48.41	8.70	102.08	102.56	101.58	98.45	98.18	98.74	419	48.03	9.34	100.37	101.77	98.89	95.23	94.75	95.72
	2015	385^{-2}	48.36^{-2}	13.99^{-2}	100.07^{-2}	100.71^{-2}	99.40^{-2}	96.07^{-2}	96.08^{-2}	96.06^{-2}	390^{-2}	48.13^{-2}	14.73^{-2}	101.44^{-2}	102.53^{-2}	100.29^{-2}	95.63^{-2}	95.17^{-2}	96.12^{-2}
斯洛文尼亚	2000	87	49.21	0.11	97.17	96.17	98.22	95.54	94.42	96.72	101	49.17	0.10	98.21	97.50	98.96	95.14	93.09	97.30
	2010	107	48.39	0.38	98.30	98.55	98.03	97.33	97.35	97.32	55	48.50	0.11	96.00	96.22	95.77	96.24	95.71	96.79
	2015	109^{-2}	48.58^{-2}	0.62^{-2}	98.98^{-2}	98.78^{-2}	99.20^{-2}	97.49^{-2}	96.96^{-2}	98.06^{-2}	55^{-2}	48.18^{-2}	0.28^{-2}	98.68^{-2}	99.04^{-2}	98.29^{-2}	95.09^{-2}	94.61^{-2}	95.60^{-2}
克罗地亚	2000	199	48.55	0.16	95.05	95.52	94.55	93.91	94.11	93.69	214	48.64	0.09	91.10	91.49	90.69	91.96	91.85	92.07
	2010	167	48.67	0.27	91.79	91.72	91.87	94.60	93.49	95.78	208	49.48	0.28	106.51	104.92	108.19	97.92	97.03	98.87
	2015	…	…	…	…	…	…	…	…	…	…	…	…	…	…	…	…	…	…
波黑	2000	…	…	…	…	…	…	…	…	…	…	…	…	…	…	…	…	…	…
	2010	175	48.86	1.22	…	…	…	…	…	…	176	48.49	1.02	…	…	…	…	…	…
	2015	161^{-1}	48.61^{-1}	1.51^{-1}	…	…	…	…	…	…	141^{-1}	48.88^{-1}	1.16^{-1}	…	…	…	…	…	…
黑山	2000	…	…	…	…	…	…	…	…	…	…	…	…	…	…	…	…	…	…
	2010	35	47.83	.	106.78	107.72	105.77	91.93^{+1}	91.87^{+1}	91.99^{+1}	38	48.02	.	110.58	111.24	109.88	…	…	…
	2015	38	47.62	.	94.31	95.22	93.33	93.69	94.19	93.15	31	48.21	.	95.35	95.37	95.33	…	…	…

续表

国家或地区	参考年份	小学									初中								
		入学情况(Enrolment in primary education)			毛入学率(Gross enrolment ratio in primary education)			净入学率(调整后)(Adjusted net enrolment rate in primary education)			入学情况(Enrolment in lower secondary education)			毛入学率(Gross enrolment ratio in lower secondary education)			净入学率(调整后)(Adjusted net enrolment rate in lower secondary education)		
		合计(千)	女(%)	入读私立教育机构的比例(%)	合计(%)	男(%)	女(%)	合计(%)	男(%)	女(%)	合计(千)	女(%)	入读私立教育机构的比例(%)	合计(%)	男(%)	女(%)	合计(%)	男(%)	女(%)
塞尔维亚	2000	351	48.73	…	103.59*	104.08*	103.08*	…	…	…	381	48.49	…	101.23*	101.72*	100.72*	…	…	…
	2010	283	48.64	0.08	95.90*	96.13*	95.65*	94.54*	94.69*	94.38*	304	48.60	0.07	98.51*	98.73*	98.28*	96.60*	96.68*	96.52*
	2015	285^{-1}	48.75^{-1}	0.08^{-1}	101.13$^{*,-1}$	100.91$^{*,-1}$	101.36$^{*,-1}$	98.59$^{*,-1}$	98.32$^{*,-1}$	98.87$^{*,-1}$	278^{-1}	48.56^{-1}	0.10^{-1}	99.18$^{*,-1}$	99.15$^{*,-1}$	99.22$^{*,-1}$	97.99$^{*,-1}$	97.71$^{*,-1}$	98.29$^{*,-1}$
阿尔巴尼亚	2000	283	48.27	2.16^{+1}	104.75	105.60	103.85	95.89	96.55	95.19	261	48.55	…	96.00	97.25	94.71	84.56	85.25	83.85
	2010	225	47.56	5.19	99.01	100.24	97.70	91.03	91.61	90.42	215	48.43	4.45	95.94	95.58	96.32	…	…	…
	2015	196^{-1}	47.32^{-1}	5.78^{-1}	112.49^{-1}	113.70^{-1}	111.17^{-1}	95.92^{-1}	96.52^{-2}	95.25^{-2}	181^{-1}	47.42^{-1}	5.19^{-1}	98.62^{-1}	100.54^{-1}	96.58^{-1}	88.78^{-1}	89.38^{-1}	88.13^{-1}
罗马尼亚	2000	1,189	48.46	0.08^{+1}	96.76	97.35	96.15	92.31	92.12	92.51	1,309	48.95	0.03^{+1}	91.74	91.45	92.03	90.25	89.19	91.37
	2010	842	48.33	0.33	97.26	98.00	96.49	93.56	93.79	93.31	869	48.45	0.18	98.23	98.72	97.72	90.55	90.15	90.97
	2015	…	…	…	…	…	…	…	…	…	817^{-2}	48.10^{-2}	0.32^{-2}	94.72^{-2}	95.88^{-2}	93.51^{-2}	89.88^{-2}	89.71^{-2}	90.05^{-2}
保加利亚	2000	393	48.12	0.32	104.32	105.72	102.85	97.90	98.69	97.08	367	47.06	0.25	86.03	88.90	83.02	90.77	91.32	90.20
	2010	260	48.48	0.76	103.63	103.61	103.65	99.33	98.95	99.74	225	47.06	0.59	83.21	85.71	80.58	85.37	85.65	85.07
	2015	259^{-1}	48.34^{-1}	0.80^{-1}	99.08^{-1}	99.39^{-1}	98.75^{-1}	96.36^{-1}	96.11^{-1}	96.62^{-1}	232^{-1}	46.81^{-1}	4.88^{-1}	93.15^{-1}	96.13^{-1}	89.97^{-1}	96.27^{-1}	96.23^{-1}	96.30^{-1}
马其顿	2000	127	48.36	.	100.37	101.09	99.61	97.38	98.13	96.58	130	47.81	.	98.68	100.38	96.88	…	…	…
	2010	111	48.39	.	85.60	86.27	84.90	93.36	93.89	92.80	101	48.18	.	88.91	90.02	87.75	…	…	…
	2015	…	…	.	…	…	…	…	…	…	…	…	…	…	…	…	…	…	…
地区平均水平																			
世界	2000	656,568	46.59	10.18**	98.37	102.22	94.29	85.22**	88.02**	82.26**	282,357	46.68	…	71.87	74.80	68.79	…	…	…
	2010	696,711	47.66	12.54	108.26	109.81	106.62	91.16	92.07**	90.19**	315,065	47.70	…	83.16	84.31	81.93	…	…	…
	2015	713,581$^{**,-2}$	47.75$^{**,-2}$	12.99$^{**,-2}$	107.99$^{**,-2}$	109.30$^{**,-2}$	106.59$^{**,-2}$	91.03$^{**,-2}$	91.68$^{**,-2}$	90.34$^{**,-2}$	318,424$^{**,-2}$	47.90$^{**,-2}$	…	85.03$^{**,-2}$	85.80$^{**,-2}$	84.22$^{**,-2}$	…	…	…

续表

国家或地区	参考年份	小学									初中								
		入学情况(Enrolment in primary education)			毛入学率(Gross enrolment ratio in primary education)			净入学率(调整后)(Adjusted net enrolment rate in primary education)			入学情况(Enrolment in lower secondary education)			毛入学率(Gross enrolment ratio in lower secondary education)			净入学率(调整后)(Adjusted net enrolment rate in lower secondary education)		
		合计(千)	女(%)	入读私立教育机构的比例(%)	合计(%)	男(%)	女(%)	合计(%)	男(%)	女(%)	合计(千)	女(%)	入读私立教育机构的比例(%)	合计(%)	男(%)	女(%)	合计(%)	男(%)	女(%)
阿拉伯国家	2000	35,464	45.68	5.81**	92.42	98.48	86.12	80.57	84.54**	76.44**	14,732	45.30	…	76.86	82.55	70.95	…	…	…
	2010	41,313	47.05	7.80	102.17	105.93	98.24	88.21**	90.62**	85.70**	19,380	46.41	…	88.45	92.76	83.95	…	…	…
	2015	42,939^{-2}	47.23^{-2}	8.63^{-2}	102.78^{-2}	105.99^{-2}	99.42^{-2}	88.23$^{**,-2}$	89.71$^{**,-2}$	86.68$^{**,-2}$	19,052^{-2}	46.52^{-2}	…	86.63^{-2}	90.32^{-2}	82.75^{-2}	…	…	…
中东欧	2000	23,750	48.09	0.82**	102.28	104.00	100.48	93.79**	94.59**	92.96**	25,849	48.32	…	93.13	94.36	91.84	…	…	…
	2010	19,617	48.68	1.76**	100.06	100.31	99.80	96.32	96.35	96.29	18,095	48.63	…	95.25	95.75	94.73	…	…	…
	2015	19,047^{-2}	48.78^{-2}	2.16^{-2}	102.14^{-2}	102.06^{-2}	102.23^{-2}	96.09^{-2}	95.92^{-2}	96.27^{-2}	18,751^{-2}	48.89^{-2}	…	99.51^{-2}	99.40^{-2}	99.62^{-2}	…	…	…
中亚	2000	6,717	48.91	0.21**	97.75	98.28	97.20	94.52**	94.82**	94.22**	7,133	49.42	…	85.15	85.13	85.17	…	…	…
	2010	5,403	48.28	0.99	98.24	98.76	97.69	92.83	93.36	92.28	7,092	48.39	…	95.86	96.65	95.03	…	…	…
	2015	5,476$^{**,-2}$	48.18$^{**,-2}$	1.22$^{**,-2}$	98.47$^{**,-2}$	98.92$^{**,-2}$	98.00$^{**,-2}$	93.65$^{**,-2}$	93.94$^{**,-2}$	93.35$^{**,-2}$	6,523$^{**,-2}$	48.38$^{**,-2}$	…	95.75$^{**,-2}$	96.35$^{**,-2}$	95.12$^{**,-2}$	…	…	…
东亚和太平洋地区	2000	222,446**	47.88**	4.50**	104.56**	104.96**	104.14**	94.78**	95.01**	94.54**	92,475	47.34**	…	75.36	76.98**	73.64**	…	…	…
	2010	185,359	47.35	7.37	117.58	118.12	116.99	95.98**	95.92**	96.04**	93,531	48.12	…	94.45	93.69	95.29	…	…	…
	2015	184,531^{-2}	47.24^{-2}	8.20^{-2}	116.53^{-2}	117.11^{-2}	115.89^{-2}	95.86$^{**,-2}$	95.84$^{**,-2}$	95.88$^{**,-2}$	87,113^{-2}	48.00^{-2}	…	95.57^{-2}	94.81^{-2}	96.41^{-2}	…	…	…
拉丁美洲和加勒比海地区	2000	70,048	48.38	14.05	118.61	120.94	116.21	94.36	95.47**	93.22**	35,548	50.06	…	97.79	96.52	99.10	…	…	…
	2010	66,686	48.25	17.14	110.85	112.42	109.22	94.34	94.16	94.53	37,456	49.94	…	100.27	98.63	101.96	…	…	…
	2015	65,383^{-2}	48.39^{-2}	18.15^{-2}	104.45^{-2}	105.67^{-2}	103.18^{-2}	93.50$^{**,-2}$	93.40$^{**,-2}$	93.61$^{**,-2}$	39,168^{-2}	49.53^{-2}	…	104.13^{-2}	103.04^{-2}	105.26^{-2}	…	…	…

续表

国家或地区	参考年份	小学									初中								
		入学情况(Enrolment in primary education)			毛入学率(Gross enrolment ratio in primary education)			净入学率(调整后)(Adjusted net enrolment rate in primary education)			入学情况(Enrolment in lower secondary education)			毛入学率(Gross enrolment ratio in lower secondary education)			净入学率(调整后)(Adjusted net enrolment rate in lower secondary education)		
		合计(千)	女(%)	入读私立教育机构的比例(%)	合计(%)	男(%)	女(%)	合计(%)	男(%)	女(%)	合计(千)	女(%)	入读私立教育机构的比例(%)	合计(%)	男(%)	女(%)	合计(%)	男(%)	女(%)
北美和西欧	2000	52, 681	48.50	11.90	102.58	103.09	102.04	98.10	98.08	98.12	32, 642	48.70	…	102.28	102.33	102.23	…	…	…
	2010	51, 192	48.62	10.37	101.89	102.28	101.47	96.50	96.32	96.69	31, 741	48.58	…	103.54	103.86	103.20	…	…	…
	2015	51, 733^{-2}	48.71^{-2}	10.57^{-2}	101.12^{-2}	101.38^{-2}	100.84^{-2}	95.68^{-2}	95.62^{-2}	95.74^{-2}	31, 696^{-2}	48.41^{-2}	…	106.33^{-2}	107.18^{-2}	105.45^{-2}	…	…	…
南亚和西亚	2000	157, 697	43.75	18.63	92.36	100.18	83.94	80.18	86.90	72.93	59, 561	42.41	…	60.13	67.00	52.78	…	…	…
	2010	191, 840	47.51	…	110.26	110.73	109.74	94.63	95.30**	93.89**	79, 060	46.67	…	76.84	78.57	74.95	…	…	…
	2015	196, 271$^{**,-2}$	47.82$^{**,-2}$	…	111.76$^{**,-2}$	111.52$^{**,-2}$	112.02$^{**,-2}$	94.11$^{**,-2}$	94.04$^{**,-2}$	94.19$^{**,-2}$	83, 341$^{**,-2}$	47.58$^{**,-2}$	…	81.49$^{**,-2}$	81.77$^{**,-2}$	81.19$^{**,-2}$	…	…	…
撒哈拉以南非洲	2000	87, 766	45.60	10.28**	83.52	90.19	76.74	61.82	65.45	58.13	14, 417	44.23	…	30.31	33.62	26.97	…	…	…
	2010	135, 300	47.63	11.67	99.52	103.26	95.72	77.81**	80.36**	75.22**	28, 710	45.33	…	47.34	51.31	43.30	…	…	…
	2015	148, 201$^{**,-2}$	47.66$^{**,-2}$	11.41$^{**,-2}$	100.78$^{**,-2}$	104.46$^{**,-2}$	97.03$^{**,-2}$	79.55$^{**,-2}$	81.94$^{**,-2}$	77.12$^{**,-2}$	32, 780$^{**,-2}$	46.13$^{**,-2}$	…	49.67$^{**,-2}$	53.02$^{**,-2}$	46.27$^{**,-2}$	…	…	…

符号：

… 没有相关数据

** 国家数据：统计研究所估计数据

地区平均水平：部分估计数据是因为国家数据覆盖范围(25%～75%的人口)不完整

* 国家估计数据

— 零数值

. 不可用

X^{+n} 引用参考年份后 n 年的学年或财年数据

X^{-n} 引用参考年份前 n 年的学年或财年数据

资料来源：联合国教科文组织统计研究所数据库，2016 年 http://data.uis.unesco.org/

附录 4：小学的巩固和毕业情况

国家或地区	参考年份	小学阶段的留级生比例(Percentage of repeaters in primary education)			小学最高年级的巩固率(Survival rate to the last grade of primary education)			小升初的升学率(小学至普通初中)(Effective transition rate from primary to lower secondary general education)		
		合计(%)	男(%)	女(%)	合计(%)	男(%)	女(%)	合计(%)	男(%)	女(%)
东亚和太平洋地区										
新加坡	2000	…	…	…	…	…	…	…	…	…
	2010	0.39^{-1}	0.42^{-1}	0.36^{-1}	98.68^{-2}	98.54^{-2}	98.82^{-2}	90.83^{-2}	87.99^{-2}	93.88^{-2}
	2015	…	…	…	…	…	…	…	…	…
马来西亚	2000	.	.	.	97.14^{+2}	97.48^{+2}	96.78^{+2}	99.04^{-1}	98.14^{-1}	100.00^{-1}
	2010	.	.	.	…	…	…	94.76	95.43	94.07
	2015	…	…	…	…	…	…	…	…	…
印度尼西亚	2000	6.21	6.21	6.21	85.89^{+1}	83.30^{+1}	88.72^{+1}	78.36^{+1}	77.55^{+1}	79.19^{+1}
	2010	3.31	3.89	2.72	88.00	…	…	89.78	84.06	96.36
	2015	2.00^{-2}	2.18^{-2}	1.81^{-2}	…	…	…	…	…	…

续表

国家或地区	参考年份	小学阶段的留级生比例(Percentage of repeaters in primary education)			小学最高年级的巩固率(Survival rate to the last grade of primary education)			小升初的升学率(小学至普通初中)(Effective transition rate from primary to lower secondary general education)		
		合计(%)	男(%)	女(%)	合计(%)	男(%)	女(%)	合计(%)	男(%)	女(%)
缅甸	2000	0.52	0.52	0.52	55.22	55.31	55.16	66.13	66.90	65.31
	2010	0.29	0.25	0.34	74.79^{-1}	72.24^{-1}	77.45^{-1}	77.07^{-1}	77.10^{-1}	77.04^{-1}
	2015	0.20^{-1}	0.20^{-1}	0.20^{-1}	…	…	…	…	…	…
泰国	2000	3.55	3.49	3.61	93.64	91.97	95.47	…	…	…
	2010	…	…	…	…	…	…	…	…	…
	2015	…	…	…	…	…	…	…	…	…
老挝	2000	19.75	21.21	17.98	53.48	52.95	54.09	77.86	81.30	73.63
	2010	14.04	15.17	12.77	68.02	66.93	69.21	82.81	84.62	80.80
	2015	6.92^{-1}	7.68^{-1}	6.09^{-1}	77.61^{-2}	76.23^{-2}	79.13^{-2}	90.18^{-2}	91.64^{-2}	88.61^{-2}
柬埔寨	2000	16.48^{+1}	17.30^{+1}	15.54^{+1}	54.74	56.11	53.08	78.61	83.45	72.19
	2010	8.84	9.84	7.75	61.34	60.74	62.00	81.87	81.35	82.41
	2015	5.26^{-1}	6.09^{-1}	4.37^{-1}	46.92^{-2}	40.77^{-2}	54.64^{-2}	79.66^{-2}	76.01^{-2}	83.68^{-2}

续表

国家或地区	参考年份	小学阶段的留级生比例(Percentage of repeaters in primary education)			小学最高年级的巩固率(Survival rate to the last grade of primary education)			小升初的升学率(小学至普通初中)(Effective transition rate from primary to lower secondary general education)		
		合计(%)	男(%)	女(%)	合计(%)	男(%)	女(%)	合计(%)	男(%)	女(%)
越南	2000	3.33	3.80	2.83	85.74	86.09	85.37	93.42	94.43	92.33
	2010	1.51^{+1}	…	…	93.78	94.48^{+2}	94.52^{+2}	100.00	100.00^{+2}	87.10^{+2}
	2015	0.99^{-1}	1.28^{-1}	0.69^{-1}	89.60^{-2}	83.68^{-2}	96.41^{-2}	87.11^{-2}	84.94^{-2}	89.40^{-2}
文莱	2000	.	.	.	…	…	…	$90.17^{**,+2}$	$87.37^{**,+2}$	$93.44^{**,+2}$
	2010	0.13	0.19	0.07	96.58	97.58^{+1}	95.10^{+1}	99.95	100.00	99.89
	2015	0.20^{-1}	0.28^{-1}	0.11^{-1}	…	…	…	99.73^{-2}	99.50^{-2}	99.97^{-2}
菲律宾	2000	1.97^{+1}	2.46^{+1}	1.46^{+1}	75.25^{+1}	71.07^{+1}	79.85^{+1}	98.26^{+1}	98.95^{+1}	97.61^{+1}
	2010	2.53^{-1}	3.22^{-1}	1.78^{-1}	75.78^{-2}	72.00^{-2}	79.98^{-2}	98.89^{-2}	100.00^{-2}	97.80^{-2}
	2015	1.36^{-2}	1.82^{-2}	0.86^{-2}	…	…	…	…	…	…
阿拉伯国家										
伊拉克	2000	12.31	14.14	9.97	$49.50^{**,-1}$	$51.45^{**,-1}$	$47.19^{**,-1}$	$77.28^{**,-1}$	$85.45^{**,-1}$	$66.79^{**,-1}$
	2010	…	…	…	…	…	…	…	…	…
	2015	…	…	…	…	…	…	…	…	…

续表

国家或地区	参考年份	小学阶段的留级生比例(Percentage of repeaters in primary education)			小学最高年级的巩固率(Survival rate to the last grade of primary education)			小升初的升学率(小学至普通初中)(Effective transition rate from primary to lower secondary general education)		
		合计(%)	男(%)	女(%)	合计(%)	男(%)	女(%)	合计(%)	男(%)	女(%)
叙利亚	2000	7.07	8.02	5.99	88.72	88.41	89.09	73.49	75.44	71.30
	2010	7.60	8.62	6.48	95.65	95.12	96.21	98.51	98.73	98.28
	2015	7.35^{-2}	8.23^{-2}	6.40^{-2}	…	…	…	…	…	…
约旦	2000	0.64	0.64	0.64	96.48^{-1}	96.55^{-1}	96.40^{-1}	98.52^{-1}	98.49^{-1}	98.55^{-1}
	2010	0.50^{+1}	0.44^{+1}	0.56^{+1}	97.90	97.04	98.82	99.13	99.18	99.08
	2015	…	…	…	…	…	…	…	…	…
黎巴嫩	2000	8.53**	9.77**	7.20**	96.32**	94.60**	98.15**	96.47**	92.99**	100.00**
	2010	8.09	9.36	6.73	90.47	87.54	93.58	95.16	93.59	96.70
	2015	8.03^{-2}	9.33^{-2}	6.64^{-2}	…	…	…	…	…	…
埃及	2000	5.50*	6.68*	4.16*	99.00*	98.78*	99.24*	93.33*	91.31*	95.61*
	2010	3.47	4.35	2.51	96.10^{-1}	95.60^{-1}	96.63^{-1}	…	…	…
	2015	3.20^{-2}	3.95^{-2}	2.39^{-2}	…	…	…	…	…	…
巴勒斯坦	2000	2.06	2.16	1.95	97.82	96.43	99.27	99.34	98.70	100.00
	2010	0.58^{+1}	0.58^{+1}	0.58^{+1}	96.25	99.87^{+1}	98.69^{+1}	97.25	94.74	100.00
	2015	0.20^{-1}	0.25^{-1}	0.15^{-1}	97.53^{-2}	…	…	99.45^{-2}	100.00^{-2}	98.87^{-2}

续表

国家或地区	参考年份	小学阶段的留级生比例(Percentage of repeaters in primary education)			小学最高年级的巩固率(Survival rate to the last grade of primary education)			小升初的升学率(小学至普通初中)(Effective transition rate from primary to lower secondary general education)		
		合计(%)	男(%)	女(%)	合计(%)	男(%)	女(%)	合计(%)	男(%)	女(%)
沙特阿拉伯	2000	…	…	…	…	…	…	…	…	…
	2010	1.98^{+1}	1.92^{+1}	2.05^{+1}	98.69^{+1}	…	…	96.76^{+1}	93.65^{+1}	100.00^{+1}
	2015	0.96^{-1}	1.06^{-1}	0.86^{-1}	…	…	…	96.34^{-2}	100.00^{-2}	92.43^{-2}
也门	2000	6.96^{+1}	7.81^{+1}	5.55^{+1}	68.80$^{**,+1}$	72.090$^{**,+1}$	63.97$^{**,+1}$	…	…	…
	2010	6.52	7.13	5.75	69.47^{+2}	71.80^{+2}	66.70^{+2}	90.46^{+2}	91.30^{+2}	89.32^{+2}
	2015	8.42^{-2}	9.33^{-2}	7.30^{-2}	…	…	…	…	…	…
阿曼	2000	7.30	8.69	5.79	94.50	93.76	95.33	99.91	100.00	99.81
	2010	0.94^{+1}	0.87^{+1}	1.02^{+1}	93.56^{+1}	92.10^{+1}	95.11^{+1}	99.64^{+1}	99.29^{+1}	100.00^{+1}
	2015	2.78^{-2}	3.31^{-2}	2.23^{-2}	…	…	…	99.81^{-2}	99.62^{-2}	100.00^{-2}
阿联酋	2000	3.41	4.15	2.61	93.95	93.62	94.31	99.95	100.00	99.89
	2010	2.00	2.09	1.90	84.45	84.55	84.34	95.77*	91.77*	100.00*
	2015	0.22^{-1}	0.27^{-1}	0.16^{-1}	…	…	…	99.93^{-2}	100.00^{-2}	99.86^{-2}
卡塔尔	2000	2.71$^{**,-1}$	3.46$^{**,-1}$	1.89$^{**,-1}$	…	…	…	…	…	…
	2010	0.23^{+1}	0.26^{+1}	0.18^{+1}	97.74^{+2}	99.28^{+2}	96.19^{+2}	99.97	99.95	100.00
	2015	1.91^{-1}	2.44^{-1}	1.36^{-1}	…	…	…	99.76^{-2}	100.00^{-2}	99.52^{-2}

续表

国家或地区	参考年份	小学阶段的留级生比例(Percentage of repeaters in primary education)			小学最高年级的巩固率(Survival rate to the last grade of primary education)			小升初的升学率(小学至普通初中)(Effective transition rate from primary to lower secondary general education)		
		合计(%)	男(%)	女(%)	合计(%)	男(%)	女(%)	合计(%)	男(%)	女(%)
科威特	2000	3.34	3.35	3.32	94.85	95.13	94.54	99.62	99.72	99.52
	2010	0.68	0.78	0.58	94.07^{+1}	93.02^{+1}	95.18^{+1}	99.36^{+1}	98.74^{+1}	100.00^{+1}
	2015	$0.58^{**,-2}$	$0.63^{**,-2}$	$0.53^{**,-2}$	…	…	…	…	…	…
巴林	2000	4.31	4.96	3.62	92.34	92.73	91.95	99.28^{**}	98.57^{**}	100.00^{**}
	2010	1.01	1.12	0.89	97.79	97.40	98.18	99.96	100.00	99.92
	2015	0.69^{-1}	0.75^{-1}	0.63^{-1}	…	…	…	99.83^{-2}	99.67^{-2}	100.00^{-2}
北美和西欧										
希腊	2000	—	—	—	…	…	…	…	…	…
	2010	0.70	0.80	0.61	92.89	92.60	93.19	98.52	100.00	96.95
	2015	0.75^{-2}	0.83^{-2}	0.67^{-2}	…	…	…	…	…	…
塞浦路斯	2000	0.34	0.41	0.27	98.81	98.88	98.74	99.53	100.00	99.02
	2010	0.17	0.24	0.11	94.39^{+2}	92.89^{+2}	95.99^{+2}	99.43	98.89	100.00
	2015	0.13^{-1}	0.14^{-1}	0.12^{-1}	90.84^{-2}	89.96^{-2}	91.78^{-2}	99.38^{-2}	98.92^{-2}	99.86^{-2}
以色列	2000	1.32^{+2}	1.70^{+2}	0.92^{+2}	99.13^{+1}	99.75^{+1}	98.48^{+1}	99.90^{+1}	100.00^{+1}	99.79^{+1}
	2010	1.26	1.70	0.79	98.91	99.30	98.53	99.92	99.84	100.00
	2015	1.54^{-2}	2.04^{-2}	1.02^{-2}	…	…	…	…	…	…
南亚和西亚										

续表

国家或地区	参考年份	小学阶段的留级生比例(Percentage of repeaters in primary education)			小学最高年级的巩固率(Survival rate to the last grade of primary education)			小升初的升学率(小学至普通初中)(Effective transition rate from primary to lower secondary general education)		
		合计(%)	男(%)	女(%)	合计(%)	男(%)	女(%)	合计(%)	男(%)	女(%)
伊朗	2000	5.39	6.60	4.06	97.44	98.10	96.74	92.32	92.73	91.87
	2010	1.65	1.97	1.31	98.13	98.35	97.90	97.33	97.76	96.87
	2015	1.25^{-1}	1.47^{-1}	1.01^{-1}	82.41^{-2}	89.78^{-2}	75.40^{-2}	93.11^{-2}	95.53^{-2}	90.64^{-2}
印度	2000	4.17	4.24	4.08	59.01	59.23	58.71	90.55	92.13	88.41
	2010	5.02^{+1}	5.08^{+1}	4.95^{+1}	…	…	…	91.99	91.63	92.39
	2015	2.14^{-2}	2.16^{-2}	2.12^{-2}	…	…	…	…	…	…
巴基斯坦	2000	…	…	…	…	…	…	…	…	…
	2010	4.31	4.52	4.05	52.21	53.20	50.95	74.85	74.90	74.78
	2015	2.28^{-1}	2.34^{-1}	2.20^{-1}	79.59^{-2}	83.59^{-2}	74.82^{-2}	81.33^{-2}	82.34^{-2}	80.03^{-2}
孟加拉国	2000	…	…	…	…	…	…	…	…	…
	2010	12.46^{*}	12.65^{*}	12.28^{*}	$66.20^{*,-1}$	$61.95^{*,-1}$	$70.64^{*,-1}$	94.51^{*}	…	…
	2015	…	…	…	…	…	…	…	…	…
阿富汗	2000	…	…	…	…	…	…	…	…	…
	2010	…	…	…	…	…	…	…	…	…
	2015	…	…	…	…	…	…	…	…	…

续表

国家或地区	参考年份	小学阶段的留级生比例(Percentage of repeaters in primary education)			小学最高年级的巩固率(Survival rate to the last grade of primary education)			小升初的升学率(小学至普通初中)(Effective transition rate from primary to lower secondary general education)		
		合计(%)	男(%)	女(%)	合计(%)	男(%)	女(%)	合计(%)	男(%)	女(%)
斯里兰卡	2000	1.41^{+1}	1.64^{+1}	1.16^{+1}	97.79^{+1}	97.52^{+1}	98.07^{+1}	98.42^{+1}	98.02^{+1}	98.84^{+1}
	2010	0.73	0.84	0.63	97.33	100.00	94.63	98.74	100.00	97.43
	2015	0.89^{-1}	0.91^{-1}	0.86^{-1}	$98.20^{**,-2}$	$98.34^{**,-2}$	$98.06^{**,-2}$	…	…	…
马尔代夫	2000	…	…	…	…	…	…	$61.56^{**,+2}$	$56.63^{**,+2}$	$66.63^{**,+2}$
	2010	3.82	4.13	3.49	82.85^{+1}	79.83^{+2}	84.46^{+2}	99.16^{+1}	93.35^{+2}	100.00^{+2}
	2015	2.57^{-1}	2.71^{-1}	2.41^{-1}	…	…	…	…	…	…
尼泊尔	2000	24.85	25.00	24.64	59.04^{-1}	56.65^{-1}	62.51^{-1}	79.65	78.61	81.10
	2010	14.07	14.14	13.99	55.26^{+2}	54.61^{+2}	55.91^{+2}	…	…	…
	2015	9.98	10.10	9.86	70.10^{-1}	68.44^{-1}	71.74^{-1}	87.30^{-1}	88.32^{-1}	86.32^{-1}
不丹	2000	13.18	13.73	12.54	81.39	78.19	85.24	93.51	92.47	94.74
	2010	6.33	7.12	5.54	91.03	88.70	93.43	99.60	99.16	100.00
	2015	6.25^{-1}	7.17^{-1}	5.32^{-1}	…	…	…	99.01^{-2}	98.00^{-2}	100.00^{-2}
中亚										
蒙古	2000	0.77	0.85	0.69	88.90	85.95	91.93	97.21	95.71	98.64
	2010	0.06	0.06	0.07	…	…	…	…	…	…
	2015	0.05^{-1}	0.06^{-1}	0.05^{-1}	…	…	…	…	…	…

续表

国家或地区	参考年份	小学阶段的留级生比例(Percentage of repeaters in primary education)			小学最高年级的巩固率(Survival rate to the last grade of primary education)			小升初的升学率(小学至普通初中)(Effective transition rate from primary to lower secondary general education)		
		合计(%)	男(%)	女(%)	合计(%)	男(%)	女(%)	合计(%)	男(%)	女(%)
哈萨克斯坦	2000	0.26	0.39**	0.13**	94.95**	97.45**	92.43**	98.93**	100.00**	97.82**
	2010	0.06	0.07	0.04	99.84	99.77	99.92	99.96	100.00	99.93
	2015	0.04	0.05	0.02	98.77^{-1}	98.83^{-1}	98.71^{-1}	99.69^{-1}	99.45^{-1}	99.94^{-1}
乌兹别克斯坦	2000	0.06	0.07^{+1}	0.03^{+1}	97.74	98.55	96.91	98.56	100.00	97.07
	2010	0.01	0.01	0.01	98.08	97.84	98.33	99.03	100.00	98.01
	2015	…	…	…	…	…	…	…	…	…
土库曼斯坦	2000	…	…	…	…	…	…	…	…	…
	2010	…	…	…	…	…	…	…	…	…
	2015	…	…	…	…	…	…	…	…	…
塔吉克斯坦	2000	0.34	…	…	95.52	…	…	97.39	…	…
	2010	0.29	0.30	0.28	98.92	99.09	98.72	98.68	99.58	97.72
	2015	0.04	0.04	0.04	98.62^{-1}	98.28^{-1}	98.98^{-1}	99.27^{-1}	100.00^{-1}	98.49^{-1}
吉尔吉斯斯坦	2000	0.27	0.36	0.17	93.03	93.99	92.04	98.59	100.00	97.13
	2010	0.06	0.07	0.06	95.29	94.68	95.94	98.18	98.06	98.29
	2015	0.03^{-1}	0.04^{-1}	0.02^{-1}	98.79^{-2}	97.98^{-2}	99.66^{-2}	99.72^{-2}	99.45^{-2}	100.00^{-2}

续表

国家或地区	参考年份	小学阶段的留级生比例(Percentage of repeaters in primary education)			小学最高年级的巩固率(Survival rate to the last grade of primary education)			小升初的升学率(小学至普通初中)(Effective transition rate from primary to lower secondary general education)		
		合计(%)	男(%)	女(%)	合计(%)	男(%)	女(%)	合计(%)	男(%)	女(%)
格鲁吉亚	2000	0.27	0.33	0.20	94.83	90.11	100.00	98.42	98.36	98.49
	2010	0.10	0.10	0.09	93.12^{+1}	96.86^{+1}	89.05^{+1}	98.58^{+1}	99.10^{+1}	97.99^{+1}
	2015	0.21^{-1}	0.26^{-1}	0.16^{-1}	98.68^{-2}	98.64^{-2}	98.71^{-2}	99.67^{-2}	99.63^{-2}	99.71^{-2}
阿塞拜疆	2000	0.45	0.45	0.45	95.98	99.10	92.81	98.23	99.43	96.99
	2010	0.27	0.29	0.24	97.21	98.60	95.62	98.72	99.16	98.22
	2015	0.16^{-1}	0.15^{-1}	0.17^{-1}	97.26^{-2}	95.05^{-2}	99.91^{-2}	99.07^{-2}	98.29^{-2}	100.00^{-2}
亚美尼亚	2000	0.12^{+1}	0.15^{+2}	0.09^{+2}	95.76^{+2}	95.93^{+2}	95.57^{+2}	98.21^{+2}	98.21^{+2}	98.20^{+2}
	2010	0.16	0.15	0.16	95.98	95.99	95.99	97.79^{+1}	97.71^{+1}	97.87^{+1}
	2015	0.20^{-1}	0.20^{-1}	0.21^{-1}	90.21^{-2}	90.04^{-2}	90.40^{-2}	96.98^{-2}	96.82^{-2}	97.15^{-2}
中东欧										
俄罗斯	2000	1.20	…	…	98.24	…	…	99.31	…	…
	2010	0.37^{+1}	…	…	96.60^{+1}	…	…	100.00^{+1}	…	…
	2015	0.37^{-2}	…	…	…	…	…	…	…	…
乌克兰	2000	0.70	0.70^{*}	0.70^{*}	96.93^{*}	96.61^{*}	97.27^{*}	$99.41^{*,+1}$	$98.86^{*,+1}$	$100.00^{*,+1}$
	2010	0.07	0.07	0.07	98.16	97.71	98.63	99.87^{*}	99.92^{*}	99.81^{*}
	2015	0.06^{-1}	0.06^{-1}	0.06^{-1}	98.53^{-2}	97.94^{-2}	99.15^{-2}	99.92^{-2}	99.94^{-2}	99.90^{-2}

续表

国家或地区	参考年份	小学阶段的留级生比例(Percentage of repeaters in primary education)			小学最高年级的巩固率(Survival rate to the last grade of primary education)			小升初的升学率(小学至普通初中)(Effective transition rate from primary to lower secondary general education)		
		合计(%)	男(%)	女(%)	合计(%)	男(%)	女(%)	合计(%)	男(%)	女(%)
土耳其	2000	…	…	…	…	…	…	…	…	…
	2010	1.70	1.56	1.83	95.01	94.61	95.43	98.91	97.87	100.00
	2015	2.06^{-2}	1.89^{-2}	2.24^{-2}	…	…	…	…	…	…
白俄罗斯	2000	0.56	0.56	0.56	98.88	98.67	99.10	99.89	100.00	99.76
	2010	0.04	0.06$^{*,+1}$	0.06$^{*,+1}$	98.19*	96.88*	99.61*	98.44*	99.61*	97.24*
	2015	0.03^{-1}	0.03^{-1}	0.03^{-1}	98.32^{-2}	98.46^{-2}	98.18^{-2}	98.31^{-2}	98.19^{-2}	98.44^{-2}
摩尔多瓦	2000	1.04	0.88$^{**,+2}$	0.90$^{**,+2}$	89.53	94.79$^{**,+1}$	95.83$^{**,+1}$	98.05	98.47^{+1}	98.08^{+1}
	2010	0.08^{-1}	0.11^{-1}	0.06^{-1}	95.35	95.55	95.14	98.13	98.25	97.99
	2015	…	…	…	95.06^{-2}	95.50^{-2}	94.59^{-2}	98.29^{-2}	98.54^{-2}	98.03^{-2}
波兰	2000	0.84	…	…	99.21	…	…	100.00	…	…
	2010	0.78	1.10	0.45	98.53	98.29	98.79	99.18	100.00	98.32
	2015	0.87^{-2}	1.14^{-2}	0.59^{-2}	…	…	…	…	…	…
立陶宛	2000	0.77	1.01	0.51	98.60	99.21	97.96	99.77	99.93	99.61
	2010	0.53	0.68	0.38	96.39	96.15	96.66	98.80	98.44	99.18
	2015	0.49^{-2}	0.63^{-2}	0.34^{-2}	…	…	…	…	…	…
爱沙尼亚	2000	2.34	3.37	1.22	98.51	99.07	97.93	99.85	99.94	99.75
	2010	0.59	0.82	0.34	97.11	97.04	97.18	99.48	99.50	99.45
	2015	0.53^{-2}	0.69^{-2}	0.37^{-2}	…	…	…	…	…	…

续表

国家或地区	参考年份	小学阶段的留级生比例(Percentage of repeaters in primary education)			小学最高年级的巩固率(Survival rate to the last grade of primary education)			小升初的升学率(小学至普通初中)(Effective transition rate from primary to lower secondary general education)		
		合计(%)	男(%)	女(%)	合计(%)	男(%)	女(%)	合计(%)	男(%)	女(%)
拉脱维亚	2000	1.97	2.72	1.16	97.34	97.13	97.56	99.47	100.00	98.91
	2010	2.13	2.65	1.57	93.09	93.45	92.70	98.77	98.39	99.18
	2015	1.01^{-2}	1.27^{-2}	0.74^{-2}	…	…	…	…	…	…
捷克	2000	1.18	1.39	0.96	98.55	98.42	98.68	99.97	100.00	99.94
	2010	0.64	0.72	0.56	99.18	99.13	99.23	99.34	98.71	100.00
	2015	0.58^{-2}	0.69^{-2}	0.47^{-2}	…	…	…	…	…	…
斯洛伐克	2000	2.42	2.72	2.11	97.23	96.62	97.89	99.49	99.00	100.00
	2010	3.15	3.35	2.94	98.11	97.85	98.38	99.29	99.32	99.25
	2015	2.77^{-2}	2.90^{-2}	2.64^{-2}	…	…	…	…	…	…
匈牙利	2000	2.11	2.10	2.12	94.41	93.70	95.18	99.99	100.00	99.98
	2010	1.82	2.08	1.53	98.07^{-1}	98.12^{-1}	98.02^{-1}	99.82^{-1}	99.65^{-1}	100.00^{-1}
	2015	1.82^{-2}	2.17^{-2}	1.44^{-2}	…	…	…	…	…	…

续表

国家或地区	参考年份	小学阶段的留级生比例(Percentage of repeaters in primary education)			小学最高年级的巩固率(Survival rate to the last grade of primary education)			小升初的升学率(小学至普通初中)(Effective transition rate from primary to lower secondary general education)		
		合计(%)	男(%)	女(%)	合计(%)	男(%)	女(%)	合计(%)	男(%)	女(%)
斯洛文尼亚	2000	0.95	1.22	0.68	98.38^{+1}	98.30^{+1}	98.45^{+1}	99.63	99.77	99.48
	2010	0.74	0.94	0.53	98.59	99.08	98.08	99.98	99.96	100.00
	2015	0.78^{-2}	0.99^{-2}	0.55^{-2}	…	…	…	…	…	…
克罗地亚	2000	0.45	0.52	0.38	99.51	99.82	99.19	99.74	99.49	100.00
	2010	0.29	0.34	0.24	99.30	99.81	98.77	99.49	99.24	99.75
	2015	…	…	…	…	…	…	…	…	…
波黑	2000	…	…	…	…	…	…	…	…	…
	2010	0.07	0.10	0.03	80.56	81.11	80.00	83.67^{-1}	84.53^{-1}	82.78^{-1}
	2015	0.13^{-1}	0.15^{-1}	0.10^{-1}	86.52^{-2}	86.41^{-2}	86.63^{-2}	…	…	…
黑山	2000	…	…	…	…	…	…	…	…	…
	2010	0.07^{+1}	0.09^{+1}	0.05^{+1}	80.50^{+1}	79.69^{+1}	81.39^{+1}	…	…	…
	2015	0.31	0.31	0.32	…	…	…	…	…	…
塞尔维亚	2000	…	…	…	…	…	…	…	…	…
	2010	0.52	0.64	0.40	98.07	97.71	98.45	99.95	100.00	99.89
	2015	0.45^{-1}	0.54^{-1}	0.35^{-1}	98.30^{-2}	97.72^{-2}	98.91^{-2}	99.87^{-2}	99.81^{-2}	99.94^{-2}

续表

国家或地区	参考年份	小学阶段的留级生比例(Percentage of repeaters in primary education)			小学最高年级的巩固率(Survival rate to the last grade of primary education)			小升初的升学率(小学至普通初中)(Effective transition rate from primary to lower secondary general education)		
		合计(%)	男(%)	女(%)	合计(%)	男(%)	女(%)	合计(%)	男(%)	女(%)
阿尔巴尼亚	2000	3.93	4.57	3.25	89.61	86.11	93.43	97.25	96.91	97.60
	2010	0.97	1.11	0.81	97.86	97.84	97.89	99.19	99.10	99.28
	2015	0.73^{-1}	0.85^{-1}	0.61^{-1}	98.71^{-2}	98.33^{-2}	99.15^{-2}	99.81^{-2}	99.78^{-2}	99.84^{-2}
罗马尼亚	2000	3.38	4.07	2.65	94.46	94.26	94.68	99.46	99.61	99.30
	2010	1.80	2.08	1.50	94.77	94.54	95.01	99.53	100.00	99.04
	2015	…	…	…	…	…	…	…	…	…
保加利亚	2000	3.13	3.73	2.48	94.72	94.73	94.72	99.34	99.66	99.00
	2010	0.62	0.73	0.50	96.64	96.81	96.45	98.67	99.05	98.27
	2015	0.10^{-1}	0.12^{-1}	0.07^{-1}	97.84^{-2}	97.50^{-2}	98.21^{-2}	99.60^{-2}	100.00^{-2}	99.17^{-2}
马其顿	2000	0.05	0.06	0.04	96.62	96.11	97.18	98.82	99.73	97.86
	2010	0.16	0.17	0.16	…	…	…	98.68^{-2}	98.69^{-2}	98.66^{-2}
	2015	…	…	…	…	…	…	…	…	…
地区平均水平										
世界	2000	5.27^{**}	5.57^{**}	4.93^{**}	75.47	75.11	75.89	88.21^{**}	88.85^{**}	87.50^{**}
	2010	4.73	4.95	4.48	75.09	74.12	76.15	90.95^{**}	90.81^{**}	91.14^{**}
	2015	$4.59^{**,-2}$	$4.81^{**,-2}$	$4.34^{**,-2}$	…	…	…	…	…	…

续表

国家或地区	参考年份	小学阶段的留级生比例(Percentage of repeaters in primary education)			小学最高年级的巩固率(Survival rate to the last grade of primary education)			小升初的升学率(小学至普通初中)(Effective transition rate from primary to lower secondary general education)		
		合计(%)	男(%)	女(%)	合计(%)	男(%)	女(%)	合计(%)	男(%)	女(%)
阿拉伯国家	2000	8.95	10.28	7.36	82.00	82.34	81.62	90.13	90.09	90.14
	2010	6.75	7.84	5.53	84.89	85.68	84.03	91.54^{**}	90.40^{**}	92.95^{**}
	2015	6.48^{-2}	7.59^{-2}	5.24^{-2}	…	…	…	…	…	…
中东欧	2000	1.99	2.02^{**}	1.96^{**}	96.82	96.29^{**}	97.38^{**}	96.26	97.43^{**}	95.00^{**}
	2010	0.98	1.01	0.96	96.34	95.65	97.06	99.26	99.21	99.31
	2015	1.00^{-2}	1.01^{-2}	0.99^{-2}	…	…	…	…	…	…
中亚	2000	0.23	0.28^{**}	0.18^{**}	95.82	96.57	95.02	98.26	99.26	97.23
	2010	0.10	0.10	0.09	97.67	97.69	97.64	98.98	99.54	98.39
	2015	$0.07^{**,-2}$	$0.08^{**,-2}$	$0.07^{**,-2}$	…	…	…	…	…	…
东亚和太平洋地区	2000	2.00^{**}	2.10^{**}	1.89^{**}	87.88	88.25^{**}	87.48^{**}	87.46^{**}	88.45^{**}	86.37^{**}
	2010	1.46	1.71	1.18	92.15	91.18	93.23	…	…	…
	2015	1.18^{-2}	1.35^{-2}	0.99^{-2}	…	…	…	…	…	…
拉丁美洲和加勒比海地区	2000	12.09	12.74	11.39	77.08	74.69	79.65	93.06	94.50^{**}	91.69^{**}
	2010	5.96	6.52	5.37	84.46	82.62	86.42	95.11^{**}	96.35^{**}	93.95^{**}
	2015	$5.23^{**,-2}$	$5.70^{**,-2}$	$4.73^{**,-2}$	…	…	…	…	…	…
北美和西欧	2000	1.86^{**}	2.22^{**}	1.48^{**}	94.97	94.24	95.73	…	…	…
	2010	1.52^{**}	1.73^{**}	1.30^{**}	94.80	94.32	95.31	…	…	…
	2015	$1.51^{**,-2}$	$1.87^{**,-2}$	$1.12^{**,-2}$	…	…	…	…	…	…

续表

国家或地区	参考年份	小学阶段的留级生比例(Percentage of repeaters in primary education)			小学最高年级的巩固率(Survival rate to the last grade of primary education)			小升初的升学率(小学至普通初中)(Effective transition rate from primary to lower secondary general education)		
		合计(%)	男(%)	女(%)	合计(%)	男(%)	女(%)	合计(%)	男(%)	女(%)
南亚和西亚	2000	4.88	4.99	4.73	62.17	62.39	61.89	88.11	88.94	87.07
	2010	5.46**	5.50**	5.41**	62.90	61.21	64.76	90.18	89.62	90.87
	2015	…	…	…	…	…	…	…	…	…
撒哈拉以南非洲	2000	10.65**	10.90**	10.36**	61.07	62.00	60.00	69.63**	69.80**	69.39**
	2010	8.88	8.91	8.84	56.42	56.47	56.37	77.63**	78.70**	76.34**
	2015	8.75**,−2	8.86**,−2	8.63**,−2	…	…	…	…	…	…

符号：

… 没有相关数据

** 国家数据：统计研究所估计数据

地区平均水平：部分估计数据是因为国家数据覆盖范围(25%～75%的人口)不完整

* 国家估计数据

— 零数值

. 不可用

X^{+n} 引用参考年份后 n 年的学年或财年数据

X^{-n} 引用参考年份前 n 年的学年或财年数据

术语解释(部分)：表格中术语对应的原英文定义如下所示。

小学最高年级的巩固率：Percentage of a cohort of students enrolled in the first grade of primary education in a given school year who are expected to reach the last grade, regardless of repetition.

资料来源：联合国教科文组织统计研究所数据库，2016 年 http://data.uis.unesco.org/

附录 5：中等教育的入学情况

国家或地区	参考年份	中等教育（含普通中等教育和职业技术中等教育）									职业技术中等教育					
		整体情况（Enrolment in secondary education）			毛入学率（Gross enrolment ratio in secondary education）			净入学率（Net enrolment rate in secondary education）			整体情况（Percentage of students in secondary education enrolled in vocational programmes）		初中教育（Percentage of students in lower secondary education enrolled in vocational programmes）		高中教育（Percentage of students in upper secondary education enrolled in vocational programmes）	
		合计（千）	女（%）	入读私立教育机构的比例（%）	合计（%）	男（%）	女（%）	合计（%）	男（%）	女（%）	合计（%）	女（%）	合计（%）	女（%）	合计（%）	女（%）
东亚和太平洋地区																
新加坡	2000	…	…	…	…	…	…	…	…	…	…	…	…	…	…	…
	2010	232^{-1}	48.18^{-1}	6.37^{-1}	…	…	…	…	…	…	11.57^{-1}	35.13^{-1}	12.03^{-1}	34.45^{-1}	11.15^{-1}	35.80^{-1}
	2015	…	…	…	…	…	…	…	…	…	…	…	…	…	…	…
马来西亚	2000	2，205	51.16	5.81	66.16	…	…	66.00**	…	…	5.96	41.15	.	.	15.36	41.15
	2010	2，616	50.53	4.49	66.83	…	…	66.36**	…	…	6.20	43.09	.	.	14.76	43.09
	2015	2，751^{-2}	50.10^{-2}	8.46^{-2}	71.07^{-2}	…	…	68.74$^{**,-2}$	…	…	9.17^{-2}	38.37^{-2}	0.15^{-2}	25.91^{-2}	19.90^{-2}	38.48^{-2}
印度尼西亚	2000	14，720	48.46	42.70^{+1}	55.10	55.97	54.19	49.61^{+1}	49.91^{+1}	49.29^{+1}	12.79	42.68	.	…	35.46	42.68
	2010	19，976	49.26	41.83	76.54	76.30	76.79	66.75	66.87	66.63	16.62	41.52	.	.	40.58	41.52
	2015	22，322^{-2}	48.05^{-2}	40.91^{-2}	82.49^{-2}	83.71^{-2}	81.21^{-2}	75.23^{-2}	76.20^{-2}	74.21^{-2}	18.77^{-2}	37.55^{-2}	…	…	42.83^{-2}	37.55^{-2}

续表

国家或地区	参考年份	中等教育(含普通中等教育和职业技术中等教育)									职业技术中等教育					
		整体情况(Enrolment in secondary education)			毛入学率(Gross enrolment ratio in secondary education)			净入学率(Net enrolment rate in secondary education)			整体情况(Percentage of students in secondary education enrolled in vocational programmes)		初中教育(Percentage of students in lower secondary education enrolled in vocational programmes)		高中教育(Percentage of students in upper secondary education enrolled in vocational programmes)	
		合计(千)	女(%)	入读私立教育机构的比例(%)	合计(%)	男(%)	女(%)	合计(%)	男(%)	女(%)	合计(%)	女(%)	合计(%)	女(%)	合计(%)	女(%)
缅甸	2000	2，268	51.19	.	36.30	35.48	37.12	32.45	31.82	33.07	—	.	.	.	—	.
	2010	2，852	51.12	.	48.14	46.97	49.32	45.06	44.07	46.05	—	.	.	.	—	.
	2015	3，191^{-2}	50.44^{-1}	1.27$^{**,-1}$	51.30^{-1}	50.65^{-1}	51.95^{-1}	48.26^{-1}	47.88^{-1}	48.64^{-1}	…	…	…	…	…	…
泰国	2000	4，072^{+1}	48.55$^{**,+1}$	9.10^{+1}	62.79^{+1}	63.50$^{**,+1}$	62.06$^{**,+1}$	…	…	…	15.30^{+1}	47.73^{+1}	…	.	34.86^{+1}	47.73^{+1}
	2010	4，807	50.83	15.66	83.62	81.19	86.12	78.22	74.56	81.98	15.66	43.44	.	.	37.47	43.44
	2015	4，655^{-2}	51.08^{-2}	16.78^{-2}	86.21^{-2}	83.15^{-2}	89.34^{-2}	…	…	…	15.68^{-2}	41.36^{-2}	…	…	33.93^{-2}	41.36^{-2}
老挝	2000	265	40.54	0.87	34.21	40.12	28.14	27.48	30.75	24.11	1.43	35.55	0.05	21.00	4.56	35.94
	2010	435	44.68	2.69	46.12	50.39	41.75	39.26	41.25	37.21	0.30	42.95	0.02	44.44	1.23	42.86
	2015	601^{-1}	46.96^{-1}	3.03^{-1}	57.24^{-1}	59.82^{-1}	54.57^{-1}	50.88$^{**,-1}$	51.84$^{**,-1}$	49.88$^{**,-1}$	1.40^{-1}	54.89^{-1}	0.13^{-1}	43.05^{-1}	4.37^{-1}	55.69^{-1}
柬埔寨	2000	351	34.90	0.54	17.23	22.27	12.12	15.57	19.92	11.15	2.29	38.99	.	.	6.91	38.99
	2010	930$^{**,-2}$	44.93$^{**,-2}$	…	45.05$^{**,-2}$	48.50$^{**,-2}$	41.44$^{**,-2}$	38.19^{-2}	39.78^{-2}	36.53^{-2}	2.28$^{**,-2}$	47.00$^{**,-2}$	.	.	7.41$^{**,-2}$	47.00$^{**,-2}$
	2015	…	…	…	…	…	…	…	…	…	…	…	…	…	…	…

续表

国家或地区	参考年份	中等教育(含普通中等教育和职业技术中等教育)									职业技术中等教育					
		整体情况(Enrolment in secondary education)			毛入学率(Gross enrolment ratio in secondary education)			净入学率(Net enrolment rate in secondary education)			整体情况(Percentage of students in secondary education enrolled in vocational programmes)		初中教育(Percentage of students in lower secondary education enrolled in vocational programmes)		高中教育(Percentage of students in upper secondary education enrolled in vocational programmes)	
		合计(千)	女(%)	入读私立教育机构的比例(%)	合计(%)	男(%)	女(%)	合计(%)	男(%)	女(%)	合计(%)	女(%)	合计(%)	女(%)	合计(%)	女(%)
越南	2000	…	…	…	…	…	…	…	…	…	…	…	.	.	…	…
	2010	…	…	…	…	…	…	…	…	…	…	…	.	.	…	…
	2015	…	…	…	…	…	…	…	…	…	…	…	…	…	…	…
文莱	2000	35	49.91	10.66	86.22	84.53	87.99	…	…	…	5.29	36.14	.	.	12.47	36.14
	2010	49	48.58	13.52	99.24	98.86	99.65	90.22**	89.65**	90.83**	8.04	41.04	.	.	11.58	41.04
	2015	49^{-1}	48.13^{-1}	16.81^{-1}	99.12^{-1}	99.13^{-1}	99.10^{-1}	87.03^{-1}	86.51^{-1}	87.60^{-1}	11.47^{-1}	44.13^{-1}	…	…	16.49^{-1}	44.13^{-1}
菲律宾	2000	5,386^{+1}	51.33^{+1}	22.67^{+1}	74.68^{+1}	71.15^{+1}	78.37^{+1}	50.85^{+1}	46.55^{+1}	55.35^{+1}	.$^{+1}$	.$^{+1}$	…	…	…	…
	2010	6,767^{-1}	50.88^{-1}	19.84^{-1}	84.25^{-1}	81.02^{-1}	87.63^{-1}	61.14^{-1}	56.08^{-1}	66.43^{-1}	.$^{-1}$	.$^{-1}$	…	…	…	…
	2015	7,220^{-2}	50.59^{-2}	19.36^{-2}	88.39^{-2}	84.39^{-2}	92.68^{-2}	67.44^{-2}	61.76^{-2}	73.54^{-2}	.$^{-2}$	.$^{-2}$	…	…	…	…
阿位伯国家																
伊拉克	2000	1,224	37.02	.	37.47	45.90	28.55	32.26	38.59	25.57	6.18	17.45	.	.	19.64	17.45
	2010	…	…	…	…	…	…	…	…	…	…	…	…	…	…	…
	2015	…	…	…	…	…	…	…	…	…	…	…	…	…	…	…

续表

国家或地区	参考年份	中等教育（含普通中等教育和职业技术中等教育）									职业技术中等教育					
		整体情况（Enrolment in secondary education）			毛入学率（Gross enrolment ratio in secondary education）			净入学率（Net enrolment rate in secondary education）			整体情况（Percentage of students in secondary education enrolled in vocational programmes）		初中教育（Percentage of students in lower secondary education enrolled in vocational programmes）		高中教育（Percentage of students in upper secondary education enrolled in vocational programmes）	
		合计（千）	女（%）	入读私立教育机构的比例（%）	合计（%）	男（%）	女（%）	合计（%）	男（%）	女（%）	合计（%）	女（%）	合计（%）	女（%）	合计（%）	女（%）
叙利亚	2000	1，069	46.89	4.87	43.99	45.81	42.10	39.46	40.89	37.96	10.64	50.70	.	.	39.85	50.70
	2010	2，732	48.68	3.88	72.86	72.79	72.93	67.43	67.28	67.58	3.90	39.95	.	.	21.31	39.95
	2015	1，857^{-1}	48.56^{-2}	3.60^{-2}	50.49^{-2}	50.46^{-2}	50.52^{-2}	46.62^{-2}	46.84^{-2}	46.37^{-2}	4.77^{-2}	39.26^{-2}	…	…	21.53^{-2}	39.26^{-2}
约旦	2000	584	49.48	16.46	86.03	84.07	88.12	79.34	77.40	81.42	7.12	36.73	.	.	25.08	36.73
	2010	710	50.03	18.58	88.52	86.10	91.08	85.48^{+1}	83.17^{+1}	87.92^{+1}	3.36	39.27	.	.	12.41	39.27
	2015	…	…	…	…	…	…	…	…	…	…	…	…	…	…	…
黎巴嫩	2000	401**	51.51**	55.35**	92.75**	87.63**	98.15**	…	…	…	9.89**	39.69	2.07**	25.94	26.13**	41.94
	2010	383	52.03	59.57	75.30	74.49	76.07	69.06	68.51	69.58	14.80	42.02	4.91	30.73	27.43	44.60
	2015	389^{-2}	51.52^{-2}	60.37^{-2}	68.20^{-2}	68.02^{-2}	68.37^{-2}	…	…	…	14.82^{-2}	39.65^{-2}	5.11^{-2}	29.94^{-2}	27.30^{-2}	41.99^{-2}
埃及	2000	8，028	47.05*	…	80.51*	83.16*	77.73*	…	…	…	29.08$^{*,+1}$	44.89$^{*,+1}$	3.37$^{*,+1}$	27.70$^{*,+1}$	65.35$^{*,+1}$	46.14$^{*,+1}$
	2010	6，846	48.06	…	71.51	72.46	70.50	76.68$^{*,+1}$	76.72$^{*,+1}$	76.64$^{*,+1}$	20.52^{+1}	46.48^{-1}	1.36^{-1}	50.93^{-1}	50.70	45.04
	2015	8，152^{-2}	48.29^{-2}	…	86.05^{-2}	86.78^{-2}	85.28^{-2}	…	…	…	…	…	…	…	48.83^{-2}	43.88^{-2}
巴勒斯坦	2000	477	50.12	4.56	78.30	76.65	80.01	74.65	72.97	76.40	0.61	23.84	.	.	3.99	23.84
	2010	711	50.89	5.45	85.63	82.42	88.97	83.17	80.35	86.11	1.30	35.40	.	.	6.08	35.40
	2015	709^{-1}	51.32^{-1}	6.72^{-1}	82.24^{-1}	78.47^{-1}	86.17^{-1}	80.12^{-1}	76.53^{-1}	83.87^{-1}	0.38^{-1}	14.46^{-1}	…	…	1.92^{-1}	14.46^{-1}

续表

国家或地区	参考年份	中等教育（含普通中等教育和职业技术中等教育）									职业技术中等教育					
		整体情况（Enrolment in secondary education）			毛入学率（Gross enrolment ratio in secondary education）			净入学率（Net enrolment rate in secondary education）			整体情况（Percentage of students in secondary education enrolled in vocational programmes）		初中教育（Percentage of students in lower secondary education enrolled in vocational programmes）		高中教育（Percentage of students in upper secondary education enrolled in vocational programmes）	
		合计（千）	女（%）	入读私立教育机构的比例（%）	合计（%）	男（%）	女（%）	合计（%）	男（%）	女（%）	合计（%）	女（%）	合计（%）	女（%）	合计（%）	女（%）
沙特阿拉伯	2000	…	…	…	…	…	…	…	…	…	…	…	…	…	…	…
	2010	2，997$^{**,-1}$	46.43$^{**,-1}$	…	95.68$^{**,-1}$	101.83$^{**,-1}$	89.44$^{**,-1}$	74.24$^{**,-1}$	74.22$^{**,-1}$	74.26$^{**,-1}$	3.85$^{**,-1}$	1.34$^{**,-1}$	5.64$^{**,-1}$	1.70$^{**,-1}$	1.77^{-1}	…
	2015	3，419$^{**,-1}$	42.92$^{**,-1}$	…	108.29$^{**,-1}$	122.59$^{**,-1}$	93.75$^{**,-1}$	87.83$^{**,-1}$	96.68$^{**,-1}$	78.84$^{**,-1}$	5.39$^{**,-1}$	17.91$^{**,-1}$	5.64$^{**,-1}$	1.70$^{**,-1}$	5.13^{-1}	36.38^{-1}
也门	2000	1，249$^{**,+1}$	28.29$^{**,+1}$	1.32$^{**,+1}$	46.06$^{**,+1}$	65.02$^{**,+1}$	26.48$^{**,+1}$	32.48$^{*,-1}$	46.08$^{*,-1}$	18.37$^{*,-1}$	0.90^{-1}	16.58^{-1}	…	…	2.44^{-1}	16.58^{-1}
	2010	1，561	37.46	3.47	43.37	53.26	33.11	39.08**	47.76**	30.08**	0.69**	4.90**	.	.	1.84**	4.90**
	2015	1，768^{-2}	39.84^{-2}	4.45^{-2}	48.62^{-2}	57.40^{-2}	39.50^{-2}	…	…	…	0.66^{-2}	7.19^{-2}	…	…	1.66^{-2}	7.19^{-2}
阿曼	2000	243	49.10	0.90	79.41	79.99	78.82	68.58	68.30	68.86	.	.	.	.	.	.
	2010	301^{+1}	48.64^{+1}	6.98^{+1}	101.89^{+1}	105.50^{+1}	98.34^{+1}	91.75^{+1}	94.43^{+1}	89.11^{+1}	0.65^{+2}	…	…	…	1.26^{+2}	…
	2015	391^{-1}	48.84^{-1}	11.30^{-1}	…	…	…	…	…	…	0.02^{-1}	…	…	…	0.08^{-1}	…
阿联酋	2000	210	50.00	31.78	83.37^{-1}	79.35^{-1}	87.80^{-1}	75.48^{-1}	72.03^{-1}	79.28^{-1}	0.82	.	.	.	1.94	.
	2010	338**	49.39**	56.20**	…	…	…	…	…	…	0.96**	11.65**	0.37^{+1}	20.08^{+1}	2.57**	11.65**
	2015	411^{-1}	48.65^{-1}	61.33^{-1}	…	…	…	…	…	…	1.82^{-1}	35.56^{-1}	0.57^{-1}	37.09^{-1}	3.83^{-1}	35.19^{-1}
卡塔尔	2000	47	49.11	28.83^{+1}	86.60	81.03	93.25	73.03^{-1}	67.26^{-1}	79.60^{-1}	1.60	.	0.29	.	3.21	.
	2010	69	49.06	38.60	101.06	98.06	104.38	89.97	86.99	93.27	0.87	.	.	.	1.87	.
	2015	88^{-1}	48.05^{-1}	43.97^{-1}	…	…	…	…	…	…	0.66^{-1}	…	…	…	1.43^{-1}	…

续表

国家或地区	参考年份	中等教育（含普通中等教育和职业技术中等教育）									职业技术中等教育					
		整体情况 (Enrolment in secondary education)			毛入学率 (Gross enrolment ratio in secondary education)			净入学率 (Net enrolment rate in secondary education)			整体情况(Percentage of students in secondary education enrolled in vocational programmes)		初中教育(Percentage of students in lower secondary education enrolled in vocational programmes)		高中教育(Percentage of students in upper secondary education enrolled in vocational programmes)	
		合计(千)	女(%)	入读私立教育机构的比例(%)	合计(%)	男(%)	女(%)	合计(%)	男(%)	女(%)	合计(%)	女(%)	合计(%)	女(%)	合计(%)	女(%)
科威特	2000	240	49.52	27.45	98.72	96.84	100.72	88.88**	87.59**	90.25**	1.73	38.99	0.26	—	3.59	42.60
	2010	264	49.17	31.52	93.51	96.47	90.63	83.48	84.88	82.11	2.04**	8.21**	0.56**	—**	4.47	9.89
	2015	279^{-2}	49.86^{-2}	35.06^{-2}	92.55^{-2}	89.16^{-2}	96.23^{-2}	…	…	…	2.23^{-2}	36.33^{-2}	…	…	…	…
巴林	2000	61	50.64	14.30	100.22	96.57	104.06	90.54**	87.00**	94.26**	16.61	37.86	.	.	37.72	37.86
	2010	80	49.61	21.25	…	…	…	…	…	…	7.97	12.60	.	.	16.80	12.60
	2015	90^{-1}	48.94^{-1}	24.30^{-1}	…	…	…	…	…	…	7.87^{-1}	11.55^{-1}	…	…	16.08^{-1}	11.55^{-1}
北美和西欧																
希腊	2000	739	49.38	5.56	89.94	86.93	93.24	81.75	78.60	85.21	16.20	43.16	.	.	32.14	43.16
	2010	717	47.41	4.81	104.98	108.30	101.53	94.02	95.05	92.94	15.59	35.15	.	.	30.69	35.15
	2015	695^{-2}	47.97^{-2}	4.37^{-2}	108.20^{-2}	110.37^{-2}	105.94^{-2}	95.54^{-2}	95.96^{-2}	95.10^{-2}	17.98^{-2}	38.83^{-2}	…	…	33.68^{-2}	38.83^{-2}
塞浦路斯	2000	64	49.38	9.99	93.37*	92.35*	94.44*	88.05*	86.72*	89.44*	6.90	15.71	.	.	14.20	15.71
	2010	64	49.15	17.48	91.44*	90.91*	91.99*	88.83*	88.05*	89.65*	6.65	16.48	.	.	12.97	16.48
	2015	59^{-1}	48.93^{-1}	17.24^{-1}	99.42$^{*,-1}$	99.38$^{*,-1}$	99.46$^{*,-1}$	94.71$^{*,-1}$	93.96$^{*,-1}$	95.51$^{*,-1}$	7.93^{-1}	20.42^{-1}	…	…	15.11^{-1}	20.42^{-1}
以色列	2000	650	48.72	.	103.00	102.97	103.04	97.92	97.25	98.64	17.45	39.36	.	.	32.91	39.36
	2010	708	49.26	10.52	102.06	100.87	103.31	98.05	96.48	99.71	18.75	45.20	0.65	53.01	38.19	45.05
	2015	752^{-2}	49.13^{-2}	11.39^{-2}	101.53^{-2}	100.56^{-2}	102.55^{-2}	97.81^{-2}	96.51^{-2}	99.18^{-2}	19.43^{-2}	47.70^{-2}	0.41^{-2}	16.62^{-2}	40.27^{-2}	48.05^{-2}

续表

国家或地区	参考年份	中等教育(含普通中等教育和职业技术中等教育)									职业技术中等教育					
		整体情况(Enrolment in secondary education)			毛入学率(Gross enrolment ratio in secondary education)			净入学率(Net enrolment rate in secondary education)			整体情况(Percentage of students in secondary education enrolled in vocational programmes)		初中教育(Percentage of students in lower secondary education enrolled in vocational programmes)		高中教育(Percentage of students in upper secondary education enrolled in vocational programmes)	
		合计(千)	女(%)	入读私立教育机构的比例(%)	合计(%)	男(%)	女(%)	合计(%)	男(%)	女(%)	合计(%)	女(%)	合计(%)	女(%)	合计(%)	女(%)
南亚和西亚																
伊朗	2000	9, 955	47.25	…	78.58	81.12	75.93	…	…	…	6.76	37.61	.	.	14.08	37.61
	2010	7, 347	47.79	10.53	81.96	82.74	81.12	77.64**	78.08**	77.17**	10.76	34.12	0.28	36.75	19.42	34.09
	2015	5, 795^{-1}	47.52^{-1}	8.22^{-1}	88.41^{-1}	88.87^{-1}	87.90^{-1}	80.73^{-1}	80.37^{-1}	81.12^{-1}	15.44^{-1}	34.72^{-1}	0.32^{-1}	35.54^{-1}	24.06^{-1}	34.72^{-1}
印度	2000	71, 031	39.58	42.37	45.06	52.44	37.10	…	…	…	0.87	20.42	.	.	2.13	20.42
	2010	107, 687	45.62	…	63.29	65.49	60.85	…	…	…	…	…	.	.	…	…
	2015	119, 401^{-2}	47.57^{-2}	47.99^{-2}	68.90^{-2}	68.60^{-2}	69.23^{-2}	61.76$^{**,-2}$	61.38$^{**,-2}$	62.18$^{**,-2}$	1.26^{-2}	17.07^{-2}	…	…	2.72^{-2}	17.07^{-2}
巴基斯坦	2000	…	…	…	…	…	…	…	…	…	…	…	…	…	…	…
	2010	9, 655	42.03	31.32	35.85	40.31	31.10	36.28^{+1}	41.17^{+1}	31.06^{+1}	3.96	41.36	.	.	9.19	41.36
	2015	11, 287^{-1}	42.31^{-1}	34.72^{-1}	41.64^{-1}	46.31^{-1}	36.61^{-1}	41.18^{-1}	45.77^{-1}	36.23^{-1}	3.25^{-1}	44.24^{-1}	…	…	7.60^{-1}	44.24^{-1}
孟加拉国	2000	10, 329	49.68	95.73	48.11	47.44	48.81	44.91	44.33	45.51	1.02	24.76	.	.	2.51	24.76
	2010	11, 334	51.88	95.11	50.12	47.27	53.08	46.25	43.66	48.95	3.29	24.73	.	.	7.42	24.73
	2015	13, 314^{-2}	50.91^{-2}	94.59$^{**,-2}$	58.31^{-2}	56.06^{-2}	60.65^{-2}	52.60$^{**,-2}$	50.50$^{**,-2}$	54.79$^{**,-2}$	3.23^{-2}	33.29^{-2}	…	…	7.43^{-2}	33.29^{-2}
阿富汗	2000	362^{+1}	…	…	13.05^{+1}	25.06^{+1}	—$^{+1}$	…	…	…	…	…	…	…	…	…
	2010	2, 044	32.01	1.27^{+1}	53.25	70.29	35.14	…	…	…	0.82^{+1}	6.36^{+1}	.	.	2.43^{+1}	6.36^{+1}
	2015	2, 603^{-1}	34.62^{-1}	1.98$^{**,-1}$	55.66^{-1}	70.75^{-1}	39.67^{-1}	48.75^{-1}	61.51^{-1}	35.24^{-1}	0.96^{-1}	7.68^{-1}	…	…	2.58^{-1}	7.68^{-1}

续表

国家或地区	参考年份	中等教育（含普通中等教育和职业技术中等教育）									职业技术中等教育					
		整体情况（Enrolment in secondary education）			毛入学率（Gross enrolment ratio in secondary education）			净入学率（Net enrolment rate in secondary education）			整体情况（Percentage of students in secondary education enrolled in vocational programmes）		初中教育（Percentage of students in lower secondary education enrolled in vocational programmes）		高中教育（Percentage of students in upper secondary education enrolled in vocational programmes）	
		合计（千）	女（%）	入读私立教育机构的比例（%）	合计（%）	男（%）	女（%）	合计（%）	男（%）	女（%）	合计（%）	女（%）	合计（%）	女（%）	合计（%）	女（%）
斯里兰卡	2000	…	…	…	…	…	…	…	…	…	…	…	…	…	…	…
	2010	2，525	49.87	6.44	96.93	96.33	97.54	84.09**	82.39**	85.83**	5.30	42.94	.	.	10.80	42.94
	2015	2，606^{-2}	50.87^{-2}	7.29^{-2}	99.72^{-2}	97.50^{-2}	101.97^{-2}	…	…	…	5.75^{-2}	45.18^{-2}	…	…	11.89^{-2}	45.18^{-2}
马尔代夫	2000	20	51.25	17.48	51.27	49.38	53.21	36.87**	34.16**	39.64**	2.28	44.64	.	.	41.74	44.64
	2010	…	…	…	…	…	…	…	…	…	…	…	.	.	…	…
	2015	…	…	…	…	…	…	…	…	…	…	…	…	…	…	…
尼泊尔	2000	1，348	40.06	15.91^{+1}	36.02	42.95	29.02	…	…	…	1.37	21.13	.	.	4.27	21.13
	2010	2，694**	48.78**	14.36^{-2}	58.79**	60.31**	57.28**	50.46	51.95	48.97	0.65^{-2}	…	.	.	1.75^{-2}	…
	2015	3，176**	50.58**	…	67.17**	64.86**	69.59**	60.43	58.16	62.80	…	…	.	.	…	…
不丹	2000	25	43.83	…	30.45	33.91	26.93	22.38	23.21	21.54	1.52^{+1}	37.61^{+1}	.	.	13.67^{+1}	37.61^{+1}
	2010	60	49.88	11.50	66.11	65.58	66.66	52.08	49.69	54.51	—	.	.	.	—	.
	2015	74^{-1}	50.99^{-1}	11.74^{-1}	84.20^{-1}	81.42^{-1}	87.06^{-1}	62.84^{-1}	58.89^{-1}	66.90^{-1}	1.89^{-1}	38.79^{-1}	…	…	6.78^{-1}	38.79^{-1}
中亚																
蒙古	2000	226	54.74	0.29	65.12	58.21	72.20	62.03	55.50	68.72	4.10	50.60	.	.	19.88	50.60
	2010	276	51.28	7.20	91.59	88.40	94.84	…	…	…	10.10	47.14	.	.	28.65	47.14
	2015	286^{-1}	50.15^{-1}	7.51^{-1}	90.72^{-1}	89.61^{-1}	91.85^{-1}	86.32^{-1}	85.01^{-1}	87.66^{-1}	9.76^{-1}	41.01^{-1}	…	…	23.03^{-1}	41.01^{-1}

续表

国家或地区	参考年份	中等教育（含普通中等教育和职业技术中等教育）									职业技术中等教育					
		整体情况（Enrolment in secondary education）			毛入学率（Gross enrolment ratio in secondary education）			净入学率（Net enrolment rate in secondary education）			整体情况（Percentage of students in secondary education enrolled in vocational programmes）		初中教育（Percentage of students in lower secondary education enrolled in vocational programmes）		高中教育（Percentage of students in upper secondary education enrolled in vocational programmes）	
		合计（千）	女（%）	入读私立教育机构的比例（%）	合计（%）	男（%）	女（%）	合计（%）	男（%）	女（%）	合计（%）	女（%）	合计（%）	女（%）	合计（%）	女（%）
哈萨克斯坦	2000	1，994	50.25	1.18	93.40	91.45	95.40	88.38**	86.36**	90.46**	4.09	50.77	.	.	14.77	50.77
	2010	1，718^{+2}	49.19^{+2}	5.08^{+2}	101.29^{+2}	100.81^{+2}	101.80^{+2}	92.78^{+2}	92.32^{+2}	93.27^{+2}	10.77^{+2}	46.64^{+2}	.	.	35.27^{+2}	46.64^{+2}
	2015	1，679	49.58	5.55	109.11	107.30	111.01	98.10	96.40	99.88	11.33	48.08	.	.	40.48	48.08
乌兹别克斯坦	2000	3，566	48.65	…	86.47	87.93	84.97	…	…	…	11.30	43.96	.	.	37.72	43.96
	2010	4，449	48.81	.	109.47	109.49	109.46	…	…	…	…	…	.	.	…	…
	2015	…	…	…	…	…	…	…	…	…	…	…	…	…	…	…
土库曼斯坦	2000	…	…	…	…	…	…	…	…	…	…	…	…	…	…	…
	2010	…	…	…	…	…	…	…	…	…	…	…	…	…	…	…
	2015	651^{-1}	48.38^{-1}	…	85.34^{-1}	86.93^{-1}	83.71^{-1}	…	…	…	7.79^{-1}	38.43^{-1}	…	…	21.70^{-1}	38.43^{-1}
塔吉克斯坦	2000	795	45.61	.	73.20	78.79	67.49	70.49	75.51	65.36	3.00	31.57	.	.	19.72	31.57
	2010	1，032	45.64	1.07^{+1}	84.43	90.19	78.46	82.21	86.73	77.53	2.14	15.43	.	.	10.69	23.84
	2015	1，063^{-2}	46.22^{-2}	1.25^{-2}	87.89^{-2}	92.46^{-2}	83.11^{-2}	…	…	…	1.41^{-2}	8.53^{-2}	.	.	6.37^{-2}	8.53^{-2}
吉尔吉斯斯坦	2000	659	50.24	0.22	84.37	83.19	85.58	…	…	…	3.88	35.52	.	.	14.22	35.52
	2010	664*	48.97*	1.26*	82.94*	83.33*	82.53*	77.92*	78.20*	77.63*	3.39*	27.29*	.	.	15.20*	27.29*
	2015	651^{-1}	49.20^{-1}	2.97^{-1}	90.78^{-1}	90.40^{-1}	91.18^{-1}	80.18^{-1}	80.17^{-1}	80.19^{-1}	10.21^{-1}	45.41^{-1}	…	…	37.25^{-1}	45.41^{-1}

续表

国家或地区	参考年份	中等教育（含普通中等教育和职业技术中等教育）									职业技术中等教育					
		整体情况（Enrolment in secondary education）			毛入学率（Gross enrolment ratio in secondary education）			净入学率（Net enrolment rate in secondary education）			整体情况（Percentage of students in secondary education enrolled in vocational programmes）		初中教育（Percentage of students in lower secondary education enrolled in vocational programmes）		高中教育（Percentage of students in upper secondary education enrolled in vocational programmes）	
		合计（千）	女（%）	入读私立教育机构的比例（%）	合计（%）	男（%）	女（%）	合计（%）	男（%）	女（%）	合计（%）	女（%）	合计（%）	女（%）	合计（%）	女（%）
格鲁吉亚	2000	444	48.81	2.47^{+1}	78.88	79.49	78.25	77.15**	77.36**	76.93**	3.78	31.31	.	.	17.12	31.31
	2010	342^{-1}	48.66^{-2}	6.41^{-1}	88.11^{-1}	92.78^{-2}	88.51^{-2}	81.20^{-1}	85.19^{-2}	81.54^{-2}	1.45^{-1}	43.42^{-2}	.	.	2.85^{-1}	43.42^{-2}
	2015	282^{-1}	47.83^{-1}	10.29^{-1}	99.43^{-1}	99.27^{-1}	99.60^{-1}	92.05^{-1}	92.09^{-1}	92.01^{-1}	4.99^{-1}	46.33^{-1}	…	…	10.01^{-1}	46.33^{-1}
阿塞拜疆	2000	…	…	…	…	…	…	…	…	…	…	…	.	.	…	…
	2010	1,063	47.37	13.45	98.80*	99.51*	98.03*	86.03*	86.96*	85.01*	16.59	50.76	.	.	44.48	50.76
	2015	949^{-1}	46.79^{-1}	15.13^{-1}	102.80$^{*,-1}$	103.11$^{*,-1}$	102.44$^{*,-1}$	88.05$^{*,-1}$	88.79$^{*,-1}$	87.21$^{*,-1}$	19.73^{-1}	51.06^{-1}	…	…	50.26^{-1}	51.06^{-1}
亚美尼亚	2000	409	52.04	…	90.75	86.98	94.53	…	…	…	1.47	16.52	.	.	5.92	16.52
	2010	306	47.89	1.71^{+1}	96.63^{-1}	89.86^{-1}	105.14^{-1}	89.10^{-1}	82.50^{-1}	97.39^{-1}	4.79	36.65	.	.	15.08	36.65
	2015	245^{-1}	48.03^{-1}	2.15^{-1}	…	…	…	…	…	…	10.88^{-1}	42.78^{-1}	…	…	25.74^{-1}	42.78^{-1}
中东欧																
土耳其	2000	5,658	41.50	…	72.72	84.25	60.96	63.69**	71.15**	56.09**	19.96	31.29	.	.	49.00	31.29
	2010	7,531	47.02	…	84.20	87.84	80.46	80.86**	83.64**	78.00**	21.78	42.24	.	.	45.07	42.24
	2015	10,563^{-2}	48.32^{-2}	3.04^{-2}	114.62^{-2}	116.44^{-2}	112.74^{-2}	87.87^{-2}	89.55^{-2}	86.13^{-2}	21.49^{-2}	45.30^{-2}	…	…	45.43^{-2}	45.30^{-2}
俄罗斯	2000	15,863^{-1}	…	…	92.38^{-1}	…	…	…	…	…	10.56^{-1}	…	.	.	38.73^{-1}	…
	2010	9,206^{+1}	48.29^{+1}	0.76^{+1}	92.05^{+1}	92.79^{+1}	91.27^{+1}	…	…	…	16.88^{+1}	38.02^{+1}	…	…	51.80^{+1}	38.02^{+1}
	2015	9,092^{-2}	48.36^{-2}	1.01^{-2}	98.83^{-2}	99.54^{-2}	98.07^{-2}	…	…	…	17.03^{-2}	39.10^{-2}	…	…	52.08^{-2}	39.10^{-2}

续表

国家或地区	参考年份	中等教育（含普通中等教育和职业技术中等教育）									职业技术中等教育					
		整体情况（Enrolment in secondary education）			毛入学率（Gross enrolment ratio in secondary education）			净入学率（Net enrolment rate in secondary education）			整体情况（Percentage of students in secondary education enrolled in vocational programmes）		初中教育（Percentage of students in lower secondary education enrolled in vocational programmes）		高中教育（Percentage of students in upper secondary education enrolled in vocational programmes）	
		合计（千）	女（%）	入读私立教育机构的比例（%）	合计（%）	男（%）	女（%）	合计（%）	男（%）	女（%）	合计（%）	女（%）	合计（%）	女（%）	合计（%）	女（%）
乌克兰	2000	5, 204	49.07	$0.25^{**,+1}$	103.80	103.17	104.47	95.17^{**}	93.07^{**}	97.38^{**}	6.78	32.38	.	.	22.98	32.38
	2010	3, 133	48.19^{*}	0.37	95.09	96.22^{*}	93.90^{*}	85.56^{*}	85.32^{*}	85.81^{*}	7.71	35.53	.	$.^{*}$	28.64	35.53
	2015	$2,714^{-1}$	48.21^{-1}	0.38^{-1}	99.24^{-1}	100.20^{-1}	98.22^{-1}	88.57^{-1}	88.18^{-1}	88.97^{-1}	8.96^{-1}	36.43^{-1}	…	…	30.22^{-1}	36.43^{-1}
白俄罗斯	2000	…	…	…	…	…	…	…	…	…	…	…	…	…	…	…
	2010	763	47.75	0.56	107.06	108.75	105.27	93.89^{**}	93.75^{**}	94.03^{**}	14.91	37.82	…	…	38.64	37.82
	2015	649^{-1}	48.18^{-1}	0.47^{-1}	107.03^{-1}	107.91^{-1}	106.10^{-1}	99.47^{-1}	99.06^{-1}	99.89^{-1}	13.26^{-1}	37.38^{-1}	…	…	42.82^{-1}	37.38^{-1}
摩尔多瓦	2000	414	49.84	1.37^{+2}	81.59^{*}	80.70^{*}	82.51^{*}	78.24^{**}	77.19^{**}	79.33^{**}	5.55	38.44	.	.	28.06	38.44
	2010	308	49.56	1.27	87.98^{*}	86.98^{*}	89.03^{*}	78.62^{*}	77.96^{*}	79.32^{*}	11.54	41.53	.	.	35.55	41.53
	2015	246^{-1}	49.02^{-1}	1.39^{-1}	$88.34^{*,-2}$	$87.78^{*,-2}$	$88.92^{*,-2}$	$77.19^{*,-2}$	$76.69^{*,-2}$	$77.72^{*,-2}$	12.69^{-1}	41.51^{-1}	…	…	39.49^{-1}	41.51^{-1}
波兰	2000	3, 988	48.44	5.00^{+1}	99.25	99.90	98.56	89.43	87.60	91.35	43.87	40.81	.	.	64.15	40.81
	2010	2, 842	48.58	4.15	96.73	97.22	96.23	90.38	89.56	91.24	28.65	37.36	0.71	44.35	53.28	37.28
	2015	$2,777^{-2}$	47.89^{-2}	11.47^{-2}	108.70^{-2}	110.60^{-2}	106.71^{-2}	92.07^{-2}	91.49^{-2}	92.67^{-2}	28.28^{-2}	37.38^{-2}	0.90^{-2}	42.77^{-2}	48.75^{-2}	37.30^{-2}
立陶宛	2000	421	48.91	0.22	98.09	98.53	97.64	92.06	91.78	92.34	11.02	35.87	2.33	14.30	39.58	40.04
	2010	343	48.35	1.10	100.96	101.89	99.99	93.19	92.92	93.48	11.18	32.95	2.91	22.37	29.82	35.28
	2015	294^{-2}	47.54^{-2}	1.69^{-2}	105.41^{-2}	107.56^{-2}	103.14^{-2}	94.26^{-2}	94.16^{-2}	94.36^{-2}	9.79^{-2}	33.49^{-2}	1.81^{-2}	21.50^{-2}	27.55^{-2}	35.24^{-2}
爱沙尼亚	2000	117	49.93	1.08	93.83	91.17	96.65	85.08	82.45	87.87	15.48	35.17	0.22^{-1}	27.27^{-1}	32.54	35.17
	2010	95	48.63	3.31	105.30	105.27	105.32	90.94	90.18	91.74	19.60	34.36	1.10	21.91	34.18	34.67
	2015	81^{-2}	48.37^{-2}	3.72^{-2}	108.58^{-2}	109.02^{-2}	108.12^{-2}	92.45^{-2}	91.88^{-2}	93.06^{-2}	19.22^{-2}	33.35^{-2}	1.14^{-2}	13.54^{-2}	34.44^{-2}	33.91^{-2}

续表

国家或地区	参考年份	中等教育(含普通中等教育和职业技术中等教育)									职业技术中等教育					
		整体情况(Enrolment in secondary education)			毛入学率(Gross enrolment ratio in secondary education)			净入学率(Net enrolment rate in secondary education)			整体情况(Percentage of students in secondary education enrolled in vocational programmes)		初中教育(Percentage of students in lower secondary education enrolled in vocational programmes)		高中教育(Percentage of students in upper secondary education enrolled in vocational programmes)	
		合计(千)	女(%)	入读私立教育机构的比例(%)	合计(%)	男(%)	女(%)	合计(%)	男(%)	女(%)	合计(%)	女(%)	合计(%)	女(%)	合计(%)	女(%)
拉脱维亚	2000	266	49.65	1.00^{+1}	91.09	89.88	92.36	…	…	…	15.00	39.43	0.48	18.33	38.57	39.86
	2010	147	48.52	1.39	98.34	99.19	97.46	86.46	85.57	87.38	23.59	39.35	0.98	25.40	41.15	39.61
	2015	127^{-2}	47.76^{-2}	1.88^{-2}	110.48^{-2}	112.27^{-2}	108.59^{-2}	89.86^{-2}	88.92^{-2}	90.86^{-2}	22.40^{-2}	39.27^{-2}	0.81^{-2}	23.88^{-2}	39.09^{-2}	39.51^{-2}
捷克	2000	958	49.27	5.66	88.47	87.57	89.41	…	…	…	36.26	46.95	1.22^{-1}	50.00	80.23	46.95
	2010	837	48.83	8.45^{+1}	94.83	94.57	95.11	…	…	…	39.99	44.92	0.50	52.59	72.61	44.88
	2015	801^{-2}	48.85^{-2}	9.29^{-2}	104.38^{-2}	104.01^{-2}	104.76^{-2}	…	…	…	40.39^{-2}	45.41^{-2}	0.55^{-2}	45.51^{-2}	73.76^{-2}	45.41^{-2}
斯洛伐克	2000	672	49.41	5.51	85.88	85.10	86.68	…	…	…	30.76	48.54	0.02	54.05	78.64	48.54
	2010	550	49.05	9.62	92.64	92.19	93.11	…	…	…	35.46	45.48	1.50	35.37	70.79	45.70
	2015	482^{-2}	49.16^{-2}	10.64^{-2}	91.82^{-2}	91.15^{-2}	92.52^{-2}	…	…	…	32.25^{-2}	45.66^{-2}	1.51^{-2}	35.98^{-2}	68.10^{-2}	45.91^{-2}
匈牙利	2000	1，002	49.11	7.17	96.18	95.82	96.57	85.09	84.76	85.43	5.07	34.98	.	.	10.27	34.98
	2010	905	48.43	12.86	99.93	100.72	99.12	91.71	91.88	91.53	15.23	38.00	0.90	39.28	27.56	37.97
	2015	891^{-2}	48.81^{-2}	21.36^{-2}	108.20^{-2}	108.08^{-2}	108.33^{-2}	92.66^{-2}	92.85^{-2}	92.46^{-2}	15.02^{-2}	41.45^{-2}	0.34^{-2}	38.34^{-2}	26.47^{-2}	41.48^{-2}
斯洛文尼亚	2000	218	49.63	0.89	100.93	99.37	102.57	91.36	89.78	93.01	38.73	46.50	.	.	72.30	46.50
	2010	138	48.35	1.48	97.86	98.31	97.39	92.99	92.50	93.50	35.83	40.89	.	.	59.41	40.89
	2015	148^{-2}	48.49^{-2}	2.45^{-2}	110.95^{-2}	111.08^{-2}	110.80^{-2}	95.08^{-2}	94.70^{-2}	95.48^{-2}	41.50^{-2}	43.33^{-2}	…	…	65.86^{-2}	43.33^{-2}

续表

国家或地区	参考年份	中等教育(含普通中等教育和职业技术中等教育)									职业技术中等教育					
		整体情况 (Enrolment in secondary education)			毛入学率 (Gross enrolment ratio in secondary education)			净入学率 (Net enrolment rate in secondary education)			整体情况(Percentage of students in secondary education enrolled in vocational programmes)		初中教育(Percentage of students in lower secondary education enrolled in vocational programmes)		高中教育(Percentage of students in upper secondary education enrolled in vocational programmes)	
		合计(千)	女(%)	入读私立教育机构的比例(%)	合计(%)	男(%)	女(%)	合计(%)	男(%)	女(%)	合计(%)	女(%)	合计(%)	女(%)	合计(%)	女(%)
克罗地亚	2000	410	49.41	0.76	85.53	84.65	86.45	82.35	81.55	83.19	35.67	45.98	.	.	74.68	45.98
	2010	389	50.50	1.47	100.71	97.35	104.25	95.81	92.98	98.77	36.94	48.84	6.89	61.75	71.54	47.40
	2015	…	…	…	…	…	…	…	…	…	…	…	…	…	…	…
波黑	2000	…	…	…	…	…	…	…	…	…	…	…	…	…	…	…
	2010	323	48.98	1.53	…	…	…	…	…	…	33.90	44.93	.	.	74.48	44.93
	2015	297^{-1}	49.23^{-1}	1.89^{-1}	…	…	…	…	…	…	39.09^{-1}	44.92^{-1}	…	…	74.37^{-1}	44.92^{-1}
黑山	2000	…	…	…	…	…	…	…	…	…	…	…	…	…	69.42^{+1}	46.53^{+1}
	2010	70	48.64	0.19	100.72	100.07	101.42	…	…	…	31.00	46.08	.	.	68.20	46.08
	2015	61	48.25	0.13	90.34	90.37	90.31	…	…	…	32.60	44.16	.	.	67.18	44.16
塞尔维亚	2000	713	49.38	…	91.19^{*}	90.27^{*}	92.15^{*}	…	…	…	35.32	46.91	.	.	75.75	46.91
	2010	591	49.25	0.47	91.43^{*}	90.54^{*}	92.36^{*}	90.17^{*}	89.32^{*}	91.05^{*}	36.97	47.05	.	.	76.15	47.05
	2015	548^{-1}	49.07^{-1}	0.41^{-1}	$94.34^{*,-1}$	$93.34^{*,-1}$	$95.41^{*,-1}$	$92.21^{*,-1}$	$91.24^{*,-1}$	$93.23^{*,-1}$	37.09^{-1}	47.09^{-1}	…	…	75.20^{-1}	47.09^{-1}
阿尔巴尼亚	2000	366	48.48	…	71.45	73.16	69.72	67.04	68.33	65.74	3.97	30.93	.	.	13.82	30.93
	2010	356	47.79	6.14	88.41	88.82	87.97	…	…	…	5.62	30.95	.	.	14.22	30.95
	2015	333^{-1}	46.59^{-1}	8.27^{-1}	96.43^{-1}	100.03^{-1}	92.61^{-1}	85.28^{-1}	86.00^{-1}	84.52^{-1}	8.01^{-1}	22.18^{-1}	…	…	17.56^{-1}	22.18^{-1}

续表

国家或地区	参考年份	中等教育(含普通中等教育和职业技术中等教育)									职业技术中等教育					
		整体情况(Enrolment in secondary education)			毛入学率(Gross enrolment ratio in secondary education)			净入学率(Net enrolment rate in secondary education)			整体情况(Percentage of students in secondary education enrolled in vocational programmes)		初中教育(Percentage of students in lower secondary education enrolled in vocational programmes)		高中教育(Percentage of students in upper secondary education enrolled in vocational programmes)	
		合计(千)	女(%)	入读私立教育机构的比例(%)	合计(%)	男(%)	女(%)	合计(%)	男(%)	女(%)	合计(%)	女(%)	合计(%)	女(%)	合计(%)	女(%)
罗马尼亚	2000	2, 226	49.37	0.51	79.27	78.35	80.24	…	…	…	25.75	43.33	.	.	62.52	43.33
	2010	1, 822	48.46	1.84	100.24	100.65	99.80	…	…	…	33.36	42.55	.	.	63.79	42.55
	2015	1, 669^{-2}	48.26^{-2}	1.30^{-2}	97.89^{-2}	98.69^{-2}	97.04^{-2}	86.75^{-2}	86.63^{-2}	86.89^{-2}	30.63^{-2}	41.54^{-2}	…	…	60.04^{-2}	41.54^{-2}
保加利亚	2000	696	48.14	0.64	92.56	93.54	91.53	86.24	87.05	85.38	26.69	37.29	0.65	28.37	55.73	37.41
	2010	532	47.51	1.06	90.42	92.42	88.32	84.14	85.21	83.01	30.10	39.13	0.93	38.33	51.49	39.14
	2015	519^{-1}	47.65^{-1}	5.37^{-1}	100.88^{-1}	102.61^{-1}	99.04^{-1}	88.17^{-1}	89.33^{-1}	86.93^{-1}	32.30^{-1}	41.54^{-1}	5.84^{-1}	39.95^{-1}	53.72^{-1}	41.68^{-1}
马其顿	2000	222	47.84	0.45^{+2}	82.87	84.25	81.41	…	…	…	26.88	42.85	.	.	64.65	42.85
	2010	197	48.11	1.08	83.50	84.60	82.35	…	…	…	29.33	44.01	.	.	60.00	44.01
	2015	…	…	…	…	…	…	…	…	…	…	…	…	…	…	…
地区平均水平																
世界	2000	450, 115	46.59	19.24**	59.43	61.98	56.76	52.52**	54.52**	50.43**	10.21	44.98	0.93	46.75	25.82	44.88
	2010	544, 881	47.53	21.78	71.06	72.28	69.75	62.96**	64.18**	61.67**	10.55	43.58	1.25	44.72	23.30	43.49
	2015	568,543$^{**,-2}$	47.63$^{**,-2}$	22.96$^{**,-2}$	75.21$^{**,-2}$	76.26$^{**,-2}$	74.10$^{**,-2}$	66.00$^{**,-2}$	67.31$^{**,-2}$	64.62$^{**,-2}$	10.94$^{**,-2}$	43.65$^{**,-2}$	1.53$^{**,-2}$	43.56$^{**,-2}$	22.92$^{**,-2}$	43.66$^{**,-2}$
阿拉伯国家	2000	23, 304	45.99	6.60**	62.04	65.83	58.11	53.40**	57.10**	49.61**	14.50**	43.59**	3.22**	33.97**	33.89**	45.16**
	2010	29, 999	47.20	7.10**	71.16	73.49	68.71	63.03**	65.26**	60.75**	8.31	39.18	2.64	23.17	18.66	43.31
	2015	30,980$^{**,-2}$	47.10$^{**,-2}$	7.85$^{**,-2}$	73.34$^{**,-2}$	75.55$^{**,-2}$	71.00$^{**,-2}$	65.33$^{**,-2}$	67.53$^{**,-2}$	63.02$^{**,-2}$	9.85$^{**,-2}$	38.46$^{**,-2}$	3.01^{-2}	23.04^{-2}	20.77$^{**,-2}$	42.03$^{**,-2}$

续表

国家或地区	参考年份	中等教育(含普通中等教育和职业技术中等教育)									职业技术中等教育					
		整体情况(Enrolment in secondary education)			毛入学率(Gross enrolment ratio in secondary education)			净入学率(Net enrolment rate in secondary education)			整体情况(Percentage of students in secondary education enrolled in vocational programmes)		初中教育(Percentage of students in lower secondary education enrolled in vocational programmes)		高中教育(Percentage of students in upper secondary education enrolled in vocational programmes)	
		合计(千)	女(%)	入读私立教育机构的比例(%)	合计(%)	男(%)	女(%)	合计(%)	男(%)	女(%)	合计(%)	女(%)	合计(%)	女(%)	合计(%)	女(%)
中东欧	2000	40，935**	48.05**	1.67**	88.95**	90.70**	87.12**	81.36**	82.13**	80.58**	17.76**	38.98**	0.04	18.02	48.11**	39.01**
	2010	31，252	48.08	2.50**	90.28	91.79	88.70	84.46**	84.99**	83.92**	20.94	40.54	0.24	44.84	49.41	40.51
	2015	33，020^{-2}	48.31^{-2}	3.57^{-2}	99.67^{-2}	100.79^{-2}	98.50^{-2}	88.37$^{**,-2}$	88.69$^{**,-2}$	88.04$^{**,-2}$	21.31^{-2}	41.98^{-2}	0.28^{-2}	45.63^{-2}	48.93^{-2}	41.95^{-2}
中亚	2000	9，671	49.27	1.54**	85.80	86.13	85.46	80.55**	79.85**	81.35**	6.90	42.69	—	.	26.30	42.69
	2010	10，548	48.43	2.76	97.52	98.37	96.64	90.00**	90.07**	90.00**	13.16**	46.82**	—	.	40.16**	46.82**
	2015	9,821$^{**,-2}$	48.38$^{**,-2}$	3.11$^{**,-2}$	98.31$^{**,-2}$	98.98$^{**,-2}$	97.61$^{**,-2}$	90.31$^{**,-2}$	90.11$^{**,-2}$	90.57$^{**,-2}$	13.54$^{**,-2}$	47.02$^{**,-2}$	…	…	40.32$^{**,-2}$	47.02$^{**,-2}$
东亚和太平洋地区	2000	135，990	47.42**	14.36$^{**,+1}$	60.65	62.00**	59.21**	56.53**	57.44**	55.58**	13.78	47.09**	0.44	45.48**	42.13	47.13**
	2010	161，578	47.82	16.11	80.42	80.29	80.57	72.56**	72.06**	73.12**	16.97	44.51	0.47	41.94	39.65	44.55
	2015	157，885^{-2}	47.85^{-2}	16.54^{-2}	86.60^{-2}	86.18^{-2}	87.06^{-2}	78.54$^{**,-2}$	77.73$^{**,-2}$	79.42$^{**,-2}$	18.39^{-2}	43.95^{-2}	0.38^{-2}	40.56^{-2}	40.56^{-2}	43.99^{-2}
拉丁美洲和加勒比海地区	2000	55，015**	50.97**	17.63**	82.45**	79.92**	85.04**	60.77**	59.29**	62.29**	8.98**	54.21**	3.64**	55.47**	18.73**	53.76**
	2010	60，672	51.07	19.03	88.77	85.55	92.09	73.84**	71.57**	76.18**	9.52	52.94	4.53	57.24	17.58	51.15
	2015	64，238^{-2}	50.60^{-2}	18.99^{-2}	92.91^{-2}	90.14^{-2}	95.78^{-2}	75.67$^{**,-2}$	73.49$^{**,-2}$	77.93$^{**,-2}$	9.65^{-2}	51.24^{-2}	5.97^{-2}	52.39^{-2}	15.39^{-2}	50.55^{-2}

续表

国家或地区	参考年份	中等教育(含普通中等教育和职业技术中等教育)									职业技术中等教育					
		整体情况(Enrolment in secondary education)			毛入学率(Gross enrolment ratio in secondary education)			净入学率(Net enrolment rate in secondary education)			整体情况(Percentage of students in secondary education enrolled in vocational programmes)		初中教育(Percentage of students in lower secondary education enrolled in vocational programmes)		高中教育(Percentage of students in upper secondary education enrolled in vocational programmes)	
		合计(千)	女(%)	入读私立教育机构的比例(%)	合计(%)	男(%)	女(%)	合计(%)	男(%)	女(%)	合计(%)	女(%)	合计(%)	女(%)	合计(%)	女(%)
北美和西欧	2000	61,003	49.02	13.13	98.98	98.40	99.60	86.73	86.01	87.48	12.78	45.49	0.30	36.57	27.15	45.61
	2010	62,089	48.67	13.78	100.85	100.94	100.76	89.64	89.12	90.19	13.50	42.57	1.42	41.07	26.12	42.66
	2015	63,578^{-2}	48.85^{-2}	17.85^{-2}	105.14^{-2}	105.02^{-2}	105.26^{-2}	90.10$^{**,-2}$	89.56$^{**,-2}$	90.67$^{**,-2}$	15.18^{-2}	44.75^{-2}	1.86^{-2}	44.55^{-2}	28.42^{-2}	44.76^{-2}
南亚和西亚	2000	101,181	41.41	41.94	45.53	51.60	39.03	41.60**	46.57**	36.28**	1.53	28.86	—	.	3.73	28.86
	2010	143,353	45.93	…	60.53	62.86	58.01	52.48$^{**,-2}$	55.84$^{**,-2}$	48.85$^{**,-2}$	1.89$^{**,-1}$	32.03$^{**,-1}$	0.01	36.75	4.17$^{**,-1}$	32.03$^{**,-1}$
	2015	156,873$^{**,-2}$	46.26$^{**,-2}$	…	66.13$^{**,-2}$	68.12$^{**,-2}$	63.96$^{**,-2}$	…	…	…	…	…	…	…	…	…
撒哈拉以南非洲	2000	23,016	44.36	16.78**	26.24	29.04	23.41	20.54**	22.34**	18.73**	7.01	36.18	2.45	37.09	14.65	35.92
	2010	45,390	44.82	19.97**	40.68	44.55	36.76	31.77**	34.05**	29.46**	6.33**	39.30**	2.70	35.33	12.58**	40.77**
	2015	52,147$^{**,-2}$	45.69$^{**,-2}$	20.11$^{**,-2}$	42.95$^{**,-2}$	46.26$^{**,-2}$	39.59$^{**,-2}$	33.69$^{**,-2}$	35.77$^{**,-2}$	31.57$^{**,-2}$	6.23$^{**,-2}$	39.75$^{**,-2}$	3.00$^{**,-2}$	34.90$^{**,-2}$	11.69$^{**,-2}$	41.86$^{**,-2}$

符号：

… 没有相关数据

** 国家数据：统计研究所估计数据

地区平均水平：部分估计数据是因为国家数据覆盖范围(25%～75%的人口)不完整

* 国家估计数据

— 零数值

. 不可用

X^{+n} 引用参考年份后 n 年的学年或财年数据

X^{-n} 引用参考年份前 n 年的学年或财年数据

资料来源：联合国教科文组织统计研究所数据库，2016 年 http://data.uis.unesco.org/

附录 6：成人和青年的识字率以及文盲人数

国家或地区	参考年份	成人(15岁及以上)						青年(15～24岁)					
		识字率(Adult literacy rate)				文盲人数(Adult illiterate population)		识字率(Youth literacy rate)				文盲人数(Youth illiterate population)	
		合计(%)	男(%)	女(%)	性别均等指数	合计(千)	女(%)	合计(%)	男(%)	女(%)	性别均等指数	合计(千)	女(%)
东亚和太平洋地区													
新加坡	2000	92.55	96.57	88.65	0.92	229	77.13	99.50	99.41	99.60	1.00	2.5	39.32
	2010	95.86	98.04	93.77	0.96	174	76.77	99.75	99.74	99.77	1.00	1.7	46.61
	2015	96.84**	98.66**	95.09**	0.96**	150**	79.16**	99.90**	99.90**	99.90**	1.00**	0.8**	50.15**
马来西亚	2000	88.69	91.97	85.35	0.93	1,764	64.00	97.24	97.21	97.27	1.00	122	48.88
	2010	93.12	95.43	90.75	0.95	1,427	68.23	98.42	98.38	98.46	1.00	90	50.14
	2015	94.64**	96.18**	93.21**	0.97**	1,227**	65.62**	98.42**	98.34**	98.50**	1.00**	90**	48.80**
印度尼西亚	2000	…	…	…	…	…	…	…	…	…	…	…	…
	2010	92.81^{+1}	95.59^{+1}	90.07^{+1}	0.94^{+1}	12,318^{+1}	69.39^{+1}	98.78^{+1}	98.80^{+1}	98.75^{+1}	1.00^{+1}	497^{+1}	50.63^{+1}
	2015	93.88**	96.26**	91.52**	0.95**	11,255**	69.47**	98.98**	98.87**	99.09**	1.00**	441**	43.39**
缅甸	2000	89.94	93.92	86.42	0.92	3,337	70.38	94.59	95.79	93.47	0.98	556	61.00
	2010	…	…	…	…	…	…	…	…	…	…	…	…
	2015	93.09**	95.17**	91.18**	0.96**	2,836**	66.41**	96.32**	96.33**	96.31**	1.00**	345**	50.25**

续表

国家或地区	参考年份	成人(15岁及以上)						青年(15～24岁)					
		识字率(Adult literacy rate)				文盲人数(Adult illiterate population)		识字率(Youth literacy rate)				文盲人数(Youth illiterate population)	
		合计(%)	男(%)	女(%)	性别均等指数	合计(千)	女(%)	合计(%)	男(%)	女(%)	性别均等指数	合计(千)	女(%)
泰国	2000	92.65	94.90	90.52	0.95	3,480	66.47	97.98	98.10	97.85	1.00	217	52.82
	2010	96.43	96.44	96.43	1.00	1,912	51.52	96.60	96.64	96.55	1.00	323	50.42
	2015	96.67**	96.65**	96.68**	1.00**	1,855**	51.27**	98.24**	98.30**	98.17**	1.00**	159**	51.53**
老挝	2000	69.58	81.36	58.46	0.72	922	69.80	80.60	88.06	73.56	0.84	205	68.47
	2010	…	…	…	…	…	…	…	…	…	…	…	…
	2015	79.86**	87.14**	72.81**	0.84**	928**	68.60**	90.23**	93.10**	87.28**	0.94**	153**	64.16**
柬埔寨	2000	…	…	…	…	…	…	…	…	…	…	…	…
	2010	73.90^{-1}	82.75^{-1}	65.93^{-1}	0.80^{-1}	2,493^{-1}	68.61^{-1}	87.13^{-1}	88.36^{-1}	85.87^{-1}	0.97^{-1}	398^{-1}	54.39^{-1}
	2015	77.19**	84.47**	70.53**	0.84**	2,466**	67.48**	91.48**	91.11**	91.87**	1.01**	253**	46.55**
越南	2000	90.16	93.93	86.61	0.92	5,451	70.22	94.84	95.59	94.06	0.98	836	56.86
	2010	93.52^{-1}	95.79^{-1}	91.38^{-1}	0.95^{-1}	4,342^{-1}	68.40^{-1}	97.09^{-1}	97.40^{-1}	96.78^{-1}	0.99^{-1}	522^{-1}	54.35^{-1}
	2015	94.51**	96.28**	92.83**	0.96**	3,979**	67.03**	98.06**	98.15**	97.96**	1.00**	307**	51.20**
文莱	2000	92.67^{+1}	95.15^{+1}	90.16^{+1}	0.95^{+1}	17^{+1}	66.76^{+1}	98.89^{+1}	98.87^{+1}	98.91^{+1}	1.00^{+1}	0.6^{+1}	50.34^{+1}
	2010	96.09^{+1}	97.43^{+1}	94.65^{+1}	0.97^{+1}	12^{+1}	67.17^{+1}	99.37^{+1}	99.20^{+1}	99.55^{+1}	1.00^{+1}	0.4^{+1}	34.67^{+1}
	2015	96.41**	97.68**	95.11**	0.97**	12**	67.50**	99.60**	99.50**	99.72**	1.00**	0.3**	34.76**

续表

国家或地区	参考年份	成人(15岁及以上)						青年(15～24岁)					
		识字率(Adult literacy rate)				文盲人数(Adult illiterate population)		识字率(Youth literacy rate)				文盲人数(Youth illiterate population)	
		合计(%)	男(%)	女(%)	性别均等指数	合计(千)	女(%)	合计(%)	男(%)	女(%)	性别均等指数	合计(千)	女(%)
菲律宾	2000	92.60	92.55	92.65	1.00	3, 533	49.76	95.09	94.46	95.72	1.01	758	42.68
	2010	95.42^{-2}	95.01^{-2}	95.83^{-2}	1.01^{-2}	$2, 647^{-2}$	45.94^{-2}	97.75^{-2}	97.02^{-2}	98.49^{-2}	1.02^{-2}	406^{-2}	32.77^{-2}
	2015	96.29^{**}	95.78^{**}	96.79^{**}	1.01^{**}	$2, 516^{**}$	43.67^{**}	97.94^{**}	96.98^{**}	98.94^{**}	1.02^{**}	411^{**}	25.21^{**}
阿拉伯国家													
伊拉克	2000	74.05	84.09	64.17	0.76	3, 525	69.32	84.80	88.91	80.49	0.91	755	62.56
	2010	…	…	…	…	…	…	…	…	…	…	…	…
	2015	79.69^{**}	85.65^{**}	73.73^{**}	0.86^{**}	$4, 415^{**}$	64.71^{**}	81.54^{**}	82.42^{**}	80.61^{**}	0.98^{**}	$1, 320^{**}$	51.31^{**}
叙利亚	2000	82.89^{+2}	91.03^{+2}	74.24^{+2}	0.82^{+2}	$1, 756^{+2}$	73.53^{+2}	95.19^{+2}	97.14^{+2}	92.96^{+2}	0.96^{+2}	186^{+2}	70.26^{+2}
	2010	…	…	…	…	…	…	…	…	…	…	…	…
	2015	86.43^{**}	91.72^{**}	80.98^{**}	0.88^{**}	$1, 978^{**}$	69.02^{**}	96.35^{**}	97.11^{**}	95.55^{**}	0.98^{**}	159^{**}	59.01^{**}
约旦	2000	…	…	…	…	…	…	…	…	…	…	…	…
	2010	92.55	95.77	89.21	0.93	312	70.89	98.76	98.76	98.77	1.00	16	49.02
	2015	96.67^{**}	98.12^{**}	95.16^{**}	0.97^{**}	171^{**}	71.34^{**}	99.22^{**}	99.04^{**}	99.41^{**}	1.00^{**}	11^{**}	37.61^{**}
黎巴嫩	2000	…	…	…	…	…	…	…	…	…	…	…	…
	2010	…	…	…	…	…	…	…	…	…	…	…	…
	2015	93.94^{**}	95.97^{**}	91.85^{**}	0.96^{**}	247^{**}	66.23^{**}	99.09^{**}	98.85^{**}	99.31^{**}	1.00^{**}	8.8^{**}	39.28^{**}
埃及	2000	…	…	…	…	…	…	…	…	…	…	…	…
	2010	72.05	80.27	63.52	0.79	15, 047	65.00	87.51	90.56	84.31	0.93	1, 928	62.00
	2015	75.24^{*}	83.24^{*}	67.29^{*}	0.81^{*}	14, 504	66.00^{-2}	93.28^{*}	94.45^{*}	92.07^{*}	0.97^{*}	1, 011	58.00^{*}

续表

国家或地区	参考年份	成人(15 岁及以上)						青年(15～24 岁)					
		识字率(Adult literacy rate)				文盲人数(Adult illiterate population)		识字率(Youth literacy rate)				文盲人数(Youth illiterate population)	
		合计(%)	男(%)	女(%)	性别均等指数	合计(千)	女(%)	合计(%)	男(%)	女(%)	性别均等指数	合计(千)	女(%)
巴勒斯坦	2000	…	…	…	…	…	…	…	…	…	…	…	…
	2010	94.93	97.63	92.17	0.94	118	76.40	99.24	99.21	99.27	1.00	6.5	46.95
	2015	96.65**	98.49**	94.77**	0.96**	93**	77.18**	99.37**	99.42**	99.33**	1.00**	6.4**	52.67**
沙特阿拉伯	2000	79.35	87.06	69.29	0.80	2,578	65.23	95.91	98.07	93.71	0.96	153	76.28
	2010	…	…	…	…	…	…	…	…	…	…	…	…
	2015	94.65**	97.00**	91.06**	0.94**	1,146**	66.10**	99.34**	99.38**	99.29**	1.00**	30**	45.71**
也门	2000	…	…	…	…	…	…	…	…	…	…	…	…
	2010	…	…	…	…	…	…	…	…	…	…	…	…
	2015	70.07**	85.13**	55.02**	0.65**	4,653**	75.15**	90.23**	97.55**	82.66**	0.85**	567**	87.24**
阿曼	2000	…	…	…	…	…	…	…	…	…	…	…	…
	2010	86.94	90.24	81.80	0.91	265	53.82	97.74	97.41	98.17	1.01	14	33.85
	2015	94.76**	96.88**	89.97**	0.93**	170**	58.74**	99.13**	99.13**	99.12**	1.00**	7.2**	33.43**
阿联酋	2000	…	…	…	…	…		…	…	…	…	…	…
	2010	…	…	…	…	…	…	…	…	…	…	…	…
	2015	93.84**	93.13**	95.76**	1.03**	495**	18.49**	99.43**	99.61**	99.10**	0.99**	6.6**	55.70**
卡塔尔	2000	…	…	…	…	…	…	…	…	…	…	…	…
	2010	96.28	96.51	95.40	0.99	56	25.19	96.82	96.32	98.26	1.02	8.1	13.37
	2015	97.76**	97.88**	97.28**	0.99**	46**	24.08**	98.62**	98.27**	99.73**	1.01**	4.0**	4.72**

续表

国家或地区	参考年份	成人(15岁及以上)						青年(15～24岁)					
		识字率(Adult literacy rate)				文盲人数(Adult illiterate population)		识字率(Youth literacy rate)				文盲人数(Youth illiterate population)	
		合计(%)	男(%)	女(%)	性别均等指数	合计(千)	女(%)	合计(%)	男(%)	女(%)	性别均等指数	合计(千)	女(%)
科威特	2000	…	…	…	…	…	…	…	…	…	…	…	…
	2010	95.51^{+2}	95.84^{+2}	94.97^{+2}	0.99^{+2}	109^{+2}	41.87^{+2}	98.78^{+2}	98.74^{+2}	98.84^{+2}	1.00^{+2}	6.3^{+2}	42.07^{+2}
	2015	96.16**	96.87**	94.98**	0.98**	104**	48.97**	99.54**	99.58**	99.49**	1.00**	2.4**	50.84**
巴林	2000	86.55^{+1}	88.55^{+1}	83.56^{+1}	0.94^{+1}	66^{+1}	48.69^{+1}	97.02^{+1}	96.83^{+1}	97.25^{+1}	1.00^{+1}	3.7^{+1}	40.37^{+1}
	2010	94.56	96.14	91.61	0.95	55	53.71	98.16	98.62	97.58	0.99	3.3	57.67
	2015	95.70**	96.92**	93.46**	0.96**	46**	53.66**	99.76**	99.78**	99.74**	1.00**	0.5**	45.28**
北美和西欧													
希腊	2000	95.99^{+1}	97.81^{+1}	94.24^{+1}	0.96^{+1}	376^{+1}	73.29^{+1}	98.94^{+1}	98.89^{+1}	98.99^{+1}	1.00^{+1}	16^{+1}	45.47^{+1}
	2010	…	…	…	…	…	…	…	…	…	…	…	…
	2015	97.69**	98.53**	96.88**	0.98**	220**	68.83**	99.45**	99.53**	99.36**	1.00**	6.0**	56.39**
塞浦路斯	2000	96.80^{+1}	98.63^{+1}	95.08^{+1}	0.96^{+1}	24^{+1}	78.15^{+1}	99.77^{+1}	99.74^{+1}	99.82^{+1}	1.00^{+1}	0.4^{+1}	38.54^{+1}
	2010	98.68^{+1}	99.29^{+1}	98.12^{+1}	0.99^{+1}	12^{+1}	71.76^{+1}	99.82^{+1}	99.80^{+1}	99.84^{+1}	1.00^{+1}	0.3^{+1}	42.53^{+1}
	2015	99.07**	99.46**	98.65**	0.99**	9.1**	70.71**	99.86**	99.84**	99.88**	1.00**	0.2**	41.10**
以色列	2000	…	…	…	…	…	…	…	…	…	…	…	…
	2010	…	…	…	…	…	…	…	…	…	…	…	…
	2015	…	…	…	…	…	…	…	…	…	…	…	…
南亚和西亚													

续表

国家或地区	参考年份	成人(15岁及以上)						青年(15～24岁)					
		识字率(Adult literacy rate)				文盲人数(Adult illiterate population)		识字率(Youth literacy rate)				文盲人数(Youth illiterate population)	
		合计(%)	男(%)	女(%)	性别均等指数	合计(千)	女(%)	合计(%)	男(%)	女(%)	性别均等指数	合计(千)	女(%)
伊朗	2000	77.00^{+2}	83.50^{+2}	70.40^{+2}	0.84^{+2}	10，694^{+2}	63.32^{+2}	96.63$^{**,+2}$	97.57$^{**,+2}$	95.66$^{**,+2}$	0.98$^{**,+2}$	574$^{**,+2}$	63.32$^{**,+2}$
	2010	83.63^{+2}	88.88^{+2}	78.42^{+2}	0.88^{+2}	9，525^{+2}	65.86^{+2}	98.01^{+2}	98.33^{+2}	97.66^{+2}	0.99^{+2}	295^{+2}	58.10^{+2}
	2015	86.85**	91.19**	82.51**	0.90**	7，936**	66.55**	98.36**	98.53**	98.17**	1.00**	209**	55.10**
印度	2000	61.01^{+1}	73.41^{+1}	47.84^{+1}	0.65^{+1}	273，107^{+1}	64.81^{+1}	76.43^{+1}	84.19^{+1}	67.75^{+1}	0.80^{+1}	48，839^{+1}	65.35^{+1}
	2010	69.30^{+1}	78.88^{+1}	59.28^{+1}	0.75^{+1}	262，921^{+1}	64.62^{+1}	86.14^{+1}	90.04^{+1}	81.85^{+1}	0.91^{+1}	31，976^{+1}	62.49^{+1}
	2015	72.13**	80.95**	62.84**	0.78**	255，999**	64.92**	89.65**	91.83**	87.24**	0.95**	24，277**	58.58**
巴基斯坦	2000	…	…	…	…	…	…	…	…	…	…	…	…
	2010	55.38	68.90	41.02	0.60	50，025	64.52	71.26	79.50	62.30	0.78	10，767	63.67
	2015	58.68**	71.50**	45.29**	0.63**	52，211**	64.76**	75.59**	81.46**	69.33**	0.85**	9，597**	60.79**
孟加拉国	2000	47.49^{+1}	53.90^{+1}	40.82^{+1}	0.76^{+1}	44，854^{+1}	54.43^{+1}	63.62^{+1}	67.16^{+1}	60.26^{+1}	0.90^{+1}	10，211^{+1}	53.87^{+1}
	2010	…	…	…	…	…	…	…	…	…	…	…	…
	2015	61.55**	64.57**	58.49**	0.91**	43，819**	53.68**	83.18**	80.61**	85.83**	1.06**	5，305**	41.53**
阿富汗	2000	…	…	…	…	…	…	…	…	…	…	…	…
	2010	31.74^{+1}	45.42^{+1}	17.61^{+1}	0.39^{+1}	10，336^{+1}	59.79^{+1}	46.99^{+1}	61.88^{+1}	32.11^{+1}	0.52^{+1}	3，022^{+1}	63.15^{+1}
	2015	38.16**	51.99**	24.15**	0.46**	10，899**	60.95**	58.21**	69.59**	46.33**	0.67**	2，888**	62.84**
斯里兰卡	2000	90.68^{+1}	92.27^{+1}	89.14^{+1}	0.97^{+1}	1，305^{+1}	59.02^{+1}	95.59^{+1}	95.07^{+1}	96.12^{+1}	1.01^{+1}	159^{+1}	43.41^{+1}
	2010	91.18	92.58	89.96	0.97	1，363	58.96	98.16	97.69	98.59	1.01	61	37.62
	2015	92.63**	93.63**	91.71**	0.98**	1，192**	58.39**	98.76**	98.36**	99.17**	1.01**	39**	33.54**

续表

国家或地区	参考年份	成人(15 岁及以上)						青年(15～24 岁)					
		识字率(Adult literacy rate)				文盲人数(Adult illiterate population)		识字率(Youth literacy rate)				文盲人数(Youth illiterate population)	
		合计(%)	男(%)	女(%)	性别均等指数	合计(千)	女(%)	合计(%)	男(%)	女(%)	性别均等指数	合计(千)	女(%)
马尔代夫	2000	96.33	96.21	96.44	1.00	5.9	47.74	98.17	98.03	98.30	1.00	1.0	46.54
	2010	…	…	…	…	…	…	…	…	…	…	…	…
	2015	99.31**	99.78**	98.84**	0.99**	1.8**	84.07**	99.76**	100.00**	99.51**	1.00**	0.2**	100.00**
尼泊尔	2000	48.61^{+1}	62.71^{+1}	34.89^{+1}	0.56^{+1}	7,287^{+1}	64.83^{+1}	70.05^{+1}	80.62^{+1}	60.14^{+1}	0.75^{+1}	1,367^{+1}	69.28^{+1}
	2010	59.63^{+1}	71.71^{+1}	48.84^{+1}	0.68^{+1}	6,984^{+1}	66.97^{+1}	84.76^{+1}	89.88^{+1}	80.21^{+1}	0.89^{+1}	819^{+1}	68.59^{+1}
	2015	64.66**	75.58**	55.11**	0.73**	6,736**	67.73**	89.88**	92.59**	87.39**	0.94**	593**	64.91**
不丹	2000	…	…	…	…	…	…	…	…	…	…	…	…
	2010	…	…	…	…	…	…	…	…	…	…	…	…
	2015	64.89**	73.06**	54.98**	0.75**	199**	57.97**	88.64**	89.94**	87.29**	0.97**	17**	54.81**
中亚													
蒙古	2000	97.77	98.02	97.53	1.00	35	55.85	97.71	97.00	98.43	1.01	12	33.75
	2010	98.26	98.17	98.34	1.00	35	48.39	98.46	98.02	98.91	1.01	9.1	35.20
	2015	98.38**	98.18**	98.58**	1.00**	34**	44.76**	98.51**	98.05**	98.98**	1.01**	7.4**	33.85**
哈萨克斯坦	2000	99.51^{-1}	99.76^{-1}	99.29^{-1}	1.00^{-1}	52^{-1}	77.34^{-1}	99.85^{-1}	99.82^{-1}	99.87^{-1}	1.00^{-1}	4.0^{-1}	40.31^{-1}
	2010	99.73^{-1}	99.79^{-1}	99.68^{-1}	1.00^{-1}	32^{-1}	62.31^{-1}	99.83^{-1}	99.80^{-1}	99.87^{-1}	1.00^{-1}	4.9^{-1}	40.45^{-1}
	2015	99.79**	99.81**	99.78**	1.00**	26**	56.75**	99.84**	99.81**	99.87**	1.00**	4.0**	39.92**
乌兹别克斯坦	2000	98.64	99.16	98.14	0.99	211	69.77	99.87	99.85	99.89	1.00	6.4	41.38
	2010	…	…	…	…	…	…	…	…	…	…	…	…
	2015	99.59**	99.72**	99.47**	1.00**	87**	66.14**	99.95**	99.90**	100.00**	1.00**	3.0**	0.51**

续表

国家或地区	参考年份	成人(15岁及以上)						青年(15～24岁)					
		识字率(Adult literacy rate)				文盲人数(Adult illiterate population)		识字率(Youth literacy rate)				文盲人数(Youth illiterate population)	
		合计(%)	男(%)	女(%)	性别均等指数	合计(千)	女(%)	合计(%)	男(%)	女(%)	性别均等指数	合计(千)	女(%)
土库曼斯坦	2000	…	…	…	…	…	…	…	…	…	…	…	…
	2010	…	…	…	…	…	…	…	…	…	…	…	…
	2015	99.69**	99.76**	99.63**	1.00**	12**	62.05**	99.84**	99.76**	99.91**	1.00**	1.7**	27.35**
塔吉克斯坦	2000	99.45	99.68	99.22	1.00	19	71.47	99.85	99.84	99.85	1.00	1.9	48.86
	2010	…	…	…	…	…	…	…	…	…	…	…	…
	2015	99.77**	99.83**	99.72**	1.00**	12**	62.13**	99.88**	99.86**	99.89**	1.00**	2.1**	43.66**
吉尔吉斯斯坦	2000	98.70^{-1}	99.31^{-1}	98.13^{-1}	0.99^{-1}	41^{-1}	74.18^{-1}	99.70^{-1}	99.65^{-1}	99.74^{-1}	1.00^{-1}	2.9^{-1}	42.30^{-1}
	2010	99.24^{-1}	99.52^{-1}	98.98^{-1}	0.99^{-1}	28^{-1}	68.96^{-1}	99.75^{-1}	99.70^{-1}	99.80^{-1}	1.00^{-1}	3.0^{-1}	40.23^{-1}
	2015	99.52**	99.64**	99.41**	1.00**	19**	63.83**	99.75**	99.69**	99.80**	1.00**	2.7**	38.13**
格鲁吉亚	2000	99.65^{+2}	99.77^{+2}	99.55^{+2}	1.00^{+2}	13^{+2}	69.26^{+2}	99.83^{+2}	99.79^{+2}	99.86^{+2}	1.00^{+2}	1.3^{+2}	39.59^{+2}
	2010	…	…	…	…	…	…	…	…	…	…	…	…
	2015	99.76**	99.79**	99.73**	1.00**	8.4**	60.13**	99.79**	99.74**	99.85**	1.00**	1.1**	35.29**
阿塞拜疆	2000	98.79^{-1}	99.47^{-1}	98.17^{-1}	0.99^{-1}	66^{-1}	79.20^{-1}	99.89^{-1}	99.87^{-1}	99.90^{-1}	1.00^{-1}	1.6^{-1}	43.68^{-1}
	2010	99.77*	99.85*	99.69*	1.00*	16*	69.19*	99.95*	99.97*	99.93*	1.00*	0.9*	67.02*
	2015	99.81**	99.89**	99.74**	1.00**	14**	70.69**	99.96**	99.98**	99.93**	1.00**	0.7**	71.40**
亚美尼亚	2000	99.40^{+1}	99.67^{+1}	99.16^{+1}	0.99^{+1}	14^{+1}	75.30^{+1}	99.81^{+1}	99.75^{+1}	99.86^{+1}	1.00^{+1}	1.1^{+1}	36.78^{+1}
	2010	99.74^{+1}	99.81^{+1}	99.69^{+1}	1.00^{+1}	6.0^{+1}	61.40^{+1}	99.85^{+1}	99.82^{+1}	99.88^{+1}	1.00^{+1}	0.8^{+1}	35.88^{+1}
	2015	99.77**	99.81**	99.72**	1.00**	5.5**	59.74**	99.84**	99.82**	99.87**	1.00**	0.7**	35.87**
中东欧													

续表

国家或地区	参考年份	成人(15岁及以上)						青年(15～24岁)					
		识字率(Adult literacy rate)				文盲人数(Adult illiterate population)		识字率(Youth literacy rate)				文盲人数(Youth illiterate population)	
		合计(%)	男(%)	女(%)	性别均等指数	合计(千)	女(%)	合计(%)	男(%)	女(%)	性别均等指数	合计(千)	女(%)
土耳其	2000	…	…	…	…	…	…	…	…	…	…	…	…
	2010	92.66	97.30	88.07	0.91	3, 943	82.46	98.22	99.21	97.20	0.98	225	77.72
	2015	95.01**	98.39**	91.83**	0.93**	2, 872**	84.35**	99.25**	99.68**	98.81**	0.99**	96**	78.25**
俄罗斯	2000	99.44^{+2}	99.69^{+2}	99.23^{+2}	1.00^{+2}	676^{+2}	75.02^{+2}	99.72^{+2}	99.68^{+2}	99.77^{+2}	1.00^{+2}	66^{+2}	41.00^{+2}
	2010	99.68	99.73	99.65	1.00	386	61.00	99.71	99.66	99.76	1.00	62	41.04
	2015	99.72**	99.73**	99.72**	1.00**	331**	56.07**	99.70**	99.66**	99.75**	1.00**	46**	40.95**
乌克兰	2000	99.43^{+1}	99.74^{+1}	99.17^{+1}	0.99^{+1}	230^{+1}	79.52^{+1}	99.80^{+1}	99.78^{+1}	99.83^{+1}	1.00^{+1}	15^{+1}	41.72^{+1}
	2010	…	…	…	…	…	…	…	…	…	…	…	…
	2015	99.76**	99.79**	99.74**	1.00**	89**	60.32**	99.76**	99.72**	99.81**	1.00**	12**	39.76**
白俄罗斯	2000	99.59^{-1}	99.79^{-1}	99.42^{-1}	1.00^{-1}	33^{-1}	76.71^{-1}	99.79^{-1}	99.76^{-1}	99.83^{-1}	1.00^{-1}	3.1^{-1}	40.62^{-1}
	2010	99.62^{-1}	99.76^{-1}	99.49^{-1}	1.00^{-1}	31^{-1}	71.81^{-1}	99.82^{-1}	99.80^{-1}	99.85^{-1}	1.00^{-1}	2.5^{-1}	42.01^{-1}
	2015	99.73**	99.79**	99.68**	1.00**	21**	64.71**	99.84**	99.82**	99.86**	1.00**	1.7**	42.20**
摩尔多瓦	2000	96.65	97.98	95.49	0.97	105	71.70	99.53	99.40	99.65	1.00	3.2	36.62
	2010	…	…	…	…	…	…	…	…	…	…	…	…
	2015	99.36**	99.71**	99.06**	0.99**	18**	78.95**	100.00**	100.00**	100.00**	1.00**	—**	—**
波兰	2000	…	…	…	…	…	…	…	…	…	…	…	…
	2010	…	…	…	…	…	…	…	…	…	…	…	…
	2015	99.79**	99.92**	99.68**	1.00**	68**	80.92**	100.00**	100.00**	100.00**	1.00**	0.001**	48.90**

续表

国家或地区	参考年份	成人(15岁及以上)						青年(15～24岁)					
		识字率(Adult literacy rate)				文盲人数(Adult illiterate population)		识字率(Youth literacy rate)				文盲人数(Youth illiterate population)	
		合计(%)	男(%)	女(%)	性别均等指数	合计(千)	女(%)	合计(%)	男(%)	女(%)	性别均等指数	合计(千)	女(%)
立陶宛	2000	99.65^{+1}	99.64^{+1}	99.65^{+1}	1.00^{+1}	9.9^{+1}	53.98^{+1}	99.70^{+1}	99.66^{+1}	99.74^{+1}	1.00^{+1}	1.5^{+1}	42.52^{+1}
	2010	99.82^{+1}	99.79^{+1}	99.83^{+1}	1.00^{+1}	4.8^{+1}	49.55^{+1}	99.86^{+1}	99.85^{+1}	99.87^{+1}	1.00^{+1}	0.6^{+1}	45.53^{+1}
	2015	99.82**	99.80**	99.84**	1.00**	4.6**	48.98**	99.91**	99.90**	99.92**	1.00**	0.3**	43.26**
爱沙尼亚	2000	99.77	99.78	99.76	1.00	2.6	56.75	99.77	99.73	99.81	1.00	0.5	39.90
	2010	99.86^{+1}	99.85^{+1}	99.87^{+1}	1.00^{+1}	1.5^{+1}	50.17^{+1}	99.95^{+1}	99.94^{+1}	99.96^{+1}	1.00^{+1}	0.08^{+1}	38.99^{+1}
	2015	99.83**	99.85**	99.81**	1.00**	1.9**	60.19**	99.97**	99.96**	99.97**	1.00**	0.05**	42.47**
拉脱维亚	2000	99.75	99.79	99.71	1.00	4.9	63.29	99.75	99.72	99.78	1.00	0.8	42.58
	2010	99.90^{+1}	99.88^{+1}	99.91^{+1}	1.00^{+1}	1.9^{+1}	48.85^{+1}	99.84^{+1}	99.80^{+1}	99.87^{+1}	1.00^{+1}	0.4^{+1}	38.66^{+1}
	2015	99.89**	99.87**	99.91**	1.00**	1.9**	47.41**	99.83**	99.79**	99.87**	1.00**	0.4**	38.27**
捷克	2000	…	…	…	…	…	…	…	…	…	…	…	…
	2010	…	…	…	…	…	…	…	…	…	…	…	…
	2015	…	…	…	…	…	…	…	…	…	…	…	…
斯洛伐克	2000	…	…	…	…	…	…	…	…	…	…	…	…
	2010	…	…	…	…	…	…	…	…	…	…	…	…
	2015	99.62**	99.59**	99.64**	1.00**	18**	48.65**	99.45**	99.37**	99.53**	1.00**	3.6**	41.75**
匈牙利	2000	…	…	…	…	…	…	…	…	…	…	…	…
	2010	…	…	…	…	…	…	…	…	…	…	…	…
	2015	99.05**	99.13**	98.98**	1.00**	80**	57.14**	98.84**	98.68**	99.00**	1.00**	13**	42.16**

续表

国家或地区	参考年份	成人(15 岁及以上)						青年(15～24 岁)					
		识字率(Adult literacy rate)				文盲人数(Adult illiterate population)		识字率(Youth literacy rate)				文盲人数(Youth illiterate population)	
		合计(%)	男(%)	女(%)	性别均等指数	合计(千)	女(%)	合计(%)	男(%)	女(%)	性别均等指数	合计(千)	女(%)
斯洛文尼亚	2000	…	…	…	…	…	…	…	…	…	…	…	…
	2010	…	…	…	…	…	…	…	…	…	…	…	…
	2015	99.72**	99.73**	99.70**	1.00**	5.1**	53.51**	99.86**	99.81**	99.91**	1.00**	0.3**	30.69**
克罗地亚	2000	98.15^{+1}	99.32^{+1}	97.08^{+1}	0.98^{+1}	68^{+1}	82.56^{+1}	99.65^{+1}	99.64^{+1}	99.65^{+1}	1.00^{+1}	2.1^{+1}	48.31^{+1}
	2010	99.13^{+1}	99.63^{+1}	98.67^{+1}	0.99^{+1}	32^{+1}	79.81^{+1}	99.72^{+1}	99.71^{+1}	99.74^{+1}	1.00^{+1}	1.4^{+1}	46.77^{+1}
	2015	99.27**	99.66**	98.93**	0.99**	26**	77.35**	99.74**	99.73**	99.75**	1.00**	1.2**	46.52**
波黑	2000	96.66	99.03	94.36	0.95	104	86.49	99.79	99.75	99.84	1.00	1.1	38.21
	2010	…	…	…	…	…	…	…	…	…	…	…	…
	2015	98.48**	99.55**	97.48**	0.98**	50**	85.59**	99.65**	99.66**	99.64**	1.00**	1.9**	49.34**
黑山	2000	…	…	…	…	…	…	…	…	…	…	…	…
	2010	98.44^{+1}	99.43^{+1}	97.50^{+1}	0.98^{+1}	7.8^{+1}	82.19^{+1}	99.21^{+1}	99.36^{+1}	99.05^{+1}	1.00^{+1}	0.7^{+1}	58.04^{+1}
	2015	98.73**	99.45**	98.04**	0.99**	6.4**	78.96**	99.15**	99.28**	99.01**	1.00**	0.7**	56.40**
塞尔维亚	2000	…	…	…	…	…	…	…	…	…	…	…	…
	2010	97.96^{+1}	99.26^{+1}	96.75^{+1}	0.97^{+1}	163^{+1}	82.49^{+1}	99.31^{+1}	99.35^{+1}	99.27^{+1}	1.00^{+1}	9.2^{+1}	51.77^{+1}
	2015	98.11**	99.09**	97.19**	0.98**	150**	76.63**	98.50**	98.59**	98.40**	1.00**	18**	52.07**
阿尔巴尼亚	2000	98.71^{+1}	99.19^{+1}	98.25^{+1}	0.99^{+1}	30^{+1}	68.89^{+1}	99.44^{+1}	99.37^{+1}	99.50^{+1}	1.00^{+1}	3.3^{+1}	45.52^{+1}
	2010	96.85^{+1}	98.01^{+1}	95.69^{+1}	0.98^{+1}	78^{+1}	68.67^{+1}	98.79^{+1}	98.73^{+1}	98.86^{+1}	1.00^{+1}	6.9^{+1}	45.96^{+1}
	2015	97.62**	98.38**	96.88**	0.98**	61**	66.27**	99.03**	98.98**	99.08**	1.00**	5.6**	46.53**

续表

国家或地区	参考年份	成人(15岁及以上)						青年(15～24岁)					
		识字率(Adult literacy rate)				文盲人数(Adult illiterate population)		识字率(Youth literacy rate)				文盲人数(Youth illiterate population)	
		合计(%)	男(%)	女(%)	性别均等指数	合计(千)	女(%)	合计(%)	男(%)	女(%)	性别均等指数	合计(千)	女(%)
罗马尼亚	2000	97.30^{+2}	98.40^{+2}	96.27^{+2}	0.98^{+2}	495^{+2}	71.48^{+2}	97.76^{+2}	97.74^{+2}	97.78^{+2}	1.00^{+2}	78^{+2}	48.43^{+2}
	2010	98.60^{+1}	99.03^{+1}	98.21^{+1}	0.99^{+1}	258^{+1}	66.58^{+1}	99.00^{+1}	99.01^{+1}	98.98^{+1}	1.00^{+1}	29^{+1}	49.82^{+1}
	2015	98.77**	99.07**	98.49**	0.99**	225**	63.42**	99.29**	99.29**	99.29**	1.00**	17**	48.81**
保加利亚	2000	98.20^{+1}	98.74^{+1}	97.71^{+1}	0.99^{+1}	121^{+1}	66.07^{+1}	98.21^{+1}	98.31^{+1}	98.11^{+1}	1.00^{+1}	20^{+1}	51.40^{+1}
	2010	98.35^{+1}	98.75^{+1}	97.98^{+1}	0.99^{+1}	105^{+1}	63.34^{+1}	97.87^{+1}	98.07^{+1}	97.65^{+1}	1.00^{+1}	18^{+1}	53.45^{+1}
	2015	98.39**	98.73**	98.07**	0.99**	99**	62.20**	98.00**	98.21**	97.78**	1.00**	14**	53.85**
马其顿	2000	96.13^{+2}	98.21^{+2}	94.06^{+2}	0.96^{+2}	63^{+2}	77.00^{+2}	98.74^{+2}	98.99^{+2}	98.49^{+2}	0.99^{+2}	4.2^{+2}	59.00^{+2}
	2010	…	…	…	…	…	…	…	…	…	…	…	…
	2015	97.83*	98.83*	96.84*	0.98*	38*	73.00*	98.61*	98.74*	98.48*	1.00*	4.0*	53.00*
地区平均水平													
世界	2000	81.91	86.91	76.99	…	788，827	…	87.32	90.50	84.06	…	139，064	…
	2010	85.20	89.14	81.32	…	756，588	…	90.55	92.52	88.54	…	114，659	…
	2015	85.20^{-2}	89.14^{-2}	81.32^{-2}	…	756，588^{-2}	…	90.55^{-2}	92.52^{-2}	88.54^{-2}	…	114，659^{-2}	…
阿拉伯国家	2000	66.89	77.19	56.30	…	58，011	…	82.99	88.53	77.41	…	9，620	…
	2010	78.12	85.63	69.93	…	51，275	…	90.46	93.14	87.63	…	6，474	…
	2015	78.12^{-2}	85.63^{-2}	69.93^{-2}	…	51，275^{-2}	…	90.46^{-2}	93.14^{-2}	87.63^{-2}	…	6，474^{-2}	…
中东欧	2000	97.39	98.88	96.03	…	8，574	…	98.80	99.25	98.37	…	780	…
	2010	98.77	99.42	98.17	…	4，163	…	99.54	99.62	99.45	…	265	…
	2015	98.77^{-2}	99.42－2	98.17^{-2}	…	4，163^{-2}	…	99.54^{-2}	99.62^{-2}	99.45^{-2}	…	265^{-2}	…

续表

国家或地区	参考年份	成人(15岁及以上)						青年(15～24岁)					
		识字率(Adult literacy rate)				文盲人数(Adult illiterate population)		识字率(Youth literacy rate)				文盲人数(Youth illiterate population)	
		合计(%)	男(%)	女(%)	性别均等指数	合计(千)	女(%)	合计(%)	男(%)	女(%)	性别均等指数	合计(千)	女(%)
中亚	2000	99.00	99.41	98.63	…	482	…	99.77	99.72	99.82	…	32	…
	2010	99.59	99.69	99.49	…	250	…	99.84	99.79	99.89	…	27	…
	2015	99.59^{-1}	99.69^{-2}	99.49^{-2}	…	250^{-2}	…	99.84^{-2}	99.79^{-2}	99.89^{-2}	…	27^{-2}	…
东亚和太平洋地区	2000	91.61	95.10	88.09	…	127，314	…	98.01	98.32	97.70	…	6，716	…
	2010	94.92	97.02	92.82	…	88，423	…	98.87	98.92	98.82	…	4，266	…
	2015	94.92^{-2}	97.02^{-2}	92.82^{-2}	…	88，423^{-2}	…	98.87^{-2}	98.92^{-2}	98.82^{-2}	…	4，266^{-2}	…
拉丁美洲和加勒比海地区	2000	89.76	90.59	88.99	…	38，749	…	96.32	95.95	96.69	…	3，819	…
	2010	92.35	92.86	91.86	…	34，048	…	97.72	97.54	97.92	…	2，464	…
	2015	92.35^{-2}	92.86^{-2}	91.86^{-2}	…	34，048^{-2}	…	97.72^{-2}	97.54^{-2}	97.92^{-2}	…	2，464^{-2}	…
北美和西欧	2000	…	…	…	…	…	…	…	…	…	…	…	…
	2010	…	…	…	…	…	…	…	…	…	…	…	…
	2015	…	…	…	…	…	…	…	…	…	…	…	…

续表

国家或地区	参考年份	成人(15 岁及以上)						青年(15～24 岁)					
		识字率(Adult literacy rate)				文盲人数 (Adult illiterate population)		识字率(Youth literacy rate)				文盲人数 (Youth illiterate population)	
		合计(%)	男(%)	女(%)	性别均等指数	合计(千)	女(%)	合计(%)	男(%)	女(%)	性别均等指数	合计(千)	女(%)
南亚和西亚	2000	58.95	70.41	46.82	…	390，219	…	74.02	81.42	66.00	…	75，460	…
	2010	67.55	76.70	58.07	…	386，278	…	84.03	87.83	79.94	…	52，617	…
	2015	67.55^{-2}	76.70^{-2}	58.07^{-2}	…	386，278^{-2}	…	84.03^{-2}	87.83^{-2}	79.94^{-2}	…	52，617^{-2}	…
撒哈拉以南非洲	2000	56.88	67.10	47.50	…	158，392	…	67.83	74.97	61.25	…	42，344	…
	2010	59.76	68.15	51.86	…	185，773	…	70.06	75.65	64.93	…	48，277	…
	2015	59.76^{-2}	68.15^{-2}	51.86^{-2}	…	185，773^{-2}	…	70.06^{-2}	75.65^{-2}	64.93^{-2}	…	48，277^{-2}	…

符号：

… 没有相关数据

** 国家数据：统计研究所估计数据

地区平均水平：部分估计数据是因为国家数据覆盖范围(25%～75%的人口)不完整

* 国家估计数据

— 零数值

X^{+n} 引用参考年份后 n 年的学年或财年数据

X^{-n} 引用参考年份前 n 年的学年或财年数据

资料来源：联合国教科文组织统计研究所数据库，2016 年 http://data.uis.unesco.org/

附录 7：学前、初等和中等教育阶段的教师情况

国家或地区	参考年份	学前教育						初等教育						中等教育					
		教师(Teachers in pre-primary education)		受过培训的教师(Percentage of teachers in pre-primary education who are trained)			生师比(Pupil-teacher ratio in pre-primary education, headcount basis)	教师(Teachers in primary education)		受过培训的教师(Percentage of teachers in primary education who are trained)			生师比(Pupil-teacher ratio in primary education, headcount basis)	教师(Teachers in secondary education)		受过培训的教师(Percentage of teachers in secondary education who are trained)			生师比(Pupil-teacher ratio in secondary education, headcount basis)
		合计(千)	女(%)	合计(%)	男(%)	女(%)		合计(千)	女(%)	合计(%)	男(%)	女(%)		合计(千)	女(%)	合计(%)	男(%)	女(%)	
东亚和太平洋地区																			
新加坡	2000	…	…	…	…	…	…	…	…	…	…	…	…	…	…	…	…	…	…
	2010	…	…	…	…	…	…	17^{-1}	81.23^{-1}	94.35^{-1}	93.19^{-1}	94.61^{-1}	17.44^{-1}	16^{-1}	65.88^{-1}	91.63^{-1}	89.53^{-1}	92.72^{-1}	14.91^{-1}
	2015	…	…	…	…	…	…	…	…	…	…	…	…	…	…	…	…	…	…
马来西亚	2000	20	100.00	…	…	…	27.38	155	66.22**	97.85	98.98^{+1}	96.71^{+1}	19.56	120**	61.98**	…	…	…	18.38**
	2010	45	96.72	98.55^{+1}	99.65^{+1}	98.52^{+1}	17.82	257	68.71	95.36	95.36	95.36	12.60	191	67.30	94.23	95.92	93.41	13.72
	2015	46^{-2}	94.41^{-2}	99.11^{-2}	98.90^{-2}	99.13^{-2}	18.98^{-2}	274^{-2}	69.10^{-2}	96.71^{-2}	97.32^{-2}	96.44^{-2}	11.83^{-2}	207^{-2}	67.03^{-2}	98.47^{-2}	98.23^{-2}	98.59^{-2}	13.26^{-2}
印度尼西亚	2000	124**	98.09**	…	…	…	16.85**	1，289	52.00	…	…	…	22.12	1，010	39.50*	…	…	…	14.57
	2010	340^{-1}	96.68^{-1}	…	…	…	12.37^{-1}	1，596	62.47	…	…	…	19.01	1，641	47.97	…	…	…	12.18
	2015	339^{-2}	95.35^{-2}	…	…	…	14.93^{-2}	1，871^{-2}	62.42^{-2}	…	…	…	16.09^{-2}	1，452^{-2}	52.14^{-2}	…	…	…	15.38^{-2}
缅甸	2000	1.9^{-1}	…	…	…	…	21.59^{-1}	148	74.69	62.70	62.70	62.70	32.77	71	76.35	69.89	72.75	69.00	31.88
	2010	9.2	96.91	58.54	56.34	58.61	17.32	182	83.85	99.86	99.86	99.86	28.22	84	85.13	98.82	98.90	98.80	34.08
	2015	16^{-1}	99.12^{-1}	48.43^{-1}	…	…	28.00^{-1}	188^{-1}	83.83^{-1}	99.55^{-1}	…	…	27.56^{-1}	100^{-1}	86.75^{-1}	93.83^{-1}	…	…	31.80^{-1}
泰国	2000	111	79.32	…	…	…	24.75	293	63.65	…	…	…	20.79	169$^{**,+1}$	53.04$^{**,+1}$	…	…	…	24.04$^{**,+1}$
	2010	102^{+1}	77.27^{+1}	…	…	…	26.99^{+1}	317	59.15	…	…	…	16.26	246^{+1}	51.45^{+1}	…	…	…	19.91^{+1}
	2015	…	…	…	…	…	…	…	…	…	…	…	…	…	…	…	…	…	…

续表

国家或地区	参考年份	学前教育						初等教育						中等教育					
		教师(Teachers in pre-primary education)		受过培训的教师(Percentage of teachers in pre-primary education who are trained)			生师比(Pupil-teacher ratio in pre-primary education, headcount basis)	教师(Teachers in primary education)		受过培训的教师(Percentage of teachers in primary education who are trained)			生师比(Pupil-teacher ratio in primary education, headcount basis)	教师(Teachers in secondary education)		受过培训的教师(Percentage of teachers in secondary education who are trained)			生师比(Pupil-teacher ratio in secondary education, headcount basis)
		合计(千)	女(%)	合计(%)	男(%)	女(%)		合计(千)	女(%)	合计(%)	男(%)	女(%)		合计(千)	女(%)	合计(%)	男(%)	女(%)	
老挝	2000	2.2	99.73	83.08	83.33	83.08	17.14	28	43.40	76.69	69.58	85.96	30.14	12	40.12	97.59	97.24	98.11	21.33
	2010	4.7	97.37	97.46	97.58	97.45	19.01	32	51.13	95.40	98.70	92.25	28.83	21	46.72	99.35^{**}	…	…	20.22
	2015	7.8^{-1}	97.93^{-1}	97.51^{-1}	93.83^{-1}	97.58^{-1}	19.17^{-1}	35^{-1}	50.92^{-1}	98.28^{-1}	98.47^{-1}	98.10^{-1}	25.05^{-1}	$33^{**,-1}$	$49.92^{**,-1}$	$99.63^{**,-1}$	…	…	$18.25^{**,-1}$
柬埔寨	2000	2.4	99.28	98.14^{+1}	…	…	27.79	45	38.53	95.91^{+1}	…	…	50.12	19	26.67	99.58^{+1}	$98.92^{**,+2}$	$99.36^{**,+2}$	18.46
	2010	4.1	92.21	98.35	100.00^{+2}	100.00^{+2}	27.90	47	46.22	99.06	100.00^{+2}	100.00^{+2}	48.45	…	…	…	…	…	…
	2015	5.8^{-1}	92.77^{-1}	100.00^{-1}	100.00^{-1}	100.00^{-1}	31.35^{-1}	48^{-1}	51.17^{-1}	100.00^{-1}	100.00^{-1}	100.00^{-1}	44.63^{-1}	…	…	…	…	…	…
越南	2000	96	100.00	50.53	.	50.53	22.05	341	77.90	80.05	74.46	81.63	29.52	…	…	…	…	…	…
	2010	159^{+1}	98.14^{+2}	98.51^{+1}	…	…	19.32^{+1}	348	77.88	98.33	97.90	98.46	19.90	…	…	…	…	…	…
	2015	205^{-1}	98.67^{-1}	97.75^{-1}	85.29^{-1}	97.91^{-1}	17.63^{-1}	387^{-1}	74.82^{-1}	100.00^{-1}	100.00^{-1}	100.00^{-1}	19.21^{-1}	…	…	…	…	…	…
文莱	2000	$0.5^{*,-1}$	82.47^{*}	…	…	…	20.50^{*}	3.3^{*}	67.36^{*}	…	…	…	13.67^{*}	3.2	50.00	…	…	…	10.85
	2010	0.7	97.00	72.97	95.00	72.29	19.64	3.9	75.92	87.09	91.90	85.56	11.35	5.0^{+1}	65.30^{+1}	90.88^{+1}	89.90^{+1}	91.40^{+1}	9.94^{+1}
	2015	0.8^{-1}	95.93^{-1}	64.38^{-1}	75.00^{-1}	63.93^{-1}	17.02^{-1}	4.0^{-1}	76.70^{-1}	87.44^{-1}	92.39^{-1}	85.93^{-1}	10.26^{-1}	5.4^{-1}	66.78^{-1}	91.36^{-1}	90.06^{-1}	92.01^{-1}	9.15^{-1}
菲律宾	2000	20^{+1}	96.88^{+1}	…	…	…	30.10^{+1}	360	87.25^{+1}	…	…	…	35.32	148^{+1}	76.38^{+1}	…	…	…	36.39^{+1}
	2010	…	…	…	…	…	…	435^{-1}	89.65^{-1}	…	…	…	31.44^{-1}	194^{-1}	76.38^{-1}	…	…	…	34.81^{-1}
	2015	…	…	…	…	…	…	461^{-2}	86.98^{-2}	100.00^{-2}	100.00^{-2}	100.00^{-2}	31.35^{-2}	268^{-2}	73.31^{-2}	100.00^{-2}	100.00^{-2}	100.00^{-2}	26.99^{-2}
阿拉伯国家																			
伊拉克	2000	4.9	100.00	100.00	.	100.00	14.82	170	72.47	100.00	100.00	100.00	21.39	62	68.64	100.00	100.00	100.00	19.74
	2010	…	…	…	…	…	…	…	…	…	…	…	…	…	…	…	…	…	…
	2015	…	…	…	…	…	…	…	…	…	…	…	…	…	…	…	…	…	…
叙利亚	2000	4.5	98.56	87.09^{-1}	84.46^{-1}	87.21^{-1}	25.70	112	67.77	89.21	86.58^{+1}	88.61^{+1}	24.78	61^{**}	50.07^{**}	89.78^{-1}	…	…	17.65^{**}
	2010	7.6	95.24	…	…	…	19.64	…	…	…	…	…	…	…	…	…	…	…	…
	2015	5.4^{-2}	97.74^{-2}	34.55^{-2}	…	35.34^{-2}	15.91^{-2}	…	…	…	…	…	…	…	…	…	…	…	…
约旦	2000	3.7	99.84	…	…	…	21.88	38^{+2}	63.98^{+2}	…	…	…	20.05^{+2}	32^{+2}	55.90^{+2}	…	…	…	18.76^{+2}
	2010	5.4	99.83	…	…	…	18.43	…	…	…	…	…	…	…	…	…	…	…	…
	2015	…	…	…	…	…	…	…	…	…	…	…	…	…	…	…	…	…	…

续表

国家或地区	参考年份	学前教育						初等教育						中等教育					
		教师(Teachers in pre-primary education)		受过培训的教师(Percentage of teachers in pre-primary education who are trained)			生师比(Pupil-teacher ratio in pre-primary education, headcount basis)	教师(Teachers in primary education)		受过培训的教师(Percentage of teachers in primary education who are trained)			生师比(Pupil-teacher ratio in primary education, headcount basis)	教师(Teachers in secondary education)		受过培训的教师(Percentage of teachers in secondary education who are trained)			生师比(Pupil-teacher ratio in secondary education, headcount basis)
		合计(千)	女(%)	合计(%)	男(%)	女(%)		合计(千)	女(%)	合计(%)	男(%)	女(%)		合计(千)	女(%)	合计(%)	男(%)	女(%)	
黎巴嫩	2000	$8.4^{**,+1}$	$99.47^{**,+1}$	…	…	…	$18.62^{**,+1}$	28^{**}	82.60^{**}	…	…	…	14.23^{**}	$44^{**,+1}$	$52.57^{**,+1}$	…	…	…	$7.54^{**,+1}$
	2010	9.7	99.36	…	…	…	15.84	33	86.39	…	…	…	14.14	43	56.68	…	…	…	8.94
	2015	12^{-2}	97.68^{-2}	92.85^{-2}	93.01^{-2}	92.85^{-2}	13.96^{-2}	39^{-2}	86.46^{-2}	91.03^{-2}	88.83^{-2}	91.38^{-2}	12.05^{-2}	47.00^{-2}	64.47^{-2}	95.69^{-2}	95.31^{-2}	95.90^{-2}	8.21^{-2}
埃及	2000	18^{+2}	18^{+2}	…	…	…	23.35^{+2}	346^{*}	52.44	…	…	…	22.98^{*}	474^{*}	39.83^{*}	…	…	…	16.95
	2010	33^{+2}	33.00	…	…	…	30.35	380.00	52.88	…	…	…	27.73	549^{-1}	44.50^{-1}	…	…	…	12.13^{-1}
	2015	39.00^{-2}	38.00^{-2}	72.59^{-2}	16.56^{-2}	73.72^{-2}	24.28^{-2}	478^{-2}	57.60^{-2}	72.16^{-2}	69.03^{-2}	74.46^{-2}	23.23^{-2}	…	…	…	…	…	…
巴勒斯坦	2000	3.5	99.35	…	…	…	22.02	11	58.72	100.00	100.00	100.00	36.05	17	45.09	…	…	…	28.37
	2010	4.7	100.00	100.00	.	100.00	19.49	14	68.90	100.00	100.00	100.00	27.80	32	50.42	100.00	100.00	100.00	22.51
	2015	6.6^{-1}	100.00^{-1}	100.00^{-1}	…	100.00^{-1}	19.34^{-1}	19^{-1}	70.67^{-1}	100.00^{-1}	100.00^{-1}	100.00^{-1}	23.76^{-1}	36^{-1}	51.17^{-1}	100.00^{-1}	100.00^{-1}	100.00^{-1}	19.72^{-1}
沙特阿拉伯	2000	…	…	…	…	…	…	…	…	…	…	…	…	…	…	…	…	…	…
	2010	19	100.00	…	…	…	10.28	298	50.24	…	…	…	11.15	$264^{**,-1}$	$51.87^{**,-1}$	…	…	…	$11.35^{**,-1}$
	2015	28^{-1}	100.00^{-1}	100.00^{-1}	…	100.00^{-1}	10.82^{-1}	347^{-1}	51.61^{-1}	100.00^{-1}	100.00^{-1}	100.00^{-1}	10.76^{-1}	312^{-1}	50.83^{-1}	100.00^{-1}	100.00^{-1}	100.00^{-1}	$10.96^{**,-1}$
也门	2000	0.7^{-1}	93.10^{-1}	…	…	…	16.55^{-1}	$103^{**,-1}$	$19.84^{**,-1}$	…	…	…	$22.37^{**,-1}$	$48^{**,-1}$	$19.20^{**,-1}$	…	…	…	$21.68^{**,-1}$
	2010	1.7	95.01	…	…	…	15.32	111	25.16	…	…	…	30.81	…	…	…	…	…	…
	2015	…	…	…	…	…	…	…	…	…	…	…	…	…	…	…	…	…	…
阿曼	2000	…	…	…	…	…	…	13	54.10	99.60	99.83	99.41	25.08	14	49.63	100.00	100.00	100.00	17.93
	2010	2.3^{-1}	99.43^{-1}	100.00^{-1}	100.00^{-1}	100.00^{-1}	19.43^{-1}	46^{+2}	71.03^{+2}	100.00^{+2}	100.00^{+2}	100.00^{+2}	6.54^{+2}	…	…	…	…	…	…
	2015	2.5^{-1}	99.64^{-1}	100.00^{-1}	100.00^{-1}	100.00^{-1}	27.25^{-1}	…	…	…	…	…	…	…	…	…	…	…	…
阿联酋	2000	3.5	99.80	68.90^{+1}	71.43^{-1}	59.23^{-1}	18.62	17	73.02	…	…	…	16.15	16	54.70	50.19	46.70	53.08	12.81
	2010	6.7	98.05	100.00	100.00	100.00	18.53	19	86.41	100.00^{+2}	100.00^{+2}	100.00^{+2}	16.83	29^{+1}	58.23^{+1}	100.00^{+2}	100.00^{+2}	100.00^{+2}	12.08^{+1}
	2015	8.8^{-1}	98.87^{-1}	100.00^{-1}	100.00^{-1}	100.00^{-1}	18.77^{-1}	22^{-1}	90.69^{-1}	100.00^{-1}	100.00^{-1}	100.00^{-1}	18.93^{-1}	31^{-1}	60.53^{-1}	100.00^{-1}	100.00^{-1}	100.00^{-1}	13.27^{-1}
卡塔尔	2000	0.4	96.26	…	…	…	20.63	5.0^{+1}	82.14^{+1}	…	…	…	12.59^{+1}	4.5^{+1}	55.16^{+1}	…	…	…	10.39^{+1}
	2010	2.0^{+1}	97.32^{+1}	28.70^{+1}	68.52^{+1}	27.60^{+1}	14.66^{+1}	7.4	88.60	48.89^{-1}	66.49^{-1}	45.20^{-1}	12.03	6.9	55.04	66.62^{+1}	72.49^{+1}	61.83^{+1}	9.93
	2015	2.7^{-1}	99.96^{-1}	…	…	…	13.92^{-1}	10^{-1}	85.80^{-1}	…	…	…	11.21^{-1}	8.7^{-1}	54.63^{-1}	…	…	…	10.17^{-1}

续表

国家或地区	参考年份	学前教育 教师(Teachers in pre-primary education) 合计(千)	学前教育 教师 女(%)	学前教育 受过培训的教师(Percentage of teachers in pre-primary education who are trained) 合计(%)	学前教育 受过培训的教师 男(%)	学前教育 受过培训的教师 女(%)	学前教育 生师比(Pupil-teacher ratio in pre-primary education, headcount basis)	初等教育 教师(Teachers in primary education) 合计(千)	初等教育 教师 女(%)	初等教育 受过培训的教师(Percentage of teachers in primary education who are trained) 合计(%)	初等教育 受过培训的教师 男(%)	初等教育 受过培训的教师 女(%)	初等教育 生师比(Pupil-teacher ratio in primary education, headcount basis)	中等教育 教师(Teachers in secondary education) 合计(千)	中等教育 教师 女(%)	中等教育 受过培训的教师(Percentage of teachers in secondary education who are trained) 合计(%)	中等教育 受过培训的教师 男(%)	中等教育 受过培训的教师 女(%)	中等教育 生师比(Pupil-teacher ratio in secondary education, headcount basis)
科威特	2000	3.8	99.95	100.00	100.00	100.00	15.70	10	73.91	100.00	100.00	100.00	13.78	22**	55.19**	100.00**	100.00**	100.00**	10.79**
	2010	6.7	99.91	72.46^{+1}	100.00^{-1}	72.61^{+1}	11.05	26	90.41	77.62^{+1}	55.29^{+1}	79.98^{+1}	8.38	31$^{**,-1}$	54.16$^{**,-1}$	100.00^{-2}	…	…	8.17$^{**,-1}$
	2015	8.0^{-2}	99.79^{-2}	73.20^{-2}	…	73.36^{-2}	10.33^{-2}	28^{-2}	90.83^{-2}	77.16^{-2}	52.67^{-2}	79.63^{-2}	8.61^{-2}	…	…	…	…	…	…
巴林	2000	0.7**	99.57**	18.33^{-1}	…	18.36^{-1}	20.94**	…	…	…	…	…	…	…	…	…	…	…	…
	2010	1.7	100.00	49.32	50.00^{+2}	49.32	15.51	7.7$^{*,+1}$	74.83$^{*,+1}$	80.34$^{*,+1}$	79.20$^{*,+1}$	80.72$^{*,+1}$	12.12$^{*,+1}$	7.9$^{*,+1}$	59.68$^{*,+2}$	81.13$^{*,+1}$	80.67$^{*,+2}$	83.82$^{*,+2}$	10.39$^{*,+1}$
	2015	2.2^{-1}	99.95^{-1}	49.72^{-1}	100.00^{-1}	49.70^{-1}	15.22^{-1}	8.9^{-1}	74.66^{-1}	82.77^{-1}	80.79^{-1}	83.44^{-1}	11.67^{-1}	9.1^{-1}	58.22^{-1}	83.27^{-1}	80.93^{-1}	84.94^{-1}	9.86^{-1}
北美和西欧																			
希腊	2000	9.3	99.51$^{**,-1}$	…	…	…	15.82	48	56.83$^{**,-1}$	…	…	…	13.41	76	56.00^{-1}	…	…	…	9.76
	2010	…	…	…	…	…	…	69^{+2}	69.63^{+2}	…	…	…	9.20^{+2}	…	…	…	…	…	…
	2015	…	…	…	…	…	…	…	…	…	…	…	…	…	…	…	…	…	…
塞浦路斯	2000	0.8	99.27	…	…	…	20.95	3.6	67.71	…	…	…	17.73	4.7	57.27	…	…	…	13.60
	2010	1.2	99.60	…	…	…	16.72	4.0	83.19	…	…	…	13.75	6.5	64.17	…	…	…	9.76
	2015	1.5^{-1}	99.18^{-1}	…	…	…	15.63^{-1}	4.0^{-1}	83.74^{-1}	…	…	…	13.39^{-1}	6.0^{-1}	65.72^{-1}	…	…	…	9.72^{-1}
以色列	2000	…	…	…	…	…	…	50**	84.68**	…	…	…	13.57**	61**	70.24**	…	…	…	10.64**
	2010	…	…	…	…	…	…	62	85.17	…	…	…	13.06	71$^{**,-1}$	72.51$^{**,-1}$	…	…	…	9.76$^{**,-1}$
	2015	…	…	…	…	…	…	…	…	…	…	…	…	…	…	…	…	…	…
南亚和西亚																			
伊朗	2000	11	97.24	…	…	…	22.71	317	54.48	98.40^{+1}	99.14^{+1}	97.78^{+1}	26.15	…	…	…	…	…	…
	2010	…	…	…	…	…	…	278^{-1}	57.49^{-1}	98.44$^{**,-2}$	…	…	20.49^{-1}	…	…	…	…	…	…
	2015	…	…	…	…	…	…	287^{-1}	66.47^{-1}	100.00^{-1}	100.00^{-1}	100.00^{-1}	25.92^{-1}	331^{-1}	53.99^{-1}	100.00^{-1}	100.00^{-1}	100.00^{-1}	17.51^{-1}
印度	2000	504	90.06^{+2}	…	…	…	35.40	2, 840*	35.59*	…	…	…	40.00*	2, 113	34.26	…	…	…	33.62
	2010	…	…	…	…	…	…	3, 918$^{*,+1}$	…	…	…	…	35.15$^{*,+1}$	4, 252	40.04	…	…	…	25.33
	2015	…	…	…	…	…	…	901, 451	48.18^{-2}	…	…	…	32.32^{-2}	3, 879^{-2}	45.15^{-2}	…	…	…	30.78^{-2}
巴基斯坦	2000	…	…	…	…	…	…	424**	44.90**	…	…	…	33.00**	…	…	…	…	…	…
	2010	…	…	…	…	…	…	464	47.72	84.23	91.34	76.43	40.45	493$^{*,+2}$	…	…	…	…	21.04$^{*,+2}$
	2015	…	…	…	…	…	…	418^{-1}	49.61^{-1}	84.01^{-1}	93.43^{-1}	74.45^{-1}	46.52^{-1}	588$^{**,-1}$	…	…	…	…	19.20$^{**,-1}$

续表

国家或地区	参考年份	学前教育						初等教育						中等教育					
		教师(Teachers in pre-primary education)		受过培训的教师(Percentage of teachers in pre-primary education who are trained)			生师比(Pupil-teacher ratio in pre-primary education, headcount basis)	教师(Teachers in primary education)		受过培训的教师(Percentage of teachers in primary education who are trained)			生师比(Pupil-teacher ratio in primary education, headcount basis)	教师(Teachers in secondary education)		受过培训的教师(Percentage of teachers in secondary education who are trained)			生师比(Pupil-teacher ratio in secondary education, headcount basis)
		合计(千)	女(%)	合计(%)	男(%)	女(%)		合计(千)	女(%)	合计(%)	男(%)	女(%)		合计(千)	女(%)	合计(%)	男(%)	女(%)	
孟加拉国	2000	69	33.73	…	…	…	24.37	…	…	…	…	…	…	269	13.52	29.72	27.73	42.42	38.43
	2010	…	…	…	…	…	…	395	49.22	57.73^{+1}	59.77^{+1}	55.98^{+1}	42.97^{*}	400	19.58	49.83	52.51^{+1}	57.50^{+1}	28.33
	2015	…	…	…	…	…	…	…	…	…	…	…	…	378^{-2}	20.80^{-2}	58.04^{-2}	55.70^{-2}	66.92^{-2}	35.20^{-2}
阿富汗	2000	…	…	…	…	…	…	26^{-1}	9.72^{-1}	…	…	…	33.19^{-1}	…	…	…	…	…	…
	2010	…	…	…	…	…	…	119	31.00	…	…	…	44.42	…	…	…	…	…	…
	2015	…	…	…	…	…	…	131^{-2}	31.00^{-2}	…	…	…	45.71^{-2}	…	…	…	…	…	…
斯里兰卡	2000	…	…	…	…	…	…	67^{+1}	$78.89^{**,+2}$	…	…	…	26.28^{+1}	…	…	…	…	…	…
	2010	…	…	…	…	…	…	72	85.01	82.11	…	…	23.91	149^{+1}	…	82.11^{+1}	…	…	17.26^{+1}
	2015	…	…	…	…	…	…	73^{-1}	86.03^{-1}	82.43^{-2}	84.44^{-2}	82.09^{-2}	24.26^{-1}	…	…	…	…	…	…
马尔代夫	2000	0.4	93.92	47.20	24.00	48.70	31.37	3.2	60.35	66.45	67.68	65.65	22.65	1.3	29.31	81.49^{+2}	79.40^{+2}	85.82^{+2}	15.27
	2010	0.9	97.72	39.00	14.29	39.58	19.17	3.6	73.32	76.96	76.80	77.02	11.70	…	…	…	…	…	…
	2015	1.4^{-1}	99.93^{-1}	73.20^{-1}	1.94^{-2}	73.25^{-1}	16.62^{-1}	3.3^{-1}	74.61^{-1}	86.06^{-1}	87.80^{-1}	85.46^{-1}	12.02^{-1}	…	…	…	…	…	…
尼泊尔	2000	12^{+1}	35.90^{+1}	…	…	…	21.89^{+1}	99	23.75	15.37^{+1}	15.98^{+1}	13.57^{+1}	38.04	45	11.03	28.21^{+2}	29.40^{+2}	20.74^{+2}	30.22
	2010	38	91.64	81.55	67.63	82.82	24.89	154	39.63	73.66	74.46	72.45	31.92	84^{**}	18.05^{**}	65.08^{**}	64.74^{**}	66.61^{**}	31.97^{**}
	2015	46	90.09	87.51	38.48	92.90	22.05	188	41.89	94.42	94.64	94.12	23.10	111^{**}	21.87^{**}	81.88^{**}	82.32^{**}	80.31^{**}	28.57^{**}
不丹	2000	0.02	50.00	93.75	100.00	87.50	22.38	2.1	34.48	94.83	94.83	94.81	41.15	0.7^{-1}	32.08^{-1}	100.00^{-1}	100.00^{-1}	100.00^{-1}	31.08^{-1}
	2010	0.08	98.73	…	…	…	8.34	4.3	43.88	91.47^{-2}	…	…	25.90	2.8	41.25	83.27^{-2}	…	…	21.40
	2015	0.4	99.31^{-1}	…	…	…	11.26^{-1}	3.8^{-1}	41.43^{-1}	…	…	…	26.66^{-1}	5.2^{-1}	39.22^{-1}	…	…	…	14.30^{-1}
中亚																			
蒙古	2000	2.9	99.23	100.00	100.00	100.00	26.33	7.8	93.78	100.00	100.00	100.00	32.58	11	68.82	100.00	100.00	100.00	19.91
	2010	4.5	98.39	89.85	80.56	90.01	24.52	9.1	95.55	97.57	97.52	97.57	30.24	19	73.09	97.61	95.53	98.37	14.49
	2015	…	…	…	…	…	…	8.8^{-1}	95.28^{-1}	100.00^{-1}	100.00^{-1}	100.00^{-1}	27.21^{-1}	21^{-1}	73.08^{-1}	100.00^{-1}	100.00^{-1}	100.00^{-1}	13.66^{-1}
哈萨克斯坦	2000	20^{+1}	98.92^{+2}	…	…	…	13.21^{+1}	64^{+1}	97.08^{+1}	…	…	…	18.72^{+1}	…	…	…	…	…	…
	2010	54^{+1}	98.43^{+1}	…	…	…	9.70^{+1}	59	98.43	…	…	…	16.25	190^{+2}	85.63^{+2}	…	…	…	9.02^{+2}
	2015	82^{-1}	97.96^{-1}	100.00^{-1}	100.00^{-1}	100.00^{-1}	9.35^{-1}	74	98.01	100.00	100.00	100.00	16.20	224	85.34^{-1}	100.00	100.00	100.00	7.51

续表

国家或地区	参考年份	学前教育						初等教育						中等教育					
		教师(Teachers in pre-primary education)		受过培训的教师(Percentage of teachers in pre-primary education who are trained)			生师比(Pupil-teacher ratio in pre-primary education, headcount basis)	教师(Teachers in primary education)		受过培训的教师(Percentage of teachers in primary education who are trained)			生师比(Pupil-teacher ratio in primary education, headcount basis)	教师(Teachers in secondary education)		受过培训的教师(Percentage of teachers in secondary education who are trained)			生师比(Pupil-teacher ratio in secondary education, headcount basis)
		合计(千)	女(%)	合计(%)	男(%)	女(%)		合计(千)	女(%)	合计(%)	男(%)	女(%)		合计(千)	女(%)	合计(%)	男(%)	女(%)	
乌兹别克斯坦	2000	64	95.52	…	…	…	9.57	121	83.41	…	…	…	21.44	310	56.61	…	…	…	11.50
	2010	61	94.94	100.00	100.00	100.00	8.70	111	90.50	100.00	100.00	100.00	17.76	342	62.58	100.00	100.00	100.00	13.01
	2015	…	…	…	…	…	…	…	…	…	…	…	…	…	…	…	…	…	…
土库曼斯坦	2000	…	…	…	…	…	…	…	…	…	…	…	…	…	…	…	…	…	…
	2010	…	…	…	…	…	…	…	…	…	…	…	…	…	…	…	…	…	…
	2015	…	…	…	…	…	…	…	…	…	…	…	…	…	…	…	…	…	…
塔吉克斯坦	2000	5.0	100.00	91.26^{+1}	…	$91.26^{**,+1}$	10.41	32	59.10	81.59^{+1}	…	…	21.85	48	42.13	93.65^{+2}	…	…	16.41
	2010	4.7	100.00	85.19	.	85.19	12.47	27	63.71	92.94	94.98	91.77	25.18	60	58.71	…	…	…	17.10
	2015	6.0	100.00^{-2}	100.00	…	90.29^{-2}	14.37	31	76.16	100.00	100.00	100.00	22.29	…	…	…	…	…	…
吉尔吉斯斯坦	2000	2.5	100.00	32.11	.	32.11	18.40	19	94.31	46.35	46.13	46.36	24.14	49	68.85	…	…	…	13.33
	2010	2.9	99.10	42.69	42.31	42.70	26.24	16	97.68	68.41	68.45	68.41	24.28	44	83.22	84.65	77.20	86.15	15.21^{**}
	2015	…	…	…	…	…	…	17^{-1}	98.31^{-1}	…	…	…	25.31^{-1}	50^{-1}	79.11^{-1}	…	…	…	12.97^{-1}
格鲁吉亚	2000	6.9	100.00	99.10	.	99.10	10.72	18	94.67	94.70	94.92	94.69	16.84	59	76.38	81.96	48.81	92.21	7.46
	2010	…	…	…	…	…	…	$34^{*,-1}$	$86.17^{*,-1}$	$94.59^{*,-1}$	$91.91^{*,-1}$	$95.02^{*,-1}$	$8.92^{*,-1}$	$45^{*,-1}$	$85.59^{*,-1}$	$94.72^{*,-1}$	$92.34^{*,-1}$	$95.11^{*,-1}$	$7.57^{*,-1}$
	2015	…	…	…	…	…	…	31^{-1}	90.35^{-1}	…	…	…	9.08^{-1}	39^{-1}	$80.20^{**,-1}$	…	…	…	7.25^{-1}
阿塞拜疆	2000	11	99.98	79.15	50.00	79.15	8.33	37	82.76	99.93	99.98	99.92	18.69	…	…	…	…	…	…
	2010	10	99.79	90.90	85.07^{+1}	91.72^{+1}	9.26	44	88.40	99.98	99.92	99.99	11.04	…	…	…	…	…	…
	2015	9.6^{-1}	99.80^{-1}	85.15^{-1}	100.00^{-1}	85.12^{-1}	11.15^{-1}	41^{-1}	90.20^{-1}	99.57^{-1}	99.55^{-1}	99.57^{-1}	12.62^{-1}	…	…	…	…	…	…
亚美尼亚	2000	6.9	98.91^{+1}	97.13^{+2}	…	97.36^{+2}	7.63	8.7^{+1}	99.10^{+1}	89.33^{-1}	71.67^{-1}	89.39^{-1}	20.34^{+1}	…	…	…	…	…	…
	2010	5.5	98.90	87.84	15.00	88.64	9.84	…	…	…	…	…	…	…	…	…	…	…	…
	2015	…	…	…	…	…	…	…	…	…	…	…	…	…	…	…	…	…	…
中东欧																			
土耳其	2000	16	97.69	…	…	…	16.03	…	…	…	…	…	…	…	…	…	…	…	…
	2010	43	95.16	…	…	…	22.96	319^{+2}	55.00^{+2}	…	…	…	20.13^{+2}	432^{+2}	47.15^{+2}	…	…	…	17.95^{+2}
	2015	63^{-2}	94.25^{-2}	…	…	…	17.13^{-2}	282^{-2}	57.83^{-2}	…	…	…	19.83^{-2}	525^{-2}	48.30^{-2}	…	…	…	20.13^{-2}

续表

国家或地区	参考年份	学前教育 教师(Teachers in pre-primary education)		学前教育 受过培训的教师(Percentage of teachers in pre-primary education who are trained)			学前教育 生师比(Pupil-teacher ratio in pre-primary education, headcount basis)	初等教育 教师(Teachers in primary education)		初等教育 受过培训的教师(Percentage of teachers in primary education who are trained)			初等教育 生师比(Pupil-teacher ratio in primary education, headcount basis)	中等教育 教师(Teachers in secondary education)		中等教育 受过培训的教师(Percentage of teachers in secondary education who are trained)			中等教育 生师比(Pupil-teacher ratio in secondary education, headcount basis)
		合计(千)	女(%)	合计(%)	男(%)	女(%)		合计(千)	女(%)	合计(%)	男(%)	女(%)		合计(千)	女(%)	合计(%)	男(%)	女(%)	
俄罗斯	2000	618	100.00*	…	…	…	6.83	349**	98.30**	…	…	…	17.59**	…	…	…	…	…	…
	2010	607^{-1}	96.33^{-1}	…	…	…	8.41^{-1}	278^{-1}	98.45^{-1}	…	…	…	18.06^{-1}	$1,136^{-1}$	81.27^{-1}	…	…	…	8.47^{-1}
	2015	…	…	…	…	…	…	…	…	…	…	…	…	…	…	…	…	…	…
乌克兰	2000	137	99.53	…	…	…	7.71	105	98.39	98.57	…	…	19.88	389	76.24	…	…	…	13.37
	2010	139	98.69	…	…	…	8.76	98	98.58	99.86	…	…	15.66	…	…	…	…	…	…
	2015	…	…	…	…	…	…	100^{-1}	98.86^{-1}	…	…	…	16.89^{-1}	230^{-1}	88.24^{-1}	…	…	…	11.78^{-1}
白俄罗斯	2000	53	98.86^{+2}	58.33^{+2}	18.99^{+2}	58.79^{+2}	4.94	33	99.10	97.90^{+2}	97.56^{+2}	97.91^{+2}	18.21	…	…	…	…	…	…
	2010	44	98.00	62.28	67.75	62.17	6.33	24	99.31	99.76	100.00^{-1}	99.87^{-1}	14.97	…	…	…	…	…	…
	2015	42^{-1}	98.94^{-1}	92.11^{-1}	84.20^{-1}	92.20^{-1}	7.81^{-1}	22^{-1}	99.54^{-1}	99.44^{-1}	99.03^{-1}	99.44^{-1}	16.48^{-1}	81^{-1}	80.77^{-1}	96.03^{-1}	94.58^{-1}	96.37^{-1}	8.06^{-1}
摩尔多瓦	2000	9.8	100.00	91.70	.	91.70	8.66	12	97.21	…	…	…	20.88	31	72.81	…	…	…	13.25
	2010	12	100.00	90.32	.	90.32	9.61	9.2	97.49	…	…	…	15.41	29	76.74	…	…	…	10.50
	2015	…	…	…	…	…	…	8.2^{-1}	98.12^{-1}	93.82^{-1}	100.00^{-1}	93.70^{-1}	16.81^{-1}	26^{-1}	77.79^{-1}	…	…	…	9.38^{-1}
波兰	2000	74	96.60^{+1}	…	…	…	12.43	289^{+1}	83.47^{+1}	…	…	…	11.14^{+1}	301^{+1}	65.77^{+1}	…	…	…	13.20^{+1}
	2010	59	97.95	…	…	…	16.97	240	83.66	…	…	…	9.32	273	69.65	…	…	…	10.39
	2015	81^{-2}	98.20^{-2}	…	…	…	14.99^{-2}	211^{-2}	85.34^{-2}	…	…	…	10.23^{-2}	291^{-2}	69.59^{-2}	…	…	…	9.53^{-2}
立陶宛	2000	12	99.32	…	…	…	8.08	13	98.09	…	…	…	16.45	38	…	…	…	…	11.18
	2010	12	99.51	…	…	…	7.35	9.5	96.58	…	…	…	12.85	39	81.38	…	…	…	8.84
	2015	…	…	…	…	…	…	8.6^{-2}	97.07^{-2}	…	…	…	12.62^{-2}	36^{-2}	81.44^{-2}	…	…	…	8.10^{-2}
爱沙尼亚	2000	6.7	99.82	…	…	…	7.84	8.6	85.75	…	…	…	14.32	12	81.28	…	…	…	9.79
	2010	8.5	99.65	…	…	…	5.67	6.2	93.12	…	…	…	11.72	11	76.93	…	…	…	8.76
	2015	…	…	…	…	…	…	6.6^{-2}	91.93^{-2}	…	…	…	11.50^{-2}	…	…	…	…	…	…
拉脱维亚	2000	6.5	99.50	…	…	…	8.66	8.9	96.62	…	…	…	15.10	25	80.14	…	…	…	10.74
	2010	6.3	99.61	…	…	…	11.22	9.6	93.61	…	…	…	11.88	16	82.97	…	…	…	9.00
	2015	5.8^{-2}	99.50^{-2}	…	…	…	13.75^{-2}	10^{-2}	93.30^{-2}	…	…	…	11.16^{-2}	15^{-2}	82.29^{-2}	…	…	…	8.33^{-2}
捷克	2000	16	99.71	…	…	…	18.44	38	84.41	…	…	…	16.89	93^{+1}	66.08^{+1}	…	…	…	10.81^{+1}
	2010	23	99.72	…	…	…	13.90	25	97.53	…	…	…	18.71	76	64.91	…	…	…	10.98
	2015	26^{-2}	…	…	…	…	13.89^{-2}	26^{-2}	…	…	…	…	18.93^{-2}	69^{-2}	…	…	…	…	11.55^{-2}

续表

国家或地区	参考年份	学前教育						初等教育						中等教育					
		教师(Teachers in pre-primary education)		受过培训的教师(Percentage of teachers in pre-primary education who are trained)			生师比(Pupil-teacher ratio in pre-primary education, headcount basis)	教师(Teachers in primary education)		受过培训的教师(Percentage of teachers in primary education who are trained)			生师比(Pupil-teacher ratio in primary education, headcount basis)	教师(Teachers in secondary education)		受过培训的教师(Percentage of teachers in secondary education who are trained)			生师比(Pupil-teacher ratio in secondary education, headcount basis)
		合计(千)	女(%)	合计(%)	男(%)	女(%)		合计(千)	女(%)	合计(%)	男(%)	女(%)		合计(千)	女(%)	合计(%)	男(%)	女(%)	
斯洛伐克	2000	16	99.94	…	…	…	10.10	18	90.32	…	…	…	17.58	55	71.79	…	…	…	12.23
	2010	11	99.77	…	…	…	12.46	14	89.35	…	…	…	15.24	46	74.52	…	…	…	12.03
	2015	12^{-2}	99.66^{-2}	…	…	…	12.63^{-2}	14^{-2}	89.52^{-2}	…	…	…	15.05^{-2}	43^{-2}	74.34^{-2}	…	…	…	11.23^{-2}
匈牙利	2000	32	100.00	…	…	…	11.59	47	84.92	…	…	…	10.71	102	71.04	…	…	…	9.84
	2010	30	99.80	…	…	…	10.92	37	95.89	…	…	…	10.58	89	70.97	…	…	…	10.20
	2015	31^{-2}	99.73^{-2}	…	…	…	11.14^{-2}	37^{-2}	95.58^{-2}	…	…	…	10.40^{-2}	85^{-2}	70.69^{-2}	…	…	…	10.48^{-2}
斯洛文尼亚	2000	5.3	99.17	…	…	…	11.04	6.7^{+1}	96.21^{+1}	…	…	…	13^{+1}	17	69.46	…	…	…	12.92
	2010	5.3	97.82	…	…	…	9.24	6.3	97.55	…	…	…	17.02	15^{+1}	72.67^{+1}	…	…	…	8.96^{+1}
	2015	6.3^{-2}	97.73^{-2}	…	…	…	9.19^{-2}	6.5^{-2}	97.09^{-2}	…	…	…	16.89^{-2}	15^{-2}	73.00^{-2}	…	…	…	10.07^{-2}
克罗地亚	2000	6.4	99.70	79.19	89.47	79.16	13.27	11	89.34	100.00	100.00	100.00	18.77	35	65.24	100.00	100.00	100.00	11.84
	2010	7.7	99.10	…	…	…	12.96	12	92.47	…	…	…	14.26	48	68.93	…	…	…	8.15
	2015	…	…	…	…	…	…	…	…	…	…	…	…	…	…	…	…	…	…
波黑	2000	…	…	…	…	…	…	…	…	…	…	…	…	…	…	…	…	…	…
	2010	1.2	96.91	…	…	…	14.04	…	…	…	…	…	…	…	…	…	…	…	…
	2015	…	…	…	…	…	…	9.6^{-1}	84.58^{-1}	…	…	…	16.82^{-1}	28^{-1}	60.50^{-1}	…	…	…	10.65^{-1}
黑山	2000	0.6^{+1}	…	…	…	…	19.51^{+1}	…	…	…	…	…	…	…	…	…	…	…	…
	2010	0.7	86.42^{+1}	…	…	…	13.34	…	…	…	…	…	…	…	…	…	…	…	…
	2015	…	…	…	…	…	…	…	…	…	…	…	…	…	…	…	…	…	…
塞尔维亚	2000	8.5	98.41**	…	…	…	19.44	…	…	…	…	…	…	…	…	…	…	…	…
	2010	11	98.51	75.87^{+1}	75.45^{+1}	75.87^{+1}	14.05	17	90.35	70.42^{+1}	45.74^{+1}	75.30^{+1}	16.35	62	64.19	43.92^{+1}	33.60^{+1}	49.79^{+1}	9.60
	2015	12^{-1}	98.27^{-1}	…	…	…	12.74^{-1}	18^{-1}	85.31^{-1}	…	…	…	15.71^{-1}	63^{-1}	64.27^{-1}	…	…	…	8.65^{-1}
斯洛伐克	2000	16	99.94	…	…	…	10.10	18	90.32	…	…	…	17.58	55	71.79	…	…	…	12.23
	2010	11	99.77	…	…	…	12.46	14	89.35	…	…	…	15.24	46	74.52	…	…	…	12.03
	2015	12^{-2}	99.66^{-2}	…	…	…	12.63^{-2}	14^{-2}	89.52^{-2}	…	…	…	15.05^{-2}	43^{-2}	74.34^{-2}	…	…	…	11.23^{-2}

续表

国家或地区	参考年份	学前教育						初等教育						中等教育					
		教师(Teachers in pre-primary education)		受过培训的教师(Percentage of teachers in pre-primary education who are trained)			生师比(Pupil-teacher ratio in pre-primary education, headcount basis)	教师(Teachers in primary education)		受过培训的教师(Percentage of teachers in primary education who are trained)			生师比(Pupil-teacher ratio in primary education, headcount basis)	教师(Teachers in secondary education)		受过培训的教师(Percentage of teachers in secondary education who are trained)			生师比(Pupil-teacher ratio in secondary education, headcount basis)
		合计(千)	女(%)	合计(%)	男(%)	女(%)		合计(千)	女(%)	合计(%)	男(%)	女(%)		合计(千)	女(%)	合计(%)	男(%)	女(%)	
罗马尼亚	2000	36	99.90	…	…	…	17.30	64	86.31	…	…	…	18.56	173	65.69	…	…	…	12.84
	2010	38	99.71	…	…	…	17.38	52	86.15	…	…	…	16.11	146	67.88	…	…	…	12.48
	2015	35^{-2}	99.69^{-2}	…	…	…	16.57^{-2}	51^{-2}	88.14^{-2}	…	…	…	…	130^{-2}	69.12^{-2}	…	…	…	12.81^{-2}
保加利亚	2000	19	99.01	…	…	…	11.28	23	90.91	…	…	…	16.83	59	75.57	…	…	…	11.86
	2010	18	99.83	…	…	…	12.02	15	93.93	…	…	…	17.49	44	79.10	…	…	…	12.08
	2015	19^{-1}	99.53^{-1}	…	…	…	12.82^{-1}	15^{-1}	94.40^{-1}	…	…	…	17.73^{-1}	39^{-1}	79.31^{-1}	…	…	…	13.23^{-1}
马其顿	2000	3.1	3.00	…	…	…	11.43	5.88	66.69	…	…	…	21.52	13.8	49.71	…	…	…	16.05
	2010	2.3	2.33	…	…	…	7.44	6.95	78.56	…	…	…	15.94	16.5	56.39	…	…	…	11.91
	2015	…	…	…	…	…	…	7.06^{-2}	81.27^{-2}	…	…	…	…	17.98^{-2}	57.31^{-2}	…	…	…	…
地区平均水平																			
世界	2000	5,711	91.97	…	…	…	20.46	24,862	59.48	…	…	…	26.41	24,987	51.20	…	…	…	18.01
	2010	7,857**	94.42**	…	…	…	20.90**	28,547	62.37	…	…	…	24.41	31,993	51.62	…	…	…	17.03
	2015	8,878$^{**,-2}$	94.02$^{**,-2}$	…	…	…	20.78$^{**,-2}$	29,486$^{**,-2}$	62.82$^{**,-2}$	…	…	…	24.20$^{**,-2}$	32,740$^{**,-2}$	52.03$^{**,-2}$	…	…	…	17.37$^{**,-2}$
阿拉伯国家	2000	129**	78.63**	…	…	…	18.84**	1,524	52.64	…	…	…	23.27	1,401	42.94	…	…	…	16.63
	2010	204	88.83	84.88$^{**,+1}$	88.26$^{**,+1}$	84.47$^{**,+1}$	20.47	1,873	56.78	84.10$^{**,+1}$	83.54$^{**,+1}$	84.50$^{**,+1}$	22.06	1,955**	45.72**	…	…	…	15.35**
	2015	238$^{**,-2}$	90.72$^{**,-2}$	83.11$^{**,-2}$	86.12$^{**,-2}$	82.81$^{**,-2}$	19.24$^{**,-2}$	2,160^{-2}	57.99^{-2}	84.43$^{**,-2}$	85.38$^{**,-2}$	83.73$^{**,-2}$	19.87^{-2}	2,116$^{**,-2}$	46.99$^{**,-2}$	…	…	…	14.64$^{**,-2}$
中东欧	2000	1,084	99.53	…	…	…	8.45	1,345**	82.65**	…	…	…	17.66**	3,509**	72.99**	…	…	…	11.66**
	2010	1,088**	97.91**	…	…	…	10.23**	1,197**	82.27**	…	…	…	16.39**	2,873**	72.26**	…	…	…	10.88**
	2015	1,192$^{**,-2}$	99.02$^{**,-2}$	…	…	…	10.43$^{**,-2}$	1,142^{-2}	84.64^{-2}	…	…	…	16.68^{-2}	2,897^{-2}	71.71^{-2}	…	…	…	11.40^{-2}
中亚	2000	141	97.61	…	…	…	10.68	321	85.78	90.59**	…	…	20.96	825**	67.50**	…	…	…	11.72**
	2010	160**	97.38**	90.05**	94.83**	89.93**	10.68**	317	89.70	95.49	97.85	95.22	17.06	863	72.43	96.54**	97.07**	96.34**	12.23
	2015	195$^{**,-2}$	97.71$^{**,-2}$	…	…	…	10.82$^{**,-2}$	336$^{**,-2}$	90.07$^{**,-2}$	…	…	…	16.30$^{**,-2}$	…	…	…	…	…	…

续表

国家或地区	参考年份	学前教育						初等教育						中等教育					
		教师(Teachers in pre-primary education)		受过培训的教师(Percentage of teachers in pre-primary education who are trained)			生师比(Pupil-teacher ratio in pre-primary education, headcount basis)	教师(Teachers in primary education)		受过培训的教师(Percentage of teachers in primary education who are trained)			生师比(Pupil-teacher ratio in primary education, headcount basis)	教师(Teachers in secondary education)		受过培训的教师(Percentage of teachers in secondary education who are trained)			生师比(Pupil-teacher ratio in secondary education, headcount basis)
		合计(千)	女(%)	合计(%)	男(%)	女(%)		合计(千)	女(%)	合计(%)	男(%)	女(%)		合计(千)	女(%)	合计(%)	男(%)	女(%)	
东亚和太平洋地区	2000	1, 427	93.77	…	…	…	25.37	9, 323**	55.12**	…	…	…	23.86**	7, 697	42.77	…	…	…	17.67
	2010	1, 990	96.00	…	…	…	22.01	10, 057	62.17	…	…	…	18.43	10, 259	49.32	…	…	…	15.75
	2015	2, 653^{-2}	95.89^{-2}	…	…	…	21.34^{-2}	10, 097^{-2}	63.78^{-2}	…	…	…	18.28^{-2}	9, 950^{-2}	51.30^{-2}	…	…	…	15.87^{-2}
拉丁美洲和加勒比海地区	2000	787	96.34	…	…	…	…	2, 751	78.11	…	…	…	25.46	2, 901**	63.52**	…	…	…	18.97**
	2010	1, 053	95.90	78.40**	…	…	17.72	2, 922	77.77	88.81**	…	…	22.82	3, 587	59.37	82.60**	…	…	16.91
	2015	989$^{**,-2}$	95.49$^{**,-2}$	…	…	…	19.64$^{**,-2}$	2, 978$^{**,-2}$	77.86$^{**,-2}$	…	…	…	21.96$^{**,-2}$	3, 793^{-2}	58.84^{-2}	…	…	…	16.94^{-2}
北美和西欧	2000	1, 091**	92.65**	…	…	…	17.44**	3, 510	82.64	…	…	…	15.01	4, 603	56.30	…	…	…	13.25
	2010	1, 479	93.74	…	…	…	14.64	3, 780	84.44	…	…	…	13.54	4, 932	60.80	…	…	…	12.59
	2015	1, 583$^{**,-2}$	93.32$^{**,-2}$	…	…	…	13.84$^{**,-2}$	3, 707$^{**,-2}$	84.66$^{**,-2}$	…	…	…	13.95$^{**,-2}$	4, 850$^{**,-2}$	61.49$^{**,-2}$	…	…	…	13.11$^{**,-2}$
南亚和西亚	2000	827	79.97**	…	…	…	30.81	4, 063	38.16	…	…	…	38.81	3, 155	34.10	…	…	…	32.07
	2010	…	…	…	…	…	…	5, 275**	44.87$^{**,-2}$	…	…	…	36.37**	5, 774	38.35	…	…	…	24.83
	2015	…	…	…	…	…	…	5, 552$^{**,-2}$	…	…	…	…	35.35$^{**,-2}$	6, 224$^{**,-2}$	39.17$^{**,-2}$	…	…	…	25.20$^{**,-2}$
撒哈拉以南非洲	2000	223**	73.65**	55.24**	42.42$^{**,+2}$	56.69$^{**,+2}$	28.15**	2, 025	42.53	80.82**	76.03**	87.28**	43.34	896**	30.34**	…	…	…	25.70**
	2010	418**	77.98**	53.58**	49.30**	54.79**	28.88**	3, 125	43.15	72.42**	69.95**	75.69**	43.30	1, 750**	29.61**	60.00**	57.60**	65.72**	25.94**
	2015	458$^{**,-2}$	78.70$^{**,-2}$	50.37$^{**,-2}$	46.44$^{**,-2}$	51.43$^{**,-2}$	29.22$^{**,-2}$	3, 514$^{**,-2}$	43.33$^{**,-2}$	71.37$^{**,-2}$	69.97$^{**,-2}$	73.20$^{**,-2}$	42.18$^{**,-2}$	2, 087$^{**,-2}$	29.65$^{**,-2}$	54.88$^{**,-2}$	52.86$^{**,-2}$	59.66$^{**,-2}$	24.98$^{**,-2}$

符号：

… 没有相关数据

** 国家数据：统计研究所估计数据

地区平均水平：部分估计数据是因为国家数据覆盖范围(25%～75%的人口)不完整

* 国家估计数据

— 零数值

. 不可用

X^{+n} 引用参考年份后 n 年的学年或财年数据

X^{-n} 引用参考年份前 n 年的学年或财年数据

资料来源：联合国教科文组织统计研究所数据库，2016 年 http://data.uis.unesco.org/

附录 8：性别均等指数

国家或地区	参考年份	毛入学率(Gross enrolment ratio, gender parity index)			净入学率(Net enrolment rate, gender parity index)			中等教育毛入学率(Gross enrolment ratio in lower secondary education, gender parity index)		其他指标	
		学前教育	初等教育	中等教育	学前教育	初等教育（调整后）	中等教育	初中	高中	小学最高年级的巩固率(Survival rate to the last grade of primary education, gender parity index)	小升初的升学率(小学至普通初中)(Effective transition rate from primary to lower secondary general education, gender parity index)
东亚和太平洋地区											
新加坡	2000	…	…	…	…	…	…	…	…	…	…
	2010	…	…	…	…	…	…	…	…	1.00^{-2}	1.07^{-2}
	2015	…	…	…	…	…	…	…	…	…	…
马来西亚	2000	…	…	…	…	…	…	…	…	0.99^{+2}	1.02^{-1}
	2010	…	…	…	…	…	…	…	…	…	0.99
	2015	…	…	…	…	…	…	…	…	…	…
印度尼西亚	2000	1.04^{**}	0.97	0.97	…	0.99^{+1}	0.99^{+1}	0.99^{+1}	0.97^{+1}	1.07^{+1}	1.02^{+1}
	2010	1.05	1.03	1.01	1.04	1.01	1.00	1.03	0.98	…	1.15
	2015	1.15^{-2}	1.00^{-2}	0.97^{-2}	1.15^{-2}	1.01^{-2}	0.97^{-2}	1.03^{-2}	0.90^{-2}	…	…
缅甸	2000	…	0.98	1.05	…	0.98	1.04	1.01	1.16	1.00	0.98
	2010	1.05	0.99	1.05	1.05	0.99	1.05	1.03	1.11	1.07^{-1}	1.00^{-1}
	2015	1.04^{-1}	0.97^{-1}	1.03^{-1}	1.04^{-1}	0.92^{-1}	1.02^{-1}	1.00^{-1}	1.12^{-1}	…	…

续表

国家或地区	参考年份	毛入学率(Gross enrolment ratio, gender parity index)			净入学率(Net enrolment rate, gender parity index)			中等教育毛入学率(Gross enrolment ratio in lower secondary education, gender parity index)		其他指标	
		学前教育	初等教育	中等教育	学前教育	初等教育（调整后）	中等教育	初中	高中	小学最高年级的巩固率（Survival rate to the last grade of primary education, gender parity index）	小升初的升学率(小学至普通初中)（Effective transition rate from primary to lower secondary general education, gender parity index）
泰国	2000	1.01	0.97	$0.98^{**,+1}$	…	…	…	0.92^{+1}	$1.05^{**,+1}$	1.04	…
	2010	1.03	0.98	1.06	1.04	0.99^{-1}	1.10	0.99	1.17	…	…
	2015	0.98^{-2}	0.98^{-2}	1.07^{-2}	…	…	…	1.00^{-2}	1.16^{-2}	…	…
老挝	2000	1.10	0.85	0.70	1.11	0.91	0.78	0.72	0.67	1.02	0.91
	2010	1.04	0.92	0.83	1.04	0.97	0.90	0.83	0.81	1.03	0.95
	2015	1.04^{-1}	0.95^{-1}	0.91^{-1}	1.04^{-1}	0.98^{-1}	$0.96^{**,-1}$	0.93^{-1}	0.88^{-1}	1.04^{-2}	0.97^{-2}
柬埔寨	2000	1.04	0.88	0.54	1.04	0.98	0.56	0.56	0.52	0.95	0.87
	2010	1.02	0.94	$0.85^{**,-2}$	1.02	0.98	0.92^{-2}	0.97	$0.74^{**,-2}$	1.02	1.01
	2015	1.00^{-1}	0.95^{-1}	…	0.99^{-1}	0.98^{-1}	…	1.01^{-1}	…	1.34^{-2}	1.10^{-2}
越南	2000	0.98	0.95	…	…	…	…	0.92	…	0.99	0.98
	2010	0.96	0.95	…	…	…	…	1.05	…	1.00^{+2}	0.87^{+2}
	2015	0.97^{-1}	0.99^{-1}	…	…	…	…	1.00^{-1}	…	1.15^{-2}	1.05^{-2}
文莱	2000	1.04	0.96	1.04	…	…	…	0.97	1.15	…	$1.07^{**,+2}$
	2010	0.99	1.00	1.01	1.00	…	1.01^{**}	1.00	1.01	0.97^{+1}	1.00
	2015	1.02^{-1}	1.00^{-1}	1.00^{-1}	1.02^{-1}	…	1.01^{-1}	0.98^{-1}	1.01^{-1}	…	1.00^{-2}

续表

国家或地区	参考年份	毛入学率(Gross enrolment ratio, gender parity index)			净入学率(Net enrolment rate, gender parity index)			中等教育毛入学率(Gross enrolment ratio in lower secondary education, gender parity index)		其他指标	
		学前教育	初等教育	中等教育	学前教育	初等教育(调整后)	中等教育	初中	高中	小学最高年级的巩固率(Survival rate to the last grade of primary education, gender parity index)	小升初的升学率(小学至普通初中)(Effective transition rate from primary to lower secondary general education, gender parity index)
菲律宾	2000	1.05^{+1}	1.00^{+1}	1.10^{+1}	0.98^{+1}	1.02^{+1}	1.19^{+1}	1.08^{+1}	1.20^{+1}	1.12^{+1}	0.99^{+1}
	2010	1.04^{-1}	1.00^{-1}	1.08^{-1}	1.03^{-1}	1.04^{-1}	1.18^{-1}	1.05^{-1}	1.19^{-1}	1.11^{-2}	0.98^{-2}
	2015	…	1.00^{-2}	1.10^{-2}	…	1.04^{-2}	1.19^{-2}	1.08^{-2}	1.17^{-2}	…	…
阿拉伯国家											
伊拉克	2000	1.01	0.83	0.62	1.01	0.87	0.66	0.61	0.66	$0.92^{**,-1}$	$0.78^{**,-1}$
	2010	…	…	…	…	…	…	…	…	…	…
	2015	…	…	…	…	…	…	…	…	…	…
叙利亚	2000	0.92	0.93	0.92	0.92	…	0.93	0.88	1.03	1.01	0.95
	2010	0.94	0.97	1.00	0.94	0.98^{-1}	1.00	0.99	1.08	1.01	1.00
	2015	0.97^{-2}	0.97^{-2}	1.00^{-2}	0.97^{-2}	0.98^{-2}	0.99^{-2}	0.97^{-2}	1.12^{-2}	…	…
约旦	2000	0.92	1.01	1.05	0.92	$1.02^{**,-1}$	1.05	1.03	1.10	1.00^{-1}	1.00^{-1}
	2010	0.94	1.00	1.06	0.94	1.00	1.06^{+1}	1.02	1.16	1.02	1.00
	2015	…	…	…	…	…	…	…	…	…	…
黎巴嫩	2000	0.99^{**}	0.97^{**}	1.12^{**}	0.99^{**}	…	…	1.11^{**}	1.14^{**}	1.04^{**}	1.08^{**}
	2010	0.95	0.91	1.02	0.95	0.93	1.02	1.01	1.04	1.07	1.03
	2015	0.94^{-2}	0.91^{-2}	1.01^{-2}	0.95^{-2}	0.94^{-2}	…	0.99^{-2}	1.03^{-2}	…	…
埃及	2000	0.96	0.93^{*}	0.93^{*}	0.96	0.95^{*}	…	0.93^{*}	0.94^{*}	1.00^{*}	1.05^{*}
	2010	0.87	0.97	0.97	$0.97^{*,+1}$	$0.98^{*,+2}$	$1.00^{*,+1}$	0.99	0.94	1.01^{-1}	…
	2015	0.97^{-2}	0.99^{-2}	0.98^{-2}	…	…	…	1.00^{-2}	0.96^{-2}	…	…

续表

国家或地区	参考年份	毛入学率(Gross enrolment ratio, gender parity index)			净入学率(Net enrolment rate, gender parity index)			中等教育毛入学率(Gross enrolment ratio in lower secondary education, gender parity index)		其他指标	
		学前教育	初等教育	中等教育	学前教育	初等教育(调整后)	中等教育	初中	高中	小学最高年级的巩固率(Survival rate to the last grade of primary education, gender parity index)	小升初的升学率(小学至普通初中)(Effective transition rate from primary to lower secondary general education, gender parity index)
巴勒斯坦	2000	0.95	1.00	1.04	0.93	1.00	1.05	1.04	1.08	1.03	1.01
	2010	0.98	0.98	1.08	0.98	0.98	1.07	1.04	1.22	0.99^{+1}	1.06
	2015	1.02^{-1}	0.99^{-1}	1.10^{-1}	1.03^{-1}	1.00^{-1}	1.10^{-1}	1.05^{-1}	1.31^{-1}	…	0.92^{-2}
沙特阿拉伯	2000	…	…	…	…	…	…	…	…	…	…
	2010	$0.95^{**,-2}$	1.00	$0.88^{**,-1}$	…	1.00	$1.00^{**,-1}$	$0.87^{**,-1}$	0.89^{-1}	…	1.07^{+1}
	2015	0.29^{-1}	0.99^{-1}	$0.76^{**,-1}$	1.29^{-1}	0.97^{-1}	$0.82^{**,-1}$	$0.79^{**,-1}$	0.74^{-1}	…	0.92^{-2}
也门	2000	0.89^{+1}	0.62^{+1}	$0.41^{**,+1}$	0.86^{-1}	0.59^{-1}	$0.4^{*,-1}$	0.43^{+1}	$0.37^{**,+1}$	$0.89^{**,+1}$	…
	2010	0.90	0.82	0.62	1.02	0.82	0.63^{**}	0.64	0.59	0.93^{+2}	0.98^{+2}
	2015	0.88^{-2}	0.84^{-2}	0.69^{-2}	0.88^{-2}	0.85^{-2}	…	0.70^{-2}	0.67^{-2}	…	…
阿曼	2000	…	0.97	0.99	…	1.01	1.01	0.94	1.06	1.02	1.00
	2010	0.99^{+1}	1.01^{+1}	0.93^{+1}	0.97^{+1}	1.01^{+1}	0.94^{+1}	1.00^{+1}	0.87^{+1}	1.03^{+1}	1.01^{+1}
	2015	1.04^{-1}	1.09^{-1}	…	1.04^{-1}	1.00^{-1}	…	1.06^{-2}	…	…	1.00^{-2}
阿联酋	2000	0.97	1.00^{-1}	1.11^{-1}	0.98	1.01^{-1}	1.10^{-1}	0.99^{-1}	1.28^{-1}	1.01	1.00
	2010	1.01	1.03	…	1.00	1.04	…	…	…	1.00	1.09^{*}
	2015	1.01^{-1}	1.01^{-1}	…	0.90^{-1}	1.00^{-1}	…	…	…	…	1.00^{-2}
卡塔尔	2000	0.91	1.05	1.15	0.91^{**}	1.09^{**}	1.18^{-1}	1.10	1.22	…	…
	2010	1.06^{+1}	0.97	1.06	1.08^{+1}	0.99	1.07	0.91	1.27	0.97^{+2}	1.00
	2015	1.00^{-1}	…	…	1.00^{-1}	…	…	…	…	…	1.00^{-2}

续表

国家或地区	参考年份	毛入学率(Gross enrolment ratio, gender parity index)			净入学率(Net enrolment rate, gender parity index)			中等教育毛入学率(Gross enrolment ratio in lower secondary education, gender parity index)		其他指标	
		学前教育	初等教育	中等教育	学前教育	初等教育(调整后)	中等教育	初中	高中	小学最高年级的巩固率(Survival rate to the last grade of primary education, gender parity index)	小升初的升学率(小学至普通初中)(Effective transition rate from primary to lower secondary general education, gender parity index)
科威特	2000	0.97	1.04	1.04	0.97	1.04^{**}	1.03^{**}	1.07	1.02	0.99	1.00
	2010	0.97	1.04	0.94	0.96	1.04	0.97	0.99	0.88	1.02^{+1}	1.01+1
	2015	…	1.02^{-2}	1.08^{-2}	…	1.02^{-2}	…	…	…	…	…
巴林	2000	0.94	0.99^{-1}	1.08	0.94	1.00^{-1}	1.08^{**}	1.04	1.14	0.99	1.01^{**}
	2010	1.00	…	…	1.00	…	…	…	1.10	1.01	1.00
	2015	1.00^{-1}	…	…	1.01^{-1}	…	…	…	1.20^{-1}	…	1.00^{-2}
北美和西欧											
希腊	2000	1.02	1.00	1.07	1.02	1.00	1.08	0.99	1.16	…	…
	2010	0.99	0.98	0.94	1.00	0.99	0.98	0.93	0.95	1.01	0.97
	2015	0.98^{-2}	0.99^{-2}	0.96^{-2}	0.99^{-2}	0.99^{-2}	0.99^{-2}	0.95^{-2}	0.97^{-2}	…	…
塞浦路斯	2000	1.01^{*}	1.00^{*}	1.02^{*}	1.01^{*}	1.01^{*}	1.03^{*}	0.99^{*}	1.06^{*}	1.00	0.99
	2010	1.00^{*}	1.00^{*}	1.01^{*}	1.02^{*}	1.00^{*}	1.02^{*}	1.00^{*}	1.02^{*}	…	1.01
	2015	$1.01^{*,-1}$	$1.01^{*,-1}$	$1.00^{*,-1}$	$1.02^{*,-1}$	$1.01^{*,-1}$	$1.02^{*,-1}$	$1.00^{*,-1}$	$1.01^{*,-1}$	…	1.01^{-2}
以色列	2000	1.00	0.99	1.00	1.01	1.00	1.01	1.00	1.00	0.99^{+1}	1.00^{+1}
	2010	0.98	1.00	1.02	1.00	1.01	1.03	1.03	1.02	0.99	1.00
	2015	0.99^{-2}	1.00^{-2}	1.02^{-2}	…	1.01^{-2}	1.03^{-2}	1.01^{-2}	1.03^{-2}	…	…
南亚和西亚											

续表

国家或地区	参考年份	毛入学率(Gross enrolment ratio, gender parity index)			净入学率(Net enrolment rate, gender parity index)			中等教育毛入学率(Gross enrolment ratio in lower secondary education, gender parity index)		其他指标	
		学前教育	初等教育	中等教育	学前教育	初等教育（调整后）	中等教育	初中	高中	小学最高年级的巩固率（Survival rate to the last grade of primary education, gender parity index）	小升初的升学率(小学至普通初中)（Effective transition rate from primary to lower secondary general education, gender parity index）
伊朗	2000	1.04	0.94	0.94	…	0.96^{**}	…	0.86	1.02	0.99	0.99
	2010	1.06	0.99	0.98	…	…	0.99^{**}	0.97	0.99	1.00	0.99
	2015	0.97^{-1}	1.04^{-1}	0.99^{-1}	0.95^{-1}	…	1.01^{-1}	0.98^{-1}	0.99^{-1}	0.84^{-2}	0.95^{-2}
印度	2000	1.07	0.84	0.71	…	0.84^{**}	…	0.73	0.67	0.99	0.96
	2010	1.07	1.02^{**}	0.93	…	1.02	…	0.96	0.89	…	1.01
	2015	…	1.12^{-2}	1.01^{-2}	…	1.07^{-2}	$1.01^{**,-2}$	1.06^{-2}	0.95^{-2}	…	…
巴基斯坦	2000	0.71^{*}	0.68^{**}	…	…	$0.68^{**,+2}$	…	$0.88^{*,+2}$	…	…	…
	2010	0.90^{-1}	0.85	0.77	…	0.85^{*}	0.75^{+1}	0.79	0.75	0.96	1.00
	2015	0.88^{-1}	0.85^{-1}	0.79^{-1}	0.88^{-1}	$0.85^{*,-1}$	0.79^{-1}	0.83^{-1}	0.74^{-1}	0.90^{-2}	0.97^{-2}
孟加拉国	2000	1.02	…	1.03	…	…	1.03	1.14	0.89	…	…
	2010	0.99^{*}	1.06^{*}	1.12	0.99^{*}	1.04^{*}	1.12	1.23	0.97	$1.14^{*,-1}$	…
	2015	1.00^{-2}	…	1.08^{-2}	…	…	$1.09^{**,-2}$	1.16^{-2}	0.99^{-2}	…	…
阿富汗	2000	…	0.08^{-1}	…	…	…	…	…	…	…	…
	2010	…	0.68	0.50	…	…	…	0.53	0.42	…	…
	2015	…	0.70^{-1}	0.56^{-1}	…	…	0.57^{-1}	0.59^{-1}	0.52^{-1}	…	…
斯里兰卡	2000	…	0.98^{+1}	…	…	…	…	1.01^{+1}	…	1.01^{+1}	1.01^{+1}
	2010	0.99	0.98	1.01	…	0.98	1.04^{**}	0.96	1.07	0.95	0.97
	2015	0.99^{-2}	0.98^{-1}	1.05^{-2}	…	0.98^{-1}	…	0.99^{-1}	1.11^{-2}	$1.00^{**,-2}$	…

续表

国家或地区	参考年份	毛入学率(Gross enrolment ratio，gender parity index)			净入学率(Net enrolment rate，gender parity index)			中等教育毛入学率(Gross enrolment ratio in lower secondary education，gender parity index)		其他指标	
		学前教育	初等教育	中等教育	学前教育	初等教育（调整后）	中等教育	初中	高中	小学最高年级的巩固率(Survival rate to the last grade of primary education，gender parity index)	小升初的升学率(小学至普通初中)(Effective transition rate from primary to lower secondary general education，gender parity index)
马尔代夫	2000	1.03	1.00	1.08	1.03	1.01^{**}	1.16^{**}	1.10	0.79	…	$1.18^{**,+2}$
	2010	…	0.97^{-1}	…	…	0.98^{-1}	…	1.08	…	1.06^{+2}	1.07^{+2}
	2015	…	…	…	…	…	…	0.97^{-1}	…	…	…
尼泊尔	2000	0.79^{+1}	0.77	0.68	…	0.80^{**}	…	0.71	0.62	1.10^{-1}	1.03
	2010	0.96	1.07	0.95^{**}	1.02^{+1}	0.99^{+1}	0.94	1.00	0.91^{**}	1.02^{+2}	…
	2015	0.97	1.08	1.07^{**}	1.01	0.98	1.08	1.09	1.06^{**}	1.05^{-1}	0.98^{-1}
不丹	2000	0.97	0.87	0.79	1.10	0.90	0.93	0.82	0.50	1.09	1.02
	2010	0.93	1.02	1.02	…	1.04	1.10	1.06	0.88	1.05	1.01
	2015	1.08^{-1}	1.01^{-1}	1.07^{-1}	…	1.03^{-1}	1.14^{-1}	1.10^{-1}	1.00^{-1}	…	1.02^{-2}
中亚											
蒙古	2000	1.02	1.01	1.24	1.02	1.02	1.24	1.19	1.45	1.07	1.03
	2010	1.04	0.98	1.07	1.03	0.99^{**}	…	1.04	1.13	…	…
	2015	…	0.98^{-1}	1.03^{-1}	…	0.99^{-1}	1.03^{-1}	1.00^{-1}	1.05^{-1}	…	…
哈萨克斯坦	2000	0.95	1.01	1.04	1.00^{+1}	1.02^{**}	1.05^{**}	1.04	1.05	0.95^{**}	0.98^{**}
	2010	0.99^{+1}	1.00	1.01^{+2}	0.99^{+1}	$1.01^{**,+1}$	1.01^{+2}	0.99	1.03^{+2}	1.00	1.00
	2015	1.00^{-1}	1.00	1.03	1.00^{-1}	1.00	1.04	1.01	1.09	1.00^{-1}	1.00^{-1}
乌兹别克斯坦	2000	0.97	1.01	0.97	…	…	…	0.99	0.91	0.98	0.97
	2010	0.99	0.98	1.00	1.01	0.98	…	0.99	1.01	1.01	0.98
	2015	…	…	…	…	…	…	…	…	…	…

续表

国家或地区	参考年份	毛入学率(Gross enrolment ratio, gender parity index)			净入学率(Net enrolment rate, gender parity index)			中等教育毛入学率(Gross enrolment ratio in lower secondary education, gender parity index)		其他指标	
		学前教育	初等教育	中等教育	学前教育	初等教育(调整后)	中等教育	初中	高中	小学最高年级的巩固率(Survival rate to the last grade of primary education, gender parity index)	小升初的升学率(小学至普通初中)(Effective transition rate from primary to lower secondary general education, gender parity index)
土库曼斯坦	2000	…	…	…	…	…	…	…	…	…	…
	2010	…	…	…	…	…	…	…	…	…	…
	2015	0.97^{-1}	0.98^{-1}	0.96^{-1}	…	…	…	0.99^{-1}	0.91^{-1}	…	…
塔吉克斯坦	2000	0.85	0.93	0.86	…	0.93	0.87	0.90	0.64	…	…
	2010	0.84	0.97	0.87	0.85	0.97	0.89	0.93	0.67	1.00	0.98
	2015	0.91	1.00	0.90^{-2}	0.92	1.00	…	0.96	0.75^{-2}	1.01^{-1}	0.98^{-1}
吉尔吉斯斯坦	2000	0.99	0.98	1.03	0.99	1.00**	…	1.03	1.04	0.98	0.97
	2010	1.02	0.99	0.99*	1.02	1.00	0.99*	0.99	0.99*	1.01	1.00
	2015	1.00^{-1}	0.99^{-1}	1.01^{-1}	1.00^{-1}	0.99^{-1}	1.00^{-1}	1.00^{-1}	1.02^{-1}	1.02^{-2}	1.01^{-2}
格鲁吉亚	2000	0.98	0.99	0.98	0.99**	…	0.99**	1.00	0.93	1.11	1.00
	2010	…	1.01	…	…	…	0.96^{-2}	0.97	0.97^{-2}	0.92^{+1}	0.99^{+1}
	2015	…	1.01^{-1}	1.00^{-1}	…	…	1.00^{-1}	0.98^{-1}	1.03^{-1}	1.00^{-2}	1.00^{-2}
阿塞拜疆	2000	0.94*	0.98*	…	0.97*	0.99**	…	0.96*	…	0.94	0.98
	2010	0.97*	0.99*	0.99*	0.98*	0.99*	0.98*	0.97*	1.00*	0.97	0.99
	2015	$1.04^{*,-1}$	$0.99^{*,-1}$	$0.99^{*,-1}$	$1.04^{*,-1}$	$0.98^{*,-1}$	$0.98^{*,-1}$	$0.98^{*,-1}$	$1.02^{*,-1}$	1.05^{-2}	1.02^{-2}
亚美尼亚	2000	1.18^{+1}	1.00	1.09	…	1.03^{+2}	…	1.07	1.14	1.00^{+2}	1.00^{+2}
	2010	1.37^{+1}	1.16^{-1}	1.17^{-1}	…	…	1.18^{-1}	1.15^{-1}	1.22	1.00	1.00^{+1}
	2015	…	…	…	…	…	…	…	…	1.00^{-2}	1.00^{-2}

续表

国家或地区	参考年份	毛入学率(Gross enrolment ratio, gender parity index)			净入学率(Net enrolment rate, gender parity index)			中等教育毛入学率(Gross enrolment ratio in lower secondary education, gender parity index)		其他指标	
		学前教育	初等教育	中等教育	学前教育	初等教育(调整后)	中等教育	初中	高中	小学最高年级的巩固率(Survival rate to the last grade of primary education, gender parity index)	小升初的升学率(小学至普通初中)(Effective transition rate from primary to lower secondary general education, gender parity index)
中东欧											
土耳其	2000	0.94	0.91	0.72	…	0.92^{-1}	0.79^{**}	0.79	0.63	…	…
	2010	0.96	0.99	0.92	0.95^{**}	0.99	0.93^{**}	0.96	0.87	1.01	1.02
	2015	0.96^{-2}	0.99^{-2}	0.97^{-2}	0.96^{-2}	0.99^{-2}	0.96^{-2}	1.01^{-2}	0.92^{-2}	…	…
俄罗斯	2000	0.94	0.99	…	…	…	…	1.02	…	…	…
	2010	0.98^{+1}	1.01^{+1}	0.98^{+1}	0.99^{+1}	1.01^{+1}	…	1.01^{+1}	0.92^{+1}	…	…
	2015	…	1.01^{-2}	0.99^{-2}	…	1.01^{-2}	…	1.01^{-2}	0.93^{-2}	…	…
乌克兰	2000	0.97	1.00	1.01	…	$1.00^{**,+2}$	1.05^{**}	1.01	1.02	1.01^{*}	$1.01^{*,+1}$
	2010	0.98	1.01	0.98^{*}	…	1.01^{*}	1.01^{*}	1.00^{*}	0.91^{*}	1.01	1.00^{*}
	2015	…	1.02^{-1}	0.98^{-1}	…	1.02^{-1}	1.01^{-1}	1.01^{-1}	0.92^{-1}	1.01^{-2}	1.00^{-2}
白俄罗斯	2000	0.95^{*}	0.99	…	0.94^{*}	…	…	0.99	…	1.00	1.00
	2010	0.98	1.00	0.97	0.99	1.00^{**}	1.00^{**}	0.99	0.93	1.03^{*}	0.98^{*}
	2015	0.96^{-1}	1.00^{-1}	0.98^{-1}	0.97^{-1}	1.00^{-1}	1.00^{-1}	1.00^{-1}	0.94^{-1}	1.00^{-2}	1.00^{-2}
摩尔多瓦	2000	0.97^{*}	0.99^{*}	1.02^{*}	…	0.99^{*}	1.03^{*}	1.01^{*}	1.10^{*}	$1.01^{*,+1}$	1.00^{+1}
	2010	0.98^{*}	1.00^{*}	1.02^{*}	0.99^{*}	1.00^{*}	1.02^{*}	0.99^{*}	1.11^{*}	1.00	1.00
	2015	$0.98^{*,-2}$	$1.00^{*,-2}$	$1.01^{*,-2}$	$0.98^{*,-2}$	$1.00^{*,-2}$	$1.01^{*,-2}$	$0.99^{*,-2}$	$1.06^{*,-2}$	0.99^{-2}	0.99^{-2}

续表

国家或地区	参考年份	毛入学率(Gross enrolment ratio, gender parity index)			净入学率(Net enrolment rate, gender parity index)			中等教育毛入学率(Gross enrolment ratio in lower secondary education, gender parity index)		其他指标	
		学前教育	初等教育	中等教育	学前教育	初等教育(调整后)	中等教育	初中	高中	小学最高年级的巩固率(Survival rate to the last grade of primary education, gender parity index)	小升初的升学率(小学至普通初中)(Effective transition rate from primary to lower secondary general education, gender parity index)
波兰	2000	1.01	0.99	0.99	1.01	1.00	1.04	0.98	0.99	…	…
	2010	1.01	0.99	0.99	1.01	1.00	1.02	0.98	1.00	1.01	0.98
	2015	0.99^{-2}	1.00^{-2}	0.96^{-2}	0.99^{-2}	1.00^{-2}	1.01^{-2}	0.96^{-2}	0.97^{-2}	…	…
立陶宛	2000	0.96	0.99	0.99	0.97	1.00	1.01	0.97	1.05	0.99	1.00
	2010	0.98	0.99	0.98	0.98	1.00	1.01	0.97	1.01	1.01	1.01
	2015	0.99^{-2}	1.00^{-2}	0.96^{-2}	0.99^{-2}	1.00^{-2}	1.00^{-2}	0.96^{-2}	0.96^{-2}	…	…
爱沙尼亚	2000	0.99	0.99	1.06	1.00	1.02	1.07	1.01	1.12	0.99	1.00
	2010	0.98	0.98	1.00	0.98	0.99	1.02	0.96	1.03	1.00	1.00
	2015	…	0.99^{-2}	0.99^{-2}	…	1.00^{-2}	1.01^{-2}	0.95^{-2}	1.03^{-2}	…	…
拉脱维亚	2000	0.95	0.98	1.03	0.96	$1.00^{**,-1}$	…	0.98	1.11	1.00	0.99
	2010	0.96	0.99	0.98	0.97	1.02	1.02	0.95	1.01	0.99	1.01
	2015	0.99^{-2}	0.99^{-2}	0.97^{-2}	1.00^{-2}	1.01^{-2}	1.02^{-2}	0.96^{-2}	0.97^{-2}	…	…
捷克	2000	1.00	1.00	1.02	…	…	…	1.01	1.03	1.00	1.00
	2010	0.97	1.00	1.01	…	…	…	1.00	1.01	1.00	1.01
	2015	0.98^{-2}	1.00^{-2}	1.01^{-2}	…	…	…	1.00^{-2}	1.01^{-2}	…	…
斯洛伐克	2000	0.90	0.99	1.02	…	…	…	0.99	1.06	1.01	1.01
	2010	0.97	0.99	1.01	…	…	…	0.98	1.04	1.01	1.00
	2015	0.98^{-2}	0.98^{-2}	1.02^{-2}	…	…	…	0.98^{-2}	1.06^{-2}	…	…

续表

国家或地区	参考年份	毛入学率(Gross enrolment ratio, gender parity index)			净入学率(Net enrolment rate, gender parity index)			中等教育毛入学率(Gross enrolment ratio in lower secondary education, gender parity index)		其他指标	
		学前教育	初等教育	中等教育	学前教育	初等教育（调整后）	中等教育	初中	高中	小学最高年级的巩固率（Survival rate to the last grade of primary education, gender parity index）	小升初的升学率（小学至普通初中）（Effective transition rate from primary to lower secondary general education, gender parity index）
匈牙利	2000	0.98	0.98	1.01	0.99	1.00	1.01	0.98	1.04	1.02	1.00
	2010	0.98	0.99	0.98	0.98	1.01	1.00	0.97	0.99	1.00^{-1}	1.00^{-1}
	2015	0.99^{-2}	0.99^{-2}	1.00^{-2}	0.99^{-2}	1.00^{-2}	1.00^{-2}	0.98^{-2}	1.02^{-2}	…	…
斯洛文尼亚	2000	0.86	1.02	1.03	0.86	1.02	1.04	1.01	1.05	1.00^{+1}	1.00
	2010	0.98	0.99	0.99	0.99	1.00	1.01	1.00	0.99	0.99	1.00
	2015	0.98^{-2}	1.00^{-2}	1.00^{-2}	0.99^{-2}	1.01^{-2}	1.01^{-2}	0.99^{-2}	1.00^{-2}	…	…
克罗地亚	2000	0.97	0.99	1.02	0.97	1.00	1.02	0.99	1.06	0.99	1.01
	2010	0.99	1.00	1.07	0.99	1.02	1.06	1.03	1.12	0.99	1.01
	2015	…	…	…	…	…	…	…	…	…	…
波黑	2000	…	…	…	…	…	…	…	…	…	…
	2010	…	…	…	…	…	…	…	…	0.99	0.98^{-1}
	2015	…	…	…	…	…	…	…	…	1.00^{-2}	…
黑山	2000	0.97^{+1}	…	…	…	…	…	…	1.10^{+1}	…	…
	2010	0.96	0.98	1.01	0.95^{+1}	1.00^{+1}	…	0.99	1.05	1.02^{+1}	…
	2015	0.94	0.98	1.00	0.94	0.99	…	1.00	1.00	…	…
塞尔维亚	2000	0.99^{*}	0.99^{*}	1.02^{*}	…	…	…	0.99^{*}	1.06^{*}	…	…
	2010	1.01^{*}	0.99^{*}	1.02^{*}	1.01^{*}	1.00^{*}	1.02^{*}	1.00^{*}	1.05^{*}	1.01	1.00
	2015	$1.01^{*,-1}$	$1.00^{*,-1}$	$1.02^{*,-1}$	$1.01^{*,-1}$	$1.01^{*,-1}$	$1.02^{*,-1}$	$1.00^{*,-1}$	$1.04^{*,-1}$	1.01^{-2}	1.00^{-2}

续表

国家或地区	参考年份	毛入学率(Gross enrolment ratio, gender parity index)			净入学率(Net enrolment rate, gender parity index)			中等教育毛入学率(Gross enrolment ratio in lower secondary education, gender parity index)		其他指标	
		学前教育	初等教育	中等教育	学前教育	初等教育(调整后)	中等教育	初中	高中	小学最高年级的巩固率(Survival rate to the last grade of primary education, gender parity index)	小升初的升学率(小学至普通初中)(Effective transition rate from primary to lower secondary general education, gender parity index)
阿尔巴尼亚	2000	1.09^{+1}	0.98	0.95	1.09^{+1}	0.99	0.96	0.97	0.93	1.08	1.01
	2010	0.98	0.97	0.99	0.98	0.99	…	1.01	0.96	1.00	1.00
	2015	0.98^{-1}	0.98^{-1}	0.93^{-1}	0.98^{-1}	0.99^{-2}	0.98^{-1}	0.96^{-1}	0.89^{-1}	1.01^{-2}	1.00^{-2}
罗马尼亚	2000	1.03	0.99	1.02	1.03	1.00	…	1.01	1.05	1.00	1.00
	2010	1.01	0.98	0.99	1.01	0.99	…	0.99	0.99	1.00	0.99
	2015	1.01^{-2}	…	0.98^{-2}	1.01^{-2}	…	1.00^{-2}	0.98^{-2}	0.99^{-2}	…	…
保加利亚	2000	1.00	0.97	0.98	1.00	0.98	0.98	0.93	1.03	1.00	0.99
	2010	0.99	1.00	0.96	0.99	1.01	0.97	0.94	0.97	1.00	0.99
	2015	0.99^{-1}	0.99^{-1}	0.97^{-1}	0.99^{-1}	1.01^{-1}	0.97^{-1}	0.94^{-1}	0.99^{-1}	1.01^{-2}	0.99^{-2}
马其顿	2000	0.99	0.99	0.97	0.98	0.98	…	0.97	0.97	1.01	0.98
	2010	1.02	0.98	0.97	1.01	0.99	…	0.97	0.97	…	1.00^{-2}
	2015	…	…	…	…	…	…	…	…	…	…
地区平均水平											
世界	2000	0.98	0.92	0.92	…	0.93^{**}	0.92^{**}	0.92	0.91	1.01	0.98^{**}
	2010	1.00	0.97	0.97	…	0.98^{**}	0.96^{**}	0.97	0.96	1.03	1.00^{**}
	2015	$1.00^{**,-2}$	$0.98^{**,-2}$	$0.97^{**,-2}$	…	$0.99^{**,-2}$	$0.96^{**,-2}$	$0.98^{**,-2}$	$0.96^{**,-2}$	…	…
阿拉伯国家	2000	0.81	0.87	0.88	…	0.90^{**}	0.87^{**}	0.86	0.92	0.99	1.00
	2010	0.93	0.93	0.93	…	0.95^{**}	0.93^{**}	0.91	0.99	0.98	1.03^{**}
	2015	0.98	0.94^{-2}	$0.94^{**,-2}$	…	$0.97^{**,-2}$	$0.93^{**,-2}$	0.92^{-2}	$0.98^{**,-2}$	…	…

续表

国家或地区	参考年份	毛入学率(Gross enrolment ratio，gender parity index)			净入学率(Net enrolment rate，gender parity index)			中等教育毛入学率(Gross enrolment ratio in lower secondary education，gender parity index)		其他指标	
		学前教育	初等教育	中等教育	学前教育	初等教育(调整后)	中等教育	初中	高中	小学最高年级的巩固率(Survival rate to the last grade of primary education，gender parity index)	小升初的升学率(小学至普通初中)(Effective transition rate from primary to lower secondary general education，gender parity index)
中东欧	2000	0.96	0.97	0.96**	…	0.98**	0.98**	0.97	0.94**	1.01**	0.98**
	2010	0.98	0.99	0.97	…	1.00	0.99**	0.99	0.94	1.01	1.00
	2015	0.98$^{**,-2}$	1.00^{-2}	0.98	…	1.00^{-2}	0.99$^{**,-2}$	1.00^{-2}	0.95^{-2}	…	…
中亚	2000	0.96	0.99	0.99	…	0.99**	1.02**	1.00	0.97	0.98	0.98
	2010	1.00	0.99	0.98	…	0.99	1.00**	0.98	0.98	1.00	0.99
	2015	1.00$^{**,-2}$	0.99$^{**,-2}$	0.99$^{**,-2}$	…	0.99$^{**,-2}$	1.01$^{**,-2}$	0.99$^{**,-2}$	0.98$^{**,-2}$	…	…
东亚和太平洋地区	2000	0.99	0.99**	0.95**	…	1.00**	0.97**	0.96**	0.96**	0.99**	0.98**
	2010	0.98	0.99	1.00	…	1.00**	1.01**	1.02	0.99	1.02	…
	2015	1.01^{-2}	0.99^{-2}	1.01^{-2}	…	1.00$^{**,-2}$	1.02$^{**,-2}$	1.02^{-2}	1.00^{-2}	…	…
拉丁美洲和加勒比海地区	2000	1.01	0.96	1.06**	…	0.98**	1.05**	1.03	1.14**	1.07	0.97**
	2010	1.01	0.97	1.08	…	1.00	1.06**	1.03	1.15	1.05	0.98**
	2015	1.01^{-2}	0.98^{-2}	1.06^{-2}	…	1.00$^{**,-2}$	1.06$^{**,-2}$	1.02^{-2}	1.13^{-2}	…	…

续表

国家或地区	参考年份	毛入学率(Gross enrolment ratio, gender parity index)			净入学率(Net enrolment rate, gender parity index)			中等教育毛入学率(Gross enrolment ratio in lower secondary education, gender parity index)		其他指标	
		学前教育	初等教育	中等教育	学前教育	初等教育(调整后)	中等教育	初中	高中	小学最高年级的巩固率(Survival rate to the last grade of primary education, gender parity index)	小升初的升学率(小学至普通初中)(Effective transition rate from primary to lower secondary general education, gender parity index)
北美和西欧	2000	1.00	0.99	1.01	…	1.00	1.02	1.00	1.03	1.02	…
	2010	1.01	0.99	1.00	…	1.00	1.01	0.99	1.00	1.01	…
	2015	0.99^{-2}	0.99^{-2}	1.00^{-2}	…	1.01^{-2}	$1.01^{**,-2}$	0.98^{-2}	1.02^{-2}	…	…
南亚和西亚	2000	0.98	0.84	0.76	…	0.84	0.78^{**}	0.79	0.71	0.99	0.98
	2010	1.03	0.99	0.92	…	0.99^{**}	$0.87^{**,-2}$	0.95	0.89	1.06	1.01
	2015	…	$1.00^{**,-2}$	$0.94^{**,-2}$	…	$1.00^{**,-2}$	…	$0.99^{**,-2}$	$0.88^{**,-2}$	…	…
撒哈拉以南非洲	2000	0.96^{**}	0.85	0.81	…	0.89	0.84^{**}	0.80	0.81	0.97	0.99^{**}
	2010	1.01	0.93	0.82	…	0.94^{**}	0.87^{**}	0.84	0.79	1.00	0.97^{**}
	2015	$1.03^{**,-2}$	$0.93^{**,-2}$	$0.86^{**,-2}$	…	$0.94^{**,-2}$	$0.88^{**,-2}$	$0.87^{**,-2}$	$0.83^{**,-2}$	…	…

符号：

… 没有相关数据

** 国家数据：统计研究所估计数据

地区平均水平：部分估计数据是因为国家数据覆盖范围(25%～75%的人口)不完整

* 国家估计数据

X^{+n} 引用参考年份后 n 年的学年或财年数据

X^{-n} 引用参考年份前 n 年的学年或财年数据

资料来源：联合国教科文组织统计研究所数据库，2016 年 http://data.uis.unesco.org/

附录 9：初等教育和中等教育的结构

国家或地区	参考年份	义务教育法定入学年龄(岁)(Official entrance age to compulsory education)	义务教育持续时间(年)(Duration of compulsory education)	初等教育法定入学年龄(岁)(Official entrance age to primary education)	初等教育持续时间(年)(Theoretical duration of primary education)	初中教育法定入学年龄(岁)(Official entrance age to lower secondary education)	初中教育持续时间(年)(Theoretical duration of lower secondary education)	高中教育法定入学年龄(岁)(Official entrance age to upper secondary education)	高中教育持续时间(年)(Theoretical duration of upper secondary education)
东亚和太平洋地区									
新加坡	2000	6	6	6	6	12	2	14	2
	2010	6	6	6	6	12	2	14	2
	2015	6^{-1}	6^{-1}	6	6	12	2	14	2
马来西亚	2000	.	.	6	6	12	3	15	4
	2010	6	6	6	6	12	3	15	4
	2015	6^{-1}	6^{-1}	6	6	12	3	15	4
印度尼西亚	2000	.	.	7	6	13	3	16	3
	2010	7	9	7	6	13	3	16	3
	2015	7^{-1}	9^{-1}	7	6	13	3	16	3
缅甸	2000	5	5	5	5	10	4	14	2
	2010	5	5	5	5	10	4	14	2
	2015	5^{-1}	5^{-1}	5	5	10	4	14	2

续表

国家或地区	参考年份	义务教育法定入学年龄(岁)(Official entrance age to compulsory education)	义务教育持续时间(年)(Duration of compulsory education)	初等教育法定入学年龄(岁)(Official entrance age to primary education)	初等教育持续时间(年)(Theoretical duration of primary education)	初中教育法定入学年龄(岁)(Official entrance age to lower secondary education)	初中教育持续时间(年)(Theoretical duration of lower secondary education)	高中教育法定入学年龄(岁)(Official entrance age to upper secondary education)	高中教育持续时间(年)(Theoretical duration of upper secondary education)
泰国	2000	6	9	6	6	12	3	15	3
	2010	6	9	6	6	12	3	15	3
	2015	6^{-1}	9^{-1}	6	6	12	3	15	3
老挝	2000	6	5	6	5	11	3	14	3
	2010	6	5	6	5	11	4	15	2
	2015	6^{-1}	5^{-1}	6	5	11	4	15	3
柬埔寨	2000	.	.	6	6	12	3	15	3
	2010	.	.	6	6	12	3	15	3
	2015	.	.	6	6	12	3	15	3
越南	2000	6	5	6	5	11	4	15	3
	2010	6	9	6	5	11	4	15	3
	2015	5^{-1}	10^{-1}	6	5	11	4	15	3
文莱	2000	.	.	6	6	12	3	15	4
	2010	6	9	6	6	12	2	14	5
	2015	6^{-1}	9^{-1}	6	6	12	2	14	5
菲律宾	2000	5	7	6	6	12	3	15	1
	2010	5	7	6	6	12	3	15	1
	2015	5^{-1}	13^{-1}	6	6	12	3	15	1

续表

国家或地区	参考年份	义务教育法定入学年龄(岁)(Official entrance age to compulsory education)	义务教育持续时间(年)(Duration of compulsory education)	初等教育法定入学年龄(岁)(Official entrance age to primary education)	初等教育持续时间(年)(Theoretical duration of primary education)	初中教育法定入学年龄(岁)(Official entrance age to lower secondary education)	初中教育持续时间(年)(Theoretical duration of lower secondary education)	高中教育法定入学年龄(岁)(Official entrance age to upper secondary education)	高中教育持续时间(年)(Theoretical duration of upper secondary education)
阿拉伯国家									
伊拉克	2000	6	6	6	6	12	3	15	3
	2010	6	6	6	6	12	3	15	3
	2015	6^{-1}	6^{-1}	6	6	12	3	15	3
叙利亚	2000	6	6	6	6	12	3	15	3
	2010	6	9	6	4	10	5	15	3
	2015	6^{-1}	9^{-1}	6	4	10	5	15	3
约旦	2000	6	10	6	6	12	4	16	2
	2010	6	10	6	6	12	4	16	2
	2015	6^{-1}	10^{-1}	6	6	12	4	16	2
黎巴嫩	2000	6	6	6	5	11	4	15	3
	2010	6	9	6	6	12	3	15	3
	2015	6^{-1}	9^{-1}	6	6	12	3	15	3
埃及	2000	6	9	6	5	11	3	14	3
	2010	6	9	6	6	12	3	15	3
	2015	6^{-1}	12^{-1}	6	6	12	3	15	3
巴勒斯坦	2000	6	10	6	4	10	6	16	2
	2010	6	10	6	4	10	6	16	2
	2015	6^{-1}	10^{-1}	6	4	10	6	16	2

续表

国家或地区	参考年份	义务教育法定入学年龄(岁)(Official entrance age to compulsory education)	义务教育持续时间(年)(Duration of compulsory education)	初等教育法定入学年龄(岁)(Official entrance age to primary education)	初等教育持续时间(年)(Theoretical duration of primary education)	初中教育法定入学年龄(岁)(Official entrance age to lower secondary education)	初中教育持续时间(年)(Theoretical duration of lower secondary education)	高中教育法定入学年龄(岁)(Official entrance age to upper secondary education)	高中教育持续时间(年)(Theoretical duration of upper secondary education)
沙特阿拉伯	2000	…	…	6	6	12	3	15	3
	2010	6	9	6	6	12	3	15	3
	2015	6^{-1}	9^{-1}	6	6	12	3	15	3
也门	2000	6	9	6	6	12	3	15	3
	2010	6	9	6	6	12	3	15	3
	2015	6^{-1}	9^{-1}	6	6	12	3	15	3
阿曼	2000	.	.	6	6	12	3	15	3
	2010	.	.	6	6	12	3	15	3
	2015	.	.	6	6	12	3	15	3
阿联酋	2000	6	6	6	6	12	3	15	3
	2010	6	6	6	5	11	4	15	3
	2015	6^{-1}	6^{-1}	6	5	11	4	15	3
卡塔尔	2000	6^{+1}	9^{+1}	6	6	12	3	15	3
	2010	6	9	6	6	12	3	15	3
	2015	6^{-1}	9^{-1}	6	6	12	3	15	3
科威特	2000	6	9	6	4	10	4	14	4
	2010	6	9	6	5	11	4	15	3
	2015	6^{-1}	9^{-1}	6	5	11	4	15	3

续表

国家或地区	参考年份	义务教育法定入学年龄(岁)(Official entrance age to compulsory education)	义务教育持续时间(年)(Duration of compulsory education)	初等教育法定入学年龄(岁)(Official entrance age to primary education)	初等教育持续时间(年)(Theoretical duration of primary education)	初中教育法定入学年龄(岁)(Official entrance age to lower secondary education)	初中教育持续时间(年)(Theoretical duration of lower secondary education)	高中教育法定入学年龄(岁)(Official entrance age to upper secondary education)	高中教育持续时间(年)(Theoretical duration of upper secondary education)
巴林	2000	.	.	6	6	12	3	15	3
	2010	6	9	6	6	12	3	15	3
	2015	6^{-1}	9^{-1}	6	6	12	3	15	3
北美和西欧									
希腊	2000	6	9	6	6	12	3	15	3
	2010	5	10	6	6	12	3	15	3
	2015	6^{-1}	9^{-1}	6	6	12	3	15	3
塞浦路斯	2000	6	9	6	6	12	3	15	3
	2010	6	9	6	6	12	3	15	3
	2015	6^{-1}	9^{-1}	6	6	12	3	15	3
以色列	2000	5	11	6	6	12	3	15	3
	2010	5	13	6	6	12	3	15	3
	2015	5^{-1}	13^{-1}	6	6	12	3	15	3
南亚和西亚									
伊朗	2000	6	5	6	5	11	3	14	4
	2010	6	8	6	5	11	3	14	4
	2015	6^{-1}	8^{-1}	6	6	12	2	14	4
印度	2000	.	.	6	5	11	3	14	4
	2010	6	8	6	5	11	3	14	4
	2015	6^{-1}	8^{-1}	6	5	11	3	14	4

续表

国家或地区	参考年份	义务教育法定入学年龄(岁)(Official entrance age to compulsory education)	义务教育持续时间(年)(Duration of compulsory education)	初等教育法定入学年龄(岁)(Official entrance age to primary education)	初等教育持续时间(年)(Theoretical duration of primary education)	初中教育法定入学年龄(岁)(Official entrance age to lower secondary education)	初中教育持续时间(年)(Theoretical duration of lower secondary education)	高中教育法定入学年龄(岁)(Official entrance age to upper secondary education)	高中教育持续时间(年)(Theoretical duration of upper secondary education)
巴基斯坦	2000	5	12	5	5	10	3	13	4
	2010	5	12	5	5	10	3	13	4
	2015	5^{-1}	12^{-1}	5	5	10	3	13	4
孟加拉国	2000	6	5	6	5	11	3	14	4
	2010	6	5	6	5	11	3	14	4
	2015	6^{-1}	5^{-1}	6	5	11	3	14	4
阿富汗	2000	7	6	7	6	13	3	16	3
	2010	7	9	7	6	13	3	16	3
	2015	7^{-1}	9^{-1}	7	6	13	3	16	3
斯里兰卡	2000	5	9	5	5	10	4	14	4
	2010	5	9	5	5	10	4	14	4
	2015	5^{-1}	9^{-1}	5	5	10	4	14	4
马尔代夫	2000	.	.	6	7	13	3	16	2
	2010	.	.	6	7	13	3	16	2
	2015	…	…	6	7	13	3	16	2
尼泊尔	2000	.	.	6	5	11	3	14	4
	2010	.	.	5	5	10	3	13	4
	2015	…	…	5	5	10	3	13	4
不丹	2000	.	.	6	7	13	4	17	2
	2010	.	.	6	7	13	4	17	2
	2015	…	…	6	7	13	4	17	2

续表

国家或地区	参考年份	义务教育法定入学年龄(岁)(Official entrance age to compulsory education)	义务教育持续时间(年)(Duration of compulsory education)	初等教育法定入学年龄(岁)(Official entrance age to primary education)	初等教育持续时间(年)(Theoretical duration of primary education)	初中教育法定入学年龄(岁)(Official entrance age to lower secondary education)	初中教育持续时间(年)(Theoretical duration of lower secondary education)	高中教育法定入学年龄(岁)(Official entrance age to upper secondary education)	高中教育持续时间(年)(Theoretical duration of upper secondary education)
中亚									
蒙古	2000	8	8	8	4	12	4	16	2
	2010	6	12	6	5	11	4	15	2
	2015	6^{-1}	12^{-1}	6	5	11	4	15	3
哈萨克斯坦	2000	7	9	7	4	11	5	16	2
	2010	7	10	7	4	11	5	16	2
	2015	7^{-1}	10^{-1}	7	4	11	5	16	2
乌兹别克斯坦	2000	7	11	7	4	11	5	16	2
	2010	7	11	7	4	11	5	16	2
	2015	7^{-1}	11^{-1}	7	4	11	5	16	2
土库曼斯坦	2000	7	9	7	3	10	5	15	1
	2010	7	10	7	3	10	5	15	2
	2015	6^{-1}	12^{-1}	6	4	10	5	15	3
塔吉克斯坦	2000	7	9	7	4	11	5	16	2
	2010	7	9	7	4	11	5	16	2
	2015	7^{-1}	9^{-1}	7	4	11	5	16	2
吉尔吉斯斯坦	2000	7	9	7	4	11	5	16	2
	2010	7	9	7	4	11	5	16	2
	2015	7^{-1}	9^{-1}	7	4	11	5	16	2

续表

国家或地区	参考年份	义务教育法定入学年龄(岁)(Official entrance age to compulsory education)	义务教育持续时间(年)(Duration of compulsory education)	初等教育法定入学年龄(岁)(Official entrance age to primary education)	初等教育持续时间(年)(Theoretical duration of primary education)	初中教育法定入学年龄(岁)(Official entrance age to lower secondary education)	初中教育持续时间(年)(Theoretical duration of lower secondary education)	高中教育法定入学年龄(岁)(Official entrance age to upper secondary education)	高中教育持续时间(年)(Theoretical duration of upper secondary education)
格鲁吉亚	2000	6	6	6	4	10	5	15	2
	2010	6	9	6	6	12	3	15	3
	2015	6^{-1}	9^{-1}	6	6	12	3	15	3
阿塞拜疆	2000	6	9	6	4	10	5	15	2
	2010	6	9	6	4	10	5	15	2
	2015	6^{-1}	9^{-1}	6	4	10	5	15	2
亚美尼亚	2000	7	10	7	3	10	5	15	2
	2010	6	11	7	3	10	5	15	2
	2015	6^{-1}	11^{-1}	6	4	10	5	15	2
中东欧									
土耳其	2000	6	8	6	5	11	3	14	3
	2010	6	8	6	5	11	3	14	4
	2015	6^{-1}	12^{-1}	6	4	11	3	14	4
俄罗斯	2000	6	10	7	4	10	5	15	2
	2010	6	10	7	4	11	5	16	2
	2015	6^{-1}	10^{-1}	7	4	11	5	16	2

续表

国家或地区	参考年份	义务教育法定入学年龄(岁)(Official entrance age to compulsory education)	义务教育持续时间(年)(Duration of compulsory education)	初等教育法定入学年龄(岁)(Official entrance age to primary education)	初等教育持续时间(年)(Theoretical duration of primary education)	初中教育法定入学年龄(岁)(Official entrance age to lower secondary education)	初中教育持续时间(年)(Theoretical duration of lower secondary education)	高中教育法定入学年龄(岁)(Official entrance age to upper secondary education)	高中教育持续时间(年)(Theoretical duration of upper secondary education)
乌克兰	2000	7	10	7	3	10	5	15	2
	2010	6	11	6	4	10	5	15	2
	2015	6^{-1}	11^{-1}	6	4	10	5	15	2
白俄罗斯	2000	6	9	6	4	10	5	15	2
	2010	6	9	6	4	10	5	15	2
	2015	6^{-1}	9^{-1}	6	4	10	5	15	2
摩尔多瓦	2000	7	9	7	4	11	5	16	2
	2010	7	9	7	4	11	5	16	2
	2015	7^{-1}	9^{-1}	7	4	11	5	16	2
波兰	2000	6	12	7	6	13	2	15	4
	2010	6	12	7	6	13	3	16	3
	2015	6^{-1}	12^{-1}	7	6	13	3	16	3
立陶宛	2000	7	9	7	4	11	6	17	2
	2010	7	9	7	4	11	6	17	2
	2015	7^{-1}	9^{-1}	7	4	11	6	17	2

续表

国家或地区	参考年份	义务教育法定入学年龄(岁)(Official entrance age to compulsory education)	义务教育持续时间(年)(Duration of compulsory education)	初等教育法定入学年龄(岁)(Official entrance age to primary education)	初等教育持续时间(年)(Theoretical duration of primary education)	初中教育法定入学年龄(岁)(Official entrance age to lower secondary education)	初中教育持续时间(年)(Theoretical duration of lower secondary education)	高中教育法定入学年龄(岁)(Official entrance age to upper secondary education)	高中教育持续时间(年)(Theoretical duration of upper secondary education)
爱沙尼亚	2000	7	9	7	6	13	3	16	3
	2010	7	9	7	6	13	3	16	3
	2015	7^{-1}	9^{-1}	7	6	13	3	16	3
拉脱维亚	2000	5	8	7	4	11	5	16	3
	2010	5	11	7	6	13	3	16	3
	2015	5^{-1}	11^{-1}	7	6	13	3	16	3
捷克	2000	…	…	6	5	11	4	15	4
	2010	6	9	6	5	11	4	15	4
	2015	6^{-1}	9^{-1}	6	5	11	4	15	4
斯洛伐克	2000	6	10	6	4	10	5	15	4
	2010	6	10	6	4	10	5	15	4
	2015	6^{-1}	10^{-1}	6	4	10	5	15	4
匈牙利	2000	6	12	7	4	11	4	15	4
	2010	6	10	7	4	11	4	15	4
	2015	6^{-1}	8^{-1}	7	4	11	4	15	4

续表

国家或地区	参考年份	义务教育法定入学年龄(岁)(Official entrance age to compulsory education)	义务教育持续时间(年)(Duration of compulsory education)	初等教育法定入学年龄(岁)(Official entrance age to primary education)	初等教育持续时间(年)(Theoretical duration of primary education)	初中教育法定入学年龄(岁)(Official entrance age to lower secondary education)	初中教育持续时间(年)(Theoretical duration of lower secondary education)	高中教育法定入学年龄(岁)(Official entrance age to upper secondary education)	高中教育持续时间(年)(Theoretical duration of upper secondary education)
斯洛文尼亚	2000	6	9	7	4	11	4	15	4
	2010	6	9	6	6	12	3	15	4
	2015	6^{-1}	9^{-1}	6	6	12	3	15	4
克罗地亚	2000	7	8	7	4	11	4	15	4
	2010	7	8	7	4	11	4	15	4
	2015	7^{-1}	8^{-1}	7	4	11	4	15	4
波黑	2000	6	8	6	4	10	4	14	4
	2010	6	9	6	5	11	4	15	4
	2015	6^{-1}	9^{-1}	6	5	11	4	15	4
黑山	2000	6^{+1}	9^{+1}	7	4	11	4	15	4
	2010	6	9	7	4	11	4	15	4
	2015	6^{-1}	9^{-1}	6	5	11	4	15	4
塞尔维亚	2000	7	8	7	4	11	4	15	4
	2010	7	8	7	4	11	4	15	4
	2015	7^{-1}	8^{-1}	7	4	11	4	15	4
阿尔巴尼亚	2000	6	8	6	4	10	4	14	4
	2010	6	8	6	5	11	4	15	3
	2015	6^{-1}	9^{-1}	6	5	11	4	15	3

续表

国家或地区	参考年份	义务教育法定入学年龄(岁)(Official entrance age to compulsory education)	义务教育持续时间(年)(Duration of compulsory education)	初等教育法定入学年龄(岁)(Official entrance age to primary education)	初等教育持续时间(年)(Theoretical duration of primary education)	初中教育法定入学年龄(岁)(Official entrance age to lower secondary education)	初中教育持续时间(年)(Theoretical duration of lower secondary education)	高中教育法定入学年龄(岁)(Official entrance age to upper secondary education)	高中教育持续时间(年)(Theoretical duration of upper secondary education)
罗马尼亚	2000	7	8	7	4	11	4	15	4
	2010	7	10	7	4	11	4	15	4
	2015	7^{-1}	10^{-1}	6	5	11	4	15	4
保加利亚	2000	7	9	7	4	11	4	15	3
	2010	7	9	7	4	11	4	15	4
	2015	5^{-1}	11^{-1}	7	4	11	4	15	4
马其顿	2000	…	…	7	4	11	4	15	4
	2010	6	9	6	5	11	4	15	4
	2015	6^{-1}	9^{-1}	6	5	11	4	15	4

符号：

… 没有相关数据

. 不可用

X^{+n} 引用参考年份后 n 年的学年或财年数据

X^{-n} 引用参考年份前 n 年的学年或财年数据

资料来源：联合国教科文组织统计研究所数据库，2016 年 http://data.uis.unesco.org/

附录 10：教育经费占 GDP 的比例

国家或地区	参考年份	教育经费占 GDP 的比例(%)(Government expenditure on education as % of GDP)	学前教育经费占 GDP 的比例(%)(Government expenditure on pre-primary education as % of GDP)	初等教育经费占 GDP 的比例(%)(Government expenditure on primary education as % of GDP)	中等教育经费占 GDP 的比例(%)(Government expenditure on secondary education as % of GDP)	中等后教育(非高等教育)经费占 GDP 的比例(%)(Government expenditure on post-secondary non-tertiary education as % of GDP)	高等教育经费占 GDP 的比例(%)(Government expenditure on tertiary education as % of GDP)
东亚及太平洋地区							
新加坡	2000	3. 32	…	…	…	…	…
	2010	3. 11	—	0. 65	0. 78	0. 22	1. 09
	2015	2. 91^{-2}	…	0. 64^{-2}	0. 67^{-2}	0. 23^{-2}	1. 03^{-2}
马来西亚	2000	5. 97	0. 06	1. 62	2. 06	0. 18	1. 91
	2010	5. 12	0. 06	1. 46	1. 73	0. 11	1. 76
	2015	6. 29^{-2}	0. 10^{-2}	1. 91^{-2}	2. 15^{-2}	…	2. 14^{-2}
印度尼西亚	2000	2. 46$^{**,+1}$	…	…	…	…	…
	2010	2. 81	0. 02	1. 25	0. 68	.	0. 45
	2015	3. 37^{-2}	0. 06	1. 43^{-2}	0. 88^{-2}	…	0. 55^{-2}

续表

国家或地区	参考年份	教育经费占 GDP 的比例(%)(Government expenditure on education as % of GDP)	学前教育经费占 GDP 的比例(%)(Government expenditure on pre-primary education as % of GDP)	初等教育经费占 GDP 的比例(%)(Government expenditure on primary education as % of GDP)	中等教育经费占 GDP 的比例(%)(Government expenditure on secondary education as % of GDP)	中等后教育(非高等教育)经费占 GDP 的比例(%)(Government expenditure on post-secondary non-tertiary education as % of GDP)	高等教育经费占 GDP 的比例(%)(Government expenditure on tertiary education as % of GDP)
缅甸	2000	…	…	…	…	…	…
	2010	…	…	…	…	…	…
	2015	…	…	…	…	…	…
泰国	2000	5.41	0.59	1.74	1.18	…	1.10
	2010	3.75	0.21	1.50	1.07	…	0.62
	2015	…	…	…	…	…	…
老挝	2000	1.50	0.05^{+2}	1.27^{+2}	0.54^{+2}	0.02	0.19
	2010	2.77	…	…	…	…	…
	2015	4.17^{-1}	…	…	…	…	…
柬埔寨	2000	1.67	0.04**	1.04**	0.19^{+1}	0.10	0.09^{+1}
	2010	2.60	0.06	1.09	0.46	0.33	0.38
	2015	…	…	…	…	…	…
越南	2000	…	…	…	…	…	…
	2010	6.29	0.68	2.02	2.40	0.27	0.92
	2015	…	…	…	…	…	…
文莱	2000	3.71	…	…	…	…	…
	2010	2.05	—	0.58	0.96	0.01	0.50
	2015	3.77^{-1}	…	…	1.46^{-1}	…	1.20^{-1}

续表

国家或地区	参考年份	教育经费占 GDP 的比例(%)(Government expenditure on education as % of GDP)	学前教育经费占 GDP 的比例(%)(Government expenditure on pre-primary education as % of GDP)	初等教育经费占 GDP 的比例(%)(Government expenditure on primary education as % of GDP)	中等教育经费占 GDP 的比例(%)(Government expenditure on secondary education as % of GDP)	中等后教育(非高等教育)经费占 GDP 的比例(%)(Government expenditure on post-secondary non-tertiary education as % of GDP)	高等教育经费占 GDP 的比例(%)(Government expenditure on tertiary education as % of GDP)
菲律宾	2000	3.27	—	1.98	0.71	0.06	0.45
	2010	2.65^{-1}	0.04^{-1}	1.46^{-1}	0.79^{-1}	0.04^{-1}	0.32^{-1}
	2015	…	…	…	…	…	…
阿拉伯国家							
伊拉克	2000	…	…	…	…	…	…
	2010	…	…	…	…	…	…
	2015	…	…	…	…	…	…
叙利亚	2000	4.36^{+1}	…	2.12	1.52	0.05	0.87^{+1}
	2010	5.13^{-1}	—	1.99^{-1}	1.89^{-1}	…	1.24^{-1}
	2015	…	…	…	…	…	…
约旦	2000	4.95^{-1}	0.01^{+2}	2.18^{+1}	2.07^{+1}	…	0.92^{-1}
	2010	…	0.03^{+1}	1.65^{+1}	1.75^{+1}	…	…
	2015	…	…	…	…	…	…
黎巴嫩	2000	2.84^{+1}	…	…	…	…	0.73^{+2}
	2010	1.63	…	…	0.32^{+2}	.	0.44
	2015	2.57^{-2}	…	…	0.44^{-2}	…	0.74^{-2}

续表

国家或地区	参考年份	教育经费占 GDP 的比例(%)(Government expenditure on education as % of GDP)	学前教育经费占 GDP 的比例(%)(Government expenditure on pre-primary education as % of GDP)	初等教育经费占 GDP 的比例(%)(Government expenditure on primary education as % of GDP)	中等教育经费占 GDP 的比例(%)(Government expenditure on secondary education as % of GDP)	中等后教育(非高等教育)经费占 GDP 的比例(%)(Government expenditure on post-secondary non-tertiary education as % of GDP)	高等教育经费占 GDP 的比例(%)(Government expenditure on tertiary education as % of GDP)
埃及	2000	…	…	…	…	…	…
	2010	3.76^{-2}	…	…	…	…	…
	2015	…	…	…	…	…	…
巴勒斯坦	2000	…	…	…	…	…	…
	2010	…	…	…	…	…	…
	2015	…	…	…	…	…	…
沙特阿拉伯	2000	5.94	…	…	…	…	…
	2010	5.14^{-2}	…	…	…	…	…
	2015	…	…	…	…	…	…
也门	2000	9.66	…	…	…	…	…
	2010	4.56^{-2}	0.05^{+1}	2.91^{+1}	0.86^{+1}	…	…
	2015	…	…	…	…	…	…
阿曼	2000	3.20	…	1.53^{+1}	2.11^{+1}	…	0.38^{+1}
	2010	4.19^{-1}	—	1.15	1.39	.	1.13^{-1}
	2015	…	…	…	…	…	…

续表

国家或地区	参考年份	教育经费占GDP的比例(%)(Government expenditure on education as % of GDP)	学前教育经费占GDP的比例(%)(Government expenditure on pre-primary education as % of GDP)	初等教育经费占GDP的比例(%)(Government expenditure on primary education as % of GDP)	中等教育经费占GDP的比例(%)(Government expenditure on secondary education as % of GDP)	中等后教育(非高等教育)经费占GDP的比例(%)(Government expenditure on post-secondary non-tertiary education as % of GDP)	高等教育经费占GDP的比例(%)(Government expenditure on tertiary education as % of GDP)
阿联酋	2000	…	…	…	…	…	…
	2010	…	0.18^{+1}	0.44^{+1}	0.69^{+1}	…	…
	2015	…	…	…	…	…	…
卡塔尔	2000	3.73	…	…	…	…	…
	2010	4.54	0.15^{-1}	0.60^{-1}	0.50^{-1}	…	…
	2015	3.53^{-1}	…	…	…	…	…
科威特	2000	$6.59^{**,+1}$	0.62^{+2}	$1.24^{**,+1}$	2.41^{+2}	…	…
	2010	…	0.54^{+1}	1.30	1.95^{+1}	2.19^{+2}	…
	2015	…	…	…	…	…	…
巴林	2000	…	…	…	…	…	…
	2010	2.64^{+2}	—	…	…	…	…
	2015	…	…	…	…	…	…
北美和西欧							
希腊	2000	3.22	…	…	1.31	0.04	0.77
	2010	…	…	…	…	…	…
	2015	…	…	…	…	…	…

续表

国家或地区	参考年份	教育经费占 GDP 的比例(%)(Government expenditure on education as % of GDP)	学前教育经费占 GDP 的比例(%)(Government expenditure on pre-primary education as % of GDP)	初等教育经费占 GDP 的比例(%)(Government expenditure on primary education as % of GDP)	中等教育经费占 GDP 的比例(%)(Government expenditure on secondary education as % of GDP)	中等后教育(非高等教育)经费占 GDP 的比例(%)(Government expenditure on post-secondary non-tertiary education as % of GDP)	高等教育经费占 GDP 的比例(%)(Government expenditure on tertiary education as % of GDP)
塞浦路斯	2000	5.02	0.25	1.38	2.52	.	0.86
	2010	6.66	0.37	2.07	2.87	.	1.36
	2015	…	…	…	…	…	…
以色列	2000	6.16	0.53	2.18	1.85	0.02	1.13
	2010	5.56	0.61	2.29	1.43	0.01	0.94
	2015	…	…	…	…	…	…
南亚和西亚							
伊朗	2000	4.38	$0.04^{**,+1}$	$1.14^{**,+1}$	1.53^{+1}	0.11^{+1}	0.85^{+1}
	2010	4.26	0.04	1.05	2.09	0.16	0.91
	2015	3.06^{-1}	0.01^{-1}	0.82^{-1}	1.21^{-1}	0.16^{-1}	0.87^{-1}
印度	2000	4.25	0.04	1.60	1.70	0.05	0.86
	2010	3.32	0.04	0.84	1.23	0.02	1.20
	2015	…	…	…	…	…	…
巴基斯坦	2000	1.84	…	…	…	…	…
	2010	2.29	…	…	…	…	…
	2015	2.45^{-1}	…	0.86^{-1}	0.82^{-1}	…	0.55^{-1}

续表

国家或地区	参考年份	教育经费占GDP的比例(%)(Government expenditure on education as % of GDP)	学前教育经费占GDP的比例(%)(Government expenditure on pre-primary education as % of GDP)	初等教育经费占GDP的比例(%)(Government expenditure on primary education as % of GDP)	中等教育经费占GDP的比例(%)(Government expenditure on secondary education as % of GDP)	中等后教育(非高等教育)经费占GDP的比例(%)(Government expenditure on post-secondary non-tertiary education as % of GDP)	高等教育经费占GDP的比例(%)(Government expenditure on tertiary education as % of GDP)
孟加拉国	2000	2.13	—	0.99	0.77^{**}	$—^{**}$	0.21
	2010	1.94^{-1}	—	0.87^{-1}	0.98	0.04	0.26
	2015	$1.97^{**,-2}$	…	…	…	…	…
阿富汗	2000	…	…	…	…	…	…
	2010	4.51^{**}	…	…	…	…	…
	2015	$4.62^{**,-1}$	…	…	…	…	…
斯里兰卡	2000	…	…	…	0.01^{+1}	…	0.36^{+1}
	2010	1.97	—	0.49	1.05	0.10	0.32
	2015	…	…	…	…	…	…
马尔代夫	2000	$5.70^{**,+2}$	…	…	…	…	…
	2010	5.97^{+1}	0.47^{-2}	2.41^{-2}	1.91^{-2}	…	0.40^{+1}
	2015	…	…	…	…	…	…
尼泊尔	2000	2.98^{**}	—	1.64^{**}	0.65^{**}	.	0.56^{**}
	2010	4.72	0.07^{-1}	2.94^{-1}	1.10^{-1}	…	0.50
	2015	4.72^{-1}	0.13^{-1}	2.39^{-1}	1.67^{-1}	…	0.54^{-1}

续表

国家或地区	参考年份	教育经费占 GDP 的比例(%)(Government expenditure on education as % of GDP)	学前教育经费占 GDP 的比例(%)(Government expenditure on pre-primary education as % of GDP)	初等教育经费占 GDP 的比例(%)(Government expenditure on primary education as % of GDP)	中等教育经费占 GDP 的比例(%)(Government expenditure on secondary education as % of GDP)	中等后教育(非高等教育)经费占 GDP 的比例(%)(Government expenditure on post-secondary non-tertiary education as % of GDP)	高等教育经费占 GDP 的比例(%)(Government expenditure on tertiary education as % of GDP)
不丹	2000	5.51	…	…	…	…	…
	2010	4.02	—	1.20	2.17	0.04	0.61
	2015	5.96^{-1}	…	1.91^{-1}	3.32^{-1}	0.12^{-1}	0.62^{-1}
中亚							
蒙古	2000	5.55	1.02^{+2}	…	…	0.31^{+2}	1.11^{+2}
	2010	4.65	1.02	1.25	1.56	0.50	0.31
	2015	…	…	…	…	…	…
哈萨克斯坦	2000	3.26	0.11^{+2}	…	…	0.11^{+2}	0.40^{+2}
	2010	3.06^{-1}	0.21^{-1}	…	…	…	0.40^{-1}
	2015	2.89^{-1}	0.29^{-1}	0.02^{-1}	0.96^{-1}	…	0.41^{-1}
乌兹别克斯坦	2000	…	…	…	…	…	…
	2010	…	…	…	…	…	…
	2015	…	…	…	…	…	…
土库曼斯坦	2000	…	…	…	…	…	…
	2010	3.05^{+2}	0.86^{+2}	…	…	…	0.28^{+2}
	2015	…	…	…	…	…	…

续表

国家或地区	参考年份	教育经费占GDP的比例(%)(Government expenditure on education as % of GDP)	学前教育经费占GDP的比例(%)(Government expenditure on pre-primary education as % of GDP)	初等教育经费占GDP的比例(%)(Government expenditure on primary education as % of GDP)	中等教育经费占GDP的比例(%)(Government expenditure on secondary education as % of GDP)	中等后教育(非高等教育)经费占GDP的比例(%)(Government expenditure on post-secondary non-tertiary education as % of GDP)	高等教育经费占GDP的比例(%)(Government expenditure on tertiary education as % of GDP)
塔吉克斯坦	2000	2.33	…	…	…	0.07^{+2}	0.33^{+2}
	2010	4.01	0.20	…	…	0.13	0.40
	2015	…	…	…	…	0.15^{-2}	0.46^{-2}
吉尔吉斯斯坦	2000	3.51	0.22	…	…	—	0.52
	2010	5.82	0.47	…	…	0.49	0.90
	2015	6.78^{-2}	0.73^{-2}	…	3.69^{-2}	0.49^{-2}	0.87^{-2}
格鲁吉亚	2000	2.18	…	…	…	…	…
	2010	2.70^{+1}	0.26^{+1}	0.84^{+1}	0.78^{+1}	0.14^{+1}	0.30^{+1}
	2015	…	…	…	…	…	…
阿塞拜疆	2000	3.85	0.30	…	…	0.09	0.23
	2010	2.78	0.20	…	…	…	0.39
	2015	2.46^{-2}	…	…	…	…	…
亚美尼亚	2000	2.77	…	…	…	…	…
	2010	3.25	0.28^{+1}	0.76^{+2}	1.61^{+2}	.	0.38
	2015	2.40^{-1}	0.31^{-1}	0.57^{-2}	1.31^{-1}	…	0.33^{-1}
中东欧							

续表

国家或地区	参考年份	教育经费占GDP的比例(%)(Government expenditure on education as % of GDP)	学前教育经费占GDP的比例(%)(Government expenditure on pre-primary education as % of GDP)	初等教育经费占GDP的比例(%)(Government expenditure on primary education as % of GDP)	中等教育经费占GDP的比例(%)(Government expenditure on secondary education as % of GDP)	中等后教育(非高等教育)经费占GDP的比例(%)(Government expenditure on post-secondary non-tertiary education as % of GDP)	高等教育经费占GDP的比例(%)(Government expenditure on tertiary education as % of GDP)
土耳其	2000	2.59	—	…	…	.	0.80
	2010	…	…	…	…	…	…
	2015	…	…	…	…	…	…
俄罗斯	2000	2.94	0.44	…	…	0.18	0.47
	2010	4.15^{+2}	0.62^{-2}	…	…	…	0.88^{+2}
	2015	…	…	…	…	…	…
乌克兰	2000	4.17	0.46	…	…	…	1.34
	2010	6.16^{+1}	0.91^{+1}	0.96^{+1}	1.76^{+1}	0.41^{+1}	2.12^{+1}
	2015	6.67^{-2}	1.07^{-2}	1.17^{-2}	1.88^{-2}	0.43^{-2}	2.13^{-2}
白俄罗斯	2000	6.20	…	…	…	…	…
	2010	5.41	1.03	…	…	0.35	0.93
	2015	4.99^{-1}	…	…	…	0.25^{-1}	0.84^{-1}
摩尔多瓦	2000	4.49	…	…	…	…	…
	2010	9.11	1.78	1.64	3.40	0.04	1.64
	2015	7.50^{-1}	1.57^{-1}	1.70^{-1}	2.68^{-1}	0.02^{-1}	1.29^{-1}

续表

国家或地区	参考年份	教育经费占 GDP 的比例(%)(Government expenditure on education as % of GDP)	学前教育经费占 GDP 的比例(%)(Government expenditure on pre-primary education as % of GDP)	初等教育经费占 GDP 的比例(%)(Government expenditure on primary education as % of GDP)	中等教育经费占 GDP 的比例(%)(Government expenditure on secondary education as % of GDP)	中等后教育(非高等教育)经费占 GDP 的比例(%)(Government expenditure on post-secondary non-tertiary education as % of GDP)	高等教育经费占 GDP 的比例(%)(Government expenditure on tertiary education as % of GDP)
波兰	2000	4.99	0.54	0.82^{+2}	2.05^{+2}	0.04^{+1}	0.72
	2010	5.10	0.51	1.58	1.81	0.03	1.16
	2015	…	…	…	…	…	…
立陶宛	2000	…	…	…	…	…	…
	2010	18.31	2.37	3.06	8.22	0.35	4.32
	2015	…	…	…	…	…	…
爱沙尼亚	2000	5.34	0.30^{+1}	1.54^{+1}	2.16^{+1}	0.17^{+1}	1.03^{+1}
	2010	5.53	0.43	1.36	2.22	0.29	1.20
	2015	…	…	…	…	…	…
拉脱维亚	2000	2.99	0.37	0.62	1.45	0.05	0.49
	2010	3.56	0.60	1.01	1.37	0.01	0.56
	2015	…	…	…	…	…	…
捷克	2000	3.66	0.39	0.67	1.82	0.02	0.69
	2010	4.07	0.47	0.66	1.86	0.03	0.92
	2015	…	…	…	…	…	…
斯洛伐克	2000	3.87	0.41	0.61	1.98	—	0.71
	2010	4.14	0.39	0.85	1.94	—	0.81
	2015	…	…	…	…	…	…

续表

国家或地区	参考年份	教育经费占 GDP 的比例(%)(Government expenditure on education as % of GDP)	学前教育经费占 GDP 的比例(%)(Government expenditure on pre-primary education as % of GDP)	初等教育经费占 GDP 的比例(%)(Government expenditure on primary education as % of GDP)	中等教育经费占 GDP 的比例(%)(Government expenditure on secondary education as % of GDP)	中等后教育(非高等教育)经费占 GDP 的比例(%)(Government expenditure on post-secondary non-tertiary education as % of GDP)	高等教育经费占 GDP 的比例(%)(Government expenditure on tertiary education as % of GDP)
匈牙利	2000	4.88	0.65	0.93	1.98	0.15	1.03
	2010	4.82	0.69	0.86	1.94	0.10	0.97
	2015	…	…	…	…	…	…
斯洛文尼亚	2000	5.76+1	0.55+1	1.11**,+1	2.83**,+1	…	1.25+1
	2010	5.57	0.39	1.59	2.06	—	1.34
	2015	…	…	…	…	…	…
克罗地亚	2000	3.81+2	0.36+2	…	…	…	0.92
	2010	4.25	0.59	…	…	.	0.78
	2015	…	…	…	…	…	…
波黑	2000	…	…	…	…	…	…
	2010	…	…	…	…	…	…
	2015	…	…	…	…	…	…
黑山	2000	…	…	…	…	…	…
	2010	…	…	…	…	…	…
	2015	…	…	…	…	…	…
塞尔维亚	2000	…	…	…	…	…	…
	2010	4.59	0.02	2.10	1.07	.	1.33
	2015	…	…	…	…	…	…

续表

国家或地区	参考年份	教育经费占GDP的比例(%)(Government expenditure on education as % of GDP)	学前教育经费占GDP的比例(%)(Government expenditure on pre-primary education as % of GDP)	初等教育经费占GDP的比例(%)(Government expenditure on primary education as % of GDP)	中等教育经费占GDP的比例(%)(Government expenditure on secondary education as % of GDP)	中等后教育(非高等教育)经费占GDP的比例(%)(Government expenditure on post-secondary non-tertiary education as % of GDP)	高等教育经费占GDP的比例(%)(Government expenditure on tertiary education as % of GDP)
阿尔巴尼亚	2000	3.24	…	…	…	…	…
	2010	…	…	…	…	…	…
	2015	3.50^{-2}	…	1.99^{-2}	0.69^{-2}	…	0.77
罗马尼亚	2000	2.86	0.27^{+1}	…	…	0.01^{+2}	0.78^{+1}
	2010	3.53	0.35	0.58	1.26	0.02	1.00
	2015	…	…	…	…	…	…
保加利亚	2000	3.36^{+1}	0.55^{+1}	0.70^{+1}	1.57^{+1}	0.01^{+1}	0.53^{+1}
	2010	4.02	0.91	0.79	1.73	0.01^{+1}	0.59
	2015	…	…	…	…	…	…
马其顿	2000	3.30^{+2}	…	…	…	…	0.50^{+2}
	2010	…	…	…	…	…	…
	2015	…	…	…	…	…	…

符号：

… 没有相关数据

** 国家数据：统计研究所估计数据

地区平均水平：部分估计数据是因为国家数据覆盖范围(25%～75%的人口)不完整

— 零数值

. 不可用

X^{+n} 引用参考年份后 n 年的学年或财年数据

X^{-n} 引用参考年份前 n 年的学年或财年数据

资料来源：联合国教科文组织统计研究所数据库，2016年 http://data.uis.unesco.org/

附录 11：生均教育经费占人均 GDP 的比例

国家或地区	参考年份	初等教育生均教育经费占人均 GDP 的比例(%)(Government expenditure per primary student as % of GDP per capita)	初中教育生均教育经费占人均 GDP 的比例(%)(Government expenditure per lower secondary student as % of GDP per capita)	高中教育生均教育经费占人均 GDP 的比例(%)(Government expenditure per upper secondary student as % of GDP per capita)	中等教育生均教育经费占人均 GDP 的比例(%)(Government expenditure per secondary student as % of GDP per capita)	中等后教育(非高等教育)生均教育经费占人均 GDP 的比例(%)(Government expenditure per post-secondary non-tertiary student as % of GDP per capita)	高等教育生均教育经费占人均 GDP 的比例 (%)(Government expenditure per tertiary student as % of GDP per capita)
东亚和太平洋地区							
新加坡	2000	…	…	…	…	…	…
	2010	10.96	…	…	16.68	9.89	27.37
	2015	…	…	…	…	…	22.36^{-2}
马来西亚	2000	12.56	21.88**	21.88**	21.88	45.63	81.65
	2010	12.79	…	…	18.65	17.29	46.96
	2015	17.45^{-2}	…	…	23.20^{-2}	…	56.95
印度尼西亚	2000	…	…	…	…	…	…
	2010	9.91	8.14	8.39	8.24	.	21.73
	2015	11.86^{-2}	9.19^{-2}	10.61^{-2}	9.81^{-2}	…	21.48^{-2}

续表

国家或地区	参考年份	初等教育生均教育经费占人均GDP的比例(%)(Government expenditure per primary student as % of GDP per capita)	初中教育生均教育经费占人均GDP的比例(%)(Government expenditure per lower secondary student as % of GDP per capita)	高中教育生均教育经费占人均GDP的比例(%)(Government expenditure per upper secondary student as % of GDP per capita)	中等教育生均教育经费占人均GDP的比例(%)(Government expenditure per secondary student as % of GDP per capita)	中等后教育(非高等教育)生均教育经费占人均GDP的比例(%)(Government expenditure per post-secondary non-tertiary student as % of GDP per capita)	高等教育生均教育经费占人均GDP的比例(%)(Government expenditure per tertiary student as % of GDP per capita)
缅甸	2000	…	…	…	…	…	…
	2010	…	…	…	…	…	…
	2015	…	…	…	…	…	…
泰国	2000	17.82	11.74^{+1}	21.34^{+1}	15.59^{+1}	…	36.04
	2010	19.41	14.38	15.46	14.83	…	16.95
	2015	…	…	…	…	…	…
老挝	2000	8.27^{+2}	5.81^{+2}	16.27^{+2}	9.29^{+2}	12.35	70.57
	2010	…	…	…	…	…	…
	2015	…	…	…	…	…	…
柬埔寨	2000	5.68**	6.21^{+1}	5.78^{+1}	6.09^{+1}	197.41	41.89^{+1}
	2010	6.88	6.93	…	…	169.34	27.86
	2015	…	…	…	…	…	…
越南	2000	…	…	…	…	…	…
	2010	25.34	25.94	…	…	…	39.80
	2015	…	…	…	…	…	…

续表

国家或地区	参考年份	初等教育生均教育经费占人均 GDP 的比例(%)(Government expenditure per primary student as % of GDP per capita)	初中教育生均教育经费占人均 GDP 的比例(%)(Government expenditure per lower secondary student as % of GDP per capita)	高中教育生均教育经费占人均 GDP 的比例(%)(Government expenditure per upper secondary student as % of GDP per capita)	中等教育生均教育经费占人均 GDP 的比例(%)(Government expenditure per secondary student as % of GDP per capita)	中等后教育(非高等教育)生均教育经费占人均 GDP 的比例(%)(Government expenditure per post-secondary non-tertiary student as % of GDP per capita)	高等教育生均教育经费占人均 GDP 的比例 (%)(Government expenditure per tertiary student as % of GDP per capita)
文莱	2000	…	…	…	…	…	…
	2010	5.16	…	…	7.85	96.08	32.22
	2015	…	…	…	11.76^{-1}	…	57.09^{-1}
菲律宾	2000	12.02	10.28	10.26	10.27	15.94	14.42
	2010	9.00^{-2}	9.14^{-2}	9.13^{-2}	9.14^{-2}	…	10.51^{-1}
	2015	…	…	…	…	…	…
阿拉伯国家							
伊拉克	2000	…	…	…	…	…	…
	2010	…	…	…	…	…	…
	2015	…	…	…	…	…	…
叙利亚	2000	12.54	22.86	24.54	23.31	28.69	78.87^{+2}
	2010	17.21^{-1}	14.74^{-1}	14.07^{-1}	14.61^{-1}	…	47.92^{-1}
	2015	…	…	…	…	…	…
约旦	2000	13.66^{-1}	15.40^{-1}	16.86^{-1}	15.81^{-1}	…	…
	2010	12.24^{+1}	13.78^{+1}	18.30^{+1}	15.06^{+1}	…	…
	2015	…	…	…	…	…	…

续表

国家或地区	参考年份	初等教育生均教育经费占人均 GDP 的比例(%)(Government expenditure per primary student as % of GDP per capita)	初中教育生均教育经费占人均 GDP 的比例(%)(Government expenditure per lower secondary student as % of GDP per capita)	高中教育生均教育经费占人均 GDP 的比例(%)(Government expenditure per upper secondary student as % of GDP per capita)	中等教育生均教育经费占人均 GDP 的比例(%)(Government expenditure per secondary student as % of GDP per capita)	中等后教育(非高等教育)生均教育经费占人均 GDP 的比例(%)(Government expenditure per post-secondary non-tertiary student as % of GDP per capita)	高等教育生均教育经费占人均 GDP 的比例 (%)(Government expenditure per tertiary student as % of GDP per capita)
黎巴嫩	2000	…	…	$10.13^{**,+2}$	…	…	17.87^{+2}
	2010	…	…	7.66^{+1}	3.71^{+2}	.	9.52
	2015	…	…	…	5.10^{-2}	…	15.55^{-2}
埃及	2000	…	…	…	…	…	…
	2010	…	…	…	…	…	…
	2015	…	…	…	…	…	…
巴勒斯坦	2000	…	…	…	…	…	…
	2010	…	…	…	…	…	…
	2015	…	…	…	…	…	…
沙特阿拉伯	2000	…	…	…	…	…	…
	2010	…	…	…	…	…	…
	2015	…	…	…	…	…	…
也门	2000	…	…	…	…	…	…
	2010	18.61^{+1}	…	…	12.13^{+1}	…	…
	2015	…	…	…	…	…	…

续表

国家或地区	参考年份	初等教育生均教育经费占人均GDP的比例(%)(Government expenditure per primary student as % of GDP per capita)	初中教育生均教育经费占人均GDP的比例(%)(Government expenditure per lower secondary student as % of GDP per capita)	高中教育生均教育经费占人均GDP的比例(%)(Government expenditure per upper secondary student as % of GDP per capita)	中等教育生均教育经费占人均GDP的比例(%)(Government expenditure per secondary student as % of GDP per capita)	中等后教育(非高等教育)生均教育经费占人均GDP的比例(%)(Government expenditure per post-secondary non-tertiary student as % of GDP per capita)	高等教育生均教育经费占人均GDP的比例(%)(Government expenditure per tertiary student as % of GDP per capita)
阿曼	2000	10.78^{+1}	18.56^{+1}	18.66^{+1}	18.60^{+1}	…	…
	2010	14.54^{+1}	16.05^{+1}	16.67^{+1}	16.37^{+1}	…	39.60^{-1}
	2015	…	19.95^{-2}	19.98^{-2}	19.97^{-2}	…	…
阿联酋	2000	…	…	…	…	…	…
	2010	11.61^{+1}	14.87	22.12	17.58	…	…
	2015	…	…	…	…	…	…
卡塔尔	2000	…	…	…	…	…	…
	2010	9.67^{-1}	9.70^{-1}	10.94^{-1}	10.27^{-1}	…	…
	2015	…	…	…	…	…	…
科威特	2000	$16.67^{**,+1}$	18.75^{+2}	…	…	…	117.34^{+2}
	2010	17.43^{+1}	$19.79^{**,+1}$	24.84^{+1}	$21.75^{**,+1}$	…	…
	2015	…	…	…	…	…	…
巴林	2000	…	…	…	…	…	…
	2010	…	…	…	…	…	…
	2015	…	…	…	…	…	…
北美和西欧							

续表

国家或地区	参考年份	初等教育生均教育经费占人均 GDP 的比例(%)(Government expenditure per primary student as % of GDP per capita)	初中教育生均教育经费占人均 GDP 的比例(%)(Government expenditure per lower secondary student as % of GDP per capita)	高中教育生均教育经费占人均 GDP 的比例(%)(Government expenditure per upper secondary student as % of GDP per capita)	中等教育生均教育经费占人均 GDP 的比例(%)(Government expenditure per secondary student as % of GDP per capita)	中等后教育(非高等教育)生均教育经费占人均 GDP 的比例(%)(Government expenditure per post-secondary non-tertiary student as % of GDP per capita)	高等教育生均教育经费占人均 GDP 的比例 (%)(Government expenditure per tertiary student as % of GDP per capita)
希腊	2000	…	…	…	19.35	3.40^{+1}	20.00
	2010	…	…	…	…	…	…
	2015	…	…	…	…	…	…
塞浦路斯	2000	15.01	25.16	29.98	27.50	.	57.28
	2010	31.26	35.83	38.76	37.33	.	35.07
	2015	…	…	…	…	…	…
以色列	2000	20.28	…	…	17.91	12.72	27.71
	2010	21.62	…	…	15.35	5.37	19.86
	2015	…	…	…	…	…	…
南亚和西亚							
伊朗	2000	9.40$^{**,+1}$	9.60^{+1}	10.77^{+1}	10.18^{+1}	10.08^{+1}	35.84^{+1}
	2010	13.73	19.91	21.84	20.97	7.20^{+2}	17.65
	2015	8.53^{-1}	17.73^{-1}	15.26^{-1}	16.16^{-1}	…	14.33^{-1}
印度	2000	14.40	14.51	39.22	24.59	136.68	94.02
	2010	7.19	7.24	21.36	13.57	75.95^{+2}	68.72
	2015	…	…	…	…	…	…

续表

国家或地区	参考年份	初等教育生均教育经费占人均GDP的比例(%)(Government expenditure per primary student as % of GDP per capita)	初中教育生均教育经费占人均GDP的比例(%)(Government expenditure per lower secondary student as % of GDP per capita)	高中教育生均教育经费占人均GDP的比例(%)(Government expenditure per upper secondary student as % of GDP per capita)	中等教育生均教育经费占人均GDP的比例(%)(Government expenditure per secondary student as % of GDP per capita)	中等后教育(非高等教育)生均教育经费占人均GDP的比例(%)(Government expenditure per post-secondary non-tertiary student as % of GDP per capita)	高等教育生均教育经费占人均GDP的比例(%)(Government expenditure per tertiary student as % of GDP per capita)
巴基斯坦	2000	…	…	…	…	…	…
	2010	…	…	…	…	…	…
	2015	8.08^{-1}	…	…	13.22^{-1}	…	51.66^{-1}
孟加拉国	2000	…	…	…	9.65**	24.49**	38.44
	2010	7.76^{-1}	…	…	12.87	33.94	17.44^{+1}
	2015	…	…	…	…	…	…
阿富汗	2000	…	…	…	…	…	…
	2010	…	…	…	…	…	…
	2015	…	…	…	…	…	…
斯里兰卡	2000	…	0.07^{+1}	…	…	…	…
	2010	5.91	8.41	8.72	8.56	110.72	25.49
	2015	…	…	…	…	…	…
马尔代夫	2000	…	…	…	…	…	…
	2010	16.09^{-2}	18.33^{-2}	…	…	…	…
	2015	…	…	…	…	…	…

续表

国家或地区	参考年份	初等教育生均教育经费占人均 GDP 的比例(%)(Government expenditure per primary student as % of GDP per capita)	初中教育生均教育经费占人均 GDP 的比例(%)(Government expenditure per lower secondary student as % of GDP per capita)	高中教育生均教育经费占人均 GDP 的比例(%)(Government expenditure per upper secondary student as % of GDP per capita)	中等教育生均教育经费占人均 GDP 的比例(%)(Government expenditure per secondary student as % of GDP per capita)	中等后教育(非高等教育)生均教育经费占人均 GDP 的比例(%)(Government expenditure per post-secondary non-tertiary student as % of GDP per capita)	高等教育生均教育经费占人均 GDP 的比例 (%)(Government expenditure per tertiary student as % of GDP per capita)
尼泊尔	2000	9.83**	10.99**	10.99**	10.99**	.	134.60**
	2010	16.12^{-1}	…	…	12.09**	…	35.39
	2015	15.08^{-1}	20.63^{-1}	$6.44^{**,-1}$	$14.64^{**,-1}$	…	32.65^{-1}
不丹	2000	…	…	…	…	…	…
	2010	7.80	20.66	50.16	27.02	163.21^{+1}	86.98
	2015	13.77^{-1}	…	…	36.38^{-1}	230.15^{-1}	54.33^{-1}
中亚							
蒙古	2000	…	…	…	…	…	30.17^{+2}
	2010	12.37	12.29	21.02	15.37	80.86	5.08
	2015	…	…	…	…	…	…
哈萨克斯坦	2000	…	…	…	…	…	…
	2010	…	…	…	…	…	…
	2015	0.38^{-1}	24.62^{-1}	9.84^{-1}	20.39^{-1}	0.19^{-2}	9.63^{-1}
乌兹别克斯坦	2000	…	…	…	…	…	…
	2010	…	…	…	…	…	…
	2015	…	…	…	…	…	…

续表

国家或地区	参考年份	初等教育生均教育经费占人均 GDP 的比例(%)(Government expenditure per primary student as % of GDP per capita)	初中教育生均教育经费占人均 GDP 的比例(%)(Government expenditure per lower secondary student as % of GDP per capita)	高中教育生均教育经费占人均 GDP 的比例(%)(Government expenditure per upper secondary student as % of GDP per capita)	中等教育生均教育经费占人均 GDP 的比例(%)(Government expenditure per secondary student as % of GDP per capita)	中等后教育(非高等教育)生均教育经费占人均 GDP 的比例(%)(Government expenditure per post-secondary non-tertiary student as % of GDP per capita)	高等教育生均教育经费占人均 GDP 的比例 (%)(Government expenditure per tertiary student as % of GDP per capita)
土库曼斯坦	2000	…	…	…	…	…	…
	2010	…	…	…	…	…	…
	2015	…	…	…	…	…	…
塔吉克斯坦	2000	…	…	…	…	…	19.66^{+2}
	2010	…	…	…	…	…	15.73
	2015	…	…	3.14^{-2}	…	…	19.33^{-2}
吉尔吉斯斯坦	2000	…	…	…	…	—	15.74
	2010	…	…	…	…	313.37	18.88
	2015	…	…	…	33.19^{-2}	354.89^{-2}	17.41^{-2}
格鲁吉亚	2000	…	…	…	…	…	…
	2010	13.23^{+1}	10.89^{+1}	16.03^{-2}	15.49^{-2}	39.80^{-2}	12.20^{+1}
	2015	…	…	…	…	…	…
阿塞拜疆	2000	…	…	…	…	…	…
	2010	…	…	…	…	…	19.56
	2015	…	…	…	…	…	…
亚美尼亚	2000	…	…	…	…	…	…
	2010	16.20^{+2}	16.18^{+2}	20.93^{+2}	17.74^{+2}	.	7.68
	2015	12.03^{-2}	11.79^{-1}	21.59^{-1}	15.93^{-1}	…	8.62^{-1}

续表

国家或地区	参考年份	初等教育生均教育经费占人均 GDP 的比例(%)(Government expenditure per primary student as % of GDP per capita)	初中教育生均教育经费占人均 GDP 的比例(%)(Government expenditure per lower secondary student as % of GDP per capita)	高中教育生均教育经费占人均 GDP 的比例(%)(Government expenditure per upper secondary student as % of GDP per capita)	中等教育生均教育经费占人均 GDP 的比例(%)(Government expenditure per secondary student as % of GDP per capita)	中等后教育(非高等教育)生均教育经费占人均 GDP 的比例(%)(Government expenditure per post-secondary non-tertiary student as % of GDP per capita)	高等教育生均教育经费占人均 GDP 的比例 (%)(Government expenditure per tertiary student as % of GDP per capita)
中东欧							
土耳其	2000	…	…	14.22	…	.	34.78^{+1}
	2010	…	…	…	…	…	…
	2015	…	…	…	…	…	…
俄罗斯	2000	…	…	…	…	$—^{+2}$	10.97
	2010	…	…	…	…	$—^{-2}$	15.76^{+2}
	2015	…	…	…	…	…	…
乌克兰	2000	…	…	…	…	…	36.48
	2010	28.13^{+1}	26.27^{+1}	30.65^{+1}	27.51^{+1}	106.34^{+1}	37.76^{+1}
	2015	32.35^{-2}	31.16^{-2}	28.88^{-2}	30.45^{-2}	…	43.85^{-2}
白俄罗斯	2000	…	…	…	…	…	…
	2010	…	…	…	…	112.60	15.46
	2015	…	…	…	…	133.63^{-1}	15.42^{-1}
摩尔多瓦	2000	…	…	…	…	…	…
	2010	41.42	36.17	45.98	39.35	76.72	44.82
	2015	43.74^{-1}	36.57^{-1}	43.49^{-1}	38.80^{-1}	59.42^{-1}	…

续表

国家或地区	参考年份	初等教育生均教育经费占人均 GDP 的比例(%)(Government expenditure per primary student as % of GDP per capita)	初中教育生均教育经费占人均 GDP 的比例(%)(Government expenditure per lower secondary student as % of GDP per capita)	高中教育生均教育经费占人均 GDP 的比例(%)(Government expenditure per upper secondary student as % of GDP per capita)	中等教育生均教育经费占人均 GDP 的比例(%)(Government expenditure per secondary student as % of GDP per capita)	中等后教育(非高等教育)生均教育经费占人均 GDP 的比例(%)(Government expenditure per post-secondary non-tertiary student as % of GDP per capita)	高等教育生均教育经费占人均 GDP 的比例 (%)(Government expenditure per tertiary student as % of GDP per capita)
波兰	2000	22.40[+2]	20.41[+2]	19.35[+2]	19.82[+2]	7.36[+1]	17.49
	2010	26.92	23.79	24.61	24.22	37.85	20.55
	2015	…	…	…	…	…	…
立陶宛	2000	…	…	…	…	…	…
	2010	77.42	73.01	76.91	74.21	98.89	66.37
	2015	…	…	…	…	…	…
爱沙尼亚	2000	18.27[+1]	25.11[+1]	25.30[+1]	25.20[+1]	20.27[+1]	24.65[+1]
	2010	24.81	28.21	33.19	30.99	39.70	23.20
	2015	…	…	…	…	…	…
拉脱维亚	2000	10.96	12.27	13.98	12.92	20.41	12.61
	2010	18.69	17.81	20.69	19.43	25.55	10.52
	2015	…	…	…	…	…	…
捷克	2000	10.59	17.95	21.39	19.50	3.39	28.09
	2010	14.90	24.70	22.18	23.32	16.25	21.98
	2015	…	…	…	…	…	…
斯洛伐克	2000	10.55	12.62	20.89	15.85	—	28.21
	2010	21.70	18.04	20.10	19.05	—	18.67
	2015	…	…	…	…	…	…

续表

国家或地区	参考年份	初等教育生均教育经费占人均GDP的比例(%)(Government expenditure per primary student as % of GDP per capita)	初中教育生均教育经费占人均GDP的比例(%)(Government expenditure per lower secondary student as % of GDP per capita)	高中教育生均教育经费占人均GDP的比例(%)(Government expenditure per upper secondary student as % of GDP per capita)	中等教育生均教育经费占人均GDP的比例(%)(Government expenditure per secondary student as % of GDP per capita)	中等后教育(非高等教育)生均教育经费占人均GDP的比例(%)(Government expenditure per post-secondary non-tertiary student as % of GDP per capita)	高等教育生均教育经费占人均GDP的比例（%)(Government expenditure per tertiary student as % of GDP per capita)
匈牙利	2000	18.98	18.06	22.25	20.13	16.11	34.11
	2010	22.16	20.98	21.87	21.46	19.03	24.91
	2015	…	…	…	…	…	…
斯洛文尼亚	2000	25.65**,+1	24.93**,+1	25.25+1	25.11**,+1	…	27.27+1
	2010	30.44	31.63	29.87	30.57	—	23.88
	2015	…	…	…	…	…	…
克罗地亚	2000	…	…	18.78+2	…	…	41.92
	2010	…	…	20.29+1	…	.	22.96
	2015	…	…	…	…	…	…
波黑	2000	…	…	…	…	…	…
	2010	…	…	…	…	…	…
	2015	…	…	…	…	…	…
黑山	2000	…	…	…	…	…	…
	2010	…	…	…	…	…	…
	2015	…	…	…	…	…	…
塞尔维亚	2000	…	…	…	…	…	…
	2010	54.16	…	26.01+2	13.16	.	42.89
	2015	…	…	…	…	…	…

续表

国家或地区	参考年份	初等教育生均教育经费占人均 GDP 的比例(%)(Government expenditure per primary student as % of GDP per capita)	初中教育生均教育经费占人均 GDP 的比例(%)(Government expenditure per lower secondary student as % of GDP per capita)	高中教育生均教育经费占人均 GDP 的比例(%)(Government expenditure per upper secondary student as % of GDP per capita)	中等教育生均教育经费占人均 GDP 的比例(%)(Government expenditure per secondary student as % of GDP per capita)	中等后教育(非高等教育)生均教育经费占人均 GDP 的比例(%)(Government expenditure per post-secondary non-tertiary student as % of GDP per capita)	高等教育生均教育经费占人均 GDP 的比例(%)(Government expenditure per tertiary student as % of GDP per capita)
阿尔巴尼亚	2000	…	…	…	…	…	…
	2010	…	…	…	…	…	…
	2015	29.04^{-2}	7.29^{-2}	3.97^{-2}	5.81^{-2}	$—^{-2}$	12.86^{-2}
罗马尼亚	2000	…	…	…	…	0.51^{+1}	32.27^{+1}
	2010	13.91	13.94	14.07	14.01	6.74	20.34
	2015	…	…	…	…	…	…
保加利亚	2000	14.94^{+1}	16.51^{+1}	19.84^{+1}	18.09^{+1}	11.25^{+1}	17.27^{+1}
	2010	22.35	25.83	22.67	24.00	6.20	15.33
	2015	…	…	…	…	…	…
马其顿	2000	…	…	…	…	…	23.0^{+2}
	2010	…	…	…	…	…	…
	2015	…	…	…	…	…	…

符号：

…　　没有相关数据

**　　国家数据：统计研究所估计数据

　　地区平均水平：部分估计数据是因为国家数据覆盖范围(25%～75%的人口)不完整

—　　零数值

.　　不可用

X^{+n}　　引用参考年份后 n 年的学年或财年数据

X^{-n}　　引用参考年份前 n 年的学年或财年数据

资料来源：联合国教科文组织统计研究所数据库，2016 年　http://data.uis.unesco.org/

附录 12：教育信息化

一、政府的教育信息化承诺情况

国家或地区	参考年份	推动信息技术与教育整合的战略												
		国家政策			国家规划			监督管理规定			监督管理机构			国家使用开放教育资源政策
		小学 (ISCED 1)	初中 (ISCED 2)	高中 (ISCED 3)	小学 (ISCED 1)	初中 (ISCED 2)	高中 (ISCED 3)	小学 (ISCED 1)	初中 (ISCED 2)	高中 (ISCED 3)	小学 (ISCED 1)	初中 (ISCED 2)	高中 (ISCED 3)	
		(1)	(2)	(3)	(4)	(5)	(6)	(7)	(8)	(9)	(10)	(11)	(12)	(13)
阿拉伯国家（部分国家）														
埃及	2010	√	√	√	√	√	√	√	√	√	√	√	√	×
约旦	2011	√	√	√	√	√	√	√	√	√	√	√	√	√
阿曼	2011	√	√	√	√	√	√	√	√	√	√	√	√	×
巴勒斯坦	2012	√	√	√	√	√	√	√	√	√	√	√	√	×
卡塔尔	2011	√	√	√	√	√	√	√	√	√	√	√	√	√
中亚（部分国家）														

续表

国家或地区	参考年份	推动信息技术与教育整合的战略												
		国家政策			国家规划			监督管理规定			监督管理机构			国家使用开放教育资源政策
		小学 (ISCED 1)	初中 (ISCED 2)	高中 (ISCED 3)	小学 (ISCED 1)	初中 (ISCED 2)	高中 (ISCED 3)	小学 (ISCED 1)	初中 (ISCED 2)	高中 (ISCED 3)	小学 (ISCED 1)	初中 (ISCED 2)	高中 (ISCED 3)	
		(1)	(2)	(3)	(4)	(5)	(6)	(7)	(8)	(9)	(10)	(11)	(12)	(13)
亚美尼亚	2012	√	√	√	×	×	×	√	√	√	√	√	√	…
阿塞拜疆	2012	√	√	√	√	√	√	√	√	√	√	√	√	…
格鲁吉亚	2012	√	√	√	√	√	√	×	×	×	√	√	√	…
哈萨克斯坦	2012	×	×	√	×	×	√	×	×	√	×	×	√	…
吉尔吉斯斯坦	2012	√	√	√	…	…	…	×	×	×	×	×	×	…
蒙古	2012	√	√	√	√	√	√	×	×	×	√	√	√	…
东亚和太平洋地区(部分国家和地区)														
柬埔寨	2012	×	×	√	×	×	√	×	×	×	×	×	√	…
中国	2011	√	√	√	√	√	√	×	×	×	√	√	√	…
中国香港	2012	√	√	√	√	√	√	×	×	×	√	√	√	…
中国澳门	2012	√	√	√	√	√	√	×	×	×	√	√	√	…
印度尼西亚	2012	√	√	√	√	√	√	√	√	√	√	√	√	…
老挝	2012	×	×	×	×	×	×	×	×	×	×	×	×	…
马来西亚	2011	√	√	√	√	√	√	√	√	√	√	√	√	…

续表

国家或地区	参考年份	推动信息技术与教育整合的战略												
		国家政策			国家规划			监督管理规定			监督管理机构			国家使用开放教育资源政策
		小学(ISCED 1)	初中(ISCED 2)	高中(ISCED 3)	小学(ISCED 1)	初中(ISCED 2)	高中(ISCED 3)	小学(ISCED 1)	初中(ISCED 2)	高中(ISCED 3)	小学(ISCED 1)	初中(ISCED 2)	高中(ISCED 3)	
		(1)	(2)	(3)	(4)	(5)	(6)	(7)	(8)	(9)	(10)	(11)	(12)	(13)
缅甸	2012	√	√	√	√	√	√	√	√	√	√	√	√	…
菲律宾	2012	√	√	…	√	√	…	×	×	…	√	√	…	…
新加坡	2011	√	√	√	√	√	√	×	×	×	×	×	×	…
泰国	2012	√	√	√	√	√	√	×	×	×	√	√	√	…
南亚和西亚(部分国家)														
伊朗	2012	√	√	√	√	√	√	√	√	√	√	√	√	…
孟加拉国	2012	√	√	√	√	√	√	×	×	×	√	×	×	…
不丹	2012	×	×	×	×	×	×	×	×	×	√	√	√	…
印度	2012	√	√	√	×	×	×	×	×	×	√	√	√	…
马尔代夫	2012	×	×	×	×	×	×	×	×	×	×	×	×	…
尼泊尔	2011	√	√	√	√	√	√	…	…	…	…	…	…	…
斯里兰卡	2011	√	√	√	√	√	√	×	×	×	√	√	√	…

二、中小学信息化基础设施情况(Ⅰ)(2012年)

国家或地区	教育机构数字化(%)		拥有电话通信设施的教育机构(%)		拥有无线电辅助教学的教育机构(%)		拥有电视辅助教学的教育机构(%)		拥有计算机辅助教学的教育机构(%)		拥有计算机实验室的教育机构(%)	
	小学	中学	小学	中学	小学	中学	小学	中学	小学	中学	小学	中学
	(1)	(2)	(3)	(4)	(5)	(6)	(7)	(8)	(9)	(10)	(11)	(12)
阿拉伯国家(部分国家)												
埃及	100^{-2}	100^{-2}	70^{-2}	67^{-2}	40^{-2}	40^{-2}	59^{-2}	55^{-2}	86^{-2}	96^{-2}	12^{-2}	36^{-2}
约旦	99^{-1}	99^{-1}	73^{-1}	84^{-1}	95^{-1}	93^{-1}	57^{-1}	69^{-1}	88^{-1}	97^{-1}	84^{-1}	97^{-1}
阿曼	100^{-1}	100^{-1}	95^{-1}	94^{-1}	79^{-1}	97^{-1}	58^{-1}	70^{-1}	100^{-1}	100^{-1}	100^{-1}	100^{-1}
巴勒斯坦	100^{i}	100^{i}	94^{i}	96^{i}	100^{i}	100^{i}	76^{i}	94^{i}	55^{i}	76^{i}	55^{i}	76^{i}
卡塔尔	100^{-1}	100^{-1}	100^{-1}	100^{-1}	$.^{-1}$	$.^{-1}$	$.^{-1}$	$.^{-1}$	$100^{a,-1}$	$100^{a,-1}$	$100^{a,-1}$	$100^{a,-1}$
也门	…	…	x[4]	$4^{**,d,-1}$	x[6]	$37^{d,+1}$	x[8]	$11^{d,+1}$	…	…	x[12]	$7^{**,d,-1}$
中亚(部分国家)												
亚美尼亚	100	100	80	80	…	…	…	…	100	100	90	92
阿塞拜疆	100	100	100	100	x[6]	$5^{a,d}$	x[8]	$36^{a,d}$	x[10]	$84^{a,d}$	x[12]	$84^{a,d}$
格鲁吉亚	100	100	100	100	…	…	…	…	100	100	100	100

续表

国家或地区	教育机构数字化（%）		拥有电话通信设施的教育机构（%）		拥有无线电辅助教学的教育机构（%）		拥有电视辅助教学的教育机构（%）		拥有计算机辅助教学的教育机构（%）		拥有计算机实验室的教育机构（%）	
	小学	中学	小学	中学	小学	中学	小学	中学	小学	中学	小学	中学
	（1）	（2）	（3）	（4）	（5）	（6）	（7）	（8）	（9）	（10）	（11）	（12）
哈萨克斯坦	…	…	…	…	…	…	…	…	$100^{**,a}$	$100^{**,a}$	…	…
吉尔吉斯斯坦	100	100	…	…	—	—	…	…	x[10]	$86^{a,d}$	x[12]	$86^{a,d}$
蒙古	91	91	…	…	…	…	…	…	100	100	x[12]	92^{d}
东亚和太平洋地区（部分国家和地区）												
文莱	…	…	…	…	$100^{**,-3}$	$100^{**,-3}$	…	…	$100^{**,-3}$	$100^{**,-3}$	…	…
柬埔寨	7^{a}	24^{a}	…	…	…	…	…	…	x[10]	$3^{**,a,d}$	…	…
中国香港	100	100	100	100	100^{a}	100^{a}	100	100	100^{a}	100^{a}	100^{a}	100^{a}
印度尼西亚	80	80^{e}	…	…	…	…	…	…	…	…	7	37^{e}
老挝	19	53	14	38	…	…	…	…	…	…	…	…
马来西亚	100^{-1}	100^{-1}	88^{-1}	76^{-1}	$30^{a,-1}$	$18^{a,-1}$	$100^{a,-1}$	$100^{a,-1}$	$100^{a,-1}$	$100^{a,-1}$	67^{-1}	92^{-1}
缅甸	7	…	…	…	…	13	1	15	1	15	—	10
菲律宾	83^{a}	$95^{*,a,e}$	11^{a}	$26^{*,a,e}$	…	…	…	…	41^{a}	$87^{*,a,e}$	8^{a}	$87^{*,a,e}$
新加坡	$100^{a,-1}$	$100^{a,-1}$	$100^{a,-1}$	$100^{a,-1}$	$.^{-1}$	$.^{-1}$	$.^{-1}$	$.^{-1}$	$100^{a,-1}$	$100^{a,-1}$	$100^{a,-1}$	$100^{a,-1}$
泰国	99^{*}	97^{*}	40^{*}	35^{*}	$34^{*,a}$	$18^{*,a}$	34^{*}	19^{*}	99^{*}	97^{*}	99^{*}	97^{*}

续表

国家或地区	教育机构数字化（%）		拥有电话通信设施的教育机构（%）		拥有无线电辅助教学的教育机构（%）		拥有电视辅助教学的教育机构（%）		拥有计算机辅助教学的教育机构（%）		拥有计算机实验室的教育机构（%）	
	小学	中学	小学	中学	小学	中学	小学	中学	小学	中学	小学	中学
	(1)	(2)	(3)	(4)	(5)	(6)	(7)	(8)	(9)	(10)	(11)	(12)
南亚和西亚（部分国家）												
伊朗	99[a]	100	89	98	…	…	…	…	46	76	—[a]	43[a]
孟加拉国	55	71	…	93[*]	…	…	…	…	…	…	1[**]	38[**]
不丹	67	91	…	…	.	.	.	.	…	66[a]	…	66[a]
印度	45	68[g]	11	25[g]	…	…	…	…	…	…	17	45[g]
马尔代夫	100	100	100	100	…	…	…	…	x[10]	40[**,a,d]	x[12]	40[**,a,d]
尼泊尔	6[-1]	24[-1]	…	…	…	…	…	…	—[-1]	4[-1]	…	…
斯里兰卡	x[2]	82[d,-1]	x[4]	32[d,-1]	x[6]	—[d,-1]	x[8]	28[d,-1]	x[10]	60[d,-1]	x[12]	34[d,-1]

三、中小学信息化基础设施情况(II)(2012年)

国家或地区	拥有局域网的教育机构（%）		接入互联网的教育机构（%）		固定宽带互联网接入的教育机构（%）		用网络辅助教学的教育机构（%）		用信息技术支持服务的教育机构（%）		用开放教育资源的教育机构（%）		建有网站的教育机构（%）	
	小学	中学	小学	中学	小学	中学	小学	中学	小学	中学	小学	中学	小学	中学
	(13)	(14)	(15)	(16)	(17)	(18)	(19)	(20)	(21)	(22)	(23)	(24)	(25)	(26)
阿拉伯国家（部分国家）														

续表

国家或地区	拥有局域网的教育机构（%）		接入互联网的教育机构（%）		固定宽带互联网接入的教育机构（%）		用网络辅助教学的教育机构（%）		用信息技术支持服务的教育机构（%）		用开放教育资源的教育机构（%）		建有网站的教育机构（%）	
	小学	中学	小学	中学	小学	中学	小学	中学	小学	中学	小学	中学	小学	中学
	(13)	(14)	(15)	(16)	(17)	(18)	(19)	(20)	(21)	(22)	(23)	(24)	(25)	(26)
埃及	…	…	44^{-2}	50^{-2}	…	…	…	…	…	…	…	…	25^{-2}	26^{-2}
约旦	…	…	84^{-1}	88^{-1}	53^{-1}	58^{-1}	71^{-1}	82^{-1}	89^{-1}	93^{-1}	95^{-1}	96^{-1}	13^{-1}	14^{-1}
阿曼	74^{-1}	85^{-1}	71^{-1}	87^{-1}	55^{-1}	59^{-1}	71^{-1}	87^{-1}	82^{-1}	95^{-1}	$—^{-1}$	$—^{-1}$	8^{-1}	3^{-1}
巴勒斯坦	35^{i}	49^{i}	30^{i}	32^{i}	30^{i}	32^{i}	21^{i}	24^{i}	100^{i}	100^{i}	$—^{i}$	$—^{i}$	…	…
卡塔尔	$100^{a,1}$	$100^{a,-1}$	62^{-1}	60^{-1}	…	…	62^{-1}	60^{-1}	$100^{a,-1}$	$100^{a,-1}$	…	…	14^{-1}	21^{-1}
也门	…	…	…	…	…	…	…	…	…	…	…	…	…	…
中亚（部分国家）														
亚美尼亚	…	…	100	100	…	…	…	…	…	…	…	…	…	…
阿塞拜疆	…	…	x[16]	$27^{a,d}$	x[18]	$27^{a,d}$	x[20]	$27^{a,d}$	…	…	x[24]	$27^{a,d}$	x[26]	$27^{a,d}$
格鲁尼亚	…	…	100	100	31^{*}	33^{*}	100	100	100	100	100	100	x[26]	14^{d}
哈萨克斯坦	…	…	x[16]	$97^{*,d,-2}$	x[18]	$50^{*,d}$	…	…	…	…	…	…	…	…
吉尔吉斯斯坦	…	…	x[16]	6^{d}	…	…	x[20]	6^{d}	x[22]	$—^{d}$	…	…	…	…
蒙古	…	…	x[16]	91^{d}	x[18]	40^{d}	…	…	…	…	…	…	…	…
东亚和太平洋地区（部分国家和地区）														
文莱	…	…	$100^{**,-3}$	$100^{**,-3}$	$100^{**,-3}$	$100^{**,-3}$	$100^{**,-3}$	$100^{**,-3}$	…	…	…	…	…	…

续表

国家或地区	拥有局域网的教育机构（%）		接入互联网的教育机构（%）		固定宽带互联网接入的教育机构（%）		用网络辅助教学的教育机构（%）		用信息技术支持服务的教育机构（%）		用开放教育资源的教育机构（%）		建有网站的教育机构（%）	
	小学	中学	小学	中学	小学	中学	小学	中学	小学	中学	小学	中学	小学	中学
	(13)	(14)	(15)	(16)	(17)	(18)	(19)	(20)	(21)	(22)	(23)	(24)	(25)	(26)
柬埔寨	…	…	x[16]	$7^{a,d,h}$	x[18]	$1^{a,d,h}$	…	…	…	…	…	…	…	…
中国香港	…	…	100	100	100	100	100^{a}	100^{a}	100^{a}	100^{a}	100^{a}	100^{a}	100^{a}	100^{a}
印度尼西亚	…	…	39	52^{e}	…	…	…	…	…	…	…	…	…	…
老挝	…	…	…	…	…	…	…	…	…	…	…	…	…	…
马来西亚	…	…	90^{-1}	96^{-1}	90^{-1}	96^{-1}	90^{-1}	96^{-1}	67^{-1}	92^{-1}	…	…	37^{-1}	61^{-1}
缅甸	…	…	…	…	…	…	…	…	…	…	…	…	…	…
菲律宾	…	…	7^{a}	$40^{a,*,e}$	3^{a}	$17^{*,a,e}$	4^{a}	$28^{*,a,e}$	8^{a}	$87^{*,a,e}$	8^{a}	$87^{*a,e}$	…	…
新加坡	…	…	$100^{a,-1}$	…	$100^{a,-1}$	…	$100^{a,-1}$	$100^{a,-1}$	$100^{a,-1}$	$100^{a,-1}$	$100^{a,-1}$	$100^{a,-1}$	$100^{a,-1}$	$100^{a,-1}$
泰国	…	…	99^{*}	97^{*}	99^{*}	97^{*}	99^{*}	97^{**}	32^{*}	21^{*}	…	…	71^{*}	81^{*}
南亚和西亚（部分国家）														
孟加拉国	…	…	3^{a}	22	…	…	$—^{a}$	…	—	…	…	…	—	1^{**}
伊朗	…	…	74	89	54	74	11	36	15	38	…	…	13	26
不丹	…	…	32^{a}	66^{a}	…	…	—	66^{a}	…	…	…	…	$—^{*,a}$	$11^{*,a}$
印度	…	…	…	…	…	…	…	…	…	…	…	…	…	…
马尔代夫	…	…	100^{a}	100^{a}	x[18]	$47^{a,d}$	x[20]	$40^{**,a,d}$	…	…	…	…	…	…
尼泊尔	…	…	1^{-1}	6^{-1}	…	…	…	…	…	…	…	…	…	…
斯里兰卡	…	…	x[16]	$18^{d,-1}$	x[18]	$1^{a,d,-1}$	x[20]	$18^{d,-1}$	x[22]	$—^{d,-1}$	…	…	x[26]	$5^{a,d,-1}$

四、计算机在学校的普及情况(2012 年)

国家或地区	教学运用计算机的比例(%)				生机比(教学目的)				生机比(学校计算机辅助教学)				计算机连接到互联网的比例***(%)				计算机用于管理的比例(%)			
	小学		中学		小学		中学		小学		中学		小学		中学		小学		中学	
	合计	公立	合计	公立	合计	公立	合计	公立	合计	公立	合计	公立	合计	公立	合计	公立	合计	公立	合计	公立
	(1)	(2)	(3)	(4)	(5)	(6)	(7)	(8)	(9)	(10)	(11)	(12)	(13)	(14)	(15)	(16)	(17)	(18)	(19)	(20)
阿位伯国家(部分国家)																				
埃及	91^{-2}	93^{-2}	96^{-2}	97^{-2}	120^{-2}	151^{-2}	25^{-2}	27^{-2}	105^{-2}	133^{-2}	24^{-2}	27^{-2}	25^{-2}	20^{-2}	20^{-2}	19^{-2}	9^{-2}	7^{-2}	4^{-2}	3^{-2}
约旦	84^{-1}	85^{-1}	86^{-1}	88^{-1}	$26^{**,-1}$	$25^{**,-1}$	$12^{**,-1}$	$12^{**,-1}$	$24^{**,-1}$	$22^{**,-1}$	$12^{**,-1}$	$12^{**,-1}$	65^{-1}	60^{-1}	65^{-1}	61^{-1}	16^{-1}	15^{-1}	14^{-1}	12^{-1}
阿曼	88^{-1}	89^{-1}	89^{-1}	89^{-1}	$9^{**,-1}$	$10^{**,-1}$	$14^{**,-1}$	$14^{**,-1}$	$9^{**,-1}$	$10^{**,-1}$	$14^{**,-1}$	$14^{**,-1}$	79^{-1}	87^{-1}	86^{-1}	87^{-1}	12^{-1}	11^{-1}	11^{-1}	11^{-1}
巴勒斯坦	73^{i}	65^{i}	78^{i}	80^{i}	$38^{**,i}$	$60^{**,i}$	$24^{**,i}$	$23^{**,i}$	$21^{**,i}$	$27^{**,i}$	$19^{**,i}$	$18^{**,i}$	$31^{*,i}$	$20^{*,i}$	$28^{*,i}$	$18^{*,i}$	18^{i}	26^{i}	15^{i}	14^{i}
卡塔尔	59^{-1}	57^{-1}	58^{-1}	48^{-1}	10^{-1}	5^{-1}	7^{-1}	7^{-1}	7^{-1}	5^{-1}	5^{-1}	7^{-1}	…	100^{-1}	81^{--1}	100^{-1}	41^{-1}	43^{-1}	42^{-1}	52^{-1}
也门	…	…	…	…	x[7]	…	$405^{**,d}$	…	…	…	…	…	…	…	…	…	…	…	…	…
中亚(部分国家)																				
亚美尼亚	x[3]	x[4]	92^{d}	92^{d}	x[7]	x[8]	25^{d}	25^{d}	…	…	…	…	…	…	…	…	x[19]	x[20]	8^{d}	8^{d}
阿塞拜疆	…	x[4]	…	74^{d}	…	x[8]	…	$33^{**,d}$	…	…	…	…	…	x[16]	…	54^{d}	…	x[20]	…	26^{d}
格鲁吉亚	x[3]	x[4]	100^{d}	100^{d}	x[7]	x[8]	$7^{*,d}$	$7^{*,d}$	x[11]	x[12]	$7^{*,d}$	$7^{*,d}$	x[15]	x[16]	$100^{*,d}$	$100^{*,d}$	…	…	…	…
哈萨克斯坦	…	…	…	…	…	x[8]*	…	$18^{*,d}$	…	…	…	…	…	…	…	…	…	…	…	…
吉尔吉斯斯坦	…	30^{c}	…	29^{f}	x[7]	…	$57^{*,d,-1}$	…	…	…	…	…	…	$—^{c}$	…	$—^{f}$	…	30^{c}	…	29^{f}
蒙古	x[3]	x[4]	88^{d}	88^{d}	x[7]	x[8]	17^{d}	18^{d}	…	…	…	…	x[15]	x[16]	33^{d}	29^{d}	x[19]	x[20]	12^{d}	12^{d}
东亚和太平洋地区(部分国家和地区)																				

续表

国家或地区	教学运用计算机的比例(%)				生机比（教学目的）				生机比(学校计算机辅助教学)				计算机连接到互联网的比例***(%)				计算机用于管理的比例(%)			
	小学		中学		小学		中学		小学		中学		小学		中学		小学		中学	
	合计	公立	合计	公立	合计	公立	合计	公立	合计	公立	合计	公立	合计	公立	合计	公立	合计	公立	合计	公立
	(1)	(2)	(3)	(4)	(5)	(6)	(7)	(8)	(9)	(10)	(11)	(12)	(13)	(14)	(15)	(16)	(17)	(18)	(19)	(20)
柬埔寨	…	…	…	…	…	…	…	$>500^{**}$	…	…	…	…	…	…	…	…	…	…	…	59
中国	…	…	…	…	…	$24^{**,-1}$	…	$13^{**,-1}$	…	…	…	…	…	…	…	…	…	…	…	…
中国香港	…	…	…	…	9^{*}	…	9^{*}	…	…	…	…	…	…	…	…	…	…	…	…	…
印度尼西亚	…	…	…	…	x[7]	…	136^{d}	…	…	…	…	…	…	…	…	…	…	…	…	…
马来西亚	…	88^{-1}	…	87^{-1}	…	17^{-1}	…	9^{-1}	…	17^{-1}	…	9^{-1}	…	…	…	…	…	12^{-1}	…	13^{-1}
缅甸	100	…	100	…	…	…	…	…	…	…	…	…	…	…	…	…	…	…	…	…
菲律宾	…	65	…	$88^{*,e}$	…	412	…	$49^{*,e}$	…	151	…	$47^{*,e}$	…	16	…	$32^{*,e}$	…	35	…	$12^{*,e}$
新加坡	…	x[4]	…	$95^{d,-1}$	…	x[8]	…	$4^{d,-1}$	…	x[12]	…	$4^{d,-1}$	…	x[16]	…	$100^{d,-1}$	…	x[20]	…	$5^{d,-1}$
泰国	93^{*}	93^{*}	90^{*}	90^{*}	15^{*}	12^{*}	14^{*}	12^{*}	11^{*}	11^{*}	9^{*}	9^{*}	94^{*}	95^{*}	88^{*}	88^{*}	14^{*}	14^{*}	13^{*}	13^{*}
南亚和西亚（部分国家）																				
伊朗	55	57	75	75	83^{*}	88^{*}	21^{*}	22^{*}	18^{*}	18^{*}	8^{*}	9^{*}	45	44	51	51	45	43	24	25
孟加拉国	…	80	…	…	…	…	…	…	…	…	…	…	…	72	…	…	…	20	…	…
不丹	…	…	…	…	x[7]	…	$79^{**,d}$	…	…	…	…	…	…	…	…	…	…	…	…	…
印度	…	…	…	…	x[7]	…	$89^{**,d,g}$	…	…	…	…	…	…	…	…	…	…	…	…	…
马尔代夫	x[3]	…	58^{d}	…	x[7]	…	52^{d}	…	…	…	…	…	x[15]	…	65^{d}	…	x[19]	…	75^{d}	…
尼泊尔	49^{-1}	37^{-1}	72^{-1}	68^{-1}	$>500^{**,-1}$	$>500^{**,-1}$	$378^{**,-1}$	$>500^{**,-1}$	…	…	…	…	…	…	…	…	51^{-1}	63^{-1}	28^{-1}	32^{-1}
斯里兰卡	…	x[4]	…	$76^{d,-1}$	…	x[8]	…	$98^{d,-1}$	…	x[12]	…	$55^{d,-1}$	…	x[16]	…	$34^{d,-1}$	…	x[20]	…	$24^{d,-1}$

五、学校课程与信息技术

国家或地区	参考年份	课程包含计算机技能的特定目标或主题			学科教学中是否推荐用信息技术辅助教学传递知识														
					数学			自然科学			社会科学			阅读、写作和文学			第二语言		
		小学（ISCED 1）	初中（ISCED 2）	高中（ISCED 3）	小学（ISCED 1）	初中（ISCED 2）	高中（ISCED 3）	小学（ISCED 1）	初中（ISCED 2）	高中（ISCED 3）	小学（ISCED 1）	初中（ISCED 2）	高中（ISCED 3）	小学（ISCED 1）	初中（ISCED 2）	高中（ISCED 3）	小学（ISCED 1）	初中（ISCED 2）	高中（ISCED 3）
		(1)	(2)	(3)	(4)	(5)	(6)	(7)	(8)	(9)	(7)	(8)	(9)	(13)	(14)	(15)	(16)	(17)	(18)
阿拉伯国家（部分国家）																			
埃及	2010	×	√	√	×	×	×	√	√	√	…	…	…	×	×	×	×	√	√
约旦	2011	√	√	√	√	√	√	√	√	√	…	…	…	√	√	√	√	√	√
阿曼	2011	√	√	√	√	√	√	√	√	√	…	…	…	√	√	√	√	√	√
巴勒斯坦	2012	×	√	√	√	√	√	√	√	√	…	…	…	√	√	√	√	√	√
卡塔尔	2011	√	√	√	√	√	√	√	√	√	…	…	…	√	√	√	√	√	√
中亚（部分国家）																			
亚美尼亚	2012	×	√	√	×	×	×	×	×	×	√	√	√	√	√	√	√	√	√
阿塞拜疆	2012	√	√	√	√	√	√	√	√	√	√	√	√	√	√	√	√	√	√
格鲁吉亚	2012	√	√	√	√	√	√	√	√	√	√	√	√	√	√	√	√	√	√
哈萨克斯坦	2012	…	…	√	√	√	√	√	√	√	√	√	√	√	√	√	√	√	√

续表

国家或地区	参考年份	课程包含计算机技能的特定目标或主题			学科教学中是否推荐用信息技术辅助教学传递知识														
					数学			自然科学			社会科学			阅读、写作和文学			第二语言		
		小学（ISCED 1）	初中（ISCED 2）	高中（ISCED 3）	小学（ISCED 1）	初中（ISCED 2）	高中（ISCED 3）	小学（ISCED 1）	初中（ISCED 2）	高中（ISCED 3）	小学（ISCED 1）	初中（ISCED 2）	高中（ISCED 3）	小学（ISCED 1）	初中（ISCED 2）	高中（ISCED 3）	小学（ISCED 1）	初中（ISCED 2）	高中（ISCED 3）
		(1)	(2)	(3)	(4)	(5)	(6)	(7)	(8)	(9)	(7)	(8)	(9)	(13)	(14)	(15)	(16)	(17)	(18)
吉尔吉斯斯坦	2012	…	√	…	…	…	…	…	…	…	×	×	×	×	×	×	×	×	×
蒙古	2012	√	√	√	×	√	√	×	×	×	×	×	×	×	×	×	×	×	×
东亚和太平洋地区（部分国家和地区）																			
柬埔寨	2012	×	×	√	×	×	×	×	×	√	×	×	×	×	×	×	×	×	×
中国	2011	√	√	√	√	√	√	√	√	√	√	√	√	√	√	√	√	√	√
中国香港	2012	√	√	√	√	√	√	√	√	√	√	√	√	√	√	√	√	√	√
中国澳门	2012	√	√	√	√	√	√	√	√	√	√	√	√	√	√	√	√	√	√
印度尼西亚	2012	√	√	√	×	×	√	×	×	√	×	×	√	×	×	√	×	×	×
老挝	2012	×	√	√	…	…	…	…	…	…	×	×	×	×	×	×	×	×	×
马来西亚	2011	√	√	√	√	√	√	√	√	√	√	√	√	√	√	√	√	√	√
缅甸	2012	×	×	√	…	…	…	…	…	…	…	…	…	…	…	…	…	…	…

续表

国家或地区	参考年份	课程包含计算机技能的特定目标或主题			学科教学中是否推荐用信息技术辅助教学传递知识														
					数学			自然科学			社会科学			阅读、写作和文学			第二语言		
		小学（ISCED 1）	初中（ISCED 2）	高中（ISCED 3）	小学（ISCED 1）	初中（ISCED 2）	高中（ISCED 3）	小学（ISCED 1）	初中（ISCED 2）	高中（ISCED 3）	小学（ISCED 1）	初中（ISCED 2）	高中（ISCED 3）	小学（ISCED 1）	初中（ISCED 2）	高中（ISCED 3）	小学（ISCED 1）	初中（ISCED 2）	高中（ISCED 3）
		（1）	（2）	（3）	（4）	（5）	（6）	（7）	（8）	（9）	（7）	（8）	（9）	（13）	（14）	（15）	（16）	（17）	（18）
菲律宾	2012	×	√	√	√	√	…	√	√	…	√	√	…	√	√	…	√	√	…
新加坡	2011	√	√	√	√	√	√	√	√	√	√	√	√	√	√	√	√	√	√
泰国	2012	√	√	√	√	√	√	√	√	√	√	√	√	√	√	√	√	√	√
南亚和西亚（部分国家）																			
伊朗	2012	√	√	√	√	√	√	√	√	√	√	√	√	√	√	√	√	√	√
孟加拉国	2012	√	√	√	√	√	×	√	√	×	√	×	…	×	√	…	×	×	…
不丹	2012	×	√	√	×	×	×	×	×	×	×	×	×	×	×	×	×	×	×
印度	2012	…	…	…	…	…	…	…	…	…	…	…	…	…	…	…	…	…	…
马尔代夫	2012	√	√	√	×	×	×	×	×	×	…	…	…	…	…	…	…	…	…
尼泊尔	2011	×	×	√	…	…	…	…	…	…	…	…	…	…	…	…	…	…	…
斯里兰卡	2011	×	×	√	√	√	√	√	√	√	√	√	√	√	√	√	√	√	√

六、招生管理的信息技术使用情况(Ⅰ)(2012年)

国家或地区	招生工作数字化(%)						招生工作提供无线电辅助教学(RAI)(%)						招生工作提供电视辅助教学(TAI)(%)					
	小学			中学			小学			中学			小学			中学		
	合计	男	女	合计	男	女	合计	男	女	合计	男	女	合计	男	女	合计	男	女
	(1)	(2)	(3)	(4)	(5)	(6)	(7)	(8)	(9)	(10)	(11)	(12)	(13)	(14)	(15)	(16)	(17)	(18)
阿拉伯国家(部分国家)																		
埃及	100^{-2}	100^{-2}	100^{-2}	100^{-2}	100^{-2}	100^{-2}	44^{-2}	43^{-2}	44^{-2}	49^{-2}	47^{-2}	51^{-2}	61^{-2}	61^{-2}	61^{-2}	63^{-2}	63^{-2}	64^{-2}
约旦	100^{-1}	100^{-1}	100^{-1}	100^{-1}	100^{-1}	100^{-1}	96^{-1}	95^{-1}	97^{-1}	91^{-1}	86^{-1}	95^{-1}	66^{-1}	63^{-1}	68^{-1}	76^{-1}	72^{-1}	81^{-1}
阿曼	100^{-1}	100^{-1}	100^{-1}	100^{-1}	100^{-1}	100^{-1}	91^{-1}	90^{-1}	91^{-1}	96^{-1}	96^{-1}	97^{-1}	65^{-1}	64^{-1}	65^{-1}	68^{-1}	68^{-1}	68^{-1}
巴勒斯坦	100^{i}	100^{i}	100^{i}	100^{i}	100^{i}	100^{i}	100^{i}	100^{i}	100^{i}	100^{i}	100^{i}	100^{i}	78^{i}	76^{i}	80^{i}	81^{i}	78^{i}	84^{i}
卡塔尔	100^{-1}	100^{-1}	100^{-1}	100^{-1}	100^{-1}	100^{-1}	$.^{-1}$	$.^{-1}$	$.^{-1}$	$.^{-1}$	$.^{-1}$	$.^{-1}$	$.^{-1}$	$.^{-1}$	$.^{-1}$	$.^{-1}$	$.^{-1}$	$.^{-1}$
中亚(部分国家)																		
亚美尼亚	100^{**}	100^{**}	100^{**}	100^{**}	100^{**}	100^{**}	…	…	…	…	…	…	…	…	…	…	…	…
阿塞拜疆	100^{**}	100^{**}	100^{**}	100^{**}	100^{**}	100^{**}	…	…	…	…	…	…	…	…	…	…	…	…
格鲁吉亚	100^{**}	100^{**}	100^{**}	100^{**}	100^{**}	100^{**}	…	…	…	…	…	…	…	…	…	…	…	…
吉尔吉斯斯坦	100^{**}	100^{**}	100^{**}	100^{**}	100^{**}	100^{**}	—	—	—	—	—	—	…	…	…	…	…	…
东亚和太平洋地区(部分国家和地区)																		
中国香港	100^{**}	100^{**}	100^{**}	100^{**}	100^{**}	100^{**}	…	…	…	…	…	…	100	100	100	100	100	100
马来西亚	$100^{**,-1}$	$100^{**,-1}$	$100^{**,-1}$	$100^{**,-1}$	$100^{**,-1}$	$100^{**,-1}$	18^{-1}	18^{-1}	18^{-1}	17^{-1}	20^{-1}	13^{-1}	100^{-1}	100^{-1}	100^{-1}	100^{-1}	100^{-1}	100^{-1}
菲律宾	…	…	…	…	…	…	…	…	…	…	…	…	…	…	…	…	…	…

续表

国家或地区	招生工作数字化(%)						招生工作提供无线电辅助教学(RAI)(%)						招生工作提供电视辅助教学(TAI)(%)					
	小学			中学			小学			中学			小学			中学		
	合计	男	女	合计	男	女	合计	男	女	合计	男	女	合计	男	女	合计	男	女
	(1)	(2)	(3)	(4)	(5)	(6)	(7)	(8)	(9)	(10)	(11)	(12)	(13)	(14)	(15)	(16)	(17)	(18)
新加坡	$100^{**,a,-1}$	$100^{**,a,-1}$	$100^{**,a,-1}$	$100^{**,a,-1}$	$100^{**,a,-1}$	$100^{**,a,-1}$	$.^{a,-1}$	$.^{a,-1}$	$.^{a,-1}$	$.^{a,-1}$	$.^{a,-1}$	$.^{a,-1}$	$.^{a,-1}$	$.^{a,-1}$	$.^{a,-1}$	$.^{a,-1}$	$.^{a,-1}$	$.^{a,-1}$
泰国	…	…	…	…	…	…	29^{*}	40^{*}	17^{*}	21^{*}	19^{*}	22^{*}	27^{*}	27^{*}	28^{*}	15^{*}	10^{*}	19^{*}
南亚和西亚(部分国家)																		
伊朗	…	…	…	…	…	…	…	…	…	…	…	…	…	…	…	…	…	…
马尔代夫	100^{**}	100^{**}	100^{**}	100^{**}	100^{**}	100^{**}	…	…	…	…	…	…	…	…	…	…	…	…
斯里兰卡	…	…	…	…	…	…	$—^{-1}$	$—^{-1}$	$—^{-1}$	$—^{-1}$	$—^{-1}$	$—^{-1}$	$1^{a,-1}$	$1^{a,-1}$	$1^{a,-1}$	$15^{a,-1}$	$14^{a,-1}$	$16^{a,-1}$

七、招生管理的信息技术使用情况(Ⅱ)(2012年)

国家或地区	招生工作实施计算机辅助教学(CAI)(%)						招生工作提供网络辅助教学(IAI)(%)						招生工作提供开放教育资源 (OER)(%)					
	小学			中学			小学			中学			小学			中学		
	合计	男	女	合计	男	女	合计	男	女	合计	男	女	合计	男	女	合计	男	女
	(19)	(20)	(21)	(22)	(23)	(24)	(25)	(26)	(27)	(28)	(29)	(30)	(31)	(32)	(33)	(34)	(35)	(36)
阿位伯国家(部分国家)																		
埃及	88^{-2}	88^{-2}	88^{-2}	98^{-2}	98^{-2}	98^{-2}	49^{-2}	49^{-2}	49^{-2}	55^{-2}	52^{-2}	57^{-2}	…	…	…	…	…	…
约旦	91^{-1}	90^{-1}	92^{-1}	98^{-1}	97^{-1}	98^{-1}	81^{-1}	78^{-1}	84^{-1}	92^{-1}	90^{-1}	94^{-1}	98^{-1}	98^{-1}	98^{-1}	99^{-1}	99^{-1}	99^{-1}
阿曼	100^{-1}	100^{-1}	100^{-1}	100^{-1}	100^{-1}	100^{-1}	80^{-1}	80^{-1}	81^{-1}	85^{-1}	85^{-1}	85^{-1}	$.^{-1}$	$.^{-1}$	$.^{-1}$	$.^{-1}$	$.^{-1}$	$.^{-1}$
巴勒斯坦	54^{i}	52^{i}	56^{i}	82^{i}	79^{i}	84^{i}	25^{i}	24^{i}	25^{i}	15^{i}	24^{i}	30^{i}	$—^{i}$	$—^{i}$	$—^{i}$	$—^{i}$	$—^{i}$	$—^{i}$
卡塔尔	72^{-1}	71^{-1}	72^{-1}	79^{-1}	79^{-1}	80^{-1}	$100^{a,-1}$	$100^{a,-1}$	$100^{a,-1}$	$100^{a,-1}$	$100^{a,-1}$	$100^{a,-1}$	…	…	…	…	…	…

续表

国家或地区	招生工作实施计算机辅助教学(CAI)(%)						招生工作提供网络辅助教学(IAI)(%)						招生工作提供开放教育资源 (OER)(%)					
	小学			中学			小学			中学			小学			中学		
	合计	男	女	合计	男	女	合计	男	女	合计	男	女	合计	男	女	合计	男	女
	(19)	(20)	(21)	(22)	(23)	(24)	(25)	(26)	(27)	(28)	(29)	(30)	(31)	(32)	(33)	(34)	(35)	(36)
中亚(部分国家)																		
亚美尼亚	…	…	…	…	…	…	…	…	…	…	…	…	…	…	…	…	…	…
阿塞拜疆	…	…	…	…	…	…	…	…	…	…	…	…	…	…	…	…	…	…
格鲁吉亚	100	100	100	100	100	100	100	100	100	100	100	100	100	100	100	100	100	100
吉尔吉斯斯坦	…	…	…	…	…	…	…	…	…	…	…	…	…	…	…	…	…	…
东亚和太平洋地区(部分国家和地区)																		
中国香港	…	…	…	..	…	…	…	…	…	…	…	…	…	…	…	…	…	…
马来西亚	100^{-1}	100^{-1}	100^{-1}	100^{-1}	100^{-1}	100^{-1}	100^{-1}	100^{-1}	100^{-1}	100^{-1}	100^{-1}	100^{-1}	…	…	…	…	…	…
菲律宾	37^{a}	37^{a}	37^{a}	$95^{*,a,e}$	$95^{*,a,e}$	$95^{*,a,e}$	22^{a}	22^{a}	22^{a}	$65^{*,a,e}$	$65^{*,a,e}$	$65^{*,a,e}$	37^{a}	37^{a}	37^{a}	$95^{*,a,e}$	$95^{*,a,e}$	$95^{*,a,e}$
新加坡	$100^{a,-1}$	$100^{a,-1}$	$100^{a,-1}$	$100^{a,-1}$	$100^{a,-1}$	$100^{a,-1}$	$100^{a,-1}$	$100^{a,-1}$	$100^{a,-1}$	$100^{a,-1}$	$100^{a,-1}$	$100^{a,-1}$	$100^{a,-1}$	$100^{a,-1}$	$100^{a,-1}$	$100^{a,-1}$	$100^{a,-1}$	$100^{a,-1}$
泰国	72^{*}	72^{*}	72^{*}	66^{*}	63^{*}	70^{*}	…	…	…	…	…	…	…	…	…	…	…	…
南亚和西亚(部分国家)																		
伊朗	22	…	…	40	…	…	…	…	…	…	…	…	…	…	…	…	…	…
马尔代夫	…	…	…	…	…	…	…	…	…	…	…	…	…	…	…	…	…	…
斯里兰卡	$75^{a,-1}$	$75^{a,-1}$	$75^{a,-1}$	$43^{a,-1}$	$40^{a,-1}$	$46^{a,-1}$	…	…	…	…	…	…	…	…	…	…	…	…

八、教师的信息化培训和实践情况(2012年)

国家或地区	教师的信息化资格证(基本计算机技能)(%)						教师的基本计算机教学技能(%)						运用信息化设备教学的教师培训(%)						教师运用信息化设备教学的科目(%)						运用信息化教学的师生比(%)	
	小学			中学			小学			中学			小学			中学			小学			中学			小学	国家
	合计	男	女	合计	男	女	合计	男	女	合计	男	女	合计	男	女	合计	男	女	合计	男	女	合计	男	女	合计	合计
	(1)	(2)	(3)	(4)	(5)	(6)	(7)	(8)	(9)	(10)	(11)	(12)	(13)	(14)	(15)	(16)	(17)	(18)	(19)	(20)	(21)	(22)	(23)	(24)	(1)	(4)
阿拉伯国家(部分国家)																										
埃及	2^{-2}	2^{-2}	2^{-2}	3^{-2}	2^{-2}	3^{-2}	2^{-2}	2^{-2}	2^{-2}	3^{-2}	2^{-2}	3^{-2}	…	…	…	…	…	…	…	…	…	…	…	…	…	…
约旦	x[4]	…	…	$9^{a,d,-1}$	…	…	x[10]	x[11]	x[12]	$28^{d,-1}$	$30^{d,-1}$	$27^{d,-1}$	x[16]	…	…	$88^{a,d,-1}$	…	…	…	…	…	…	…	…	x[4]	$17^{a,d,-1}$
阿曼	6^{-1}	$-^{-1}$	6^{-1}	5^{-1}	3^{-1}	6^{-1}	6^{-1}	$-^{-1}$	6^{-1}	5^{-1}	3^{-1}	6^{-1}	40^{-1}	$-^{-1}$	40^{-1}	34^{-1}	34^{-1}	34^{-1}	40^{-1}	$.^{-1}$	40^{-1}	34^{-1}	34^{-1}	34^{-1}	43^{-1}	29^{-1}
巴勒斯坦	$-^{i}$	$-^{i}$	$-^{i}$	10^{i}	10^{i}	10^{i}	$-^{i}$	$-^{i}$	$-^{i}$	10^{i}	10^{i}	10^{i}	$50^{*,i}$	$50^{*,i}$	$50^{*,i}$	$50^{*,i}$	$50^{*,i}$	$50^{*,i}$	$96^{*,i}$	…	…	$68^{*,i}$	$67^{*,i}$	$68^{*,i}$	$33^{*,i}$	$25^{*,i}$
卡塔尔	4^{-1}	4^{-1}	4^{-1}	5^{-1}	6^{-1}	5^{-1}	4^{-1}	4^{-1}	4^{-1}	5^{-1}	6^{-1}	5^{-1}	43^{-1}	…	…	80^{-1}	…	…	43^{-1}	…	…	80^{-1}	…	…	$26^{**,-1}$	$13^{**,-1}$
中亚(部分国家)																										
亚美尼亚	…	…	…	…	…	…	x[10]	x[11]	x[12]	3^{d}	4^{d}	2^{d}	…	…	…	…	…	…	…	…	…	…	…	…	…	…
阿塞拜疆	x[4]	…	…	$73^{a,d}$	…	…	x[10]	…	…	$73^{a,d}$	…	…	x[16]	…	…	$73^{a,d}$	…	…	…	…	…	…	…	…	x[4]	$23^{a,d}$
格鲁吉亚	…	…	…	…	…	…	x[10]	…	…	6^{*}	…	…	…	…	…	…	…	…	…	…	…	…	…	…	…	…
吉尔吉斯斯坦	…	…	…	…	…	…	–	–	–	–	–	–	–	–	–	–	–	–	…	…	…	…	…	…	…	…
蒙古	…	…	…	1	1	–	–	–	–	5	6	5	…	…	…	…	…	…	…	…	…	…	…	…	…	…
东亚和太平洋地区(部分国家和地区)																										
柬埔寨	…	…	…	…	…	…	…	…	…	2^{a}	…	…	…	…	…	…	…	…	…	…	…	…	…	…	…	…
中国	…	…	…	…	…	…	2^{-1}	…	…	2^{-1}	…	…	35^{-1}	…	…	44^{-1}	…	…	…	…	…	…	…	…	48^{-1}	35^{-1}
中国香港	4	9	2	4	8	2	19	35	15	7	13	3	100	100	0100	100	100	100	100	100	100	100	100	100	16	…
马来西亚	31^{-1}	27^{-1}	32^{-1}	11^{-1}	12^{-1}	10^{-1}	31^{-1}	27^{-1}	32^{-1}	11^{-1}	12^{-1}	10^{-1}	100^{-1}	100^{-1}	100^{-1}	100^{-1}	100^{-1}	100^{-1}	100^{-1}	100^{-1}	100^{-1}	100^{-1}	100^{-1}	100^{-1}	12^{-1}	10^{-1}
缅甸	…	…	…	…	…	…	…	…	…	2^{e}	…	…	2	…	…	2^{e}	…	…	…	…	…	…	…	…	>500	…

续表

国家或地区	教师的信息化资格证(基本计算机技能)(%)						教师的基本计算机教学技能(%)						运用信息化设备教学的教师培训(%)						教师运用信息化设备教学的科目(%)						运用信息化教学的师生比(%)	
	小学			中学			小学			中学			小学			中学			小学			中学			小学	国家
	合计	男	女	合计	男	女	合计	男	女	合计	男	女	合计	男	女	合计	男	女	合计	男	女	合计	男	女	合计	合计
	(1)	(2)	(3)	(4)	(5)	(6)	(7)	(8)	(9)	(10)	(11)	(12)	(13)	(14)	(15)	(16)	(17)	(18)	(19)	(20)	(21)	(22)	(23)	(24)	(1)	(4)
菲律宾	$1^{*,a}$	…	…	$5^{*,a,e}$	…	…	…	…	…	…	…	…	$1^{*,a}$	…	…	$5^{*,a,e}$	…	…	$1^{*,a}$	…	…	$5^{*,a,e}$	…	…	$>500^{*,a}$	…
新加坡	$100^{a,-1}$	$100^{a,-1}$	$100^{a,-1}$	$100^{a,-1}$	$100^{a,-1}$	$100^{a,-1}$	$100^{a,-1}$	$100^{a,-1}$	$100^{a,-1}$	$100^{a,-1}$	$100^{a,-1}$	$100^{a,-1}$	$100^{a,-1}$	$100^{a,-1}$	$100^{a,-1}$	$100^{a,-1}$	$100^{a,-1}$	$100^{a,-1}$	$100^{a,-1}$	$100^{a,-1}$	$100^{a,-1}$	$100^{a,-1}$	$100^{a,-1}$	$100^{a,-1}$	$19^{a,-1}$	$15^{a,-1}$
泰国	86	89	85	90	87	91	85	89	84	88	86	90	77	79	75	81	79	82	77	81	75	81	80	82	27^{*}	21^{*}
南亚和西亚(部分国家)																										
伊朗	…	…	…	$1^{a,f}$	$1^{a,f}$	$1^{a,f}$	—	—	—	$1^{a,f}$	$1^{a,f}$	$2^{a,f}$	58^{a}	…	…	63^{a}	…	…	48^{a}	…	…	37^{a}	…	…	28^{a}	18^{a}
孟加拉国	…	…	…	…	…	…	…	…	…	7	5	12	…	…	…	…	…	…	…	…	…	…	…	…	…	…
马尔代夫	3	…	…	…	…	…	3	…	…	…	…	…	…	…	…	…	…	…	…	…	…	…	…	…	…	…
斯里兰卡	$—^{-1}$	$—^{-1}$	$—^{-1}$	$2^{a,f,-1}$	$1^{a,f,-1}$	$3^{a,f,-1}$	$—^{-1}$	$—^{-1}$	$—^{-1}$	$7^{a,f,-1}$	$5^{a,f,-1}$	$8^{a,f,-1}$	$11^{a,-1}$	$15^{a,-1}$	$10^{a,-1}$	$50^{a,-1}$	$31^{a,-1}$	$60^{a,-1}$	$11^{a,-1}$	$15^{a,-1}$	$10^{a,-1}$	$50^{a,-1}$	$31^{a,-1}$	$60^{a,-1}$	$225^{a,-1}$	$36^{a,-1}$

符号：

√ 有

x 无

… 没有相关数据

* 国家估计数据

** 国家数据：统计研究所估计数据

— 零数值

. 不可用

X^{+n} 引用参考年份后 n 年的学年或财年数据

X^{-n} 引用参考年份前 n 年的学年或财年数据

a 公立机构数据

c ISCED 1-2，即小学和初中

d ISCED 1-3，即小学、初中和高中

e ISCED 2，即初中

f ISCED 3，即高中

g 不包括独立中学

i 数据适用于约旦河西岸学校

$x[y]$ 数据包括表中的 y 列

资料来源：联合国教科文组织统计研究所数据库，2016 年 http://data.uis.unesco.org/

图书在版编目(CIP)数据

“一带一路”国家教育发展研究 / 北京师范大学中国教育与社会发展研究院“一带一路”国家教育发展研究课题组著. —北京：北京师范大学出版社，2017.1

ISBN 978-7-303-21576-8

Ⅰ.①一… Ⅱ.①北… ②一… Ⅲ.①教育－发展－研究报告－世界 Ⅳ.①G511

中国版本图书馆 CIP 数据核字(2016)第 277246 号

营 销 中 心 电 话　010-58805072　58807651
北师大出版社学术著作与大众读物分社　http：//xueda. bnup. com

YIDAIYILU GUOJIA JIAOYU FAZHAN YANJIU

出版发行：北京师范大学出版社 www. bnup com
北京市海淀区新街口外大街 19 号
邮政编码：100875

印　刷：北京盛通印刷股份有限公司
经　销：全国新华书店
开　本：787 mm×1092 mm　1/16
印　张：28.5
字　数：489 千字
版　次：2017 年 1 月第 1 版
印　次：2017 年 1 月第 1 次印刷
定　价：99.00 元

策划编辑：陈红艳　　责任编辑：齐　琳　董洪伟
美术编辑：王齐云　　装帧设计：李尘工作室
责任校对：陈　民　　责任印制：马　洁